KB152760

단 한 권으로 읽는

논어·역경

도올 김용옥 역해

– 우리 삶과 사유의 근원 –

통나무

서序

공자孔子는 "중국"사람이 아니다. 공구孔丘, BC 551~479라는 사나이는 춘추시대의 한 제후국인 노魯나라에서 태어나 노나라를 위하여 유니크한 예술, 교육, 문학, 정치혁명을 역행力行하였고 또 노나라에서 숨을 거둔 사람이다. 그때에는 "중국"이라는 실체가 존재하지 않았다. 노나라는 산동의 조그만 지역을 차지하고 있었으며 우리 민족의 고대사도 그 지역에 영향을 주는 거대 제국의 모습을 지니고 있었다.

지금 우리에게 절실한 문제는 인류의 고대 사유를 객관적으로 논구함에 있는 것이 아니라, 오늘 여기 우리의 삶의 문제를 총체적으로 파악하여 정확한 미래좌표를 설정함에 있다. 지금 현재의 인류는 미증유의 위기상황에 몰려 있으며 과학과 이성주의와 결부된 욕망의 발산은 절제를 망각하여 천지의 중용 발란스 그 자체를 근원적으로 파멸시키는 방향으로 진행하고 있다. 선진국은 선진의 모범을 보이기는커녕 후진을 말아먹기에 급급하고, 인간사유의 고도화는 사유 그 자체를 형해화시키고만 있다.

이러한 비극적 상황에서 우리가 해야 할 일은 인간의 삶과 사유의 원형을 되돌아보고 인간의 본래적인 진실한 모습을 깨닫는 것이다. 이 작업은 동방고전의 의취를 정확히 파악하는 것으로부터 출발하지 않을 수 없다.

『논어』는 모든 삶의 과정에서 일어나지 않을 수 없는 이야기들의 기록이다. 그것은 이론의 전개가 아니라 살아있는 삶들의 영상이다. 『논어』는 삶의 원형이요 전형이다. 『역경』은 삶의 중용적 목표를 가늠케 하는 동적 사유의 전개과정이다. 『역』은 변화의 경전이지만, 단순한 변화가 아니라 인류가 그려가는 역사의 비젼을 명료하게 만드는 심볼의 체계이다. 『논어』와 『역』은 긴밀하게 교섭하고 있다. 『논어』가 삶의 장면들이라면 『역』은 그것을 엮어내는 논리적 결구이다.

한국의 젊은이들이 "공부를 한다"고 한다면 고전을 공부하지 않을 수 없다. 고전의 바탕이 없는 학문은 학문이 아니다. 한국역사나 문학이나 철학이나 예술을 공부하려 해도 반드시 『논어』와 『역』을 알아야 한다. 그것은 필로로지(philology, 어학)와 필로소피의 근본이다. 이 간결한 책은 서양의 성경에 비유될 수 있지만 그 내용은 서양성경의 협애한 신앙체계에 비교될 수 없는 광대한 정신세계를 소요한다. 공자는 "나를 믿으라," "나를 따르라"라는 말은 단 한마디도 하지 않았다. 스승으로서 삶의 도리를 보여주었을 뿐이다. 『역』도 점占이 아니라 삶의 "물음"이다.

이 한 권의 책이면 "한문실력"이 없어도 『논어』와 『역』을 삶의 허리에 차고 다닐 수 있다.

2023년 8월

난세일기의 시대 속에서

도올 김용옥

목차

역경 易經 【상경上經】

역경易經 【하경下經】

부록

논어 論語

학이 제일

學而第一

1-1. 子曰: "學而時習之, 不亦說乎? 有朋自遠方來, 不亦樂乎?
자왈 학이시습지 불역열호 유붕자원방래 불역락호
人不知而不慍, 不亦君子乎?"
인부지이불온 불역군자호

공자께서 말씀하시었다: "배워 때에 맞추어 익히니 또한 기쁘지 아니한가? 뜻을 같이 하는 자 먼 곳으로부터 찾아오니 또한 즐겁지 아니한가? 사람들이 알아주지 않아도 노여워하지 않으니 또한 군자가 아니겠는가?"

1-2. 有子曰: "其爲人也孝弟, 而好犯上者, 鮮矣; 不好犯上, 而
유자왈 기위인야효제 이호범상자 선의 불호범상 이
好作亂者, 未之有也。君子務本, 本立而道生。孝弟也者,
호작란자 미지유야 군자무본 본립이도생 효제야자
其爲仁之本與!"
기위인지본여

유자가 말하였다: "그 사람됨이 효성스럽고 공손하면서도 윗사람을 범하기를 좋아하는 자는 드물다. 윗사람을 범하기를 좋아하지 않으면서 난을 일으키기를 좋아하는 자는 있어본 적이 없다. 군자는 근본을 힘쓴다. 근본이 서면 도道가 끊임 없이 생성된다. 효성스럽고 공손하다고 하는 것은 인을 실천하는 근본일 것이다."

1-3. 子曰: "巧言令色, 鮮矣仁!"
자왈 교언영색 선의인

공자께서 말씀하시었다: "말 잘하고 표정을 꾸미는 사람치고 인한 이가 드물다."

1-4. 曾子曰: "吾日三省吾身, 爲人謀而不忠乎? 與朋友交而
증자왈 오일삼성오신 위인모이불충호 여붕우교이
不信乎? 傳不習乎?"
불신호 전불습호

증자가 말하였다: "나는 날마다 세 가지로 내 몸을 돌이켜본다. 남을 위해 도모함에 충성스럽지 못하지 않았나? 벗을 사귐에 믿음직스럽지 못하지 않았나? 가르침 받은 것을 익히지 못하지 않았나?"

1-5. 子曰: "道千乘之國, 敬事而信, 節用而愛人, 使民以時。"
자왈 도천승지국 경사이신 절용이애인 사민이시

공자께서 말씀하시었다: "천 수레의 나라를 다스릴 때는 매사를 공경스럽게 하여 믿음이 가게 하며, 쓰임을 절도 있게 하며 아랫사람을 사랑하고, 백성을 부리는 데는 반드시 때에 맞추어 해야 한다."

1-6. 子曰: "弟子, 入則孝, 出則弟, 謹而信, 汎愛衆而親仁。行有
자왈 제자 입즉효 출즉제 근이신 범애중이친인 행유
餘力, 則以學文。"
여력 즉이학문

공자께서 말씀하시었다: "젊은이들이여! 들어가서는 효성스럽게 하고 나와서는 다정하게 하시오. 말은 삼가하되 믿음 있는 말만 하시오. 많은 사람을 널리 사랑하되 인한 자를 가까이 하시오. 이 모든 것을 실천하고 남음이 있으면 곧 문자를 배우시오."

1-7. 子夏曰: "賢賢易色; 事父母, 能竭其力; 事君, 能致其身; 與
자하왈 현현역색 사부모 능갈기력 사군 능치기신 여
朋友交, 言而有信。雖曰未學, 吾必謂之學矣。"
붕우교 언이유신 수왈미학 오필위지학의

자하가 말하였다: "어진이를 어진이로서 대하기를 아리따운 여인을 좋아하듯 해라. 부모를 섬길 때는 있는 힘을 다하여라. 임금을 섬길 때는 그

몸을 다 바쳐라. 친구와 사귈 때는 믿을 수 있는 말만 하여라. 그리하면 비록 배우지 않았다 하더라도 나는 반드시 그를 배운 사람이라 일컬을 것이다."

1-8. 子曰: "君子不重則不威, 學則不固。主忠信, 無友不如己
자 왈 군 자 부 중 즉 불 위 학 즉 불 고 주 충 신 무 우 불 여 기
者, 過則勿憚改。"
자 과 즉 물 탄 개

공자께서 말씀하시었다: "군자는 무게있게 행동하지 않으면 위엄이 없고 학문을 해도 견고하지 못하게 된다. 우러나오는 마음과 믿음있는 말을 주로 하며, 자기보다 못한 자를 벗삼지 아니하며, 허물이 있으면 고치기를 꺼리지 않는다."

1-9. 曾子曰: "愼終追遠, 民德歸厚矣。"
증 자 왈 신 종 추 원 민 덕 귀 후 의

증자가 말하였다: "삶의 마감을 신중히 하고 먼 조상까지 추모하면 백성의 덕이 후하게 될 것이다."

1-10. 子禽問於子貢曰: "夫子至於是邦也, 必聞其政, 求之與?
자 금 문 어 자 공 왈 부 자 지 어 시 방 야 필 문 기 정 구 지 여
抑與之與?" 子貢曰: "夫子溫、良、恭、儉、讓以得之。夫
억 여 지 여 자 공 왈 부 자 온 량 공 검 양 이 득 지 부
子之求之也, 其諸異乎人之求之與!"
자 지 구 지 야 기 저 이 호 인 지 구 지 여

자금이 자공에게 물어 말하였다: "부자(夫子: 선생님)께서는 한 나라에 이르시면 반드시 그 나라의 정사를 들으시었습니다. 그것은 부자께서 스스로 구하신 것입니까? 그렇지 않으면 그런 기회가 상대방으로부터 주어진 것입니까?" 자공이 대답하였다: "부자께서는 따뜻하고 솔직하고 위엄있고

검소하고 사양하심으로써 그런 기회를 얻으셨다. 부자께서 구하신 것은 다른 사람들이 구하는 것과는 전혀 다르다고 해야 할 것이다!"

1-11. 子曰: "父在, 觀其志; 父沒, 觀其行。三年無改於父之道,
자 왈 부 재 관 기 지 부 몰 관 기 행 삼 년 무 개 어 부 지 도
可謂孝矣。"
가 위 효 의

공자께서 말씀하시었다: "아버지께서 살아계실 때는 그 뜻을 살피고 아버지께서 돌아가셨을 때는 그 하신 일을 살핀다. 삼 년 동안 아버지의 도를 고침이 없으면 효라 이를 만하다."

1-12. 有子曰: "禮之用, 和爲貴。先王之道, 斯爲美; 小大
유 자 왈 예 지 용 화 위 귀 선 왕 지 도 사 위 미 소 대
由之, 有所不行。知和而和, 不以禮節之, 亦不可行也。"
유 지 유 소 불 행 지 화 이 화 불 이 예 절 지 역 불 가 행 야

유자가 말하였다: "예禮의 쓰임은 악樂의 조화로움을 귀하게 여긴다. 선왕의 도는 이 조화를 아름답게 여겼다. 그러나 작고 큰 일이 모두 이 조화로움에만 말미암는다면 때로 행하여지지 않는 바가 있을 수도 있다. 오직 조화만을 알고 조화를 도모하고, 예로써 절제하지 않는다면 또한 행하여지지 않을 수도 있는 것이다."

1-13. 有子曰: "信近於義, 言可復也。恭近於禮, 遠恥辱也。因不
유 자 왈 신 근 어 의 언 가 복 야 공 근 어 례 원 치 욕 야 인 불
失其親, 亦可宗也。"
실 기 친 역 가 종 야

유자가 말하였다: "약속이 의로움에 가까워야 그 말이 실천될 수 있다. 공손함이 예에 가까워야 치욕을 멀리할 수 있다. 그렇게 함으로써 가까운 사람들을 잃지 아니 하면 또한 본받을 만하다."

1-14. 子曰: "君子食無求飽, 居無求安, 敏於事而愼於言, 就有道而正焉, 可謂好學也已。"
자왈 군자식무구포 거무구안 민어사이신어언 취유도이정언 가위호학야이

공자께서 말씀하시었다: "군자는 먹음에 배부름을 구하지 아니하고, 거居함에 편안함을 구하지 아니하며, 일에는 민첩하고 말에는 삼가할 줄 알며, 항상 도가 있는 자에게 나아가 자신을 바르게 한다. 이만하면 배움을 좋아한다 이를 만하다."

1-15. 子貢曰: "貧而無諂, 富而無驕, 何如?" 子曰: "可也。未若貧而樂, 富而好禮者也。" 子貢曰: "詩云: '如切如磋, 如琢如磨,' 其斯之謂與?" 子曰: "賜也, 始可與言詩已矣。告諸往而知來者。"
자공왈 빈이무첨 부이무교 하여 자왈 가야 미약빈이락 부이호례자야 자공왈 시운 여절여차 여탁여마 기사지위여 자왈 사야 시가여언시이의 고저왕이지래자

자공이 여쭈었다: "가난하면서도 아첨하지 아니하고, 부유하면서도 교만하지 아니하면 어떻겠습니까?" 이에 공자께서 말씀하시었다: "괜찮지. 그러나 가난하면서도 즐길 줄 알고, 부유하면서도 예를 좋아하는 것만 같지는 못하니라." 자공이 말하였다: "시경에 '자른 듯, 다듬은 듯, 쪼은 듯, 간 듯'이라는 말이 있습니다. 바로 이것을 두고 한 말이겠군요?" 공자께서 말씀하시었다: "사야! 이제 비로소 너와 시를 말할 수 있겠구나! 지난 것을 알려주니 올 것을 알아차리는구나."

1-16. 子曰: "不患人之不己知, 患不知人也。"
자왈 불환인지불기지 환부지인야

공자께서 말씀하시었다: "남이 나를 알아주지 않음을 걱정하지 말라. 내가 남을 알지 못함을 걱정할지니."

위정 제이
爲政第二

2-1. 子曰: "爲政以德, 譬如北辰居其所而衆星共之。"
자 왈 위정이덕 비여북신거기소이중성공지

공자께서 말씀하시었다: "정치를 하되 덕으로써 하는 것은, 비유하면 북극성이 제자리에 머물러 있어도 나머지 모든 별이 그를 중심으로 고개 숙이고 도는 것과도 같다."

2-2. 子曰: "詩三百, 一言以蔽之, 曰: '思無邪。'"
자 왈 시삼백 일언이폐지 왈 사무사

공자께서 말씀하시었다: "시 삼백편을 한마디로 덮어 표현하자면 다음과 같이 말할 수 있을 것이다: '그 생각(사모함)에 사특함이 없다.'"

2-3. 子曰: "道之以政, 齊之以刑, 民免而無恥; 道之以德, 齊之以禮, 有恥且格。"
자 왈 도지이정 제지이형 민면이무치 도지이덕 제지이례 유치차격

공자께서 말씀하시었다: "정령으로써 이끌고 형벌로써 가지런히 하면, 백성들이 면하기만 할 뿐이요 부끄러움이 없다. 그러나 덕으로써 이끌고 예로써 가지런히 하면 사람들이 부끄러움이 있을 뿐 아니라 떳떳해진다."

2-4. 子曰: "吾十有五而志于學, 三十而立, 四十而不惑, 五十而知天命, 六十而耳順, 七十而從心所欲, 不踰矩。"
자 왈 오십유오이지우학 삼십이립 사십이불혹 오십이지천명 육십이이순 칠십이종심소욕 불유구

공자께서 말씀하시었다: "나는 열 다섯 살에 학문에 뜻을 두었고, 서른 살

에는 우뚝 섰으며, 마흔 살에는 미혹됨이 없었고, 쉰 살에는 천명을 알았고, 예순 살에는 귀가 순해졌고, 일흔 살에는 마음이 원하는 바를 따라도 법도에 어긋남이 없었다."

2-5. 孟懿子問孝。子曰: "無違。" 樊遲御, 子告之曰: "孟孫問孝
맹 의 자 문 효 자 왈 무 위 번 지 어 자 고 지 왈 맹 손 문 효
於我, 我對曰, 無違。" 樊遲曰: "何謂也?" 子曰: "生, 事之以
어 아 아 대 왈 무 위 번 지 왈 하 위 야 자 왈 생 사 지 이
禮; 死, 葬之以禮, 祭之以禮。"
례 사 장 지 이 례 제 지 이 례

맹의자가 효를 물었다. 공자께서 이에 말씀하시었다: "거슬림이 없는 것이외다." 번지가 수레를 몰고 있었는데 그에게 공자께서 말씀하시었다: "맹손씨가 나에게 효를 물었는데, 나는 그냥 거슬림이 없는 것이라고만 대답했단다." 번지가 말했다: "그것은 무엇을 두고 하신 말씀인가요?" 공자께서 말씀하시었다: "살아계실 때 예로써 섬기고, 돌아가시면 예로써 장사지내고, 예로써 제사지내는 것이다."

2-6. 孟武伯問孝。子曰: "父母唯其疾之憂。"
맹 무 백 문 효 자 왈 부 모 유 기 질 지 우

맹무백이 효를 여쭈었다. 공자께서 이에 말씀하시었다: "부모는 오직 자식이 병들까 걱정이다."

2-7. 子游問孝。子曰: "今之孝者, 是謂能養。至於犬馬, 皆能有
자 유 문 효 자 왈 금 지 효 자 시 위 능 양 지 어 견 마 개 능 유
養; 不敬, 何以別乎?"
양 불 경 하 이 별 호

자유가 효를 여쭈었다. 공자께서 이에 말씀하시었다: "요즈음 효라는 것은 물질적으로 잘 봉양하는 것만을 일컫는 것 같다. 허나 개나 말을 가지고

이야기해도 또한 봉양해주기는 마찬가지인데, 공경함이 없다면 무엇으로 구별할 수 있겠느냐?"

2-8. 子夏問孝。子曰: "色難。有事, 弟子服其勞; 有酒食, 先生饌, 曾是以爲孝乎?"
자하문효 자왈 색난 유사 제자복기로 유주사 선생 찬 증시이위효호

자하가 효를 여쭈었다. 공자께서 이에 말씀하시었다: "어른의 안색을 살필 줄 아는 것이 어려운 것이다. 어른에게 구찮은 일이 있으면 젊은이가 그 수고로움을 대신하고, 술과 밥이 있으면 어른께서 먼저 잡수시게 하는 것만으로 일찍이 효라 할 수 있겠는가?"

2-9. 子曰: "吾與回言終日, 不違, 如愚。退而省其私, 亦足以發。回也, 不愚!"
자왈 오여회언종일 불위 여우 퇴이성기사 역족이발 회야 불우

공자께서 말씀하시었다: "내가 회와 더불어 온종일 이야기하였으나 내 말을 조금도 거스르지 않아 그가 어리석게만 느껴졌다. 물러가고 나서 그의 사적 생활을 살펴보니 역시 나를 깨우치기에 충분하다. 안회는 결코 어리석지 않도다!"

2-10. 子曰: "視其所以, 觀其所由, 察其所安。人焉廋哉? 人焉廋哉?"
자왈 시기소이 관기소유 찰기소안 인언수재 인언수재

공자께서 말씀하시었다: "그 행하는 바를 보고, 그 말미암은 바를 따지며, 그 지향하는 바를 살핀다면, 사람들이 어찌 자신을 숨길 수 있으리오! 사람들이 어찌 자신을 숨길 수 있으리오!"

2-11. 子曰: “溫故而知新, 可以爲師矣。”
자 왈 온 고 이 지 신 가 이 위 사 의

공자께서 말씀하시었다: “옛 것을 온양하여 새 것을 만들어 낼 줄 알면, 남의 스승이 될 만하다.”

2-12. 子曰: “君子不器。”
자 왈 군 자 불 기

공자께서 말씀하시었다: “군자는 그릇처럼 국한되지 않는다.”

2-13. 子貢問君子。子曰: “先行, 其言而後從之。”
자 공 문 군 자 자 왈 선 행 기 언 이 후 종 지

자공이 군자에 관하여 여쭈었다. 이에 공자께서 말씀하시었다: “먼저 실행하라. 말은 실행한 후 그 행동을 따르게 하라.”

2-14. 子曰: “君子周而不比, 小人比而不周。”
자 왈 군 자 주 이 불 비 소 인 비 이 부 주

공자께서 말씀하시었다: “군자는 두루 마음쓰고 편당 짓지 아니하며, 소인은 편당 짓고 두루 마음쓰지 아니한다.”

2-15. 子曰: “學而不思則罔, 思而不學則殆。”
자 왈 학 이 불 사 즉 망 사 이 불 학 즉 태

공자께서 말씀하시었다: “배우기만 하고 생각지 않으면 맹목적으로 되고, 생각하기만 하고 배우지 않으면 위태롭다.”

2-16. 子曰: “攻乎異端, 斯害也已。”
자 왈 공 호 이 단 사 해 야 이

공자께서 말씀하시었다: “이단을 공부하는 것은 해가 될 뿐이다.”

2-17. 子曰: "由! 誨女知之乎! 知之爲知之, 不知爲不知, 是知也。"
자 왈 유 회 여 지 지 호 지 지 위 지 지 부 지 위 부 지 시 지 야

공자께서 말씀하시었다: "유야! 내 너에게 안다고 하는 것을 가르쳐 주겠다. 아는 것을 안다 하고, 모르는 것을 모른다 하는 것, 이것이 곧 아는 것이다."

2-18. 子張學干祿。子曰: "多聞闕疑, 愼言其餘, 則寡尤; 多見闕
자 장 학 간 록 자 왈 다 문 궐 의 신 언 기 여 즉 과 우 다 견 궐
殆, 愼行其餘, 則寡悔。言寡尤, 行寡悔, 祿在其中矣。"
태 신 행 기 여 즉 과 회 언 과 우 행 과 회 녹 재 기 중 의

자장이 공자에게 녹을 구하는 법을 배우려 하였다. 공자께서 말씀하시었다: "많이 듣되 의심나는 것은 빼버리고 그 나머지를 삼가서 말하면 허물이 적어진다. 많이 보되 위태로운 것은 빼버리고 그 나머지를 삼가서 행하면 후회가 적어진다. 말에 허물이 적고 행동에 후회가 적으면, 녹이 바로 그 가운데 있는 것이다."

2-19. 哀公問曰: "何爲則民服?" 孔子對曰: "擧直錯諸枉, 則民
애 공 문 왈 하 위 즉 민 복 공 자 대 왈 거 직 조 저 왕 즉 민
服; 擧枉錯諸直, 則民不服。"
복 거 왕 조 저 직 즉 민 불 복

애공이 물어 말하였다: "어떻게 하면 백성이 따릅니까?" 공자가 대답하여 말하였다: "곧은 사람을 들어 굽은 사람 위에 놓으면 백성이 따를 것이며, 굽은 사람을 들어 곧은 사람 위에 놓으면 백성이 따르지 않을 것입니다."

2-20. 季康子問: "使民敬忠以勸, 如之何?" 子曰: "臨之以莊, 則
계 강 자 문 사 민 경 충 이 권 여 지 하 자 왈 임 지 이 장 즉
敬; 孝慈, 則忠; 擧善而敎不能, 則勸。"
경 효 자 즉 충 거 선 이 교 불 능 즉 권

계강자가 여쭈었다: "백성으로 하여금 경건하고 충직하여 스스로 권면하게 하려고 한다면 어떻게 해야 좋겠습니까?" 공자께서 말씀하시었다:

"자신을 장엄케 하여 사람을 대하면 백성이 경건하게 되고, 자신이 효성스러움과 자비로움을 실천하면 백성이 충직하게 되고, 능력있는 자들을 등용하고 능력이 부족한 자들을 잘 교화시키면 백성들이 스스로 권면하게 될 것이요."

2-21. 或謂孔子曰: "子奚不爲政?" 子曰: "書云: '孝乎惟孝, 友于
혹위공자왈 자해불위정 자왈 서운 효호유효 우우
兄弟, 施於有政。' 是亦爲政, 奚其爲爲政?"
형제 시어유정 시역위정 해기위위정

어떤 사람이 공자에게 일러 말하기를 "선생님께서는 어찌하여 정치를 하지 않으십니까?" 하자 공자께서 말씀하시었다: "『서경』에 '효성스럽도다, 효성스럽도다. 형제간에 우애가 깊도다. 이를 정치에 베풀도다' 라고 하였으니, 이 또한 정치함이 아니겠는가? 어찌 내가 직접 정치를 하는 것만이 정치라 할 수 있겠는가?"

2-22. 子曰: "人而無信, 不知其可也。大車無輗, 小車無軏, 其何
자왈 인이무신 부지기가야 대거무예 소거무월 기하
以行之哉?"
이행지재

공자께서 말씀하시었다: "사람으로서 신실함이 없으면, 그 사람됨을 도무지 알 길이 없다. 큰 수레에 큰 멍에가 없고, 작은 수레에 작은 멍에가 없다면, 도대체 무엇으로 그 수레를 가게 할 것인가?"

2-23. 子張問: "十世可知也?" 子曰: "殷因於夏禮, 所損益, 可知
자장문 십세가지야 자왈 은인어하례 소손익 가지
也; 周因於殷禮, 所損益, 可知也。其或繼周者, 雖百世, 可
야 주인어은례 소손익 가지야 기혹계주자 수백세 가
知也。"
지야

자장이 여쭈었다: "열 세대의 일을 미리 알 수 있습니까?" 이에 공자께서 말씀하시었다: "은나라는 하나라의 예를 본받아 덜고 보태고 한 바 있어 열 세대의 일을 미리 알 수 있다. 주나라는 은나라의 예를 본받아 덜고 보태고 한 바 있어 열 세대의 일을 미리 알 수 있다. 그러나 어떤 자가 (최종적인 종합문명인) 주나라를 제대로 계승한다면 백 세대의 일일지라도 미리 알 수가 있는 것이다."

2-24. 子曰: "非其鬼而祭之, 諂也。見義不爲, 無勇也。"
자 왈 비 기 귀 이 제 지 첨 야 견 의 불 위 무 용 야

공자께서 말씀하시었다: "제사를 지내야 할 하느님이 아닌데도 제사를 지내는 것은 아첨하는 것이요, 의를 보고도 실천하지 않는 것은 용기가 없는 것이다."

1學而 학이	2爲政 위정	3八佾 팔일	4里仁 이인	5公冶長 공야장	6雍也 옹야	7述而 술이	8泰伯 태백	9子罕 자한	10鄕黨 향당
11先進 선진	12顔淵 안연	13子路 자로	14憲問 헌문	15衛靈公 위령공	16季氏 계씨	17陽貨 양화	18微子 미자	19子張 자장	20堯曰 요왈

팔일 제삼

八佾第三

3-1. 孔子謂季氏, "八佾舞於庭, 是可忍也, 孰不可忍也!"
공 자 위 계 씨　팔 일 무 어 정　시 가 인 야　숙 불 가 인 야

공자께서 계씨를 일러 다음과 같이 말씀하시었다. "여덟 줄로 뜰에서 춤추게 하니, 내 이것을 참을 수 있다면, 무엇인들 못 참으리오!"

3-2. 三家者以雍徹。子曰: "'相維辟公, 天子穆穆,' 奚取於三家之堂?"
삼 가 자 이 옹 철　자 왈　상 유 벽 공　천 자 목 목　해 취 어 삼 가 지 당

맹손·숙손·계손의 삼가사람들이 옹의 노래로써 제사를 마치었다. 공자께서 말씀하시었다: "'제후들이 제사를 돕네. 그 가운데 천자의 모습이 그윽히 빛나도다' 라는 저 가사의 노래, 천자의 종묘제사에서나 쓸 수 있는 저 노래를 어찌 삼가의 당堂에서 부를 수 있겠는가?"

3-3. 子曰: "人而不仁, 如禮何? 人而不仁, 如樂何?"
자 왈　인 이 불 인　여 례 하　인 이 불 인　여 악 하

공자께서 말씀하시었다: "사람이면서 인하지 못하다면 예인들 무엇하리오? 사람이면서 인하지 못하다면 악인들 무엇하리오?"

3-4. 林放問禮之本。子曰: "大哉問! 禮, 與其奢也, 寧儉; 喪, 與其易也, 寧戚。"
임 방 문 예 지 본　자 왈　대 재 문　예　여 기 사 야　영 검　상　여 기 이 야　영 척

임방이 예의 근본을 여쭈었다. 공자께서 말씀하시었다: "훌륭하도다, 그

질문이여! 예는 사치스럽기 보다는 차라리 검소해야 하고, 상喪은 형식적 질서를 따르기 보다는 차라리 슬퍼야 한다."

3-5. 子曰: "夷狄之有君, 不如諸夏之亡也。"
자 왈 이 적 지 유 군 불 여 제 하 지 무 야

공자께서 말씀하시었다: "동북방의 사람들에게는 오히려 군주가 있고 찬란한 문명의 질서가 있다. 그것은 중원의 여러 나라들이 군주가 없고 마구 참란僭亂하는 무질서한 상태와 같지 아니하다."

3-6. 季氏旅於泰山。子謂冉有曰: "女弗能救與?" 對曰: "不能。"
계 씨 여 어 태 산 자 위 염 유 왈 여 불 능 구 여 대 왈 불 능
子曰: "嗚呼! 曾謂泰山不如林放乎?"
자 왈 오 호 증 위 태 산 불 여 임 방 호

계씨가 예의 질서를 어기고 태산에서 여제旅祭를 지내었다. 공자께서 염유冉有에게 일러 말씀하시었다: "너는 그것을 막을 길이 없었느냐?" 염유가 이에 대답하여 말하였다: "막을 길이 없었습니다." 공자께서 말씀하시었다: "아~ 슬프도다! 일찍이 태산의 하느님이 예의 근본을 물은 임방만도 못하다는 말인가!"

3-7. 子曰: "君子無所爭。必也射乎! 揖讓而升, 下而飮。其爭也君子。"
자 왈 군 자 무 소 쟁 필 야 사 호 읍 양 이 승 하 이 음 기 쟁 야 군 자

공자께서 말씀하시었다. "군자는 다투는 법이 없다. 그러나 굳이 다투는 것을 말하자면 활쏘기 정도일 것이다. 상대방에게 읍하고 사양하면서 당에 오르고, 또 당에서 내려와서는 벌주를 마신다. 이러한 다툼이야말로 군자스럽지 아니한가!"

3-8. 子夏問曰: "'巧笑倩兮, 美目盼兮, 素以爲絢兮。' 何謂也?"
자 하 문 왈 교 소 천 혜 미 목 반 혜 소 이 위 현 혜 하 위 야

子曰: "繪事後素。" 曰: "禮後乎?" 子曰: "起予者商也! 始可
자 왈 회 사 후 소 왈 예 후 호 자 왈 기 여 자 상 야 시 가

與言詩已矣。"
여 언 시 이 의

자하子夏가 여쭈어 말하였다: "'어여쁜 웃음 보조개 짓고, 아리따운 눈동자 흑백이 분명하니, 흰 것으로 광채를 내도다!' 하니, 이것은 무엇을 일컬은 것입니까?" 공자께서 말씀하시었다: "그림 그리는 일은 흰 것을 뒤로 한다." 자하가 말하였다: "예가 제일 뒤로 오는 것이겠군요?" 공자께서 말씀하시었다: "나를 깨우치는 자, 상(商: 자하의 이름)이로다! 비로소 너와 더불어 시를 말할 수 있겠구나."

3-9. 子曰: "夏禮, 吾能言之, 杞不足徵也; 殷禮, 吾能言之, 宋
자 왈 하 례 오 능 언 지 기 부 족 징 야 은 례 오 능 언 지 송

不足徵也。文獻不足故也。足, 則吾能徵之矣。"
부 족 징 야 문 헌 부 족 고 야 족 즉 오 능 징 지 의

공자께서 말씀하시었다: "하나라의 예는 내가 말할 수는 있지만 그 후예인 기나라가 증험을 대주지 못하며, 은나라의 예 또한 내가 말할 수는 있지만 그 후예인 송나라가 증험을 대주지 못한다. 문헌자료와 구두자료가 모두 부족하기 때문이다. 그런 자료들이 충분하다면, 나는 하·은의 예를 증명해낼 수 있을 텐데."

3-10. 子曰: "禘自既灌而往者, 吾不欲觀之矣。"
자 왈 체 자 기 관 이 왕 자 오 불 욕 관 지 의

공자께서 말씀하시었다: "체禘제사에서, 강신주를 따르는 절차 이후로는, 나는 현행의 체제사를 보고 싶지 않다."

3-11. 或問禘之說。子曰: "不知也; 知其說者之於天下也, 其如示諸斯乎!" 指其掌。
혹문체지설 자왈 부지야 지기설자지어천하야 기여시저사호 지기장

어떤 이가 체禘제사에 관한 해설을 듣고자 하였다. 공자께서 이에 말씀하시었다: "나는 알지 못한다. 그 설을 알 수 있는 사람은 천하를 대함에 있어서, 그것을 여기에 놓고 환히 보는 듯 하겠구나!" 그러면서 손바닥을 가리키셨다.

3-12. 祭如在, 祭神如神在。子曰: "吾不與祭, 如不祭。"
제여재 제신여신재 자왈 오불여제 여부제

제사를 지낼 적에는 있는 것 같이 하라 함은, 하느님을 제사 지낼 적에는 하느님이 계시는 것 같이 하라는 뜻이다. 공자께서 말씀하시었다: "내가 직접 참여하여 제사를 지내지 않았다면, 그것은 제사를 지내지 않은 것과도 같은 것이다. 하느님은 나와 더불어 느끼는 존재인 것이다."

3-13. 王孫賈問曰: "與其媚於奧, 寧媚於竈, 何謂也?" 子曰: "不然! 獲罪於天, 無所禱也。"
왕손가문왈 여기미어오 영미어조 하위야 자왈 불연 획죄어천 무소도야

왕손가가 공자에게 물어 말하였다: "아랫목 신에게 잘 보이기보다는 차라리 실권자인 부뚜막 신에게 잘 보이라 하니, 이것은 무슨 말입니까?" 공자께서 말씀하시었다: "그렇지 않다! 하늘에 죄를 얻으면 빌 곳이 없다."

3-14. 子曰: "周監於二代, 郁郁乎文哉! 吾從周。"
자왈 주감어이대 욱욱호문재 오종주

공자께서 말씀하시었다: "주나라는 하나라·은나라 이대二代를 거울삼았다. 찬란하도다, 그 문화여! 나는 주를 따르리로다."

3-15. 子入大廟, 每事問。或曰: "孰謂鄹人之子知禮乎? 入大廟,
자입태묘 매사문 혹왈 숙위추인지자지례호 입태묘
每事問。" 子聞之, 曰: "是禮也。"
매사문 자문지 왈 시례야

공자께서 태묘에 들어가 제사가 진행됨에 매사每事를 물으시었다. 혹자가 말하기를: "그 누가 저 추인鄹人의 자식을 일러 예를 안다고 하는가? 태묘에 들어와 매사를 물으니." 공자께서 이 말을 들으시고 말씀하시었다: "묻는 것이 곧 예니라."

3-16. 子曰: "射不主皮, 爲力不同科, 古之道也。"
자왈 사부주피 위력부동과 고지도야

공자께서 말씀하시었다: "활쏘기는 과녁의 가죽을 뚫는 것을 장끼로 삼지 않는다. 힘을 쓰는 운동은 힘의 획일적 기준에 의해서만 그 등급을 매기지는 않는다. 이것이 곧 옛사람의 도이다."

3-17. 子貢欲去告朔之餼羊。子曰: "賜也! 爾愛其羊, 我愛其禮。"
자공욕거곡삭지희양 자왈 사야 이애기양 아애기례

자공이 초하루를 알리는 제식에 바치는 희생양 제도를 없애려 하였다. 공자께서 말씀하시었다: "사야! 너는 그 양을 아끼는구나, 나는 그 예를 아끼노라."

3-18. 子曰: "事君盡禮, 人以爲諂也。"
자왈 사군진례 인이위첨야

공자께서 말씀하시었다: "임금을 섬김에 예를 다하는 것을 사람들이 아첨한다 하는구나!"

3-19. 定公問: "君使臣, 臣事君, 如之何?" 孔子對曰: "君使臣以
정공문 군사신 신사군 여지하 공자대왈 군사신이

禮, 臣事君以忠。"
례 신사군이충

정공이 물었다: "임금이 신하를 부리고 신하가 임금을 섬김에 어찌하면 좋겠습니까?" 공자께서 대답하여 말씀하시었다: "임금은 신하를 부리기를 예禮로써 하고, 신하는 임금을 섬기기를 충忠으로써 해야 합니다."

3-20. 子曰: "關雎, 樂而不淫, 哀而不傷。"
자왈 관저 낙이불음 애이불상

공자께서 말씀하시었다: "관저關雎 노래는 즐거우면서도 질탕치 아니하고, 구슬프면서도 상심케 하지 아니한다."

3-21. 哀公問社於宰我。宰我對曰: "夏后氏以松, 殷人以柏, 周
애공문사어재아 재아대왈 하우씨이송 은인이백 주
人以栗。曰, 使民戰栗。" 子聞之, 曰: "成事不說, 遂事不諫,
인이율 왈 사민전율 자문지 왈 성사불설 수사불간
旣往不咎。"
기왕불구

애공哀公이 사社에 관하여 재아宰我에게 물었다. 재아가 대답하여 말하였다: "하후씨는 소나무를 썼고, 은나라 사람들은 측백나무를 썼고, 주나라 사람들은 밤나무를 썼습니다. 밤나무를 쓴 것은 백성들로 하여금 전율戰慄케 하려 함이옵니다." 공자께서 이를 들으시고 말씀하시었다: "내 이미 이루어진 일은 말하지 않으며, 끝난 일은 간하지 않으며, 이미 지나가 버린 일은 탓하지 않겠다. 공포를 조장하는 그런 터무니 없는 해석은 나의 제자가 할 말은 아니다."

3-22. 子曰: "管仲之器小哉!" 或曰: "管仲儉乎?" 曰: "管氏有三
자왈 관중지기소재 혹왈 관중검호 왈 관씨유삼
歸, 官事不攝, 焉得儉?" "然則管仲知禮乎?" 曰: "邦君樹塞
귀 관사불섭 언득검 연즉관중지례호 왈 방군수색

門, 管氏亦樹塞門。邦君爲兩君之好, 有反坫, 管氏亦有反
문 관씨역수색문 방군위양군지호 유반점 관씨역유반

坫。管氏而知禮, 孰不知禮?"
점 관씨이지례 숙부지례

공자께서 말씀하시었다: "관중의 그릇이 작구나!" 그러자 어떤 이가 말했다: "관중은 검소했습니까?" 이에 공자께서 말씀하시었다: "관씨는 부인을 셋을 거느렸고, 관의 사무를 부하들에게 겸임시키는 일이 없었으니 어찌 검소했다 말할 수 있겠는가?" "그래도 관중은 예는 아는 사람이었지 않았겠습니까?" 이에 공자께서 말씀하시었다: "나라의 임금이래야 나무를 심어 문안을 가릴 수 있거늘 관씨 또한 나무를 심어 문안을 가렸고, 나라의 임금이래야 두 임금이 만나는 의전 절차를 위해 대청에 술잔받침대를 두었거늘 관씨 또한 술잔받침대를 두었으니, 관씨가 예를 안다고 한다면 누가 예를 알지 못한다 하겠는가?"

3-23. 子語魯大師樂, 曰: "樂其可知也; 始作, 翕如也; 從之, 純
자어노태사악 왈 악기가지야 시작 흡여야 종지 순

如也, 皦如也, 繹如也, 以成。"
여야 교여야 역여야 이성

공자께서 노나라의 악관인 태사에게 음악에 관하여 말씀하시었다. 이르시기를: "악곡의 전체 구성은 알 만한 것이다. 처음에 시작할 때에는 모든 음색이 합하여진 듯 타악기가 주선을 이룬다. 다음에 풀어지면서 순결한 현악기들의 소리가 이어진다. 그러면서 점점 밝아지기 시작하다가 나중에는 연음형식으로 서로 꼬여 나간다. 그러면서 최종의 완성으로 치닫게 된다."

3-24. 儀封人請見, 曰: "君子之至於斯也, 吾未嘗不得見也。" 從
의봉인청현 왈 군자지지어사야 오미상부득현야 종

者見之。出曰: "二三子何患於喪乎? 天下之無道也久矣。天
자현지 출왈 이삼자하환어상호 천하지무도야구의 천

將以夫子爲木鐸。"
장이부자위목탁

의儀 땅의 국경수비대장이 공자를 뵙기를 청하여 말하였다: "군자께서 이 땅에 이르시면 내 일찍 아니 뵈온 적이 없었다." 공자의 시종인들이 뵙게 해주었다. 그가 뵙고 나와서 말했다: "그대들은 어찌하여 선생께서 지위를 얻지 못하고 유랑하심을 걱정하는가? 천하에 도가 없은 지 오래되었다. 하늘은 장차 선생님을 목탁으로 삼으실 것이다."

3-25. 子謂韶, "盡美矣, 又盡善也。" 謂武, "盡美矣, 未盡善也。"
자위소 진미의 우진선야 위무 진미의 미진선야

공자께서 소악(순임금 시대의 음악)을 평하시어, "지극히 아름답고 또한 지극히 좋다" 하셨으며, 무악(주나라 문왕 때의 음악)을 평하시어, "지극히 아름답지만 지극히 좋지는 못하다" 하시었다.

3-26. 子曰: "居上不寬, 爲禮不敬, 臨喪不哀, 吾何以觀之哉?"
자왈 거상불관 위례불경 임상불애 오하이관지재

공자께서 말씀하시었다: "윗자리에 있으면서 너그럽지 아니하며, 예를 행함에 공경스럽지 아니하며, 상에 임함에 슬퍼하지 않는다면, 내 그를 무엇으로 평가하겠는가?"

1 學而 학이	2 爲政 위정	3 八佾 팔일	4 里仁 이인	5 公冶長 공야장	6 雍也 옹야	7 述而 술이	8 泰伯 태백	9 子罕 자한	10 鄕黨 향당
11 先進 선진	12 顔淵 안연	13 子路 자로	14 憲問 헌문	15 衛靈公 위령공	16 季氏 계씨	17 陽貨 양화	18 微子 미자	19 子張 자장	20 堯曰 요왈

이인 제사

里仁第四

4-1. 子曰: "里仁爲美, 擇不處仁, 焉得知?"
자 왈 이인위미 택불처인 언득지

공자께서 말씀하시었다: "마을에서 인하게 사는 것이 아름답다. 택하여 인仁에 처하지 않는다면, 어찌 지혜롭다 할 수 있겠는가?"

4-2. 子曰: "不仁者不可以久處約, 不可以長處樂。仁者安仁, 知者利仁。"
자 왈 불인자불가이구처약 불가이장처락 인자안인 지자리인

공자께서 말씀하시었다: "인하지 못한 자는 곤궁함에 오랫동안 처하지 못하며, 또 즐거움에도 오랫동안 처하지 못한다. 인자仁者는 인에서 편안할 줄 안다. 지자知者는 인에서 이로움을 취한다."

4-3. 子曰: "惟仁者能好人, 能惡人。"
자 왈 유인자능호인 능오인

공자께서 말씀하시었다: "오로지 인仁한 자래야 사람을 좋아할 수 있으며, 또 사람을 미워할 수 있는 것이다."

4-4. 子曰: "苟志於仁矣, 無惡也。"
자 왈 구지어인의 무오야

공자께서 말씀하시었다: "진실로 인함에 뜻을 둔다면, 사람들이 싫어하는 행동은 하지 않게 될 것이다."

4-5. 子曰: "富與貴, 是人之所欲也; 不以其道得之, 不處也。貧與賤, 是人之所惡也; 不以其道得之, 不去也。君子去仁, 惡乎成名, 君子無終食之間違仁, 造次必於是, 顚沛必於是。"

자왈 부여귀 시인지소욕야 불이기도득지 불처야 빈여천 시인지소오야 불이기도득지 불거야 군자거인 오호성명 군자무종식지간위인 조차필어시 전패필어시

공자께서 말씀하시었다: "부귀는 사람들이 다 원하는 것이다. 그러나 정당한 방법으로 얻은 것이 아니라면 그것에 처하지 않는다. 빈천은 누구나 다 싫어하는 것이다. 그러나 그것이 비록 정당한 방법으로 얻은 것이 아니라 할지라도, 부당한 방법으로 벗어나려고 노력하지는 않는다. 군자가 인함에서 떠나 있다면 어찌 명예로운 이름을 이룰 수 있겠는가? 군자는 한 끼니를 마칠 시간 동안에도 인을 어기는 법이 없다. 황급한 때에도 반드시 인과 더불어 하며, 실족할 때에도 반드시 인과 더불어 할 뿐이다."

4-6. 子曰: "我未見好仁者, 惡不仁者。好仁者, 無以尙之; 惡不仁者, 其爲仁矣, 不使不仁者加乎其身。有能一日用其力於仁矣乎? 我未見力不足者。蓋有之矣, 我未之見也。"

자왈 아미견호인자 오불인자 호인자 무이상지 오불인자 기위인의 불사불인자가호기신 유능일일용기력어인의호 아미견역부족자 개유지의 아미지견야

공자께서 말씀하시었다: "나는 아직도 인을 좋아하는 자와 불인을 미워하는 자를 보지 못하였다. 인을 좋아하는 자는 더 이상 보탤 것이 없다. 그런데 불인을 미워하는 자는 그 인을 행함에 있어, 불인한 것이 자기 몸에 물들지 않게 하려고 노력하는 자들이다. 하루라도 그 힘을 인에 쓸려고 노력하는 자가 있다면, 나는 그 인함에 쓸 힘이 부족한 인간을 본 적은 없다. 과연 그런 자가 있을까? 나는 단연코 그러한 자를 본 적이 없다."

4-7. 子曰: "人之過也, 各於其黨。觀過, 斯知仁矣。"
자 왈 인 지 과 야 각 어 기 당 관 과 사 지 인 의

공자께서 말씀하시었다: "사람의 과실이란 각기 자기가 축적해온 삶의 관성에 따라 달라진다. 그 사람의 과실을 보면 곧 그 사람의 인함을 알 수 있다. 군자에게는 군자다운 과실이 있고, 소인에게는 소인다운 과실이 있다."

4-8. 子曰: "朝聞道, 夕死可矣。"
자 왈 조 문 도 석 사 가 의

공자께서 말씀하시었다: "아침에 도를 들으면, 저녁에 죽어도 여한이 없다."

4-9. 子曰: "士志於道, 而恥惡衣惡食者, 未足與議也。"
자 왈 사 지 어 도 이 치 악 의 악 식 자 미 족 여 의 야

공자께서 말씀하시었다: "선비가 도에 뜻을 두고서 나쁜 옷과 나쁜 음식을 부끄럽게 여긴다면, 그와 더불어 말할 꺼리가 없다."

4-10. 子曰: "君子之於天下也, 無適也, 無莫也, 義之與比。"
자 왈 군 자 지 어 천 하 야 무 적 야 무 막 야 의 지 여 비

공자께서 말씀하시었다: "군자는 세상 일에 관하여서는 가까이 할 것도 없고 멀리 할 것도 없다. 오로지 의로움에 따를 뿐이다."

4-11. 子曰: "君子懷德, 小人懷土; 君子懷刑, 小人懷惠。"
자 왈 군 자 회 덕 소 인 회 토 군 자 회 형 소 인 회 혜

공자께서 말씀하시었다: "군자는 큰 덕을 생각하고 소인은 안온한 삶의 터를 생각한다. 군자는 두루 적용되는 법을 생각하고 소인은 작은 혜택을 생각한다."

【새로운 해석】 공자께서 말씀하시었다: "군자의 정치가 큰 덕을 사모하면, 민중들은 안온한 삶의 터전을 그리워하고, 군자의 정치가 형벌 줄 생각만 하고 있으면, 민중들은 형벌을 피해나갈 혜택만을 생각한다."

4-12. 子曰: "放於利而行, 多怨。"
자 왈 방 어 리 이 행 다 원

공자께서 말씀하시었다: "이익에 질질 끌려 행동하면, 원망만 많이 생겨날 뿐이다."

4-13. 子曰: "能以禮讓爲國乎? 何有? 不能以禮讓爲國, 如禮何?"
자 왈 능 이 례 양 위 국 호 하 유 불 능 이 례 양 위 국 여 례 하

공자께서 말씀하시었다: "예와 겸양으로써 나라를 잘 다스린다면, 도대체 무슨 어려움이 있겠는가? 예와 겸양으로써 나라를 잘 다스리지 않는다면 도대체 사회질서의 근간인 예가 무슨 소용이 있겠는가?"

4-14. 子曰: "不患無位, 患所以立。不患莫己知, 求爲可知也。"
자 왈 불 환 무 위 환 소 이 립 불 환 막 기 지 구 위 가 지 야

공자께서 말씀하시었다: "지위가 없음을 걱정하지 말고, 무엇을 가지고 설 것인가를 걱정하라. 사람들이 자기를 알지 못함을 걱정하지 말고, 나의 내면이 참으로 알려질 수 있기를 구하라."

4-15. 子曰: "參乎! 吾道一以貫之。" 曾子曰: "唯。" 子出, 門人問曰: "何謂也?" 曾子曰: "夫子之道, 忠恕而已矣。"
자 왈 삼 호 오 도 일 이 관 지 증 자 왈 유 자 출 문 인 문 왈 하 위 야 증 자 왈 부 자 지 도 충 서 이 이 의

공자께서 말씀하시었다: "삼(參: 증자의 이름)아! 나의 도는 하나로 모든 것을 꿰뚫고 있다." 증자는 대답하였다: "그렇습니다." 공자께서 나가시자, 증자의 문인들이 물었다: "무슨 말씀입니까?" 증자가 말하였다: "선생님의 도는 충忠과 서恕일 뿐이다."

4-16. 子曰: "君子喻於義, 小人喻於利。"
자 왈 군 자 유 어 의 소 인 유 어 리

공자께서 말씀하시었다: "군자는 의義에서 깨닫고, 소인은 이利에서 깨닫는다."

4-17. 子曰: "見賢思齊焉, 見不賢而內自省也。"
자 왈 견 현 사 제 언 견 불 현 이 내 자 성 야

공자께서 말씀하시었다: "어진 이를 보면 그와 같아지기를 생각하며, 어질지 못한 이를 보면 안으로 자기를 되돌아본다."

4-18. 子曰: "事父母幾諫, 見志不從, 又敬不違, 勞而不怨。"
자 왈 사 부 모 기 간 견 지 부 종 우 경 불 위 노 이 불 원

공자께서 말씀하시었다: "부모를 섬길 때는 은미隱微하게 간諫해야 한다. 부모님의 뜻이 내 말을 따르지 않음을 보더라도 더욱 공경하여 어기지 않아야 한다. 그것이 괴로울더라도 원망하지는 말아야 한다."

4-19. 子曰: "父母在, 不遠遊, 遊必有方。"
자 왈 부 모 재 불 원 유 유 필 유 방

공자께서 말씀하시었다: "부모님께서 살아 계실 때에는 멀리 놀러가지 말아야 한다. 그렇게 놀러 갈 때에는 반드시 부모님께 갈 곳을 알려 드려야 한다."

4-20. 子曰: "三年無改於父之道, 可謂孝矣。"
자 왈 삼 년 무 개 어 부 지 도 가 위 효 의

공자께서 말씀하시었다: "삼 년 동안 아버지의 도道를 고침이 없으면 효孝라 이를 만하다."

4-21. 子曰: "父母之年, 不可不知也。一則以喜, 一則以懼。"
자 왈 부 모 지 년 불 가 부 지 야 일 즉 이 희 일 즉 이 구

공자께서 말씀하시었다: "부모님의 나이는 알지 않으면 안된다. 한 편으로는 그로써 기쁜 마음이 들고, 한 편으로는 그로써 두려운 마음이 든다."

4-22. 子曰: "古者言之不出, 恥躬之不逮也。"
자 왈 고 자 언 지 불 출 치 궁 지 불 체 야

공자께서 말씀하시었다: "옛사람들이 말을 함부로 내지 않은 것은, 몸소 실천함이 거기에 미치지 못할 것을 부끄럽게 여겼기 때문이었다."

4-23. 子曰: "以約失之者, 鮮矣。"
자 왈 이 약 실 지 자 선 의

공자께서 말씀하시었다: "약約(검약)으로써 잃는 자는 적다."

4-24. 子曰: "君子欲訥於言, 而敏於行。"
자 왈 군 자 욕 눌 어 언 이 민 어 행

공자께서 말씀하시었다: "군자는 말은 어눌하게 하고, 행동은 민첩하게 하려고 노력한다."

4-25. 子曰: "德不孤, 必有隣。"
자 왈 덕 불 고 필 유 린

공자께서 말씀하시었다: "덕은 외롭지 아니하다. 반드시 이웃이 있게 마련이다."

4-26. 子游曰: "事君數, 斯辱矣; 朋友數, 斯疏矣。"
자 유 왈 사 군 삭 사 욕 의 붕 우 삭 사 소 의

자유가 말하였다: "임금을 섬김에 너무 자주 간하면 욕을 당하고, 붕우간에 너무 자주 충고하면 멀어지게 마련이다."

공야장 제오
公冶長第五

5-1A. 子謂公冶長, "可妻也。雖在縲絏之中, 非其罪也。" 以其子妻之。
자위공야장 가처야 수재누설지중 비기죄야 이기자처지

공자께서 공야장을 평하여 이르시기를 "사위 삼을 만하다. 비록 그가 오랏줄에 묶여 감옥에 갇혀 있지만 그것은 그의 죄가 아니다" 하시고 자기의 딸을 그에게 시집보내셨다.

5-1B. 子謂南容, "邦有道, 不廢; 邦無道, 免於刑戮。" 以其兄之子妻之。
자위남용 방유도 불폐 방무도 면어형륙 이기형지자처지

공자께서 남용을 평하여 이르시기를 "나라에 도가 있으면 버려지지 않을 것이고, 나라에 도가 없더라도 형벌은 면할 인물이다" 하시고, 그 형의 딸을 그에게 시집보내셨다.

5-2. 子謂子賤, "君子哉若人! 魯無君子者, 斯焉取斯?"
자위자천 군자재약인 노무군자자 사언취사

공자께서 자천子賤을 평하여 말씀하시었다: "군자로다! 이 사람이여. 노나라에 군자의 전통이 없었다면 이 사람이 어디에서 이러한 덕성을 취했겠는가?"

5-3. 子貢問曰: "賜也何如?" 子曰: "女, 器也。" 曰: "何器也?" 曰: "瑚璉也。"
자공문왈 사야하여 자왈 여 기야 왈 하기야 왈 호련야

자공이 여쭈어 말하였다: "저(賜: 자공의 이름)는 어떻습니까?" 공자께서 말씀하시었다: "너는 그릇이다." 자공이 이어 "어떤 그릇입니까?" 하고 되묻자, 공자께서 말씀하시었다: "귀한 호련瑚璉 옥그릇이다."

5-4. 或曰: "雍也仁而不佞。" 子曰: "焉用佞? 禦人以口給, 屢憎於人。不知其仁, 焉用佞?"
혹왈 옹야인이불녕 자왈 언용녕 어인이구급 누증 어인 부지기인 언용녕

누군가 말하였다: "옹雍은 인하기는 한데 말재주가 없습니다." 공자께서 말씀하시었다: "말재주를 도대체 어디에 쓰겠다는 거냐? 약삭빠른 구변으로 남의 말을 막아, 자주 남에게 미움만 살 뿐이니, 그가 인한지는 모르겠으나 말재주를 도대체 어디에 쓰겠다는 거냐?"

5-5. 子使漆彫開仕。對曰: "吾斯之未能信。" 子說。
자사칠조개사 대왈 오사지미능신 자열

공자께서 칠조개에게 벼슬을 권하시었다. 칠조개가 그것에 대하여 말씀드렸다: "저는 벼슬하는 것에 관해서는 아직 자신이 없습니다." 공자께서 기뻐하시었다.

5-6. 子曰: "道不行, 乘桴浮于海。從我者, 其由與?" 子路聞之喜。子曰: "由也好勇過我, 無所取材。"
자왈 도불행 승부부우해 종아자 기유여 자로문지 희 자왈 유야호용과아 무소취재

공자께서 말씀하시었다: "나의 도가 실현되지를 않는구나. 뗏목을 타고 바다에 둥둥 떠 있고 싶다(고조선문명에 대한 향심을 나타낸다고 해석할 수도 있다). 이럴 때 나를 따르는 자는 오직 유(由: 자로의 이름)이겠지?" 자로가 이 말을

듣고 기뻐 어쩔 줄을 몰랐다. 이에 공자께서 말씀하시었다: "유는 용맹을 좋아하는 것은 분명 나를 뛰어넘는다. 그러나 그는 사리를 헤아리는 바가 부족하다."

5-7. 孟武伯問: "子路仁乎?" 子曰: "不知也。" 又問。子曰: "由也,
맹 무 백 문 자 로 인 호 자 왈 부 지 야 우 문 자 왈 유 야
千乘之國, 可使治其賦也, 不知其仁也。" "求也何如?" 子曰:
천 승 지 국 가 사 치 기 부 야 부 지 기 인 야 구 야 하 여 자 왈
"求也, 千室之邑, 百乘之家, 可使爲之宰也, 不知其仁也。"
구 야 천 실 지 읍 백 승 지 가 가 사 위 지 재 야 부 지 기 인 야
"赤也何如?" 子曰: "赤也, 束帶立於朝, 可使與賓客言也,
적 야 하 여 자 왈 적 야 속 대 립 어 조 가 사 여 빈 객 언 야
不知其仁也。"
부 지 기 인 야

맹무백孟武伯이 여쭈었다: "자로는 인합니까?" 공자께서 말씀하시었다: "잘 모르겠습니다." 그러자 맹무백은 다시 여쭈었다. 이에 공자께서 말씀하시었다: "유(由: 자로의 이름)는 천 수레의 나라라도 그 군재정을 맡겨 다스리게 할 만하지만, 그가 인한 지는 모르겠습니다." "그렇다면 구(求: 염유의 이름)는 어떻습니까?" 공자께서 말씀하시었다: "구는 천 가호의 읍이나 백 수레의 대부 영지에서 지방장관을 하게 할 만하지만, 그가 인한 지는 모르겠습니다." "그러면 적(赤: 공서화의 이름)은 어떻습니까?" 공자께서 말씀하시었다: "적은 대례복을 성대히 차려 입고 조정에 서서 외국사신들을 응대하여 말을 나누게 할 만하지만, 그가 인한 지는 모르겠습니다."

5-8. 子謂子貢曰: "女與回也孰愈?" 對曰: "賜也何敢望回? 回也
자 위 자 공 왈 여 여 회 야 숙 유 대 왈 사 야 하 감 망 회 회 야
聞一以知十, 賜也聞一以知二。" 子曰: "弗如也。吾與女弗
문 일 이 지 십 사 야 문 일 이 지 이 자 왈 불 여 야 오 여 여 불
如也。"
여 야

공자께서 자공에게 일러 말씀하시었다: “너와 안회, 누가 더 나으냐?” 자공이 대답하였다: “제가 어찌 감히 안회를 넘나보겠습니까? 안회는 하나를 들으면 열을 알고, 저는 하나를 들으면 둘을 알 뿐이옵니다.” 공자께서 말씀하시었다: “그래, 너는 안회만 같지 못하다. 그래! 나와 너 두 사람 모두 안회만 같지 못하다.”

5-9. 宰予晝寢。子曰: “朽木不可雕也, 糞土之牆不可杇也; 於予
재 여 주 침 자 왈 후 목 불 가 조 야 분 토 지 장 불 가 오 야 어 여
與何誅?” 子曰: “始吾於人也, 聽其言而信其行; 今吾於人
여 하 주 자 왈 시 오 어 인 야 청 기 언 이 신 기 행 금 오 어 인
也, 聽其言而觀其行。於予與改是。”
야 청 기 언 이 관 기 행 어 여 여 개 시

재여宰予가 낮잠을 자자, 공자께서 말씀하시었다: “썩은 나무는 조각할 수가 없고, 거름흙으로 쌓은 담은 흙손질할 수가 없다. 내 재여에 대하여 뭔 꾸짖을 일이 있겠는가?” 공자께서 말씀하시었다: “내가 처음에는 남에 대하여 그의 말을 듣고 그의 행실을 믿었으나, 이제 나는 남에 대하여 그의 말을 듣고 그의 행실을 살펴보게 되었다. 다시 말해서 인간의 실천력에 대하여 의구심을 갖게 되었다. 나는 재여 때문에도 이 같은 습관을 고치게 되었노라.”

5-10. 子曰: “吾未見剛者。” 或對曰: “申棖。” 子曰: “棖也慾, 焉得
자 왈 오 미 견 강 자 혹 대 왈 신 장 자 왈 장 야 욕 언 득
剛?”
강

공자께서 말씀하시었다: “나는 아직도 참으로 강剛한 자를 보지 못하였다.” 어떤 사람이 대답하여 말하였다: “신장申棖이 있지 않습니까?” 공자께서 말씀하시었다: “신장은 항상 욕심이 앞서는 사람이니 어찌 그를 강하다 하리오?”

5-11. 子貢曰: "我不欲人之加諸我也, 吾亦欲無加諸人。" 子曰:
자 공 왈 아 불 욕 인 지 가 저 아 야 오 역 욕 무 가 저 인 자 왈
"賜也, 非爾所及也。"
사 야 비 이 소 급 야

자공이 말하였다. "저는 남이 저에게 무리한 것을 강요하는 것을 원치 않습니다. 그리고 저 또한 남에게 무리한 것을 강요하는 것을 원치 않습니다." 공자께서 말씀하시었다: "사야! 그것은 네가 쉽게 미칠 수 있는 것이 아니다."

5-12. 子貢曰: "夫子之文章, 可得而聞也; 夫子之言性與天道,
자 공 왈 부 자 지 문 장 가 득 이 문 야 부 자 지 언 성 여 천 도
不可得而聞也。"
불 가 득 이 문 야

자공이 말하였다: "선생님의 문장은 얻어 들을 수 있으나, 선생님께서 인간의 본성과 천도를 말씀하시는 것은 얻어 들을 수가 없다."

5-13. 子路有聞, 未之能行, 唯恐有聞。
자 로 유 문 미 지 능 행 유 공 유 문

자로는 좋은 가르침을 듣고 아직 미처 실행하지 못했으면, 행여 또 다른 가르침을 들을까 두려워하였다.

5-14. 子貢問曰: "孔文子何以謂之'文'也?" 子曰: "敏而好學, 不
자 공 문 왈 공 문 자 하 이 위 지 문 야 자 왈 민 이 호 학 불
恥下問, 是以謂之'文'也。"
치 하 문 시 이 위 지 문 야

자공이 여쭈어 말씀드렸다: "공문자孔文子를 어찌하여 문文이라 시호하였습니까?" 공자께서 말씀하시었다: "영민한 사람인데도 배우기를 좋아하였으며, 아랫사람에게 묻는 것을 부끄럽게 여기지 않았다. 이런 까닭으로 문이라 일컬은 것이다."

5-15. 子謂子產, "有君子之道四焉: 其行己也恭, 其事上也敬,
자 위 자 산　유 군 자 지 도 사 언　기 행 기 야 공　기 사 상 야 경
其養民也惠, 其使民也義。"
기 양 민 야 혜　기 사 민 야 의

공자께서 자산을 평하시어 말씀하시었다: "군자의 도가 네 가지 있으니, 자기의 몸가짐이 공손하며, 윗사람을 섬김이 공경스러우며, 백성을 기름이 은혜로우며, 백성을 부림이 의로운 것이다."

5-16. 子曰: "晏平仲善與人交, 久而敬之。"
자 왈　안 평 중 선 여 인 교　구 이 경 지

공자께서 말씀하시었다: "안평중晏平仲은 사람과 잘 사귀는구나! 오래 사귈수록 오히려 공경하니."

5-17. 子曰: "臧文仲居蔡, 山節藻棁, 何如其知也?"
자 왈　장 문 중 거 채　산 절 조 절　하 여 기 지 야

공자께서 말씀하시었다: "장문중(노나라의 대부)이 큰 거북딱지를 걸어두었고, 기둥머리 두공에는 산모양을 조각하고, 들보 위 동자기둥에는 수초 모양을 그렸으니, 어찌 그를 지혜롭다 하겠는가?"

5-18. 子張問曰: "令尹子文三仕爲令尹, 無喜色; 三已之, 無慍
자 장 문 왈　영 윤 자 문 삼 사 위 영 윤　무 희 색　삼 이 지　무 온
色; 舊令尹之政, 必以告新令尹。何如?" 子曰: "忠矣。" 曰:
색　구 영 윤 지 정　필 이 고 신 영 윤　하 여　자 왈　충 의　왈
"仁矣乎?" 曰: "未知。焉得仁?" "崔子弑齊君, 陳文子有馬
인 의 호　왈　미 지　언 득 인　최 자 시 제 군　진 문 자 유 마
十乘, 棄而違之。至於他邦, 則曰: '猶吾大夫崔子也。' 違之。
십 승　기 이 위 지　지 어 타 방　즉 왈　유 오 대 부 최 자 야　위 지
之一邦, 則又曰: '猶吾大夫崔子也。' 違之。何如?" 子曰: "清
지 일 방　즉 우 왈　유 오 대 부 최 자 야　위 지　하 여　자 왈　청
矣。" 曰: "仁矣乎?" 曰: "未知。焉得仁?"
의　왈　인 의 호　왈　미 지　언 득 인

자장이 여쭈었다: "영윤 자문이 세 번 벼슬하여 영윤이 되었는데도, 그때마다 기뻐하는 기색도 없었고, 세 번 벼슬을 그만두면서도 그때마다 서운해 하는 기색도 없었습니다. 그리고 자신이 맡아보던 영윤의 정사를 반드시 새로 부임해온 영윤에게 상세히 알려주었습니다. 이만하면 어떠합니까?" 공자께서 말씀하시었다: "충성스럽다할 만하다." "인하다고 할 만합니까?"하고 다시 여쭈니, 공자께서 말씀하시었다: "모르겠다. 어찌 인하다고까지야 말할 수 있으리오?" 자장은 또 여쭈었다: "최자가 제나라 임금을 시해하자, 진문자는 말 10승을 소유하고 있었는데 이러한 부를 다 버리고 떠났습니다. 다른 나라에 이르러 말하기를, '이 나라 권력자들도 우리나라 대부 최자와 같다' 하고 떠나버렸습니다. 다시 한 나라에 이르러 또 말하기를, '이 나라 권력자들도 우리나라 대부 최자와 같다' 하고 떠나버렸습니다. 이만하면 어떠합니까?" 공자께서 말씀하시었다: " 청백하다 할 만하다." "인하다고 할 만합니까?" 하고 다시 여쭈니, 공자께서 말씀하시었다: "모르겠다. 어찌 인하다고까지야 말할 수 있으리오?"

5-19. 季文子三思而後行。子聞之, 曰: "再, 斯可矣。"
계 문 자 삼 사 이 후 행 자 문 지 왈 재 사 가 의

계문자季文子는 세 번 곰곰이 생각한 뒤에야 행동하였다. 공자께서 이 말을 들으시고 말씀하시었다: "두 번이면 충분하다."

5-20. 子曰: "甯武子, 邦有道, 則知; 邦無道, 則愚。其知可及也, 其愚不可及也。"
자 왈 영 무 자 방 유 도 즉 지 방 무 도 즉 우 기 지 가 급 야 기 우 불 가 급 야

공자께서 말씀하시었다: "영무자甯武子는 나라에 도가 있을 때는 지혜롭고, 나라에 도가 없을 때는 어리석었다. 그 지혜로움을 따를 수 있으나, 그 어리석음은 따르기 어렵다."

5-21. 子在陳, 曰: "歸與! 歸與! 吾黨之小子狂簡, 斐然成章, 不知所以裁之。"
자재진 왈 귀여 귀여 오당지소자광간 비연성장 부지소이재지

공자께서 진나라에 계시었을 때, 말씀하시었다. "돌아가자! 돌아가자! 오당吾黨의 어린 제자들이 박력있고 뜻이 커서, 찬란하게 문장을 이루었으나, 그것을 어떻게 다듬어야 할 지를 모르는구나."

5-22. 子曰: "伯夷、叔齊不念舊惡, 怨是用希。"
자왈 백이 숙제불념구악 원시용희

공자께서 말씀하시었다: "백이와 숙제는 사람들이 저지른 지난 잘못을 기억하지 않았다. 이 때문에 사람들로부터 원망을 사는 일이 거의 없었다."

5-23. 子曰: "孰謂微生高直? 或乞醯焉, 乞諸其隣而與之。"
자왈 숙위미생고직 혹걸혜언 걸저기린이여지

공자께서 말씀하시었다: "누가 미생고를 정직하다 이르는가? 어떤 사람이 미생고에게 초를 좀 얻으려 하자, 없으면 없다 말할 것이지 얼른 옆집에서 빌어다가 주는구나! 허위의식이 엿보인다."

5-24. 子曰: "巧言、令色、足恭, 左丘明恥之, 丘亦恥之。匿怨而友其人, 左丘明恥之, 丘亦恥之。"
자왈 교언 영색 주공 좌구명치지 구역치지 익원이우기인 좌구명치지 구역치지

공자께서 말씀하시었다. "번지르르한 말, 꾸민 얼굴빛, 지나친 공손, 이것들을 좌구명이 부끄럽게 여겼는데, 나 또한 이를 부끄럽게 여기노라. 싫어하는 감정을 감추고 그 사람을 사귀는 것을 좌구명이 부끄럽게 여겼는데, 나 또한 이를 부끄럽게 여기노라."

5-25. 顏淵季路侍。子曰: “盍各言爾志?” 子路曰: “願車馬衣輕
안연계로시 자왈 합각언이지 자로왈 원거마의경
裘與朋友共敝之而無憾。” 顏淵曰: “願無伐善, 無施勞。” 子
구여붕우공폐지이무감 안연왈 원무벌선 무시로 자
路曰: “願聞子之志。” 子曰: “老者安之, 朋友信之, 少者懷
로왈 원문자지지 자왈 노자안지 붕우신지 소자회
之。”
지

안연과 계로가 공자를 모시고 있었다. 공자께서 말씀하시었다: “제각기 품고 있는 뜻을 한번 말해보지 않으련?” 자로가 말하였다: “원컨대, 수레와 말, 윗도리와 값비싼 가벼운 가죽외투를 친구와 함께 쓰다가, 다 헤지더라도 유감이 없고자 하옵니다.” 안연이 말하였다: “원컨대, 잘함을 자랑치 아니하고, 공로를 드러내지 아니하고자 하옵니다.” 자로가 말하였다: “이제는 선생님의 뜻을 듣고자 하옵니다.” 공자께서 말씀하시었다: “늙은이로부터는 편안하게 느껴질 수 있으며, 친구로부터는 믿음직스럽게 여겨지며, 젊은이로부터는 그리움의 대상이 되는 그런 인간이 되고 싶다.”

5-26. 子曰: “已矣乎, 吾未見能見其過而內自訟者也。”
자왈 이의호 오미견능견기과이내자송자야

공자께서 말씀하시었다: “아~ 절망스럽구나! 자신의 허물을 보고서 내심 스스로 자책하는 사람을 나는 보지 못하였다.”

5-27. 子曰: “十室之邑, 必有忠信如丘者焉, 不如丘之好學也。”
자왈 십실지읍 필유충신여구자언 불여구지호학야

공자께서 말씀하시었다: “열가호쯤 되는 조그만 마을에도 반드시 나와 같이 충직하고 신의 있는 사람은 있을 것이다. 그러나 나만큼 배우기를 좋아하는 사람은 없을 것이다.”

옹야 제육

雍也第六

6-1. 子曰: "雍也, 可使南面。" 仲弓問子桑伯子。子曰: "可也,
자왈 옹야 가사남면 중궁문자상백자 자왈 가야

簡。" 仲弓曰: "居敬而行簡, 以臨其民, 不亦可乎? 居簡而行
간 중궁왈 거경이행간 이임기민 불역가호 거간이행

簡, 無乃大簡乎?" 子曰: "雍之言然。"
간 무내태간호 자왈 옹지언연

공자께서 말씀하시었다: "옹(雍: 중궁仲弓의 이름)은 남면케 할 만하다." 중궁仲弓이 자상백자子桑伯子에 관하여 여쭈었다. 공자께서 말씀하시었다: "그의 간솔함은 괜찮다." 중궁이 말하였다: "자기는 공경함에 거居하면서 남에게 간솔하게 행동하고, 그렇게 백성들을 살핀다면 괜찮다고 할 만도 하겠지요? 그러나 자기도 간솔함에 거居하면서 남에게도 간솔하게 행동한다면, 그것은 지나치게 간솔한 것이 아니겠습니까?" 공자께서 말씀하시었다: "옹의 말이 옳다."

6-2. 哀公問: "弟子孰爲好學?" 孔子對曰: "有顔回者好學, 不遷
애공문 제자숙위호학 공자대왈 유안회자호학 불천

怒, 不貳過。不幸短命死矣。今也則亡, 未聞好學者也。"
노 불이과 불행단명사의 금야즉무 미문호학자야

애공哀公이 물었다: "제자 중에서 누가 배우기를 좋아합니까?" 공자가 대답하여 말하였다: "안회顔回라는 아이가 있었는데, 배우기를 좋아하고, 노여움을 남에게 옮기지 않으며, 잘못은 두 번 다시 반복하는 적이 없었습니다. 그런데 불행하게도 명이 짧아 죽었습니다. 그가 지금은 이 세상에 없으니, 아직 배우기를 좋아한다 할 만한 자를 듣지 못하였습니다."

6-3A. 子華使於齊, 冉子爲其母請粟。子曰: "與之釜。" 請益。曰:
자 화 사 어 제 염 자 위 기 모 청 속 자 왈 여 지 부 청 익 왈
"與之庾。" 冉子與之粟五秉。子曰: "赤之適齊也, 乘肥馬,
여 지 유 염 자 여 지 속 오 병 자 왈 적 지 적 제 야 승 비 마
衣輕裘。吾聞之也: 君子周急不繼富。"
의 경 구 오 문 지 야 군 자 주 급 불 계 부

자화(子華: 공서화의 자字)가 제나라에 사신으로 갈 때였다. 염자冉子가 자화의 홀로 남은 어미를 위하여 곡식을 청하였다. 공자께서 말씀하시었다: "한 말이나 주려무나." 더 많이 청하자, 말씀하시었다: "그럼 한 가마 정도 주렴." 그런데 염자는 곡식 다섯 섬을 주고 말았다. 공자께서 내심 불쾌히 여겨 말씀하시었다: "적(赤: 공서화의 이름)이 제나라로 가는데, 살찐 말 수레를 타고 가볍고 호사한 가죽옷을 입고 가는구나. 나는 들었지. 군자는 곤궁한 사람을 도와주어도 부유한 사람을 보태주는 짓을 하지 않는다고."

6-3B. 原思爲之宰, 與之粟九百, 辭。子曰: "毋! 以與爾鄰里鄕黨
원 사 위 지 재 여 지 속 구 백 사 자 왈 무 이 여 이 린 리 향 당
乎!"
호

원사原思가 공자의 가재家宰가 되었다. 공자께서 그에게 곡식 900말의 봉록을 주려 하자, 그가 사양하였다. 공자께서 말씀하시었다: "사양치 말라! 그것을 너의 이웃과 향당에 나누어 주려무나."

6-4. 子謂仲弓曰: "犁牛之子, 騂且角, 雖欲勿用, 山川其舍諸?"
자 위 중 궁 왈 리 우 지 자 성 차 각 수 욕 물 용 산 천 기 사 저

공자께서 중궁仲弓을 평하여 말씀하시었다: "평범한 황소의 새끼라도, 만약 털이 붉어 아름답고 각진 뿔이 웅장하다면, 사람들이 제물로 쓰지 않고 내버려 둔들(훌륭한 인재인데 발탁되지 않는다는 뜻), 산천의 하느님께서 어찌 그 황소를 내버려 두겠느냐?"

6-5. 子曰: "回也, 其心三月不違仁, 其餘則日月至焉而已矣。"
자 왈 회 야 기 심 삼 월 불 위 인 기 여 즉 일 월 지 언 이 이 의

공자께서 말씀하시었다: "안회는 말이다, 그 마음이 석 달 줄곧 인仁을 어기는 법이 없나니. 석 달이 지나게 되면 날이면 날마다, 달이면 달마다 인仁한 채로 자연스럽게 흘러갈 뿐이다."

6-6. 季康子問: "仲由可使從政也與?" 子曰: "由也果, 於從政
계 강 자 문 중 유 가 사 종 정 야 여 자 왈 유 야 과 어 종 정
乎何有!" 曰: "賜也可使從政也與?" 曰: "賜也達, 於從政乎
호 하 유 왈 사 야 가 사 종 정 야 여 왈 사 야 달 어 종 정 호
何有!" 曰: "求也可使從政也與?" 曰: "求也藝, 於從政乎何
하 유 왈 구 야 가 사 종 정 야 여 왈 구 야 예 어 종 정 호 하
有!"
유

계강자季康子가 여쭈었다: "중유(仲由: 자로)는 정치를 맡길 만합니까?" 공자께서 말씀하시었다: "유는 과단성이 있으니 정치하는 데 무슨 어려움이 있으리오!" 여쭈었다: "사(賜: 자공)는 정치를 맡길 만합니까?" 말씀하시었다: "사는 사리에 통달했으니 정치하는 데 무슨 어려움이 있으리오!" 여쭈었다: "구(求: 염유)는 정치를 맡길 만합니까?" 말씀하시었다: "구는 다재다능하니 정치하는 데 무슨 어려움이 있으리오?"

6-7. 季氏使閔子騫爲費宰。閔子騫曰: "善爲我辭焉。如有復我
계 씨 사 민 자 건 위 비 재 민 자 건 왈 선 위 아 사 언 여 유 부 아
者, 則吾必在汶上矣。"
자 즉 오 필 재 문 상 의

계씨가 민자건閔子騫을 비읍의 읍재邑宰로 삼으려 하였다. 민자건은 심부름 온 사람에게 말하였다: "나를 위해 말 좀 잘해다오. 또다시 나를 부르러 온다면 나는 반드시 문수汶水가에 있을 것이다(초야에 묻힘. 강력한

거절의 의사)."

6-8. 伯牛有疾, 子問之。自牖執其手曰: "亡之, 命矣夫! 斯人也,
백 우 유 질 자 문 지 자 유 집 기 수 왈 망 지 명 의 부 사 인 야
而有斯疾也! 斯人也, 而有斯疾也!"
이 유 사 질 야 사 인 야 이 유 사 질 야

염백우가 몹쓸 병에 걸렸다. 공자께서 병문안을 가시었다. 방안으로 들어가시지는 않으시고 창으로 그 손만 잡으시고 말씀하시었다: "활맥活脈이 없구나! 명이 다했구나! 이 사람이 이런 병에 걸리다니! 이 사람이 이런 병에 걸리다니!"

6-9. 子曰: "賢哉! 回也。一簞食, 一瓢飮, 在陋巷。人不堪其憂,
자 왈 현 재 회 야 일 단 사 일 표 음 재 누 항 인 불 감 기 우
回也, 不改其樂。賢哉! 回也。"
회 야 불 개 기 락 현 재 회 야

공자께서 말씀하시었다: "훌륭하도다! 안회는. 한 소쿠리의 밥과 한 표주박의 청수로 누추한 골목에서 산다. 사람들은 그 근심을 견디지 못하건만, 안회여! 그는 그 즐거움을 바꾸지 않는도다. 훌륭하도다! 안회는."

6-10. 冉求曰: "非不說子之道, 力不足也。" 子曰: "力不足者, 中
염 구 왈 비 불 열 자 지 도 역 부 족 야 자 왈 역 부 족 자 중
道而廢, 今女劃。"
도 이 폐 금 여 획

염구가 말하였다: "저는 선생님의 도道를 좋아하지 않는 것이 아닙니다. 힘이 딸릴 뿐입니다." 공자께서 말씀하시었다: "참으로 힘이 딸리는 자는 중도라도 그만둘 수밖에 없다. 그러나 지금 너는 스스로 한계를 긋고 있을 뿐이니라."

6-11. 子謂子夏曰: "女爲君子儒, 無爲小人儒!"
자 위 자 하 왈 여 위 군 자 유 무 위 소 인 유

공자께서 자하子夏에게 일러 말씀하시었다: "너는 군자유가 되거라. 소인유가 되어서는 아니 되나니!"

6-12. 子游爲武城宰。子曰: "女得人焉爾乎?" 曰: "有澹臺滅明
자 유 위 무 성 재 자 왈 여 득 인 언 이 호 왈 유 담 대 멸 명
者, 行不由徑。非公事, 未嘗至於偃之室也。"
자 행 불 유 경 비 공 사 미 상 지 어 언 지 실 야

자유子游가 무성武城의 읍재邑宰가 되었다. 공자께서 자유를 만났을 때 물으시었다: "너는 사람을 얻었느냐?" 자유가 대답하였다: "담대멸명澹臺滅明이라는 인물이 있습니다. 그는 길을 다닐 적에 골목 지름길로 가는 법이 없습니다. 여태까지 공적인 일이 아니면 한 번도 제 방에 온 적이 없나이다."

6-13. 子曰: "孟之反不伐, 奔而殿, 將入門, 策其馬, 曰: '非敢後
자 왈 맹 지 반 불 벌 분 이 전 장 입 문 책 기 마 왈 비 감 후
也, 馬不進也。'"
야 마 부 진 야

공자께서 말씀하시었다: "맹지반孟之反은 공을 자랑하지 않는구나! 노나라의 군대가 퇴각할 때에 후미를 맡아 싸웠다. 노나라의 북성 문을 최후로 들어갈 때 말 궁둥이를 채찍질하면서 말했다: '내가 용감해서 후방을 맡은 것은 아니다. 말이 시원찮아 뒤처졌을 뿐이다.'"

6-14. 子曰: "不有祝鮀之佞, 而有宋朝之美, 難乎免於今之世
자 왈 불 유 축 타 지 녕 이 유 송 조 지 미 난 호 면 어 금 지 세
矣。"
의

공자께서 말씀하시었다: "축타의 말재주와 송조의 미모가 없으면 요즈음 같은 세상에선 환난을 면키 어렵다."

6-15. 子曰: "誰能出不由戶? 何莫由斯道也!"
자 왈 수 능 출 불 유 호 하 막 유 사 도 야

공자께서 말씀하시었다: "누구인들 밖을 나갈 때에 문을 거치지 않을 수 있으리오? 그런데 어찌하여 이(斯) 도(道)를 거치지 아니 하려느뇨!"

6-16. 子曰: "質勝文則野, 文勝質則史。文質彬彬然後君子。"
자 왈 질 승 문 즉 야 문 승 질 즉 사 문 질 빈 빈 연 후 군 자

공자께서 말씀하시었다: "질質이 문文을 이기면 야野하고(촌스럽고 투박함), 문이 질을 이기면 사史하다(문서관리자의 세련미). 문과 질이 골고루 배합된 연후에나 군자라 일컬을 수 있는 것이다."

6-17. 子曰: "人之生也直。罔之生也, 幸而免。"
자 왈 인 지 생 야 직 망 지 생 야 행 이 면

공자께서 말씀하시었다: "사람의 태어난 그대로의 모습은 반듯하다. 그런데 그것을 구부리어 사는 삶이란 요행으로 면하는 삶일 뿐이다."

6-18. 子曰: "知之者, 不如好之者; 好之者, 不如樂之者。"
자 왈 지 지 자 불 여 호 지 자 호 지 자 불 여 락 지 자

공자께서 말씀하시었다: "배움의 길에 있어서 무엇을 안다고 하는 것은 그 무엇을 좋아하는 것만 같지 못하고, 무엇을 좋아한다는 것은 그 무엇을 즐기는 것만 같지 못하다."

6-19. 子曰: "中人以上, 可以語上也; 中人以下, 不可以語上也。"
자 왈 중 인 이 상 가 이 어 상 야 중 인 이 하 불 가 이 어 상 야

공자께서 말씀하시었다: "지력이 중등 이상의 사람들에게는 곧바로 고등한 지식을 가르칠 수 있다. 그러나 중등 이하의 사람들에게는 고등한 지식을 곧바로 가르치면 아니 된다." (※ 인간의 귀천을 말하는 것이 아니고 교육의 방법론적 방편을 말하고 있다).

6-20. 樊遲問知。子曰: "務民之義, 敬鬼神而遠之, 可謂知矣。"
번 지 문 지 자 왈 무 민 지 의 경 귀 신 이 원 지 가 위 지 의

問仁。曰: "仁者先難而後獲, 可謂仁矣。"
문 인 왈 인 자 선 난 이 후 획 가 위 인 의

번지가 앎(知)에 관하여 여쭈었다. 공자께서 이에 말씀하시었다: "백성의 마땅한 바를 힘쓰고, 귀신을 공경하되 멀리하면, 안다고 말할 수 있다." 번지가 또 인仁에 관하여 여쭈었다. 공자께서 말씀하시었다: "인한 사람은 항상 어려운 큰 일을 먼저 도모하고, 자신을 위하여 얻는 일은 뒤로 한다. 그리하면 가히 인하다 말할 수 있다."

6-21. 子曰: "知者樂水, 仁者樂山。知者動, 仁者靜。知者樂, 仁者壽。"
자 왈 지 자 요 수 인 자 요 산 지 자 동 인 자 정 지 자 락 인 자 수

공자께서 말씀하시었다: "지자知者는 물을 좋아하고, 인자仁者는 산을 좋아한다. 지자는 동적이고 인자는 정적이다. 지자는 즐길 줄 알고 인자는 수壽할 줄 안다."

6-22. 子曰: "齊一變, 至於魯。魯一變, 至於道。"
자 왈 제 일 변 지 어 노 노 일 변 지 어 도

공자께서 말씀하시었다: "제나라가 한번 변하면 노나라에 이를 것이요, 노나라가 제대로 한번 변하기만 한다면 이상국가에 이를 텐데."

6-23. 子曰: "觚不觚, 觚哉! 觚哉!"
자 왈 고 불 고 고 재 고 재

공자께서 말씀하시었다: "모난 고觚 술잔이 모나지 않으면, 어찌 고라 할 수 있으리오! 어찌 고라 할 수 있으리오!"

6-24. 宰我問曰: “仁者, 雖告之曰: ‘井有仁(人)焉。’ 其從之也?”
재 아 문 왈 인 자 수 고 지 왈 정 유 인 인 언 기 종 지 야

子曰: “何爲其然也? 君子可逝也, 不可陷也。可欺也, 不可
자 왈 하 위 기 연 야 군 자 가 서 야 불 가 함 야 가 기 야 불 가

罔也。”
망 야

재아가 공자께 여쭈었다: “인仁한 사람이라면, 누군가 ‘여기 우물에 사람이 빠졌습니다’라고 외치는 소리를 들으면, 곧바로 우물 속으로 들어가야 하지 않을까요?” 공자께서 말씀하시었다: “어찌 앞뒤 안 가리고 그런 짓을 하겠는가? 군자라면 당연히 우물가에 가서 상황을 살펴보기는 해야 하지만, 같이 우물에 빠질 수는 없는 것이다. 사람을 그럴 듯한 말로 속일 수는 있겠으나, 근본적으로 판단력을 흐리게 할 수는 없는 것이다.”

6-25. 子曰: “君子博學於文, 約之以禮, 亦可以弗畔矣夫。”
자 왈 군 자 박 학 어 문 약 지 이 례 역 가 이 불 반 의 부

공자께서 말씀하시었다: “군자는 문文의 세계에 있어서는 가급적 널리 배워야 한다. 그러나 그것을 반드시 예禮로써 집약시켜야 한다. 그리하면 도에 어긋남이 없을 것이다.”

6-26. 子見南子, 子路不說。夫子矢之曰: “予所否者, 天厭之! 天
자 견 남 자 자 로 불 열 부 자 시 지 왈 여 소 부 자 천 염 지 천

厭之!”
염 지

공자께서 남자南子를 만나시었다. 자로가 되게 기분나빠했다. 부자께서 이에 맹서하여 말씀하시었다: “내가 만약 불미스러운 짓을 저질렀다면, 하늘이 날 버리시리라! 하늘이 날 버리시리라!”

6-27. 子曰: “中庸之爲德也, 其至矣乎! 民鮮久矣。”
자 왈 중 용 지 위 덕 야 기 지 의 호 민 선 구 의

공자께서 말씀하시었다: "중용의 덕됨이 지극하도다! 중용을 실천하는 백성이 드문 지가 오래되었도다."

6-28. 子貢曰: "如有博施於民而能濟衆, 何如? 可謂仁乎?" 子
자 공 왈 여 유 박 시 어 민 이 능 제 중 하 여 가 위 인 호 자
曰: "何事於仁! 必也聖乎! 堯舜其猶病諸! 夫仁者, 己欲立
왈 하 사 어 인 필 야 성 호 요 순 기 유 병 저 부 인 자 기 욕 립
而立人, 己欲達而達人。能近取譬, 可謂仁之方也已。"
이 립 인 기 욕 달 이 달 인 능 근 취 비 가 위 인 지 방 야 이

자공이 여쭈었다: "백성들에게 널리 베풀어서 많은 사람들의 삶을 유족하게 만드는 사람이 있다고 한다면 어떻겠습니까? 그 사람을 인하다고 말할 수 있겠습니까?" 공자께서 말씀하시었다: "어찌 인한 정도이겠는가? 그 사람이야말로 반드시 성인이라 부를 만하다. 요·순도 이를 오히려 어렵게 여겼을 것이어늘! 대저 인한 자는 자기가 서고자 하면 남도 서게 하며, 자기가 달성코자 하면 남도 달성케 해준다. 능히 가까운 데서 자기 몸으로 깨달을 수 있는 것을 취할 줄 알면, 그것은 인을 실천하는 방법이라 일컬을 만하다."

1 學而 학이	2 爲政 위정	3 八佾 팔일	4 里仁 이인	5 公冶長 공야장	6 雍也 옹야	7 述而 술이	8 泰伯 태백	9 子罕 자한	10 鄕黨 향당
11 先進 선진	12 顔淵 안연	13 子路 자로	14 憲問 헌문	15 衛靈公 위령공	16 季氏 계씨	17 陽貨 양화	18 微子 미자	19 子張 자장	20 堯曰 요왈

술이 제칠

述而第七

7-1. 子曰: "述而不作, 信而好古, 竊比於我老彭。"
자 왈 술 이 부 작 신 이 호 고 절 비 어 아 노 팽

공자께서 말씀하시었다: "나는 전해 내려오는 것을 술述하였으되 새로 창작하지는 않았다. 나는 옛 것을 신험하여 그 문물제도를 좋아하였다. 이러한 측면에서 나는 나를 슬며시 노팽老彭에 견주노라."

7-2. 子曰: "默而識之, 學而不厭, 誨人不倦, 何有於我哉!"
자 왈 묵 이 식 지 학 이 불 염 회 인 불 권 하 유 어 아 재

공자께서 말씀하시였다: "묵묵히 사물을 인식하고, 끊임없이 배우며 싫증 내지 아니 하고, 사람을 가르치는 데 게을리 하지 아니 하니, 나에게 또 무슨 어려움이 있으랴!"

7-3. 子曰: "德之不修, 學之不講, 聞義不能徙, 不善不能改, 是吾憂也。"
자 왈 덕 지 불 수 학 지 불 강 문 의 불 능 사 불 선 불 능 개 시 오 우 야

공자께서 말씀하시었다: "덕德이 잘 닦이지 않는 것, 배운 것을 잘 강습하지 못하는 것, 의義를 듣고도 실천하지 못하는 것, 나에게 불선不善이 있는 것을 알고도 고치지 못하는 것, 이것이 평소 나의 삶의 걱정이다."

7-4. 子之燕居, 申申如也, 夭夭如也。
자 지 연 거 신 신 여 야 요 요 여 야

공자께서 공무로 밖에 나가지 않으시고 집에 한가로이 계실 적에는 그 모습이 날개를 사뿐히 펼친 듯했고, 얼굴엔 화색이 돌아 광채가 났다.

7-5. 子曰: "甚矣吾衰也! 久矣吾不復夢見周公!"
자 왈 심 의 오 쇠 야 구 의 오 불 복 몽 견 주 공

공자께서 말씀하시었다: "심하도다, 스러져가는 나의 몸이여! 오래되었구나, 꿈에서 주공周公을 다시 보지 못한 지가!"

7-6. 子曰: "志於道, 據於德, 依於仁, 游於藝。"
자 왈 지 어 도 거 어 덕 의 어 인 유 어 예

공자께서 말씀하시었다: "도道에 뜻을 두며, 덕德을 굳게 지키며, 인仁을 항상 떠나지 아니 하며, 예藝 속에서 노닌다. 이것이 나의 삶이다."

7-7. 子曰: "自行束脩以上, 吾未嘗無誨焉。"
자 왈 자 행 속 수 이 상 오 미 상 무 회 언

공자께서 말씀하시었다: "한 다발의 육포라도 가지고 와서 예를 갖추면 나는 누구든지 가르쳐주지 않은 적이 없었다."

7-8. 子曰: "不憤不啓, 不悱不發。擧一隅不以三隅反, 則不復也。"
자 왈 불 분 불 계 불 비 불 발 거 일 우 불 이 삼 우 반 즉 불 복 야

공자께서 말씀하시었다: "나는 분발치 아니하는 학생을 계도하려고 노력하지 않는다. 의심이 축적되어 고민하는 학생이 아니면 촉발시켜 주려고 노력하지 않는다. 한 꼭지 들어 말해주어 세 꼭지로써 반추할 줄 모르면 더 반복치 않고 기다릴 뿐."

7-9. 子食於有喪者之側, 未嘗飽也。子於是日哭則不歌。
자 식 어 유 상 자 지 측 미 상 포 야 자 어 시 일 곡 즉 불 가

공자께서 초상 치르는 사람 곁에서 식사를 하실 때에는 배불리 드시는 적이 없었다. 공자께서 이 날에 곡哭을 하시면 그 자리를 뜬 후에도 노래를 부르시는 법이 없었다.

7-10. 子謂顔淵曰: "用之則行, 舍之則藏, 惟我與爾有是夫!" 子
자 위 안 연 왈 용 지 즉 행 사 지 즉 장 유 아 여 이 유 시 부 자
路曰: "子行三軍, 則誰與?" 子曰: "暴虎馮河, 死而無悔者,
로 왈 자 행 삼 군 즉 수 여 자 왈 포 호 빙 하 사 이 무 회 자
吾不與也。必也臨事而懼, 好謀而成者也。"
오 불 여 야 필 야 임 사 이 구 호 모 이 성 자 야

공자께서 안연을 앞에 두고 말씀하시었다: "세상이 기용하면 정확히 행동하고 세상이 버리면 조용히 숨어지낼 수 있는 미덕을 지닌 자, 오직 너와 나밖에는 없겠지." 옆에 있던 자로가 질투가 나서 여쭈었다: "선생님께서 세 군단의 대군을 이끌고 전장에 나가야 하신다면 누굴 데리고 가시겠습니까?" 공자께서 말씀하시었다: "호랑이를 맨손으로 때려잡으려 하고 큰 강을 맨몸으로 건너려 하면서 죽어도 후회없다고 외치는 그런 놈하고 난 같이 가지 않아. 일에 임하면 두려워 할 줄 알고, 뭔 일이든 꼼꼼히 생각해서 꼭 성공시키는 사람, 난 반드시 그런 사람과 같이 갈 거야."

7-11. 子曰: "富而可求也, 雖執鞭之士, 吾亦爲之。如不可求, 從
자 왈 부 이 가 구 야 수 집 편 지 사 오 역 위 지 여 불 가 구 종
吾所好。"
오 소 호

공자께서 말씀하시었다: "돈을 번다는 것이 내가 구해서 얻어질 수 있는 것이라면 채찍을 잡는 자의 천한 일이라도, 내 기꺼이 그것을 마다하지 않겠다. 그러나 구해서 얻어질 수가 없는 것일진대, 나는 내가 진정 하고 싶은 것을 하리라."

7-12. 子之所愼: 齊, 戰, 疾。
자 지 소 신 재 전 질

공자께서 평소 신중하게 대처하시는 것이 셋 있었다: 재계齋戒, 전쟁戰爭, 질병疾病.

7-13. 子在齊聞韶, 三月不知肉味。曰: "不圖爲樂之至於斯也。"
자 재 제 문 소 삼 월 부 지 육 미 왈 부 도 위 악 지 지 어 사 야

공자께서 제나라에서 순임금의 소韶 음악을 듣고 배우실 적에 삼 개월 동안 고기맛을 잊어버릴 정도로 열중하셨다. 그리고 말씀하시었다: "한 악곡의 창작이 이러한 경지에 이를 줄은 꿈에도 생각지 못했다."

7-14. 冉有曰: "夫子爲衛君乎?" 子貢曰: "諾, 吾將問之。" 入曰:
염 유 왈 부 자 위 위 군 호 자 공 왈 낙 오 장 문 지 입 왈
"伯夷、叔齊, 何人也?" 曰: "古之賢人也," 曰: "怨乎?" 曰:
백 이 숙 제 하 인 야 왈 고 지 현 인 야 왈 원 호 왈
"求仁而得仁, 又何怨?" 出曰: "夫子不爲也。"
구 인 이 득 인 우 하 원 출 왈 부 자 불 위 야

공자께서 위나라에 계실 때 염유가 말하였다: "부자께서 위나라 군주 첩(輒, 저, Zhe)을 도우실까?" 자공이 말하였다: "글쎄, 내가 한번 여쭈어볼께." 자공은 공자 방으로 들어가서 여쭈었다: "백이와 숙제는 어떤 사람입니까?" 공자께서 대답하시었다: "옛날 현자들이지." 자공이 다시 여쭈었다: "후회했을까요?" 공자께서 다시 대답하시었다: "후회하긴, 인을 구해서 인을 얻었는데 또 뭘 후회해?" (※ 백이와 숙제는 고죽국의 두 왕자, 서로 왕위를 양보하였다). 자공이 공자 방에서 나오면서 말하였다: "공자께선 아무도 돕지 않으실 것이다." (※ 괴외와 첩은 부자지간인데 서로 왕위를 뺏으려 하였다. 근원적으로 도덕성이 결여되어 있다).

7-15. 子曰: "飯疏食飮水, 曲肱而枕之, 樂亦在其中矣。不義而
자 왈 반 소 사 음 수 곡 굉 이 침 지 낙 역 재 기 중 의 불 의 이
富且貴, 於我如浮雲。"
부 차 귀 어 아 여 부 운

공자께서 말씀하시었다: "거친 밥 먹고 물 마시며 팔을 굽혀 베개삼더라도, 나의 삶의 즐거움은 이 속에 있노라. 의롭지 못하게 부富를 얻고 높은 지위를 얻는 것은, 나에게는 뜬구름일 뿐."

7-16. 子曰: "加我數年, 五十(卒)以學易, 可以無大過矣。"
자 왈 가 아 수 년 오 십 졸 이 학 역 가 이 무 대 과 의

공자께서 말씀하시었다: "하늘이 나에게 몇 년의 수명만 더해준다면, 드디어 나는 『주역』을 배울 것이다. 그리하면 나에게 큰 허물이 없으리."

7-17. 子所雅言, 詩丶書丶執禮, 皆雅言也。
자 소 아 언 시 서 집 례 개 아 언 야

공자께서 아언雅言으로 말씀하신 바는, 『시경』을 읽으실 때, 『서경』을 읽으실 때, 그리고 중요한 의례를 집행하실 때였다. 이때 말씀하신 것은 모두 아언이었다. (※ 아언이란 사투리가 아닌 낙읍의 정언正言이다).

7-18. 葉公問孔子於子路, 子路不對。子曰: "女奚不曰, 其爲人
섭 공 문 공 자 어 자 로 자 로 부 대 자 왈 여 해 불 왈 기 위 인
也, 發憤忘食, 樂以忘憂, 不知老之將至云爾。"
야 발 분 망 식 낙 이 망 우 부 지 노 지 장 지 운 이

섭공葉公이 공자의 위인爲人에 관하여 자로에게 물었다. 자로는 대답하지를 않았다. 공자는 이에 말씀하시었다: "자로야! 너는 왜 말하지 않았느냐? 우리 선생의 사람됨은, 분발하면 먹는 것도 잊고, 즐거움을 느끼면 세상 근심을 다 잊어버린다오. 그러기에 늙음이 다가오는 것도 알아차리지 못하는 그런 사람이라오."

7-19. 子曰: "我非生而知之者, 好古, 敏以求之者也。"
자 왈 아 비 생 이 지 지 자 호 고 민 이 구 지 자 야

공자께서 말씀하시었다: "나는 태어나면서부터 아는 자가 아니요, 옛 것을 좋아하고, 민첩하게 구하여 아는 자이로다."

7-20. 子不語怪丶力丶亂丶神。
자 불 어 괴 력 난 신

공자께서는 괴怪와 력力과 난亂과 신神을 말씀하시지 않으셨다.

7-21. 子曰: "三人行, 必有我師焉。擇其善者而從之, 其不善者而改之。"
자 왈 삼 인 행 필 유 아 사 언 택 기 선 자 이 종 지 기 불 선 자 이 개 지

공자께서 말씀하시었다: "세 사람만 길을 가도 반드시 그 속에 내 스승이 있다. 그 선한 자를 가려 따르고, 선하지 못한 자는 나를 고치는 귀감으로 삼는다."

7-22. 子曰: "天生德於予, 桓魋其如予何?"
자 왈 천 생 덕 어 여 환 퇴 기 여 여 하

공자께서 말씀하시었다: "하늘이 나에게 덕德을 내려주셨으니, 환퇴인들 감히 나를 어찌하랴!"

7-23. 子曰: "二三子! 以我爲隱乎? 吾無隱乎爾。吾無行而不與二三子者, 是丘也!"
자 왈 이 삼 자 이 아 위 은 호 오 무 은 호 이 오 무 행 이 불 여 이 삼 자 자 시 구 야

공자께서 말씀하시었다: "얘들아! 내가 뭘 숨기고 있다고 생각하니? 나에게 숨기는 것이라곤 아무것도 없다. 뿐만 아니라 나는 행行하여 너희들과

더불어 하지 않는 것이라곤 아무것도 없다. 숨김없는 이 모습이 나 구丘로다!"

7-24. 子以四教: 文、行、忠、信。
자 이 사 교 문 행 충 신

공자께서는 항상 네 가지로써 배우는 자들을 가르치셨다. 그것은 문文·행行·충忠·신信이었다.

7-25. 子曰: "聖人, 吾不得而見之矣! 得見君子者, 斯可矣。" 子
자 왈 성 인 오 부 득 이 견 지 의 득 견 군 자 자 사 가 의 자
曰: "善人, 吾不得而見之矣! 得見有恒者, 斯可矣。亡而爲
왈 선 인 오 부 득 이 견 지 의 득 견 유 항 자 사 가 의 무 이 위
有, 虛而爲盈, 約而爲泰, 難乎有恒矣。"
유 허 이 위 영 약 이 위 태 난 호 유 항 의

공자께서 말씀하시었다: "성인은 참으로 만나기 어렵구나! 그러나 군자만 만날 수 있어도 나는 행복하다." 공자께서 또 말씀하시었다: "선인을 만나기도 참으로 어렵구나! 그러나 원칙 있는 사람만 만나도 나는 행복하다. 없으면서 있는 체하고, 비어있으면서 차있는 체하고, 빈곤하면서 풍요로운 체하는 인간을 어찌 원칙 있다 말할 수 있을까."

7-26. 子釣而不綱, 弋不射宿。
자 조 이 불 강 익 불 석 숙

공자께서는 낚시질은 하셨으나 그물질은 하지 않으셨다. 주살로 새를 잡기는 했으나 모여 잠자는 새들을 쏘지는 않으셨다.

7-27. 子曰: "蓋有不知而作之者, 我無是也。多聞, 擇其善者而
자 왈 개 유 부 지 이 작 지 자 아 무 시 야 다 문 택 기 선 자 이
從之。多見而識之, 知之次也。"
종 지 다 견 이 식 지 지 지 차 야

공자께서 말씀하시었다: "대저 소상히 잘 알지도 못하면서 마구 지어내는 녀석들이 많다. 나에게는 그러한 삶의 태도가 전혀 없다. 나는 될 수 있는 대로 많이 듣는다. 그리고 그 중에서 훌륭한 것을 택하여 따른다. 그리고 될 수 있는 대로 많이 보면서 문제를 인식한다. 이것이야말로 앎의 올바른 차서次序일 것이다."

7-28. 互鄕難與言, 童子見, 門人惑。子曰: "與其進也, 不與其退
호 향 난 여 언 동 자 견 문 인 혹 자 왈 여 기 진 야 불 여 기 퇴
也, 唯何甚? 人潔己以進, 與其潔也, 不保其往也。"
야 유 하 심 인 결 기 이 진 여 기 결 야 불 보 기 왕 야

호향互鄕이라는 지방의 사람들은 편협하고 투박하여 더불어 말하기 어려웠다. 그런데 호향의 젊은 청년이 뵙기를 청하자 공자께서는 기꺼이 그를 만나주셨다. 공자의 문인들은 걱정과 의혹에 휩싸였다. 그러자 공자께서 말씀하시었다: "나는 자기발전을 도모하는 사람을 만난 것이다. 퇴폐적인 인간과 더불어 한 것이 아니다. 내가 그대들 같은 젊은이를 만난 것을 탓하다니 너무 심하지 않은가? 사람이 자기 몸을 정결히 하고 찾아오면 그 정결함을 허락하는 것이다. 어찌 나에게서 떠난 이후를 내가 보장할 손가?"

7-29. 子曰: "仁遠乎哉? 我欲仁, 斯仁至矣。"
자 왈 인 원 호 재 아 욕 인 사 인 지 의

공자께서 말씀하시었다: "인仁이 멀리 있다구? 내가 원하면 당장 여기로 달려오는 것이 인仁인데!"

7-30. 陳司敗問: "昭公知禮乎?" 孔子曰: "知禮。" 孔子退。揖巫馬
진 사 패 문 소 공 지 례 호 공 자 왈 지 례 공 자 퇴 읍 무 마
期而進之曰: "吾聞君子不黨。君子亦黨乎? 君取於吳, 爲同
기 이 진 지 왈 오 문 군 자 부 당 군 자 역 당 호 군 취 어 오 위 동

姓。謂之吳孟子。君而知禮, 孰不知禮。" 巫馬期以告。子曰:
성 위지오맹자 군이지례 숙부지례 무마기이고 자왈

"丘也幸, 苟有過, 人必知之。"
구야행 구유과 인필지지

진陳나라 사패(司敗: 법무장관)가 공자께 여쭈었다: "노나라의 소공이 예를 알았습니까?" 공자께서 이에 말씀하시었다: "예를 아셨습니다." 공자께서 자리를 물러나시었다. 그러자 사패는 제자 무마기巫馬期에게 읍하여 다가오게 하였다. 그리고 말하였다: "나는 군자는 본시 편당 들지 않는다고 들었소. 그런데 그대 군자께서는 편당을 드시는군요? 소공께서는 오나라 여자를 부인으로 취하였소. 그런데 오나라와 노나라가 동성이 되니까 부인의 성을 숨기기 위해 부인을 오맹자吳孟子라 부르셨소. 소공께서 예를 아신다고 한다면 세상에 누구인들 예를 알지 못한다 하겠소?" 무마기가 말문이 막혀 들은 그대로 공자께 아뢰었다. 이에 공자께서 말씀하시었다: "나 구丘는 행복한 사람이로다. 내가 조금이라도 잘못을 저지르면 타인들이 반드시 그걸 지적하는구나!"

7-31. 子與人歌而善, 必使反之, 而後和之。
자여인가이선 필사반지 이후화지

공자께서는 사람들과 더불어 노래를 잘 부르셨다. 그때 누군가 노래를 잘한다고 생각되면 반드시 그로 하여금 노래를 다시 부르게 하셨다. 그리고 다 듣고 나서 또 따라 부르셨다.

7-32. 子曰: "文, 莫吾猶人也。躬行君子, 則吾未之有得。"
자왈 문 막오유인야 궁행군자 즉오미지유득

공자께서 말씀하시었다: "문자의 세계에 있어서는 내가 남만 못할 것이 없다. 그러나 군자의 인격을 몸소 실천함에 있어서는 나는 아직도 한참 미흡하다."

7-33. 子曰: "若聖與仁, 則吾豈敢? 抑爲之不厭, 誨人不倦, 則可
자 왈 약 성 여 인 즉 오 기 감 억 위 지 불 염 회 인 불 권 즉 가
謂云爾已矣。" 公西華曰: "正唯弟子不能學也。"
위 운 이 이 의 공 서 화 왈 정 유 제 자 불 능 학 야

공자께서 말씀하시었다: "성聖과 인仁에 관해서는 내 어찌 감히 자처할 수 있으리오? 그러나 도를 실천함에 싫증내지 아니 하고, 사람을 가르치는 데 게으름이 없는 데는 자신 있다 말하리라." 공서화가 옆에 있다가 말하였다: "선생님, 바로 그 점이 저희 제자들이 따라가지 못하는 것이오니이다."

7-34. 子疾病, 子路請禱。子曰: "有諸?" 子路對曰: "有之。誄曰:
자 질 병 자 로 청 도 자 왈 유 저 자 로 대 왈 유 지 뢰 왈
'禱爾于上下神祇。'" 子曰: "丘之禱久矣。"
도 이 우 상 하 신 기 자 왈 구 지 도 구 의

공자께서 병이 걸리셨는데 위중한 상태에 이르렀다. 자로가 하느님께 기도할 것을 청하였다. 공자께서 이에 말씀하시었다: "아프다고 하느님께 비는 그런 일도 있는가?" 자로가 대답하여 아뢰었다: "있습니다. 그런 일이 있습니다. 뢰문誄文에 '그대를 하늘과 땅의 하느님께 기도하노라' 라고 쓰여 있지요." 공자께서 말씀하시었다: "자로야! 나는 이미 하느님께 기도하며 살아온 지가 오래되었나니라."

7-35. 子曰: "奢則不孫, 儉則固。與其不孫也, 寧固。"
자 왈 사 즉 불 손 검 즉 고 여 기 불 손 야 영 고

공자께서 말씀하시었다: "사람이 지나치게 사치하면 불손케 되고, 지나치게 검약하면 고루케 되나, 그래도 고루한 것이 불손한 것보다는 낫다."

7-36. 子曰: "君子坦蕩蕩, 小人長戚戚。"
자 왈 군 자 탄 탕 탕 소 인 장 척 척

공자께서 말씀하시었다: "군자는 인품이 틔여 너르고 여유롭고, 소인은 인품이 좁아 늘 걱정에 사로잡혀 있다."

7-37. 子溫而厲, 威而不猛, 恭而安。
자 온 이 려 위 이 불 맹 공 이 안

공자께서는 따사로우시면서도 엄격하셨고, 위엄이 있으시면서도 사납지 않으셨고, 공손하시면서도 자연스러우셨다.

1 學而 학 이	2 爲政 위 정	3 八佾 팔 일	4 里仁 이 인	5 公冶長 공 야 장	6 雍也 옹 야	7 述而 술 이	8 泰伯 태 백	9 子罕 자 한	10 鄕黨 향 당
11 先進 선 진	12 顔淵 안 연	13 子路 자 로	14 憲問 헌 문	15 衛靈公 위 령 공	16 季氏 계 씨	17 陽貨 양 화	18 微子 미 자	19 子張 자 장	20 堯曰 요 왈

태백 제팔
泰伯第八

8-1. 子曰: "泰伯, 其可謂至德也已矣。三以天下讓, 民無得而稱
자 왈 태 백 기 가 위 지 덕 야 이 의 삼 이 천 하 양 민 무 득 이 칭
焉。"
언

공자께서 말씀하시었다: "태백(주나라 창업 전시대의 현인)은 지극한 덕의 소유자라고 일컬을 만하다. 세 번이나 천하를 동생에게 양보하였으나, 양보하는 티를 내지 않았기 때문에 백성들은 그를 칭송할 수도 없었다."

8-2. 子曰: "恭而無禮則勞, 愼而無禮則葸, 勇而無禮則亂, 直
자 왈 공 이 무 례 즉 로 신 이 무 례 즉 시 용 이 무 례 즉 란 직
而無禮則絞。君子篤於親, 則民興於仁; 故舊不遺, 則民不
이 무 례 즉 교 군 자 독 어 친 즉 민 흥 어 인 고 구 불 유 즉 민 불
偸。"
투

공자께서 말씀하시었다: "공손하면서 예禮의 원칙이 없으면 피곤하기만 하고, 삼가되 예의 원칙이 없으면 주눅들기만 하고, 용감하되 예의 원칙이 없으면 어지럽게 되고, 정직하되 예의 원칙이 없으면 사람 목을 조른다. 사회지도자인 군자가 가까운 사람들을 돈독하게 하면 백성들이 인仁한 풍속을 일으키고, 연고 있는 자나 친구를 버리지 않으면 백성들이 각박해지지 않는다."

8-3. 曾子有疾, 召門弟子曰: "啓予足! 啓予手! 詩云, '戰戰兢兢,
증 자 유 질 소 문 제 자 왈 계 여 족 계 여 수 시 운 전 전 긍 긍

如臨深淵, 如履薄氷。' 而今而後, 吾知免夫! 小子!"
여림심연 여리박빙 이금이후 오지면부 소자

증자가 병이 깊어졌다. 이에 문중門中의 제자들을 불러 죽음의 침상에서 말하였다: "열어 내 발을 보아라! 열어 내 손을 보아라! '벌벌 떠네, 오들오들, 깊은 연못에 임한 듯, 엷은 얼음 위를 걸어가듯.' 시詩에 이런 노래가 있지 않니. 아~ 이 순간 이후에나, 나는 비로소 온전한 몸을 지키는 근심에서 벗어나게 되었노라! 아해들아!"

8-4. 曾子有疾, 孟敬子問之。曾子言曰: "鳥之將死, 其鳴也哀;
증자유질 맹경자문지 증자언왈 조지장사 기명야애
人之將死, 其言也善。君子所貴乎道者三。動容貌, 斯遠暴
인지장사 기언야선 군자소귀호도자삼 동용모 사원포
慢矣; 正顏色, 斯近信矣; 出辭氣, 斯遠鄙倍矣。籩豆之事
만의 정안색 사근신의 출사기 사원비배의 변두지사
則有司存。"
즉유사존

증자가 병환이 깊었다. 맹경자가 병문안을 왔다. 이에 증자는 정중하게 말문을 열었다: "새도 죽으려 하면 그 울음소리가 애처롭게 아름답고, 사람도 이 세상을 하직함에 그 말이 착하여 들을 만한 것이라오. 군자가 귀하게 여기는 도道가 세 가지가 있다오. 용모를 움직일 때는 반드시 폭력과 태만을 멀리 하시오. 얼굴빛을 바르게 할 때에는 반드시 신실信實함에 가까워야 하오. 말을 입 밖에 낼 때에는 비루함과 거역함을 멀리 하시오. 예라는 것은 사소한 규정이 아니라오. 제기를 어떻게 진열할까 하는 일 따위는 유사有司에게 맡기시오."

8-5. 曾子曰: "以能問於不能, 以多問於寡, 有若無, 實若虛, 犯
증자왈 이능문어불능 이다문어과 유약무 실약허 범
而不校。昔者吾友嘗從事於斯矣。"
이불교 석자오우상종사어사의

증자가 말하였다: "능하면서도 능하지 못한 이에게 물으며, 학식이 많으면서도 학식이 적은 자에게 물으며, 가지고 있으면서도 없는 것처럼 여기고, 가득 차있으면서도 빈 것처럼 여기고, 누가 시비를 걸어와도 따지며 다투지 아니 한다. 옛 적에 나의 친구들이 이런 경지에 종사하는 사람들이었다."

8-6. 曾子曰: "可以託六尺之孤, 可以寄百里之命, 臨大節而不可奪也。君子人與? 君子人也!"
증자왈 가이탁육척지고 가이기백리지명 임대절이불가탈야 군자인여 군자인야

증자가 말하였다: "부모를 조실早失하고 고아가 된 어린 군주를 맡길 만하고, 사방 백리 한 나라의 운명을 기탁할 만하며, 사직이 위태로운 생사존망의 대절大節에서 아무도 그 절개를 빼앗을 수 없는 사람! 그 사람은 군자다운 인물이런가? 군자다운 인물이로다!"

8-7. 曾子曰: "士不可以不弘毅, 任重而道遠。仁以爲己任, 不亦重乎? 死而後已, 不亦遠乎?"
증자왈 사불가이불홍의 임중이도원 인이위기임 불역중호 사이후이 불역원호

증자가 말하였다: "선비는 모름지기 드넓고 또 굳세지 않을 수 없다. 짐은 무겁고 갈 길은 멀도다. 인仁을 어깨에 메는 나의 짐으로 삼으니 또한 무겁지 아니 하뇨? 죽어야만 끝날 길이니 또한 멀지 아니 하뇨?"

8-8. 子曰: "興於詩, 立於禮, 成於樂。"
자왈 흥어시 입어례 성어악

공자께서 말씀하시었다: "사람은 시詩(흥얼거리는 노래)에서 배움을 일으키고, 예禮(생과 사의 질서)에서 원칙을 세우며, 악樂(작곡=연주, 창작)에서 삶을 완성시킨다."

8-9. 子曰: "民可使由之, 不可使知之。"
자 왈 민 가 사 유 지 불 가 사 지 지

공자께서 말씀하시었다: "백성은 말미암게 할 수는 있으나, 다 알게 할 필요까지는 없다."

8-10. 子曰: "好勇疾貧, 亂也。人而不仁, 疾之已甚, 亂也。"
자 왈 호 용 질 빈 난 야 인 이 불 인 질 지 이 심 난 야

공자께서 말씀하시었다: "용맹을 사랑하면서 자신의 빈곤한 처지를 증오하는 자들이 대체로 반란을 일으킨다. 어떤 사람이 불인不仁하다고 해서, 그를 너무 심하게 증오하고 휘몰아치면 그 또한 반란을 일으킨다."

8-11. 子曰: "如有周公之才之美, 使驕且吝, 其餘不足觀也已。"
자 왈 여 유 주 공 지 재 지 미 사 교 차 린 기 여 부 족 관 야 이

공자께서 말씀하시었다: "주공의 자질을 타고난 아름다운 인간이라 할지라도, 교만하고 인색하다면, 그 나머지는 볼 것도 없다."

8-12. 子曰: "三年學, 不至於穀, 不易得也。"
자 왈 삼 년 학 부 지 어 곡 불 이 득 야

공자께서 말씀하시었다: "삼 년쯤 공부하고서도 녹봉에 뜻을 두지 않는 자를 얻기가 쉽지 않구나."

8-13. 子曰: "篤信好學, 守死善道。危邦不入, 亂邦不居。天下有道則見, 無道則隱。邦有道, 貧且賤焉, 恥也; 邦無道, 富且貴焉, 恥也。"
자 왈 독 신 호 학 수 사 선 도 위 방 불 입 난 방 불 거 천 하 유 도 즉 현 무 도 즉 은 방 유 도 빈 차 천 언 치 야 방 무 도 부 차 귀 언 치 야

공자께서 말씀하시었다: "증험하는 것을 착실하게 해가면서 배우기를

좋아하고, 죽음을 각오하고 도덕적 가치를 지켜야 한다. 위험한 나라에는 들어갈 필요가 없고, 어지러워진 나라는 거居하지 말고 떠나라. 천하에 도가 있으면 자신을 드러내도 좋으나, 천하에 도가 없으면 숨어버려라. 나라에 도가 있을 때는 가난하고 비천하게 사는 것이 치욕이요, 나라에 도가 없을 때는 부유하고 높은 지위에 있는 것이 치욕이니라."

8-14. 子曰: "不在其位, 不謀其政。"
자 왈 부 재 기 위 불 모 기 정

공자께서 말씀하시었다: "정확한 벼슬자리에 있지 않으면 정사를 도모하지 않는다."

8-15. 子曰: "師摯之始, 關雎之亂, 洋洋乎盈耳哉!"
자 왈 사 지 지 시 관 저 지 란 양 양 호 영 이 재

공자께서 말씀하시었다: "노나라의 위대한 음악가인 악사樂師 지摯의 창으로 시작되는 그 「관저關雎」의 종장 마지막 순간까지, 그 장엄한 관현악 연주가 아직도 내 귀에 양양洋洋하게 넘실거리고 있도다!"

8-16. 子曰: "狂而不直, 侗而不愿, 悾悾而不信, 吾不知之矣。"
자 왈 광 이 부 직 통 이 불 원 공 공 이 불 신 오 부 지 지 의

공자께서 말씀하시었다: "미친 듯이 정열적으로 보이면서도 정직하지 않고, 어린아이처럼 순진하게 보이면서도 견실하지 않고, 촌스러운 듯 고지식하게 보이면서도 신실치 않아 믿을 수 없는 자들, 이런 놈들을 나는 상대하지 않는다."

8-17. 子曰: "學如不及, 猶恐失之。"
자 왈 학 여 불 급 유 공 실 지

공자께서 말씀하시었다: "배움이란 영 따라잡지 못할 듯, 그런데 따라잡

아도 따라잡아도 또 놓치고 말 듯.”

8-18. 子曰: “巍巍乎, 舜禹之有天下也而不與焉。”
자 왈 외 외 호 순 우 지 유 천 하 야 이 불 여 언

공자께서 말씀하시었다: “드높고 또 드높도다! 순임금과 우임금의 다스림이여! 천하를 소유하면서도 간여치 아니 하시고 능력있는 신하들이 역량을 발휘토록 하시었다.”

8-19. 子曰: “大哉, 堯之爲君也! 巍巍乎, 唯天爲大, 唯堯則之。
자 왈 대 재 요 지 위 군 야 외 외 호 유 천 위 대 유 요 칙 지
蕩蕩乎, 民無能名焉! 巍巍乎, 其有成功也! 煥乎, 其有文
탕 탕 호 민 무 능 명 언 외 외 호 기 유 성 공 야 환 호 기 유 문
章!”
장

공자께서 말씀하시었다: “아~ 위대하도다! 요堯의 임금되심이여! 높고 또 드높은 저 하늘, 저 거대함, 그 드넓은 천도를 오직 요임금만이 본받을 수 있었다. 그 덕이 넓고 또 드넓으니, 백성들은 그 이름을 몰라라! 높고 또 드높아라, 그 공을 이루심이여! 찬란하게 그 문화가 빛나는도다!”

8-20. 舜有臣五人, 而天下治。武王曰: “予有亂臣十人。” 孔子曰:
순 유 신 오 인 이 천 하 치 무 왕 왈 여 유 난 신 십 인 공 자 왈
“才難, 不其然乎? 唐虞之際, 於斯爲盛。有婦人焉, 九人而
재 난 불 기 연 호 당 우 지 제 어 사 위 성 유 부 인 언 구 인 이
已。三分天下有其二, 以服事殷。周之德, 其可謂至德也已
이 삼 분 천 하 유 기 이 이 복 사 은 주 지 덕 기 가 위 지 덕 야 이
矣!”
의

순舜임금이 어진 신하 다섯을 두시니, 천하가 잘 다스려졌다. 주나라의 무왕武王이 일찍이 말하였다: “나는 세상을 다스리는 훌륭한 신하 열을 두었다.” 이를 평하여 공자가 말씀하시었다: “인재를 얻기 어렵다 한 옛말이

정말 맞는 말 아니겠는가? 당(요임금 시대) · 우(순임금 시대) 이래 주초周初에 이르러 그토록 문화가 성대했는데도, 열 사람 중에 부인이 들어 있으니 인재는 아홉밖에 되지 않는다. 주나라의 토대를 닦은 문왕은 천하를 이미 삼분하여 그 둘을 소유했는데도 복종하여 은殷나라의 주紂임금을 섬기었다. 주나라의 덕이야말로 지극한 덕이라 일컬을 만하다."

8-21. 子曰: "禹, 吾無間然矣。菲飮食而致孝乎鬼神, 惡衣服而致美乎黻冕, 卑宮室而盡力乎溝洫, 禹, 吾無間然矣。"
자왈 우 오무간연의 비음식이치효호귀신 악의복이치미호불면 비궁실이진력호구혁 우 오무간연의

공자께서 말씀하시었다: "우임금은 내가 흠잡을 틈이 없는 분이시다. 마시고 드시는 것을 아주 소략하게 하시면서도 하늘과 땅의 하느님께는 인간의 정성을 다하셨다. 당신이 평소 입으시는 의복은 조촐하게 하시면서도 의례용 무릎가리개와 면류관에는 아름다움을 다하셨다. 당신이 거하시는 처소는 보잘것 없게 하시면서도 백성을 위한 치수治水의 도랑 파기에는 몸소 있는 힘을 다하셨다. 아~ 우임금은 진실로 내가 흠잡을 틈이 없는 분이시로다."

자한 제구

子罕第九

9-1. 子罕言利與命與仁。
자 한 언 리 여 명 여 인

공자께서는 이利와 명命과 인仁은 드물게 말하시었다.

【소라이】 공자께서는 이를 드물게 말씀하시었다. 그리고 명과 더불어 하시었고 인과 더불어 하시었다.

9-2. 達巷黨人曰: "大哉孔子! 博學而無所成名。" 子聞之, 謂門
달 항 당 인 왈 대 재 공 자 박 학 이 무 소 성 명 자 문 지 위 문
弟子曰: "吾何執? 執御乎? 執射乎? 吾執御矣!"
제 자 왈 오 하 집 집 어 호 집 사 호 오 집 어 의

달항당達巷黨의 사람이 말하였다: "위대하십니다. 우리 공자님! 그렇게 넓도록 배우셨어도 한 가지로 이름을 날리지는 않으셨으니!" 공자가 후에 이 말을 들으시고 문하門下의 제자들에게 일러 말씀하시었다: "내가 무엇을 전공으로 삼을꼬? 말몰이를 전공할까? 활쏘기를 전공할까? 아~ 나는 역시 말몰이를 전공 삼아 이름을 날리고 싶다."

9-3. 子曰: "麻冕, 禮也; 今也純, 儉。吾從衆。拜下, 禮也; 今拜
자 왈 마 면 예 야 금 야 순 검 오 종 중 배 하 예 야 금 배
乎上, 泰也。雖違衆, 吾從下。"
호 상 태 야 수 위 중 오 종 하

공자께서 말씀하시었다: "고운 베로 만든 관을 쓰는 것이 본래의 예였다. 그러나 요즈음은 생사로 만든 관을 쓴다. 검약하다. 나는 시속을 따르겠

다. 예로부터 당 아래서 절하는 것이 본래의 예였다. 그러나 요즈음은 사람들이 당 위에서 절한다. 오만하다. 나는 시속時俗을 따르지 않고 그냥 당 아래서 절하겠다."

9-4. 子絶四: 毋意, 毋必, 毋固, 毋我。
자절사 무의 무필 무고 무아

공자께서는 평소 삶에 네 가지의 태도가 전혀 없으셨다: 주관적 억측이 없으셨다. 무리하게 관철시키려는 자세가 없으셨다. 변통을 모르는 고집이 없으셨다. 나(我)라는 집착이 없으셨다.

9-5. 子畏於匡, 曰: "文王旣沒, 文不在玆乎? 天之將喪斯文也, 後死者, 不得與於斯文也。天之未喪斯文也, 匡人其如予何!"
자외어광 왈 문왕기몰 문부재자호 천지장상사문야 후사자 부득여어사문야 천지미상사문야 광인기여여하

공자는 광匡 땅에서 포위되어 그 일행은 죽음을 두려워해야 할 곤경에 빠져있었다. 공자께서는 그 난 중에서도 이와 같이 말씀하시었다: "문왕文王께서 이미 돌아가신 지 오래지만, 그 문文이 여기 나에게 있지 아니 한가? 하늘이 이(斯) 문文을 버리시려 한다면, 그대들이 살아남는다 하더라도, 그대들은 내 몸에 있는 이 문文을 같이 할 수 없으니 살아남아 무엇하리! 만약 하늘이 이 문文을 정녕코 버리지 않으신다면, 광匡 사람인들 감히 나를 어쩌랴!"

9-6. 大宰問於子貢曰: "夫子聖者與? 何其多能也?" 子貢曰: "固天縱之將聖, 又多能也。" 子聞之曰: "大宰知我乎! 吾少也
태재문어자공왈 부자성자여 하기다능야 자공왈 고천종지장성 우다능야 자문지왈 태재지아호 오소야

賤, 故多能鄙事。君子多乎哉? 不多也!" 牢曰: "子云, '吾不
천　고다능비사　군자다호재　부다야　뢰왈　자운　오불
試, 故藝。'"
시　고예

오나라의 태재(大宰: 수상) 백비伯嚭비가 자공에게 물어 이르기를: "공자 선생님께서는 진실로 성인이시군요. 그토록 재능이 다방면에 넘치시니!" 하였다. 그러자 자공이 대답하였다: "그럼요. 진실로 하느님께서 당신의 뜻에 따라 우리 공자님을 성인으로 만들려 하시니, 또한 그토록 많은 재능을 주셨구료." 공자께서 후에 이 말을 들으시고 다음과 같이 말씀하시었다: "태재, 그 사람이 나를 아는구나! 나는 어렸을 때 천한 사람이었다. 그러기에 비속한 잔일에 재주가 많을 뿐이로다. 군자가 재주가 많아야 할까? 그러하지 아니 하니라."(공자 69세 때의 대화) 제자 뢰가 말하였다: "나는 선생님께서 다음과 같이 말씀하시는 것을 들은 적이 있다: '나는 나의 포부를 시험해볼 수 있는 자리에 있어 본 적이 없다. 그래서 잔재주가 많다.'"

9-7. 子曰: "吾有知乎哉? 無知也。有鄙夫問於我, 空空如也, 我
자왈　오유지호재　무지야　유비부문어아　공공여야　아
叩其兩端而竭焉。"
고기양단이갈언

공자께서 말씀하시었다: "세인들이 나보고 박식하다고들 하는데, 과연 내가 뭘 좀 아는가? 나는 아는 것이 별로 없다. 비천한 아해라도 나에게 질문을 하면, 비록 그것이 골빈 듯한 멍청한 질문이라 할지라도, 나는 반드시 그 양단兩端의 논리를 다 꺼내어 그가 납득할 수 있도록, 있는 성의를 다해 자세히 말해준다. 이래서 내가 좀 아는 것처럼 보였을지도 모르지."

9-8. 子曰: "鳳鳥不至, 河不出圖, 吾已矣夫!"
자왈　봉조부지　하불출도　오이의부

공자께서 말씀하시었다: "아~ 봉황새가 이르지 않는구나. 황하가 도상圖

象을 떠올리지 않는구나. 아~ 나도 어느덧 스러져가는구나!"

9-9. 子見齊衰者, 冕衣裳者與瞽者, 見之, 雖少必作, 過之必趨。
자견자최자 면의상자여고자 견지 수소필작 과지필추

공자께서 거친 베옷을 입은 사람과 사모관대 의상을 제대로 갖춘 사람, 그리고 눈먼사람을 보시면, 그들이 나이가 어려도 반드시 일어나셨고, 그들 곁을 지나치실 때는 종종걸음으로 조심스럽게 지나가셨다.

9-10. 顔淵喟然歎曰: "仰之彌高, 鑽之彌堅。瞻之在前, 忽焉在後。夫子循循然善誘人, 博我以文, 約我以禮。欲罷不能, 旣竭吾才, 如有所立卓爾。雖欲從之, 末由也已。"
안연위연탄왈 앙지미고 찬지미견 첨지재전 홀언재 후 부자순순연선유인 박아이문 약아이례 욕파불능 기갈오재 여유소립탁이 수욕종지 말유야이

안연이 한숨쉬며 크게 탄식하여 가로되: "우리 스승의 도는 우러러 볼수록 높아만 지고, 뚫고 또 뚫어보아도 더욱 견고할 뿐. 바라보니 앞에 계시더니, 홀연히 뒤에 계시네. 스승님께서는 그토록 차근차근 사람을 잘 이끌어 앞으로 나아가게 하시는도다. 나를 문文으로 넓혀 주셨고, 나를 예禮로 집약시켜 주셨도다. 공부를 그만두자 하여도 그만둘 수 없어, 나의 있는 재능을 다 하고자 하나, 스승님은 어느샌가 또 새롭게 우뚝 서 계시는도다! 아~ 스승님을 따르고자 하나 어디서 그 실마리를 잡아야 할지 길이 보이질 않네. 아~ 나의 스승님!"

9-11. 子疾病, 子路使門人爲臣。病間, 曰: "久矣哉, 由之行詐也! 無臣而爲有臣。吾誰欺? 欺天乎! 且予與其死於臣之手也, 無寧死於二三子之手乎! 且予縱不得大葬, 予死於道
자질병 자로사문인위신 병간 왈 구의재 유지행사 야 무신이위유신 오수기 기천호 차여여기사어신지수 야 무녕사어이삼자지수호 차여종부득대장 여사어도

路乎?”
로 호

공자께서 병이 걸리셨는데 위중한 상태에 이르렀다. 자로子路가 문인門人들을 가신家臣으로 삼아 대부의 장례체제를 준비하였다. 병에 차도가 있자, 공자께서 기운을 차리시고 말씀하시었다: “버릇이 길구나. 유由야, 왜 또 거짓을 행하려느뇨? 나는 본시 가신이 없는 사람, 가신을 두다니, 내 누구를 속일 것이냐? 세인의 이목을 속일 수 없으니 하늘까지 속이려느뇨? 나는 가신의 허세 속에서 죽기보다는 차라리 평생 정든 너희들 품에 죽으련다. 어마어마한 장례는 얻지 못한다 해도 내 설마 길거리에서 죽기야 하겠느냐?”

9-12. 子貢曰: “有美玉於斯, 韞匵而藏諸? 求善賈而沽諸?” 子
자 공 왈 유 미 옥 어 사 온 독 이 장 저 구 선 가 이 고 저 자
曰: “沽之哉! 沽之哉! 我待賈者也。”
왈 고 지 재 고 지 재 아 대 가 자 야

자공이 말하였다: “여기 아름다운 옥玉이 있다고 하죠. 이것을 궤짝에 넣어 감추어 두시겠습니까? 좋은 가격을 구하여 내다 파시겠습니까?” 공자께서 이에 말씀하시었다: “팔아야지! 팔아야지! 암 팔아야 하구말구. 그러나 나는 사러오는 자를 기다릴 뿐.”

9-13. 子欲居九夷。或曰: “陋, 如之何?” 子曰: “君子居之, 何陋
자 욕 거 구 이 혹 왈 누 여 지 하 자 왈 군 자 거 지 하 누
之有?”
지 유

공자께서는 자신의 좁은 코스모스를 벗어난 동북의 아홉나라에 가서 살고 싶어하셨다. 혹자가 말하기를, “그곳은 누추한 곳인데, 어찌 그런 곳에서 사실 생각을 하십니까?” 하니, 공자께서 대답하시었다: “군자가 그곳에 거하는데, 어찌 누추함이 있을까 보냐!” (※ 공자는 이夷의 문화를 높게 평가했다).

9-14. 子曰: "吾自衛反魯, 然後樂正, 雅頌各得其所。"
자왈 오자위반노 연후악정 아송각득기소

공자께서 말씀하시었다: "내가 위나라로부터 노나라로 돌아온 뒤로 음악이 바르게 되었다. 아雅와 송頌이 각기 제자리를 얻었다."

9-15. 子曰: "出則事公卿, 入則事父兄, 喪事不敢不勉, 不爲酒困, 何有於我哉?"
자왈 출즉사공경 입즉사부형 상사불감불면 불위주곤 하유어아재

공자께서 말씀하시었다: "밖에 나아가서는 공경公卿을 섬기고, 집에 들어와서는 부형父兄을 섬기며, 상사喪事는 성의를 다하여 도와주며, 술로 인해 주정부리지 않는 것, 이것이 어찌 나에게 곤란한 일일 수 있겠는가!"

9-16. 子在川上, 曰: "逝者如斯夫! 不舍晝夜。"
자재천상 왈 서자여사부 불사주야

공자께서 개울 다리 위에 계시었다. 흐르는 물을 쳐다보시면서 이와 같이 말씀하시었다: "가는 것이 이와 같구나! 밤낮을 그치지 않는도다!" (※ 공자는 불변不變을 인정하지 않았다).

9-17. 子曰: "吾未見好德如好色者也。"
자왈 오미견호덕여호색자야

공자께서 말씀하시었다: "나는 덕德을 좋아하기를 아리따운 여인을 좋아하듯 하는 사람은 아직 보지 못하였다."

9-18. 子曰: "譬如爲山, 未成一簣, 止, 吾止也。譬如平地, 雖覆一簣, 進, 吾往也。"
자왈 비여위산 미성일궤 지 오지야 비여평지 수복일궤 진 오왕야

공자께서 말씀하시었다: "비유컨대 흙을 쌓아올려 산을 만든다고 하자! 열심히 쌓아올려 한 삼태기의 흙이면 산이 완성될 텐데 그것을 중지하면, 아무리 공이 많다 하더라도 그것은 내가 중지한 것이다(낭패의 책임이 나에게 있다). 비유컨대 구덩이를 메꾸어 길을 낸다고 하자! 비록 첫 한 삼태기의 흙이라도 내가 쏟아부었다면, 길이 나게 되는 것은 아직 아무리 공이 적다 하더라도 그것은 내가 시작한 것이다(시작과 개척의 공이 인정된다. 작은 시작이라도 열심히 하면 거대한 성취를 이룰 수 있다)."

9-19. 子曰: "語之而不惰者, 其回也與!"
자왈 어지이불타자 기회야여

공자께서 말씀하시었다: "내가 학문에 관한 이야기를 하면 많은 놈들이 지루한 표정을 짓지. 그러나 언제든 지루해하지 않고 따라오는 자, 안회일 뿐."

9-20. 子謂顔淵, 曰: "惜乎! 吾見其進也, 未見其止也。"
자위안연 왈 석호 오견기진야 미견기지야

공자께서 안회를 평하여 말씀하시었다: "애석하도다! 그가 죽다니! 나는 그의 배움이 나아가는 것만 보았다. 그의 배움이 중지하는 것을 본 적이 없다."

9-21. 子曰: "苗而不秀者, 有矣夫! 秀而不實者, 有矣夫!"
자왈 묘이불수자 유의부 수이불실자 유의부

공자께서 말씀하시었다: "이 세상엔 싹을 틔웠으나 애석하게도 꽃을 못 피우는 자도 있고, 꽃을 피웠으나 애석하게도 열매를 맺지 못하는 자도 있도다!"

9-22. 子曰: "後生可畏, 焉知來者之不如今也? 四十五十而無聞
자왈 후생가외 언지래자지불여금야 사십오십이무문

焉, 斯亦不足畏也已。"
언 사역부족외야이

공자께서 말씀하시었다: "새로 자라나는 젊은 생명들은 참으로 두려워할 만하다. 앞으로 올 생명들이 지금 세대보다 못하다고 누가 감히 말하는가! 사오십이 되어도 뚜렷한 족적이 없는 자, 이 또한 족히 두려워할 것 없는 자들일 뿐."

9-23. 子曰: "法語之言, 能無從乎? 改之爲貴。巽與之言, 能無說
자왈 법어지언 능무종호 개지위귀 손여지언 능무열
乎? 繹之爲貴。說而不繹, 從而不改, 吾末如之何也已矣。"
호 역지위귀 열이불역 종이불개 오말여지하야이의

공자께서 말씀하시었다: "법에 따라 해주는 권위있는 말은 따르지 않을 수 있겠느뇨? 자신의 잘못을 고치는 것이 귀하니라. 귀에 거슬림이 없는 부드러운 말은, 기쁘지 않을 수 있겠느뇨? 왜 칭찬을 받는지 그 실마리를 캐어보는 것이 귀하니라. 기뻐하기만 하고 그 실마리를 캐어보지도 않고, 따르기만 하고 자신의 잘못을 고치지 않는 사람들은, 내가 과연 해줄 수 있는 것이 무엇이 있겠느뇨?"

9-24. 子曰: "主忠信, 毋友不如己者, 過則勿憚改。"
자왈 주충신 무우불여기자 과즉물탄개

공자께서 말씀하시었다: "우러나오는 마음과 믿음있는 말을 주로 하며, 자기보다 못한 자를 벗삼지 아니하며, 허물이 있으면 고치기를 꺼려하지 말라."

9-25. 子曰: "三軍可奪帥也, 匹夫不可奪志也。"
자왈 삼군가탈수야 필부불가탈지야

공자께서 말씀하시었다: "삼군의 거대병력으로부터 우리는 그 장수를 빼앗을 수 있다. 그러나 초라한 필부에게서도 그 뜻을 빼앗을 수는 없다."

9-26. 子曰: "衣敝縕袍, 與衣狐狢者立而不恥者, 其由也與! '不
자 왈 의 폐 온 포 여 의 호 학 자 립 이 불 치 자 기 유 야 여 불
忮不求, 何用不臧?'" 子路終身誦之。子曰: "是道也, 何足
기 불 구 하 용 부 장 자 로 종 신 송 지 자 왈 시 도 야 하 족
以臧?"
이 장

공자께서 말씀하시었다: "다 해져버린 누비솜옷을 입고, 찬란한 여우가죽이나 담비가죽 갖옷을 입은 신사 옆에 서있어도, 조금도 꿀리지 않고 당당할 수 있는 자! 유由일진저! 『시』에 있지 않은가! '사람을 해치지 아니하며, 남의 것을 탐하지 아니하니, 어찌 선善하지 않을 수 있으리오?'" 자로가 듣고 신이 나서 이 『시』의 구절을 종신토록 암송하려 하였다. 이에 공자께서 꾸짖어 말씀하시었다: "그런 방법이 어찌 족히 아름답다 말할 수 있으리오?"

9-27. 子曰: "歲寒, 然後知松栢之後彫也。"
자 왈 세 한 연 후 지 송 백 지 후 조 야

공자께서 말씀하시었다: "날씨가 추워진 연후에나 소나무와 잣나무가 시듦을 견디어내는 모습을 알 수 있도다."

9-28. 子曰: "知者不惑, 仁者不憂, 勇者不懼。"
자 왈 지 자 불 혹 인 자 불 우 용 자 불 구

공자께서 말씀하시었다: "지자知者는 미혹됨이 없고, 인자仁者는 잔 걱정을 하지 않으며, 용자勇者는 두려움이 없다."

9-29. 子曰: "可與共學, 未可與適道; 可與適道, 未可與立; 可與
자 왈 가 여 공 학 미 가 여 적 도 가 여 적 도 미 가 여 립 가 여
立, 未可與權。"
립 미 가 여 권

공자께서 말씀하시었다: "더불어 함께 배울 수는 있으나, 더불어 함께

도道로 나아갈 수는 없다. 더불어 함께 도로 나아갈 수는 있으나, 더불어 함께 우뚝 설 수는 없다. 더불어 함께 우뚝 설 수는 있으나, 더불어 함께 권權(중용: 동적 평형성)의 경지에 이를 수는 없다."

9-30. "唐棣之華, 偏其反而。豈不爾思? 室是遠而。" 子曰: "未之思也, 夫何遠之有?"
당체지화 편기반이 기불이사 실시원이 자왈 미지사야 부하원지유

"이스랏의 꽃잎은 봄바람에 펄럭펄럭, 아~ 어찌 그대가 그립지 않으리오마는, 왜 그리 멀리 있소. 그대 사는 곳은." 이 노래를 들으시며 공자께서 말씀하시었다: "진실로 그리워하고 또 그리워하지도 않으면서, 어찌 집만 멀다 말하느뇨?" (※ 배움은 결코 멀리 있지 않다).

[1]學而 학이	[2]爲政 위정	[3]八佾 팔일	[4]里仁 이인	[5]公冶長 공야장	[6]雍也 옹야	[7]述而 술이	[8]泰伯 태백	[9]子罕 자한	[10]鄉黨 향당
[11]先進 선진	[12]顏淵 안연	[13]子路 자로	[14]憲問 헌문	[15]衛靈公 위령공	[16]季氏 계씨	[17]陽貨 양화	[18]微子 미자	[19]子張 자장	[20]堯曰 요왈

향당 제십
鄕黨第十

10-1. 孔子於鄕黨, 恂恂如也, 似不能言者。其在宗廟朝廷, 便便
공 자 어 향 당 　순 순 여 야 　사 불 능 언 자 　기 재 종 묘 조 정 　변 변
言, 唯謹爾。
언 　유 근 이

공자께서는 향당(일상적 삶의 영역)에 계실 때에는 따사롭고 공순恭順하게만 보여 말을 잘 못하는 사람 같았다. 그러나 종묘와 조정에서는 또박또박 말씀을 잘하셨고 단지 삼가셨을 뿐이다.

10-2. 朝, 與下大夫言, 侃侃如也; 與上大夫言, 誾誾如也。君在,
조 　여 하 대 부 언 　간 간 여 야 　여 상 대 부 언 　은 은 여 야 　군 재
踧踖如也, 與與如也。
축 적 여 야 　여 여 여 야

조정에서는 하대부下大夫와 말씀하실 때는 부드럽게 말씀하셨고, 상대부上大夫와 말씀하실 때는 은은하게 말씀하시었다. 임금이 계실 때는 거동을 조심스럽게 하셨으나 위의威儀를 잃지는 않으셨다.

10-3. 君召使擯, 色勃如也, 足躩如也。揖所與立, 左右手, 衣前
군 소 사 빈 　색 발 여 야 　족 확 여 야 　읍 소 여 립 　좌 우 수 　의 전
後, 襜如也。趨進, 翼如也。賓退, 必復命曰: "賓不顧矣。"
후 　첨 여 야 　추 진 　익 여 야 　빈 퇴 　필 복 명 왈 　빈 불 고 의

임금께서 공자를 불러 외국사절단을 접대케 하시었다. 이때는 얼굴빛이 장중하게 변하시었고 걸음은 의례에 맞는 종종걸음을 하시었다. 영빈대열에 같이 서있는 동료에게 말을 전할 때는 말을 전하는 방향에 따라 두

손을 읍하여 좌우로 상체를 움직이게 되는데, 늘어진 옷자락의 앞뒤 재봉선이 가지런히 맞아 흐트러짐이 없었다. 빠르게 나아가실 때에는 긴 소매깃이 좌우로 펄럭이는 모습이 새가 날개를 편 듯하였다. 빙례가 종료되고 외국사절단을 보내고 나면 반드시 명령을 잘 수행하였다고 복명해야 한다. 그때 공자께서는 이와 같이 말씀하시었다: "손님들은 뒤돌아볼 일 없이 잘 떠났습니다."

10-4. 入公門, 鞠躬如也, 如不容。立不中門, 行不履閾。過位,
입공문 국궁여야 여불용 입부중문 행불리역 과위
色勃如也, 足躩如也。其言似不足者。攝齊升堂, 鞠躬如也,
색발여야 족확여야 기언사부족자 섭자승당 국궁여야
屛氣, 似不息者。出, 降一等, 逞顏色, 怡怡如也。沒階, 趨
병기 사불식자 출 강일등 영안색 이이여야 몰계 추
進, 翼如也。復其位, 踧踖如也。
진 익여야 복기위 축적여야

공자께서 궁궐문을 들어가실 때에는 몸을 숙이어 마치 비좁은 곳을 들어가듯 경건히 들어가시었다. 서있을 때는 사람이 들락거리는 곳 한가운데(중문中門) 서계신 법이 없었고, 다니실 때는 절대 문지방을 밟지 않으시었다. 임금께서 항상 서계시는 곳은 빈자리일지라도 그 곳을 지나갈 때는 얼굴빛을 근엄하게 바꾸시었고 발걸음은 종종걸음을 하시었다. 궁궐에서는 평소 말씀하시는 것이 부족한 듯 하시었다. 계단을 올라 승당하실 때에는 치맛자락을 손으로 감아 올리시었고 허리를 굽히어 절하듯 하시었다. 숨을 멈추어 마치 숨이 죽은 듯 하시었다. 궁궐에서 일을 다 보시고 나오실 때는 계단을 한 단 내려오시고는 얼굴빛을 환히 펴시고, 밝고 편안한 모습을 지으시었다. 일곱 단을 다 내려오시고는 바로 새가 나래를 편 듯 활갯짓 하시며 빠르게 나아가셨다. 그러나 아까 임금이 서계시던 빈 자리를 다시 지나갈 때에는 다시 근엄하게 종종걸음을 하시었다.

10-5. 執圭, 鞠躬如也, 如不勝。上如揖, 下如授。勃如戰色, 足
집규 국궁여야 여불승 상여읍 하여수 발여전색 족
蹜蹜如有循。享禮, 有容色。私覿, 愉愉如也。
축축여유순 향례 유용색 사적 유유여야

외국에 사신으로 나아가 규圭를 잡고 상대방의 군주를 알현할 때에는 몸을 굽혀 마치 그 규의 무게를 못 이기는 듯 장중하게 거동하시었다. 먼저 규를 높게 치켜들면서 읍한 후에, 물건을 드리는 자세로써 규를 내려 봉헌하였다. 이때 얼굴빛이 변한 것이 파르르 떨 듯 하였다. 걸음은 발뒤꿈치를 안쪽으로 휘게 끌면서 궤적을 따라가는 듯이 하였다. 규를 봉헌하고 나면 빙례의 연회가 열리는데 그때는 편안한 기운이 감도는 용모를 지으시었다. 그 후로 사람들을 사사로이 만나보실 때에는 흐뭇하고 유쾌한 모습이었다.

10-6A. 君子不以紺緅飾。
군자불이감추식

군자는 짙은 곤색과 검붉은 색으로는 깃과 끝동에 선을 두르지 않는다.

10-6B. 紅紫不以爲褻服。
홍자불이위설복

다홍색과 보라색으로는 평상복을 만들어 입지 않으셨다.

10-6C. 當暑, 袗絺綌, 必表而出之。
당서 진치격 필표이출지

더위를 당해서는 고운 갈포나 굵은 갈포로 만든 홑겹의 옷을 반드시 겉에 입으시고 맨살을 드러내지 않으셨다.

10-6D. 緇衣, 羔裘; 素衣, 麑裘; 黃衣, 狐裘。
치의 고구 소의 예구 황의 호구

겨울의상으로, 검은 솜누비 윗도리를 입으실 때에는 검은털 염소가죽 바지를 껴입으셨고, 흰 솜누비 웃도리를 입으실 때에는 흰털 고라니가죽 바지를 껴입으셨고, 누런 솜누비 윗도리를 입을 때에는 누런털 여우가죽 바지를 껴입으셨다.

10-6E. 褻裘長, 短右袂。
설구장 단우몌

일상적으로 집에서 입는 가죽옷은 단을 길게 내렸고, 오른쪽 소매는 짧게 하셨다.

10-6F. 必有寢衣, 長一身有半。
필유침의 장일신유반

반드시 잠옷이 따로 있었다. 잠옷은 몸길이보다 반이 더 길었다.

10-6G. 狐貉之厚以居。
호학지후이거

여우와 담비의 두꺼운 털가죽으로 방석을 삼으시었다.

10-6H. 去喪, 無所不佩。
거상 무소불패

상喪중이 아니면 허리에 패옥을 차는 것을 빼먹은 적이 없으셨다.

10-6I. 非帷裳, 必殺之。
비유상 필쇄지

정식의 유상(주름)치마가 아닌 이상, 약식으로 가위질하여 허리를 좁게 만들어 입으셨다.

10-6J. 羔裘玄冠不以弔。
고 구 현 관 불 이 조

검은 염소 가죽옷을 입거나 검은 유건을 쓰고 조문하시는 법은 없었다.

10-6K. 吉月, 必朝服而朝。
길 월 필 조 복 이 조

매월 초하루에는 꼭 성대한 조복朝服의 위의威儀를 차리시고 조회에 나가셨다.

10-7A. 齊, 必有明衣, 布。
재 필 유 명 의 포

재계齋戒기간 동안에는 반드시 명의明衣라는 특별의상이 따로 있었다. 그것은 베로 만들었다.

10-7B. 齊必變食, 居必遷坐。
재 필 변 식 거 필 천 좌

재계하실 때에는 반드시 보통 때와는 다른 특별한 식사를 하시었다. 그리고 거처하시는 자리도 반드시 평상공간이 아닌 다른 곳이었다.

10-8A. 食不厭精, 膾不厭細。
사 불 염 정 회 불 염 세

밥은 도정搗精이 잘 된 흰쌀밥을 싫어하지 않으셨으며, 날고기(육회)는 가늘게 썬 것을 싫어하지 않으셨다.

10-8B. 食饐而餲, 魚餒而肉敗, 不食。色惡不食, 臭惡不食。失飪不食, 不時不食。
사 의 이 애 어 뇌 이 육 패 불 식 색 악 불 식 취 악 불 식 실 임 불 식 불 시 불 식

밥이 쉰 것이나 맛이 변한 것, 그리고 물고기가 상한 것, 육고기가 부패한 것은 잡수시지 않으셨다. 무엇이든지 음식의 색깔이 좋지 않거나 변한 것은 잡수시지 않으셨으며, 악취가 나는 음식은 드시지 않으셨다. 제대로 익히지 않은 것은 드시지 않으셨으며, 제철이 아닌 음식은 드시지 않으셨다.

10-8C. 割不正不食, 不得其醬不食。
할 부 정 불 식 부 득 기 장 불 식

바르게 자르지 아니 한 것은 드시지 않으시었다. 제대로 된 장이 같이 있지 아니 하면 드시지 않으시었다.

10-8D. 肉雖多, 不使勝食氣。唯酒無量, 不及亂。
육 수 다 불 사 승 사 기 유 주 무 량 불 급 란

고기가 아무리 많아도 밥기운을 이기도록 많이 드시지는 않으시었다. 술은 일정량이라는 제한은 없었지만 절대 주정을 하거나 의식이 어지러워지는 데 이르지는 않으시었다.

10-8E. 沽酒市脯, 不食。
고 주 시 포 불 식

시장에서 산 술과 육포를 드시지 않으셨다.

10-8F. 不撤薑食。
불 철 강 식

평소에 생강 드시는 것을 거두지 않으셨다.

10-8G. 不多食。
부 다 식

평소 많이 드시지 않으셨다.

10-8H. 祭於公, 不宿肉。祭肉不出三日, 出三日, 不食之矣。
제 어 공 불 숙 육 제 육 불 출 삼 일 출 삼 일 불 식 지 의

나라에서 제사 지내고 받은 고기는 그날 밤을 넘기지 않고 주변에 나누어 주셨다. 그러나 집에서 제사 지낸 고기는 사흘까지는 둘 수 있었다. 그러나 사흘을 넘기면 그것은 먹지 못한다.

10-8I. 食不語, 寢不言。
식 불 어 침 불 언

식사를 하시면서 대화를 하시는 법이 없었으며, 잠자리에 드시면서 혼자 중얼거리는 습관이 없으시었다.

10-8J. 雖疏食菜羹, 瓜(必)祭, 必齊如也。
수 소 사 채 갱 과 필 제 필 제 여 야

공자께서는 비록 거친 밥이나 산나물국을 드실 때라도, 드시기 전에 반드시 제祭를 올리셨다. 제를 올리실 때는 엄숙하고 공경한 모습이시었다.

10-9. 席不正, 不坐。
석 부 정 부 좌

공자께서 착석하실 때에는 반드시 자리를 반듯하게 한 후에 앉으시었다.

10-10A. 鄕人飮酒, 杖者出, 斯出矣。
향 인 음 주 장 자 출 사 출 의

향당에서 향음주례가 파하고 퇴장을 할 때에 큰 지팡이를 짚은 노인이 먼저 일어나 나가면 그제야 그 뒤를 따라 나가셨다.

10-10B. 鄕人儺, 朝服而立於阼階。
향 인 나 조 복 이 립 어 조 계

향인鄕人들이 동네에서 액매기굿을 할 때에는 공자께서는 성대한 조복 차림으로 동네 공관 뜨락의 동쪽 섬돌에 서 계시었다.

10-11A. 問人於他邦, 再拜而送之。
문 인 어 타 방 재 배 이 송 지

사람을 다른 나라에 보내어 그곳에 있는 붕우의 안부를 물을 때에는, 그 떠나는 사자에게 두 번이나 절하고 보내시었다.

10-11B. 康子饋藥, 拜而受之。曰: "丘未達, 不敢嘗。"
강 자 궤 약 배 이 수 지 왈 구 미 달 불 감 상

노나라의 실권자 계강자가 공자에게 약을 보내왔다. 공자는 그것을 절하고 정중하게 받아들였다. 그러나 솔직히 말씀하시었다: "제가 이 약의 성분을 알지 못하기 때문에 감히 무조건 먹을 수는 없습니다."

10-12. 廐焚。子退朝, 曰: "傷人乎?" 不問馬。
구 분 자 퇴 조 왈 상 인 호 불 문 마

공자의 집안 마구간에 불이 났다. 공자께서 조정에서 돌아오시어 이를 아시고 말씀하시었다: "사람이 상했느냐?" 그리고 말(馬)에 대해서는 묻지 않으셨다.

10-13A. 君賜食, 必正席先嘗之。君賜腥, 必熟而薦之。君賜生, 必畜之。
군 사 식 필 정 석 선 상 지 군 사 성 필 숙 이 천 지 군 사 생 필 축 지

임금께서 요리된 음식을 보내주시면, 반드시 자리를 바르게 하고 앉아서 본인이 먼저 조금씩 맛을 보시었다. 임금께서 날고기를 보내주시면, 반드시 익혀서 조상제단에 바치시었다. 임금께서 산 짐승을 보내주시면, 반드시 집에서 기르셨다.

10-13B. 侍食於君, 君祭, 先飯。
시식어군 군제 선반

임금을 뫼시고 식사를 한자리에서 하실 때에는, 임금께서 제祭를 올리기 시작하면 곧 임금보다 먼저 밥숟갈을 뜨시었다.

10-13C. 疾, 君視之, 東首, 加朝服拖紳。
질 군시지 동수 가조복타신

공자께서 편찮으시었다. 임금께서 병문안을 오시었다. 이때 공자는 머리를 동쪽으로 향하게 하고 누우셨고, 평상복으로 뵐 수 없으므로 조복을 그 위에 얹었고 그리고 또 큰 허리띠(각대)를 걸쳐 놓으셨다.

10-13D. 君命召, 不俟駕行矣。
군명소 불사가행의

임금께서 명하여 부르시면, 말에 마구를 채우는 것을 기다리지 않으시고, 그냥 앞서 걸어 나가시었다.

10-14. 入太廟, 每事問。
입태묘 매사문

공자께서 태묘에 들어가 제사가 진행됨에 매사를 물으시었다.

10-15A. 朋友死, 無所歸, 曰: "於我殯。"
붕우사 무소귀 왈 어아빈

붕우가 죽었는데 돌아갈 곳이 없는 외로운 사람이었다. 공자께서 말씀하시었다: "우리 집에 빈소를 차려주어라."

10-15B. 朋友之饋, 雖車馬, 非祭肉, 不拜。
붕우지궤 수거마 비제육 불배

붕우의 선물은 제아무리 수레와 말과 같은 훌륭한 물건이라 할지라도, 제사지낸 고기를 보내온 경우를 제외하고는, 절하고 받지는 않으시었다.

10-16A. 寢不尸, 居不容。
침 불 시 거 불 용

잠잘 때에는 시체처럼 대大자로 뻗어 주무시는 법이 없었으며, 사적으로 집에서 거하실 때는 일체 용태를 꾸미는 법이 없었다.

10-16B. 見齊衰者, 雖狎, 必變。見冕者與瞽者, 雖褻, 必以貌。
견 자 최 자 수 압 필 변 견 면 자 여 고 자 수 설 필 이 모

공자께서는 거친 상복을 입은 자를 보시면 가까운 사이라도 표정을 가다듬어 슬픔을 표시하시었다. 사모관대를 제대로 갖춘 사람과 눈먼사람을 보시면 비록 자주 만나는 허물없는 사이라도 용모를 가지런히 다듬으시었다.

10-16C. 凶服者式之。式負版者。
흉 복 자 식 지 식 부 판 자

수레를 타고 가실 때 복상중에 있는 사람들을 만나게 되면 수레 앞쪽에 있는 가로막대 식軾을 잡고 허리를 굽혀 절하시었다. 죽은 자의 물건들을 짊어지고 가는 자(복상중인 사람들)에게도 식을 잡고 허리를 굽혀 절하시었다.

10-16D. 有盛饌, 必變色而作。
유 성 찬 필 변 색 이 작

성찬盛饌을 대접받으실 때에는, 반드시 얼굴빛을 가다듬고 일어나 성찬을 대접한 주인에게 절하였다.

10-16E. 迅雷風烈必變。
신 뢰 풍 렬 필 변

번개와 우레, 맹렬한 바람이 일면 반드시 표정과 몸매를 가다듬으시었다.

10-17. 升車, 必正立, 執綏。車中, 不內顧, 不疾言, 不親指。
승 거 필 정 립 집 수 거 중 불 내 고 부 질 언 불 친 지

수레에 오르실 때에는 반듯하게 서서 수레지붕으로부터 내려와 있는 끈을 잡고 오르셨다. 수레 안에서는 공연히 뒤돌아보지 않으셨으며, 큰소리로 빠르게 뭔 일이 있는 것처럼 말씀하지 않으셨으며, 손가락질을 하지 않으셨다.

10-18. 色斯擧矣, 翔而後集。曰: "山梁雌雉, 時哉時哉!" 子路共之, 三嗅而作。
색 사 거 의 상 이 후 집 왈 산 량 자 치 시 재 시 재 자 로 공 지 삼 후 이 작

새는 뭔가 위험스러운 기색이 느껴지면 튀쳐오른다. 그리고 하늘에서 빙빙 돌다가 나뭇가지 위에 사뿐히 올라앉는다. 공자께서 이런 광경을 보시고 시구절을 읊으셨다: "저 깊은 산 외나무다리에 앉은 까투리야! 좋을 때로다! 좋을 때로다!" 자로가 이 노래를 잘못 알아듣고 까투리를 잡아 요리를 하여 바쳤다. 공자께서 세 번 냄새만 맡으시고는 일어나시었다.

1 學而 학이	2 爲政 위정	3 八佾 팔일	4 里仁 이인	5 公冶長 공야장	6 雍也 옹야	7 述而 술이	8 泰伯 태백	9 子罕 자한	10 鄕黨 향당
11 先進 선진	12 顔淵 안연	13 子路 자로	14 憲問 헌문	15 衛靈公 위령공	16 季氏 계씨	17 陽貨 양화	18 微子 미자	19 子張 자장	20 堯曰 요왈

선진 제십일
先進第十一

11-1. 子曰: "先進於禮樂, 野人也; 後進於禮樂, 君子也。如用
자왈 선진어예악 야인야 후진어예악 군자야 여용
之, 則吾從先進。"
지 즉오종선진

공자께서 말씀하시었다: "내 밑에서 공부한 자는 크게 선배동아리와 후배동아리로 나뉜다. 예악에 먼저 나아간 선배동아리는 지금 보아도 촌스럽다. 그런데 예악에 뒤늦게 나아간 후배동아리는 썩 군자다웁다. 그러나 이들 간에 누구를 선택하라 한다면, 나는 예악에 먼저 나아간 촌스러운 자들을 따르겠다."

11-2. 子曰: "從我於陳、蔡者, 皆不及門也。" 德行: 顏淵、閔子
자왈 종아어진 채자 개불급문야 덕행 안연 민자
騫、冉伯牛、仲弓。言語: 宰我、子貢。政事: 冉有、季路。
건 염백우 중궁 언어 재아 자공 정사 염유 계로
文學: 子游、子夏。
문학 자유 자하

공자께서 말씀하시었다: "진陳나라와 채蔡나라에서 나의 고난에 동참했던 제자들은 애석하게도 모두 취직할 기회를 잃고 말았다." 덕행德行에는 안연·민자건·염백우·중궁이 손꼽히고, 언어言語에는 재아·자공이 손꼽히고, 정사政事에는 염유·계로가 손꼽히며, 문학文學에는 자유·자하가 손꼽히노라.

11-3. 子曰: "回也, 非助我者也! 於吾言, 無所不說!"
자왈 회야 비조아자야 어오언 무소불열

공자께서 말씀하시었다: "사랑하는 안회여! 그대는 나를 도와주는 사람이 아니로다! 내 말에 기뻐하지 아니 하는 적이 없으니!"

11-4. 子曰: "孝哉! 閔子騫。人不間於其父母昆弟之言。"
자왈 효재 민자건 인불간어기부모곤제지언

공자께서 말씀하시었다: "참말로 효성스럽구나! 민자건閔子騫이여! 외간 사람들이 그 부모·형제 집안사람들이 그를 칭찬하는 말에 조금도 트집을 잡지 못하다니!"

11-5. 南容三復白圭, 孔子以其兄之子妻之。
남용삼복백규 공자이기형지자처지

남용이 「백규白圭」라는 시를 하루에도 여러 번 반복해서 외웠다. 그 시가 그 인품에 젖었다. 공자께서 형님의 딸을 그에게 시집보내시었다.

11-6. 季康子問: "弟子孰爲好學?" 孔子對曰: "有顔回者好學, 不幸短命死矣。今也則亡。"
계강자문 제자숙위호학 공자대왈 유안회자호학 불행단명사의 금야즉무

계강자季康子가 물었다: "제자 중에서 누가 배우기를 좋아합니까?" 공자가 대답하여 말씀하시었다: "안회라는 아이가 있었는데, 배우기를 너무도 좋아했지요. 그런데 불행하게도 명이 짧아 죽었습니다. 지금은 이 세상에 없습니다."

11-7. 顔淵死, 顔路請子之車以爲之椁。子曰: "才不才, 亦各言其子也。鯉也死, 有棺而無椁。吾不徒行以爲之椁。以吾從
안연사 안로청자지거이위지곽 자왈 재부재 역각언 기자야 리야사 유관이무곽 오부도행이위지곽 이오종

大夫之後, 不可徒行也。"
대부지후 불가도행야

안연이 죽었다. 그 아버지 안로顔路가 공자의 수레를 팔아 관 밖의 화려한 외곽을 만들어주실 것을 청하였다. 이에 공자께서 말씀하시었다: "잘난 자식이든 못난 자식이든, 각기 그 부모에게는 다 귀한 자식일 뿐이다. 나는 내 아들 리鯉가 죽었을 때 관은 만들어주었으나 외곽은 만들어주지 못했다. 그냥 도보로 걸어다닐 생각을 하고서 내 아들에게 곽을 만들어줄 수는 없었던 것이다. 나는 그래도 대부들과 같이 다니는 사람, 어찌 수레 없이 걸어다닐 생각을 하고 네 아들 곽을 만들어주겠느냐?"

11-8. 顔淵死, 子曰: "噫! 天喪予! 天喪予!"
안연사 자왈 희 천상여 천상여

안연이 죽자, 공자는 울부짖었다: "아~! 하늘이 나를 버리셨구나! 하늘이 나를 버리셨구나!"

11-9. 顔淵死, 子哭之慟。從者曰: "子慟矣!" 曰: "有慟乎? 非夫人之爲慟而誰爲?"
안연사 자곡지통 종자왈 자통의 왈 유통호 비부 인지위통이수위

안연이 죽자, 공자께서는 안연의 집으로 가서 곡을 하시었다. 그러나 곡을 하시다 못해 흐느껴 우시었다. 이때 따라간 제자들이 수군거렸다: "우리 선생님께서 진짜 흐느껴 우신다." 이 말을 들은 공자는 말씀하시었다: "그랬는가? 내가 정말로 흐느껴 울었느냐? 아서라, 내 저 사람을 위해 흐느끼지 않는다면 누굴 위해 흐느끼리오!"

11-10. 顔淵死, 門人欲厚葬之。子曰: "不可。" 門人厚葬之。子曰:
안연사 문인욕후장지 자왈 불가 문인후장지 자왈

"回也, 視予猶父也, 予不得視猶子也。非我也, 夫二三子也。"
회 야 시 여 유 부 야 여 부 득 시 유 자 야 비 아 야 부 이 삼 자 야

안연이 죽었다. 공자의 문인들이 그의 장례를 후하게 치르기를 원했다. 공자께서 말씀하시었다: "안된다." 그런데 문인들이 후하게 치르고 말았다. 공자께서 말씀하시었다: "안회는 말이다, 날 보기를 아버지처럼 대했는데, 나는 그를 자식처럼 소담素淡하게 대해주지 못했구나. 이건 내 잘못이 아니로다. 진실로 너희들이 잘못한 것이로다."

11-11. 季路問事鬼神。子曰: "未能事人, 焉能事鬼?" 曰: "敢問死。" 曰: "未知生, 焉知死?"
계 로 문 사 귀 신 자 왈 미 능 사 인 언 능 사 귀 왈 감 문 사 왈 미 지 생 언 지 사

계로(季路: 자로)가 귀신鬼神을 섬기는 것에 관하여 여쭈었다. 이에 공자께서 말씀하시었다: "아직 사람도 제대로 섬기지 못하면서, 어찌 귀신을 섬길 수 있단 말인가?" 이에 우직한 계로가 다시 여쭈었다: "그럼 이번에는 감히 죽음에 관하여 여쭙고자 하옵니다." 공자께서 말씀하시었다: "아직 삶을 모르는데 어찌 죽음을 알겠느냐?"

11-12. 閔子侍側, 誾誾如也; 子路, 行行如也; 冉有、子貢, 侃侃如也。子樂。"若由也, 不得其死然。"
민 자 시 측 은 은 여 야 자 로 항 항 여 야 염 유 자 공 간 간 여 야 자 락 약 유 야 부 득 기 사 연

제자들이 공자를 옆에서 모시는데 민자건은 그 모습이 은은하였고, 자로는 그 모습이 강강剛强하였고, 염유와 자공은 그 모습이 화락하였다. 이들이 옆에 있을 때 공자는 마냥 즐거운 표정을 지으셨다. 그러나 강직하기만 한 자로의 모습을 보시고는 이렇게 말씀하시었다: "자로야! 너는 온당한

죽음을 얻지 못할 듯하구나!"

11-13. 魯人爲長府。閔子騫曰: "仍舊貫, 如之何? 何必改作?" 子曰: "夫人不言, 言必有中。"
노인위장부 민자건왈 잉구관 여지하 하필개작 자왈 부인불언 언필유중

노나라의 사람들이 장부長府라는 큰 재물창고를 새로 지었다. 민자건이 말하였다: "옛 관습대로 따라한다고 덧날 일이 있겠는가? 새로 지을 필요가 어디에 있는가?" 공자께서 말씀하시었다: "저 사람은 평소 말을 하지 않을지언정, 말을 하면 반드시 사리에 들어맞는다."

11-14. 子曰: "由之瑟, 奚爲於丘之門?" 門人不敬子路。子曰: "由也升堂矣, 未入於室也。"
자왈 유지슬 해위어구지문 문인불경자로 자왈 유야승당의 미입어실야

공자께서 자로가 현악기 슬을 연주하는 것을 듣고 말씀하시었다: "유(由: 자로)가 슬瑟을 타는구나! 그 실력으로 어찌 굳이 내 집안에서 뜯을 필요가 있겠나?" 문인들이 공자 말씀을 듣고 자로를 공경하지 않자, 공자께서 말씀하시었다: "아서라! 유由는 높은 당堂위에 당당히 오른 사람이요, 저 깊은 내실內室에만 아직 발을 디밀지 못했을 뿐이다."

11-15. 子貢問: "師與商也孰賢?" 子曰: "師也過, 商也不及。" 曰: "然則師愈與?" 子曰: "過猶不及。"
자공문 사여상야숙현 자왈 사야과 상야불급 왈 연즉사유여 자왈 과유불급

자공이 공자께 여쭈었다: "사(師: 자장子張)와 상(商: 자하子夏)을 비교한다면 누가 더 훌륭합니까?" 공자께서 이에 말씀하시었다: "사師는 과過하고, 상商은 불급不及하다." 그러자 자공이 말했다: "그렇다면 사(자장)가 더

낫겠군요?" 공자께서 말씀하시었다: "과한 것이 불급한 것보다 더 나을 것은 없다."

11-16. 季氏富於周公, 而求也爲之聚斂而附益之。子曰: "非吾徒也。小子鳴鼓而攻之, 可也。"
계씨부어주공 이구야위지취렴이부익지 자왈 비오도야 소자명고이공지 가야

계씨는 주공周公보다도 부유한데도, 염구 저 놈은 계씨를 위해 불쌍한 백성들에게서 세금을 쥐어 짜내어 계씨의 재산을 늘려주었다. 공자께서 말씀하시었다: "저 놈은 우리의 무리가 아니로다! 아해들아! 북을 울려라! 저 놈을 공격함이 옳다!"

11-17. 柴也愚, 參也魯, 師也辟, 由也喭。
시야우 삼야노 사야벽 유야언

공자께서 말씀하시었다: "시(柴: 자고子羔)는 어리석고, 삼(參: 증삼曾參)은 노둔하고, 사(師: 자장子張)는 치우쳤고, 유(由: 자로子路)는 거칠다."

11-18. 子曰: "回也其庶乎! 屢空。賜不受命, 而貨殖焉, 億則屢中。"
자왈 회야기서호 누공 사불수명 이화식언 억즉누중

공자께서 말씀하시었다: "앞서 말한 인물들에 비한다면, 안회야말로 완벽에 가까웠지! 그러나 그는 가난하여 자주 끼니를 굶었단다. 사(賜: 자공)는 천운을 타지 않는데도 재화가 늘어났다. 그 녀석은 억측을 해도 자주 들어맞았다."

11-19. 子張問善人之道。子曰: "不踐迹, 亦不入於室。"
자장문선인지도 자왈 불천적 역불입어실

자장이 선인善人의 도道에 관해 여쭈었다. 이에 공자께서 말씀하시었다: "성인의 발자취를 밟고 따라가는 각고의 노력이 없으면 또한 저 깊은 경지

에는 들어갈 수가 없다.”

11-20. 子曰: “論篤是與, 君子者乎? 色莊者乎?”
자 왈 논 독 시 여 군 자 자 호 색 장 자 호

공자께서 말씀하시었다: “말하는 것이 돈독하게 보인다고 그런 사람과 더불어하는 사람을, 군자君子라고 해야 할까? 외면만 그럴싸하게 꾸미는 자라고 해야 할까?”

11-21. 子路問: “聞斯行諸?” 子曰: “有父兄在, 如之何其聞斯行
자 로 문 문 사 행 저 자 왈 유 부 형 재 여 지 하 기 문 사 행
之?” 冉有問: “聞斯行諸?” 子曰: “聞斯行之。” 公西華曰: “由
지 염 유 문 문 사 행 저 자 왈 문 사 행 지 공 서 화 왈 유
也問, ‘聞斯行諸?’ 子曰, ‘有父兄在。’ 求也問, ‘聞斯行諸?’
야 문 문 사 행 저 자 왈 유 부 형 재 구 야 문 문 사 행 저
子曰, ‘聞斯行之。’ 赤也惑, 敢問。” 子曰: “求也退, 故進之;
자 왈 문 사 행 지 적 야 혹 감 문 자 왈 구 야 퇴 고 진 지
由也兼人, 故退之。”
유 야 겸 인 고 퇴 지

자로가 여쭈었다: “바른 도리를 들으면 곧바로 실행해야 하오니이까?” 이에 공자께서 말씀하시었다: “부모형제가 살아있는데, 어떻게 바른 도리를 듣는다고 곧바로 그것을 실행할 수 있겠느냐!” 염유가 여쭈었다: “바른 도리를 들으면 곧바로 실행해야 하오니이까?” 이에 공자께서 말씀하시었다: “암 그렇구 말구. 바른 도리를 들으면 곧바로 그것을 실행해야 하느니라.” 이 이야기를 두 번 다 옆에서 들은 공서화公西華가 말하였다: “유(由: 자로)가 ‘바른 도리를 들으면 곧바로 실행해야 하오니이까’라고 물었을 때는 공자께서 ‘부모형제가 살아있는데, 어떻게 바른 도리를 듣는다고 그것을 곧바로 실행할 수 있겠느냐’라고 대답하시고, 구(求: 염유)가 ‘바른 도리를 들으면 곧바로 실행해야 하오니이까’라고 물었을 때는, ‘암

그렇구 말구. 바른 도리를 들으면 곧바로 그것을 실행해야 하느니라'라고 대답하시니, 적(赤: 공서화) 저는 당혹하여 감히 여쭙나이다." 이에 공자께서 말씀하시었다: "구(求: 염유)는 평소 물러나기만 하는 성격이라 앞으로 나아가게 한 것이요, 유(由: 자로)는 평소 사람을 앞서 질러 나아가기만 하는 성격이라 뒤로 물러나게 한 것이니라."

11-22. 子畏於匡, 顔淵後。子曰: "吾以女爲死矣!" 曰: "子在, 回
자 외 어 광 안 연 후 자 왈 오 이 여 위 사 의 왈 자 재 회
何敢死?"
하 감 사

공자께서 광 땅에서 포위되어 죽음을 두려워해야 할 곤경에 빠져있었다. 이때 안연은 뒤처져 있었다. 그가 뒤늦게야 당도하자 공자는 말씀하시었다: "회(回: 안연의 이름)야! 난 네가 죽은 줄로만 알았다." 이에 안연은 말하였다: "선생님께서 살아계시거늘 저 회回가 어찌 감히 죽을 수 있겠나이까?"

11-23. 季子然問: "仲由、冉求, 可謂大臣與?" 子曰: "吾以子爲
계 자 연 문 중 유 염 구 가 위 대 신 여 자 왈 오 이 자 위
異之問, 曾由與求之問。所謂大臣者, 以道事君, 不可則止。
이 지 문 증 유 여 구 지 문 소 위 대 신 자 이 도 사 군 불 가 즉 지
今由與求也, 可謂具臣矣。" 曰: "然則從之者與?" 子曰: "弑
금 유 여 구 야 가 위 구 신 의 왈 연 즉 종 지 자 여 자 왈 시
父與君, 亦不從也。"
부 여 군 역 부 종 야

계씨의 집안사람인 계자연季子然이 여쭈었다: "우리집 가신 노릇을 하고 있는 중유(仲由: 자로)와 염구는 훌륭한 신하라고 일컬을 만하나이까?" 이에 공자께서 말씀하시었다: "나는 그대가 좀 색다른 질문을 할 것으로 기대했었는데, 겨우 유(由: 자로)와 구(求: 염구)에 관한 질문을 하는구나.

이른바 훌륭한 신하라고 하는 것은, 있는 동안은 도道로써 임금을 섬기고, 그것이 불가능하게 되면 곧 떠나는 것이다. 그런데 지금 유와 구는 그만한 수준은 못되고 보통 신하로서 숫자를 채우고 있다고 일컬을 수 있다." 계자연이 여쭈었다: "그렇다면 그들은 맹종키만 하는 자들이옵니까?" 이에 공자께서 말씀하시었다: "아비와 임금을 시해하는 일에는 절대 따르는 일이 없을 것이다."

11-24. 子路使子羔爲費宰。子曰: "賊夫人之子。" 子路曰: "有民
자로사자고위비재 자왈 적부인지자 자로왈 유민
人焉, 有社稷焉, 何必讀書, 然後爲學?" 子曰: "是故惡夫佞
인언 유사직언 하필독서 연후위학 자왈 시고오부녕
者。"
자

자로子路가 자고子羔를 비읍費邑의 읍재邑宰로 삼았다. 이에 공자께서 말씀하시었다: "멀쩡한 남의 자식 하나 버리겠구나!" 자로가 말씀드렸다: "백성이 있고, 사직이 있으면 정치를 하면서도 배울 수 있는 게 아닐까요? 하필 책을 읽고 난 연후에만 배운다고 말할 수 있겠나이까?" 이에 공자께서 말씀하시었다: "이러기에 내가 말재주가 있는 자가 밉다고 평소 말하는 것이다."

11-25. [1]子路、曾晳、冉有、公西華侍坐。子曰: "以吾一日長乎
자로 증석 염유 공서화시좌 자왈 이오일일장호
爾, 毋吾以也。居則曰: '不吾知也!' 如或知爾, 則何以哉?"
이 무오이야 거즉왈 불오지야 여혹지이 즉하이재
[2]子路率爾而對曰: "千乘之國, 攝乎大國之間, 加之以師旅,
자로솔이이대왈 천승지국 섭호대국지간 가지이사려
因之以饑饉; 由也爲之, 比及三年, 可使有勇, 且知方也。"
인지이기근 유야위지 비급삼년 가사유용 차지방야
夫子哂之。[3]"求! 爾何如?" 對曰: "方六七十, 如五六十, 求
부자신지 구 이하여 대왈 방육칠십 여오육십 구

也爲之, 比及三年, 可使足民。如其禮樂, 以俟君子。" 4 "赤!
야 위 지　비 급 삼 년　가 사 족 민　여 기 예 악　이 사 군 자　적

爾何如?" 對曰: "非曰能之, 願學焉。宗廟之事, 如會同, 端
이 하 여　대 왈　비 왈 능 지　원 학 언　종 묘 지 사　여 회 동　단

章甫, 願爲小相焉。" 5 "點! 爾何如?" 鼓瑟希, 鏗爾, 舍瑟而
장 포　원 위 소 상 언　점　이 하 여　고 슬 희　갱 이　사 슬 이

作。對曰: "異乎三子者之撰。" 6 子曰: "何傷乎? 亦各言其
작　대 왈　이 호 삼 자 자 지 찬　자 왈　하 상 호　역 각 언 기

志也。" 曰: "莫春者, 春服旣成, 冠者五六人, 童子六七人,
지 야　왈　모 춘 자　춘 복 기 성　관 자 오 륙 인　동 자 육 칠 인

浴乎沂, 風乎舞雩, 詠而歸。" 7 夫子喟然嘆曰: "吾與點也!"
욕 호 기　풍 호 무 우　영 이 귀　부 자 위 연 탄 왈　오 여 점 야

8 三子者出, 曾皙後。曾皙曰: "夫三子者之言何如?" 子曰:
삼 자 자 출　증 석 후　증 석 왈　부 삼 자 자 지 언 하 여　자 왈

"亦各言其志也已矣。" 9 曰: "夫子何哂由也?" 曰: "爲國以
역 각 언 기 지 야 이 의　왈　부 자 하 신 유 야　왈　위 국 이

禮, 其言不讓, 是故哂之。" 10 "唯求則非邦也與?" "安見方
례　기 언 불 양　시 고 신 지　유 구 즉 비 방 야 여　안 견 방

六七十, 如五六十, 而非邦也者?" 11 "唯赤則非邦也與?" "宗
육 칠 십　여 오 륙 십　이 비 방 야 자　유 적 즉 비 방 야 여　종

廟會同, 非諸侯而何? 赤也爲之小, 孰能爲之大?"
묘 회 동　비 제 후 이 하　적 야 위 지 소　숙 능 위 지 대

1 자로子路와 증석曾皙과 염유冉有와 공서화公西華가 공자를 모시고 대청마루에 둘러앉아 있었다. 이때 공자께서 입을 여시었다: "내가 너희들보다 하루라도 더 나이를 먹었다고 나를 어렵게 생각하지 말라. 너희들은 평소 말하기를, '나를 알아주는 사람이 없습니다'라고 투덜거리지만, 만약 여기 어떤 사람이 있어 너희들을 기용키 위해 그 사람됨을 알아보려고 한다면 과연 무엇으로써 너희들은 자신을 알리려느냐? 각자 포부를 말해보렴."

2 이에 자로가 대뜸 쌈박하게 대답하여 말하였다: "천승의 나라가, 강대국 사이에 끼어 곤경에 처하고 대군이 덮치는 전란을 겪어 기아에 허덕여도, 유由 제가 다스린다면, 3년 만에 백성들을 용맹스럽게 만들 수 있고, 또

바르게 사는 도리를 알 수 있게 만들 수가 있겠나이다." 이 말을 듣고 부자께서 빙그레 웃으시었다.

3"구(求: 염유)야! 너는 어떠하뇨?" 하시자, 구는 다음과 같이 대답하여 말하였다: "사방 6·70리 정도나 5·60리 정도 되는 작은 나라를 구求 제가 다스린다면, 3년이 흐르는 세월 안에 백성들의 경제를 유족하게 만들 수 있겠나이다. 그 나라의 예악을 아름답게 만들기 위해서는 저보다 나은 군자를 모셔오겠나이다."

4"적(赤: 공서화)아! 너는 어떠하뇨?" 하시자, 적은 다음과 같이 대답하여 말하였다: "제가 말씀드리는 것이 제가 이미 능숙하다고 해서 말씀드리는 것은 아닙니다. 열심히 배우기를 원하노이다. 종묘의 제사나 제후들의 작은 모임(會), 큰 모임(同)에 소매 끝동과 깃에 검은 선을 두른 현단복玄端服을 입고 장포관章甫冠을 쓰고 정치를 도와드리는 배후의 작은 집례자執禮者가 되기를 원하노이다."

5"점(點: 증석)아! 너는 어떠하뇨?" 물으시었는데, 점은 그때까지 슬瑟을 여유롭게 튕기고 있었다. 공자의 말씀을 듣는 순간 강렬한 쇳소리가 나듯 마지막 선율을 뜯는다. 그리고 무릎에 있던 슬을 내려놓고 일어나 대답하여 말하였다: "저는 세 사람이 가지고 있는 생각의 방향과는 좀 다르오이다."

6공자께서 말씀하시었다: "누구에게 상처를 주랴! 각기 자기의 뜻을 말했을 뿐인데, 어서 말해보렴." 증석이 말하였다: "그럼 말씀드리겠습니다. 늦은 봄 음 삼월에 흩날리는 봄옷을 갖추어 입고, 원복 입고 갓을 쓴 성인 5·6인, 십대의 동자 6·7인을 데리고 저 남쪽 기수沂水에서 목욕을 한 후, 기우제를 올리는 무우舞雩단 위에서 바람 쐬고 노래를 읊으며 돌아오리이다."

7부자께서 들으시고 아~ 감동의 탄식을 내쉬면서 말씀하시었다: "나는 점과 같이 하겠노라."

8세 사람이 다 나가고 그 자리에 증석만 공자 옆에 앉게 되었다. 증석이 여쭈었다: "저 세 사람의 말이 어떠하오니이까?" 공자께서 말씀하시었다: "각기 자기의 포부를 말했었을 뿐이니라."

9증석이 여쭈었다: "부자께서는 어찌하여 유(由: 자로)의 말에 대해서는 빙그레 웃음지으셨나이까?" 이에 공자께서 말씀하시었다: "한 나라를 맡아 다스린다는 것은 예禮로써 다스리지 않을 수 없는 것인데, 단지 그 말이 너무 겸손이 없었다. 그러한 이유로 빙그레 웃은 것이다."

10증석이 또 여쭈었다: "구(求: 염구)가 말한 것도 한 나라를 다스리는 것이 아니었나이까?" 이에 공자께서 말씀하시었다: "그러게 말이다. 사방 6·70리, 5·60리나 되는 지역 치고 나라 아닌 게 어디 있겠느냐? 당당히 나라를 다스린다고 말할 것이지 사방 6·70리, 5·60리 운운한 것은 구차스럽다."

11증석이 또 여쭈었다: "적(赤: 공서화)이 말한 것 또한 한 나라를 다스리는 것이 아니겠습니까?" 이에 공자께서 말씀하시었다: "그러게 말이다. 종묘의 제사와 회會와 동同의 모임이 다 제후의 일이 아니고 무엇이랴! 적赤 그 놈이 배후의 작은 인물이라고 한다면 누가 능히 그 놈보다 더 큰 벼슬을 한다고 말할 수 있겠느냐?"

안연 제십이

顔淵第十二

12-1. 顔淵問仁。子曰: "克己復禮爲仁。一日克己復禮, 天下歸
안연문인 자왈 극기복례위인 일일극기복례 천하귀
仁焉。爲仁由己, 而由人乎哉?" 顔淵曰: "請問其目。" 子曰:
인언 위인유기 이유인호재 안연왈 청문기목 자왈
"非禮勿視, 非禮勿聽, 非禮勿言, 非禮勿動。" 顔淵曰: "回
비례물시 비례물청 비례물언 비례물동 안연왈 회
雖不敏, 請事斯語矣。"
수불민 청사사어의

안연이 인仁을 여쭈었다. 이에 공자께서 말씀하시었다: "자기를 이기어 예禮로 돌아가는 것을 인仁이라고 한다. 하루라도 자기를 이기어 예로 돌아갈 수 있다면 천하가 모두 인仁으로 돌아간다. 인을 실천하는 것은 오로지 자기로 말미암는 것이니, 어찌 타인으로 말미암아 인을 실천할 수 있겠느뇨?" 안연이 말씀드렸다: "그 세목을 여쭙겠나이다." 공자께서 말씀하시었다: "예가 아니면 보지도 말고, 예가 아니면 듣지도 말며, 예가 아니면 말하지도 말고, 예가 아니면 움직이지도 말지어다." 안연이 대답하였다: "회回 제가 불민하오나 이 말씀을 공경되이 따르겠나이다."

12-2. 仲弓問仁。子曰: "出門如見大賓, 使民如承大祭。己所不
중궁문인 자왈 출문여견대빈 사민여승대제 기소불
欲, 勿施於人。在邦無怨, 在家無怨。" 仲弓曰: "雍雖不敏,
욕 물시어인 재방무원 재가무원 중궁왈 옹수불민
請事斯語矣。"
청사사어의

중궁仲弓이 인仁을 여쭈었다. 이에 공자께서 말씀하시었다: "집 문을 나가면 큰 손님을 뵈온 듯이 하고, 백성을 부릴 때는 큰 제사를 받들 듯이 하라. 내가 원하지 않는 것을 남에게도 베풀지 말라. 그리하면 나라에서도 원망 받는 일이 없을 것이며 집에서도 원망 받는 일이 없을 것이다." 중궁이 대답하였다: "옹雍 제가 불민하오나 이 말씀을 공경되이 따르겠나이다."

12-3. 司馬牛問仁。子曰: "仁者, 其言也訒。" 曰: "其言也訒, 斯
사 마 우 문 인 자 왈 인 자 기 언 야 인 왈 기 언 야 인 사
謂之仁矣乎?" 子曰: "爲之難, 言之得無訒乎?"
위 지 인 의 호 자 왈 위 지 난 언 지 득 무 인 호

사마우司馬牛가 인仁을 여쭈었다. 이에 공자께서 말씀하시었다: "인한 사람은 말 더듬듯이 어렵게 한다." 그러자 사마우가 반문하였다: "그럼 말을 더듬듯이 어렵게 하기만 하면 곧 인仁하다고 일컬을 수 있겠나이까?" 공자께서 말씀하시었다: "무엇이든 실천하기가 어려운 것인데, 말을 더듬듯이 어렵게 하지 않을 수 있겠느뇨?"

12-4. 司馬牛問君子。子曰: "君子不憂不懼。" 曰: "不憂不懼, 斯
사 마 우 문 군 자 자 왈 군 자 불 우 불 구 왈 불 우 불 구 사
謂之君子矣乎?" 子曰: "內省不疚, 夫何憂何懼?"
위 지 군 자 의 호 자 왈 내 성 불 구 부 하 우 하 구

사마우司馬牛가 군자君子를 여쭈었다. 이에 공자께서 말씀하시었다: "군자는 근심하지 않고 두려워하지 않는다." 그러자 사마우가 반문하였다: "근심하지 않고 두려워하지 않기만 한다면 곧 군자라 일컬을 수 있겠나이까?" 공자께서 말씀하시었다: "자기 속으로 살피어 부끄러울 일이 없는데, 무엇을 근심하며 무엇을 걱정하리오!"

12-5. 司馬牛憂曰: "人皆有兄弟, 我獨亡!" 子夏曰: "商聞之矣:
사 마 우 우 왈 인 개 유 형 제 아 독 무 자 하 왈 상 문 지 의
死生有命, 富貴在天。君子敬而無失, 與人恭而有禮。四海
사 생 유 명 부 귀 재 천 군 자 경 이 무 실 여 인 공 이 유 례 사 해

之內, 皆兄弟也, 君子何患乎無兄弟也?"
지내 개형제야 군자하환호무형제야

사마우가 한숨을 내쉬며 말했다: "사람들은 모두 형제가 있는데, 나 홀로 없구나!" 자하가 위로하여 말하였다: "나 상(商: 자하의 실명)은 이와 같이 들었다: '사람이 죽고 사는 것은 운명이 있는 것이요, 부富하고 귀貴하게 되는 것은 하늘에 달린 것이다.' 군자는 경건하여 실수가 없고, 사람들과 더불어 공손하고 예禮가 있으면 사해지내四海之內의 동포들이 모두 형제이니, 군자가 어찌 형제 없음을 근심하리오?"

12-6. 子張問明。子曰: "浸潤之譖, 膚受之愬, 不行焉, 可謂明也已矣。浸潤之譖, 膚受之愬, 不行焉, 可謂遠也已矣。"
자장문명 자왈 침윤지참 부수지소 불행언 가위명야이의 침윤지참 부수지소 불행언 가위원야이의

자장이 사리의 밝음(明)에 관하여 여쭈었다. 공자께서 말씀하시었다: "물에 젖듯이 서서히 스며드는 참언譖言(사람을 헐뜯는 교묘한 말)과 피부로 느끼듯이 절박하게 다가오는 무고誣告의 호소가 먹혀들지 않는 사람이라면 밝다고 일컬을 만하다. 물에 젖듯이 서서히 스며드는 참언과 피부로 느끼듯이 절박하게 다가오는 무고의 호소가 먹혀들지 않는다면 어디 밝을 뿐이겠나? 고원한 경지의 인물이라 해야겠지."

12-7. 子貢問政。子曰: "足食, 足兵, 民信之矣。" 子貢曰: "必不得已而去, 於斯三者何先?" 曰: "去兵。" 子貢曰: "必不得已而去, 於斯二者何先?" 曰: "去食。自古皆有死, 民無信不立。"
자공문정 자왈 족식 족병 민신지의 자공왈 필부득이이거 어사삼자하선 왈 거병 자공왈 필부득이이거 어사이자하선 왈 거식 자고개유사 민무신불립

자공이 정치를 여쭈었다. 이에 공자께서 말씀하시었다: "먹을 것을 풍족케 하고, 군사력을 풍족케 하고, 백성들에게 신뢰를 주는 것이 곧 정치다." 자공이 반문하였다: "부득이 하여 반드시 하나를 버려야 한다면 이

셋 중 무엇을 먼저 버려야 하오리이까?" 공자께서 말씀하시었다: "병兵을 버려라." 자공이 또 반문하였다: "부득이 하여 반드시 하나를 더 버려야 한다면 이 둘 중 무엇을 버려야 하오리이까?" 이에 공자께서 말씀하시었다: "식食을 버려라! 예로부터 전쟁이 나서 죽든, 기아로 죽든 인간의 죽음이란 불가피하게 있어온 것이다. 그러나 백성은 신뢰가 없으면 설 수가 없다."

12-8. 棘子成曰: "君子質而已矣, 何以文爲?" 子貢曰: "惜乎! 夫子之說君子也, 駟不及舌! 文猶質也, 質猶文也。虎豹之鞟, 猶犬羊之鞟?"
극자성왈 군자질이이의 하이문위 자공왈 석호 부자지설군자야 사불급설 문유질야 질유문야 호표지곽 유견양지곽

위나라 대부 극자성棘子成이 말했다: "군자는 질質로써 충분하다. 어찌하여 문文해야 한다고 그리 법석을 떠는가?" 이 말을 들은 자공이 탄식하여 말하였다: "아~ 애석토다! 저 자가 군자에 대해 말하는 것을 보라! 사두마차가 저자의 혓바닥에서 떨어진 실언을 따라잡지 못하는구나! 문文이 결국 질質과 같은 것이며, 질質이 결국 문文과 같은 것이다. 문·질은 빈빈해야 하는 것이다. 호랑이나 표범의 가죽에서 털을 벗기고 나면, 털 없는 양가죽이나 개가죽과 무엇이 다르랴! 군자가 질로써 충분하다면 털 없는 가죽일 뿐이로다!"

12-9. 哀公問於有若曰: "年饑, 用不足, 如之何?" 有若對曰: "盍徹乎?" 曰: "二, 吾猶不足, 如之何其徹也?" 對曰: "百姓足, 君孰與不足? 百姓不足, 君孰與足?"
애공문어유약왈 연기 용부족 여지하 유약대왈 합철호 왈 이 오유부족 여지하기철야 대왈 백성족 군숙여부족 백성부족 군숙여족

노나라의 군주 애공哀公이 유약有若에게 물었다: "올해도 기근이 심하다. 재정이 부족하도다. 이를 어찌하면 좋단 말인가?" 유약이 대답하여 말하였다: "왜 십 분의 일의 세법을 쓰지 않으시오니이까?" 애공이 말하였다: "십 분의 이로도 내 오히려 부족하거늘, 어찌 십 분의 일의 세법을 쓰라는 말인가?" 유약이 대답하여 말하였다: "백성이 풍족한데 임금께서 누구와 더불어 부족하실 수 있으며, 백성이 부족한데 임금께서 누구와 더불어 풍족하실 수 있겠나이까?"

12-10. 子張問崇德辨惑。子曰: "主忠信, 徙義, 崇德也。愛之欲
자 장 문 숭 덕 변 혹 자 왈 주 충 신 사 의 숭 덕 야 애 지 욕

其生, 惡之欲其死。旣欲其生, 又欲其死, 是惑也。'誠不以
기 생 오 지 욕 기 사 기 욕 기 생 우 욕 기 사 시 혹 야 성 불 이

富, 亦祇以異。'"
부 역 지 이 이

자장이 덕德을 높이고 미혹됨(惑)을 분변하는 방법에 관해 여쭈었다. 이에 공자께서 말씀하시었다: "충忠과 신信을 내 가슴속의 원칙으로 삼고, 의義를 보면 곧바로 의를 실천하는 것, 그것이 바로 덕을 높이는 것이다. 무엇이든지 좋아하면 그것이 잘되기를 바라고, 싫어하면 그것이 못되기를 바란다. 이미 잘되기를 바라면서 또 못되기를 바라는 인간의 모순된 감정, 그것이 바로 미혹(惑)이니라. 이런 노래가 있지 않니? '진실로 내면의 풍요로움을 구하지 아니하고 단지 외면의 색다름만 구해 떠도는 너 인간이여!' 인간의 미혹된 모습이로다."

12-11. 齊景公問政於孔子。孔子對曰: "君君, 臣臣, 父父, 子子。"
제 경 공 문 정 어 공 자 공 자 대 왈 군 군 신 신 부 부 자 자

公曰: "善哉! 信如君不君, 臣不臣, 父不父, 子不子, 雖有
공 왈 선 재 신 여 군 불 군 신 불 신 부 불 부 자 부 자 수 유

粟, 吾得而食諸?"
속 오 득 이 식 저

제齊나라 경공景公이 공자에게 정치를 물었다. 공자가 대답하였다: "임금이 임금답고, 신하가 신하답고, 아버지가 아버지답고, 아들이 아들다우면 정치는 잘 돌아가게 되어있는 것이오이다." 경공이 기뻐 말하였다: "좋구나! 그대의 말이여! 진실로 임금이 임금답지 못하고, 신하가 신하답지 못하고, 아버지가 아버지답지 못하고, 아들이 아들답지 못하다면, 곡식이 쌓여있다 한들 내 어찌 그것을 먹고 즐기는 삶을 살 수 있겠는가?"

12-12. 子曰: "片言可以折獄者, 其由也與?" 子路無宿諾。
자 왈 편 언 가 이 절 옥 자 기 유 야 여 자 로 무 숙 낙

공자께서 말씀하시었다: "편린의 진실된 말만 듣고도 옥사獄事를 결단할 수 있는 자는 유(由: 자로)뿐일 것인저!" 주변사람들이 자로를 평한 말이 있다: "자로는 한번 결단한 것은 즉각 실행에 옮기지 않는 법이 없었다."

12-13. 子曰: "聽訟, 吾猶人也。必也使無訟乎!"
자 왈 청 송 오 유 인 야 필 야 사 무 송 호

공자께서 말씀하시었다: "송사를 듣고 결단하는 데 있어서는 나 또한 남과 같이 잘 할 수 있다. 그러나 내가 기필코 원하는 것은 이것이다! 사람들로 하여금 송사를 일으킬 일이 없도록 만드는 정치를 행하는 것이다."

12-14. 子張問政。子曰: "居之無倦, 行之以忠。"
자 장 문 정 자 왈 거 지 무 권 행 지 이 충

자장이 정치를 여쭈었다. 이에 공자께서 말씀하시었다: "정치 속에서 살 때에는 무엇보다도 권태를 느끼지 않고 지속적으로 노력하는 것이 중요하다. 정치를 행할 때에는 마음에서 우러나오는 충忠으로써 해야 한다."

12-15. 子曰: "博學於文, 約之以禮, 亦可以弗畔矣夫!"
자 왈 박 학 어 문 약 지 이 례 역 가 이 불 반 의 부

공자께서 말씀하시었다: "문文의 세계에 있어서는 가급적 널리 배워야 한다. 그러나 그것을 반드시 예禮로써 집약시켜야 한다. 그리하면 도에 어긋남이 없을 것이다."

12-16. 子曰: "君子成人之美, 不成人之惡。小人反是。"
자왈 군자성인지미 불성인지오 소인반시

공자께서 말씀하시었다: "군자君子는 사람의 아름다운 측면을 완성하도록 도와주고, 사람의 추한 측면은 버리도록 도와준다. 소인小人은 이와 정반대이다."

12-17. 季康子問政於孔子。孔子對曰: "政者, 正也。子帥以正, 孰敢不正?"
계강자문정어공자 공자대왈 정자 정야 자솔이정 숙감부정

계강자가 공자에게 정치를 물었다. 공자가 이에 대답하여 말씀하시었다: "정치라는 것은 바르게 하는 것이다. 수장인 그대가 바름으로써 솔선수범을 보인다면 감히 그 누가 바르지 않을 수 있겠느뇨?"

12-18. 季康子患盜, 問於孔子。孔子對曰: "苟子之不欲, 雖賞之不竊。"
계강자환도 문어공자 공자대왈 구자지불욕 수상지 부절

계강자季康子가 도둑이 성하여 그 대책을 여쭈었다. 공자께서 대답하여 말씀하시었다: "이 나라의 수장인 그대가 탐욕을 부리지 않는다면, 비록 백성들에게 상을 주면서 도둑질하라 해도 도둑질하지 않을 것이다."

12-19. 季康子問政於孔子曰: "如殺無道, 以就有道, 何如?" 孔子對曰: "子爲政, 焉用殺? 子欲善而民善矣。君子之德風,
계강자문정어공자왈 여살무도 이취유도 하여 공자대왈 자위정 언용살 자욕선이민선의 군자지덕풍

小人之德草。草上之風, 必偃。"
소 인 지 덕 초 초 상 지 풍 필 언

계강자가 공자에게 정치를 물어 말하였다: "무도無道한 자들을 사형에 처하여 유도有道한 백성들의 삶을 윤택하게 만들어주면 어떠하겠나이까?" 이에 공자께서 대답하여 말씀하시었다: "그대는 정치를 하는 사람이다! 어찌하여 인명人命을 살상하여 정치를 하려는고! 그대가 선을 원하면 백성 또한 선하게 될 것이다. 군자의 덕은 스치는 바람과도 같고, 백성들의 덕은 풀과도 같다. 풀 위에 바람이 스치면, 풀은 누울 뿐이로다."

12-20. 子張問: "士何如斯可謂之達矣?" 子曰: "何哉? 爾所謂達
자 장 문 사 하 여 사 가 위 지 달 의 자 왈 하 재 이 소 위 달
者!" 子張對曰: "在邦必聞, 在家必聞。" 子曰: "是聞也, 非
자 자 장 대 왈 재 방 필 문 재 가 필 문 자 왈 시 문 야 비
達也。夫達也者, 質直而好義, 察言而觀色, 慮以下人。在
달 야 부 달 야 자 질 직 이 호 의 찰 언 이 관 색 여 이 하 인 재
邦必達, 在家必達。夫聞也者, 色取仁而行違, 居之不疑。
방 필 달 재 가 필 달 부 문 야 자 색 취 인 이 행 위 거 지 불 의
在邦必聞, 在家必聞。"
재 방 필 문 재 가 필 문

자장이 여쭈었다: "선비가 어떤 모습이라야 곧 통달한 사람이라 일컬을 수 있겠나이까?" 공자께서 말씀하시었다: "네가 말하는 통달이라는 것이 도대체 무엇이뇨?" 자장이 이에 대답하여 말하였다: "나라에서도 반드시 소문이 나고, 집에서도 반드시 소문이 나는 것이오니이다." 공자께서 말씀하시었다: "이 녀석아. 그것은 유명한 것이지 통달한 것이 아니다. 대저 통달한다 하는 것은, 질박하며 정직하고 의義를 좋아하며, 남의 말을 잘 살피고 타인의 얼굴빛을 잘 관찰하여 항상 사려 깊게 자기를 낮추는 사람이라야 가능한 것이니, 이런 사람은 나라에서도 반드시 통달하며, 집에서도 반드시 통달한다. 대저 유명해진다고 하는 것은 얼굴빛은 인자로운 것 같으나 행실은 겉모양에 위배되며, 앉아있는 곳에 항상 느긋하게 앉아

있으며 회의하고 노력하는 것이 없는 사람이나 하는 짓이다. 이런 사람은 나라에서도 반드시 유명해지며, 집에서도 반드시 유명해진다."

12-21. 樊遲從遊於舞雩之下, 曰: "敢問崇德、脩慝、辨惑?" 子
번지종유어무우지하 왈 감문숭덕 수특 변혹 자
曰: "善哉問! 先事後得, 非崇德與? 攻其惡, 無攻人之惡,
왈 선재문 선사후득 비숭덕여 공기악 무공인지악
非脩慝與? 一朝之忿, 忘其身, 以及其親, 非惑與?"
비수특여 일조지분 망기신 이급기친 비혹여

번지樊遲가 공자를 시중들며 노나라 성 남쪽의 무우舞雩 제단 아래서 한가로이 노닐고 있었는데, 불쑥 여쭈었다: "감히 묻겠나이다. 덕을 높이는 것과, 사특함을 닦아 없애는 것과, 미혹함을 분변하는 것을 묻겠나이다." 거니시던 공자께서 말씀하시었다: "거참 좋구나! 너의 질문이. 실천을 먼저 하고 그 실천으로써 얻는 이득을 뒤로 하는 것, 그것이 덕을 높이는 일이 아니고 무엇이겠니? 자신의 결점을 공격하고 타인의 결점을 공격하지 아니하는 것, 그것이 사특함을 닦아 없애는 것이 아니고 무엇이겠니? 하루아침의 분노로써 한 몸을 잊어버리고 그 화禍를 부모님에게까지 미치게 하는 것, 그것이 바로 미혹함이 아니고 무엇이겠니?"

12-22. 樊遲問仁。子曰: "愛人。" 問知。子曰: "知人。" 樊遲未達。
번지문인 자왈 애인 문지 자왈 지인 번지미달
子曰: "擧直錯諸枉, 能使枉者直。" 樊遲退, 見子夏曰: "鄕
자왈 거직조저왕 능사왕자직 번지퇴 견자하왈 향
也吾見於夫子而問知, 子曰, '擧直錯諸枉, 能使枉者直,' 何
야오견어부자이문지 자왈 거직조저왕 능사왕자직 하
謂也?" 子夏曰: "富哉言乎! 舜有天下, 選於衆, 擧皐陶, 不
위야 자하왈 부재언호 순유천하 선어중 거고요 불
仁者遠矣。湯有天下, 選於衆, 擧伊尹, 不仁者遠矣。"
인자원의 탕유천하 선어중 거이윤 불인자원의

번지樊遲가 인仁을 여쭈었다. 공자께서 말씀하시었다: "사람을 사랑하는 것이다." 또 지知를 여쭈었다. 공자께서 말씀하시었다: "사람을 아는 것이다." 번지가 이 말씀을 깊게 알아들을 수가 없었다. 그러자 공자께서는 다음과 같은 말씀을 첨가하시었다: "굽은 판자때기 위에 곧은 판자때기를 놓아 누르면 굽은 판자때기가 펴지듯이, 곧은 사람을 들어 굽은 사람 위에 놓으면 모든 굽은 사람들이 곧게 될 수 있나니라." 번지가 물러나 자하子夏를 보았을 때, 다시 말했다: "지난 번에 내가 부자(선생님)를 뵈었을 때에 지知에 대해 여쭈었는데, 부자께서 곧은 사람을 들어 굽은 사람 위에 놓으면 모든 굽은 사람들이 곧게 되리라, 말씀하셨는데, 도대체 이 말씀이 무슨 뜻인고?" 자하가 말하였다: "풍요롭도다! 그 말씀이여! 순舜이 천하를 얻음에 그 많은 사람 가운데서 뽑아 고요皐陶를 들어 쓰시니, 불인不仁한 자들이 멀리 사라졌고, 탕湯이 천하를 얻음에 그 많은 사람 가운데 뽑아 이윤伊尹을 들어 쓰시니, 불인不仁한 자들이 멀리 사라지지 아니하였던가!"

12-23. 子貢問友。子曰: "忠告而善道之, 不可則止, 無自辱焉。"
자공문우 자왈 충고이선도지 불가즉지 무자욕언

자공子貢이 친구 사귐(友)에 관하여 여쭈었다. 이에 공자께서 말씀하시었다: "친구에게 충심으로 권고하여 바르게 이끌어주어라. 그러나 너의 충심이 먹히지 않을 때에는 중지하라. 자신을 스스로 욕되게 말라."

12-24. 曾子曰: "君子以文會友, 以友輔仁。"
증자왈 군자이문회우 이우보인

증자曾子가 말하였다: "군자는 문文으로써 친구를 모으고, 친구로써 인仁을 돕는다."

자로 제십삼
子路第十三

13-1. 子路問政。子曰: "先之, 勞之。" 請益。曰: "無倦。"
자로문정 자왈 선지 노지 청익 왈 무권

자로가 정치를 여쭈었다. 이에 공자께서 말씀하시었다: "백성들에 앞서 실천하는 솔선수범을 보여라. 그리하여 백성들이 살아가는 수고로움을 잊게 하라." 자로가 더 좀 말해주십사고 부탁하였다. 공자께서 말씀하시었다: "권태를 느끼지 말고 열정을 지속시켜라."

13-2. 仲弓爲季氏宰, 問政。子曰: "先有司, 赦小過, 擧賢才。"
중궁위계씨재 문정 자왈 선유사 사소과 거현재
曰: "焉知賢才而擧之?" 曰: "擧爾所知。爾所不知, 人其舍
왈 언지현재이거지 왈 거이소지 이소부지 인기사
諸?"
저

중궁仲弓이 계씨季氏의 가신이 되어 정치를 여쭈었다. 이에 공자께서 말씀하시었다: "유능한 관리를 적재적소에 배치하는 것이 급선무다. 그들의 사소한 과실은 용서해라. 슬기로운 자와 재능 있는 자를 등용하라." 중궁이 여쭈었다: "슬기로운 자와 재능 있는 자를 어찌 알고 등용하오리까?" 공자께서 말씀하시었다: "네가 알고 있는 슬기로운 자와 재능 있는 자를 우선 등용한다면, 네가 모르는 슬기로운 자와 재능 있는 자를 세상이 내버려두겠는가?"

13-3. 子路曰: "衛君待子而爲政, 子將奚先?" 子曰: "必也正名
자로왈 위군대자이위정 자장해선 자왈 필야정명
乎!" 子路曰: "有是哉, 子之迂也! 奚其正?" 子曰: "野哉, 由
호 자로왈 유시재 자지우야 해기정 자왈 야재 유

也! 君子於其所不知, 蓋闕如也。名不正, 則言不順; 言不
야 군자어기소부지 개궐여야 명부정 즉언불순 언불
順, 則事不成; 事不成, 則禮樂不興; 禮樂不興, 則刑罰不
순 즉사불성 사불성 즉예악불흥 예악불흥 즉형벌부
中; 刑罰不中, 則民無所措手足。故君子名之必可言也, 言
중 형벌부중 즉민무소조수족 고군자명지필가언야 언
之必可行也。君子於其言, 無所苟而已矣!"
지필가행야 군자어기언 무소구이이의

자로가 말하였다: "위衛나라의 군주가 선생님을 모셔다가 정치를 하려 한다면, 선생님께서는 무엇을 먼저 하시겠습니까?" 공자께서 말씀하시었다: "반드시 이름을 바로 잡는 정명正名을 먼저 할 것이다." 자로가 말하였다: "역시나 했더니만, 선생님도 참 아둔하기 그지 없으시구려. 왜 하필 이름을 바로 잡는다고 하십니까?"

이에 공자께서 말씀하시었다: "야비하구나! 유由 이 녀석! 군자는 알지 못하는 것에는 입이나 다물고 있는 법이어늘. 이름이 바르지 않으면 말이 바른 논리를 따라가지 않고, 말이 바른 논리를 따르지 않으면 사업이 이루어지지 않는다. 사업이 이루어지지 않으면 예악禮樂이 흥興하지 아니하고, 예악이 흥하지 않으면 형벌刑罰이 타당치 못하게 된다. 형벌이 타당치 못하면 백성들이 손발을 둘 곳조차 없어지고 만다. 그러므로 군자는 무엇을 이름하면(名之), 그것에 대해 반드시 바른 논리를 세워야 한다. 바른 논리를 세우면(言之), 반드시 실행에 옮겨야 한다. 군자가 그 말의 논리에 있어서 어찌 구차스러움이 있을 수 있겠는가!"

13-4. 樊遲請學稼。子曰: "吾不如老農。" 請學爲圃。曰: "吾不如
번지청학가 자왈 오불여노농 청학위포 왈 오불여
老圃。" 樊遲出。子曰: "小人哉, 樊須也! 上好禮, 則民莫敢
노포 번지출 자왈 소인재 번수야 상호례 즉민막감
不敬, 上好義, 則民莫敢不服, 上好信, 則民莫敢不用情。
불경 상호의 즉민막감불복 상호신 즉민막감불용정

夫如是, 則四方之民襁負其子而至矣, 焉用稼?"
부 여 시 즉 사 방 지 민 강 부 기 자 이 지 의 언 용 가

번지樊遲가 공자에게 농사일을 배우기를 청하였다. 이에 공자께서 말씀하시었다: "농사일에 관해서는 나는 늙은 농부만 못하다." 그러자 번지가 또 채소 갈아먹는 것 배우기를 청하였다. 이에 공자께서 말씀하시었다: "채소경작에 관해서는 나는 채마밭 늙은이만 못하다." 번지가 퇴장하자, 공자께서는 한탄스럽게 말씀하시었다: "참 쩨쩨한 소인小人이로구나! 저 번수(樊須: 번지의 실명) 녀석! 통치자가 예禮를 좋아하면 백성들은 공경치 아니함이 없고, 통치자가 의義를 사랑하면 백성들은 심복하지 아니함이 없고, 통치자가 신험信驗하기를 좋아하면 백성들은 자기의 진실을 내보이지 아니하는 자가 없다. 대저 이와 같이 행하면 사방의 백성들이 그 아기를 포대기에 업고 모여들 것이니, 어찌 농사짓는 일로써 정치의 기준을 삼으려는가?"

13-5. 子曰: "誦詩三百, 授之以政, 不達; 使於四方, 不能專對;
자 왈 송 시 삼 백 수 지 이 정 부 달 사 어 사 방 불 능 전 대
雖多, 亦奚以爲?"
수 다 역 해 이 위

공자께서 말씀하시었다: "시詩 삼백 편을 줄줄 외운다 해도, 그 자에게 정치를 맡겨본들 통달치 못하고, 또 사방에 사신으로 보내본들 온전하게 응대하지도 못한다면, 지식이 많은 것이 또한 무슨 소용이랴!"

13-6. 子曰: "其身正, 不令而行; 其身不正, 雖令不從。"
자 왈 기 신 정 불 령 이 행 기 신 부 정 수 령 부 종

공자께서 말씀하시었다: "다스리는 자의 몸이 바르면, 법령을 발하지 않아도 스스로 행하여지고, 그 몸이 바르지 못하면 법령을 발하여도 아무도 따르지 않는다."

13-7. 子曰: "魯衛之政, 兄弟也!"
자왈 노위지정 형제야

공자께서 말씀하시었다: "노魯나라와 위衛나라의 정치는 형제간이로다!"

13-8. 子謂衛公子荊, "善居室。始有, 曰: '苟合矣。' 少有, 曰: '苟完矣。' 富有, 曰: '苟美矣。'"
자위위공자형 선거실 시유 왈 구합의 소유 왈 구완의 부유 왈 구미의

공자가 위나라의 현명한 공자 형荊을 평하여 말씀하시었다: "그는 집안 재산을 잘 관리할 줄 알았다. 재산이 처음 생겼을 때 말하기를, '그런대로 조금 모였군요'라 했다. 재산을 어느 정도 가지게 되었을 때 말하기를, '그런대로 구비되었군요'라 했다. 재산을 풍요롭게 가지게 되었을 때 말하기를, '그런대로 아름답군요'라 했다."

13-9. 子適衛, 冉有僕。子曰: "庶矣哉!" 冉有曰: "既庶矣, 又何加焉?" 曰: "富之。" 曰: "既富矣, 又何加焉?" 曰: "教之。"
자적위 염유복 자왈 서의재 염유왈 기서의 우하가언 왈 부지 왈 기부의 우하가언 왈 교지

공자께서 위나라로 가시었을 때에 염유冉有가 수레를 몰았다. 공자께서 위나라 수도의 거리를 지나시면서 말씀하시었다: "아~ 참 사람이 많기도 하구나!" 염유가 여쭈었다: "그렇습니다. 인구가 많습니다. 그럼 또 무엇을 해야할까요?" 이에 공자께서 말씀하시었다: "그들을 풍요롭게 해주어야 한다." 염유가 또 여쭈었다: "이미 풍요롭게 되었다면, 또한 무엇을 해야 할까요?" 이에 공자께서 말씀하시었다: "그들을 교육시켜라."

13-10. 子曰: "苟有用我者, 朞月而已可也, 三年有成。"
자왈 구유용아자 기월이이가야 삼년유성

공자께서 말씀하시었다: "만약 나를 제대로 기용할 줄 아는 인물이 이 세

상에 있다면, 일 년이면 나라를 바로잡을 수 있고, 삼 년이면 그 나라를 완성시킬 수 있다."

13-11. 子曰: "'善人爲邦百年, 亦可以勝殘去殺矣。' 誠哉是言也!"
자왈 선인위방백년 역가이승잔거살의 성재시언야

공자께서 말씀하시었다: "옛말에 '선인善人이 나라를 다스리기를 백년만 지속할 수 있다면, 또한 모든 잔혹한 폭력을 극복하고 사형을 없앨 수 있다' 했는데, 옳도다! 이 말이여!"

13-12. 子曰: "如有王者, 必世而後仁。"
자왈 여유왕자 필세이후인

공자께서 말씀하시었다: "만약 왕자王者가 있다 하더라도 반드시 한 세대가 지난 후에나 백성들이 인仁하게 될 것이다."

13-13. 子曰: "苟正其身矣, 於從政乎何有? 不能正其身, 如正人何?"
자왈 구정기신의 어종정호하유 불능정기신 여정인하

공자께서 말씀하시었다: "다스리는 자가 그 몸을 바르게 한다면 정치를 하는 데 무슨 어려움이 있을까보냐! 다스리는 자가 그 몸을 바르게 할 수 없다면 어떻게 타인을 바르게 할 수 있단 말인가!"

13-14. 冉子退朝。子曰: "何晏也?" 對曰: "有政。" 子曰: "其事也! 如有政, 雖不吾以, 吾其與聞之。"
염자퇴조 자왈 하안야 대왈 유정 자왈 기사야 여유정 수불오이 오기여문지

염자冉子가 조정에서 물러나왔다. 공자께서 말씀하시었다: "오늘은 왜 이

렇게 늦었느냐?" 염자가 대답하여 말하였다: "중요한 정무政務가 있었습니다." 이제 공자께서 말씀하시었다: "중요한 정무이긴? 사사로운 일이었을 것이다! 만약 중요한 정무였다면, 내가 비록 벼슬의 자리에는 있지 않으나, 나에게 반드시 상의했을 것이다."

13-15. 定公問: "一言而可以興邦, 有諸?" 孔子對曰: "言不可以
정공문 일언이가이흥방 유저 공자대왈 언불가이
若是其幾也! 人之言曰: '爲君難, 爲臣不易。' 如知爲君之
약시기기야 인지언왈 위군난 위신불이 여지위군지
難也, 不幾乎一言而興邦乎?" 曰: "一言而喪邦, 有諸?" 孔
난야 불기호일언이흥방호 왈 일언이상방 유저 공
子對曰: "言不可以若是其幾也! 人之言曰: '予無樂乎爲君,
자대왈 언불가이약시기기야 인지언왈 여무락호위군
唯其言而莫予違也。' 如其善而莫之違也, 不亦善乎? 如不
유기언이막여위야 여기선이막지위야 불역선호 여불
善而莫之違也, 不幾乎一言而喪邦乎?"
선이막지위야 불기호일언이상방호

정공이 물었다: "단 한마디 말로써 나라를 흥興하게 할 수도 있다 하니, 그러한 것이 있습니까?" 이에 공자께서 대답하여 말씀하시었다: "인간의 말이라는 것이 그토록 효과를 낼 수 있는 것이 어디 있겠습니까마는, 한번 말씀드려 보지요. 사람들이 하는 말에 이런 말이 있습니다: '임금노릇 하기 어렵고, 신하노릇 하기 쉽지 않다.' 만약 당신께서 임금노릇 하기 어렵다는 것을 아신다면, 이 한마디의 말로도 나라를 흥하게 하는 데 거의 이르게 할 수 있지 않겠습니까?" 정공이 또 물었다: "단 한마디로써 나라를 망亡하게 할 수도 있다 하니, 그러한 것이 있습니까?" 이에 공자께서 대답하여 말씀하시었다: "인간의 말이라는 것이 그토록 효과를 낼 수 있는 것이 어디있겠습니까마는, 한번 말씀드려 보지요. 사람들이 하는 말에 이런 말이 있습니다: '아~ 짐이 임금 되었다 하나 특별한 낙樂이 없노라. 단지 내 입에서 말이 떨어지면 아무도 나에게 거스르려고 하지 않는 것이 즐겁

도다!' 만약 당신의 말이 선하다면 거스르지 않아도 물론 좋겠지요. 그러나 만약 당신의 말이 선하지 않고 아무도 거스르지 않을진댄, 이 한마디 말로도 나라를 망하게 하는 데 거의 이르게 할 수 있지 않겠습니까?"

13-16. 葉公問政。子曰: "近者說, 遠者來。"
섭공문정 자왈 근자열 원자래

섭공葉公(초나라의 지방영주, 대부大夫. 명이 제량諸梁, 자는 자고子高)이 정치를 여쭈었다. 이에 공자께서 말씀하시었다: "가깝게 있는 백성들을 기뻐하게 할 수 있으면, 먼 곳에 있는 백성들도 모여들겠지요."

13-17. 子夏爲莒父宰, 問政。子曰: "無欲速, 無見小利。欲速, 則不達; 見小利, 則大事不成。"
자하위거보재 문정 자왈 무욕속 무견소리 욕속 즉부달 견소리 즉대사불성

자하子夏가 거보莒父의 읍재가 되어 공자께 정치를 여쭈었다. 이에 공자께서 말씀하시었다: "속히 성과를 내려고 하지 말라. 작은 이익에 구애되지 말라. 속히 성과를 내려하면 전체적으로 통달할 수 없고, 작은 이익에 구애되면 큰일을 이루지 못한다."

13-18. 葉公語孔子曰: "吾黨有直躬者, 其父攘羊, 而子證之。" 孔子曰: "吾黨之直者異於是, 父爲子隱, 子爲父隱。直在其中矣。"
섭공어공자왈 오당유직궁자 기부양양 이자증지 공자왈 오당지직자이어시 부위자은 자위부은 직재기중의

섭공이 공자에게 일러 말하였다: "우리 무리 중에 대단히 곧은 인물이 있었습니다. 그 아버지가 양을 훔쳤는데, 아들인 그가 그것을 입증하여 유죄가 되었습니다." 이에 공자께서 말씀하시었다: "우리 무리 중의 곧은 자는 당신네 곧은 자와는 다릅니다. 아버지가 아들을 위하여 숨겨주고, 아들은 아버지를 위하여 숨겨줍니다. 곧음이란 그 속에 있는 것이외다."

13-19. 樊遲問仁。子曰: "居處恭, 執事敬, 與人忠。雖之夷狄, 不
번 지 문 인 자 왈 거 처 공 집 사 경 여 인 충 수 지 이 적 불
可棄也。"
가 기 야

번지樊遲가 인仁을 여쭈었다. 이에 공자께서 말씀하시었다: "평소에 거처하는 모습이 공恭해야 하고, 일을 하는 모습은 경敬해야 하며, 사람을 사귀는 모습은 충忠해야 한다. 비록 문화가 다른 동북방 나라에 간다 할지라도 이러한 자세를 버려서는 아니 된다."

13-20. 子貢問曰: "何如斯可謂之士矣?" 子曰: "行己有恥, 使於
자 공 문 왈 하 여 사 가 위 지 사 의 자 왈 행 기 유 치 사 어
四方, 不辱君命, 可謂士矣。" 曰: "敢問其次。" 曰: "宗族稱
사 방 불 욕 군 명 가 위 사 의 왈 감 문 기 차 왈 종 족 칭
孝焉, 鄕黨稱弟焉。" 曰: "敢問其次。" 曰: "言必信, 行必果,
효 언 향 당 칭 제 언 왈 감 문 기 차 왈 언 필 신 행 필 과
硜硜然小人哉! 抑亦可以爲次矣。" 曰: "今之從政者何如?"
갱 갱 연 소 인 재 억 역 가 이 위 차 의 왈 금 지 종 정 자 하 여
子曰: "噫! 斗筲之人, 何足算也!"
자 왈 희 두 소 지 인 하 족 산 야

자공子貢이 여쭈어 말하였다: "어떠해야 선비(士)라 일컬을 만하오니이까?" 이에 공자께서 말씀하시었다: "자기의 행동에 대하여 수치를 느낄 줄 알며, 사방四方의 나라에 사신으로 나아가선 임금의 명命을 욕되게 하지 아니 하는 자, 그를 선비라 일컬을 만하나니라." 자공이 다시 말하였다: "그 다음 가는 자격을 감히 묻겠나이다." 이에 공자께서 말씀하시었다: "종족宗族 전체 사람들이 효성스럽다고 칭찬하며, 향당鄕黨 전체 사람들이 우애가 있다고 칭찬하는 사람일 것이다." 자공이 다시 말하였다: "그 다음 가는 자격을 감히 묻겠나이다." 이에 공자께서 말씀하시었다: "말에 반드시 신험信驗됨이 있고 행동에 반드시 구체적 결과가 있으며, 깐깐하기만 하여 좁은 소인小人처럼 보이기는 하지만, 그래도 또한 그 다음이 될

만하나니라." 자공이 또 여쭈었다: "지금 정치에 종사하는 자들은 어떠하오니이까?" 이에 공자께서 말씀하시었다: "아! 한두 됫박밖에 안되는 그 인간들을 따져볼 건덕지나 있겠느뇨?"

13-21. 子曰: "不得中行而與之, 必也狂狷乎! 狂者進取, 狷者有所不爲也。"
자왈 부득중행이여지 필야광견호 광자진취 견자유소불위야

공자께서 말씀하시었다: "중도中道를 행行하는 선비와 더불어 같이 걸어갈 수 없다면, 나는 차라리 광자狂者나 견자狷者와 더불어 할 것이다. 광자는 진취적이고, 견자는 행하지 아니 하는 바가 있는 확실한 사람들이다."

13-22. 子曰: "南人有言曰: '人而無恒, 不可以作巫醫。' 善夫! '不恒其德, 或承之羞。'" 子曰: "不占而已矣。"
자왈 남인유언왈 인이무항 불가이작무의 선부 불항기덕 혹승지수 자왈 부점이이의

공자께서 말씀하시었다: "남쪽나라 사람들 말에 이런 말이 있다: '사람된 자가 항상된 마음이 없으면 무당을 해서도 아니 되고 의사가 되어도 아니 된다.' 참으로 적확的確한 좋은 말이다. 『역』에도 이런 말이 있지 않니, '그 덕德을 항상되게 하지 못하면 사람들에게 받아들여지지 않아 수치를 당할 수도 있다.'" 이어 또 말씀하시었다: "덕이 항상스럽지 못한 사람들은 점을 칠 수도 없다."

13-23. 子曰: "君子和而不同, 小人同而不和。"
자왈 군자화이부동 소인동이불화

공자께서 말씀하시었다: "군자는 사람들과 조화를 이루며 살아가지만 동류로서 휩쓸리지는 않는다. 그러나 소인은 사람들과 동류로서 휩쓸리기만 할 뿐 오히려 조화를 이루지는 못한다."

13-24. 子貢問曰: "鄉人皆好之, 何如?" 子曰: "未可也。" "鄉人皆
자공문왈 향인개호지 하여 자왈 미가야 향인개
惡之, 何如?" 子曰: "未可也, 不如鄉人之善者好之, 其不善
오지 하여 자왈 미가야 불여향인지선자호지 기불선
者惡之。"
자오지

자공이 여쭈어 말하였다: "향인鄕人 전부가 한 사람을 다 좋아한다면 그 사람은 어떻습니까?" 이에 공자께서 말씀하시었다: "그것으로는 부족하다." 자공이 또 말하였다: "그렇다면 향인 전부가 한 사람을 다 미워한다면 그 사람은 어떻습니까?" 이에 공자께서 말씀하시었다: "그것으로는 부족하다! 향인 중의 선한 사람들이 그를 좋아하고, 향인 중의 선하지 못한 사람들이 그를 미워하는 것만 같지 못하니라."

13-25. 子曰: "君子易事而難說也。說之不以道, 不說也; 及其使
자왈 군자이사이난열야 열지불이도 불열야 급기사
人也, 器之。小人難事而易說也。說之雖不以道, 說也; 及
인야 기지 소인난사이이열야 열지수불이도 열야 급
其使人也, 求備焉。"
기사인야 구비언

공자께서 말씀하시었다: "군자는 섬기기는 쉬워도, 그를 기뻐하게 만들기는 어렵다. 도道로써 기뻐하게 만들지 않으면 그는 결코 기뻐하지 아니하기 때문이다. 군자는 사람을 부리는 데 이르러서는 사람들의 그릇의 역량에 따라 자유롭게 부린다. 그런데 소인은 섬기기는 어려워도 기뻐하게 만들기는 쉽다. 기뻐하게 만들기를 도道로써 하지 않아도 그들은 쉽게 기뻐해하기 때문이다. 이런 소인이 사람을 부리는 데 이르러서는 오히려 사람들이 완벽할 것을 요구한다."

13-26. 子曰: "君子泰而不驕, 小人驕而不泰。"
자왈 군자태이불교 소인교이불태

공자께서 말씀하시었다: "군자는 태연泰然하되 교만하지 않고, 소인은 교만하면서 태연하지 못하다."

13-27. 子曰: "剛、毅、木、訥, 近仁。"
자 왈 강 의 목 눌 근 인

공자께서 말씀하시었다: "강인하고, 굳세고, 질박하고, 어눌한 것은 인仁에 가깝다."

13-28. 子路問曰: "何如斯可謂之士矣?" 子曰: "切切偲偲, 怡怡
자 로 문 왈 하 여 사 가 위 지 사 의 자 왈 절 절 시 시 이 이
如也, 可謂士矣。朋友切切偲偲, 兄弟怡怡。"
여 야 가 위 사 의 붕 우 절 절 시 시 형 제 이 이

자로子路가 여쭈어 말하였다: "어떠해야 선비(士)라 일컬을 만하오니이까?" 이에 공자께서 말씀하시었다: "절절시시切切偲偲하게 서로를 책망할 줄 알고, 이이여怡怡如하게 서로를 화락하게 하면, 그를 선비라 일컬을 만하나니라. 붕우에게 절절시시하게 하고, 형제에게 이이여하게 할지어다."

13-29. 子曰: "善人教民七年, 亦可以卽戎矣。"
자 왈 선 인 교 민 칠 년 역 가 이 즉 융 의

공자께서 말씀하시었다: "전쟁에 대비하여 선인善人(선한 지도자)이 백성을 7년 동안 잘 가르치면 그들로 하여금 전장에 나아가게 할 수 있다."

13-30. 子曰: "以不教民戰, 是謂棄之。"
자 왈 이 불 교 민 전 시 위 기 지

공자께서 말씀하시었다: "백성들을 가르치지 아니하고 전장戰場에 내보내는 것은 백성들을 내다버리는 짓이라 일컫는다."

헌문 제십사

憲問第十四

14-1. 憲問恥。子曰;"邦有道穀; 邦無道穀, 恥也。"
헌 문 치 자 왈 방 유 도 곡 방 무 도 곡 치 야

헌(憲: 원헌, 원사原思의 이름)이 치욕을 여쭈었다. 이에 공자께서 말씀하시었다: "나라에 도가 있을 때 봉급을 받으면 정당하다. 그러나 나라에 도가 없는데 봉급을 받는 것은 치욕이다."

14-2. "克丶伐丶怨丶欲, 不行焉, 可以爲仁矣?" 子曰: "可以爲難矣, 仁則吾不知也。"
극 벌 원 욕 불 행 언 가 이 위 인 의 자 왈 가 이 위 난 의 인 즉 오 부 지 야

원헌이 또 여쭈었다: "남을 이기기를 좋아하고, 자기 공을 자랑하며, 사소한 일에 한을 품으며, 끊임없이 탐욕하는 짓을 행하지 아니하면 인仁하다 말할 수 있겠나이까?" 이에 공자께서 말씀하시었다: "실천하기 어렵다고는 말할 수 있겠으나, 그것만으로 인仁한 지는 알지 못하겠노라."

14-3. 子曰: "士而懷居, 不足以爲士矣。"
자 왈 사 이 회 거 부 족 이 위 사 의

공자께서 말씀하시었다: "선비랍시고 익숙한 생활환경에 안주하기만을 바라는 자는 선비라 할 수 없다."

14-4. 子曰: "邦有道, 危言危行; 邦無道, 危行言孫。"
자 왈 방 유 도 위 언 위 행 방 무 도 위 행 언 손

공자께서 말씀하시었다: "나라에 도道가 있을 때는 말을 높게 하고 행동

도 높게 해야 한다. 그러나 나라에 도道가 없을 때는 행동은 높게 해야 하지만 말은 낮게 해야 한다."

14-5. 子曰: "有德者必有言, 有言者不必有德。仁者必有勇, 勇者不必有仁。"
자왈 유덕자필유언 유언자불필유덕 인자필유용 용자불필유인

공자께서 말씀하시었다: "덕이 있는 자는 반드시 훌륭한 말을 하거니와, 훌륭한 말을 하는 자라고 해서 반드시 덕이 있는 것은 아니다. 인仁한 자는 반드시 용기가 있거니와, 용기가 있는 자라고 해서 반드시 인仁한 것은 아니다."

14-6. 南宮适問於孔子曰: "羿善射, 奡盪舟, 俱不得其死。然禹稷躬稼而有天下。" 夫子不答。南宮适出, 子曰: "君子哉若人! 尙德哉若人!"
남궁괄문어공자왈 예선사 오탕주 구부득기사 연우직궁가이유천하 부자부답 남궁괄출 자왈 군자재약인 상덕재약인

남궁괄南宮适이 공자께 여쭈어 말하였다: "예羿는 활을 잘 쏘았고, 오奡는 힘이 장사라서 육지에서도 배를 끌고 다녔지만, 모두 제 명에 죽지를 못하였습니다. 그러나 우禹와 직稷은 몸소 농사를 지었는데도 천하를 소유하시었습니다." 공자께서 묵묵부답하시었다. 남궁괄이 밖으로 나가자, 공자께서 말씀하시었다: "군자로다! 이 사람이여. 덕을 숭상하는구나! 이 사람이여!"

14-7. 子曰: "君子而不仁者有矣夫! 未有小人而仁者也!"
자왈 군자이불인자유의부 미유소인이인자야

공자께서 말씀하시었다: "군자이면서 인仁하지 못한 사람은 있을 수 있지만, 소인으로서 인仁한 사람은 있을 수 없다."

14-8. 子曰: "愛之, 能勿勞乎? 忠焉, 能勿誨乎?"
자왈 애지 능물로호 충언 능물회호

공자께서 말씀하시었다: "누구를 사랑할진대 그를 위하여 수고하지 않을 수 있겠는가? 누구를 충심으로 대할진대 그에게 진실한 가르침을 베풀지 않을 수 있겠는가?"

14-9. 子曰: "爲命, 裨諶草創之, 世叔討論之, 行人子羽脩飾之, 東里子產潤色之。"
자왈 위명 비침초창지 세숙토론지 행인자우수식지 동리자산윤색지

공자께서 말씀하시었다: "정鄭나라에서는 국민들에게 반포하는 포고문을 만들 때에 신중을 기하였다. 비침裨諶이 초창草創하였고, 세숙世叔이 토론하였고, 행인行人 자우子羽가 수식修飾하였고, 동리東里 자산子產이 윤색潤色하였다."

14-10. 或問子產。子曰: "惠人也。" 問子西。曰: "彼哉! 彼哉!" 問管仲。曰: "人也。奪伯氏駢邑三百, 飯疏食, 沒齒無怨言。"
혹문자산 자왈 혜인야 문자서 왈 피재 피재 문관중 왈 인야 탈백씨병읍삼백 반소사 몰치무원언

혹자가 자산子產을 여쭈었다. 이에 공자께서 말씀하시었다: "백성을 사랑하는 사람이었다." 또 자서子西를 여쭈었다. 이에 공자께서는 씁쓸한 듯 말씀하시었다: "그 사람은… 그 사람은… " 또 관중管仲을 여쭈었다. 이에 공자께서 말씀하시었다: "인물이다. 관중은 백씨伯氏가 잘못을 저질러 그의 영지 병읍駢邑 삼백 호를 빼앗아 버렸는데도, 백씨는 거친 밥을 먹으면서도 죽을 때까지 그를 원망하는 말을 입에 담지 않았다."

14-11. 子曰: "貧而無怨, 難; 富而無驕, 易。"
자왈 빈이무원 난 부이무교 이

공자께서 말씀하시었다: "가난하면서 원망이 없기는 어렵고, 부자이면서 교만이 없기는 쉽다."

14-12. 子曰: "孟公綽, 爲趙魏老則優, 不可以爲滕薛大夫。"
자왈 맹공작 위조위로즉우 불가이위등설대부

공자께서 말씀하시었다: "맹공작孟公綽은 조趙나라나 위魏나라와 같은 강대국의 가로家老가 되면 뛰어난 품성을 발휘할 것이다. 그러나 등滕나라나 설薛나라와 같은 빈소국의 대부가 되어서는 아니 될 사람이다."

14-13. 子路問成人。子曰: "若臧武仲之知, 公綽之不欲, 卞莊子之勇, 冉求之藝, 文之以禮樂, 亦可以爲成人矣。" 曰: "今之成人者, 何必然? 見利思義, 見危授命, 久要不忘平生之言, 亦可以爲成人矣。"
자로문성인 자왈 약장무중지지 공작지불욕 변장자지용 염구지예 문지이예악 역가이위성인의 왈 금지성인자 하필연 견리사의 견위수명 구요불망평생지언 역가이위성인의

자로子路가 완성된 인간成人에 관하여 여쭈었다. 이에 공자께서 말씀하시었다: "만약 장무중臧武仲의 지혜와 맹공작孟公綽의 무욕과 변장자卞莊子의 용기와 염구冉求의 재예才藝를 갖추고 그 위에 예악으로써 문채文采를 발하게 한다면 또한 완성된 인간이라 말할 수 있을 것이다." 다시 말씀하시었다: "요즈음의 감각으로 완성된 인간이라 한다면 어찌 굳이 꼭 그래야 할 것까지야 있겠는가? 리利를 보면 의義를 생각하고, 위태로움을 보면 목숨을 던질 수도 있으며, 곤궁한 세월을 오래 견디면서도 평소의 약속을 저버리지 않는 자는 또한 완성된 인간이라고 말할 수 있을 것이다."

14-14. 子問公叔文子於公明賈, 曰: "信乎? 夫子不言不笑不取
자문공숙문자어공명가 왈 신호 부자불언불소불취

乎?" 公明賈對曰: "以告者過也! 夫子時然後言, 人不厭其
호 공명가대왈 이고자과야 부자시연후언 인불염기

言; 樂然後笑, 人不厭其笑; 義然後取, 人不厭其取。" 子曰:
언 낙연후소 인불염기소 의연후취 인불염기취 자왈

"其然! 豈其然乎?"
기연 기기연호

공자께서 위나라 대부 공숙문자公叔文子의 인품에 관해 위나라 사람 공명가公明賈에게 물어 말씀하시었다: "참말입니까? 공숙문자, 그분은 말씀도 하지 않으시고, 웃지도 않으시고, 물건을 취하지도 않으신다는데 그게 참말입니까?" 이에 공명가가 대답하여 말하였다: "선생님께 말씀드린 사람이 좀 뻥이 셌군요. 그분께서는 마땅한 때를 만난 후에나 말씀하시기 때문에 사람들이 그 말을 싫어하지를 않습니다. 또한 마땅히 즐거운 후에나 웃으시기 때문에 사람들이 그 웃음을 싫어하지를 않습니다. 또한 의義에 합당한 물건인 연후에나 취하시기 때문에 사람들이 그 취함을 싫어하지는 않습니다." 이에 공자께서 말씀하시었다: "그럴까? 과연 그 사람이 그 수준에 이른 사람일까?"

14-15. 子曰: "臧武仲以防, 求爲後於魯, 雖曰不要君, 吾不信也。"
자왈 장무중이방 구위후어로 수왈불요군 오불신야

공자께서 말씀하시었다: "노나라의 대부 장무중臧武仲은 망명길에도 방읍防邑을 거점으로 삼아, 자신이 떠난 후에도 노나라에 자기의 후계자를 세워줄 것을 요구하였으니, 비록 임금을 협박하지 않았다고 말하나 나는 그것을 믿지 않는다."

14-16. 子曰: "晉文公譎而不正, 齊桓公正而不譎。"
자왈 진문공휼이부정 제환공정이불휼

공자께서 말씀하시었다: "진문공(晉文公: 중이重耳)은 권도權道에는 강했으나 정도正道에는 약했고, 제환공(齊桓公: 소백小白)은 정도正道에는 강했으나 권도權道에는 약했다."

14-17. 子路曰: "桓公殺公子糾, 召忽死之, 管仲不死。曰未仁
자로왈 환공살공자규 소홀사지 관중불사 왈미인
乎?" 子曰: "桓公九合諸侯, 不以兵車, 管仲之力也。如其
호 자왈 환공구합제후 불이병거 관중지력야 여기
仁! 如其仁!"
인 여기인

자로가 여쭈었다: "제나라의 임금이 된 환공桓公이 라이벌 공자公子 규糾를 죽이자, 그를 모시던 소홀召忽은 같이 순직하였는데, 관중管仲은 살아남았으니, 관중이야말로 인하지 못하다 말해야 할 것 아닙니까?" 이에 공자께서 말씀하시었다: "환공은 제후들을 아홉 번이나 규합시키면서도 병거兵車를 쓰지 않았으니 이는 관중의 역량이다. 누가 과연 관중의 인仁함에 미치겠는가? 누가 과연 관중의 인仁함에 미치겠는가!"

14-18. 子貢曰: "管仲非仁者與? 桓公殺公子糾, 不能死, 又相
자공왈 관중비인자여 환공살공자규 불능사 우상
之。" 子曰: "管仲相桓公, 霸諸侯, 一匡天下, 民到于今受其
지 자왈 관중상환공 패제후 일광천하 민도우금수기
賜。微管仲, 吾其被髮左衽矣! 豈若匹夫匹婦之爲諒也, 自
사 미관중 오기피발좌임의 기약필부필부지위량야 자
經於溝瀆, 而莫之知也!"
경어구독 이막지지야

자공子貢이 여쭈었다: "관중管仲은 인자仁者가 아닐 것이외다. 환공桓公이 자기의 주군 공자 규糾를 죽였는데도, 같이 죽기는커녕, 환공 밑에서 재상노릇을 하다니요." 이에 공자께서 말씀하시었다: "관중이 환공을 도와 제후들의 패자가 되게 하여, 천하를 크게 한 번 바로잡으니, 중원의 백성들이 오늘에 이르기까지 그의 은혜를 입고 있다. 관중이 없었더라면 우리는 지금 상투 없이 머리를 풀어헤치고 옷깃을 왼쪽으로 덮어 매는 좌임左衽을 하고 있을 것이다. 어찌 필부匹夫·필부匹婦들이 조그마한 신의를 위해 자신의 결백을 입증코자 작은 도랑가에서 스스로 목매달아 죽어도 아무도 거들떠보지도 아니 하는 상황에 견주어 말할 수 있겠느뇨?"

14-19. 公叔文子之臣大夫僎, 與文子同升諸公。子聞之, 曰: "可以爲文矣。"
공 숙 문 자 지 신 대 부 선 여 문 자 동 승 저 공 자 문 지 왈 가 이 위 문 의

공숙문자公叔文子의 가신인 대부 선僎이 공숙문자의 추천으로 그와 함께 국가 조정의 최고직에 올랐다. 공자께서 이를 들으시고 공숙문자를 칭찬하여 말씀하시었다: "시호를 문文이라 할 만하다."

14-20. 子言衛靈公之無道也, 康子曰: "夫如是, 奚而不喪?" 孔子曰: "仲叔圉治賓客, 祝鮀治宗廟, 王孫賈治軍旅。夫如是, 奚其喪?"
자 언 위 령 공 지 무 도 야 강 자 왈 부 여 시 해 이 불 상 공 자 왈 중 숙 어 치 빈 객 축 타 치 종 묘 왕 손 가 치 군 려 부 여 시 해 기 상

공자께서 위나라 영공衛靈公의 무도함을 말씀하시자, 계강자가 여쭈었다: "그토록 무도한데도 어찌하여 그 자리를 잃지 아니 하였습니까?" 이에 공자께서 말씀하시었다: "중숙어仲叔圉는 외국의 사신으로 온 빈객을 잘 다스리고, 축타祝鮀는 종묘를 잘 다스리고, 왕손가王孫賈는 군대를 잘 다스린다. 이와 같이 유능한 신하들이 잘 버티고 있는데 어찌 그 자리를 잃겠는가?"

14-21. 子曰: "其言之不怍, 則爲之也難。"
자 왈 기 언 지 부 작 즉 위 지 야 난

공자께서 말씀하시었다: "그 말을 부끄럼 없이 확실하게 하는 사람은, 그 말을 실천하는 것도 매우 어렵다는 것을 잘 알고 있다."

14-22. 陳成子弑簡公。孔子沐浴而朝, 告於哀公曰: "陳恒弑其君, 請討之。" 公曰: "告夫三子!" 孔子曰: "以吾從大夫之後, 不敢不告也。君曰'告夫三子'者!" 之三子告, 不可。孔子曰: "以吾從大夫之後, 不敢不告也。"
진성자시간공 공자목욕이조 고어애공왈 진항시기군 청토지 공왈 고부삼자 공자왈 이오종대부지후 불감불고야 군왈고부삼자자 지삼자고 불가 공자왈 이오종대부지후 불감불고야

제나라의 재상 진성자陳成子(전상田常)가 제나라의 임금 간공簡公을 시해하였다. 이에 공자께서 목욕재계하시고 조정에 나아가 애공哀公에게 아뢰었다: "진항(陳恒: 진성자의 실명)이 그의 군주를 시해하였사오니, 그를 토벌하시옵소서." 애공이 말하였다: "저 삼환의 실권자들에게 고告하시오." 이에 공자께서 말씀하시었다: "나도 대부들과 같이 노니는 중신重臣인 셈이라 감히 아뢰지 않을 수 없었는데, 임금께서는 저 삼환에게 고하라고 말씀하시는구나." 공자는 삼환에게 차례로 찾아가 고하였다. 모두 불가不可하다고 답하였다. 이에 공자께서 말씀하시었다: "나도 대부들과 같이 노니는 중신인 셈이라 그들에게 고하지 않을 수 없었노라."

14-23. 子路問事君。子曰: "勿欺也, 而犯之。"
자로문사군 자왈 물기야 이범지

자로子路가 임금 섬기는 것을 여쭈었다. 이에 공자께서 말씀하시었다: "진심을 다하고 속이지 말라. 그리고 잘못하면 맞대놓고 간諫하라."

14-24. 子曰: "君子上達, 小人下達。"
자왈 군자상달 소인하달

공자께서 말씀하시었다: "군자는 상달上達하고, 소인은 하달下達한다."

14-25. 子曰: "古之學者爲己, 今之學者爲人。"
자왈 고지학자위기 금지학자위인

공자께서 말씀하시었다: "옛날에 배우는 자들은 자기를 위하여 배웠고, 지금의 배우는 자들은 남을 위하여 배운다."

14-26. 蘧伯玉使人於孔子。孔子與之坐而問焉, 曰: "夫子何爲?"
거백옥사인어공자 공자여지좌이문언 왈 부자하위
對曰: "夫子欲寡其過而未能也。" 使者出。子曰: "使乎! 使乎!"
대왈 부자욕과기과이미능야 사자출 자왈 사호 사호

위나라의 대부 거백옥蘧伯玉이 사람을 보내어 공자께 문안 드렸다. 공자께서는 심부름 온 사자에게 방석을 주며 앉으라 하시고 물으시었다: "요즈음 부자夫子(거백옥)께서는 어떻게 지내시나?" 이에 사자使者가 대답하여 말씀드리었다: "저희 부자께서는 허물을 적게 하려고 노력하시지만 아직도 능치 못하십니다." 사자가 나가자, 공자께서 말씀하시었다: "아~ 정말 훌륭한 사자이로구나! 훌륭한 사자이로구나!"

14-27. 子曰: "不在其位, 不謀其政。"
자왈 부재기위 불모기정

공자께서 말씀하시었다: "정확한 벼슬자리에 있지 않으면 정사를 도모하지 않는다."

14-28. 曾子曰: "君子思不出其位。"
증자왈 군자사불출기위

증자가 말하였다: "군자는 생각이 머물러야 할 자리에 머물러 그 분수를 넘어가지 않는다."

14-29. 子曰: "君子恥其言而過其行。"
자왈 군자치기언이과기행

공자께서 말씀하시었다: "군자는 그 말이 그 행동보다 과대한 것을 부끄럽게 여긴다."

14-30. 子曰: "君子道者三, 我無能焉: 仁者不憂, 知者不惑, 勇者不懼。" 子貢曰: "夫子自道也。"
자왈 군자도자삼 아무능언 인자불우 지자불혹 용자불구 자공왈 부자자도야

공자께서 말씀하시었다: "군자의 도道에 세 가지가 있으나 나는 능한 것이 없구나. 인자仁者는 근심하지 아니 하고, 지자知者는 미혹하지 아니 하고, 용자勇者는 두려워하지 아니 한다." 자공이 이에 말하였다: "우리 부자께서 스스로 낮추어 말씀하신 것이다."

14-31. 子貢方人。子曰: "賜也, 賢乎哉? 夫我則不暇!"
자공방인 자왈 사야 현호재 부아즉불가

자공子貢은 사람을 비교해서 평하는 것을 즐겨하였다. 이에 공자께서 말씀하시었다: "사(賜: 자공의 이름) 그놈은 참 잘나기도 잘났구나! 나는 그렇게 사람을 평하고 앉아있을 틈이 없노라."

14-32. 子曰: "不患人之不己知, 患其不能也。"
자왈 불환인지불기지 환기불능야

공자께서 말씀하시었다: "남이 나를 알아주지 않는 것을 걱정할 것이 아니라, 나의 능력이 모자라는 것을 걱정해야 한다."

14-33. 子曰: "不逆詐, 不億不信, 抑亦先覺者, 是賢乎!"
자왈 불역사 불억불신 억역선각자 시현호

공자께서 말씀하시었다: "남이 나를 속일까 미리 짐작하지 아니하고, 남이 나를 불신할까 미리 억측하지 아니한다. 그럼에도 불구하고 항상 사태를 먼저 파악하는 사람은 현명한 사람일 것이다."

14-34. 微生畝謂孔子曰: "丘何爲是栖栖者與? 無乃爲佞乎?" 孔
미생무위공자왈 구하위시서서자여 무내위녕호 공

子曰: "非敢爲佞也, 疾固也。"
자 왈 비 감 위 녕 야 질 고 야

미생무微生畝라는 은자가 지나가는 공자를 평하여 말하였다: "구丘는 어찌 저리 거드름을 피우며 여기저기 다니는고? 말재주나 굴리는 놈이 아닌가?" 이에 공자께서 말씀하시었다: "감히 말하건대 나는 말재주를 굴리는 사람이 아니외다. 나는 고집불통의 완고함을 증오하는 사람이외다."

14-35. 子曰: "驥不稱其力, 稱其德也。"
자 왈 기 불 칭 기 력 칭 기 덕 야

공자께서 말씀하시었다: "천리마는 그 힘을 칭송하는 것이 아니요, 그 덕을 칭송하는 것이다."

14-36. 或曰, "以德報怨, 何如?" 子曰: "何以報德? 以直報怨, 以德報德。"
혹 왈 이 덕 보 원 하 여 자 왈 하 이 보 덕 이 직 보 원 이 덕 보 덕

혹자가 공자께 여쭈었다: "원한을 덕으로 갚는 것은 어떠하겠나이까?" 이에 공자께서 말씀하시었다: "덕을 무엇으로 갚을꼬? 원한에는 직直으로 갚는 것이 정당하고, 덕에는 덕으로 갚는 것이 정당하나니라."

14-37. 子曰: "莫我知也夫!" 子貢曰: "何爲其莫知子也?" 子曰: "不怨天, 不尤人, 下學而上達。知我者, 其天乎!"
자 왈 막 아 지 야 부 자 공 왈 하 위 기 막 지 자 야 자 왈 불 원 천 불 우 인 하 학 이 상 달 지 아 자 기 천 호

공자께서 말씀하시었다: "나를 알아주는 이가 없구나!" 이에 자공子貢이 여쭈었다: "어찌하여 선생님을 알아주는 이가 없는 것입니까?" 공자께서 말씀하시었다: "나는 하늘을 원망하지 않노라. 나는 사람을 탓하지 아니하노라. 나는 비천한 데서 배워, 지고의 경지까지 이르렀노라. 이 나를 아는

이는 저 하느님이실 것이로다."

14-38. 公伯寮愬子路於季孫。子服景伯以告, 曰: "夫子固有惑
공 백 료 소 자 로 어 계 손 　자 복 경 백 이 고 　왈 　부 자 고 유 혹
志於公伯寮, 吾力猶能肆諸市朝。" 子曰: "道之將行也與,
지 어 공 백 료 　오 력 유 능 사 저 시 조 　자 왈 　도 지 장 행 야 여
命也; 道之將廢也與, 命也。公伯寮其如命何!"
명 야 　도 지 장 폐 야 여 　명 야 　공 백 료 기 여 명 하

공자 제자 중의 한 사람인 공백료公伯寮가 당시 계씨의 가로였던 자로子路를 모함하여 계손季孫씨에게 참소하였다. 이에 노나라의 훌륭한 중신인 자복경백子服景伯이 공자께 아뢰었다: "우리 계손 부자夫子께서 공백료의 모함으로 인하여 진실로 자로에 대한 마음이 흔들리고 있습니다. 제 능력이 미력하나마 공백료 같은 녀석 정도는 그 시신을 시장거리나 조정 앞거리에 널어놓을 수 있겠나이다." 이에 공자께서 말씀하시었다: "계씨가 정신차려서 도道가 장차 이 땅에 행行하여지는 것도 천명이요, 계씨가 멍청하여 도道가 장차 이 땅에서 폐廢하여지는 것도 천명이다. 공백료公伯寮 그깟 녀석이 천명을 어찌하리오?"

14-39. 子曰: "賢者辟世, 其次辟地, 其次辟色, 其次辟言。"
자 왈 　현 자 피 세 　기 차 피 지 　기 차 피 색 　기 차 피 언

공자께서 말씀하시었다: "가장 뛰어난 현자賢者는 자기가 살고 있는 세상을 피해버린다. 그 다음으로 현명한 사람은 나라를 피하고, 그 다음으로 현명한 사람은 색色을 피하고, 그 다음으로 현명한 사람은 말言을 피한다."

14-40. 子曰: "作者七人矣。"
자 왈 　작 자 칠 인 의

공자께서 말씀하시었다: "작자作者는 칠인七人이다."

14-41. 子路宿於石門。晨門曰: "奚自?" 子路曰: "自孔氏。" 曰:
자 로 숙 어 석 문 신 문 왈 해 자 자 로 왈 자 공 씨 왈
"是知其不可而爲之者與!"
시 지 기 불 가 이 위 지 자 여

자로子路가 석문石門 부근에서 유숙하였는데, 그 석문의 문지기가 물었다: "어디서 오셨소?" 자로가 대답하였다: "공씨孔氏와 같이 있다가 오는 길이요." 문지기가 말하였다: "불가능한 줄을 알면서도 실천에 옮기는 그분 말이구려!"

14-42. 子擊磬於衛, 有荷蕢而過孔氏之門者, 曰: "有心哉, 擊磬
자 격 경 어 위 유 하 궤 이 과 공 씨 지 문 자 왈 유 심 재 격 경
乎!" 旣而曰: "鄙哉, 硜硜乎! 莫己知也, 斯已而已矣。深則
호 기 이 왈 비 재 갱 갱 호 막 기 지 야 사 이 이 이 의 심 즉
厲, 淺則揭。" 子曰: "果哉! 末之難矣。"
려 천 즉 게 자 왈 과 재 말 지 난 의

공자께서 위나라에서 편경編磬이라는 악기를 연주하고 계셨다. 마침 어깨에 삼태기를 메고, 공자께서 편경을 연주하고 있는 그 집 앞을 지나가는 어떤 사람이 있었다. 그 자가 말하였다: "천하에 마음을 둔 소리로다! 너의 편경 연주는!" 조금 있다가 그 자가 다시 말하였다: "비루하구나! 소리가 너무 여유 없이 깐깐키만 하도다! 세상이 나를 알아주지 못함을 탄한다면 그것은 자신 내면에서 그쳐야 할 일일 뿐. 『시경』 가사에도 이런 말이 있다: '깊으면 여울목 디딤돌을 밟고 건너고, 얕으면 옷을 걷고 건너라.' 시의에 따라 방법은 여러 가지!" 이에 공자께서 말씀하시었다: "과감하게 말하기는 쉽다! 그러나 너에게는 나의 고뇌가 없도다!"

14-43. 子張曰: "書云: '高宗諒陰, 三年不言。' 何謂也?" 子曰: "何
자 장 왈 서 운 고 종 양 암 삼 년 불 언 하 위 야 자 왈 하
必高宗, 古之人皆然。君薨, 百官總己以聽於冢宰三年。"
필 고 종 고 지 인 개 연 군 훙 백 관 총 기 이 청 어 총 재 삼 년

자장子張이 여쭈었다: "『서書』에 이르기를, '은나라의 고종高宗은 양암諒陰에 살면서 삼 년 동안 말하지 않았다'라고 했는데, 도대체 이것이 무엇을 말하는 것이오니이까?" 이에 공자께서 말씀하시었다: "어찌 고종만 그러했겠는가? 옛 사람들은 다 그러했느니라. 임금이 승하하면, 대를 잇는 임금은 다 그렇게 했기 때문에, 백관百官이 모두 자신의 직책을 책임지고 총재冢宰의 명을 받들기를 삼 년 동안 하였나니라."

14-44. 子曰: "上好禮, 則民易使也。"
자왈 상호례 즉민이사야

공자께서 말씀하시었다: "윗 사람이 예禮를 좋아하면, 예에 의하여 교화된 백성은 부리기가 쉽다."

14-45. 子路問君子。子曰: "修己以敬。" 曰: "如斯而已乎?" 曰: "修己以安人。" 曰: "如斯而已乎?" 曰: "修己以安百姓。修己以安百姓, 堯舜其猶病諸!"
자로문군자 자왈 수기이경 왈 여사이이호 왈 수기이안인 왈 여사이이호 왈 수기이안백성 수기이안백성 요순기유병저

자로子路가 군자君子를 여쭈었다. 이에 공자께서 말씀하시었다: "자기를 닦되 경敬으로써 하라." 자로가 여쭈었다: "그것뿐이오니이까?" 이에 공자께서 말씀하시었다: "자기를 닦되 타인을 편하게 하는 것으로써 하라." 자로가 여쭈었다: "그것뿐이오니이까?" 이에 공자께서 말씀하시었다: "자기를 닦되 백성을 편하게 하는 것으로써 하라. 자기 몸을 닦음으로써 백성을 편하게 만드는 것에 관해서는 요·순도 이를 오히려 어렵게 여겼나니라!"

14-46. 原壤夷俟。子曰: "幼而不孫弟, 長而無述焉, 老而不死,
원양이사 자왈 유이불손제 장이무술언 노이불사

是爲賊。" 以杖叩其脛。
시 위 적 이 장 고 기 경

공자의 소꿉친구 원양原壤이 건방지게 한 다리를 척 걸치고 공자를 기다리고 있었다. 공자께서 지팡이를 짚으며 당도하여 말씀하시었다: "자네는 어려서도 공손하지도 않았고, 커서도 좋게 기억될 만한 일을 아무 것도 하지 않았고, 다 늙어서는 빨리 죽지도 않으니, 자네야말로 도둑일세." 그러시고는 지팡이로 그 친구 정강이를 툭 치셨다.

14-47. 闕黨童子將命。或問之曰: "益者與?" 子曰: "吾見其居於
궐 당 동 자 장 명 혹 문 지 왈 익 자 여 자 왈 오 견 기 거 어
位也, 見其與先生竝行也。非求益者也, 欲速成者也!"
위 야 견 기 여 선 생 병 행 야 비 구 익 자 야 욕 속 성 자 야

궐당闕黨 동네에서 온 꼬마 한 명이 공자집 문간방에서 손님과 주인을 오가며 명命을 받드는 직책을 맡고 있었다. 손님이 왔다가 공자에게 여쭈어 말하였다: "배움이 매일매일 향상되는 좋은 아이이겠군요?" 이에 공자께서 말씀하시었다: "아~ 글쎄 고놈이 어른과 맞먹는 자리에 앉기도 하고, 선생들과 나란히 걸어다니곤 하는 것을 내가 보았지요. 향상되기를 구하는 놈이 아니라 속성速成되기만을 바라는 싹수없는 꼬마라니까요!"

위령공 제십오

衛靈公第十五

15-1. 衛靈公問陳於孔子。孔子對曰: "俎豆之事, 則嘗聞之矣;
위 령 공 문 진 어 공 자 공 자 대 왈 조 두 지 사 즉 상 문 지 의
軍旅之事, 未之學也。" 明日遂行。在陳絶糧, 從者病, 莫能
군 려 지 사 미 지 학 야 명 일 수 행 재 진 절 량 종 자 병 막 능
興。子路慍見曰: "君子亦有窮乎?" 子曰: "君子固窮, 小人
흥 자 로 온 견 왈 군 자 역 유 궁 호 자 왈 군 자 고 궁 소 인
窮斯濫矣。"
궁 사 람 의

위나라 영공衛靈公이 공자에게 진법陣法에 관해 물었다. 공자가 대답하여 말하였다: "조두俎豆(예禮)에 관한 일들은 제가 일찍이 공부 좀 했습니다만, 군대에 관한 일은 아직 배우지 못했습니다." 다음날 드디어 위나라를 떠나시었다. 진陳나라에 있을 때에 식량이 끊겼다. 같이 따라간 사람들이 병이 들고 초췌하여 일어서기조차 못하였다. 자로가 핏대가 나서 공자를 뵙고 말하였다: "도덕적으로 살아온 군자도 이토록 곤궁할 때가 있나이까?" 이에 공자께서 말씀하시었다: "군자는 오히려 곤궁함을 지킨다. 소인은 곤궁하면 넘치는 행동을 하느니라."

15-2. 子曰: "賜也, 女以予爲多學而識之者與?" 對曰: "然, 非
자 왈 사 야 여 이 여 위 다 학 이 식 지 자 여 대 왈 연 비
與?" 曰: "非也! 予一以貫之。"
여 왈 비 야 여 일 이 관 지

공자께서 말씀하시었다: "사(賜: 자공의 이름)야! 너는 내가 많은 것을 배워서, 잡다하게 기억하는 자라고 생각하느뇨?" 자공이 대답하여 말하였다: "그러하오이다. 아니오니이까?" 이에 공자께서 말씀하시었다: "그렇지 아니하다. 나는 하나로써 세상의 이치를 꿰뚫은 자이니라."

15-3. 子曰: "由! 知德者鮮矣。"
자 왈 유 지덕자선의

공자께서 말씀하시었다: "유(由: 자로의 이름)야! 덕德을 아는 자가 너무도 드물구나!"

15-4. 子曰: "無爲而治者, 其舜也與! 夫何爲哉? 恭己正南面而
자 왈 무위이치자 기순야여 부하위재 공기정남면이
已矣。"
이 의

공자께서 말씀하시었다: "함이 없이(無爲) 스스로 다스려지게 만든 자는 오직 순舜임금이실진저! 과연 무엇을 하셨겠는가? 몸을 공손히 하고 바르게 남면南面하셨을 뿐이로다."

15-5. 子張問行。子曰: "言忠信, 行篤敬, 雖蠻貊之邦, 行矣。言
자장문행 자왈 언충신 행독경 수만맥지방 행의 언
不忠信, 行不篤敬, 雖州里, 行乎哉? 立則見其參於前也,
불충신 행불독경 수주리 행호재 입즉견기참어전야
在輿則見其倚於衡也, 夫然後行。" 子張書諸紳。
재여즉견기의어형야 부연후행 자장서저신

어린 제자 자장子張이 도道가 세상에 행行하여지는 것에 관하여 여쭈었다. 이에 공자께서 말씀하시었다: "말(言)이 충신忠信하고 그 행동이 독경篤敬하면 비록 만맥蠻貊의 색다른 나라라 할지라도 도가 행하여질 수 있거니와, 말이 충신하지 못하고 그 행동이 독경하지 못하면 자기가 사는 작은 동네에서도 도는 행하여지지 않는다. 일어서면 그 충신독경한 생각이 항상 몸 앞에 어른거리는 듯하고, 수레에 올라타면 그 충신독경한 생각이 앞의 가로목 형衡에 기대어 서있는 것 같이 보이는 그러한 마음자세 후에나 도는 행하여질 수 있는 것이다." 자장은 이 말씀을 듣고 그것을 자기 허리띠에 기록하였다.

15-6. 子曰: “直哉史魚! 邦有道, 如矢; 邦無道, 如矢。君子哉蘧
자 왈 직 재 사 어 방 유 도 여 시 방 무 도 여 시 군 자 재 거
伯玉! 邦有道, 則仕; 邦無道, 則可卷而懷之。”
백 옥 방 유 도 즉 사 방 무 도 즉 가 권 이 회 지

공자께서 말씀하시었다: “직直하도다! 사어史魚여! 나라에 도가 있어도 화살처럼 곧고 나라에 도가 없어도 화살처럼 곧구나. 군자君子로다! 거백옥蘧伯玉이여! 나라에 도가 있으면 벼슬하고, 나라에 도가 없으면 물러나 모든 것을 수렴하여 가슴속에 품어둘 뿐이로다.”

15-7. 子曰: “可與言而不與之言, 失人; 不可與言而與之言, 失
자 왈 가 여 언 이 불 여 지 언 실 인 불 가 여 언 이 여 지 언 실
言。知者不失人, 亦不失言。”
언 지 자 불 실 인 역 불 실 언

공자께서 말씀하시었다: “더불어 말할 만한 상대인데도 너불어 발하지 아니하면 그 사람을 잃어버리고, 더불어 말할 만한 상대가 아닌데도 더불어 말하면 그 말을 잃어버린다. 참으로 지혜로운 사람은 사람을 잃지도 않고, 또한 말도 잃지 아니한다.”

15-8. 子曰: “志士仁人, 無求生以害仁, 有殺身以成仁。”
자 왈 지 사 인 인 무 구 생 이 해 인 유 살 신 이 성 인

공자께서 말씀하시었다: “지사志士와 인인仁人은 구차히 삶을 구하여 인仁을 해침이 없고, 그 몸을 죽이어(殺身) 인을 이룸(成仁)은 있다.”

15-9. 子貢問爲仁。子曰: “工欲善其事, 必先利其器。居是邦也,
자 공 문 위 인 자 왈 공 욕 선 기 사 필 선 리 기 기 거 시 방 야
事其大夫之賢者, 友其士之仁者。”
사 기 대 부 지 현 자 우 기 사 지 인 자

자공子貢이 인을 실천하는 방법에 관하여 공자께 여쭈었다. 이에 공자께서 말씀하시었다: “공인工人이 그 일을 잘 하려면 반드시 먼저 그 공구工具를

예리하게 만들어야 한다. 한 나라에 살게 되면 반드시 그 대부 중에 슬기로운 자를 섬기고, 그 선비 중에 인仁한 자를 벗 삼아야 한다."

15-10. 顏淵問爲邦。子曰:"行夏之時, 乘殷之輅, 服周之冕, 樂則韶舞。放鄭聲, 遠佞人。鄭聲淫, 佞人殆。"
안연문위방 자왈 행하지시 승은지로 복주지면 악 즉소무 방정성 원녕인 정성음 영인태

안연顏淵이 나라를 다스리는 것(爲邦)을 여쭈었다. 이에 공자께서 말씀하시었다: "하夏나라의 역법曆法을 행하고, 은殷나라의 수레를 타며, 주나라의 관冠을 쓰며, 음악은 소무韶舞로 할 것이다. 정성鄭聲을 추방하고 영인佞人을 멀리하라. 정성은 음淫하고, 영인은 위태로우니라."

15-11. 子曰:"人無遠慮, 必有近憂。"
자왈 인무원려 필유근우

공자께서 말씀하시었다: "사람이 먼 근심이 없어도 반드시 가까운 근심은 있다."

15-12. 子曰:"已矣乎! 吾未見好德如好色者也!"
자왈 이의호 오미견호덕여호색자야

공자께서 말씀하시었다: "아~ 절망스럽구나! 덕을 좋아하기를 아리따운 여인을 좋아하듯 하는 사람을 아직도 보지 못하다니!"

15-13. 子曰:"臧文仲其竊位者與! 知柳下惠之賢, 而不與立也。"
자왈 장문중기절위자여 지유하혜지현 이불여립야

공자께서 말씀하시었다: "노나라의 명재상이라 하는 장문중臧文仲은 분명 그 지위를 도적질한 자일 것이다. 유하혜柳下惠의 어짊을 알고서도 그를 발탁하여 더불어 조정에 서질 않았다."

15-14. 子曰: "躬自厚, 而薄責於人, 則遠怨矣。"
자 왈 궁 자 후 이 박 책 어 인 즉 원 원 의

공자께서 말씀하시었다: "스스로 자기를 책망하기를 후하게 하고, 남을 책망하기를 박하게 하면, 원망으로부터 멀어질 것이다."

15-15. 子曰: "不曰'如之何, 如之何'者, 吾末如之何也已矣。"
자 왈 불 왈 여 지 하 여 지 하 자 오 말 여 지 하 야 이 의

공자께서 말씀하시었다: "어찌할꼬, 어찌할꼬 하고 자기반성을 하지 않는 자는 나도 어찌할 바가 없을 뿐이로다."

15-16. 子曰: "群居終日, 言不及義, 好行小慧, 難矣哉!"
자 왈 군 거 종 일 언 불 급 의 호 행 소 혜 난 의 재

공자께서 말씀하시었다: "하루종일 무리지어 같이 있으면서, 하는 말들이 의로움에 미치지 못하고, 작은 지혜나 행하기를 좋아한다면, 그런 무리들의 앞날에는 환난만이 기다리고 있을 것이다."

15-17. 子曰: "君子義以爲質, 禮以行之, 孫以出之, 信以成之。
자 왈 군 자 의 이 위 질 예 이 행 지 손 이 출 지 신 이 성 지

君子哉!"
군 자 재

공자께서 말씀하시었다: "군자는 의義로써 바탕을 삼으며 예禮로써 행동하며, 겸손(孫)으로써 표현하며, 신험(信)함으로써 완성한다. 이것이 군자로다!"

15-18. 子曰: "君子病無能焉, 不病人之不己知也。"
자 왈 군 자 병 무 능 언 불 병 인 지 불 기 지 야

공자께서 말씀하시었다: "군자는 자기의 무능함만을 병으로 여긴다. 남이 나를 몰라주는 것을 병으로 여기지 아니 한다."

15-19. 子曰: "君子疾沒世而名不稱焉。"
자왈 군자질몰세이명불칭언

공자께서 말씀하시었다: "군자는 이 세상의 삶을 끝낼 때까지 그 이름이 한 번도 값있게 불려지지 못한 것을 부끄럽게 여긴다."

15-20. 子曰: "君子求諸己, 小人求諸人。"
자왈 군자구저기 소인구저인

공자께서 말씀하시었다: "군자는 자기에게 구하고 소인은 남에게서 구한다."

15-21. 子曰: "君子矜而不爭, 群而不黨。"
자왈 군자긍이부쟁 군이부당

공자께서 말씀하시었다: "군자는 긍지를 지니되 다투지 아니하고, 사람들과 더불어 하되 편당 짓지 않는다."

15-22. 子曰: "君子不以言擧人, 不以人廢言。"
자왈 군자불이언거인 불이인폐언

공자께서 말씀하시었다: "군자는 한 사람의 말만을 가지고써 그 사람을 기용하지는 아니하며, 한 사람의 사람됨만을 가지고써 그 사람의 진실될 수도 있는 말을 폐廢하지는 아니한다."

15-23. 子貢問曰: "有一言而可以終身行之者乎?" 子曰: "其恕乎! 己所不欲, 勿施於人。"
자공문왈 유일언이가이종신행지자호 자왈 기서호 기소불욕 물시어인

자공子貢이 여쭈어 말하였다: "일언一言으로 종신終身토록 행行할 만한 것이 과연 있겠나이까?" 이에 공자께서 말씀하시었다: "서恕, 그 한마디일 것이다. 내가 원하지 않는 것은 남에게도 베풀지 말라."

15-24. 子曰: "吾之於人也, 誰毁誰譽? 如有所譽者, 其有所試
자왈 오지어인야 수훼수예 여유소예자 기유소시
矣。斯民也, 三代之所以直道而行也。"
의 사민야 삼대지소이직도이행야

공자께서 말씀하시었다: "내가 사람과의 관계에 있어서 누굴 훼방하고 누굴 칭찬하리오? 만약 내가 누굴 칭찬하는 바가 있다면 도리어 그것은 그를 시험하는 바가 있다는 것이다. 이 백성은 하·은·주 삼대三代를 통하여 직도直道로써 행行하여 온 바탕이 있기 때문에 평범하게 보여도 선·악의 판단이 정확한 사람들이다."

15-25. 子曰: "吾猶及史之闕文也。有馬者借人乘之, 今亡矣夫!"
자왈 오유급사지궐문야 유마자차인승지 금무의부

공자께서 말씀하시었다: "사관史官들이 의심나는 역사는 빈자리로 남겨둘지언정 함부로 쓰지를 않고, 거친 말을 소유한 자는 그것을 무리하게 다루지 않고 반드시 말을 잘 다루는 사람에게 타게 하여 길들이는 신중함을 내 생애에서 내 눈으로 목도하여왔다. 그런데 지금은 이런 신중함이 다 사라져버렸구나!"

15-26. 子曰: "巧言亂德。小不忍, 則亂大謀。"
자왈 교언란덕 소불인 즉란대모

공자께서 말씀하시었다: "교언巧言은 덕을 어지럽힌다. 작은 것을 참아내지 못하면 큰일을 그르친다."

15-27. 子曰: "衆惡之, 必察焉; 衆好之, 必察焉。"
자왈 중오지 필찰언 중호지 필찰언

공자께서 말씀하시었다: "대중이 다 한 사람을 증오한다 해도 반드시 그 사람을 신중히 살필 것이며, 대중이 다 한 사람을 사랑한다 해도 반드시 그 사람을 신중히 살필 것이다."

15-28. 子曰: "人能弘道, 非道弘人。"
자 왈 인 능 홍 도 비 도 홍 인

공자께서 말씀하시었다: "사람이 도道를 넓힐 수는 있는 것이나, 도道가 사람을 넓히는 것은 아니다."

15-29. 子曰: "過而不改, 是謂過矣!"
자 왈 과 이 불 개 시 위 과 의

공자께서 말씀하시었다: "허물이 있어도 고치지 않는 것, 그것이 바로 허물이다!"

15-30. 子曰: "吾嘗終日不食, 終夜不寢, 以思, 無益。不如學也。"
자 왈 오 상 종 일 불 식 종 야 불 침 이 사 무 익 불 여 학 야

공자께서 말씀하시었다: "내 일찍이 종일토록 밥을 먹지도 아니하고, 밤새도록 잠을 자지도 아니하고, 생각에만 골몰하여도 보았으나 별 유익함이 없었다. 역시 배우는 것만 같지 못하니라."

15-31. 子曰: "君子謀道不謀食。耕也, 餒在其中矣; 學也, 祿在其中矣。君子憂道不憂貧。"
자 왈 군 자 모 도 불 모 식 경 야 뇌 재 기 중 의 학 야 녹 재 기 중 의 군 자 우 도 불 우 빈

공자께서 말씀하시었다: "군자는 도道를 도모하나 밥을 도모하지는 않는다. 밭을 갈아도 굶주림의 위험은 항상 도사리고 있다. 배움을 사랑하면 배고플 수는 있을지언정 보람있는 녹祿이 항상 기다리고 있다. 배움처럼 위대한 소득은 없다. 군자는 도道를 걱정할지언정 가난함을 걱정하지는 아니한다."

15-32. 子曰: “知及之, 仁不能守之; 雖得之, 必失之。知及之, 仁
자왈 지급지 인불능수지 수득지 필실지 지급지 인
能守之; 不莊以涖之, 則民不敬。知及之, 仁能守之, 莊以
능수지 부장이리지 즉민불경 지급지 인능수지 장이
涖之, 動之不以禮, 未善也。”
리지 동지불이례 미선야

공자께서 말씀하시었다: “지식으로써 이치를 파악하더라도 인仁이 그것을 지켜내지 못하면, 비록 지위를 얻더라도 반드시 잃는다. 지식으로써 이치를 파악하고 인仁이 그것을 지켜내더라도, 장엄한 인격으로써 임하지 아니하면 백성들은 공경하지 아니한다. 지식으로써 이치를 파악하고, 인仁이 그것을 지켜내고, 장엄한 인격으로써 임하더라도, 백성을 예禮로써 동원치 아니하면, 아직 온전하다고 말할 수 없다.”

15-33. 子曰: “君子不可小知, 而可大受也; 小人不可大受, 而可
자왈 군자불가소지 이가대수야 소인불가대수 이가
小知也。”
소지야

공자께서 말씀하시었다: “군자의 인격은 작은 일로써는 헤아리기 어렵지만 큰 일에 있어서는 크게 배울 점이 있다. 소인의 인격은 큰 일에 있어서는 배울 점이 없으나 작은 일에 있어서는 그래도 배울 만한 것이 있다.”

15-34. 子曰: “民之於仁也, 甚於水火。水火, 吾見蹈而死者矣,
자왈 민지어인야 심어수화 수화 오견도이사자의
未見蹈仁而死者也。”
미견도인이사자야

공자께서 말씀하시었다: “백성이 인仁을 필요로 함은 물과 불을 필요로 하는 것보다 더 절실한 것이다. 물·불을 밟고 죽는 자는 내가 보았으나 인仁을 밟고(실천하다가) 죽는 자는 내가 본 적이 없다.”

15-35. 子曰: "當仁, 不讓於師。"
자 왈 당 인 불 양 어 사

공자께서 말씀하시었다: "인仁이라는 삶의 과제에 당當하여서는 나는 선생에게도 양보하지 않는다."

15-36. 子曰: "君子貞而不諒。"
자 왈 군 자 정 이 불 량

공자께서 말씀하시었다: "군자는 정도를 굳게 지키고 작은 신의에 얽매이지 않는다."

15-37. 子曰: "事君, 敬其事而後其食。"
자 왈 사 군 경 기 사 이 후 기 식

공자께서 말씀하시었다: "임금을 섬기는 데 있어서는 그 일(事)을 공경히 하는 것을 첫째로 삼고, 그 배불리는 것은 뒤로 한다."

15-38. 子曰: "有教無類。"
자 왈 유 교 무 류

공자께서 말씀하시었다: "오직 가르침만 있을 뿐, 류類적 차별은 있을 수 없다."

15-39. 子曰: "道不同, 不相爲謀。"
자 왈 도 부 동 불 상 위 모

공자께서 말씀하시었다: "도道가 같지 않으면, 서로 도모하지 말아야 한다."

15-40. 子曰: "辭, 達而已矣!"
자왈 사 달이이의

공자께서 말씀하시었다: "인간의 말이란 그 뜻이 소통되는 것을 첫째로 삼을 뿐이다."

15-41. 師冕見, 及階, 子曰: "階也。" 及席, 子曰: "席也。" 皆坐,
사면견 급계 자왈 계야 급석 자왈 석야 개좌
子告之曰: "某在斯, 某在斯。" 師冕出。子張問曰: "與師言
자고지왈 모재사 모재사 사면출 자장문왈 여사언
之道與?" 子曰: "然, 固相師之道也。"
지도여 자왈 연 고상사지도야

공문孔門에 강사로 나오는 장님악사 면冕이 뜨락에 나타났다. 그가 계단에 이르자, 공자께서 말씀하시었다: "계단입니다." 그가 앉을 방석자리에 이르자, 공자께서 말씀하시었다: "자리입니다." 모두가 자리에 앉자, 공자께서는 악사 면에게 일일이 고하여 말하였다: "아무개 학생이 여기 앉아있고, 아무개 학생은 저기 앉아있습니다." 악사 면이 퇴출하자, 자장子張이 여쭈어 말하였다: "악사와 더불어 말씀하시는 도道입니까?" 이에 공자께서 말씀하시었다: "그렇다. 원래 악사선생님을 도와드리는 방법이 그러하다."

1 學而 학이	2 爲政 위정	3 八佾 팔일	4 里仁 이인	5 公冶長 공야장	6 雍也 옹야	7 述而 술이	8 泰伯 태백	9 子罕 자한	10 鄕黨 향당
11 先進 선진	12 顔淵 안연	13 子路 자로	14 憲問 헌문	15 衛靈公 위령공	16 季氏 계씨	17 陽貨 양화	18 微子 미자	19 子張 자장	20 堯曰 요왈

계씨 제십육

季氏第十六

16-1. [1]季氏將伐顓臾。冉有季路見於孔子曰: “季氏將有事於顓
계씨장벌전유 염유계로견어공자왈 계씨장유사어전
臾。” 孔子曰: “求無乃爾是過與? 夫顓臾, 昔者先王以爲東
유 공자왈 구무내이시과여 부전유 석자선왕이위동
蒙主, 且在邦域之中矣, 是社稷之臣也。何以伐爲?” [2]冉有
몽주 차재방역지중의 시사직지신야 하이벌위 염유
曰: “夫子欲之, 吾二臣者皆不欲也。” 孔子曰: “求! 周任有
왈 부자욕지 오이신자개불욕야 공자왈 구 주임유
言曰: ‘陳力就列, 不能者止。’ 危而不持, 顚而不扶, 則將焉
언왈 진력취열 불능자지 위이부지 전이불부 즉장언
用彼相矣? 且爾言過矣! 虎兕出於柙, 龜玉毁於櫝中, 是誰
용피상의 차이언과의 호시출어합 귀옥훼어독중 시수
之過與?” [3]冉有曰: “今夫顓臾, 固而近於費。今不取, 後世
지과여 염유왈 금부전유 고이근어비 금불취 후세
必爲子孫憂。” 孔子曰: “求! 君子疾夫舍曰欲之, 而必爲之
필위자손우 공자왈 구 군자질부사왈욕지 이필위지
辭。[4]丘也聞有國有家者, 不患寡而患不均, 不患貧而患不
사 구야문유국유가자 불환과이환불균 불환빈이환불
安。蓋均無貧, 和無寡, 安無傾。夫如是, 故遠人不服, 則修
안 개균무빈 화무과 안무경 부여시 고원인불복 즉수
文德以來之。旣來之, 則安之。[5]今由與求也, 相夫子, 遠人
문덕이래지 기래지 즉안지 금유여구야 상부자 원인
不服, 而不能來也; 邦分崩離析, 而不能守也; 而謀動干戈
불복 이불능래야 방분붕리석 이불능수야 이모동간과
於邦內。吾恐季孫之憂, 不在顓臾, 而在蕭墻之內也。”
어방내 오공계손지우 부재전유 이재소장지내야

[1]계씨季氏가 전유顓臾 땅을 정벌하려 하였다. 염유冉有와 계로季路가 공자를 뵈옵고 말씀드렸다: “계씨가 전유에서 장차 일을 벌이려고 합니다.”

이에 공자께서 말씀하시었다: "구(求: 염유)야! 이것은 너의 잘못이 아니냐? 저 전유는 옛적에 선왕(先王: 무왕·주공)께서 동몽산東蒙山의 제주祭主로 삼으셨고, 또한 우리 노나라 방역邦域 속에 위치하고 있으니, 이는 우리 사직社稷의 신하이다. 어찌 일개 대부인 계씨가 사직의 신하를 사욕 때문에 정벌할 수 있겠는가?"

2염유가 말하였다: "계강자 부자夫子께서 하시려는 것입니다. 저희 두 신하는 모두 이 일을 원치 않습니다." 이에 공자께서 말씀하시었다: "구求야! 옛 사관史官 주임周任이 한 명언 중에 다음과 같은 말이 있다: '능력을 펼쳐 대열에 끼어도 능히 할 수 없으면 그 자리를 떠나라.' 위태로운데 지지하지 못하고, 넘어지려는데 부축하지 못한다면 과연 저 신하를 어디에다 쓰겠는가? 그뿐이랴! 네 말이 잘못되었다. 호랑이와 코뿔소가 우리(柙)에서 뛰쳐나와 그 옥玉보다도 더 소중한 점복용 거북딱지가 담긴 궤를 밟아 거북딱지가 궤 속에서 다 으스러져 버렸다면, 이것이 과연 누구의 잘못이겠는가? 우리(柙)의 관리자인 너의 잘못이 아니더냐?"

3염유가 말하였다: "지금 저 전유는 견고한 요새이며 또 계씨의 비읍費邑에서 가깝습니다. 지금 취하지 아니하면 후세에 반드시 자손의 우환이 될 것입니다." 이에 공자께서 말씀하시었다: "구求야! 군자는 하고 싶어하는 일을 한다고 솔직히 말하지 아니하고 굳이 변명하는 것을 혐오한다.

4나는 이렇게 들어왔다. 나라(國)를 소유하고 가家를 소유한 자는 백성이 적은 것을 걱정치 아니하고 균등치 못한 것을 걱정하며, 가난함을 걱정치 아니하고 편안치 못한 것을 걱정한다. 대저 균등하면 가난이 없고, 화목하면 인구 적을 걱정이 없고, 편안하면 기울어질 염려가 없다. 이와 같은 이유로, 먼 지방 사람들이 복종치 아니 하면 오히려 나의 문덕文德을 닦아서 그들을 오게 하며, 그들이 오면 또한 그들을 편안케 해준다.

5지금 유(由: 자로)와 구(求: 염유)는 계씨 부자夫子를 돕고 있다. 그러나 먼 지방 사람들이 복종치 아니하는데도 그들이 자발적으로 오게 만들지 못하며, 나라가 분열되고 붕괴되는데도 나라를 지키지도 못하고, 오히려 창과 방패를 노나라 방역 내에서 동원할 것만 도모하고 있으니, 나는 계손季孫의 우환이 전유에 있지 아니하고 제 안방에 있을까 두렵노라."

16-2. **孔子曰: "天下有道, 則禮樂征伐自天子出; 天下無道, 則**
공자왈 천하유도 즉예악정벌자천자출 천하무도 즉
禮樂征伐自諸侯出。自諸侯出, 蓋十世希不失矣; 自大夫
예악정벌자제후출 자제후출 개십세희불실의 자대부
出, 五世希不失矣; 陪臣執國命, 三世希不失矣。天下有道,
출 오세희불실의 배신집국명 삼세희불실의 천하유도
則政不在大夫。天下有道, 則庶人不議。"
즉정부재대부 천하유도 즉서인불의

공자께서 말씀하시었다: "천하에 도가 있으면 예악禮樂과 정벌征伐이 천자天子로부터 나오고, 천하에 도가 없으면 예악과 정벌이 제후로부터 나온다. 제후로부터 나오면 대저 열 세대에 붕괴되지 않는 정권이 드물고, 대부로부터 나오면 다섯 세대에 붕괴되지 않는 정권이 드물고, 배신陪臣이 나라의 운명을 쥐면 세 세대에 붕괴되지 않는 정권이 드물다. 천하에 도道가 있으면 정치권력이 대부大夫에게 있지 아니하고, 천하에 도가 있으면 서인庶人이 분분하게 정치에 관하여 떠들지 아니한다."

16-3. **孔子曰: "祿之去公室, 五世矣; 政逮於大夫, 四世矣。故夫**
공자왈 녹지거공실 오세의 정체어대부 사세의 고부
三桓之子孫, 微矣!"
삼환지자손 미의

공자께서 말씀하시었다: "작록爵祿을 줄 수 있는 권위가 노나라 공실公室을 떠난 지가 다섯 세대(선공宣公, 성공成公, 양공襄公, 소공昭公, 정공定公 5대)나 되었다. 정치권력이 대부의 손아귀로 들어간 것이 네 세대나 되었다. 보라! 저 삼환의 자손들이 쇠미衰微해지고 있지 아니한가!"

16-4. 孔子曰: "益者三友, 損者三友。友直, 友諒, 友多聞, 益矣。
공자왈 익자삼우 손자삼우 우직 우량 우다문 익의
友便辟, 友善柔, 友便佞, 損矣。"
우편벽 우선유 우편녕 손의

공자께서 말씀하시었다: "나를 보태주는 친구가 세 종류가 있고, 나를 깎아내리는 친구가 세 종류가 있다. 강직한 자를 벗하고, 성실한 자를 벗하고, 박식한 자를 벗하면 나에게 보탬이 된다. 어려운 것을 피하기만 하는 얌체를 벗하고, 부드럽게 좋은 말만 골라하는 호인을 벗하고, 편의에 따라 발림말만 하는 아첨꾼을 벗하면 나를 깎아내린다."

16-5. 孔子曰: "益者三樂, 損者三樂。樂節禮樂, 樂道人之善, 樂多賢友, 益矣。樂驕樂, 樂佚遊, 樂晏樂, 損矣。"
공자왈 익자삼락 손자삼락 낙절예악 낙도인지선 낙다현우 익의 낙교락 낙일유 낙안락 손의

공자께서 말씀하시었다: "나를 보태주는 즐거움이 세 가지가 있고, 나를 깎아내리는 즐거움이 세 가지가 있다. 예악禮樂을 절도에 맞추어 따르는 것을 즐거워하고, 타인의 선善을 말해주는 것을 즐거워하고, 현명한 친구가 많은 것을 즐거워하는 것은 나를 보태주는 것이다. 교만과 방자를 즐거워하고, 안일하게 노는 것만을 즐거워하고, 모여 향락하는 것을 즐거워하는 것은 나를 깎아내리는 것이다."

16-6. 孔子曰: "侍於君子有三愆: 言未及之而言, 謂之躁。言及之而不言, 謂之隱。未見顏色而言, 謂之瞽。"
공자왈 시어군자유삼건 언미급지이언 위지조 언급지이불언 위지은 미견안색이언 위지고

공자께서 말씀하시었다: "군자(어른)를 모시는 데 세 가지 허물이 있다. 어른의 말씀이 미치지도 않았는데 자기가 먼저 말하는 것을 덜렁댄다 일컫고, 어른의 말씀이 거기에 미쳤는데도 아무 말도 하지 않는 것을 숨긴다

일컫고, 어른의 안색을 살피지도 않고 마구 지껄이는 것을 막무가내 장님이라 일컫는다."

16-7. 孔子曰: "君子有三戒: 少之時, 血氣未定, 戒之在色。及其壯也, 血氣方剛, 戒之在鬪。及其老也, 血氣旣衰, 戒之在得。"
공자왈 군자유삼계 소지시 혈기미정 계지재색 급기장야 혈기방강 계지재투 급기노야 혈기기쇠 계지재득

공자께서 말씀하시었다: "군자에게는 세 가지 경계警戒가 있다. 어릴 적에는 혈기血氣가 아직 안정되지 않았으니 경계함이 색色에 있고, 커서는 혈기가 한창 강건하니 경계함이 투鬪에 있고, 늙어서는 혈기가 이미 쇠미하니 경계함이 득得에 있다."

16-8. 孔子曰: "君子有三畏: 畏天命, 畏大人, 畏聖人之言。小人不知天命而不畏也, 狎大人, 侮聖人之言。"
공자왈 군자유삼외 외천명 외대인 외성인지언 소인부지천명이불외야 압대인 모성인지언

공자께서 말씀하시었다: "군자에게는 세 가지 외경이 있다. 천명天命을 경외하고, 대인大人을 경외하고, 성인의 말씀을 경외한다. 소인은 천명을 알지못해 두려워하지 않는다. 대인大人을 깔보며 성인의 말씀을 모독한다."

16-9. 孔子曰: "生而知之者, 上也。學而知之者, 次也。困而學之, 又其次也。困而不學, 民斯爲下矣。"
공자왈 생이지지자 상야 학이지지자 차야 곤이학지 우기차야 곤이불학 민사위하의

공자께서 말씀하시었다: "태어나면서부터 아는 자가 최상의 인간이며, 배워서 아는 자가 그 다음의 인간이며, 곤요롭게 배워서 아는 자가 또 그 다음의 인간이다. 곤요로운데도 배우지 아니하는 자는 인간으로서 최하의

인간이 된다."

16-10. 孔子曰: "君子有九思: 視思明, 聽思聰, 色思溫, 貌思恭,
공자왈 군자유구사 시사명 청사총 색사온 모사공
言思忠, 事思敬, 疑思問, 忿思難, 見得思義。"
언사충 사사경 의사문 분사난 견득사의

공자께서 말씀하시었다: "군자에게는 아홉 가지 생각이 있다. 볼 때에는 밝음(明)을 생각하며, 들을 때에는 귀밝음(聰)을 생각하며, 얼굴빛 가짐에는 온화함(溫)을 생각하며, 행동거지에는 공손함(恭)을 생각하며, 말에는 진심에서 우러나옴(忠)을 생각하며, 일에는 공경 집중함(敬)을 생각하며, 의심에는 물어 풀 것(問)을 생각하며, 분노에는 더 큰 어려움이 결과됨(難)을 생각하며, 득을 보면 의로움(義)을 생각한다."

16-11. 孔子曰: "見善如不及, 見不善如探湯。吾見其人矣, 吾聞
공자왈 견선여불급 견불선여탐탕 오견기인의 오문
其語矣! 隱居以求其志, 行義以達其道。吾聞其語矣, 未見
기어의 은거이구기지 행의이달기도 오문기어의 미견
其人也!"
기인야

공자께서 말씀하시었다: "선善을 보면 미치지 못함을 애처롭게 생각하면서 달려가고, 불선不善을 보면 끓는 물이 손에 닿은 것처럼 손을 빼고 물러나는 사람, 나는 그런 사람을 이 내 두 눈으로 보았다. 그리고 옛말에 기록된 것도 들었다. 그러나 드러내지 않고 살면서도 그 뜻을 구하고, 의로움(義)을 행하면서 꿋꿋이 그 도道를 완성시키는 사람, 나는 그런 사람이 옛말에 기록된 것은 들었으나, 아직 두 눈으로 보지는 못하였노라."

16-12. 齊景公有馬千駟, 死之日, 民無德而稱焉。伯夷、叔齊餓
제경공유마천사 사지일 민무덕이칭언 백이 숙제아

于首陽之下, 民到于今稱之。其斯之謂與。
우 수 양 지 하 민 도 우 금 칭 지 기 사 지 위 여

제나라 경공齊景公은 천 수레의 말 4천 마리를 소유하였으나 죽는 날에는 사람들이 그 덕德을 칭송함이 없었고, 백이伯夷와 숙제叔齊는 수양산首陽山 아래에서 굶어죽었으나 사람들이 지금에 이르도록 칭송하고 있다. 이것을 두고 한 말일 것이다.

16-13. 陳亢問於伯魚曰: "子亦有異聞乎?" 對曰: "未也。嘗獨立,
진 항 문 어 백 어 왈 자 역 유 이 문 호 대 왈 미 야 상 독 립
鯉趨而過庭。曰: '學詩乎?' 對曰: '未也。' '不學詩, 無以言。'
리 추 이 과 정 왈 학 시 호 대 왈 미 야 불 학 시 무 이 언
鯉退而學詩。他日, 又獨立, 鯉趨而過庭。曰: '學禮乎?' 對
리 퇴 이 학 시 타 일 우 독 립 리 추 이 과 정 왈 학 례 호 대
曰, '未也。' '不學禮, 無以立。' 鯉退而學禮。聞斯二者。" 陳亢
왈 미 야 불 학 례 무 이 립 리 퇴 이 학 례 문 사 이 자 진 항
退而喜曰: "問一得三, 聞詩聞禮, 又聞君子之遠其子也。"
퇴 이 희 왈 문 일 득 삼 문 시 문 례 우 문 군 자 지 원 기 자 야

진항陳亢이 공자의 아들 백어伯魚에게 물어 말하였다: "당신은 아드님이시니 역시 좀 특별한 것을 배우는 것이 있으시겠군요?" 이에 백어가 대답하여 말하였다: "그런 것은 아무 것도 없다. 아버지께서 일찍이 홀로 서 계실 때에 내가 빠른 걸음으로 집안 뜰을 지나가는데 말씀하시었다: '시詩를 배우고 있느냐?' 그래서 내가, '아직 못 배웠습니다' 라고 대답하였더니, '시를 배우지 않으면 말조차 제대로 할 수 없느니라' 말씀하시므로, 나 리鯉는 물러나자마자 시詩를 배웠노라. 타일他日에 또 아버지께서 홀로 서 계실 때에 내가 빠른 걸음으로 집안 뜰을 지나가는데 말씀하시었다: '예禮를 배우고 있느냐?' 그래서 내가, '아직 못 배웠습니다' 라고 대답하였더니, '예禮를 배우지 않으면 제대로 설 수조차 없느니라' 말씀하시므로, 나 리鯉는 물러나자마자 예禮를 배웠노라. 이 두 가지를 아버지로부터

들었노라.” 진항이 물러나와 기뻐하면서 말하였다: “하나를 물어 셋을 들었으니 이 아니 기쁠손가! 시詩를 들었고, 예禮를 들었으며, 또한 군자는 아들이라고 특별히 대접치 아니함을 들었노라.”

16-14. 邦君之妻, 君稱之曰夫人, 夫人自稱曰小童; 邦人稱之曰
방군지처 군칭지왈부인 부인자칭왈소동 방인칭지왈
君夫人, 稱諸異邦曰寡小君; 異邦人稱之亦曰君夫人。
군부인 칭저이방왈과소군 이방인칭지역왈군부인

나라 임금(제후)의 처妻를 임금이 부를 때는 “부인”이라 하고, 부인이 자기를 스스로 칭할 때는 “소동”이라 한다. 나라 사람들이 그 여자를 칭할 때에는 “군부인”이라고 하나, 딴 나라 사람들에게 그 여자를 칭할 때에는 “과소군”이라고 한다. 그러나 딴 나라 사람들이 그 여자를 칭할 때에는 또한 “군부인”이라 한다.

1 學而 학이	2 爲政 위정	3 八佾 팔일	4 里仁 이인	5 公冶長 공야장	6 雍也 옹야	7 述而 술이	8 泰伯 태백	9 子罕 자한	10 鄕黨 향당
11 先進 선진	12 顔淵 안연	13 子路 자로	14 憲問 헌문	15 衛靈公 위령공	16 季氏 계씨	17 陽貨 양화	18 微子 미자	19 子張 자장	20 堯曰 요왈

양화 제십칠

陽貨第十七

17-1. 陽貨欲見孔子, 孔子不見, 歸孔子豚。孔子時其亡也, 而
양화욕견공자 공자불견 귀공자돈 공자시기무야 이
往拜之。遇諸途。謂孔子曰: "來! 予與爾言。" 曰: "懷其寶而
왕배지 우저도 위공자왈 래 여여이언 왈 회기보이
迷其邦, 可謂仁乎?" 曰: "不可。" "好從事而亟失時, 可謂知
미기방 가위인호 왈 불가 호종사이기실시 가위지
乎?" 曰: "不可。" "日月逝矣, 歲不我與!" 孔子曰: "諾, 吾將
호 왈 불가 일월서의 세불아여 공자왈 낙 오장
仕矣!"
사의

당시 노나라의 전제적 권력의 소유자였던 양화陽貨가 공자를 만나려고 하였다. 공자가 만나려 하지를 않자, 양화는 공자에게 삶은 통멧돼지 한 마리를 선물로 예를 갖추어 보내었다. 이제 사례를 아니 할 수 없는지라 공자는 양화가 집에 있지 않은 틈을 타서 예방하려 하였으나, 그만 가는 도중에 그와 맞부딪히고 말았다. 양화가 공자를 불러 말하기를, "이리오시오. 내 그대와 더불어 말 좀 하리이다." 그가 말하였다: "찬란한 보석과도 같은 재능을 가슴에 품고도 나라를 어지러운 채 버려두는 것을 인仁이라 일컬을 수 있겠나이까?" 이에 공자가 말하였다: "그렇지 않소이다." "종사從事하기를 좋아하면서 때를 자주 놓치는 것을 지혜롭다 일컬을 수 있겠나이까?" 이에 공자가 말하였다: "그렇지 않소이다." 양화가 말하였다: "일월日月이 흐르는구료. 세월은 내 뜻과 더불어 흐르지 않습니다." 공자가 말하였다: "알겠나이다. 언젠가 나도 벼슬을 하리이다."

17-2. 子曰: "性相近也, 習相遠也。"
자왈 성상근야 습상원야

공자께서 말씀하시었다: "태어나면서 사람의 본성은 서로 비슷한 것이지만, 후천적 학습에 의하여 서로 멀어지게 된다."

17-3. 子曰: "唯上知與下愚不移。"
자 왈 유 상 지 여 하 우 불 이

공자께서 말씀하시었다: "오직 상지上知와 하우下愚는 쉽게 움직여지지 않는다."

17-4. 子之武城, 聞弦歌之聲。夫子莞爾而笑, 曰: "割鷄焉用牛
자 지 무 성 문 현 가 지 성 부 자 완 이 이 소 왈 할 계 언 용 우

刀?" 子游對曰: "昔者偃也聞諸夫子曰: '君子學道則愛人,
도 자 유 대 왈 석 자 언 야 문 저 부 자 왈 군 자 학 도 즉 애 인

小人學道則易使也。'" 子曰: "二三子! 偃之言是也。前言戲
소 인 학 도 즉 이 사 야 자 왈 이 삼 자 언 지 언 시 야 전 언 희

之耳!"
지 이

공자께서 자유子游가 읍재 노릇을 하고 있었던 무성武城으로 가시었다. 무성 동리 방방곡곡에서 현악기에 맞추어 부르는 아름다운 노래소리가 들려왔다. 부자께서는 빙그레 미소지으시며 말씀하시었다: "닭을 잡는데, 어찌하여 소 잡는 칼을 쓰느냐?" 이에 자유子游가 대꾸하여 말씀드리었다: "예전에 언(偃: 자유의 이름) 제가 선생님께서, '군자는 도道를 배우면 사람을 사랑하게 되고, 소인이 도를 배우면 부리기 쉬운 교양있는 사람이 되나니라'라고 말씀하시는 것을 들었나이다." 공자께서 말씀하시었다: "얘들아! 언偃의 말이 옳다. 방금 내가 한 말은 농담이니라."

17-5. 公山弗擾以費畔, 召, 子欲往。子路不說, 曰: "末之也已,
공 산 불 요 이 비 반 소 자 욕 왕 자 로 불 열 왈 말 지 야 이

何必公山氏之之也?" 子曰: "夫召我者, 而豈徒哉? 如有用
하 필 공 산 씨 지 지 야 자 왈 부 소 아 자 이 기 도 재 여 유 용

我者, 吾其爲東周乎!"
아 자 오 기 위 동 주 호

계씨의 가신이며 양호의 동조세력이었던 공산불요公山弗擾가 비읍費邑을 거점으로 또 모반謀反하였다. 그는 정식으로 공자를 초빙하였다. 그러자 공자는 공산불요에게 가담하려고 하였다. 이때 자로子路가 되게 기분나빠 하면서 말하였다: "가실 곳이 없으면 그만두실 것이지, 하필이면 공산불요 그 녀석에게 가신단 말씀입니까?" 이에 공자께서 말씀하시었다: "대저 나를 정식으로 초빙하는 자가 어찌 하릴없이 날 데려가겠느뇨? 누구라도 나를 써주는 자가 있다면 나는 동주東周를 새로 창조하리라!"

17-6. 子張問仁於孔子。孔子曰: "能行五者於天下, 爲仁矣。" "請
자 장 문 인 어 공 자 공 자 왈 능 행 오 자 어 천 하 위 인 의 청
問之。" 曰: "恭、寬、信、敏、惠。恭則不侮, 寬則得衆, 信
문 지 왈 공 관 신 민 혜 공 즉 불 모 관 즉 득 중 신
則人任焉, 敏則有功, 惠則足以使人。"
즉 인 임 언 민 즉 유 공 혜 즉 족 이 사 인

자장子張이 공자에게 인仁을 여쭈었다. 이에 공자께서 말씀하시었다: "천하天下에 능히 다섯 가지를 실현할 수 있으면, 인仁하게 될 수 있다." "그 다섯 가지가 무엇이오니이까?" 이에 공자께서 말씀하시었다: "공경함(恭), 너그러움(寬), 신험이 있음(信), 민첩함(敏), 은혜를 베풂(惠)이다. 공손하면 남을 업신여기지 아니 하고, 너그러우면 대중의 마음을 얻게 되고, 신험이 있으면 사람들이 신임하며, 민첩하면 공로가 있게 되고, 은혜를 베풀면 사람들을 넉넉히 부릴 수 있게 된다."

17-7. 佛肸召, 子欲往。子路曰: "昔者由也聞諸夫子曰: '親於其
필 힐 소 자 욕 왕 자 로 왈 석 자 유 야 문 저 부 자 왈 친 어 기
身爲不善者, 君子不入也。' 佛肸以中牟畔, 子之往也, 如之
신 위 불 선 자 군 자 불 입 야 필 힐 이 중 모 반 자 지 왕 야 여 지

何?" 子曰: "然, 有是言也。不曰堅乎, 磨而不磷; 不曰白乎,
하 자왈 연 유시언야 불왈견호 마이불린 불왈백호

涅而不緇。吾豈匏瓜也哉? 焉能繫而不食!"
열이불치 오기포과야재 언능계이불식

진晋나라 중모中牟 땅을 거점으로 모반한 필힐佛肸이 당시 유랑중이었던 공자를 초빙하였다. 공자는 여기에 가담하러 가려하였다. 자로子路가 말하였다: "예전에 저 유由가 부자夫子께서 직접 말씀하시는 것을 들었사온데, '손수 그 몸에 불선不善을 행하는 자 밑으로는 군자는 들어가는 법이 아니다'라고 말씀하셨습니다. 필힐은 중모읍中牟邑을 거점으로 반역을 도모하고 있는데 부자께서 가시려하시니 도대체 어찌 된 일이오니이까?" 공자께서 말씀하시었다: "그러하다. 내 일찍이 그런 말을 한 적이 있느니라. 그렇지만 나는 또 이렇게 말했다. 단단하다고 말하지 않더냐? 갈아도 얇아지지 않으니! 희다고 말하지 않더냐? 물들여도 검어지지 않으니! 내 어찌 덩굴에 매달려 있기만 한 박이 될 수 있겠는가? 어찌 스스로 생을 개척하지 아니하고 댕그렁 넝쿨에 매달려 있기만 할 수 있을손가!"

17-8. 子曰: "由也! 女聞六言六蔽矣乎!" 對曰: "未也。" "居! 吾語
자왈 유야 여문육언육폐의호 대왈 미야 거 오어

女。好仁不好學, 其蔽也愚; 好知不好學, 其蔽也蕩; 好信
여 호인불호학 기폐야우 호지불호학 기폐야탕 호신

不好學, 其蔽也賊; 好直不好學, 其蔽也絞; 好勇不好學,
불호학 기폐야적 호직불호학 기폐야교 호용불호학

其蔽也亂; 好剛不好學, 其蔽也狂。"
기폐야란 호강불호학 기폐야광

공자께서 말씀하시었다: "유(由: 자로)야! 너는 여섯 가지 미덕六言에 여섯 가지 폐해六蔽가 따른다는 것을 들어보았느냐?" 자로가 대답하여 말하였다: "아직 듣지 못하였나이다." 이에 공자께서 말씀하시었다: "게 앉거라! 내 너에게 말해주리라. 인仁만 좋아하고 배우기를 좋아하지 않으면 그 폐단은 어리석게 되는 것(愚)이요, 지知만 좋아하고 배우기를 좋아하지 않으면 그 폐단은 엉터리 지식꾼이 되는 것(蕩)이요, 신信만 좋아하고 배우기를 좋아하지 않으면 그 폐단은 너무 진지하여 융통성이 없어지는 것(賊)이요, 직直만 좋아하고 배우기를 좋아하지 않으면 그 폐단은 사람을 옥죄도록 편협해지는 것(絞)이요, 용勇만 좋아하고 배우기를 좋아하지 않으면 그 폐단은 무질서해지는 것(亂)이요, 강剛만 좋아하고 배우기를 좋아하지 않으면 그 폐단은 광기가 넘치는 것(狂)이다."

17-9. 子曰: "小子, 何莫學夫詩? 詩, 可以興, 可以觀, 可以群,
자 왈 소 자 하 막 학 부 시 시 가 이 흥 가 이 관 가 이 군
可以怨, 邇之事父, 遠之事君。多識於鳥獸草木之名。"
가 이 원 이 지 사 부 원 지 사 군 다 식 어 조 수 초 목 지 명

공자께서 말씀하시었다: "얘들아! 너희들은 어찌하여 시詩(노래)를 배우지 아니하느냐? 시는 인간의 감정을 흥기시키며(興), 사물과 역사를 통관케 하며(觀), 사람들과 더불어 무리짓게 하며(群), 나의 슬픔을 나타낼 수 있게 한다(怨). 가까이는 어버이를 섬길 수 있게 하며, 멀리는 임금을 섬길 수 있게 한다. 그리고 새와 짐승, 풀과 나무의 이름을 많이 알게 한다."

17-10. 子謂伯魚曰: "女爲周南召南矣乎? 人而不爲周南召南,
자 위 백 어 왈 여 위 주 남 소 남 의 호 인 이 불 위 주 남 소 남
其猶正牆面而立也與!"
기 유 정 장 면 이 립 야 여

공자께서 그의 아들 백어伯魚에게 이르시었다: "너는 주남周南과 소남召南을 배우고 있느냐? 사람이 되어 주남과 소남을 배우지 아니하면 마치 담벼락을 마주하고 서있는 것과도 같은 것이다."

17-11. 子曰: "禮云禮云, 玉帛云乎哉? 樂云樂云, 鐘鼓云乎哉?"
자 왈 예 운 예 운 옥 백 운 호 재 악 운 악 운 종 고 운 호 재

공자께서 말씀하시었다: "예禮다, 예禮다라고 말하지만, 어찌 그것이 옥백玉帛을 말하는 것이겠느뇨? 악樂이다, 악樂이다라고 말하지만, 어찌 그것이

종고鐘鼓를 말하는 것이겠느뇨?"

17-12. 子曰: "色厲而內荏, 譬諸小人, 其猶穿窬之盜也與?"
자 왈 색 려 이 내 임 비 저 소 인 기 유 천 유 지 도 야 여

공자께서 말씀하시었다: "외관은 위엄있고 품격있는 척 하면서 내면은 원칙없이 물러터진 자는 소인에 비유된다. 그렇지만 그런 놈은 소인중에서도 벽을 뚫거나 담을 넘는 좀도둑에나 비유할 수 있을 진저!"

17-13. 子曰: "鄕原, 德之賊也!"
자 왈 향 원 덕 지 적 야

공자께서 말씀하시었다: "향원鄕原은 덕德의 적賊이다."

17-14. 子曰: "道聽而塗說, 德之棄也!"
자 왈 도 청 이 도 설 덕 지 기 야

공자께서 말씀하시었다: "길에서 어설프게 들은 것을 곧 자기의 설인 양 길에서 연설하는 것은 덕德을 길에 내버리는 짓이다."

17-15. 子曰: "鄙夫, 可與事君也與哉? 其未得之也, 患得之。旣
자 왈 비 부 가 여 사 군 야 여 재 기 미 득 지 야 환 득 지 기
得之, 患失之。苟患失之, 無所不至矣。"
득 지 환 실 지 구 환 실 지 무 소 부 지 의

공자께서 말씀하시었다: "비루한 녀석들과 어찌 더불어 정치에 참여할 수 있겠는가? 자리를 얻기 전에는 자리를 얻는 것만을 걱정하고, 자리를 얻고 나면 자리를 잃을 것만 걱정한다. 만약 잃을 것만을 걱정하면 못하는 짓이 없게 된다."

17-16. 子曰: "古者民有三疾, 今也或是之亡也。古之狂也肆, 今
자 왈 고 자 민 유 삼 질 금 야 혹 시 지 무 야 고 지 광 야 사 금
之狂也蕩; 古之矜也廉, 今之矜也忿戾; 古之愚也直, 今之
지 광 야 탕 고 지 긍 야 렴 금 지 긍 야 분 려 고 지 우 야 직 금 지

愚也詐而已矣。”
우 야 사 이 이 의

공자께서 말씀하시었다: “예전에는 사람들이 빠지기 쉬운 세 가지 결점이 있었다. 그런데 지금에는, 그런 결점을 과시하며 나대는 광인조차 사라진 세상이 되어버렸다. 옛날의 광자狂者는 작은 예절에 구애되지 않는 호방한 면이 있었는데, 지금의 광자는 분수를 모르고 방탕하기만 한다. 옛날의 긍자矜者는 행동에 질서가 있고 뼈가 있었는데, 지금의 긍자는 쩨쩨하게 화내며 다투기만 한다. 옛날의 우자愚者는 우직한 맛이 있었는데, 지금의 우자는 비굴하고 간사하기만 하다.”

17-17. 子曰: “巧言令色, 鮮矣仁。”
자 왈 교 언 영 색 선 의 인

공자께서 말씀하시었다: “말 잘하고 표정을 꾸미는 사람치고 인한 이가 드물다!”

17-18. 子曰: “惡紫之奪朱也, 惡鄭聲之亂雅樂也, 惡利口之覆邦家者。”
자 왈 오 자 지 탈 주 야 오 정 성 지 란 아 악 야 오 리 구 지 복 방 가 자

공자께서 말씀하시었다: “나는 간색間色인 자색紫色이 정색正色인 주색朱色을 빼앗는 것을 미워하며, 정성鄭聲(재즈스타일의 자유분방한 음악)이 아악雅樂을 어지럽히는 것을 미워하며, 말만 잘하는 자들이 나라邦家를 전복시키는 것을 미워하노라.”

17-19. 子曰: “予欲無言。” 子貢曰: “子如不言, 則小子何述焉?”
자 왈 여 욕 무 언 자 공 왈 자 여 불 언 즉 소 자 하 술 언

子曰: “天何言哉? 四時行焉, 百物生焉, 天何言哉?”
자 왈 천 하 언 재 사 시 행 언 백 물 생 언 천 하 언 재

공자께서 말씀하시었다: “이제 나는 입을 다물려한다.” 자공子貢이 말하

였다: "선생님께서 말씀을 하지 않으신다면 저희 소자小子들은 과연 무엇을 후세에 전할 수 있으리이까?" 이에 공자께서 말씀하시었다: "저 하느님께서 무슨 말씀을 하시느냐? 사시四時가 운행하고, 온갖 생명이 잉태되고 있질 아니하느뇨? 저 하느님께서 무슨 말씀을 하시느냐?"

17-20. 孺悲欲見孔子, 孔子辭以疾。將命者出戶, 取瑟而歌, 使
유 비 욕 견 공 자　공 자 사 이 질　장 명 자 출 호　취 슬 이 가　사
之聞之。
지 문 지

유비孺悲라는 노나라 사람이 공자를 뵙고자 하였다. 공자는 병중이라고 거절하시었다. 명命을 전달하는 자가 문밖으로 나가자마자 슬瑟을 꺼내어 노래를 부르시고 밖에 있는 유비로 하여금 듣게 하시었다.

17-21. 宰我問: "三年之喪, 期已久矣! 君子三年不爲禮, 禮必壞;
재 아 문　삼 년 지 상　기 이 구 의　군 자 삼 년 불 위 례　례 필 괴
三年不爲樂, 樂必崩。舊穀旣沒, 新穀旣升, 鑽燧改火, 期
삼 년 불 위 악　악 필 붕　구 곡 기 몰　신 곡 기 승　찬 수 개 화　기
可已矣。" 子曰: "食夫稻, 衣夫錦, 於女安乎?" 曰: "安。" "女
가 이 의　자 왈　식 부 도　의 부 금　어 여 안 호　왈　안　여
安, 則爲之! 夫君子之居喪, 食旨不甘, 聞樂不樂, 居處不
안　즉 위 지　부 군 자 지 거 상　식 지 불 감　문 악 불 락　거 처 불
安, 故不爲也。今女安, 則爲之!" 宰我出。子曰: "予之不仁
안　고 불 위 야　금 여 안　즉 위 지　재 아 출　자 왈　여 지 불 인
也! 子生三年, 然後免於父母之懷。夫三年之喪, 天下之通
야　자 생 삼 년　연 후 면 어 부 모 지 회　부 삼 년 지 상　천 하 지 통
喪也, 予也, 有三年之愛於其父母乎?"
상 야　여 야　유 삼 년 지 애 어 기 부 모 호

재아宰我가 여쭈었다: "삼년상은 만 일 년으로 줄여도 이미 충분히 오래라고 할 것입니다. 군자가 삼 년 동안 예禮를 행하지 않으면 예가 반드시 무너지고, 삼 년 동안 악樂을 익히지 않으면 악이 반드시 망그러질 것입니다. 묵은 곡식이 다 없어지고 새 곡식이 무르익으며, 불씨 만드는 나무도

다 바뀌니, 일 년이면 그칠 만할 것입니다." 이에 공자께서 말씀하시었다: "그 기간에 쌀밥 먹고 비단옷 입는 것이 너에게는 편안하냐?" 재아가 대답하였다: "편안하옵니다." 공자께서 말씀하시었다: "네가 편안하면 그리 해라! 대저 군자가 상喪에 거居하는 동안에는 맛있는 것을 먹어도 입맛이 없으며, 음악을 들어도 즐겁지 아니 하며, 거처하는 것 그 자체가 편안치 아니 한 법이다. 그러므로 그리하는 것인데, 지금 네가 편안하다 하니 너 혼자 그리해라!" 재아가 밖으로 나가자, 공자께서 말씀하시었다: "여(予: 재아의 이름) 저 놈은 참으로 불인不仁한 자로다! 자식이 태어나서 삼 년이 지난 후에야 겨우 부모의 품을 벗어나게 된다. 대저 삼년상이란 온천하의 공통된 상례喪禮이거늘, 여, 저 녀석은 그 삼 년 동안 돌아가신 부모에게조차 사랑을 아끼고 치사하게 살려고 한단 말인가?"

17-22. 子曰: "飽食終日, 無所用心, 難矣哉! 不有博奕者乎? 爲之, 猶賢乎已。"
자왈 포식종일 무소용심 난의재 불유박혁자호 위지 유현호이

공자께서 말씀하시었다: "하루종일 배부르게 먹으면서도 마음을 쓸 곳이 아무데도 없다는 것은 참으로 있기 어려운 한심한 상황이다. 장기나 바둑이라도 있지 않겠나? 아무것도 안하느니 장기나 바둑이라도 두는 것이 보다 현명할 것 같다."

17-23. 子路曰: "君子尙勇乎?" 子曰: "君子義以爲上。君子有勇而無義爲亂, 小人有勇而無義爲盜。"
자로왈 군자상용호 자왈 군자의이위상 군자유용이무의위란 소인유용이무의위도

자로子路가 여쭈었다: "군자는 용맹을 숭상해야 합니까?" 이에 공자께서 말씀하시었다: "군자는 의義를 으뜸으로 삼는다. 군자가 용기만 있고 의로움이 없으면 반란을 일삼게 되고, 소인이 용기만 있고 의로움이 없으면

도둑놈이 되느니라."

17-24. 子貢曰: "君子亦有惡乎?" 子曰: "有惡: 惡稱人之惡者,
자공왈 군자역유오호 자왈 유오 오칭인지오자
惡居下流而訕上者, 惡勇而無禮者, 惡果敢而窒者。" 曰:
오거하류이산상자 오용이무례자 오과감이질자 왈
"賜也亦有惡乎?" "惡徼以爲知者, 惡不孫以爲勇者, 惡訐
사야역유오호 오요이위지자 오불손이위용자 오알
以爲直者。"
이위직자

자공子貢이 여쭈었다: "군자도 미워하는 것이 있습니까?" 이에 공자께서 말씀하시었다: "암~ 있구 말구. 남의 단점을 들추는 자를 미워하며, 아래에 처하면서 윗사람을 하릴없이 비방하는 자를 미워하며, 용기만 있고 예의가 없는 자를 미워하며, 과감키만 하고 융통성이 없는 자를 미워한다." 그리곤 말씀하시었다: "사(賜: 자공)야! 너 또한 미워하는 것이 있느냐?" 이에 자공이 답하였다: "네, 있습니다. 남의 지식을 훔쳐내는 것을 지혜로 여기는 자를 미워하며, 불손한 것을 용기로 여기는 자를 미워하며, 남의 비밀을 까발리는 것을 정직으로 여기는 자를 미워하나이다."

17-25. 子曰: "唯女子與小人爲難養也! 近之則不孫, 遠之則怨。"
자왈 유여자여소인위난양야 근지즉불손 원지즉원

공자께서 말씀하시었다: "오직 여자女子(※ 여자 일반을 말하는 것은 아니다)와 소인小人은 기르기가 어려우니, 가까이 하면 불손해지고 멀리하면 원망한다."

17-26. 子曰: "年四十而見惡焉, 其終也已。"
자왈 연사십이견오언 기종야이

공자께서 말씀하시었다: "나이 사십이 되어서도 사람들에게 미움을 받으면 그것으로 끝장일 뿐이다."

미자 제십팔

微子第十八

18-1. 微子去之, 箕子爲之奴, 比干諫而死。孔子曰: "殷有三仁焉。"
미자거지 기자위지노 비간간이사 공자왈 은유삼인언

미자微子는 떠나갔고, 기자箕子는 종이 되었고, 비간比干은 간諫하다가 죽었다. 공자께서 말씀하시었다: "은殷나라에 인仁한 사람이 셋 있었다."

18-2. 柳下惠爲士師, 三黜。人曰: "子未可以去乎?" 曰: "直道而事人, 焉往而不三黜? 枉道而事人, 何必去父母之邦?"
유하혜위사사 삼출 인왈 자미가이거호 왈 직도이 사인 언왕이불삼출 왕도이사인 하필거부모지방

노나라의 현인賢人 유하혜柳下惠가 세 번 사사(士師: 사법관)직에 임명되었으나 세 번 다 파면되었다. 그러자 혹자가 이르기를, "그대는 무슨 미련이 남아 아직도 이 나라를 떠나지 않고 있는가?" 하니, 유하혜는 다음과 같이 말하였다: "도道를 곧게 하여 사람을 섬기면 어디 간들 세 번 내침을 당하지 않으리오? 도道를 구부리어 사람에게 아첨하고 살 것이라면 어찌 굳이 부모의 나라父母之邦를 떠날 필요가 있겠는가?"

18-3. 齊景公待孔子曰: "若季氏, 則吾不能, 以季孟之間待之。" 曰: "吾老矣, 不能用也。" 孔子行。
제경공대공자왈 약계씨 즉오불능 이계맹지간대지 왈 오로의 불능용야 공자행

제齊나라의 경공景公이 공자를 대우하려고 하면서 말하였다: "노나라의 대부 계씨季氏의 지위만큼은 내가 대우할 수 없지마는, 계씨와 맹씨孟氏의 중간 수준으로는 그대를 대우할 수 있겠소." 신하들의 반대가 일고 얼마

지나 다시 말하기를, "내가 늙었구료. 당신을 제대로 기용하기는 어려울 것 같소." 공자는 떠났다.

18-4. 齊人歸女樂, 季桓子受之, 三日不朝, 孔子行。
제 인 귀 여 악 계 환 자 수 지 삼 일 부 조 공 자 행

제齊나라 사람들이 노나라를 어지럽히기 위하여 미녀들과 악사들을 노나라로 보내었다. 당대 노나라의 실권자 계환자季桓子가 이를 거절해야 함에도 불구하고 기꺼이 받아들였다. 그리고 삼 일 동안이나 정사를 돌보지 않았다. 공자는 노나라를 떠났다.

18-5. 楚狂接輿歌而過孔子曰: "鳳兮! 鳳兮! 何德之衰? 往者不
초 광 접 여 가 이 과 공 자 왈 봉 혜 봉 혜 하 덕 지 쇠 왕 자 불
可諫, 來者猶可追。已而! 已而! 今之從政者殆而!" 孔子下,
가 간 내 자 유 가 추 이 이 이 이 금 지 종 정 자 태 이 공 자 하
欲與之言。趨而辟之, 不得與之言。
욕 여 지 언 추 이 피 지 부 득 여 지 언

초楚나라의 광인狂人 접여接輿가 노래를 부르며 공자의 수레 앞을 지나갔다: "봉황과도 같이 고고한 그대여! 봉황과도 같이 고고한 그대여! 어찌 이다지도 덕德이 쇠하였는고! 지난 일은 바로잡을 수 없다 해도, 오는 일은 내 힘으로 바로잡을 수 있도다! 그만둘지어다! 그만둘지어다! 지금 정치에 참여함은 오직 위험만이 기다릴 뿐!" 공자는 수레에서 내려 그와 더불어 이야기하고자 하였다. 그러나 그는 빠른 걸음으로 사라져 버렸다. 공자는 끝내 그와 말할 수 없었다.

18-6. 長沮、桀溺耦而耕, 孔子過之, 使子路問津焉。長沮曰:
장 저 걸 닉 우 이 경 공 자 과 지 사 자 로 문 진 언 장 저 왈
"夫執輿者爲誰?" 子路曰: "爲孔丘。" 曰: "是魯孔丘與?" 曰:
부 집 여 자 위 수 자 로 왈 위 공 구 왈 시 노 공 구 여 왈

"是也。" 曰: "是知津矣。" 問於桀溺。桀溺曰: "子爲誰?" 曰:
시 야 왈 시 지 진 의 문 어 걸 닉 걸 닉 왈 자 위 수 왈

"爲仲由。" 曰: "是魯孔丘之徒與?" 對曰: "然。" 曰: "滔滔者
위 중 유 왈 시 노 공 구 지 도 여 대 왈 연 왈 도 도 자

天下皆是也, 而誰以易之? 且而與其從辟人之士也, 豈若
천 하 개 시 야 이 수 이 역 지 차 이 여 기 종 피 인 지 사 야 기 약

從辟世之士哉?" 耰而不輟。子路行以告。夫子憮然曰: "鳥
종 피 세 지 사 재 우 이 불 철 자 로 행 이 고 부 자 무 연 왈 조

獸不可與同群! 吾非斯人之徒與而誰與? 天下有道, 丘不
수 불 가 여 동 군 오 비 사 인 지 도 여 이 수 여 천 하 유 도 구 불

與易也。"
여 역 야

장저長沮와 걸닉桀溺이 나란히 밭을 갈고 있는데, 공자가 그들 앞을 지나가게 되었다. 이에 수레를 세우고 자로子路로 하여금 그들에게 나루터가 어디 있는지를 묻게 하였다. 장저가 말하였다: "저기 저 수레 고삐를 잡고 있는 사람이 뉘시오?" 자로가 말하였다: "공구孔丘라 하는 분이외다." 장저가 말하였다: "저 사람이 바로 노나라의 공구孔丘인가?" 자로가 말하였다: "그렇소." 장저가 말하였다: "세상을 쏴다니는 사람인데 나루터라면 나보다는 그가 더 잘 알 것이오." 그래서 자로가 걸닉桀溺에게 다시 물었다. 걸닉이 말하였다: "댁은 뉘시오?" 자로가 말하였다: "중유仲由라 하오." 걸닉이 말하였다: "그대가 바로 노나라 공구孔丘의 무리인가?" 자로가 대하여 말하였다: "그러하오." 걸닉이 말하였다: "도도滔滔한 흙탕물에 휘덮이듯 천하天下가 다 그 모양인데 과연 누가 이것을 변혁시킨단 말인가? 사람(이 사람, 저 사람 세속의 권력자들)을 피해다니는 선비를 따르느니, 세상(세속적 가치 전부)을 피하는 선비를 따르는 것이 더 낫지 않겠소?" 그리고는 묵묵히 씨알 덮는 일만 계속하고 나루터에 관해서는 아무 말도 하지 않았다. 자로子路가 돌아와서 아뢰었다. 부자夫子는 한동안 멍하게 있다가 말하였다: "조수鳥獸와 더불어 무리 지어 살 수는 없는 노릇, 내 이 인간의 무리와 더불어 하지 않는다면 과연 누구와 더불어 할까보냐? 천하에 도道가

있다면 이 세상을 변역變易할 생각도 하지 않을 것이다."

18-7. 子路從而後, 遇丈人, 以杖荷蓧。子路問曰: "子見夫子
자로종이후 우장인 이장하조 자로문왈 자견부자
乎?" 丈人曰: "四體不勤, 五穀不分。孰爲夫子?" 植其杖而
호 장인왈 사체불근 오곡불분 숙위부자 식기장이
芸。子路拱而立。止子路宿, 殺鷄爲黍而食之, 見其二子焉。
운 자로공이립 지자로숙 살계위서이식지 견기이자언
明日, 子路行以告。子曰: "隱者也。" 使子路反見之。至則
명일 자로행이고 자왈 은자야 사자로반견지 지즉
行矣。子路曰: "不仕無義。長幼之節, 不可廢也; 君臣之義,
행의 자로왈 불사무의 장유지절 불가폐야 군신지의
如之何其廢之? 欲潔其身, 而亂大倫。君子之仕也, 行其義
여지하기폐지 욕결기신 이란대륜 군자지사야 행기의
也。道之不行, 已知之矣。"
야 도지불행 이지지의

자로가 공자 일행을 따라가다가 뒤처지고 말았는데, 지팡이로 대바구니를 멘 노인을 길 가에서 만났다. 자로가 그 노인에게 물었다: "노인장께서는 우리 선생(夫子)이 지나가는 것을 보셨습니까?" 그 노인이 대답하였다: "팔다리를 부지런히 움직이지도 않고 오곡五穀도 제대로 분간 못하는 그 자를, 누가 선생(夫子)이라고 일컫는가?" 지팡이를 땅에 꽂아놓고 계속 김을 맬 뿐이었다. 자로子路가 공경하는 마음이 들어 공수拱手하고 서 있었다. 그러자 그 노인은 자로를 머물게 하여 자기 집에서 자게 하였다. 닭을 잡고 기장밥을 지어 먹이고 그의 두 아들로 하여금 자로를 뵙게 하였다. 다음날 자로는 그 집을 떠나와서 공자를 만나 아뢰었다. 공자는 말하였다: "은자隱者이다." 자로로 하여금 되돌아가 다시 뵙게 하였는데, 도착해보니 이미 떠나가고 없었다. 자로는 남아있는 두 아들에게 전언하였다: "누군가 벼슬을 하지 않으면 세상에 정의(義)란 사라지고 마오. 장유長幼의 절도를 폐廢할 수 없듯이, 어찌 군신君臣의 의義를 폐할 수 있으리오? 내 몸 하나를 정결히 지키고자 하다가 사회의 대륜大倫을 어지럽힐 수도 있는 것이니, 군자君子가 벼슬을 꾀함은 오직 그 의義를 행行하려 함이로소이다. 도道가 행하여지기 어렵다는 것은 우리도 다 알고 있는 것이외다."

18-8. 逸民: 伯夷、叔齊、虞仲、夷逸、朱張、柳下惠、少連。
일민 백이 숙제 우중 이일 주장 유하혜 소련
子曰: "不降其志, 不辱其身, 伯夷、叔齊與!" 謂柳下惠、
자왈 불항기지 불욕기신 백이 숙제여 위유하혜
少連: "降志辱身矣, 言中倫, 行中慮, 其斯而已矣!" 謂虞仲、
소련 항지욕신의 언중륜 행중려 기사이이의 위우중
夷逸: "隱居放言, 身中淸, 廢中權。" "我則異於是, 無可無
이일 은거방언 신중청 폐중권 아즉이어시 무가무
不可。"
불가

일민逸民으로서는 백이伯夷와 숙제叔齊와 우중虞仲과 이일夷逸과 주장朱張과 유하혜柳下惠와 소련少連을 들 수 있다. 공자께서 말씀하시었다: "자신의 생각을 비굴하게 낮추지 아니하고 그 몸을 욕되게 하지 않은 자는 백이와 숙제일 것이다." 또 유하혜柳下惠와 소련少連을 평하시어 말씀하시었다: "자신의 생각을 낮추기도 하고 몸을 욕되게도 하였으나, 그 말이 윤리에 들어맞고 행동이 사려에 합치하였으니, 이것만으로도 훌륭하다 할 것이다." 또 우중虞仲과 이일夷逸을 평하시어 말씀하시었다: "숨어 살면서 세속적인 말은 하지 않았으며 몸이 깨끗함에 들어맞았고 폐廢함이 권도權道에 들어맞았다." 총결總結지어 말씀하시었다: "나는 이들과는 다르다. 나는 고정적으로 가可하다고 생각하는 것도 없고, 고정적으로 불가不可하다고 생각하는 것도 없다."

18-9. 大師摯適齊, 亞飯干適楚, 三飯繚適蔡, 四飯缺適秦, 鼓
태사지적제 아반간적초 삼반료적채 사반결적진 고
方叔入於河, 播鼗武入於漢, 少師陽、擊磬襄, 入於海。
방숙입어하 파도무입어한 소사양 격경양 입어해

태사大師 지摯는 제齊나라로 가고, 아반亞飯 간干은 초楚나라로 가고, 삼

반三飯 료繚는 채蔡나라로 가고, 사반四飯 결缺은 진秦나라로 가고, 고鼓 방숙方叔은 하내河內로 들어갔고, 파도播鼗 무武는 한중漢中으로 들어갔고, 소사少師 양陽과 격경擊磬 양襄은 황해의 섬으로 들어갔다. (※ 공자 시대 음악의 전승경로를 밝힘).

18-10. 周公謂魯公曰: "君子不施其親, 不使大臣怨乎不以。故舊無大故, 則不棄也。無求備於一人!"
주공위노공왈 군자불시기친 불사대신원호불이 고구무대고 즉불기야 무구비어일인

주공周公이 노공魯公으로 부임해가는 자기 아들 백금伯禽에게 타일러 말하였다: "군자는 그 가까운 친족에게 소홀하다는 느낌을 주지 아니한다. 그리고 대신大臣들로 하여금 자기들의 생각이 채용되지 않는다고 원망치 않도록, 그들에게 관심을 보여라. 오랜 친구는 큰 사고가 없는 한 함부로 버리지 말라. 그리고 한 사람에게 완벽하기를 요구하지 말라."

18-11. 周有八士: 伯達、伯适、仲突、仲忽、叔夜、叔夏、季隨、季騧。
주유팔사 백달 백괄 중돌 중홀 숙야 숙하 계수 계와

주나라에 여덟 선비가 있었다: 백달伯達과 백괄伯适, 중돌仲突과 중홀仲忽, 숙야叔夜와 숙하叔夏, 계수季隨와 계와季騧이다.

1 學而 학이	2 爲政 위정	3 八佾 팔일	4 里仁 이인	5 公冶長 공야장	6 雍也 옹야	7 述而 술이	8 泰伯 태백	9 子罕 자한	10 鄕黨 향당
11 先進 선진	12 顔淵 안연	13 子路 자로	14 憲問 헌문	15 衛靈公 위령공	16 季氏 계씨	17 陽貨 양화	18 微子 미자	19 子張 자장	20 堯曰 요왈

자장 제십구
子張第十九

19-1. 子張曰: "士見危致命, 見得思義, 祭思敬, 喪思哀, 其可已矣。"
자장왈 사견위치명 견득사의 제사경 상사애 기가이의

자장이 말하였다: "선비는 모름지기 나라가 위태로울 시기에는 목숨을 바치며, 이득을 볼 때에는 의로움(義)을 생각한다. 제사에 임해서는 공경함을 생각하며, 상을 당하면 슬픔을 생각한다. 이러하면 좋은 선비라 할 만하다."

19-2. 子張曰: "執德不弘, 信道不篤, 焉能爲有? 焉能爲亡?"
자장왈 집덕불홍 신도부독 언능위유 언능위무

자장이 말하였다: "덕德을 손에 쥠이 넓지 못하며, 도道를 신험함이 독실하지 못하면, 그러한 인간은 있어도 그만, 없어도 그만일 뿐이다."

19-3. 子夏之門人, 問交於子張。子張曰: "子夏云何?" 對曰: "子夏曰: '可者與之, 其不可者拒之。'" 子張曰: "異乎吾所聞: 君子尊賢而容衆, 嘉善而矜不能。我之大賢與, 於人何所不容? 我之不賢與, 人將拒我, 如之何其拒人也?"
자하지문인 문교어자장 자장왈 자하운하 대왈 자하왈 가자여지 기불가자거지 자장왈 이호오소문 군자존현이용중 가선이긍불능 아지대현여 어인하소불용 아지불현여 인장거아 여지하기거인야

자하子夏의 문인門人이 벗 사귐에 관하여 자장子張에게 물었다. 자장이 말하였다: "자하는 무어라 말하던가?" 자하의 문인이 대답하여 말하였다:

"우리 자하子夏께서 이르시기를, '벗할 만한 자와는 더불어하고, 벗할 만하지 못한 자는 거절해버려라' 하고 잘라 말씀하시었습니다." 이에 자장子張이 말하였다: "내가 부자夫子로부터 들은 바와는 다르구나! 군자는 소수의 현인을 존중하되 동시에 대중을 포용해야 하며, 선善한 자를 아름답게 여기지만 동시에 능력 없는 자를 불쌍히 여겨야 한다. 내가 크게 어질다면 타인과의 관계에 있어서 누구인들 포용치 못하겠느냐? 내가 만약 어질지 못하다면 사람들이 먼저 나를 거절할 것이니, 내가 타인을 거절한다는 것이 있을 법이나 한 일이겠는가?"

19-4. 子夏曰: "雖小道, 必有可觀者焉; 致遠恐泥, 是以君子不爲也。"
자하왈 수소도 필유가관자언 치원공니 시이군자불위야

자하子夏가 말하였다: "비록 작은 지엽적 도술道術이라도 반드시 볼 만한 것은 있다. 그러나 원대한 이상을 실현하는 데는 이러한 소도小道에 니착泥着하는 것이 장애가 될까 두렵다. 그러므로 군자는 소도小道에는 집착하지 않는 것이다."

19-5. 子夏曰: "日知其所亡, 月無忘其所能, 可謂好學也已矣。"
자하왈 일지기소무 월무망기소능 가위호학야이의

자하子夏가 말하였다: "날마다 그 모르는 것을 알게 되며, 달마다 자기가 이미 능能한 것을 잊지 않으려고 노력하면, 배우기를 좋아한다고 이를 만하다."

19-6. 子夏曰: "博學而篤志, 切問而近思, 仁在其中矣。"
자하왈 박학이독지 절문이근사 인재기중의

자하가 말하였다: "널리 배우고 그 뜻을 돈독히 하라. 절실하게 묻고 가까운 데서 생각하라. 그리하면 인仁이 그 속에 있나니라."

19-7. 子夏曰: "百工居肆以成其事, 君子學以致其道。"
자 하 왈 백 공 거 사 이 성 기 사 군 자 학 이 치 기 도

자하가 말하였다: "백공百工이 자기의 공방工房에 거居하면서 그 물건을 만들어낸다. 마찬가지로 군자는 자기의 배움의 세계에서 그 도道를 완성해야 하는 것이다."

19-8. 子夏曰: "小人之過也必文。"
자 하 왈 소 인 지 과 야 필 문

자하가 말하였다: "소인小人들은 허물이 있으면 반드시 문식文飾하려 한다."

19-9. 子夏曰: "君子有三變: 望之儼然, 卽之也溫, 聽其言也厲。"
자 하 왈 군 자 유 삼 변 망 지 엄 연 즉 지 야 온 청 기 언 야 려

자하가 말하였다: "군자에게는 항상 세 가지 다양한 모습이 있다. 멀리서 바라보면 엄숙하고 단정하게 보인다. 가까이 다가가면 따사로움이 느껴진다. 그의 말을 들어보면 잘 갈린 칼날같이 명철하다."

19-10. 子夏曰: "君子信而後勞其民; 未信, 則以爲厲己也。信而後諫; 未信, 則以爲謗己也。"
자 하 왈 군 자 신 이 후 로 기 민 미 신 즉 이 위 려 기 야 신 이 후 간 미 신 즉 이 위 방 기 야

자하가 말하였다: "군자는 백성으로부터 믿음을 얻은 후에 그 백성을 부린다. 그들에게 믿음을 얻지 못하면 백성은 자신들을 괴롭힐 뿐이라고 생각한다. 군자는 임금으로부터 신임을 얻은 후에 임금에게 간諫한다. 신임을 얻지 못하면 임금은 자기를 비방한다고만 여길 뿐이다."

19-11. 子夏曰: "大德不踰閑, 小德出入可也。"
자 하 왈 대 덕 불 유 한 소 덕 출 입 가 야

자하가 말하였다: "큰 도덕의 울타리를 넘어가지만 않는다면, 작은 도

덕의 소절小節은 출입出入이 있어도 크게 문제되지 않는다."

19-12. 子游曰: "子夏之門人小子, 當灑掃應對進退, 則可矣, 抑
자유왈 자하지문인소자 당쇄소응대진퇴 즉가의 억

末也。本之則無, 如之何?" 子夏聞之, 曰: "噫! 言游過矣!
말야 본지즉무 여지하 자하문지 왈 희 언유과의

君子之道, 孰先傳焉? 孰後倦焉? 譬諸草木, 區以別矣。君
군자지도 숙선전언 숙후권언 비저초목 구이별의 군

子之道, 焉可誣也? 有始有卒者, 其惟聖人乎!"
자지도 언가무야 유시유졸자 기유성인호

자유子游가 말하였다: "자하子夏의 문인소자門人小子들은 물 뿌리고 청소하고, 손님을 응대應對하고, 집안을 들락날락하는 예절 정도는 잘 배운 것 같다. 그러나 그런 것은 다 말엽적인 것이다. 근본으로 들어가면 아무 것도 없으니 어찌할 것인가?" 자하子夏가 이 말을 듣고 말하였다: "어허! 언유(言游: 자유의 성姓과 자字)의 말이 지나치다! 군자의 도인즉, 어느 것이 먼저라 하여 전하고, 어느 것이 후라 하여 게을리 할 수 있겠는가? 초목에 비유해도 용도에 따라 구역을 나누어 심고 수확에도 단계적 절차가 있는 법이니, 어찌 군자의 도에 관하여 근본을 운운하면서 월권을 하려 드는가? 시작이 있고 끝이 있고, 그 모든 것을 구비한 분은 오직 성인聖人이실 것이다!"

19-13. 子夏曰: "仕而優則學, 學而優則仕。"
자하왈 사이우즉학 학이우즉사

자하가 말하였다: "벼슬하고도 여가가 생기면 틈틈이 학문을 하라! 학문을 이루고서 남음이 있다고 생각되면 벼슬길에 올라도 좋다."

19-14. 子游曰: "喪致乎哀而止。"
자유왈 상치호애이지

자유子游가 말하였다: "상喪을 당해서는 슬픔을 극진히 하는 데서 그쳐야 한다."

19-15. 子游曰: "吾友張也, 爲難能也, 然而未仁。"
자유왈 오우장야 위난능야 연이미인

자유子游가 말하였다: "나의 벗 자장子張은 어려운 일들을 잘 극복해내는 사람이었다. 그러나 인仁하다고까지는 말하기 어려울 것 같다."

19-16. 曾子曰: "堂堂乎張也! 難與竝爲仁矣。"
증자왈 당당호장야 난여병위인의

증자가 말하였다: "나의 친구 자장子張은 당당堂堂한 사람이로다! 그러나 그와 더불어 함께 인仁을 실천하기는 어렵다."

19-17. 曾子曰: "吾聞諸夫子: 人未有自致者也, 必也親喪乎!"
증자왈 오문저부자 인미유자치자야 필야친상호

증자曾子가 말하였다: "내가 부자夫子께 들은 이야기가 있다: '사람은 자력으로 궁극에 도달하는 경우가 드물다. 그러나 부모의 상喪을 당해서는 반드시 그 궁극에 도달하는 정성을 다한다.'"

19-18. 曾子曰: "吾聞諸夫子: 孟莊子之孝也, 其他可能也; 其不改父之臣與父之政, 是難能也。"
증자왈 오문저부자 맹장자지효야 기타가능야 기불개부지신여부지정 시난능야

증자가 말하였다: "내가 부자夫子께 들은 이야기가 있다: '노나라의 대부 맹장자孟莊子의 효행에 관해 말하자면, 그가 한 다른 일은 능히 실천할 수 있겠지만, 아버지의 신하와 아버지의 정치방식을 바꾸지 아니 하고 잘 계승한 측면은 참으로 능히 실천하기가 어려운 것이다.'"

19-19. 孟氏使陽膚爲士師, 問於曾子。曾子曰: "上失其道, 民散
맹 씨 사 양 부 위 사 사 문 어 증 자 증 자 왈 상 실 기 도 민 산

久矣! 如得其情, 則哀矜而勿喜!"
구 의 여 득 기 정 즉 애 긍 이 물 희

삼환의 하나인 맹손씨가 증자의 제자인 양부陽膚를 사사(士師: 사법관)로 임명하였다. 양부가 증자에게 형옥刑獄에 관하여 물었다. 이에 증자가 말하였다: "법무를 담당한 윗 관리들이 도道를 잃어버려 민심이 이반된 지가 오래되었다. 범죄의 정황을 취조하여 그 실정을 파악했으면, 우선 그들을 긍휼히 여겨야지, 사실을 알아냈다고 기뻐하지 말아야 한다."

19-20. 子貢曰: "紂之不善, 不如是之甚也。是以君子惡居下流,
자 공 왈 주 지 불 선 불 여 시 지 심 야 시 이 군 자 오 거 하 류

天下之惡皆歸焉。"
천 하 지 악 개 귀 언

자공이 말하였다: "은殷나라의 마지막 왕 주紂의 불선不善이 세평처럼 그토록 심하지는 않았을 것이다. 그러므로 군자는 자신을 하류下流에 거居하도록 처신하지 않는다. 왜냐하면 천하의 악이란 악은 다 하류로 흘러들어오기 때문이다."

19-21. 子貢曰: "君子之過也, 如日月之食焉。過也, 人皆見之;
자 공 왈 군 자 지 과 야 여 일 월 지 식 언 과 야 인 개 견 지

更也, 人皆仰之。"
경 야 인 개 앙 지

자공이 말하였다: "군자(통치자)의 허물은 일식·월식과 같도다. 허물이 있으면 사람들이 모두 쳐다볼 수가 있고, 그 허물을 고쳤을 때에는 사람들이 모두 우러러 보나니라."

19-22. 衛公孫朝問於子貢曰: "仲尼焉學?" 子貢曰: "文武之道,
위 공 손 조 문 어 자 공 왈 중 니 언 학 자 공 왈 문 무 지 도

未墜於地, 在人。賢者識其大者, 不賢者識其小者。莫不有
미추어지 재인 현자식기대자 불현자식기소자 막불유

文武之道焉。夫子焉不學? 而亦何常師之有?"
문무지도언 부자언불학 이역하상사지유

위衛나라의 대부 공손조公孫朝가 자공子貢에게 좀 삐딱하게 물었다: "그대의 선생 중니仲尼는 누구에게서 무엇을 배웠는가?" 이에 자공이 확실하게 대답하였다: "주나라 문명을 창시한 문왕文王과 무왕武王의 도道는 아직도 땅에 떨어지지 않아, 사람들 속에서 면면히 흐르고 있다. 현명한 사람들은 그 흐름의 큰 것을 파악할 수 있고, 현명치 못한 자라도 그 흐름의 작은 것들은 파악할 수가 있다. 문무의 도를 가지고 있지 아니한 사람이 없다. 보라! 부자께서 어디에서든 공부하지 아니하실 수 있겠으며, 또한 어찌 정해진 선생이 있을 수 있겠는가!"

19-23. 叔孫武叔語大夫於朝曰: "子貢賢於仲尼。" 子服景伯以告
숙손무숙어대부어조왈 자공현어중니 자복경백이고

子貢。子貢曰: "譬之宮牆, 賜之牆也及肩, 窺見室家之好。
자공 자공왈 비지궁장 사지장야급견 규견실가지호

夫子之牆數仞, 不得其門而入, 不見宗廟之美, 百官之富。
부자지장수인 부득기문이입 불견종묘지미 백관지부

得其門者或寡矣! 夫子之云, 不亦宜乎!"
득기문자혹과의 부자지운 불역의호

노나라의 실권자인 대부 숙손무숙叔孫武叔이 조정에서 대부들에게 말하였다: "자공子貢이 중니仲尼보다 낫다." 공문에 호감을 지닌 중신重臣 자복경백子服景伯이 이 말을 자공에게 일러 주었다. 이에 자공이 말하였다: "비유컨대 부자夫子와 나의 경지는 건물의 담장과도 같다. 나 사(賜: 자공의 이름)의 담장은 어깨 높이 정도이다. 그래서 밖에 있는 사람들이 그 담 안의 건물들의 좋은 모습들을 힐끗힐끗 들여다 볼 수가 있다. 그러나 부자夫子의 담장은 여러 길이나 된다. 정식으로 그 대문을 찾아 들어가 보지 않는 이상, 그 안에 있는 종묘의 아름다움과 백관百官들이 일하는 건물들의 풍요로운 모습을 도저히 볼 수가 없다. 그러나 그 대문을 찾아 들어가는 자가 드물다. 대문을 들어가 보지도 못한 숙손叔孫 부자의 잘못된 말씀이 또한 당연한 것이 아니겠는가?"

19-24. 叔孫武叔毁仲尼。子貢曰: "無以爲也! 仲尼不可毁也。他
숙 손 무 숙 훼 중 니 자 공 왈 무 이 위 야 중 니 불 가 훼 야 타
人之賢者, 丘陵也, 猶可踰也; 仲尼, 日月也, 無得而踰焉。
인 지 현 자 구 릉 야 유 가 유 야 중 니 일 월 야 무 득 이 유 언
人雖欲自絶, 其何傷於日月乎? 多見其不知量也!"
인 수 욕 자 절 기 하 상 어 일 월 호 다 견 기 부 지 량 야

숙손무숙叔孫武叔이 노골적으로 공자를 헐뜯었다. 이에 자공이 말하였다: "아서라! 부질없는 짓이로다. 중니仲尼는 그대에 의하여 근본적으로 훼상毁傷될 수 없는 분이다. 보통 우리가 위대하다 하는 자들은 구릉丘陵에 비유할 수 있다. 구릉이란 아무리 높아도 밟고 넘을 수 있다. 그러나 중니는 해와 달이다. 우리로부터 격절되어 있는 높이이니 인간이 도저히 밟고 넘을 수가 없는 것이다. 사람이 해와 달과의 관계를 끊고자 한다 해보자! 그것이 해와 달에 무슨 손상을 줄까보냐! 그것은 단지 그런 바보짓을 하는 사람들이 자신의 한계를 알지 못한다는 것을 드러낼 뿐이로다!"

19-25. 陳子禽謂子貢曰: "子爲恭也, 仲尼豈賢於子乎?" 子貢曰:
진 자 금 위 자 공 왈 자 위 공 야 중 니 기 현 어 자 호 자 공 왈
"君子一言以爲知, 一言以爲不知, 言不可不愼也! 夫子之
군 자 일 언 이 위 지 일 언 이 위 부 지 언 불 가 불 신 야 부 자 지
不可及也, 猶天之不可階而升也。夫子之得邦家者, 所謂
불 가 급 야 유 천 지 불 가 계 이 승 야 부 자 지 득 방 가 자 소 위
立之斯立, 道之斯行, 綏之斯來, 動之斯和。其生也榮, 其
입 지 사 립 도 지 사 행 수 지 사 래 동 지 사 화 기 생 야 영 그
死也哀, 如之何其可及也?"
사 야 애 여 지 하 기 가 급 야

자공子貢의 제자, 진자금陳子禽이 자공에게 말하였다: "선생님은 너무 겸

손하십니다. 중니仲尼가 어찌 선생님보다 더 나을 수 있겠습니까?" 이에 자공이 말하였다: "군자는 말 한마디로써 지혜롭게도 여겨지며, 말 한마디로써 어리석게도 여겨지는 것이니, 그 말 한마디를 조심하지 않을 수 없는 것이다. 부자夫子를 우리가 미칠 수 없음은 마치 하늘을 사다리 놓고 올라갈 수 없는 것과 같다. 부자夫子께서 만약 한 나라를 얻었거나 했다면, 이른바 그 나라를 세우면 곧 섰을 것이요, 바른 방향으로 이끌었으면 이끌리었을 것이요, 평화롭게 다스리면 이웃의 나라들이 다 귀순했을 것이요, 인민들을 고무시켜 사회를 격동시켜도 조화로운 사회가 실현되었을 것이다. 살아계실 때는 그 나라의 백성들이 영예롭게 생각하고, 돌아가시면 그 나라의 백성들이 애통해 할 것이니, 누가 어떻게 부자夫子의 경지에 미칠 수 있단 말이냐!"

요왈 제이십

堯曰第二十

20-1A. 堯曰: "咨! 爾舜! 天之曆數在爾躬, 允執其中! 四海困窮,
요왈 자 이순 천지역수재이궁 윤집기중 사해곤궁
天祿永終。" 舜亦以命禹。
천록영종 순역이명우

요임금이 순임금에게 선양할 때 순에게 말씀하시었다: "아아! 너 순舜아! 하늘의 역수曆數가 네 몸에 있도다! 진실로 그 가운데를 잡아라! 사해四海가 곤궁困窮해지면 천록天祿이 영원히 끊어질 것이다." 그리고 순임금 또한 우임금에게 선양할 때 비슷한 말씀으로 우에게 명命하시었다.

20-1B. 曰: "予小子履敢用玄牡, 敢昭告于皇皇后帝: 有罪不敢
왈 여소자리감용현모 감소고우황황후제 유죄불감
赦。帝臣不蔽, 簡在帝心。朕躬有罪, 無以萬方; 萬方有罪,
사 제신불폐 간재제심 짐궁유죄 무이만방 만방유죄
罪在朕躬。"
죄재짐궁

은나라의 시조인 탕왕湯王이 하느님께 고하여 말하였다: "저 소자小子 리(履: 탕왕의 이름)는 감히 검은 숫소를 희생으로 바쳐, 감히 크고 크신 하느님께 환히 고하나이다. 죄 있는 사람을 용서할 수 없음은 당신의 법칙이외다. 당신의 신하인 저 걸傑의 죄는 누구도 가리우지 못하나이다. 오직 당신의 마음에 그의 죄는 명명백백히 드러나 있나이다. 제 몸에 죄가 있다면 그것은 오직 저 자신의 책임이며 만방萬方의 백성 탓이 아니외다. 또 만방의 백성에 죄가 있다면 그 죄의 책임은 오직 저의 몸에 있나이다."

20-1C. “周有大賚, 善人是富。雖有周親, 不如仁人。百姓有過,
주 유 대 뢰 선 인 시 부 수 유 주 친 불 여 인 인 백 성 유 과

在予一人。”
재 여 일 인

“우리 주周나라에 하느님으로부터 크나큰 베푸심이 있어, 이토록 인재가 풍부하게 있게 되었나이다. 주 왕실의 친척이 있어도 인仁한 사람만 같지 못하나이다. 백성들의 과실은 오직 그 책임이 저 한 사람에게 있나이다.”(이 말씀의 주체는 확실치 않다)

20-1D. 謹權量, 審法度, 修廢官, 四方之政行焉。興滅國, 繼絶
근 권 량 심 법 도 수 폐 관 사 방 지 정 행 언 흥 멸 국 계 절

世, 擧逸民, 天下之民歸心焉。所重: 民、食、喪、祭。寬則
세 거 일 민 천 하 지 민 귀 심 언 소 중 민 식 상 제 관 즉

得衆, 信則民任焉, 敏則有功, 公則說。
득 중 신 즉 민 임 언 민 즉 유 공 공 즉 열

도량형을 근엄하게 통일하고, 법제도를 신중하게 살피고, 없어진 관직을 다시 살리니, 사방의 정치가 제대로 시행되었다. 멸망한 나라를 일으켜주고, 끊어진 세대를 이어주고, 숨은 인재를 등용하니, 천하의 백성들이 그 마음을 다스리는 자에게로 돌리었다. 소중히 여긴 것은 백성(民)이요, 식생활(食)이요, 상례(喪)요, 제례(祭)였다. 너그러우면 대중을 얻고, 신험이 있으면 백성들이 신임하고, 민첩하면 업적이 있게 되고, 공정하면 백성들이 기뻐한다.

20-2. [1]子張問於孔子曰: “何如斯可以從政矣?” 子曰: “尊五美,
자 장 문 어 공 자 왈 하 여 사 가 이 종 정 의 자 왈 존 오 미

屛四惡, 斯可以從政矣。” [2]子張曰: “何謂五美?” 子曰: “君
병 사 악 사 가 이 종 정 의 자 장 왈 하 위 오 미 자 왈 군

子惠而不費, 勞而不怨, 欲而不貪, 泰而不驕, 威而不猛。”
자 혜 이 불 비 노 이 불 원 욕 이 불 탐 태 이 불 교 위 이 불 맹

3子張曰: “何謂惠而不費?” 子曰: “因民之所利而利之, 斯不
자 장 왈　하 위 혜 이 불 비　자 왈　인 민 지 소 리 이 리 지　사 불

亦惠而不費乎? 4擇可勞而勞之, 又誰怨? 欲仁而得仁, 又
역 혜 이 불 비 호　택 가 로 이 로 지　우 수 원　욕 인 이 득 인　우

焉貪? 君子無衆寡, 無小大, 無敢慢, 斯不亦泰而不驕乎?
언 탐　군 자 무 중 과　무 소 대　무 감 만　사 불 역 태 이 불 교 호

君子正其衣冠, 尊其瞻視, 儼然人望而畏之, 斯不亦威而
군 자 정 기 의 관　존 기 첨 시　엄 연 인 망 이 외 지　사 불 역 위 이

不猛乎?” 5子張曰: “何謂四惡?” 子曰: “不教而殺謂之虐, 不
불 맹 호　자 장 왈　하 위 사 악　자 왈　불 교 이 살 위 지 학　불

戒視成謂之暴, 慢令致期謂之賊。 猶之與人也, 出納之吝,
계 시 성 위 지 폭　만 령 치 기 위 지 적　유 지 여 인 야　출 납 지 린

謂之有司。”
위 지 유 사

1자장이 공자께 여쭈어 말하였다: “어떻게 하여야 정치에 종사할 수 있습니까?” 이에 공자께서 말씀하시었다: “다섯 가지 아름다운 일을 존중하고, 네 가지 추악한 일을 물리치라! 그리하면 정치에 종사할 수 있으리라.”

2자장이 말하였다: “무엇이 다섯 가지 아름다운 일이오니이까?” 이에 공자께서 말씀하시었다: “군자는 은혜를 베풀어도 허비하지 아니하며, 백성에게 노역을 시켜도 그들이 원망치 아니하며, 욕심을 내어도 인仁한 욕심만 내기 때문에 탐貪하지 아니하며, 생활이 유족하면서도 교만하지 아니하며, 위엄이 있으면서도 사납지 아니하다.”

3자장이 여쭈어 말하였다: “무엇을 은혜를 베풀어도 허비하지 아니한다고 일컬을 수 있겠나이까?” 이에 공자께서 말씀하시었다: “백성들이 이롭게 생각하는 바를 따라 이롭게 해주니, 이 또한 은혜를 베풀어도 허비하지 않는다고 말할 수 있지 않겠는가?

4그들이 노역할 만한 일을 선택하여 노역을 시키니 또한 그들이 누구를 원망하리오? 인仁을 욕심내어 인仁을 얻을 뿐이니 또 어찌 탐심이 일겠는가? 군자는 많고 적음을 가리지 않고, 작고 큼을 가리지 않으며, 그러한

분별심에 따라 상대방에게 오만한 자세를 보이지 아니하니, 이 또한 생활이 유족하면서도 교만하지 아니하다 할 만하지 않겠는가? 군자는 의관을 정제하고 바라보는 것을 존엄하게 하니, 그 엄연한 모습을 사람들이 바라보고 외경심을 품는다. 이 또한 위엄이 있으면서도 사납지 아니하다고 할 만하지 않겠는가?"

[5]자장이 여쭈어 말하였다: "무엇이 네 가지 추악한 일이오니이까?" 이에 공자께서 말씀하시었다: "백성을 교육시키지도 아니하고 잘못했다고 죽이는 것을 학虐이라 일컫고, 미리 통고하지도 아니 하고 완성된 것을 보이라고 요구하는 것을 폭暴이라 일컫고, 명령을 아무렇게나 발하면서 기한을 각박하게 하는 것을 적賊이라 일컫고, 어차피 똑같이 나누어 줄 것인데 출납을 인색하게 하는 것을 유사有司라고 일컫는다."

20-3. 子曰: "不知命, 無以爲君子也; 不知禮, 無以立也; 不知言, 無以知人也。"
자왈 부지명 무이위군자야 부지례 무이립야 부지언 무이지인야

공자께서 말씀하시었다: "명命을 알지 못하면 군자君子가 될 수 없으며, 예禮를 알지 못하면 사회에 당당히 설 수가 없으며, 언言을 분변分辨하지 못하면 타인들의 사람됨을 알아볼 수가 없다."

역경
易經

1

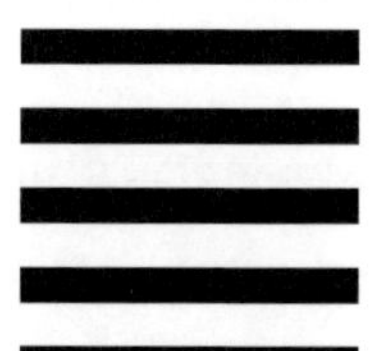

건하乾下
건상乾上
중천 건 乾

Creative Universe

象曰: 天行, 健。君子以自彊不息。
상 왈 천 행 건 군 자 이 자 강 불 식

겹친 하늘, 그 순결한 모습은 늘 움직인다. 그 움직이는 모습이 건강하다. 군자는 이러한 하늘의 모습을 본받아 스스로를 굳세게 함에 쉼이 없다.

괘사 **乾, 元, 亨, 利, 貞。**
건 원 형 리 정

그대는 건괘를 만났다. 건괘의 말씀은 이러하다. **1) 원:** 천지만물에 스며 있는 근원적 가치를 구현하여 만인의 으뜸이 되어라. 매사에 리더십을 확보하여라. 보편적 가치를 구현하여라. **2) 형:** 그대는 하느님께 제사를 지낼 자격이 있다. 제사를 올려 만인·만물과 형통하고 하느님을 기쁘게 해드려라. 형은 축복과 행복을 주변의 사람들, 만물과 함께 나누는 것이다. **3) 리:** 그대는 매사에 이로운 결과를 획득하게 되리라. 이로움은 정의로운 조화가 되어야 한다. **4) 정:** 그대는 네가 사는 사회와 너 존재의 운명에 관하여 물을 수 있다. 점을 침으로써 하느님과 소통하고 바른 길을 개척하라. 정은 물음이요, 하느님의 대답이다. (※ 괘사·효사 중 원·형·리·정 네 글자가 들어간 문장이 188조. 원형리정이 연속하여 다 들어간 괘는 乾, 坤, 屯, 隨, 臨, 无妄, 革 7괘이다.)

효사 初九: 潛龍, 勿用。
초구 잠룡 물용

첫 번째 양효: 그대는 이제 막 시작했다. 그대는 물에 잠겨있는 용이다(潛龍). 그대 자신을 헛되이 쓰지 말라(勿用). 그대를 드러내지 말라. 그리고 잠재능력을 최대한 축적할지어다. 미래의 도약을 위하여!

九二: 見龍在田, 利見大人。
구이 현룡재전 리견대인

두 번째 양효: 너는 이제 뭍으로 나왔다. 이제 드러난 용이 되었구나! 드러난 용은 밭에 있다(見龍在田). 너는 밭에 씨를 뿌리고 가꾸고 곡식을 거두어야 한다. 그러나 진정한 수확은 네가 참으로 배울 수 있는 사람, 즉 대인을 만남으로써 이루어지는 것이다. 대인을 만나는 데 利로움이 있다는(利見大人) 것은 큰 배움을 안겨줄 수 있는 사람을 만남으로써만 도약이 이루어진다는 뜻이다("見"은 "Encounter").

九三: 君子終日乾乾, 夕惕若, 厲, 无咎。
구삼 군자종일건건 석척약 려 무구

세 번째 양효: 사람다운 사람이라면 자기 삶이 위태로운 자리에 있다는 것을 깨닫고 매일 해가 지기 전까지 자강불식하는 자세로 씩씩하고 건강하게 살아야 한다(君子終日乾乾: 乾乾=健健). 그리고 해가 진 후에도 계구戒懼하는 자세로 조심스럽게 지내야 한다(夕惕若: 惕若=惕然). 그래도 위태로운 상황은 사라지지 않는다(厲). 그러나 큰 허물은 없으리라(无咎).

九四: 或躍在淵, 无咎。
구사 혹약재연 무구

네 번째 양효: 그대는 이제 도약의 자리에 와있다. 그러나 뛰어 하늘로 오

를까 편안한 연못에 눌러있을까 고민중이다(或躍在淵). 그대에게 중요한 것은 時와 位의 선택이다. 때에 맞게 뛰는 것을 선택하여야 허물이 발생하지 아니하리라(无咎).

九五: 飛龍在天, 利見大人。
구오 비룡재천 리견대인

다섯 번째 양효: 아~ 그대는 드디어 비룡飛龍이 되어 하늘을 제어하고 있구나! 비룡이 한천旱天에 자우慈雨를 내리듯이, 성인聖人의 강건중정剛健中正한 덕성의 은택이 만인에 골고루 미치도록 하기 위해서는 그대는 반드시 大人을 만나야 한다. 대인의 보좌가 있어야만 강건중정의 이상적 정치는 이루어질 수 있다. 대인은 천지와도 같은 덕성을 지니며, 일월과도 같은 명철함을 지니며, 사시와 더불어 그 행동의 질서를 조화시키며, 귀신과 더불어 길흉을 판단한다(「문언」).

上九: 亢龍有悔。
상구 항룡유회

맨꼭대기 양효: 그대는 中正의 한계를 넘어섰다. 항룡亢龍이 되었구나. 과도한 욕망의 노예여! 후회만 있으리.

用九: 見群龍无首, 吉。
용구 견군룡무수 길

점칠 때 6효가 다 老陽인 경우: 한 무리의 용들이 머리가 없음을 본다(見群龍无首). 길하다. 왜 길한가? 여기 머리가 없다는 것은 서로 우두머리가 되려고 다투지 않는다는 것이요, 자기 고집이 없다는 것이다. 군룡群龍은 여섯 효의 6룡일 수도 있고, 머리가 없다는 것은 구름에 가리어 자기모습을 드러내지 않는 유순함을 의미할 수도 있다.

2

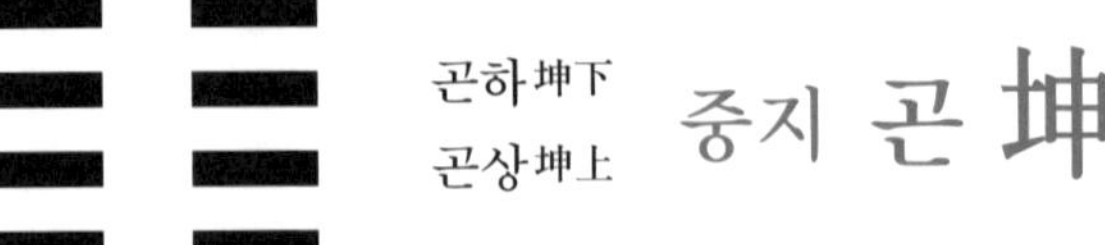

곤하 坤下
곤상 坤上

중지 곤 坤

Receptive Universe

象曰: 地勢, 坤。君子以厚德載物。
상 왈 지 세 곤 군 자 이 후 덕 재 물

높고 낮게 겹쳐있는 땅의 형세가 너르고 평평하고 順하다(坤=土+申=川=順). **군자는 이러한 곤괘의 모습을 본받아 덕을 두툼하게 하고, 만물을 두루두루 포용할 수 있도록 마음씨를 크게 만든다.**

괘사 **坤: 元, 亨, 利, 牝馬之貞。君子有攸往, 先迷,**
곤 원 형 리 빈 마 지 정 군 자 유 유 왕 선 미

後得主, 利。西南得朋, 東北喪朋。安貞, 吉。
후 득 주 리 서 남 득 붕 동 북 상 붕 안 정 길

그대는 곤괘를 만났다(坤). 곤괘는 다음 네 가지의 덕성을 지니고 있으니 그 덕성을 구현하는 군자가 되어라. 첫째, 보편적 가치를 구현하여 으뜸이 되어라. 리더십을 확보하라(元). 둘째, 제사를 지내 하느님과 소통하고 주변의 사람과 나누어 먹고 형통한 삶을 살아라(亨). 셋째, 그대의 행동의 끝머리에는 항상 이로움을 수확할 것이다(利). 넷째, 그대는 암말을 주제로 하는 점을 치게 될 것이다(牝馬之貞). 암말(牝馬)은 건괘의 용에 해당되는 곤괘의 상징이다. 드넓은 대지를 두 발로 달리는 데는 용이 암말을 따르지 못한다. 용은

난다. 뛰지 못한다. 용은 하늘의 상징이고 말은 대지의 상징이다. 암말은 새끼를 낳는다. 그리고 유연하며 순하다. 빈마는 곤의 여성성에 말의 강건한 이미지를 보탠다. 빈마의 기상은 광활한 만주벌판에서 말을 달리던 고구려 여인의 기상을 연상케 한다.

그대가 군자라면 반드시 그대의 이상을 향해 가야할 곳이 있을 것이다(君子有攸往). 여행을 떠나라! 처음에는 길을 잃고 헤맬 것이나(先迷) 나중에는 그대를 손님으로 맞이하여 대접하고 길을 알려주는 주인을 만나게 될 것이다(後得主). 이로움이 있을 것이다(利). 서남쪽으로 가면(「설괘」에 의하면 곤이 본시 서남 방향이다. 서남은 음의 방향) 친구를 얻을 것이고(西南得朋), 동북쪽으로 가면(동북 방향은 간艮, 간은 소남少男, 양의 방향) 친구를 잃을 것이다(東北喪朋).

편안하게 네 인생에 관해 물음을 던져보아라(安貞). 길할 것이다(吉).

효사 初六: **履霜, 堅冰至。**
초육 리상 견빙지

첫 번째 음효: 그대는 지금 서리를 밟고 있다(履霜). 머지않아 견고한 빙판이 찾아오리라(堅冰至). 봄의 생명을 피울 모든 상향의 에너지를 견고한 빙판 속에서 축적해나가야 한다. 건괘의 初九 "잠룡물용潛龍勿用"과 상통한다.

六二: **直, 方, 大。不習无不利。**
육이 직 방 대 불습무불리

두 번째 음효: 그대는 중앙의 자리에 있다. 제왕의 자리와 상통하는 位에

있다. 그대는 이 효가 지니고 있는 덕성을 발휘해야 한다. 1) 直해야 한다. 왜곡이 없다. 2) 방정하다. 3) 만물을 생육하는 기운이 거대하다. 곤괘는 거대하다. 보편적 가치를 구현한다(※ 곤괘의 전체 덕성을 直, 方, 大로 말하였다). 이 덕성은 六二의 中正에 배어있는 것이기에, 개념적 학습을 통해 배우지 않아도 이롭지 아니할 일은 생겨나지 않는다(不習无不利). 도덕적인 인간이 되는 것은 배움만을 통하여 되는 것은 아니다. 인위적으로 악습에 물들지 아니하면 자연스럽게 저절로 정직正直하고, 방정方正하고, 광대廣大한 인간이 되는 것이다(※ 건괘 九二의 見龍在田과 상응하는 바가 있다).

六三: 含章可貞。或從王事, 无成有終。
육삼 함장가정 혹종왕사 무성유종

세 번째 음효: 그대는 문채가 빛나는 교양을 몸속에 함장하고 있으니 점을 칠 자격이 있다(含章可貞). 세상일을 묻고 대답할 수 있다는 뜻이다. 六三은 안주의 자리가 아니라 도약의 자리이다. 그러니 그대는 왕을 보좌하는 어떤 일을 해도 좋겠다(或從王事). 건괘의 九三에는 건건척약乾乾惕若이라 했는데 그대 역시 조심하는 것이 좋겠다. 왕사를 돕는 과정에서 자신의 성취를 드러내지 아니하면 유종의 미를 거둘 수 있을 것이다(无成有終; cf. 功成而弗居).

六四: 括囊。无咎, 无譽。
육사 괄낭 무구 무예

네 번째 음효: 너는 지금 권력의 핵심의 최측근이다. 위험한 자리에 있다. 네가 가지고 있는 보물주머니의 입구 노끈을 꽉 동여매어라(括囊). 너의 지

식이나 재능을 일체 겉으로 드러내지 말라는 뜻이다. 그리하면 화를 입는 일이 없을 것이다(无咎). 물론 명예로운 일도 없다(无譽).

六五: 黃裳, 元吉。
육 오 황 상 원 길

다섯 번째 음효: 아~ 그대 드디어 누런 치마를 입었구나(黃裳)! 크게 길하다(元吉). 건괘 九五의 "비룡재천飛龍在天"과 동일한 위상이다. 황상은 땅의 지배자. 치마는 음적인 겸손.

上六: 龍戰于野, 其血玄黃。
상 육 용 전 우 야 기 혈 현 황

꼭대기 음효: 그대는 음효의 최상의 자리에 와있다. 음의 용과 양의 용이 광막한 들판의 하늘 위에서 싸우고 있다(龍戰于野). 그들이 흘리는 피가 검고 또 누렇다(其血玄黃). 검고 누런 피는 음양의 교합과 상보와 긍정을 나타낸다. 결코 투쟁과 대립과 부정이 아니다.

用六: 利, 永貞。
용 육 리 영 정

점칠 때 육효가 모두 노음으로 나온 경우: 이 괘는 건괘로 변한다. 이 괘를 만난 그대에게는 이로움이 있다(利). 구원하고 거시적인 문제와 관하여 너는 물음을 던질 자격이 있다(永貞). "영永"은 광활한 대지에 뻗은 수맥이 끝없이 이어지는 모습을 의미하는 글자이다. 항상성의 지속이다.

3 

진하震下
감상坎上

수뢰 준 屯

Difficulties of a New Beginning

象曰: 雲雷, 屯。君子以經綸。
상 왈 운 뢰 준 군 자 이 경 륜

구름이 위에 있고 그 밑에서 우레가 치고 있으나 아직 비로 화하지 않고 있는 모습이 준괘의 형상이다. 군자는 이 간난의 모습을 본받아 새로운 경륜을 펼친다(※ "經綸"은 대상전의 키워드이다).

괘사 **屯, 元, 亨, 利, 貞。勿用有攸往。利建侯。**
준 원 형 리 정 물 용 유 유 왕 리 건 후

준괘는 음양의 교합의 시초이요, 만물생성의 시작이다. 그러므로 원·형·리·정 4덕의 덕성을 구비하고 있다. 초창初創의 리더십과 모험심(元), 하느님께 간구함(亨), 창조의 수확을 거둠(利), 끊임없이 자기와 환경에 대하여 묻는다(貞). 함부로 나아갈(往) 생각을 하지 말라(勿用有攸往). 차분하게 창조의 길을 개척해나가라(※ "勿用有攸往"이라는 표현은 64괘 중 천산둔괘의 初六에도 있다). 이러한 시생始生의 단계에서는 그대를 진실로 보좌해줄 수 있는 친구를 곁에 두는 것이 이롭다(利建侯).

효사 初九: **磐桓, 利居貞, 利建侯。**
초구 반환 리거정 리건후

첫째 양효: 그대는 함부로 전진할 생각을 하지 말라! 주저주저하면서 왔다리갔다리 제자리를 맴돌아라(磐桓)! 편안히 너의 자리를 지키고 너의 살길에 관해 물어보는 것이 이로울 것이다(利居貞). 너를 도와줄 수 있는 친구들을 주변에 포진시켜라(利建侯).

六二: **屯如, 邅如。乘馬班如, 匪寇, 婚媾。女子貞, 不字。十年乃字。**
육이 준여 전여 승마반여 비구 혼구 여자정 불자 십년내자

둘째 음효: 六二의 주인공은 屯難의 世에 처해 있다(屯如). 험난한 세상에 함부로 나아가지도 못하고 집에서 왔다갔다만 하고 있다(邅如). 그런데 갑자기 말을 탄 사람들이 들이닥쳐 어디론가 사라지지도 않고 집앞에서 빙글빙글 돌고만 있다(乘馬班如). 아~ 이들이 도대체 누구뇨? 도적놈들인가? 자세히 보니 도적놈들은 절대 아니다(匪寇)! 알고보니 이들은 六二에게 혼인을 청하러 온 것이다(婚媾). 저 아래에 이웃하고 있는 初九의 남성이 청혼해온 것이다. 그러나 이 여인의 마음은 이미 상괘의 상응하는 자리에 있는 中正의 九五 남성에게 가있다. 마음을 열지 않는다. 이 여인은 드디어 점을 친다(女子貞). 그리고 머리를 이어 비녀를 꽂지 않기로 결심한다(不字). 이 여인은 십년을 기다렸다가 결국 九五의 남성에게 허혼한다(十年乃字). 이 여인은 소신과 지조를 지켰다. (※"匪寇, 婚媾"라는 표현은 賁卦[22] 六四, 睽卦[38] 上九에도 나온다).

六三: 即鹿无虞, 惟入于林中。君子幾, 不如舍。
육삼 즉록무우 유입우림중 군자기 불여사

往, 吝。
왕 린

셋째 음효: 六三은 位가 바르지 않고 中을 얻고 있지 못하다. 不中不正의 불안한 캐릭터이다. 지금 이 군자는 사냥전문가인 우인虞人의 안내도 없이 사냥터에서 사슴을 좇아가고 있다(即鹿无虞). 무작정 숲속으로 빠져들어 가고만 있는 것이다(惟入于林中). 그에게는 아슬아슬한 기미의 유혹만 있다(君子幾). 이럴 때는 어떠한 경우에도 도중에 사냥을 포기하는 것보다 더 좋은 상책은 없다(不如舍). 중도에 멈추지 않고 계속 가면(往) 비극적 결말만 있을 뿐이다(吝). 악습의 과감한 포기를 권고하는 지혜가 이 효사에 알레고리로 들어가 있다.

六四: 乘馬班如, 求婚媾。往, 吉。无不利。
육사 승마반여 구혼구 왕 길 무불리

넷째 음효: 이 六四의 여인은 말을 타고 반열을 맞추어(乘馬班如) 혼인의 짝을 구하러 가고 있다(求婚媾). 혼인의 대상은 누구인가? 바로 이 자리에 응應하는 初九의 씩씩한 풋내기 남성이다. 천자를 보좌하는 六四의 자리에 있는 지체 높은 여인이 아랫자리에 있는 남성과 결혼한다는 것은 심히 축복받을 아름다운 일이다. 왜냐? 이 여인이 혼인의 짝을 구하는 것은 개인의 호오 때문이 아니라 初九와 함께 고립무원에 빠진 九五의 천자를 도우려는 대의가 있기 때문이다. 대의를 위한 "감"(往)이여, 길吉하도다! 이롭지 아니할 것이 아무것도 없다(无不利).

九五: 屯其膏。小貞吉, 大貞凶。
구 오 준 기 고 소 정 길 대 정 흉

다섯째 양효: 드디어 그대는 초창기 간난의 시대에 고뇌하는 천자(리더)의 자리에 왔다. 이 천자는 어떻게 국민에게 혜택을 베풀어 이 고난을 극복할까 하고 고뇌하고 있다(屯其膏). 그런데 이 자리에 응하는 六二가 음효로 힘이 없다. 천자는 고립무원이고 허약한 음효로만 둘러싸여 있다. "고膏"라는 것은 혜택을 의미한다. "준屯"은 괘명이 타동사화된 것으로 "고뇌한다"는 뜻이다. 어떻게 혜택을 백성들에게 골고루 나누어줄 것인가를 고뇌하고 있지만 실천할 방도가 없다는 뜻이다. 결국 고뇌하는 군주로만 남는 것이다. 작은 일에 관하여 (또는 혜택을 작은 범위에서 베풀 것에 관하여) 점을 치면 길하다(小貞吉). 그러나 큰일에 관하여 (또는 혜택을 대규모로 베풀 것에 관하여) 점을 치면 흉하다(大貞凶).

上六: 乘馬班如, 泣血漣如。
상 육 승 마 반 여 읍 혈 련 여

꼭대기 음효: 말을 탔건만 말이 머뭇머뭇 나아가려고 하지 않는다. 부부가 헤어지는 모습일까? 임금이 자리를 떠나는 모습일까? 上六의 자리가 음유한데다가 屯難의 세월이 극에 달했으니 비극적 상황이 아닐 수 없다. 하괘의 六三도 正應하지 않는다. 아무도 도와줄 이가 없다. 말탄 자의 눈에서는 피눈물이 줄줄 흐른다(泣血漣如). 준괘는 타협 없는 트래지디Tragedy로 끝난다. 준괘의 비극은 엘리어트의 「황무지」를 연상케 한다.

4

감하坎下
간상艮上

산수 몽 蒙

Youthful Folly, Enlightenment

象曰: 山下出泉, 蒙。君子以果行育德。
상 왈 산 하 출 천 몽 군 자 이 과 행 육 덕

산 아래 깊은 계곡 한 구석에서 홀로 솟아나는 맑은 옹달샘. 그 모습이 몽괘의 모습이다. 그 샘물은 흘러흘러 강물이 되고 대해에 이른다. 군자는 이 몽괘의 모습을 본받아 자신이 행하여야 할 바를 중단(좌절)함이 없이 끝까지 완성하며 덕을 기른다.

괘사 蒙, 亨。匪我求童蒙, 童蒙求我。初筮, 告。
몽 형 비 아 구 동 몽 동 몽 구 아 초 서 고

再三, 瀆。瀆則不告。利貞。
재 삼 독 독 즉 불 고 리 정

그대는 네 번째 괘인 몽괘를 만났다. 몽괘는 형亨의 덕성을 지니고 있다. 형이란 어린 사물이 잘 자라나도록 제사를 지내는 것이다. 즉 건강을 기원하는 것이다. 어린이를 가르치는 원칙은 이러하다. 선생인 내가 동몽을 가르치겠다고 구하러 다니는 추태는 있을 수 없다(匪我求童蒙). 반드시 교육이란, 동몽 스스로 순결한 마음과 호기심을 가지고 자신의 계발을 위하여 선생을 찾아야 한다(童蒙求我).

또 동몽이 찾아와서 처음 한 번 진지하게 물음을 던졌을 때는(初筮) 나 또한 진지하게 답변해준다(告: 하느님에게로의 물음이라면 하느님도 성실히 답할 것이다). 그러나 배우는 자가 불성실하게 같은 질문을 두세 번 던지거나 같은 주제에 관하여 점을 계속 친다면(再三), 그것은 선생님을 모독하는 것이요, 신성을 모독하는 것이다(瀆). 그런 인간에게는 성실성의 바탕이 결여되어 있기 때문에 깨우침이 있을 수 없다. 모독하는 자에게는 일체 가르침을 허락하지 말지어다(瀆則不告). 존재의 물음을 던진다는 것은 그 물음으로부터 항상 얻는 것이 있다(利貞). 좋은 일이다.

효사 初六: 發蒙。利用刑人, 用說桎梏。以往, 吝。
초육 발몽 리용형인 용탈질곡 이왕 린

몽매함을 계발시키는(發蒙) 어려움에 관한 논의이다. 막돼먹은 자는 형구를 채워 꼼짝 못하게 함으로써 교육의 이로운 효과를 달성할 수도 있겠으나(利用刑人), 그러한 엄벌의 방법만으로 계몽이 이루어질 수는 없을 것이다. 족쇄를 채워 시간이 흐르다 보면 본인이 스스로 잘못되었다는 것을 깨달을 때가 온다. 그러면 질桎(발목족쇄)과 곡梏(손목족쇄)을 풀어(說)주어 그에게 해방의 기쁨을 주어라. 교육에는 엄형과 관대가 동시에 필요하다. 그러나 그의 마음대로 가게 만든다면(往: 下卦에서 上卦로 감) 오직 후회스러운 일만 남게 될 것이다.

九二: 包蒙, 吉。納婦, 吉。子, 克家。
구이 포몽 길 납부 길 자 극가

九二는 군센 양효로서 괘 전체의 중심적 위상을 지니고 있다. 三, 四,

五가 모두 허약한 음효이기 때문이다. 그러기 때문에 九二는 주변의 모든 사람을 포용하여 그들을 문채 나는 교양인으로 변모시킬 수 있는 힘을 지니고 있다(包蒙: 주변의 몽매한 자들을 포용하여 변모시킨다). 九二의 포몽은 길하다. 九二는 六五와 應한다. 六五는 유순하다. 九二는 六五의 여인을 아내로 맞이하는 것이 좋다(納婦). 결혼을 위해 점을 친 자는 결혼해도 좋겠다. 길하다. 이들 사이에서 낳은 아들은 집안을 잘 이룩하고 잘 다스려 나가리라(子, 克家). 점을 쳐서 이 효사를 만난 사람은 주변에 덕 있는 자들이 모여드는 상이다.

六三: **勿用取女。見金夫, 不有躬。无攸利。**
육삼 물용취녀 견금부 불유궁 무유리

이 효를 만나는 사람은 결혼을 하지 않는 것이 좋다. 여자를 취하지 말라(勿用取女)! 그대가 지금 취하려는 여자는 돈 많은 남자만 보면(見金夫) 자기 몸을 돌보지 않고 뒤좇아갈(不有躬) 그러한 여인이다. 이렇게 돈과 권력을 미친 듯이 추구하는 여자(혹은 남자)와 결혼해서 이로울 것은 아무것도 없다(无攸利).

六四: **困蒙, 吝。**
육사 곤몽 린

이 음효는 六三·六五, 兩陰 사이에 끼어있다. 九二·上九의 兩陽은 너무 멀리 격절되어 있다. 나의 몽매를 깨우쳐줄 선생을 만날 길이 없다. 일생, 자신의 어리석음 속에서 곤요롭게 지내지 않으면 안된다(困蒙). 참으로 애석한 일이로다(吝)!

六五: 童蒙, 吉。
육오 동몽 길

六五의 효사는 간결하고 아름답다. 제왕의 자리에 어린이를 올려놓았다. 어린이의 어두움은(童蒙) 아름답다. 길하다! 어린이는 무식하지 않다. 왜곡이 없다. 어두울 뿐이다. 해월의 어린이사상을 이미 갈파하고 있다.

上九: 擊蒙。不利爲寇, 利禦寇。
상구 격몽 불리위구 리어구

이 자리의 양효는 양강陽剛하며 不中不正하다. 강력한 불량학생을 지시하고 있다. 이 불량학생의 몽매함을 격파하는(擊蒙) 방법은 이와같다. 도둑(외부로부터의 침입자)이 되어 쳐들어가는(爲寇) 것은 효과를 거둘 수 없다(不利). 도둑이 되는 것이 아니라 도둑을 미리미리 방비하는(禦寇) 것처럼 내부에서부터 단계적으로 고쳐나가야 한다.

※ 1) 發蒙 2) 包蒙 3) 勿用取女 4) 困蒙 5) 童蒙 6) 擊蒙

5

건하乾下
감상坎上

수천 수 需

Waiting, Nourishment

象曰: 雲上於天, 需。君子以飮食宴樂。
상 왈 운 상 어 천 수 군 자 이 음 식 연 락

구름(☵)이 하늘(☰) 위에 있는 모습이 수괘의 모습이다. 결국 비는 오게 되어있다. 군자는 이러한 모습을 본받아 음식으로써 즐거운 연회를 벌인다. 인생이란 적절한 때의 기다림이다. (※ 3번째 괘로부터 8번째 괘에 이르기까지, 屯·蒙·需·訟·師·比 6괘가 모두 坎卦를 포함하고 있다. 우주적 생명의 싸이클의 초기에 물이 중요하기 때문일까?)

괘사 需, 有孚。光亨。貞吉。利涉大川。
수 유 부 광 형 정 길 리 섭 대 천

需는 기다림이다. 기다림에는 성실함이 있어야(有孚) 한다(※ 여기 孚는 수운이 말하는 誠·敬·信을 포섭한다). 中正을 얻은 九五는 밝게 빛난다(光). 크게 잔치를 연다(亨). 그대가 묻는 것은 길한 결과를 얻을 것이다(貞吉). 큰 강을 건너는 것은 위험한 일이다. 그러나 정의로운 목적을 위하여 위험을 건너는 모험을 강행할 때, 그대는 반드시 이로운 결과를 얻을 것이다.

효사 初九: 需于郊。利用恆, 无咎。
초 구 수 우 교 리 용 항 무 구

初九는 인생의 모험을 시작하는 초짜. 2·3·4·5의 효는 國中. 초효는

國外의 교외(郊)에 해당. 上卦 감☵은 험險을 상징. 初九는 이 난국을 돌파하는 최전선에 있다. 그래서 교郊에서 기다린다라고 말한 것이다. 굳센 初九는 평상적 감각을 잃지 않는다. 서두르지 않고 항상 하던 대로의 평상적 감각(恆)을 잃지 않기에(用) 이로움(利)이 있다. 그래서 허물이 없다.

九二: 需于沙, 小有言, 終吉。
구이 수우사 소유언 종길

初九·九二·九三은 모두 간난을 뚫기 위해 전진중이다. 큰 강을 건너기 전에 모래사장에 당도하여 그곳에서 기다린다(需于沙). 큰 환난을 앞에 두고 있는 상황이래서 약간의 모략중상(言)이 있게 마련이다. 九二는 中의 자리에 있으며 중용을 잃지 않는다. 참고 견디면 모략은 사라지고 결국에는 길한 결과가 초래된다(終吉). 쓸데없는 말에 큰 뜻을 빼앗기지 말지어다.

九三: 需于泥。致寇至。
구삼 수우니 치구지

진흙 벌판에서 기다리며(需于泥) 고난의 강을 건널 기회를 엿보고 있다. 여기 "진흙" 운운하게 된 것은 九三의 자리가 상괘의 물(☵)에 가장 가깝기 때문이다. 그러나 九三은 中을 벗어나 있기 때문에 경망스럽게 상괘의 자리로 진입하려고 전진한다(元均 같은 인물이다). 이러한 경망스러운 전진은 결국 외부의 적이 내 집을 쳐들어오게 만드는 사태를 초래하고 만다(致寇至).

六四: 需于血。出自穴。
육사 수우혈 출자혈

이미 험난한 上卦 속으로 들어와있다. 사람과 사람이 서로 살상殺傷하는 피투성이 아수라 속에서 기다리고 있다(需于血). 그러나 六四는 음위의 자리에 正을 얻고 있으며 中正의 九五와 음양친비陰陽親比의 관계에 있다. 혈투의 아수라장 속에 있을지라도 지긋이 기다리면서 유연하게 상황을 파악하면 벗어날 수 있는 구멍이 열리게 된다(出自穴; 혈투의 구멍으로부터 나온다).

九五: 需于酒食。貞吉。
구오 수우주식 정길

正中을 얻고 있으며 모든 것이 至尊의 격조와 위상을 구현하고 있다. 간난의 한가운데 있을지라도 여유가 있다. 하괘의 三陽爻는 그를 구하러 올 것이다. 맛있는 음식에 향기로운 술까지 마시면서 여유롭게 동지들을 기다린다(需于酒食). 九五의 효사는 기다림의 道의 완성태를 그리고 있다. 점을 치면 모두 길한 응답을 얻는다(貞吉).

上六: 入于穴。有不速之客三人來, 敬之。終吉。
상육 입우혈 유불속지객삼인래 경지 종길

上六은 陰爻인 데다가 약체弱體이다. 험險(☵)의 극점이다. 방공호 같은 구멍으로 들어가 숨는다(入于穴). "속速"은 "초청한다"는 뜻이다. 초청하지 않는 손님이 3명이 들이닥친다(有不速之客三人來). 하괘의 3양효를 가리키는 것이다.

上六은 약체래서 이들과 대항할 생각을 하지 않는다. 부드러움으로 三陽을 공경하고 잘 대접하면(敬之), 끝내 길한 결과가 온다(終吉).

점쳐 上六의 효사를 만나는 사람은 만사가 잘 돌아가고 있지는 않지만 의외의 조력자가 나타나 구원의 손길을 뻗칠 수가 있다. 정직한 삶의 자세로 사람들과 화목하게 지내면 처음에는 장애가 있을지라도 나중에는 길吉하게 된다.

효사가 괘상과 구조적으로 잘 짜여져 있는 일례를 보여주는 괘이다.

6

감하坎下 건상乾上 천수 송 訟

Lawsuit, Confrontation

象曰: 天與水違行, 訟。君子以作事謀始。
상왈 천여수위행 송 군자이작사모시

하늘이 위에 있고 물이 그 아래에 있는데, 이런 형국에서 천과 수는 가는 방향이 엇갈릴 수밖에 없다. 이 엇갈림의 모습이 바로 송괘의 모습이다. 군자는 이 형상을 본받아 어떠한 사업을 일으키려고 할 때, 반드시 그 시작을 잘 헤아려 싸움이나 쟁송이 일어나지 않도록 신중하게 한다.

괘사 訟, 有孚, 窒。惕, 中, 吉。終, 凶。
송 유부 질 척 중 길 종 흉

利見大人, 不利涉大川。
리견대인 불리섭대천

송사訟事라고 하는 것은 단지 대립하여 싸우는 것이 아니라 진실한 마음(孚)이 있어야 한다. 이 지성진실至誠眞實한 마음의 상징이 이 송괘에 있어서는 九二의 경우이다. 九二는 陽實하고, 中을 얻고 있다. 그러나 그를 둘러싼 初와 三은 모두 음이며 그를 질식시키려 하고 있다. 九二는 정응관계에 있는 상괘의 九五로부터 도움을 얻고자 하지만 둘 다 양효래서 서로 감응이 없다.

九二의 진실은 점점 질식되어 간다(窒). 이러한 상황에서는 계구戒懼하는 자세(惕)로 중도中道를 모색하고 도중에 적당한 선에서 송사를 중단하여(中) 호상의 원한을 해소시키면 모두에게 吉하다. 그런데 끝까지 송사를 밀어붙이면 凶하여 화를 입게 마련이다(終凶; "中吉"과 "終凶"은 대구를 이룬다).

이런 상황에서는 전체를 공평하게 조망할 수 있는 대인을 만나 그로 하여금 송사에 대한 판결을 내리도록 하는 것이 최선의 방책이다(利見大人). 큰 강을 건너는 것과도 같은 모험을 강행하는 것은 결코 도움이 되지 않는다(不利涉大川).

(※ 조선대륙의 문화권에서는 송사에 대한 논리적 시비보다는 감정적 타협을 보다 슬기로운 것으로 여기었다).

효사 初六: 不永所事, 小有言, 終吉。
초육 불영소사 소유언 종길

初六은 음효인데 양의 자리에 있으니 正하지 않다. 게다가 음효이니 힘이 없고, 최하위이다. 쟁송을 끝까지 밀고나갈 힘이 없다. 그러므로 하고자 하는 일(所事)을 길게 끌지말라(不永).

쟁송은 빨리 끝내면 잔소리들은 있게 마련이지만(小有言) 결국은 吉한 결과를 맞이한다(終吉). (※ 是非曲直에 관한 쟁론은 오래 끌 것이 못된다).

九二: 不克訟。歸而逋, 其邑人三百戶, 无眚。
구이 불극송 귀이포 기읍인삼백호 무생

九二는 송괘 전체의 주체이며 쟁송을 좋아하는 성격의 사나이다. 中의 자리에 있지만 正하지 못하다. 九五의 뒷빽을 믿고 송사를 벌이지만 九五는 中正의 큰인물이다. 둘 다 양강하여 감응하지 않는다. 九五는 九二를 도울 생각이 없다. 九二는 고립된다. 그리고 송사를 잘 이끌지 못한다(不克訟). 결국 이 자는 도망쳐 숨을 수밖에 없다(「소상」 歸逋竄也). 그런데 숨는 곳이 큰 도회지가 아니라 삼백 호 정도 되는 작은 동네면(其邑人三百戶) 별로 드러나지 않을 테니까, 크게 다칠 일이 없을 것이다(无眚).

六三: 食舊德。貞, 厲, 終吉。或從王事, 无成。
육삼 식구덕 정 려 종길 혹종왕사 무성

六三은 양위에 있는 음효래서 힘이 없다. 독자적으로 송사를 일으켜 자기 운명을 개척할 능력이 없다. 선조로부터 물려받은 식읍의 덕택으로 욕심 안 부리고 보수적으로 먹고살면 된다(食舊德). 자기 운명에 관해 점을 쳐도 항상 위태로운 결론만 나온다(貞厲). 그러나 보수적인 삶의 유지에 만족하며 자기 몸을 반듯하게 닦으면 끝내 좋은 운수를 만난다(終吉). 혹 왕사에 종사할 기회가 있을지도 모르겠다(或從王事). 그러나 결국 아무런 성취도 없을 것이다(无成). 헛일이다.

(※ "或從王事, 无成"은 坤卦 六三에 "或從王事, 无成有終"의 표현으로 기출하였다. 그러나 여기에는 "有終"이 없다. "无成"을 功成而弗居라는 스타일로 해석할 수도 있으나, 여기서는 부정적인 맥락으로 보는 것이 좋다. 정가에 끼웃거리지 말라는 뜻이다. 그리고 건·곤 두 괘의 효사의 성립이 나머지 62괘와 관련이 있다는 것도 추론해볼 수 있다).

九四: 不克訟。復卽命, 渝安。貞, 吉。
구사 불극송 복즉명 투안 정 길

九四는 中의 자리에 있지도 않고 得正도 못했다. 應하는 初六은 송사를 길게 끌고갈 의사가 없다(初六의 "不永所事"를 참고). 그래서 고립된 九四는 쟁송을 성공적으로 잘 이끌어갈 능력이 없다(不克訟). 그래서 그는 생각을 바꾼다. 원초적 시발점으로 다시 돌아가 천명을 새롭게 받는다(復卽命). 쟁송하는 삶의 자세를 바꾸어 하늘의 바른 도리를 실천한다(渝는 바꾼다는 뜻). 쟁송을 좋아하던 삶의 자세를 바꾸니 삶이 편안해진다(安). 점을 치면 길하다. 삶의 운이 좋게 돌아가는 것이다.

九五: 訟, 元吉。
구오 송 원길

九五는 中正의 덕을 지니고 있는 최고의 리더이며 재판관이다. 中正의 지존至尊한 도덕을 지키는 九五에게는 아무리 송사가 있더라도 송사에 시달림 없이 크게 길하다. "元"에는 보편적 가치의 구현이라는 뜻이 함장되어 있다. 송괘의 九五는 위대한 리더이다.

上九: 或錫之鞶帶, 終朝三褫之。
상구 혹석지반대 종조삼치지

上九는 양강剛强하며 中正의 덕이 없다. 송괘의 종극終極이다. 그대는 혹 송사에 승리하여 최상의 넓은 가죽띠로 만든 관복을 하사받을지도 모르겠다(或錫之鞶帶). 그 승리와 명예와 높은 지위가 오래갈까? 하루아침이 끝나기도 전에 세 번이나 빼앗기고 말 것이다(終朝三褫之). 송사로 얻은 명예는 결코 너의 생애에 도움을 주지 못한다.

7

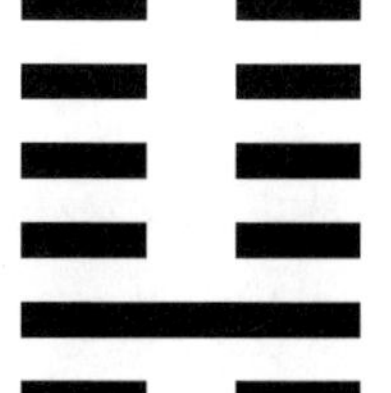

감하坎下 곤상坤上 지수 사 師

The Army

象曰: 地中有水, 師。君子以容民畜衆。
상 왈 지 중 유 수 사 군 자 이 용 민 휵 중

땅(☷) 속에 물(☵)이 있는 것이 사괘의 모습이다. 땅은 농農이요, 물은 병兵이다. 군자는 이 사괘師卦의 모습을 본받아 평소에 백성을 포용하고, 민중의 보이지 않는 잠재적인 역량을 축적해 나간다.

괘사 師, 貞。丈人吉。无咎。
사 정 장 인 길 무 구

군대가 출정할 때는 반드시 점을 친다(師, 貞). 점을 친다는 것은 전세를 바르게 예견하는 것이다. 군대는 반드시 경험이 풍부한 유덕자(丈人: 노성한 인물)가 장군의 자리에 앉아있어야만 한다. 전쟁은 부득이해서 행하는 것이요, 살상을 즐기는 행위가 아니다. 시작했다 하면 속전속결로 끝내야만 한다. 장인이 리드해야만 길하다(丈人吉). 그런 바른 리더십 아래서 비로소 허물이 없을 수 있게 되는 것이다(无咎).

효사 初六: 師出以律, 否臧, 凶。
초육 사출이률 비장 흉

初六은 양위陽位에 있는 음효陰爻, 不中不正하다. 졸卒로서 九二 장군의 명령을 받드는 입장. 사의 초효, 출사出師의 개시開始를 알리는 효다. 이때 가장 중요한 것은 군대를 구성하는 사람들의 디시플린이다. 사師는 오로지 율律로써만 출出할 수 있다. 군대의 생명은 규율이다. 그 대열이 아름답지 못하면 凶하다(否臧, 凶).

九二: 在師, 中。吉, 无咎。王三錫命。
구이 재사 중 길 무구 왕삼석명

九二는 사괘師卦의 진정한 리더이다. 유능한 장수를 六五에다 설정하지 않고 九二에다가 설정한 것이 역의 지혜라 말할 수 있다. 九二는 양강陽剛하면서 득중得中하니 중음衆陰이 다 따른다. 九二는 사師에 있으면서(항상 師와 더불어 한다) 중용의 미덕을 지킨다(在師, 中). 군대의 규율을 엄정히 세우고 바른 생활을 한다. 전투에 임하면 패배가 없고 吉한 결과만 초래하니, 허물이 없다(吉, 无咎). 六五의 군주는 감동하여 이 탁월한 장수에게 세 번이나 은명恩命을 내린다(王三錫命: 錫=賜).

六三: 師或輿尸, 凶。
육삼 사혹여시 흉

六三은 음효로서 양의 자리에 있으니 不正하다. 三의 자리에 있으니 中을 벗어나 있다. 실력도 모자라면서 잘난 체, 나서려고만 한다. 적정敵情에 대한 정보도 없이 마냥 밀어부친다. 암우暗愚의 대장大將이다. 이런 자가 군대의 통솔자가 되면 패전하게 마련이고 지휘관은 전사한다. 시신이

구루마에 실려 돌아오게 되는 불상사가 있게 된다(師或輿尸). 흉하다는 말밖에 더 할 말이 없다.

六四: 師左次, 无咎。
육사 사좌차 무구

六四는 음효로서 음위에 있으며 位가 正하다. 유순하고 경거망동하지 않으며 왕을 잘 보좌하는 훌륭한 장수이다. 六四가 이끄는 군대는 높은 산을 후우방後右方(=左)에 두고, 좌측의 유리한 고지에 진을 친다(師左次). (※ 정이천은 "좌차左次"를 후퇴하여 머무는 것이라 했다. 진퇴가 자유롭다는 뜻이다. 마땅함을 헤아려 나아가고 어려움을 알고 후퇴하는 것이 군대의 常道이다). 망진妄進하지 않고 기다리면 큰 허물이 없다(※ 六三의 무모함과는 대조적이다).

六五: 田有禽, 利執言, 无咎。
육오 전유금 리집언 무구

長子帥師, 弟子輿尸, 貞凶。
장자수사 제자여시 정흉

六五는 군대의 주체세력이요, 가장 권위 있는 군주이다. 位가 得正하지는 못하지만 상괘의 중앙에서 전체를 통솔하고 있다. 밭에 새가 있다(田有禽). 불의의 침략자들이 국토를 침탈하고 있다는 뜻이다. 가차없이 그런 침략자들을 잡아버리는 것이 이롭다(利執言). 일방적인 침탈에 부득이하게 대응한 것이다. 六五는 반드시 승리한다. 허물이 없이(无咎).

전쟁은 군주가 직접하는 것이 아니다. 九二와 같은 유능한 리더(長子)

에게 지휘권을 맡겨 응수케 해야 한다. 유능한 장수는 군대를 잘 통솔하여 반드시 이긴다(帥師). 유능치 못한 소인배들(弟子)에게 지휘를 맡기면 시체를 수레에 싣고 나르기에 바쁘다(輿尸). 점을 쳐서 전황을 물어보면 흉한 답만 얻는다(貞凶). 전쟁이란 바른 인물을 지휘관으로 쓸 줄 아는 안목을 지키는 것이 으뜸이다.

上六: 大君有命。開國承家, 小人勿用。
상 육 대 군 유 명 개 국 승 가 소 인 물 용

上六은 전쟁의 종극이다. 전쟁이 끝나면 반드시 논공행상이 있게 마련이다. 대군大君이 작명爵命을 하사하는 일이 있다(大君有命). 제후를 봉하고(開國), 경대부의 작위를 하사한다(承家). 국가체제를 새롭게 정비하는 것이다. 그런데 높은 전공을 올린 小人이 있을 수도 있다. 이런 자에게도 논공행상은 이루어진다. 그러나 小人에게는 금품만을 주고 땅을 주지는 말아야 한다. 소인을 치세의 하이어라키 그 자체에 편입시키면 안된다는 것이다(小人勿用). 대인과 소인을 가릴 줄 아는 지혜가 정치의 핵심이다.

(※ 우리나라의 현금의 국민개병제는 정치이념의 도구가 될 수 없는, 소중한 민족문화자산이다. 평등과 도덕의 원천이다. 지켜져야 한다.)

8

곤하坤下
감상坎上

수지 비 比

Intimacy, Alliance

象曰: 地上有水, 比。先王以建萬國, 親諸侯。
상왈 지상유수 비 선왕이건만국 친제후

땅위에 물이 있는 모습이 비괘의 모습이다. 땅위의 물은 지하수가 아니라 보슬비와도 같은 것이다. 땅에 밀착하여 생명을 탄생시키고 만물을 친밀하게 만든다. 선왕先王(=作者)은 비괘의 모습을 본받아 만국萬國을 세우고 제후諸侯를 친하게 한다.

괘사 **比, 吉。原筮, 元。永貞, 无咎。不寧方來, 後夫凶。**
비 길 원서 원 영정 무구 불녕방래 후부흉

비괘는 인간과 인간 사이의 친밀함을 나타내는 괘이니 대체적으로 吉하다. 우리가 점을 쳤던 그 소이연을 캐물어 들어가면(原筮), 보편적 가치에 도달하게 될 것이다(元). 영원한 주제에 관하여 점을 치면 허물이 없으리라(永貞, 无咎). 이 괘의 주효는 九五이다. 中正을 얻었고 나머지는 모두 음효이다. 九五가 나라를 세움에 조공을 하지 않으려고 마음을 쉽게 주지 못했던 편치 못한 자들이 먼저 오리라(不寧方來). 이들을 잘 포용해주어라. 끝까지 버티면서 오지 않으려 하다가 뒤늦게 오는 자들은 대체로 흉운을 몰고 온다(後夫凶). 조심해라!

(※ 점괘가 이 괘사에 이른 경우, 대체로 吉運이다. 사람들과 친밀한 환경에서 일을 하게 되고, 일은 성공을 거둔다. 혼자 일을 해도 좋은 결과가 얻어진다. 선배지기의 도움이 있으리라. 좋은 일은 당장 착수하고 늦추지 마라. 머뭇거리다가 호기를 놓치지 마라).

효사 初六: 有孚, 比之。无咎。有孚盈缶, 終來有他吉。
초육 유부 비지 무구 유부영부 종래유타길

初六은 친함을 나타내는 비괘의 첫 효. 가슴속에 성실함이 있어야(有孚) 친하게 된다(比之). 친함이 생겨나면 허물이 없어진다(无咎). 이 효를 만나는 그대여! 가슴에 성실함을 품기를(有孚), 질박한 질그릇 술잔에 막걸리가 가득차듯이 하라(盈缶)! 그리하면 생각지도 못했던 다른 길사吉事가 있게 되리라(終來有他吉)!

六二: 比之自內。貞, 吉。
육이 비지자내 정 길

六二는 中正의 모든 조건을 갖추었다. 中正의 九五와 음양상응한다. 최고의 남성과 최고의 여성이 감응하고 사랑하는 모습이다. 六二가 九五를 찾아가는 것이 아니라, 九五가 六二를 찾아오게 될 것이다. 친밀함이 내면의 덕성으로부터 우러나와야 한다(比之自內). 자기존재에 관해 물음을 던지면 吉하다.

六三: 比之, 匪人。
육삼 비지 비인

六三은 不中不正하다. 이웃하고 있는 모든 효가 음효이니 서로간에 배척만 일어난다. 六三이 친하고 싶어하는 모든 사람들이(比之) 사람다운 사람이 아니다(匪人). (※ 고립. 大凶. 교우관계를 반성하고 惡友와의 관계를 끊어라).

六四: 外, 比之。貞, 吉。
육사 외 비지 정 길

上卦의 제일 아랫자리. 初六과 상응하는 자리이지만 둘 다 음이기 때문에 감응이 일어나지 않는다. 初六은 不中不正하니 친할만한 상대가 아니다. 그러니 六四는 바깥으로(外卦의 중앙으로) 친하고자 하는 상대를 찾을 수밖에 없다(外, 比之). 六四는 得正. 괘 전체의 주효이며 中正의 현자인 九五와 친해지기를 추구한다. 다행스럽게도 六四는 九五와 陰陽親比의 관계에 있다. 점을 치면 吉하다. 九五를 친하려는 六四의 노력은 길한 결과를 가져올 것이다.

九五: 顯比。王用三驅, 失前禽。邑人不誡, 吉。
구오 현비 왕용삼구 실전금 읍인불계 길

九五는 比卦의 主爻. 이 효사는 제왕이 백성을 친근케 하는 덕성에 관한 것이다. 九五는 현顯하여 比한다. 顯은 공명정대함이다. 그러니 공명정대한 길을 드러냄으로써 백성들과 친하여진다. 이 공명정대함은 비유하자면 왕의 사냥습속과도 같다. 왕은 삼구三驅의 법칙만을 쓴다(王用三驅). 전면은 터놓고 몰이를 한다. 앞에서 사라지는 금수들은 놓치는 것이 정도이다(失前禽).

또 사냥 나온 임금이 어느 인근의 마을에 나타났을 때, 혹은 어떤 포고문을 내렸을 때, 동네사람들이 경계하거나 공포에 사로잡히는 그런 분위기가 없으면(邑人不誡) 오히려 그것은 위대한 정치이다. 비比의 극치다. 길하다.

上六: 比之, 无首。凶。
상육 비지 무수 흉

上六은 비괘比卦의 최상의 자리이다. 上六은 음유陰柔하면서도 九五의 양효보다 더 높은 자리에 있어, 九五의 군주를 섬길 수가 없다. 너무 지나쳐서 위로 섬길 수 있는 양효陽爻가 없는 것이다. 친하려 해도 친할 수 있는 우두머리가 없다(无首). 이것은 매우 凶한 상황이다. 여기 무수无首는 건괘 用九의 "무수无首"와는 전혀 성격이 다르다. 섬길 수 있는 우두머리가 없는 것이다.

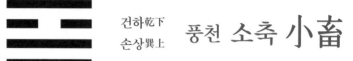

9

건하乾下
손상巽上

풍천 소축 小畜

The Accumulating Power of the Small

象曰: 風行天上, 小畜。君子以懿文德。
상 왈 풍 행 천 상 소 축 군 자 이 의 문 덕

바람이 하늘 위를 간다. 하늘은 大하고 바람은 小하다. 바람은 형체가 없는 氣의 움직임, 무엇을 멈추어 쌓이게 만들어도 오래갈 수 없다. 크게 비를 내려 민중에게 혜택을 베풀거나 할 수가 없다. 그래서 소축小畜이라 한다. 군자는 이 소축괘의 형상을 본받아서 외면의 활동을 하기보다는 내면의 문덕을 아름답게 온축시킨다.

괘사 小畜, 亨。密雲不雨, 自我西郊。
소 축 형 밀 운 불 우 자 아 서 교

작은 것으로 큰 것을 막고 있다. 그 나름대로 가치있는 행위이다. 제사를 지낼 만하다. 그대는 소축의 상태를 향유할 것이다. 이 괘상은 구름이 하늘에 꽉 밀집해 있으나 비가 내리지 않아 좀 답답하다(密雲不雨). 이 구름은 음의 방향인 서쪽 벌판에서 왔기 때문에(自我西郊) 아직 따스한 양기와 만나지 못해 비로 화하지 못하고 있는 것이다.

효사 初九: 復, 自道。何其咎。吉。
초구 복 자도 하기구 길

소축의 下卦는 건괘다. 初九는 건괘의 초효이다. 건괘는 하늘, 하늘로 올라가고 싶은 마음 굴뚝같다. "복復"은 아래에서 위로 올라가는 것을 의미한다. 復은 反者道之動의 反과 通한다. 돌아가는 길(復), 스스로 열리는 길을 따라가라(自道)! 그리하면 무슨 허물이 있으리오(何其咎). 吉하다.

九二: 牽復, 吉。
구이 견복 길

九二는 데리고 돌아간다(牽復). 九二는 하괘의 中이고 剛한 기운을 가지고 있다. 그래서 初九의 손을 이끌고 같이 가려 한다. 동지를 이끌고 같이 돌아가는 모습은 吉하다.

점쳐 이 효를 얻은 사람은 도덕적으로 정당한 사람의 손을 붙잡고 같이 본래의 길로 돌아가야 할 것이다. 그리하면 결과는 吉하다.

九三: 輿說輻, 夫妻反目。
구삼 여탈복 부처반목

수레의 축에서 바퀴가 빠져(輿說輻) 수레가 전진하지 못하는 형국이다. 九三은 下卦인 건괘의 최상위에 있으며 과강부중過剛不中하며 上卦로 맹진盲進하려는 성향이 있다. 그러나 九三을 上卦의 六四가 강력하게 저지하고 있다. 九三(양)과 六四(음)의 관계를 "부처夫妻"로 표현했다. 부처는 반목反目한다.

六四: 有孚。血去, 愓出, 无咎。
육사 유부 혈거 척출 무구

六四는 실제로 소축괘의 主爻이다. 연약한 음효로서 五陽을 저지하고 있다. 실상 五陽과 대적하는 것이 아니라 부드러움으로 그들이 정도를 걸어가게끔 인도하고 간하는 것이다. 大義를 위하여 분투하고 있는 것이다.

그래서 六四는 성실하다(有孚: 성실함 있다)고 말한 것이다. 대결의 유혈사태도 사라지고(血去: 血을 恤로 보아, 근심스러운 사태로 해석하기도 한다), 척구愓懼의 심리상태도 도망가버린다(愓出). 그러니 타인을 저지시켜도 허물이 없다(无咎).

九五: 有孚, 攣如。富以其鄰。
구오 유부 련여 부이기린

제왕의 자리이다. 상괘의 중앙, 中正을 얻고 있는 존엄한 인물. 세력이 있고 재력도 있다. 아래의 六四는 연약한 몸으로 밑에서 올라오는 양효들을 막고 있다. 도움이 절대적으로 필요하다. 九五는 성실하고 정의로우며 내면의 덕이 꽉 찬 지도자이다(有孚). 九五는 어려운 六四에게 도움의 손길을 뻗친다(攣如=連如). 六四의 손을 잡고 소축의 대업에 참여한다. 자신의 富를 주변사람들에게 나누어준다(富以其鄰: 以=與=준다). 九五는 上卦의 中으로서 아래위 두 이웃과 힘을 합쳐 下卦(☰)의 세 양효가 치고 올라오는 것을 성공적으로 막아낸다.

上九: 旣雨, 旣處。尙德載, 婦貞, 厲。月, 幾望。君子征, 凶。
상구 기우 기처 상덕재 부정 려 월 기망
군자정 흉

소축의 최종단계인 양효. 소축의 주인공 六四의 음이 극한에까지 치고 올라와 上九의 양과 和合한다. 먹구름이 되어 비가 내린다(既雨). 때맞게 비가 내리니 때맞게 평온한 광경이 펼쳐진다(既處). 아직도 소축의 음의 덕성은 평화로운 천지간에 가득찬다(尙德載). 六四의 음의 기운이 모든 양을 제압하는 경지에 이르렀다는 것을 의미한다. 소축의 상징인 부인(六四)이 점을 친다(婦貞). 그 점의 결과는 위태로운 상황을 예견한다(厲). 달이 보름달에 가까운 형국이다(月, 幾望). 그러나 보름달에 가깝다 했으므로 해의 밝기에 필적하지 않는 겸손함을 지킨다. 평화로운 월기망月幾望의 밝음을 참지 못하고 음의 세력을 타도하겠다고 나서는 君子(소인)는(君子征) 도덕적으로 정당치 못하다. 정벌은 凶한 결과를 초래한다.

("月幾望"은 歸妹 六五, 中孚 六四에도 나온다).

10 ䷉

태하兌下
건상乾上

천택 리 履

Treading, Putting into Practice

象曰: 上天下澤, 履。君子以辯上下, 定民志。
상왈 상천하택 리 군자이변상하 정민지

위에 하늘이 있고 아래에 연못이 있는 안정된 천지의 모습이 바로 리괘(䷉)이다. 군자는 이 모습을 본받아 상·하의 위상을 가려 분변하고, 그렇게 함으로써 백성들이 모두 자기의 뜻하는 바에 충실할 수 있도록 사회를 안정시킨다.

괘사 履虎尾, 不咥人, 亨。
리호미 부질인 형

그대는 호랑이 꼬리를 밟았다(履虎尾). 그러나 호랑이는 되돌아보고 너를 물지 않는다(不咥人). 너에게는 호랑이를 따라가는(호랑이에 필적할 만한) 성실한 덕성이 갖추어져 있기 때문이다. 그대는 하느님께 제사를 지내고 향불을 피울 자격이 있다(亨).

효사 初九: 素履, 往, 无咎。
초구 소리 왕 무구

初九는 位가 正하다. 인생행로의 시작점에 와있다. 평소의 너의 질소한 발걸음 그대로 밟아 나아가라(素履)! 가던 대로 나아가라(往)! 진행하면 허물이 없을 것이다(无咎).

九二: 履道坦坦。幽人, 貞, 吉。
구이 리도탄탄 유인 정 길

九二는 剛이면서 하괘의 중앙에 있다. 九五와는 같은 양효이기에 교감하지 않는다. 九二는 강한 성격이며 권력과 타협하지 않는다. 九二는 자신의 道를 밟아 나아간다(履道). 그대 앞에 펼쳐지는 길은 탄탄坦坦하리라. 들판에 그윽하게 가려진 은자(幽人)의 모습을 지켜라! 그대가 점을 치면(세상에 대하여 물음을 던진다) 吉하리라!

六三: 眇能視, 跛能履。履虎尾, 咥人, 凶。
육삼 묘능시 파능리 리호미 질인 흉

武人爲于大君。
무인위우대군

六三은 양자리에 음효가 앉았으니 不正하다. 또 가운데를 벗어났으니 不中이다. 몸체는 약한데 氣만 센 놈이다. 六三은 애꾸눈이면서도 자기가 잘 본다고 설치고(眇能視), 절름발이이면서도 자기가 잘 걷는다고 장담하는(跛能履) 그런 허세를 부린다(能=而. 歸妹괘 初九·九二 효사에 같은 용례가 있음).

드디어 호랑이의 꼬리를 밟았다(履虎尾). 호랑이는 되돌아 이 자를 물어버린다(咥人). 최악의 사태다(凶). 이 상황은 포악한 武人이 大君이 되겠다고 설치는 꼴(武人爲于大君)과도 같다. 쿠데타가 성공할 가능성은 없다.

九四: 履虎尾。愬愬, 終吉。
구사 리호미 색색 종길

九四는 不中不正하다. 부정한 자의 몸으로 호랑이의 꼬리를 밟는다. 九四는 剛의 몸으로써 柔의 자리에 있다. 강력한 힘을 내면에 보지하면서도 유순한 품격을 보이고 있다. 호랑이꼬리를 밟았어도(履虎尾) 색색하는(愬愬=戒懼) 신중함으로 사태를 잘 해결해나가면 終局에는 吉함을 얻는다.

九五: 夬履。貞, 厲。
구오 쾌리 정 려

九五는 中正을 얻고 있는 광명한 자이며 帝位를 밟았다. 九五는 매사를 주저 없이 실천해야 한다(夬履). 그러나 帝位에 있는 자는 항상 근신하고 공구恐懼하지 않으면 안된다. 위험은 도사리고 있다. 미래를 점치면 항상 걱정거리가 있다(貞厲).

上九: 視履。考祥其旋, 元吉。
상구 시리 고상기선 원길

上九는 밟고 온 인생의 종국이다. 이 자리에서 나는 밟고 온 땅위의 족적들을 되돌아본다(視履). 이제 나는 내 삶의 족적들을 살피면서 돌아갈 길을(내면적인 반성) 자세히 구상한다(考祥其旋: 旋=反). 그 돌아감을 잘 구상하면 크게 吉하다.

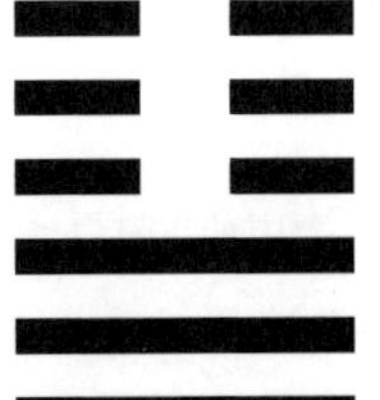

11

건하乾下
곤상坤上

지천 태 泰

Peace, Penetration

象曰: 天地交, 泰。后以財成天地之道, 輔相天地之宜,
상 왈 천 지 교 태 후 이 재 성 천 지 지 도 보 상 천 지 지 의

以左右民。
이 좌 우 민

하늘과 땅이 서로 자리를 바꾸어 교섭하는 소통의 모습이 태괘의 모습이다. 군주君主(=后)는 이러한 태괘의 모습을 본받아 천지의 도를 인민의 삶에 알맞게 재성裁成하고, 천지의 마땅함과 문명의 마땅함이 보상輔相하도록 만든다. 그리하여 백성들에게 다양한 도움을 준다. 천지가 교태하여 보통 사람들의 삶이 풍족해지도록 만드는 것이 정치이다. 자연과 문명의 상생을 전제로 하고 있다.

괘사 泰, 小往大來。吉, 亨。
태 소 왕 대 래 길 형

태괘와 같은 소통의 분위기에서는 작게 갈지라도 크게 온다. 이 괘를 만나면 吉하다. 하느님을 예찬하며 제사를 지낼 만하다.

효사 初九: 拔茅茹, 以其彙。征, 吉。
초구 발모여 이기휘 정 길

띠풀(茅)을 뽑으면 그 뿌리가 굳건하게 엉켜있어(茹) 여러 풀이 같이 뽑힌다(拔茅茹). 初九는 품격 있는 동지(彙)들과 함께(以) 나아가고자 한다. 대세가 바르게 잡히고 소통되는 사회에서는 좋은 인재들이 뜻을 규합하여 모이고(以其彙) 정치에 참여할 생각을 한다. 下卦의 세 陽爻는 뜻을 같이 할 수 있는 동지들이다. 좋은 친구들이 뜻을 합쳐 나아가면 吉하다(征, 吉).

九二: 包荒, 用馮河, 不遐遺, 朋亡。得尚于中行。
구이 포황 용빙하 불하유 붕망 득상우중행

九二는 실제로 泰卦의 主爻이다. 하괘의 中이며 신하의 위치에 있지만 六五의 天子는 陰爻이기 때문에 九二에게 정치를 위임한다. 권력의 센터가 아래에 있다는 것은 바람직한 것이다. 九二는 양효이면서 음위에 있으며 中을 보유하고 있으니, 강함과 부드러움의 양면을 포괄한다. 九二는 먼저 황무지(정치에서 소외된 곳)의 모든 오욕을 자기의 아픔으로서 포용한다(包荒). 그리고 험준하고 거센 물결의 대하大河라도 맨발로 과단성 있게 헤쳐나간다(用馮河). 그리고 멀리 있는 현명한 은자들을 빼놓지 않는다(기용하여 쓴다)(不遐遺). 그리고 패거리의식을 없앤다(朋亡). 사정私情에 얽매이는 일이 없으니, 중도의 정치에 들어맞음(尚)을 얻는다. 九二는 진실로 中行을 구현하는(得尚于中行) 위대한 정치가라 말할 수 있다.

九三: 无平不陂, 无往不復。艱貞, 无咎。
구삼 무평불피 무왕불복 간정 무구

勿恤其孚。于食有福。
물휼기부 우식유복

九三은 下卦의 최종단계이며 태평한 성운盛運이 극極에 달하여 쇠운

衰運으로 전이되는 조짐이 보이는 변화의 절기이다. 易은 끊임없이 변화한다. 태평(평탄)하던 국면이 기울어지지 않으리라는 보장이 없고(无平不陂), 간 것이 되돌아오지 아니하리라는 보장은 없는 것이다(无往不復). 가기만 하고 돌아오지 않는 것은 없다.

이렇게 쇠운의 간난을 맞이하여 점을 친다(艱貞). 올바른 미래를 향해 물음을 던진다. 그리하면 허물이 없을 것이다(无咎). 인간의 성실함은 아니 드러날 것을 걱정할 필요가 없다(勿恤其孚). 그대의 진실은 보상을 받고야 만다. 그대의 식록食祿에 관해서도 복이 있을 것이다(于食有福). 선행을 쌓아가면 祿은 스스로 굴러들어 온다.

六四: 翩翩, 不富, 以其鄰。不戒以孚。
육사 편편 불부 이기린 불계이부

六四는 상괘의 시작. 음의 자리에 음효가 있으니 正. 初九가 응효이고, 六四는 군주를 보좌하는 大臣이다. 태평한 이 세상에서 무엇인가 가치있는 일을 해보려고 노력하는 유순한 인물, 나비처럼 사뿐히 날아가네(翩翩). 자신의 부귀에 아랑곳하지 않고(不富). 위에 있는 동지들을 설득하여 아래로 날아가네(以其鄰). 아래에 숨어 사는 현인들에게 경계심 없이 속마음 진실을 토로하네(不戒以孚).

六五: 帝乙歸妹, 以祉。元吉。
육오 제을귀매 이지 원길

六五는 천자의 자리이지만 正하지는 않다. 柔中한 천자라 말할 수 있는데 九二를 賢臣으로 거느리고 있어 온국민과 잘 소통한다. 이것은 신성한 을 아무개가 자기의 딸(여동생으로도 해석됨)을 저 아래의 듬직한 현인에게 시집보낸(帝乙歸妹) 것과도 같은 패턴의 이야기이다. 이것은 참으로 축복받을 일이다(以祉). 상하가 소통되고, 계급이 소통되고, 하늘과 땅이 소통되는 모습이다. 원천적으로 吉하다(元吉).

上六: 城復于隍, 勿用師。自邑告命。貞, 吝。
상육 성복우황 물용사 자읍고명 정 린

태평성세의 극한이다. 무평불피无平不陂하다 했으니 다시 모든 것이 불통하고 대립하는 비색의 시대로 돌아가게 마련이다. 上六은 그 불행의 조짐을 나타내고 있다.

쌓아올린 제단의 돌들이 무너져 또다시 황폐한 흙바닥이 되고 만다(城復于隍). 이렇다고 급격하게 군대를 동원할 생각을 해서는 아니 된다(勿用師). 이러한 위기의 시대의 지도자는 자기 본거지로부터(自邑) 命을 告하여 뜻을 같이할 진실한 사람들과 함께 새로운 시대를 맞이할 준비를 해야 한다(自邑告命). 이때 점을 치게 되면 아쉬운 결과가 많이 나타난다(貞, 吝). 깊은 반성이 우선되어야 한다.

12

곤하坤下
건상乾上

천지 비 否

Obstruction, Standstill

象曰: 天地不交, 否。君子以儉德辟難, 不可榮以祿。
상 왈 천 지 불 교 비 군 자 이 검 덕 피 난 불 가 영 이 록

하늘과 땅이 서로 교섭하지 아니하고 격절되어 서로 멀어져만 가고 있는 모습이 비否괘의 모습이다. 군자는 이러한 시대상, 그 폐색무도閉塞無道한 현실을 참고하여 우선 자기 생활을 검약질소儉約質素하게 함으로써 소인들이 설치게 됨으로써 생겨나는 난을 피한다. 그리고 이러한 시대에는 군자는 영예로운 사회활동을 함으로써 그 몸을 드러내고 봉록을 받을 그러한 삶을 설계하지 않는다. 하늘과 땅이 비색해지는 이러한 소인의 시대 속에서 군자는 재난과 교섭하지도 않지만 이익과 교섭하지도 않는다.

괘사 否之匪人, 不利君子貞。大往小來。
비 지 비 인 불 리 군 자 정 대 왕 소 래

비괘否卦의 시대는 사람이 사람다워지는 시대상이 아니다(否之匪人). 이러한 시대에는 군자가 미래에 관한 물음을 던져도 이로운 결말이 나지 않는다(不利君子貞). 대인들은 사라지기만 하고 소인들만 권력의 핵심으로 모여든다(大往小來).

효사 初六: 拔茅茹。以其彙貞, 吉。亨。
초육 발모여 이기휘정 길 형

비색한 비괘否卦의 첫효. 연약한 음효가 양위陽位에 있어 正을 얻지 못하고 있다. 연약한 모습이다. 그러나 타락하지 않았다. 죄악에 물들지 않았다. 기지개를 편다. 뿌리를 뽑는다. 뽑은 뿌리에는 주변의 띠풀 뿌리들이 하나로 얽혀있다. 같이 뽑힌다(拔茅茹). 그들은 동지로서 일을 도모하려 한다. 동지(彙)들과 함께(以: 더불어 한다) 미래를 개척해나갈 점을 친다(以其彙貞). 그랬더니 吉하다는 점괘가 나왔다. 천지가 비색해졌다해도 악에 물들지 않은 순결한 세력은 있다. 이제 우리는 하느님께 제사를 올려야 한다(亨). 초효가 이니시어티브를 잡고 나아간다. 비괘의 희망을 만들어 나아가고 있다.

六二: 包承。小人吉, 大人否, 亨。
육이 포승 소인길 대인비 형

음위陰位에 음효陰爻이니 그 位가 正하고 또 下卦의 중앙이니 中을 얻고 있다. 게다가 九五와 응효應爻이니 힘이 있다. 九五도 中正의 캐릭터이다. "포包"는 九五가 六二를 포용한다는 의미이고 "승承"은 六二가 九五의 명령을 순승順承한다라는 뜻이다. 다른 해석도 가능하겠으나 이 괘상에서 가장 자연스러운 해석이다.

포승되는 주체가 소인小人이면 吉하고, 대인大人이면 비否하다(주변의 관계가 비색하게 된다). 얄궂은 사태이겠으나 발탁되는 터전이 비괘의 시대이기 때문에 이런 아이러니가 당연한 것이다. 비괘의 시대에는 대인大人이 발탁되어서는 아니된다. 마지막 "형亨"은 대인이 발탁되지 않는 것이 옳다, 바른 것이다. 그래서 신에게 감사를 드릴만 하다는 뜻이다.

六三: 包羞。
육삼 포수

六三은 음의 세력이 끝나가는 시기, 전기轉機의 기운이 싹트고 있다. 六三은 양위에 음효이니 不正이요, 中을 벗어나 벼랑끝에 서 있다. 六三은 완벽하게 소인小人이면서 위에 있는 군자들을 해칠 음모만을 가슴에 품고 있다. "포수包羞"라는 것은 수치스러운 일만을 가슴에 품고 있다는 뜻이다. 속과 겉이 다른 사악한 인물. 凶이라는 판단사가 없는 것은 아직 음모를 실행에 옮기지 않았기 때문이다.

九四: 有命, 无咎。疇離祉。
구사 유명 무구 주리지

6효의 반을 지났다. 비색의 세월의 반을 지났으며 새로운 泰의 길을 여는 서광이 비춰기 시작한다. 九四는 양강陽剛하며 비색한 세상을 다시 소통시켜려는 혁명의 의지가 있다. 그러나 음위에 있기 때문에 양위에 있는 양효만큼은 강의감위剛毅敢爲하지 못한다. 九四가 새로운 세상을 맞이하는 혁명적 사업을 수행하기 위해서는 조건이 필요하다. 천명天命이다! "유명무구有命无咎"란 천명의 도움이 있다면 그 혁명의 뜻을 결행한다 할지라도 허물이 없을 것이다. "주疇"는 동지를 의미한다. 九四·九五·上九가 함께 거사를 한다면 그들도 함께 복을 받을 것이다(離祉: "離"는 "붙는다"는 뜻이다. "복에 붙는다"). 어둠의 세월에도 반드시 광명은 찾아온다. 그러나 그 광명은 사람의 노력에 의한 것이다.

九五: 休否, 大人, 吉。其亡其亡, 繫于苞桑。
구오 휴비 대인 길 기망기망 계우포상

九五는 상괘의 최고의 자리에 있다. 中正의 덕을 지닌 영주英主이다. 비색한 사회구조가 양심세력들의 분투에 의하여 점점 열려가고 있다. 영명한 지도자는 비색을 타개해나갈 수 있는 역량이 있다. 그러나 그 비색을 잠시 멈추게 했을 뿐이다(休否). 아직 완전한 상태는 아니다. 그러나 이러한 시도를 하고 있는 大人(=九五)은 좋은 운수를 몰고 오리라. 吉하다. 뽕나무 가지를 묶은 띠풀에 매달아 놓은 보물처럼(繫于苞桑) 떨어질지도 모른다. 사라질지도 모른다(其亡其亡). 그러나 그러한 위태로움 때문에 오히려 나라가 평안해 질 수도 있다. 없음은 있음을, 어지러움은 질서있음을 공고하게 만드는 계기가 된다.

上九: 傾否。先否後喜。
상구 경비 선비후희

上九는 否卦의 마지막 단계이며 九五의 양강한 군주를 도와 비색의 시국을 뒤엎는다(傾否). 여태까지 세상이 비색하니 人情이 울결되어 슬펐다. 그러나 비국否局이 엎어져서 새로운 태평의 시대가 열린다. 슬픔은 기쁨으로 변한다(先否後喜).

13

리하離下
건상乾上

천화 동인 同人

Fellowship, Cooperation

象曰: 天與火, 同人。君子以類族辨物。
상왈 천여화 동인 군자이류족변물

하늘이 불과 더불어하는 모습이 동인同人괘의 모습이다. 하늘과 불이 어우러지는 모습이다. 군자는 이 괘의 모습을 본받아 뜻을 같이하는 동지(族)들을 규합하고, 사물을 변별한다. 새나라 건설의 씨앗을 만든다. (※ 이천은 "유족으로써 물을 분변한다"라고 해석했는데 「대상전」의 신택스에 맞지 않는다).

괘사 同人于野, 亨。利涉大川。利君子貞。
동인우야 형 리섭대천 리군자정

동지를 규합한다는 것은 밀실에서 하는 것이 아니라, 공개된 들판에서 하는 것이다(同人于野). 동인同人의 궁극적 목표는 지공무사至公無私한 대동大同의 세상을 만들고자 하는 것이다. 들판에서 만난 사람들과 함께 공평무사한 하느님께 제사를 올린다(亨). 그리하면 어떠한 험난한 일도 다 극복할 수 있다.

험난한 장애물을 헤치고 나아가도 이로움이 있다(利涉大川). 대동의 모험을 강행할 결단의 시기이다. 동인의 리더십을 장악한 군자는 미래를 향해 물음을 던진다(君子貞). 이로운 결과가 있다(利).

효사 **初九: 同人于門。无咎。**
초구 동인우문 무구

初九는 양위이면서 양효, 正하다. 강의剛毅한 성격을 지니면서 下位에 있다. 上卦의 빽도 없다. 九四가 양이래서 應하지 않는다. 사적인 커넥션이 없는 공평한 인간이다. 문밖으로 나아가 동지들을 규합한다(同人于門). 밀실의 담합이 아니다. 허물이 없다(无咎).

六二: 同人于宗, 吝。
육이 동인우종 린

六二는 中正을 얻고 있으며 中正한 九五와 상응하니 보통의 괘로 말하자면 가장 이상적인 상·하괘의 화합의 형국이다. 그러나 여기서는 좋지 않다. 同人괘이기 때문이다. 동인의 괘는 천하대동의 이상을 구현하는 것을 목표로 삼으며 공평무사한 마음으로 천하의 모든 인민을 화합和合하는 것을 소이연으로 삼기 때문에 친족주의나 가족주의를 배척한다. 六二와 九五의 상응도 종문宗門의 편협성을 형성할 수 있다. 동지를 규합하는 일이 종문宗門 내에서 이루어진다(同人于宗). 부끄러운 일들이 생긴다(吝).

九三: 伏戎于莽, 升其高陵, 三歲不興。
구삼 복융우망 승기고릉 삼세불흥

九三은 양위에 양효, 得正. 中을 얻지 못하고 下卦의 최상위에 있기에 벼랑 끝에 서있는 난폭자이다. 應하는 자리에 있는 上九는 양효, 應하지 않는다. 그래서 바로 아래에 比하고 있는 六二에게 협력을 부탁하지만, 六二는 九五와 강력한 一門을 형성하고 있어 쑤시고 들어갈 틈이 없다.

同人(사람을 모음)을 위해서는 九五를 칠 수밖에 없다. 九五가 약해져야 九五와 六二 사이에 균열이 생긴다. 그러나 九五는 강력한 상대이다. 그래서 정면으로 맞붙지 못하고 복병작전을 쓴다. 그래서 군사(戎)를 숲(莽)에 숨긴다(伏). 그리고 본인은 주변의 높은 고릉高陵에 올라 적정敵情을 살핀다(升其高陵). 고릉에서 적정을 살핀 지 이미 3년이 지났으나 군대를 일으킬 기회는 생기지 않았다(三歲不興). 끝까지 진발進發의 기회는 오지 않았다.

九四: 乘其墉, 弗克攻。吉。
구사 승기용 불극공 길

九四는 九三과 같은 난폭자이다. 九四는 양효이면서 음위에 있고 또 中을 얻지 못하고 있으니 不中不正이다. 應의 대상은 初九인데 같은 양이래서 應하지 않는다. 그러므로 同人의 방향을 六二로 틀 수밖에 없다.

九四는 六二와 同人하려는데 난폭한 九三이 그 사이를 막고 있다. 이제 그 담을 넘을 수밖에 없다. 드디어 九三의 담에 올라탄다. 올라타서 공격하려고 생각해보니, 九三을 공격하여 자기와 應하지도 않는 六二를 장악하려고 하는 자신의 행위가 도덕적으로 정당치 못하다는 것을 깨닫는다. 九四는 陰位에 있으며 내면에 부드러움이 살아있다. 난폭하지만 반성의 여지가 있다. 담을 올라탔지만(乘其墉) 결국 공격하지 아니한다(弗克攻). 양심의 고뇌를 거쳐 正道로 복귀한 것이다. 吉하다.

九五: 同人, 先號咷而後笑。大師克, 相遇。
구오 동인 선호도이후소 대사극 상우

九五는 中正을 얻고 있으며 六二와 아름다운 應의 관계에 있다. 六二도 中正을 얻고 있다. 九五는 당연히 六二를 同人의 같은 주체로서 만나려 한다. 그런데 九五와 六二의 사이를 九三과 九四가 가로막고 있다. 九三은 복병을 깔았고, 九四는 담을 넘어 침략하려고 하는 강인한 세력들이다. 九五가 同人하려는 노력은 처음에는 비통한 현실에 울부짖을 수밖에 없지만(先號咷) 결국 난관을 뚫고 나아가 六二와 결합하면 크게 웃게 된다(而後笑).

六二와의 만남을 위해 九五는 대군을 일으켜 九三과 九四를 다 격파시킨다(大師克). 결국 서로 만나게 된다(相遇).

공자는 "先號咷而後笑"에 관해 멘트한 적이 있다: "군자의 길에는 출出과 처處, 묵默과 어語가 같은 무게를 갖는다. 九五와 六二의 가슴의 교류, 그 하나됨의 정신은 그 날카로움이 쇠를 자를 수도 있고, 그 뜻을 같이 하는 마음에서 우러나오는 말의 향기는 은은한 난초의 향기보다 짙다."

上九: 同人于郊, 无悔。
상구 동인우교 무회

上九는 中에서 벗어나 있고 극상의 자리에 있어 응원세력이 없고 외롭다. 九三이 양효래서 應하지도 않는다. 모든 爻가 上九에 협력할 의지가 없다. 그래서 上九는 國外의 벌판에서 사람들의 협력을 구한다(同人于郊). 여섯 번째 자리는 본시 나쁜 자리이지만 동인괘에서는 오히려 광대무사廣大無私의 정신을 나타낸다. 외롭더라도 同人의 이상을 버리지 않는다. 九三·九四처럼 무리하게 특정대상을 공격하려고 하지 않는다. 국외의 벌판에는 만나고 싶은 인재가 없을 수도 있지만 오히려 인사의 갈등에 얽매이지 않는 진실한 만남이 이루어질 수도 있다. 외로운 대로 정정당당하게 나의 길을 간다. 후회는 없다(无悔).

14

건하乾下
리상離上

화천 대유 大有

Abundance in Great Measure

象曰: 火在天上, 大有。君子以遏惡揚善, 順天休命。
상왈 화재천상 대유 군자이알악양선 순천휴명

불이 하늘 위에서 빛나는 형상이 大有괘의 모습이다. 불은 곧 태양이요, 태양의 밝음이 만물에게 구석구석 비치는 모습이다. 군자는 이러한 대유괘의 모습을 본받아 악을 막고 선을 드러낸다(공평한 판결을 내린다). 그리고 하늘을 순승順承하여 그 명命을 아름답게 한다. 만물이 성대풍유盛大豐有하도록 한다.

괘사 大有, 元, 亨。
대유 원 형

크게 있음(大有)은 태양과도 같이 보편주의적 가치관을 발현한다는 뜻이다(元). 대유의 인간은 六五의 음이 나머지 오양五陽을 거느리는 것과도 같은 포용적인 리더십이 있다(元). 이러한 리더는 진정으로 하느님과 교통할 수 있다. 제사를 지낼 만하다(亨).

효사 初九: 无交害。匪咎。艱則无咎。
초구 무교해 비구 간즉무구

初九는 고독하다. 양강의 실력을 가지고 있지만 최하위에 있는 것으로 만족할 줄 안다. 九四가 응應의 자리지만 양효가 자리잡고 있어 응應하지 않는다. 그리고 九二도 양효래서 비比의 친함도 존재하지 않는다. 고독하다. 윗사람들과 교섭함이 없으니 교섭으로 인하여 생겨나는 해도 없다(无交害). 初九는 자기 실력만으로 정도를 걷는다. 이렇게 정도를 걸어가는 사람에게 어찌 허물이 있을소냐?(匪咎). 그러나 그의 삶은 간난의 세월이다. 그러나 간난에 허덕일수록 그에게 허물은 없다(艱則无咎).

九二: 大車以載, 有攸往, 无咎。
구이 대거이재 유유왕 무구

九二는 양강하며 재능이 뛰어나다. 內卦의 中을 얻고 있어 지나침이 없다. 상괘의 중앙이며 대유괘의 主爻라 할 수 있는 六五가 음효래서 자리가 바뀌어 있기는 하지만 음양의 교합이 잘 이루어진다. 그래서 六五의 君은 九二에게 大任을 맡긴다. 九二는 큰 수레에 물건을 잔뜩 싣고 있다(大車以載). 이 수레는 견고하여 함부로 짜부러지지 않는다. 九二여! 너의 이상을 향해 과감히 떠나라(有攸往)! 그래도 그대에게는 허물이 발생하지 않을 것이다(无咎). 수레가 무거운 만큼 책임도 막중하다.

九三: 公用亨于天子, 小人弗克。
구삼 공용향우천자 소인불극

九三은 양강陽剛하면서 陽位에 있으니 正을 얻었다. 강건하면서도 마음이 곧은(공적 마인드가 있는) 왕공王公이다(=三公: 太師, 太傅, 太保). 그런데 위로 六五에는 유순한 천자가 있다. 천자도 공적公的 존재이고, 九三의 王公도 공적 존재이다. 대유大有의 풍요로운 시대에는 王公은 자신의 풍요로운 산물을 天子에게 바쳐야 한다. 그럼으로써 대유의 재물을 공공화한다. 천자는 그 공물을 가지고 하느님께 제사를 지낸다(公用亨于天子). 그래서 모두가 행복해진다. 그런데 소인들은 공적 마인드가 없다. 소인들이 이러한 자리에 처하면 부를 독점할 생각만 하기 때문에 이러한 공적 향연이 일어나지 않는다(小人弗克: 不克=不能).

九四: 匪其彭, 无咎。
구사 비기방 무구

九四는 陽爻이면서 陰位에 있다. 그리고 바로 위에 있는 음효의 군주에게 근접해있다. 대유의 풍요로운 시대에는 이러한 포지션에 있는 자는 참월하기가 쉽다. "방彭"은 성대하고, 건장한 모습이다. 九四의 大臣은 그렇게 건장하고 위세등등한 모습을 보여서는 아니 된다. 음위의 양효로서 겸손하게 자신을 죽이고 억제해야 한다. 방방치 아니하면(匪其彭), 즉 지나치게 성하게 하지 않으면 허물이 없으리라(无咎).

六五: 厥孚交如, 威如, 吉。
육오 궐부교여 위여 길

六五는 성대풍유盛大豐有의 시대의 제왕의 이상적 모습이다. 양위에 음효가 자리잡고 있으니 正하지 않지만 大有의 시대에는 오히려 그 온화한 모습은 제왕을 돋보이게 할 수도 있다. 六五는 자신을 비울 줄 알며 아랫사람들과 진심어린 마음의 교류를 할 줄 안다(厥孚交如: "厥"은 허사, "其"의 뜻). 九二의 賢臣과 진심으로 상응하며 또 주변의 모든 양효들이 진심으로 내통內通하는 것이다. 이 위대한 군주는 온유하면서도 온유함으로써 무기력하게 보이는 것이 아니라, 오히려 위엄을 지킨다(威如). 리더는 위엄(Dignity)이 있어야 한다. 리더의 관엄寬嚴의 양면 때문에 이 나라는 吉하다.

上九: 自天祐之, 吉。无不利。
상구 자천우지 길 무불리

上九는 항룡亢龍의 자리이므로 보통 위태롭고 불길하다. 그러나 대유大有괘에서는 上의 자리가 吉하다. 上九는 바로 아래의 六五의 군주의 덕성의 영향을 받는다. 온후한 군주의 신실하고 허허로운 마음씨 때문에 上九도 자신을 억제하고 비울 줄 안다. 영盈의 자리에 있으면서도 일溢하지 않는다.

上九는 하늘로부터 도움을 얻고, 신들로부터 축복을 받는다(自天祐之). 吉하다. 이롭지 아니할 까닭이 아무 것도 없다(无不利).

15

간하艮下
곤상坤上

지산 겸 謙

Modesty, Lowliness

象曰: 地中有山, 謙。君子以裒多益寡, 稱物平施。
상 왈 지중유산 겸 군자이부다익과 칭물평시

땅속에 높은 산이 들어있다. 그 모습이 겸괘의 모습이다. 그러니까 낮은 자세 속에 높은 덕이 가려져 있다는 뜻이다. 군자는 이 겸괘의 모습을 본받아 많은 것을 덜어내어("부裒"는 "덜다"는 뜻이다), 적은 것에 보태고 사물의 높고 낮음을 잘 저울질하여 그 베풂을 평균적으로 행한다. 이것은 공평한 정치를 행한다는 뜻이다.

괘사 謙, 亨。君子有終。
겸 형 군자유종

겸謙의 덕성을 지닌 자는 하느님과 소통할 수 있다. 신에게 제사지낼 자격이 있다. 여기 군자君子는 이 괘의 主爻인 九三에 해당된다. 강정剛正한 군자로서 오만에 빠지지 않고 겸손한 자세로 군음群陰(5개의 음효)을 거느린다. 군자는 시종일관 겸손의 미덕을 잃지 않는다(有終).

효사 初六: 謙謙君子, 用涉大川。吉。
초육 겸겸군자 용섭대천 길

겸손하고 또 겸손한 군자여(謙謙君子)! 그러한 겸겸의 자세를 유지하면서(用), 대천大川을 건넌다(涉大川). 이상을 향한 그대의 모험은 성공하리라. 吉하다.

六二: 鳴謙。貞, 吉。
육이 명겸 정 길

六二는 中正을 얻고 있다. 겸손의 덕성이 심중에 축적되어 있다. 그 축적된 겸손의 미덕은 그 향기가 드러날 수밖에 없다. 그 덕성의 향기가 맑은 새소리처럼 이웃에 울려퍼진다(鳴謙: 겸을 울린다). 이렇게 덕이 쌓인 사람이 점을 쳐야(貞) 吉하다.

九三: 勞謙君子, 有終, 吉。
구삼 노겸군자 유종 길

이 괘 전체에서 유일한 양효이다. 하괘의 최상위에 있으니 신하로서는 가장 책임있는 자리에 있다. 강의剛毅한 인물로서 正을 얻고 있다. 인품人品이 정의롭기 때문에 다섯 음효가 모두 九三을 의지하고 마음을 준다. 九三은 국가사회를 위해 큰 공로를 세운다(君子). 그럼에도 시종일관 겸양의 자세를 잃지 않는다(勞謙). 그의 이러한 노겸勞謙의 자세는 죽을 때까지 계속된다(有終). 위대한 인격이다. 九三의 삶의 역정은 吉하다. (※ 겸괘에는 괘 자체의 성격으로 인하여 존경스러운 인물들로 가득하다).

六四: 无不利, 撝謙。
육사 무불리 휘겸

六四는 得正이다. 상괘에 있으면서도 하괘의 사람들에게 자기를 낮추는 덕성을 지니고 있다. 위로는 六五의 군주와 절근切近하고, 아래로는 九三의 노겸勞謙한 군자가 있다. 六四는 이러한 포지션의 복합적인 상황에도 불구하고 이롭지 아니함이 없다(无不利). 왜냐? 항상 겸양의 덕성을 발휘하고 있기 때문이다(撝謙: 撝=揮).

六五: 不富。以其鄰。利用侵伐。无不利。
육오 불부 이기린 이용침벌 무불리

六五는 유순과 겸양의 미덕을 지닌 훌륭한 군주이다. 자신의 富를 부로 여기지도 않고(不富), 부를 통하여 위세를 과시하지도 않는다. 그는 겸양으로써 이웃과 더불어 한다(以其鄰). 이러한 보편적인 덕성의 분위기 속에서도 그에게 거역하는 세력들이 있다면 무력으로 거세해도 이로운 결과가 있을 것이다(利用侵伐). 이 군주와 같은 덕성을 지닌 삶에는 이롭지 아니함이 없다(无不利).

上六: 鳴謙。利用行師, 征邑國。
상육 명겸 이용행사 정읍국

겸괘謙卦의 마지막 단계, 겸손의 극치를 나타낸다. 보통 上의 자리는 허당인데, 여기 上六은 位에서 물러난 上王으로서 나라에 영향을 주는 위세가 있다. 그의 덕성이 사방에 울려퍼져(鳴謙) 사람들이 모두 심복한다. 그런데도 저항하는 세력이 있으면 군대를 일으켜도 무방할 것이다(利用行師). 그러나 타국을 정벌해서는 아니 되고, 자기의 영지 내에 있는 읍국邑國 정도는 정벌을 한다 해도(征邑國) 그의 겸양의 덕성에 해가 가지는 않을 것이다.

16

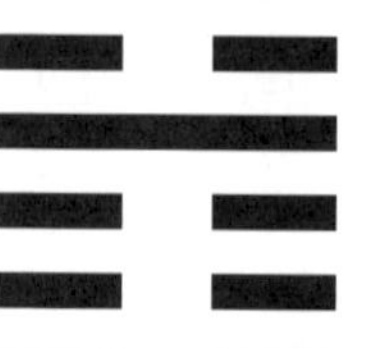

곤하坤下 진상震上 뢰지 예 豫

Enthusiasm, Enjoyment

象曰: 雷出地奮, 豫。先王以作樂崇德, 殷薦之上帝,
상 왈 뢰 출 지 분 예 선 왕 이 작 악 숭 덕 은 천 지 상 제

以配祖考。
이 배 조 고

우레가 땅속에 갇혀있다가 지축을 박차고 뛰어나와 호령하는 모습이 예豫의 상象이다. 생명력이 발출하는 봄의 화락한 모습이기도 하다. 선왕先王(=作者)은 이 예괘豫卦의 모습을 본받아 악樂을 작作함으로써, 모든 덕德을 높이고 현창케 한다. 악樂이 없으면 예禮도 없고, 제사도 없다. 풍성하게(殷) 지고의 上帝에게 음악과 함께 제사상을 바치고, 그리함으로써 선조先祖들의 혼령이 위대한 신들과 더불어 즐길 수 있게 한다. 예괘의 기쁨은 신들의 기쁨이요, 우리 마음의 신성한 기쁨Divine Delight이다.

괘사 豫, 利建侯。行師。
예 리 건 후 행 사

예괘는 上下가 한마음이 되고 국가사회가 기쁨이 넘쳐나는 그러한 시기이다. 하괘의 곤坤은 순順이고, 上卦의 진震은 동動이다. 이러한 시기에는

나라의 사정이 허락한다면 나라를 팽창하여 제후를 세워도 좋을 것이고(利建侯), **군대를 일으켜도**(行師) **큰 무리는 없을 것이다. 그러나 이 모든 것은 시의**時義**를 따라 이루어져야** 한다(豫之時義, 大矣哉!「단전」).

효사 **初六: 鳴豫, 凶。**
초육 명예 흉

初六은 음효이면서 不正하다. 음효가 양위에 올라있다. 小人일 수밖에 없다. 상괘의 九四는 양효이기 때문에 감응한다. 初六은 九四라는 강력한 후원자의 빽을 믿고 자기 때를 만난 듯이 제멋대로 행동한다. 기쁨을 내면화시키지 못하고 자기 혼자만의 기쁨의 소리를 사방에 발출시킨다(鳴豫). 맹자가 말하는 독락獨樂이다. 매우 凶하다.

六二: 介于石, 不終日。貞, 吉。
육이 개우석 부종일 정 길

六二는 陰柔하면서도 中正을 얻고 있다. 그러나 應爻도 없고 比爻도 없다. 고독하다. 독립독행獨立獨行이요 권세에 의지하지도 않는다. 그 견개狷介함이 반석과도 같다(介于石: 于石=如石). 이렇게 고독하고 고결한 군자는 모든 사태의 기미幾微(吉凶의 엇갈림)를 파악하는 것이 한 낮도 걸리지 않는다(不終日). 그러니 실수가 없다. 점을 치면 반드시 吉하다(貞, 吉). 항상 본래적 자아(Eigentlichkeit, Authenticity)로 되돌아가기 때문이다.

六三: 盱豫。悔遲, 有悔。
육삼 우예 회지 유회

六三은 陰柔한데다가 不中이다. 中正하지 못한 소인으로서 九四의 바로 아래에 있다. 九四는 유일한 양효로서 전음全陰을 통솔하는 주체이며,

가장 강력한 존재이다. 六三은 눈깔을 굴리면서 九四에게 알랑방구를 뀌어댄다. 이것은 "우예盱豫"라고 표현했는데 六二의 "개우석介于石"과 극적인 대비를 이루는 삶의 자세이다. 介于石이 본래적 자아의 자세를 가리킨다면 우예盱豫는 비본래적 자아의 전형이다. 타자의 욕망에 빌붙어 살려고 한다. 이런 삶은 후회를 가져온다. 반드시 뉘우쳐야 한다. 그 뉘우침이 늦어지면(悔遲) 반드시 후회하게 될 것이다(有悔). 六三은 음유하지만 양위陽位에 있다. 양위에 있다는 것은 존재의 강한 힘을 나타낸다. 뉘우칠 능력이 있다.

九四: 由豫。大有得。勿疑。朋盍簪。
구사 유예 대유득 물의 붕합잠

九四는 예괘의 주효主爻이며 양강陽剛한 대신大臣이다. 上下의 다섯 음효가 모두 九四의 1양효를 주인으로 받든다. 六五의 군주도 천하의 경륜을 九四에게 위임한다. 천하의 사람들이 九四의 도덕적 능력으로 인하여(由) 즐거움을 획득한다(豫). 九四는 천하를 뜻대로 경영하여 천하사람들을 모두 즐겁게 해준다(大有得). 그러나 혼자 천하를 운영하는 중임은 의심이 들고 경계할 일들이 많게 마련이다. 그 간난에 대해 좌절하거나 의심해서는 아니 된다(勿疑). 성의를 다하여 소임을 밀고 나가야 한다. 그리하면 동지들이(朋) 그대에게 모여들어(簪: 상투 틀 때 머리카락이 모아지는 것처럼) 힘을 합하게(盍) 될 것이다.

六五: 貞, 疾。恆不死。
육오 정 질 항불사

六五는 天子의 자리이다. 그러나 유약한 임금이다. 양위에 음효가 앉아

있으니 스스로 적극적으로 운명을 타개하는 강인한 캐릭터가 아니다. 그러나 九四의 대신이 잘 보좌하고 있다. 이러한 보좌 속에서 이 六五의 임금은 열락에만 도취하는 습성이 있다. 점을 친다(貞). 그리하면 하느님은 "너에게 고질이 있다(疾)"고 대답하신다. 고질이란 스스로 운명을 개척하지 못하고 안일의 열락에 몸을 맡기는 것이다. 이런 군주의 운명은 어떻게 될 것인가? 항상 도움을 얻어(恆) 죽지는 않을 것이다(不死). 나약한 暗君의 상이다.

上六: 冥豫成。有渝, 无咎。
상육 명예성 유유 무구

上六은 陰柔의 덕성이 극에 달한 모습이다. 六五의 군주의 모습에서 열락의 독기가 암시되어 있었다. 上六은 그 극점이다. 혼미로운(冥) 열락(豫)의 몽환적 분위기가 사회상을 형성했다(冥豫成). 그대로 두면 망한다. 上六은 진괘震卦의 꼭대기, 동動의 의미가 있다. 우레처럼 세상을 변화시키는 힘이 있다(有渝: "유渝"는 "변화시킨다"는 뜻이다). 열락과 무기력의 극치에서 또다시 새로운 에너지를 얻는 변화를 꾀하라! 탐닉과 나약의 악습을 박차고 일어나라! 그리하면 허물이 없으리라(无咎)!

17

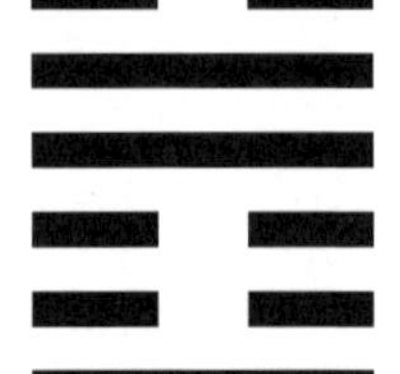

진하震下
태상兌上

택뢰 수 隨

Following, Pursuit of Universal Values

象曰: 澤中有雷, 隨。君子以嚮晦入宴息。
상왈 택중유뢰 수 군자이향회입연식

못 속에 우레가 있는 모습이 수괘隨卦의 상象이다. 우레는 항상 우르렁거리는 것이 아니라 때를 따라 동한다. 춘하의 계절에는 드러나지만 추동의 계절에는 숨어있다. 못 속에 우레가 있는 모습도 잠복하고 있는 모습이다. 군자는 이러한 수괘의 모습을 본받아 저녁이 되면(嚮晦), 집으로 돌아가 편안히 쉰다(宴息). 집에서의 연식과 못 속의 우레는 같은 심볼리즘이다. "따름"이란 "때"를 따르는 것이다.

괘사 隨, 元, 亨, 利, 貞。无咎。
수 원 형 리 정 무구

수괘의 본질은 지체가 높은 사람, 지도적 위치에 있는 사람들이 자기를 비우고 자기보다 아래에 있는 현명한 인물을 따르는 것을 의미한다. 예수와 같은 구세주를 따르는 것이 아니라 역으로 上이 下를 따르는 것이다. 천하의 대의를 위하여 좁은 자기의 욕망이나 아상을 버리고 사람을 따를 줄 아는 자는 만인의 으뜸이 될 수 있으며 보편적 가치를 구현한다(元). 따르는 자는 하느님께 제사를 지낼 수 있으며(亨), 하는 일이 모두 이로운 수확을 거둔다(利). 그리고 미래에 관하여 물음을 던질 수 있다(貞).

"따름"의 핵심적 과제상황은 붕당을 형성하지 않는 것이다. 사정에 얽매이거나 사당을 만들지 아니하니 허물이 없다(无咎). (※ 원형리정 4덕을 구유한 他卦의 괘사에는 "无咎"와 같은 판단사가 없다. "따름"에 붕당을 형성치 않는다는 주제는 그만큼 중요한 주제이다).

효사 初九: 官有渝。貞, 吉。出門交, 有功。
초구 관유유 정 길 출문교 유공

따름의 初爻. 初九는 그 位가 正하다. 二陰一陽의 양효이니 下卦의 主爻이다. 初九는 인생의 진로에 관해 별 경험이 없는 초짜. "따름"으로 인하여 그의 관官(소속한 직장, 직위, 官職)에 변화가 생긴다(有渝). 자기 생의 진로의 변화에 관하여 그는 점을 친다(貞). "따름"으로 인한 변화가 어떤 의미인지를 묻는 것이다. 吉한 결과를 얻을 것이다. 그러나 참으로 吉한 결과를 얻기 위해서는 집안의 사람들의 얘기만 듣지 말고, 문을 박차고 나가 너른 곳에서 많은 사람들과 교제하라(出門交. 동인同人괘 初九에도 비슷한 논의가 있다). 그리하면 따름에 반드시 공功이 있게 될 것이다(有功).

(※ 개방성과 보편적 가치가 계속 강조되고 있다).

六二: 係小子, 失丈夫。
육이 계소자 실장부

六二는 九五와 應하기는 하지만 거리가 너무 멀다. 가까운 바로 밑에 初九가 있다. 자기는 음효인데, 初는 양효이니 친하게 될 가능성이 농후하다. 사람은 어차피 사귀게 될 때, 가깝게 있는 자를 따르게 마련이다. 六二는 마음이 허약해져서 정당한 배우자(九五)를 기다리지 못하고 初九를 따르는 바람에 九五와의 應의 관계를 단절시키고 만다. 효사는 이러한 정황을 다음과 같이 표현했다: "어리고 싱싱한 남자(小子)에 홀려서(係小子) 진짜 건실한 丈夫를 놓쳐버리고 만다(失丈夫)."

六三: 係丈夫, 失小子, 隨有求得。利居, 貞。
육삼 계장부 실소자 수유구득 리거 정

六三은 음유하며 不中不正하다. 바로 윗자리의 九四와는 음양상비하니 감응이 있다. 그러나 九四를 따라가면 中正의 덕이 있는 六二와의 사귐이나, 싱그러운 初九와의 교제가 다 끊어져 버리고 만다. 그런데 九四는 권세 있는 대신大臣이다. 그의 위位는 不正하다. 도덕성이 부족하다는 것을 암시한다.

六三이여! 그대는 그대보다 지위와 권세가 높은 장부丈夫에게 엮여서(係丈夫), 젊고 도덕성 있는 훌륭한 남자들과의 관계를 다 잃어버리고 만다(失小子). 고관에게 붙어있으니까 그대의 따름은 소기하는 욕망을 다 충족시킬 수 있다(隨有求得: 따라 求하는 바 있으면 得된다). 그러나 그런 자리에 있는 것이 과연 이로운 것인지에 관해서는 신의 의지를 물어보아라(利居, 貞)!

九四: 隨, 有獲。貞, 凶。有孚, 在道, 以明。何咎。
구사 수 유획 정 흉 유부 재도 이명 하구

九四는 군주의 바로 밑에 있으며, 나라의 운명을 좌지우지할 수 있는 대신이다. 그 위세는 九五의 임금과 동등하다고 말할 수 있다. 이러한 막강한 힘을 가진 九四가 따라가는 길에는(隨) 원하는 것을 다 얻을 수 있는 수확의 성과가 항상 있다(有獲). 그러나 이러한 수확은 그에게 항상 비극을 가져올 수 있는 위태로운 상황을 전개시킨다. 인심이 군주를 따라야 하는데 그 인심이 자기 쪽으로 쏠리고 있다는 인상을 주는 것이다. 그는 하느님에게 묻는다(貞). 역시 하느님은 대답하신다: "너의 운세는 흉하다(凶)." 그러나 이 대신은 가슴에 대의를 사랑하고 임금을 위해 몸을 바치는 신의(孚)를 품고 있으며(有孚) 정도만을 걸어가고 있다(在道). 그렇게 함으로써 인간세를 밝게 하고 있다(以明). 과연 九四에게 어떠한 허물이 있으리오(何咎)!

九五: 孚于嘉。吉。
구 오　부 우 가　길

九五는 강건중정剛健中正의 덕이 있는 天子다! 상괘의 中을 얻고 있고 양위에 양효이니 가져야 할 것을 다 가지고 있는 반듯한 군주다. 六二와 正應한다. 六二는 내괘의 중앙에 있으며, 음위에 있는 음효이니 正中의 덕을 지니고 있다. 九五와 六二는 음양상응하니 이상적인 만남이 이루어진다. 九五는 아래의 가인嘉人에게 모든 신의를 지킨다(孚于嘉). 上·下의 이러한 신실한 교감이 이루어지는 사회는 吉하다.

上六: 拘係之, 乃從維之。王用亨于西山。
상 육　구 계 지　내 종 유 지　왕 용 향 우 서 산

上六은 수괘의 궁극이다. "따름"의 도의 지극함을 나타낸다. 보통 上은 별볼일없는 무위無位의 자리이지만 여기 따름의 괘에 있어서는 무게가 있는 원로의 모습을 지닌다. 上六은 음효로서 그 위位가 正하고, 유순하고 정의로운 현인賢人의 상象이다. 지금은 世와 격절하여 홀로 살고있는 은자隱者이다. 그러나 가嘉를 사랑하는 九五의 임금은 그 숨은 현자를 잊을 수 없다. 나라의 대사에 그의 덕德을 필요로 한다. 그래서 군주의 위엄으로써 그를 묶어 끌어낸다(拘係之). 그리고 그에게 간청하여 깊은 유대감을 표현한다(乃從維之). 九五는 그를 모셔다가 그와 함께(用) 서산西山에서 하느님께 제사를 지낸다(王用亨于西山).

(※ 隨卦의 효사 속에 노예를 사고팔던 노예제시대의 구습이 반영되어 있다고 보는 견해도 있다. 일례를 들면, 系小子, 失丈夫는 "꼬마노예에 집착하다가 어른노예를 잃어버린다"라는 식으로 읽는 것이다. 여기 上六의 "묶는다"라는 표현도 그러한 풍습이 남아있다는 것이다. 재미있는 간법看法이기는 하지만 크게 의미를 지니지 않는다).

18

손하巽下
간상艮上

산풍 고 蠱

Destruction and Restoration

象曰: 山下有風, 蠱。君子以振民育德。
상 왈 산 하 유 풍 고 군 자 이 진 민 육 덕

산山(艮) 아래에 바람(巽)이 있는 것이 고괘의 모습이다. 바람은 산을 휘돌면서 모든 것을 무질서로 빠뜨리고 파괴를 초래한다. 이러한 고괘의 모습은 새로운 건설을 요구하는 일거리의 시대를 도출시킨다. 군자는 이러한 고괘의 모습을 본받아 대중에게 리더십을 발휘하여 그들의 의지를 진작시키고 진휼振恤(구제)사업을 대대적으로 감행하고, 그와 동시에 자신의 내면적 덕성을 기른다. 진민振民은 外요, 육덕育德은 內다. 내・외를 같이 해야만 부흥은 성공한다. 정이천은 말한다: "군자에게 있어서 진민과 육덕 이 두 가지보다 더 큰 것은 없다. 君子之所事, 无大於此二者。"

괘사 蠱, 元亨。利涉大川。先甲三日, 後甲三日。
고 원 형 리 섭 대 천 선 갑 삼 일 후 갑 삼 일

사물이 파괴되고 질서가 흐트러지지만 새로운 건설이 시작되는 고蠱의 세계는 보편성이 있고 리더십이 있고(元), 하느님과 소통하는 제사의 힘이 있다(亨). 그대들 앞에 가로놓여 있는 저 거대한 강물(미래의 이상을 향한 새로운 도전)을 과감히 헤엄쳐 나가는 데 이로움이 있을 것이다(利涉大川). 그러나 그러한 대사大事를 반드시 디데이인 갑일甲日을 중심으로 앞선 3일 즉 신일辛日부터(先甲三日) 준비를 해야 하고 모든 선택의 가능성을 고려해야 하며, 거사로부터 3일이 지난 정일丁日에 이르기까지(後甲三日) 그 후폭풍의 모든 마무리를 치밀하게 해야 한다.

효사 **初六: 幹父之蠱, 有子, 考无咎。厲終吉。**
초육 간부지고 유자 고무구 려종길

고괘의 첫 효인 初六은 음효이면서 양위에 있으니 正을 얻고 있지 못하다. 그러나 正을 얻지 못했기에 오히려 부패나 퇴폐에 물들지 않은 패기 찬 젊은이의 모습이 있다. 고괘의 성격에서 그러한 상이 도출된다. 부패는 항상 대를 걸러 축적되는 것이다. 初六은 아버지대로부터 내려오는 부패를 청산하고 그 대간을 바로 세우려 노력한다(幹父之蠱). 이러한 아들을 둔(有子) 아버지(考)는 오히려 허물에서 벗어날 수 있다(考无咎). 아들은 음효이고 여리다. 그러나 정의로운 뜻만은 확실하다. 부패청산의 길이 위태롭겠지만(厲), 끝내 승리할 것이다(終吉).

九二: 幹母之蠱, 不可貞。
구이 간모지고 불가정

이 효는 양효로서 양강陽剛하면서도, 또한 하괘의 中을 얻고 있다. 매우 정의롭고 듬직한, 그러면서 뚝심있는 훌륭한 아들의 상이다. 九二와 응하는 六五는 음효로서 엄마에 해당된다. 九二는 엄마로 인하여 생긴 묵은 부패의 고리들을 다 청산하여 집안의 대간을 바로잡는다(幹母之蠱). 철저한 부패의 청산이다. 그러나 엄마는 어디까지나 엄마다. 너무 가혹한 잣대를 들이밀 필요는 없다. 이러한 부패청산을 신에게까지 물을 필요는 없다(不可貞). 너의 굳건한 상식으로 행하라!

(※ 고괘蠱卦는 진정한 혁명의 괘이다. 역은 끊임없는 변화이고, 쉴 줄 모르는 변혁이다).

九三: 幹父之蠱。小有悔, 无大咎。
구삼 간부지고 소유회 무대구

九三은 양효로서 陽位에 앉아 正을 얻고 있지만 하괘의 꼭대기에 있어 중용中庸을 벗어나 있다. 과강부중過剛不中하여 매사가 지나치는 성향이 있다. 이 괘의 각 효사에 나타나는 "아버지"는 동일 인물이 아니라, 각 효사의 정황에 맞는 유니크가 각 효의 아버지이다. 九三은 정의로운 자세로 개혁에 참여한다. 아버지로부터 누대에 걸친 부패를 바로잡아 대간을 바로세운다(幹父之蠱). 그의 지나친 성격으로 인하여 약간의 후회스러운 일이 있을 수는 있으나(小有悔), 결국 큰 허물이 없이 끝날 것이다(无大咎).

六四: 裕父之蠱, 往, 見吝。
육사 유부지고 왕 견린

六四는 음위陰位에 음효陰爻, 正을 얻고 있다. 따라서 아버지로부터 물려받은 가업의 부패와 실추를 바로잡으려는 의지가 있다. 그러나 음효이기 때문에 강단이 부족하고 유약하다. 이 六四가 속한 간괘艮卦에도 나태의 속성이 있다(艮=止=怠).

아버지의 적폐에 대하여 느슨하고 그 숙폐宿弊를 과감히 단절시키지 못한다(裕父之蠱). 관용이 지나쳐 시간이 지나면 지날수록 부패는 만연케 된다. 앞으로 나아갈수록(往), 아쉬움만 남긴다(見吝).

六五: 幹父之蠱。用譽。
육오 간부지고 용예

六五는 천자天子이다. 上卦의 中으로서 개혁의 중심에 서 있다. 음효임에도 불구하고 양위에 있기 때문에 아버지대로부터의 실추와 타락과 악폐를 바로잡아 대간을 세우려는(幹父之蠱) 의지가 강하다. 더구나 하괘의 九二와 應하는데 九二는 서민의 지지를 얻는 강건중용剛健中庸의 사나이다. 六五는 九二와 마음을 통하여 느슨하지도 과격하지도 않게 중용의 개혁을 차곡차곡 진행시켜 나간다. 그렇게 함으로써(用), 결국에는 역사에서 위대한 영예를 차지한다(用譽). 후세에 좋은 본보기가 된다.

上九: 不事王侯。高尚其事。
상구 불사왕후 고상기사

上九는 양효로서 양강한 재질을 가지고 있으나 上의 자리는 이미 無位의 자리이다. 上九의 자리는 이미 고蠱의 사업이 끝나는 자리이다. 부패와 무질서가 청결되고 고결한 질서가 자리잡는 시기이다. 그래서 이 上九의 효사에만 유일하게 "고蠱"라는 글자가 등장하지 않는다. 대신 "사事"가 두 번이나 등장한다. 효사는 치밀한 구성미를 과시하고 있다.

上九는 세사世事에 초연한 무위無爲의 강인한 인물이다. 구태여 은둔자라 말할 필요도 없다. 하괘와 正應의 관계가 없다. 그러니 알아주는 사람도 없다. 인부지이불온人不知而不慍의 인간이다. 그는 왕후王侯를 섬기지 않기에(不事王侯) 적폐청산의 일(事)을 객관적이고도 사심없이 고결하게 추진시킨다. 그 일을 숭고하게 만든다(高尚其事). 그래서 천하사람 모두에게 존경을 얻는다.

19

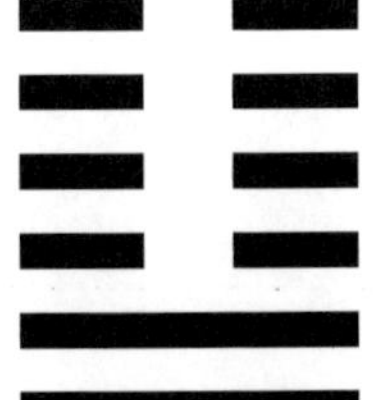

태하兌下
곤상坤上

지택 림 臨

Approaching, Growing Upward

象曰: 澤上有地, 臨。君子以教思无窮, 容保民无疆。
상 왈 택 상 유 지 림 군 자 이 교 사 무 궁 용 보 민 무 강

연못 위에 대지가 펼쳐져 있는 모습이 림괘의 모습이다. 그러니까 대지 위에서 연못을 내려다 보는 다스림의 상이다. 그러므로 군자는 이 림괘의 모습을 본받아(以) 대중을 가르치고 사랑하는 모습이 궁窮함이 없다(사랑하는 마음이 다함이 없다). 그리고 대중을 포용하고 보호하는 자세가 대지와도 같이 너르고 또 너르다(无疆).

괘사 臨, 元, 亨, 利, 貞。至于八月, 有凶。
림 원 형 리 정 지 우 팔 월 유 흉

림괘는 민중에게 림臨한다는 뜻이며 매우 영향력이 큰 거대한 괘이다. 그러므로 元, 亨, 利, 貞의 사덕을 모두 갖추고 있다. 主爻인 九二는 양강陽剛하며 하괘의 中에 있으며 上卦의 六五와 應하고 있기 때문에 전진의 희망으로 가득차 있다. 그러나 양의(두 개의 양효) 세력이 지금은 피어나고 있지만 거꾸로 양의 세력이 쇠퇴하는 반대의 상황은 일음일양一陰一陽의 변화 속에서는 꼭 도래하기 마련이다. 팔월八月(가을의 시작)에 이르게 되면(至于八月)

음이 자라 양을 압박한다. 凶한 형국이다(有凶). 대비해야 한다. 군자의 도가 성盛하는 시기에도 쇠衰하는 시기의 비극을 가슴에 새기고 있어야 한다.

효사 初九: 咸臨。貞, 吉。
초구 함림 정 길

림괘의 첫 효는 陽位에 陽爻, 正을 얻고 있다. 상괘인 六四와 음양으로 감응感應한다. 初九는 感의 주체이고 六四는 應의 주체이다. 이 둘의 만남(Encounter)이 감응이다. 易의 우주는 감응의 우주이다.

바른 느낌으로 임한다(咸臨: 咸=感). 바른 군자가 미래에 관해 물음을 던지면 길하다(貞, 吉). 느낌을 통해 새로운 세계를 펼쳐가기 때문이다.

九二: 咸臨, 吉。无不利。
구이 함림 길 무불리

九二도 상괘의 六五와 응應하고 있다. 六五는 유순(음효)하며 九二는 강한 생명력을 지니고 있으며 中을 얻고 있다. 그러므로 유순한 천자인 六五를 성의를 다하여 느낌으로 감동시킨다. 九二의 앞길은 길하다. 이롭지 아니할 이유가 없다(无不利). 九二의 "함림咸臨"은 初九의 "함림"보다 양강陽剛이 더 진전되어 그 성의와 느낌이 더욱 성대盛大하다.

六三: 甘臨, 无攸利。旣憂之, 无咎。
육삼 감림 무유리 기우지 무구

六三은 하괘의 최상위. 臨은 윗사람이 아랫사람에게 임하는 것이다.

六三은 치고 올라오는 初九·九二의 二剛에게 임하는 것이다. 六三은 不中不正한 小人이다. 六三은 아랫사람들을 진실로 대하지 않고 꾀를 부려 감언이설로 대한다(甘臨: 달콤하게 임한다).

그러나 교언영색巧言令色의 감림甘臨은 아무런 이득을 가져오지 않는다(无攸利). 六三이 이러한 정황을 알아차리고 자신의 운명이 잘못될 것을 걱정하여(旣憂之), 자라 나오는 정의로운 세력을 성실하게 대한다면 허물이 없으리라(无咎).

六四: 至臨。无咎。
육 사 지 림 무 구

六四는 음유陰柔의 대신大臣이다. 재능이 탁월하지는 않다 해도 그 位가 正하여 마음씨가 방정方正하다. 初九와 應한다. 六四는 자기를 비우고 初九의 현인을 찾아간다. 자기를 낮추어 初九의 곳으로 찾아가는 방식을 지림至臨이라 표현했다. 상하가 소통하니 허물이 있을 수 없다(无咎). 유현덕이 공명을 찾아가는 것도 지림이다.

六五: 知臨, 大君之宜。吉。
육 오 지 림 대 군 지 의 길

六五는 유순柔順한 덕성을 지니고 있으며, 그 자리로 말하면 중용中庸의 天子이다. 최고의 리더이다. 음효이기 때문에 九二와 잘 應한다. 九二는 강중剛中의 현인賢人이다. 六五는 자신의 지식을 사용하지 않고 아랫사람들의 의견을 활용할 줄 아는 지혜를 구사한다. 지혜로써 민중에 임하는 것이다(知臨: 知=智). "지혜로운 임함"은 아무나 行할 수 있는 것이 아니다. 대군大君에게나 어울리는 지혜의 방식이다(大君之宜). 이러한 리더를 가진 사회는 吉하다.

上六: 敦臨, 吉。无咎。
상육 돈림 길 무구

上六은 上卦의 극한이지만 六四, 六五와 함께 대지(☷)를 이루는 한몸이다. 보통 6의 자리는 좋지 않다. 허虛가 없고 과過하다. 그러나 림괘臨卦의 上六은 임臨하는 괘이기 때문에 아래로부터 치고 올라오는 二陽과 應한다.

가장 높은 자리에서 교만하지 않고, 정의로운 세력들을 도타운 마음으로 포섭한다. 이미 六五의 대군大君도 "지림知臨"의 마땅한 마음을 보여주었기 때문에 上六도 대군大君의 본보기를 따라 도탑게 임한다. 이것을 "돈림敦臨"이라고 표현했다. 이러한 인간세는 아름다운 세상이다. 모든 것이 吉하다. 허물이 없다(无咎). 해피 엔딩이다.

1. 咸臨　2. 咸臨　3. 甘臨　4. 至臨　5. 知臨　6. 敦臨

20

곤하坤下
손상巽上

풍지 관 觀

Observation, Envisaging

象曰: 風行地上, 觀。先王以省方, 觀民, 設敎。
상왈 풍행지상 관 선왕이성방 관민 설교

바람(손괘☴)이 대지(곤괘☷) 위를 두루두루 가는 모습이 관괘의 형상이다. 선왕(culture hero, "작作"의 주체)은 이 괘의 형상을 본받아 두루두루 여러 지방을 순행하면서 살피고, 백성들의 삶의 현실을 관찰하여 보고, 그 풍속에 맞게 예교禮敎를 설設한다. 예교를 설한다는 것은 백성들이 바라볼 수 있는(觀) 모범을 만드는 것이다.

괘사 觀, 盥而不薦。有孚, 顒若。
관 관이불천 유부 옹약

하느님의 뜻을 살피는 제사를 올린다. 제주는 손을 씻어 자기 몸을 성화聖化한다(盥). 하느님께 음식과 술을 올리기 전(不薦) 그 긴장된 순간에는, 그 마음, 천지의 성실함으로 넘친다(有孚). 그 때는 주변의 사람들도 다 같이 공경하는 마음으로 우러러본다(顒若: 若은 然). 하느님께서 임재하신 것이다.

효사 初六: 童觀。小人, 无咎; 君子, 吝。
초육 동관 소인 무구 군자 린

관괘觀卦의 첫째 음효인 初六은 양위에 있는 음효로서, 가장 아래에 위치하고 있다. 주효인 九五를 흠모하지만 너무 멀리 떨어져 있어서, 九五天子의 중정의 미덕을 체화시키는 것이 불가능하다. 그러므로 그가 보고 듣는 것이 천박하고 비속할 수밖에 없다. 유치하게 세상을 바라볼 수밖에 없다(童觀).

그런데 동관은 세상운영의 책임을 지지 않은 서민들의 경우(小人), 허물이 될 이치가 없다(无咎). 순수한 무지는 결코 사회악이 아니다. 그런데 세상에 책임을 진 군자君子가 동관童觀한다면(유치하게 사상을 바라본다면) 그것은 많은 이에게 허물을 끼친다(吝).

이 효사는 지식인의 책임을 강조한 것이다. 어린이(혹은 어린이같은 서민)의 순수무지는 포폄의 대상이 아니다.

六二: 闚觀。利女貞。
육이 규관 리여정

六二는 음유한 효이면서 初六보다 높은 지위에 있지만, 재능이 없고 지위도 낮다. 九五天子의 中正의 덕을 직접 우러러보는 기회도 주어지지 않는다. 따라서 六二의 세상보기는 규관闚觀에 머물러 있다. 문틈 사이로 바깥세상을 엿보는 것과도 같다. 세상보는 눈이 협애하다. 세상 밖을 나갈 수 없는 여인이 점을 치면 오히려 이로운 결과가 나올 수도 있다(利女貞). 좁은 공간을 뛰어넘는 신의 의지를 만날 수도 있기 때문이다. 그러나 문밖에서 말타고 다니면서 당당하게 세상을 보아야 할 대장부에게 이러한 "규관"은 수치스러운 것이다.

六三: 觀我生, 進退。
육삼 관아생 진퇴

六三은 하괘의 제일 높은 자리에 있다. 양의 자리에 음효로서 머물고 있다. 항상 三의 자리는 위태로운 성격이 있으며 결단을 요구한다. 九五와 교감하는 자리에 있지도 않으며 자기 스스로 자기 운명을 결단해야만 한다. 점프해서 나아갈 것인가? 뒤로 물러날 것인가? 진퇴進退에 관한 결정을 해야 한다. 이때 가장 정직한 방법은 자기 삶의 역정을 되돌아보는 것이다. 아생我生을 관觀하여, 진進할지, 퇴退할지를 결정하라! 나의 행위의 결과야말로 나의 삶의 진로를 결정하는 훌륭한 기준이 된다.

六四: 觀國之光。利用賓于王。
육사 관국지광 리용빈우왕

한 나라에서 크게 벼슬을 할려면 天子 개인을 살피지 말고 그 나라의 빛을 살피라는 것이다. 나라의 빛을 보라(觀國之光)! 성덕이 넘치는 그 나라의 왕에게 초빙되어 가는 것은 이로움이 있다(利用賓于王).

九五: 觀我生。君子无咎。
구오 관아생 군자무구

九五는 양강하며 中正, 존위尊位를 얻고 있다. 아래의 4음효가 우러러보는 자리인 동시에 네 개의 음효를 내려다보고 있다. 더 이상 좋을 수가 없는 강건중정剛健中正의 천자天子로서 관괘觀卦의 主爻이다.

이 군주는 자기 삶의 프로세스가 生한 결실을 총체적으로 전관全觀해야 한다(觀我生). 자기 삶에 끊임없이 도덕성을 도입하여 중용의 건강을 부여했다면 군자로서 아무런 허물이 없을 것이다(君子无咎).

天子로서 자기 生을 되돌아본다는 것은 민중의 삶의 건강, 불건강을 되돌아보는 것이다. 민중의 삶의 족적이야말로 문명文明의 선善·불선不善의 기준이다. 문명은 정치의 축적태이다.

上九: 觀其生。君子无咎。
상구 관기생 군자무구

"관아생觀我生"이 "관기생觀其生"으로 되어있다. 그 생生을 관觀하는 주체主體가 민중으로 바뀌어있다.

여기 上九는 九五의 군위君位보다도 더 높은 자리에 있다. 옛부터 왕보다 더 높은 사람이 있었다. 관작에 초연하게 사는 은둔자들, 정계政界의 밖에서 그 사회의 도덕의 기준을 만들어가는 유유자적한 현자들, 이들은 왕보다 더 높은 사람들로서 존숭되어 왔다. 여기 上九는 고괘蠱卦의 上九와도 통한다. "기생其生"은 민중이 평가하는 "그 삶"이다. 민중이 그 삶을 평가할 때(觀其生) 이 무위無位의 은둔자가 군자다운 삶을 누리고 있다고 평가한다면 이 은둔자의 삶에는 허물이 없는 것이다(君子无咎).

은둔의 심오한 철학이 설파되고 있다. 은자라고 해서 세상을 피하기만 하면 되는 것이 아니다. 항상 끊임없이 도덕적 가치기준을 유지해야 한다는 것이다. 은자도 결코 자유롭지 않다.

1) 童觀 2) 闚觀 3) 觀我生 4) 觀國之光 5) 觀我生 6) 觀其生

21

진하震下
리상離上

화뢰 서합 噬嗑

Biting Through, Punishment

象曰: 雷電, 噬嗑。先王以明罰勅法。
상왈 뢰전 서합 선왕이명벌칙법

우레가 요동하는 바탕 위에서 번개가 내려치는 형상이 서합괘의 모습이다. 번개는 밝은 것이요, 우레는 권위가 있는 것이다(電明而雷威). 선왕은 이 서합괘를 본받아서 형벌을 명확하게 하고, 법을 엄격하게 적용한다.

괘사 噬嗑, 亨。利用獄。
서합 형 리용옥

서합은 진실로 사회체제를 바로잡는 데 필요한 모든 여건을 갖추고 있다. 하느님께 제사를 지내고 모든 사람과 함께 형벌의 공평한 의미를 향유할 만하다(亨). 옥사를 일으키는 데 이로움이 있다(利用獄). 평화는 형벌을 바르게 행하는 데서 획득되어지는 것이다.

효사 初九: 屨校, 滅趾。无咎。
초구 구교 멸지 무구

初와 上은 位가 없다. 그러니까 初와 上은 벌을 받는 사람이고, 二,

三, 四, 五는 벌을 주는 사람이다.

初九는 죄인이다. 그래서 발에 족쇄를 채워 움직이지 못하게 한다(屨校). 그리고 발꿈치에 상처를 낸다(滅趾). 初九의 불운일 것 같지만 그렇지 아니하다. 작게 벌을 받고 크게 뉘우칠 수 있으니 오히려 허물이 없다(无咎). 소인小人의 복福이다.

六二: 噬膚, 滅鼻, 无咎。
육이 서부 멸비 무구

六二는 中正을 얻고 있다. 형벌을 가하는 자가 中正의 미덕을 지녔다는 뜻이다. 맛있는 돼지고기를 먹을 때 코가 파묻히듯이(噬膚, 滅鼻) 쉽게 단도직입적으로 죄상을 파악하고 판결을 내리니 허물이 없다. 이 해석은 六二가 상대로 한 죄인이 악성의 죄인이 아니라는 것을 뜻한다. 그리고 六二의 中正의 德에 감화를 입었다는 뜻도 들어있다.

그러나 정이천의 해석은 "噬膚, 滅鼻"를 혹독한 판결로 푼다. 엄벌을 내린다는 뜻이다. 六二가 상대로 한 죄인이 악성이라는 뜻이다.

六三: 噬腊肉, 遇毒。小吝, 无咎。
육삼 서석육 우독 소린 무구

六三은 유약하면서 不中不正하다. 취조과정에서도 쉽게 자백을 받아내지 못한다. 질긴 석육(말린 돼지고기)을 씹다가(噬腊肉) 독을 만나는 것처럼 애먹는다(遇毒). 그러나 이 괘는 부당한 자들을 제거하는 괘이므로 六三의 행위는 근원적으로 정당하다. 끈질기게 죄상을 물어 철저히 조사한다. 처음에는 약간의 아쉬움이 있겠지만(小吝), 결국은 허물을 남기지 않는다(无咎).

九四: 噬乾胏, 得金矢。利艱貞, 吉。
구사　서건자　득금시　리간정　길

九四는 형벌을 주관하는 사법대신이다. 임금의 位에 가깝게 있으면서 서합(형벌)의 책임을 한 몸에 지니고 있다. 괘의 반을 지났으므로 범죄자의 도수도 강해진다. 그만큼 형벌을 관장하는 九四의 자세도 엄정해진다. 형벌을 내리는 책임의 간난을 건자를 씹는 것과도 같다(噬乾胏)고 했다. 건자는 뼈다귀와 함께 말린 돼지고기 육포로서 석육腊肉보다 훨씬 더 질기다. 씹기가 더 괴롭다. 그런데 건자를 씹다가 그 속 뼈다귀에 박혀있는 금화살촉을 발견한다(得金矢). 금화살은 상징성이 풍부하다. 불의의 세력을 물리치는 어려운 상황을 부패 없이 곧게 타개해나간다는 것을 의미한다. 九四는 밝고 강인하고 과단성 있다. 서합의 사명을 완수해나갈 수 있는 좋은 일꾼이지만 끊임없이 간난의 상황에 봉착한다. 간난의 상황 속에서 점을 치면 항상 이로운 결과가 나온다(利艱貞). 전체적으로 吉하다.

六五: 噬乾肉, 得黃金。貞, 厲。无咎。
육오　서건육　득황금　정　려　무구

六五는 군주 자신이다. 이 효는 중대한 사안에 관하여 군주 자신이 판결을 내리는 상황에 해당된다. 상괘의 중앙에 있으며 중용의 덕성을 지닌 군주이다. 음효이므로 유순하다. 그는 곤란한 중대범죄사건을 취조하는 데 있어서도 유화柔和하며 中庸의 道를 지킨다. 더구나 그에게는 九四의 능력 있는 사법대신의 보좌가 있다. 여기 "건육乾肉"은 六三의 석육腊肉보다 질기고 九四의 건자乾胏보다는 씹기 편하다. 재판과정이 어렵기는 해도 잘 진행된다는 것을 말해주고 있다. 건육을 씹다가(噬乾肉) 황금을 얻는다(得黃金). 황금 화살촉을 얻는다는 뜻인데 九四의 "득금시得金矢"와 대동소이하다. 단지 "황금黃金"이라 표현한 것은 황색이 天子의 色이요 중앙의 색이니, 판결이 中을 얻었다는 것을 상징한다.

국가대사의 판결에 관해서는 항상 물음이 따른다. 과연 진실에 적중하고 있는가? 형벌이 범죄에 합당한가? 그 정당성을 하느님께 묻는다(貞). 하느님은 말씀하신다: "위태로운 상황이 전개될 수 있느니라(厲). 조심하여라!" 六五의 군주는 하느님의 계시에 따라 정도를 지키고 근신하며, 신중을 기한다. 끝내 허물이 없다(无咎).

上九: **何校, 滅耳。凶。**
상구 하교 멸이 흉

서합괘의 종국. 上九는 형벌을 당하는 죄인의 입장이다. 上九는 큰 칼을 찬다(何校). 그리고 귀를 베는 형벌을 받는다(滅耳). 이런 죄인의 형벌 그 자체가 본인은 물론, 나라로 볼 때에도 흉한 일이다(凶).

22

리하離下
간상艮上

산화 비 賁

Embellishment, Civility

象曰: 山下有火, 賁。君子以明庶政, 无敢折獄。
상왈 산하유화 비 군자이명서정 무감절옥

산아래 불이 타고 있어 불빛이 산 전체의 모습을 찬란하게 비추고 있는 형상이 비괘이다. 그러나 이 찬란한 산의 모습은 어디까지나 천문天文(하늘의 질서)이지 인문人文(인간이 창조한 질서)이 아니다. 이에 군자는 이 괘를 본받아 모든 정사를 명료하게 함으로써 산이 찬란하게 빛나듯이 인간세상을 찬란하게 만든다. 형刑이라는 것은 어디까지나 진실에 부합되어야 하는 것인데 그 진실을 밝히는 것이 어렵다. 비괘와 같이 위대한 정치를 행하는 사람은 서정庶政의 건실한 모습에 관심을 집중시키고 함부로 옥사를 일으키지 않는다.

괘사 賁, 亨。小。利有所往。
비 형 소 리유소왕

비는 문명의 질서를 형성하는 수식이다(賁). 질서를 창조하는 작업을 위해 우리는 하느님과 소통해야 한다(亨). 제사를 지내라. 그러나 수식은 작을수록 좋다(小). 문명의 모험을 감행하는데(有所往) 리利가 있다.

효사 初九: 賁其趾。舍車而徒。
초구 비기지 사거이도

初九는 강의剛毅한 덕성을 지닌 무위無位의 군자이지만, 현명賢明(하괘 리離☲ 밝음의 덕성을 지님)하며 자기가 최하위에 있다는 것을 부끄럽게 여기지 않는다. 여기 "비기지賁其趾"는 문자 그대로는 "발꿈치를 장식한다"이지만 그 뜻은 "한 걸음 한 걸음을 깨끗하게 가꾼다"는 뜻이다. 발꿈치는 걸음의 가장 중요한 부분이며 이 걷는다(行)는 뜻은 "행동한다"는 뜻과 상통한다. 인생의 역정을 아름답게 가꾼다는 뜻이다. 이 군자에게 부귀한 자가 마차를 선물할 수도 있고, 또 지나가는 자가 마차를 권유할 수도 있다. 그러나 이 군자는 빨리 편하게 갈 수 있는 마차를 타는 것을 거부한다. 그리고 두 발로 천천히 걸어서 간다(舍車而徒).

六二: 賁其須。
육이 비기수

六二는 하괘의 중심이며 中正을 얻고 있다. 六二는 실제로 비괘의 主爻라 말할 수 있다. 그런데 六二는 상괘와 應하지 않는다. 九三도 마찬가지다. 六二와 六五는 같은 음효, 九三과 上九는 같은 양효, 上・下의 감응이 없다. 六二는 바로 위의 九三(比의 관계)과 감응할 수밖에 없다. 그런데 九三의 형상을 보면 九三으로부터 4개의 효의 모습이 턱의 모습이다(☳). 九三은 아래턱(下顎)에 해당된다. 그렇다면 六二는 아래턱에 붙은 수염이 된다. 六二는 자기의 모습인 수염을 아름답게 수식한다(賁其須). 그러나 수식은 수식일 뿐, 독자적인 실질이 없다. 九三을 따라 움직일 뿐이다. 文明의 장식도 마찬가지다. 천지대자연의 실질적 바탕 위에서만 그 아름다움을 발현하는 것이다.

九三: 賁如, 濡如。永貞。吉。
구삼 비여 유여 영정 길

九三은 문명의 성대함의 극치에 처해있다. 리괘☲(밝음)의 상위이며 양효로서 실질實質을 확보하고 있으며 아래, 위로 음효로 둘러싸여 있다. 음효는 양효를 수식한다. 그러니까 九三은 비賁(장식)의 아름다움의 극치이다.

그 모습이 성대하고(賁如), 윤기가 흐른다(濡如). 그러나 수식은 존재의 본질이 아니다. 수식은 시대에 따라 변한다. 아름다움은 고정된 것이 아니다. 그러므로 易의 하느님은 九三에게 말한다: "구원久遠한 주제를 향해 점을 쳐라"(永貞). 그래야 吉한 결과를 얻으리라.

六四: 賁如皤如, 白馬翰如。匪寇, 婚媾。
육사 비여파여 백마한여 비구 혼구

六四는 하괘인 리괘☲를 벗어났고, 이것은 문명의 꾸밈에서 벗어났다는 것을 의미한다. 문명의 수식에서 벗어난 질박한 상태를 나타내는 형용사는 "희다"이다.

六四의 수식한 모습(賁如)이 파여皤如(노인의 깨끗한 백발의 흰색)하다. 백마가 흰 갈기털을 휘날리며 새가 날 듯이 달려간다(白馬翰如). 누구에게? 수레를 주어도 거부하고 맨발로 걷는 무관無冠의 현자賢者, 初九에게로 가고 있는 것이다. 백마를 휘날리며 달려오는 이 여인은 결코 도둑질하러 가는 것이 아니다(匪寇). 좋은 배필로서 가고 있는 것이다(婚媾).

六五: 賁于丘園。束帛戔戔。吝, 終吉。
육오 비우구원 속백잔잔 린 종길

六五는 外卦의 中, 음유陰柔한 天子이다. 六五는 비괘의 본래적 정신을 구현하는 위대한 군주이다. 허식보다 실질을 숭상한다. 六五는 六二와 應하지 않는다. 그래서 문명의 낭비로부터 떠난 은퇴의 현자, 아주 질소하게 살고있는 산림의 처사인 上九의 도움을 청하려 한다. 그래서 자기의 성곽 밖에 있는 질소한 별궁인 구원丘園의 별장으로 그를 청하여 초빙의 예를 행한다(賁于丘園). 예물은 일속一束의 비단, 잔잔戔戔한 것이다(束帛戔戔: 잔잔 = 근소함). 이 소식을 들은 사람들은 쩨쩨하다(吝)고 투덜댈지도 모르겠다. 그러나 문명의 전환은 이러한 검약의 예로부터 이루어진다. 끝내 사람들은 이 왕의 노력을 평가하게 될 것이다. 吉하다.

上九: 白賁, 无咎。
상구 백비 무구

문명의 극점은 문명의 수식을 無化시키는 것이다(白賁). 극점極點은 반점反點이요, 환점還點이요, 귀점歸點이요, 복점復點이다. 꾸밈의 극치는 꾸밈이 없는 것이다. 백비白賁로 돌아갈 때만이 허물이 없다(无咎)!

23

곤하坤下 간상艮上 산지 박 剝

Peeling Off, Collapse

> 象曰: 山附於地, 剝。上以厚下, 安宅。
> 상 왈 산 부 어 지 박 상 이 후 하 안 택

산(간艮☶)이 땅(곤坤☷)에 간신히 납작하게 붙어있는 것이 박괘의 모습이다. 땅위에 우뚝 당당히 솟아야 할 산이 비실비실 짜부러져 있는 것은 산의 속을 다 갉아먹어 실實한 내용이 없기 때문이다. 여기 처음으로 주어를 군자, 선왕先王, 대인大人, 후后를 쓰지 않고 그냥 "상上"이라 한 것도 주목할 만하다. 이것은 "후厚"의 목적인 "하下"와 대비되는 상대개념으로 "상上"에 모든 상징적 의미를 담아 주어로 쓴 것이다. 기발하다 할 것이다. 이 박괘의 형상을 볼 줄 안다면 사회의 상층을 형성하는 사람들은 반드시 하층을 형성하는 인민을 평소에 후하게 살찌게 내용이 실하도록 만들어야 한다. 그래야만 그 삶의 세계(레벤스벨트=택宅)가 안정적 기반을 획득할 수 있는 것이다. 박의 상을 본받아 상上은 평소에 하下를 후하게 대하라! 그래야 그대의 택宅을 편안하게 할 수 있다.

괘사 剝, 不利有攸往。
박 불 리 유 유 왕

박괘는 진실이 박탈되고 있는 위태로운 형국이다. 그럼에도 강인한 양효가 꼭대기에서 버티고 있으니 대견하다 할 것이다. 소인이 극성하여 군자가 곤궁한 시기에는 언어를 신중히 선택하고, 자기능력을 과시하지 말고 숨겨야 한다. 적극적으로 모험을 감행할 카이로스가 아니다. 모험을 강행하는 데 利가 없다(不利有攸往).

효사 **初六: 剝牀以足。蔑, 貞。凶。**
초육 박상이족 멸 정 흉

전체적으로 음이 성장하여 양(군자)이 박탈되어가는 박괘의 첫 단계. 初六은 位가 正하지 못하다. 初六이 눕는 침상의 다리가 썩어 들어가고 있다(剝牀以足). 음의 세력이 침대의 다리(대인의 세력을 상징)를 갉아먹고 있는 것이다. 군자가 소인에게 밀려 능욕을 당하고 있는 상황이다(蔑). 이러한 상황에 대해 하느님께 묻는다(貞). 그러나 대답은 凶하다. 양효(군자들)의 앞날이 밝지를 못하다는 뜻이다.

六二: 剝牀以辨。蔑, 貞, 凶。
육이 박상이변 멸 정 흉

음효는 계속 성장하고 있다. 박탈은 도수를 더해가고 있다. 침상을 박탈하는 것이 그 동체(널빤지)에 이른다(剝牀以辨). 멸시를 당하는 가운데 점을 친다(蔑, 貞). 흉운凶運이다. 박탈은 계속 진행될 것이다.

六三: 剝之, 无咎。
육삼 박지 무구

박괘는 初부터 五까지 모두 음효다. 다시 말해서 5개의 음효가 하나의 양을 박락剝落시키려 하고 있다. 이러한 小人의 합세 와중에도 항상 양심세력은 있다. 이 다섯 개의 음효 중에서 유일하게 上九와 應하는 효가 바로 이 六三의 음효이다. 나머지는 모두가 음끼리라서 應이 없다. "박지剝之"는 침상이라는 목적어가 없다. "박지剝之"는 음효의 패거리로부터 박탈된다. 즉 벗어난다는 의미이다. 양심세력의 결단을 상징한다. 六三은 음효그룹에서 벗어남으로써 허물을 면한다(无咎).

六四: 剝牀以膚, 凶。
육사 박상이부 흉

음에 의한 박탈이 더 심화되고 있다. 아마도 괘 전체를 통해 六四의 정황이 가장 박탈이 심한 상태라고 말할 수 있다. 역의 순환의 논리를 전제로 할 때 六五로부터는 이미 양의 세력이 활성화된다고 볼 수밖에 없다. 직선적인 아포칼립스는 易에는 없다.

침대의 박탈이 요로 사용하는 동물의 가죽에 미친다(剝牀以膚). 위기가 절박하게 다가오고 있다. 凶하다(※ "蔑, 貞, 凶"이라 말하지 않고 곧바로 "凶"이라 하였다).

六五: 貫魚, 以宮人寵。无不利。
육오 관어 이궁인총 무불리

六五는 보통 군주의 자리이지만, 여기서는 다섯 음효의 한 패거리 속에 종속되는 자리이니 왕후王后로 해석할 수밖에 없다. 박괘剝卦에서 군주는 上九이다.

왕후王后는 명태꾸러미에 고기들을 꿰듯이(貫魚) 궁인宮人들(다섯 음효)을 통솔하여 그들로 하여금 上九의 총애를 받도록 만든다(以宮人寵). 소인들을 규합하여 선업에 종사하도록 만드는 행위를 상징하고 있다. 이러한 六五의 행위는 利롭지 아니할 바가 없다(无不利).

上九: 碩果不食。君子得輿, 小人剝廬。
상구　석과불식　군자득여　소인박려

上九는 나무 꼭대기에서 떨어지지 않고 홀로 버티고 있는 커다란 과일과도 같다. 이 석과는 결코 멕힐 수 없다(碩果不食). 上九는 박탈의 극치요, 음의 극성이요, 혼란의 극한이다. 이런 상황일수록 민중은 태평太平으로의 복귀復歸를 갈망한다. 소인이 발호하는 가운데 고독하게 살아남은 높은 인격의 현자賢者! 그 존재의 명망은 후진을 흥기시키고, 난세亂世를 다시 치세治世로 환원시키는 잠재력이 된다. 민중은 上九를 추대하여 그를 리더로서 모신다. 군자는 수레를 얻는다(君子得輿)라는 표현의 본의이다. 반면 小人들은 외롭게 남아있는 上九의 군자마저 박락剝落시키려고 발악을 한다. 그것은 결국 자기 존재기반을 허물어뜨리는 꼴이 되고 만다. 소인들이 살고 있는 집의 지붕이 박탈되고 만다(小人剝廬). 그들을 보호해줄 아무것도 남지 않는다.

24

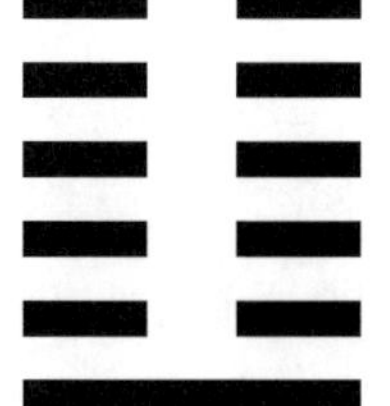

진하震下
곤상坤上

지뢰 복 復

Returning, Élan Vital

象曰: 雷在地中, 復。先王以至日閉關, 商旅不行。
상왈 뇌재지중 복 선왕이지일폐관 상려불행

后不省方。
후불성방

우레가 땅속에 있고, 양의 기운이 피어나기 시작하는 미묘한 때를 나타내는 괘가 바로 복괘이다. 선왕은 이 복괘의 형상을 본받아 양의 기운이 미묘하게 움직이기 시작하는 동지의 날(해가 가장 짧은 날)에는 양기를 조용하게 기를 필요가 있으므로 사방의 관문을 닫아버리고 상인이나 여행객이 다니지 못하게 한다. 그리고 군주들도 지방을 순시하며 민정을 살피는 정무를 행하지 않고 조용히 쉰다. 양을 안정시켜야 할 때에, 때에 앞서 행동하는 것은 옳지 않다.

괘사 復, 亨。出入无疾, 朋來无咎。
복 형 출입무질 붕래무구

反復其道, 七日來復。利有攸往。
반복기도 칠일래복 리유유왕

돌아오고 있다(復). 돌아옴을 찬양하여라! 하느님께 제사를 올리자(亨)! 숨어있던 생명이 밖으로 나와(出), 순음의 세계로 들어와(入) 성장하는데 병이 없다(无疾). 친구들도 같이 온다(朋來). 뭔 허물이 있으랴(无咎)! 복괘는 그 도를 되돌려 회복시킨다(反復其道). 생명이 돌아오는데 이레 걸린다(七日來復). 생명의 봄이 피어나고 있다. 여행을 떠나자! 모험을 감행하는데 이로움이 있다(利有攸往).

효사 初九: 不遠復。无祇悔。元吉。
초구 불원복 무지회 원길

初九는 시작이기 때문에 어떠한 시도를 해도 잘못되지 않는다. 항상 원점으로 되돌아올 수 있기 때문이다. 겉으로 보면 미약하지만 군자의 도의 대세의 한 고리이기 때문에 그 반선反善(선으로 되돌아옴)의 힘은 막강하다.

머지않아 회복되리라(不遠復). 후회에 이름(祇=至, 이르다)은 없을 것이다(无祇悔). 크게 吉하다(元吉).

六二: 休復, 吉。
육이 휴복 길

이 복괘에 양효란 初九밖에 없다. 나머지 효는 모두 음효. 이 六二의 음효는 中正을 얻고 있다. 그러나 上卦와 應은 없다. 中正의 六二가 갈 곳이란 강렬한 의지를 지닌 初九밖에 없다.

六二가 初九에게 가는 길은 아름답다. 아름답게 돌아가니(休復: 休=아름답다) 吉할 수밖에 없다.

六三: 頻復, 厲。无咎。
육삼 빈복 려 무구

六三은 진괘震卦의 최상위, 동動의 성격이 있다. 복괘는 "復"이라는 특성의 규정성 속에 있다. 六三은 부중부정不中不正하고 경거망동하는 성격이 있다. 三은 원래 불안정한 자리이다. 이 괘 전체의 주효는 初九이다. 六三도 初九에게 돌아가지 않을 수 없다.

六三은 안절부절 못하면서(頻: 안절부절) 돌아간다(頻復). 그 과정에서 위태한 상황을 만들기도 한다(厲). 그러나 결국은 허물이 없다(无咎).

六四: 中行, 獨復。
육사 중행 독복

괘 전체에서 六四만이 홀로 初九에 應한다. 六四는 본질적으로 군자의 길에 끌리는 바가 있는 것이다. "중행中行"은 "중도中途"를 의미한다. 음의 무리와 어울려 깊숙이 음의 길에 들어와있다. 그는 도중에 갑자기 홀로 어려운 선택을 한다. 음의 길을 벗어나 정도正道의 길로 복귀하는 것이다. 선의 실천을 위해 나 홀로 간다(獨復). 용감한 자기부정, 과감한 善의 결단이다.

六五: 敦復。无悔。
육오 돈복 무회

六五는 상괘의 中이며 존위尊位에 있다. 六五는 六四처럼 初九와 應하지도 못한다. 그러나 六二에게 갈 수는 없다. 上卦 곤坤은 순順의 덕성이 있다. 중용中庸과 유순柔順의 존엄한 者로서 홀로 스스로의 노력에 의하여 복復을 행하여야 한다. 그것은 참으로 난감하고 독실한 과정이다. 六五는 독실하게 정도正道로 돌아간다(敦復). 돈복敦復하니 후회를 남기지 않는다(无悔).

上六: 迷復, 凶。有災眚。用行師, 終有大敗,
상육 미복 흉 유재생 용행사 종유대패

以其國君, 凶。至于十年不克征。
이기국군 흉 지우십년불극정

복괘의 최후. 上六은 음효로서 판단력이 없는 데데한 인간이며 항룡亢龍처럼 실수를 많이 저지른다. 하괘와 應의 관계가 없고 比의 친구도 없다. 初九의 강명剛明한 군자는 너무 멀리 있어 복復의 실마리를 가늠할 수 없다. 돌아가는 것에 관하여 미혹된 상태로 남아있을 뿐이다(迷復). 유약하고 암우暗愚한 上六에게는 흉운凶運만 있을 뿐이다. 외부로부터의 재난, 내부로부터의 재생災眚이 잇따른다(有災眚). 군사를 일으키는 바보짓까지 한다(用行師). 결국 대패를 하고 만다(終有大敗). 군주가 죽고 나라가 멸망하는 사태에까지 이를 수 있다(以其國君: 以=及). 십년이 지나 패배를 만회하기 위하여 다시 군사를 일으키지만 패배를 설욕할 수는 없을 것이다(至于十年不克征).

1) 不遠復 2) 休復 3) 頻復 4) 獨復 5) 敦復 6) 迷復

25

진하震下
건상乾上

천뢰 무망 无妄

Truthfulness, Heavenly Sincerity

象曰: 天下雷行, 物與无妄。先王以茂對時, 育萬物。
상왈 천하뢰행 물여무망 선왕이무대시 육만물

하늘아래 우레가 친다. 우레는 모든 사물에게 무망(생명의 본 모습)의 계기를 부여한다. 문명을 작作하는 선왕先王들은 이러한 무망괘의 모습을 본받아, 무성하게 각 사물에게 주어지는 때에 대응하고(對時), 만물을 개성에 맞게 생육시킨다. 무리한 일은 하지 않는다.

괘사 无妄, 元, 亨, 利, 貞。其匪正, 有眚。不利有攸往。
무망 원 형 리 정 기비정 유생 불리유유왕

무망괘는 매우 중요한 괘이다. 원·형·리·정 그 사덕四德이 모두 갖추어져 있다. 무망은 허망虛妄이 없다. 있는 그대로의 자연의 모습이다. 지성진실至誠眞實하게 모든 사태에 대처하면 모든 사업이 번창하게 되어 있다. 그러나 정도正道를 지키지 아니하면(其匪正), 망령된 행위로부터 발생하는 재난이 잇따르게 된다(有眚). 무망의 때에는 소극적인 지킴의 의미가 강하므로 모험을 감행하는 것은 별로 좋지 않다(不利有攸往).

효사 **初九: 无妄。往, 吉。**
초구 무망 왕 길

初九는 양강陽剛하며 內卦의 주인主人이다. 양위에 양효가 있으니 그 位가 正하다. 지성진실至誠眞實하다. 망령됨이 없다. 따라서 모험을 감행할 만한 자리에 있다. "왕往"은 코스모스를 박차고 카오스로 나아가는 것을 뜻한다. 망령되지 않게(无妄) 모험을 시작하니(往) 그 앞날이 吉하다. 誠이 있기 때문이다.

六二: 不耕穫, 不菑畬。則利有攸往。
육이 불경확 불치여 즉리유유왕

六二는 내괘의 중앙에 있으며 유순한 덕성을 지니고 있다. 中正을 얻고 있다. 천리天理에 따라 움직이며 자기멋대로 바램을 갖지 않는다. 무망의 모범적 사례이다. 무왕无妄은 무망无望과 통한다.

六二는 애써 열심히 밭을 갈지도 않았는데 풍성한 수확을 얻으며(不耕穫), 개간하지도 않았는데 지미地味 익은 좋은 밭을 얻는다(不菑畬). 그러니 나아가 하는 일마다 이로움이 있음을 말하는 것이니(則利有攸往), 이것은 때에 따른 자연스러운 천리의 소산所産이요, 인위의 조작이 아니다.

무망无妄의 卦는 初九를 主爻로 한다. 初九는 진괘震卦(動)의 초획이며 먼저 움직인다. 六二도 진괘震卦의 체體이다. 初九에 따라 움직일 수밖에 없다. 따라서 初九가 처음에 갈고 개간한 것을, 六二가 자연스러운 때에 따라 수확하고 숙전熟田을 얻는다고 볼 수도 있을 것이다. 하늘의 도움이 있음을 말한 것이다. 자연自然은 생명生命의 순환이다.

六三: 无妄之災。或繫之牛, 行人之得, 邑人之災。
육삼 무망지재 혹계지우 행인지득 읍인지재

六三은 양위에 있는 음효, 중앙에 있지도 않다. 不中不正한 六三에게는 예상치 못한 재난이 다가온다(无妄之災). 어떤 사람이 읍내 한가운데 소한 마리를 묶어놓았다(或繫之牛). 그런데 지나가던 여행자가 몰래 그 소를 가져가 버린다(行人之得). 그런데 황당하게도 그 도난사건의 혐의를 읍내에 있던 六三이 뒤집어쓴다(邑人之災). 이것은 정말 예상치 못했던 재난이요, 자기에게 전혀 허물이 없는 재난인 것이다. 이런 무망지재无妄之災가 六三에게 닥치게 되어있다.

九四: 可貞。无咎。
구사 가정 무구

九四는 상괘 건乾의 아랫효이다. 건乾은 건健하다. 강한 성격을 지니고 있다. 初九도 陽이기 때문에 應하지 않는다. 사적私的인 교류가 없으니 사심私心이 없다. 그러니까 그것은 무망无妄에 속하는 것이다. 九四는 강건하고 사심이 없으니 점을 칠 만하다(可貞). 점을 쳐서 앞날을 물으면 허물이 없으리라(无咎).

九五: 无妄之疾。勿藥有喜。
구오 무망지질 물약유희

九五는 예기치 못한 병을 얻는다(无妄之疾). 九五는 상괘인 건괘(☰)의 중심이며 강건하다. 중정中正을 얻고 있으며 존위에 있다. 하괘의 中正인 六二와 음양상감으로 응應한다. 무망无妄괘에서 가장 좋은 효라 말할 수 있다.

병을 얻었을 때 약을 쓰면 오히려 더 악화된다. 더구나 九五는 中正의 강건한 몸을 지니고 있다. 무망지질无妄之疾에 대해서는 몸을 천리天理에 맡기는 것이 진실무망의 정도正道이다. 약을 쓰지 않으면 오히려 기쁨이 있게 된다(勿藥有喜).

수운水雲은 "물약유희勿藥有喜"를 "물약자효勿藥自效"라 했다.

上九: 无妄, 行, 有眚。无攸利。
상구 무망 행 유생 무유리

上九는 무망의 궁극점이다. 더 이상 갈 곳이 없는 막다른 골목이므로 좋지가 않다. 上卦 건乾(☰)의 종국終局이므로 반드시 대전환의 계기가 온다. 上九 본연의 자세는 무망无妄이다. 그러나 이러한 시기에 새로운 어드벤처를 시도하려고 하면 재앙이 따를 뿐이다(行有眚). 이로울 바가 없다(无攸利). 조용히 정도를 지키면서 무망无妄의 삶을 마칠 생각을 해라.

26

건하乾下
간상艮上

산천 대축 大畜

The Accumulating Power of the Great, Great Nurturing

象曰: 天在山中, 大畜。君子以多識前言往行, 以畜其德。
상 왈　천 재 산 중　대 축　군 자 이 다 식 전 언 왕 행　이 축 기 덕

하늘이 산속에 온축되어 있는 형상이 대축괘의 형상이다. 군자는 모름지기 이 형상을 본받아(以), 성인들이 앞서 한 지혜의 말들 그리고 지나간 그들의 행적을(前言往行) 다양하고 자세하게 살피어(多識), 자신의 덕성을 온축해나간다.

괘사 大畜, 利貞。不家食, 吉。利涉大川。
대 축　리 정　불 가 식　길　리 섭 대 천

대축은 강건독실하고 그 휘광輝光이 날로 새로워지고 있으니 점을 치기에 매우 좋은 분위기이다(利貞). 이러한 대축의 혜택을 받고 있는 대인이라면 쩨쩨하게 집안에서 쪼그리고 앉아서 밥을 먹고 있으면 안된다. 먹는 것 자체가 천하의 밥을 먹어야 하고 천하를 위하여 밥을 먹어야 한다. 단지 내 한 몸을 위하여 밥을 먹고 학문을 하는 그런 쩨쩨한 스케일의 삶을 살면 안된다. 가식家食을 하지 않으면(不家食) 吉하다. 대천大川을 헤쳐나가라! 모험을 결행하는 것이 이로우니라(利涉大川).

효사 初九: 有厲。利已。
초구 유려 리이

初九는 대축괘大畜卦의 첫 효이다. 內卦 건乾의 덕성은 건健, 外卦 간艮의 덕성은 지止, 내괘의 3양효가 나아가려고 해도 외괘에 의하여 저지당하는 형국이다. 내괘 3효는 저지당하는(수동) 의미를 담고있는 효사로 구성되어 있고, 외괘 3효는 모두 저지하는(능동) 의미를 담고 있다. 初九는 응應하는 六四에 의해 저지당하고 있다.

初九는 나아가려고 하지만 위태로운 상황에 많이 봉착할 것이다(有厲). 멈추는 것(已)이 이로울 것이다.

九二: 輿說輹。
구이 여탈복

九二는 對應하는 六五에 의하여 저지되고 있다. 그러나 九二는 내괘의 中으로서 중용을 지킬 줄 알고, 스스로 움직임이 신중하다.

복輹(복토伏兎: 바퀴축을 수레의 몸통에 연결시키는 장치)이 수레로부터 벗어난다(輿說輹). 九二의 수레는 전진할 수 없다. 九二로 볼 때는 오히려 다행이다. 자신의 중용의 덕을 지키고, 심화시키면서 때를 기다린다. 허물이 없을 것이다.

九三: 良馬逐。利艱貞。日閑輿衛, 利有攸往。
구삼 양마축 리간정 일한여위 리유유왕

九三은 저지당하는 하괘 건乾의 극점에 있으며 양효이다. 그런데 九三에 應하는 上九도 저지하는 상괘 간艮의 극점에 있는 양효이다. 둘 다 양효인 까닭에 上九는 九三을 저지할 생각이 없으며 그를 불러 같이 위로위로 돌파할 생각만 하고 있다. 九三은 신이 나서 上九에게로 달려간다. 그것은 마치 천리마가 도망가는 적을 뒤쫓아가며 질주하는 모습과도 같다(良馬逐). 그러나 이러한 질주는 반드시 위험에 빠지게 되어 있다. 九三은 지나치게 강剛하다. 九三 그대여! 이 간난의 시점에 너를 묻는 점을 쳐라! 왜 나는 이렇게 미친 듯이 달려가고 있는가? 간난의 시기일수록 반문하는 것이 이롭다(利艱貞). 생각을 바꾸어 한 발자국 물러나 매일 수련을 해라(曰閑: "왈曰"은 "일日"로 읽는다. "매일"의 뜻. "閑"은 "수련하다"의 뜻)! 수레몰이(輿)를 연습하고 호위무술(衛)을 연마해라!(※ 수레 모는 병사, 호위병을 훈련시켜 자신의 수레를 철저히 보호하게 만든다는 해석도 있다). 그리하여 너 자신이 실력을 쌓고 나아가는 정도를 익히면 모험을 감행하여도 실패하는 일이 없으리라(利有攸往).

六四: 童牛之牿, 元。吉。
육사 동우지곡 원 길

六四는 初九를 제어시키는 자리에 있다. 初九는 양효이기는 하지만 최하위의 어린 단계에 있기 때문에 문명의 기초적 가치를 몸에 익히는 효율적인 시기라 말할 수 있다. 六四는 어린 소에게 곡牿을 씌우는 방식으로 사람들을 교육시킨다(童牛之牿). 그것은 원천적이고 보편적인 방법이다(元). 吉한 미래가 보장된다.

六五: 豶豕之牙。吉。
육오 분시지아 길

六五는 九二를 제어한다. 그런데 初九를 뿔 없는 새끼소라고 한다면 九二는 이빨이 나온 멧돼지이다. 六五는 유순한 군주이다. 천하의 모든 사람들이 사욕私欲에 물들어 악한 마음을 드러내는 것을 상대해야 한다. 멧돼지는 하나의 상징이다. 멧돼지의 이빨을 정면으로 상대하지 않는다.

적절한 기회에 멧돼지를 거세함으로써 그 이빨(豶豕之牙)을 쓰지 못하게 만드는 유화정책을 편다. 강한 이빨을 가지고 있어도 쓸 생각을 못하는 유순한 성품을 지니도록 만드는 것이 대축의 정치이다. 억압의 정치가 아니다. 슬기롭게 본원本源을 조절하는 정치이다. 거세도 상징적 의미일 뿐이다. 六五의 정치는 吉하다.

上九: 何天之衢! 亨。
상구 하천지구 형

하괘의 건☰은 삼양효의 약진이요, 상괘의 간☶ 삼효는 하괘 삼양효의 성급한 진행을 멈추게 하여 내면의 실력을 향상시킨다. 타일에 크게 쓰일 발전을 기약한다. 대축하여 인재를 양성한 공로는 결국 上九에게로 돌아간다. 上九는 전체 괘의 주효이다. 上九는 대축괘大畜卦의 마지막 효이며 축지畜止의 목적이 완성된 단계이다. 축지의 완성은 더 이상 억제할 필요가 없음을 의미한다. 모든 인재로 하여금 자기의 실력을 마음껏 발휘하게 만드는 천제天祭의 장場이다. "구衢"는 사통팔달한 거리중심을 말하는데 여기서는 새가 자유롭게 날아다니는 천로天路의 모습이다. 그침의 궁극에는 그침이 사라진다. 아~ 얼마나 아름다운 무애의 사통팔달 하늘의 거리인가(何天之衢)! 억제하고 멈추게 할 바가 없다. 이제 다같이 하늘에 제사를 지내자(亨)! 대축이 완성된 기쁜 마음으로!

(※ 이 효사의 내용은 점괘漸卦[53] 上九의 효사를 연상시킨다).

27

진하震下
간상艮上

산뢰 이 頤

The Jaws, Fostering

象曰: 山下有雷, 頤。君子以愼言語, 節飮食。
상왈 산하유뢰 이 군자이신언어 절음식

산아래에 우레가 요동치며 만물을 이양頤養하고 있는 모습이 이괘頤卦의 형상이다. 군자는 이 이괘의 형상을 본받아(以) 구화口禍의 근본인, 입에서 나가는 언어를 신중히 하여 덕德을 기르고, 질병의 근본인, 입으로 들어가는 음식을 절제하여 몸을 기른다. 입과 언어와 음식은 존재의 삼위일체이다. 언어는 정신적 질병의 근원이요, 음식은 신체적 질병의 근원이다.

괘사 頤, 貞, 吉。觀頤, 自求口實。
이 정 길 관이 자구구실

이괘頤卦는 존재의 근원이다. 씹어먹는 것 그리고 먹어서 기르는 것에 관하여 점을 친다는 것(貞), 즉 물음을 던진다는 것은 吉한 결과를 초래할 것이다. 턱을 투시한다는 것은(觀頤) 과연 무엇을 뜻하는가? 그것은 입에 채우는 것(口實)으로 당사자가 과연 무엇을 하려 하는지 그 소이연을 살피는 것이다. 입에 채우는 것은 자기 스스로 구하는 것이다(自求口實). 그 구하는 도리가 개인의 사욕을 위한 것일 때는 凶하고(아래 3효가 모두 凶하다), 대의를 위하고 타인을 위한 것일 때는 吉하다(윗 3효가 모두 吉하다). 인간의 선악 길흉이 다 씹음에서 드러나는 것이다. 구실口實을 찾는 도道에서 드러나는 것이다.

효사 初九: 舍爾靈龜, 觀我, 朶頤。凶。
초구 사이영구 관아 타이 흉

初九는 양강陽剛하며, 位가 正하며, 강명剛明한 재능지혜才能智慧를 지닌 확실한 존재이다. 이 初九가 지닌 당당한 덕성을 天下에 영험스러운 동물로 알려진 영구靈龜에 비유하고 있다. 初九는 六四에 應한다. 이 효사는 六四가 初九에게 말하는 형식을 취하고 있다.

아~ 初九 그대여! 그대는 영구와도 같은 영험스러운 그대 자신의 덕성을 망각하고(舍爾靈龜), 나 六四를 보자마자(觀我) 아래턱을 늘어뜨리고 침을 질질 흘리며 나에게서 먹을 것을 구하려 하는구나(朶頤)! 에끼 못난 놈 같으니라구! 흉(凶)하다!

六二: 顚頤, 拂經。于丘, 頤。征, 凶。
육이 전이 불경 우구 이 정 흉

六二는 상괘의 六五와 應하지 않는다. 그래서 거꾸로(顚) 아래에 있는 初九에게 길러지기를 바란다(頤). 그러나 이것은 상식에 어긋나는 것이다(拂經).

그래서 六二는 상괘를 다시 기웃거린다. 아무래도 기댈 곳은 上九밖에 없을 것 같다. 六五는 같은 음이래서 應하지 않는다. 그래서 무리하게

上九에게 길러지려고 한다(于丘, 頤。언덕은 上의 位를 비유한 것이다. 頤의 실제적 의미는 "食祿"을 받는다는 뜻이다). 그래도 上九가 양효이기 때문이다. 그러나 결코 자기와 應하는 짝이 아니다. 그렇게 무리한 시도를 한다(征)는 것은 흉凶한 일이다.

(※ 개인의 복락을 위해 무리하게 口實[食祿]을 얻으려고 하는 사례를 下三爻는 표현하고 있다. "이頤"는 "……에 의하여 길러지기를 바란다"는 뜻이 된다).

六三: 拂頤。貞, 凶。十年勿用。无攸利。
육삼 불이 정 흉 십년물용 무유리

六三은 不中不正하다. 진괘震卦(動)의 극상에 있다. 三은 본시 위태로운 자리이다. 動의 모랄이 엉망이다. 六三의 행동양식이 씹음, 먹음, 기름의 기본적 모랄에 위배된다(拂頤). 자기 혼자 처먹고 배부르기 위해 어떠한 부정한 행위도 서슴치 않는다. 六三이 점을 치면 모두 흉운이 나온다(貞, 凶). 이런 자들은 십년十年 정도는 활동活動하지 않으면서 자기를 반성하는 것이 좋다(十年勿用). 지금 활동한다는 것은 인간세를 위하여 利로울 바가 아무것도 없다(无攸利).

六四: 顚頤。吉。虎視眈眈, 其欲逐逐, 无咎。
육사 전이 길 호시탐탐 기욕축축 무구

六四는 음효로서 상괘의 下位이지만 대신大臣으로서 천하天下를 길러야 하는 공적公的인 고위高位에 있다. 음효이니만큼 힘이 딸린다. 그 위로는 應하는 바가 없다. 그래서 下卦의 강인한 현인인 初九의 도움을 청할 수밖에 없다. 六四와 初九는 음양으로 應하고, 양자가 모두 正하다. 아름다운 관계이다. 六四가 初九에게 가는 것은 "전이顚頤"임에 분명하다. 그러나 六二의 "불경拂經"과는 다른 상황이다. 六四의 전이는 사회적 책무를 가진 고위高位의 지도자가 그 책무를 실현하기 위해 하위下位의 사람에게 전도된 요청을 한다는 것은 下民의 사랑과 존경을 받아야 할 "자기낮춤"이다. 그래서 吉하다.

이 상황에서 六四는 힘없이 보여서는 아니 된다. 호랑이가 웅크리고 앉아 위엄있는 눈초리로 째려보듯이 사람들을 압도시켜야 한다(虎視眈眈). 그리고 정의로운 바램들을 계속해서 성취시킴으로써 사람들에게 이러쿵저러쿵 기어오를 틈을 주지 말아야 한다(其欲逐逐). 그리하면 허물이 없을 것이다(无咎).

정이천은 下三爻는 구체口體를 기르는 자들이고, 上三爻는 덕의德義를 기르는 자들이라고 평했다.

六五: 拂經。居貞, 吉。不可涉大川。
육오 불경 거정 길 불가섭대천

六五는 음유하며 不正하다. 단지 군위君位에 있으므로 만민萬民을 길러야만 하는 의무가 있다. 그러나 六五는 만민을 이양頤養할 수 있는 힘이 없다. 그래서 자기보다 위에 있는 무위無位의 실력자 上九의 강剛에게 민중을 돕는 일을 부탁한다.

六五로서 上九에게 부탁하는 사태는 상식적 관례에 위배되는 것이다(拂經). 그러나 이것은 민중에 대한 책무를 완수하기 위한 고육지책이므로 나쁜 가치판단의 대상이 되지 않는다. 그래서 편안한 삶의 자세 속에서 점을 치면 吉하다(居貞, 吉). 자기 독력獨力으로 무리한 모험을 감행하는 것은 不可하다(不可涉大川).

(※ 왕은 가만히만 있어도 좋은 왕이 될 수도 있다).

上九: 由頤。厲, 吉。利涉大川。
상구 유이 려 길 리섭대천

上九는 六五의 군주에 의하여 위탁된 무위無位의 실력자이다. 양강陽剛의 재능을 지니고 있다. 천하사람들은 실제로 이 上九에 의지하여 구원을 얻는다(由頤). 上九는 군왕에 의하여 무거운 책임을 떠맡은 실제적인 군주이기 때문에 그 여로에는 항상 위태로운 일이 많다(厲). 계신공구戒愼恐懼하는 자세로 극복해나간다. 결국은 吉하다.

上九는 최상위의 강자로서 두려움 없이 만민구제의 수완을 발휘할 수 있는 실력이 있다. 大川도 별 지장 없이 건널 수 있다(利涉大川).

28

손하巽下 태상兌上 택풍 대과 大過

The Excessiveness of the Great

象曰: 澤滅木, 大過。君子以獨立不懼, 遯世无悶。
상 왈 택멸목 대과 군자이독립불구 둔세무민

연못이 나무를 잠기게 하고 있다(滅). 연못이 적당히 나무에게 수분을 제공하면 나무는 윤택하게 자랄 텐데, 홍수가 나면 연못은 나무를 침몰시키고 만다. 이러한 격동의 시대가 대과大過의 모습이다. 군자는 이러한 대과의 모습을 본받아 보통사람들의 평범한 인식과는 다른 차원의 열정적 행동을 한다. 세간의 비난이 휘몰아쳐도 홀로 의연히 절조를 지키며 두려움 없이 나아가고, 또한 세상과 가치관이 맞지 않을 때는 세상을 등지고 은둔하여도 후회나 답답함이 없이, 세간에 알려지지 않아도 안빈낙도의 세월을 보낸다.

괘사 大過, 棟橈。利有攸往。亨。
대 과 동 뇨 리 유 유 왕 형

지나침이 과하다(大過). 그래서 마룻대가 휘었다(棟橈). 양효 4개가 과도하기는 하지만 그 중 九二와 九五는 내외괘의 中을 얻고 있다. 내괘의 손巽은 따르고(從), 외괘의 태兌는 기쁘다(悅). 중용의 덕을 밟고 있으며 순종하여 사람들에게 기쁨을 준다. 그러니까 붕괴를 초래할지도 모르는 과도한 구조를 개혁하는 큰일을 벌여도(有攸往) 利가 있다. 큰 지나침은 크게 대처해야 한다. 하느님께 제사를 올릴 만하다(亨).

효사 **初六: 藉用白茅。无咎。**
초육 자용백모 무구

본 괘는 괘 자체가 대과大過이기 때문에 양위에 양효가 오는 正은 결코 좋은 결과를 가져오지 않는다. 그러므로 初六의 자리가 양위이지만 음효가 온 것은 不正한 것이 아니라, 오히려 正을 得한 것이다. 유순함과 공경심이 잘 드러나고 있다.

初六은 하느님께 제사를 지낼 때 제단에 깨끗한 띠풀(삘기)을 깔아(藉用白茅) 치신致愼(지극히 공경함)을 표현한다. 지존한 존재를 띠풀로 장식하는 것은 소박함과 경건함의 극치이다. 담박한 겸손의 미덕이 잘 표현되어 있다. 初六은 양위의 음효임에도 불구하고 자용백모藉用白茅하기 때문에 허물이 없다(无咎).

九二: 枯楊生稊。老夫, 得其女妻。无不利。
구이 고양생제 노부 득기여처 무불리

九二는 양효로서 음위에 있다. 그러므로 正을 얻지 못하고 있지만 오히려 강유剛柔가 조화를 이루었고 下卦의 한가운데 있어 중용의 덕을 지니고 있다. 九二는 지나침의 성격을 상쇄시킨다.

九二는 上卦와 應이 없다. 五가 陽이다. 자연히 이 남성은 아래에 있는 겸손하고도 강인한 젊은 여성 初六에게 친근감을 느낀다. 初六과 九二는 比의 관계에 있다.

九二는 나이가 많이 든 남자다. 말라빠진 버드나무(枯楊)와도 같다. 그런데 어린 처녀와 감응하는 바람에 뿌리 한 켠으로 새순이 돋는다(生稊). 이것은 늙은 남자(老夫)가 어린 처녀를 부인으로 얻는 것과도 같다(得其女妻).

이 처녀는 아기를 낳아 행복한 가정을 꾸리게 될 것이다. 이롭지 아니할 것이 없다(无不利).

九三: 棟橈。凶。
구삼 동뇨 흉

"동棟"은 지붕밑을 가로지르는 마룻대이다. 二·三·四·五 강효 전체가 마룻대이지만 효사는 중간의 三·四만을 동棟으로서 취급하고 있다.

九三은 강효剛爻이면서 강위剛位에 있어 보통 같으면 正하지만, 이 괘에서는 과강過剛의 좋지 않은 모습을 지니고 있다. 上六이 應할 수 있지만 九三의 지나치게 강한 위세에 질려 도울 생각을 하지 않는다. 마룻대는 휘어지기만 하고(棟橈), 집 전체의 하중을 견디어내지 못한다. 도와주는 사람이 없으니 보수도 불가능. 이 집은 붕괴에 직면하고 있다. 흉운凶運이다!

九四: 棟隆, 吉。有它, 吝。
구사 동륭 길 유타 린

九四는 양강陽剛하지만 유연한 자리에 있다. 음양상조하여 중임重任을 잘 수행한다. 九四라는 마룻대는 자력의 힘으로 건실하게 버티고 있다(棟隆: 隆은 그 모습이 튼실하다의 뜻). 吉하다. 그런데 불필요하게 타자他者(它)가 와서 돕는다(有它). 그러면 오히려 불미스러운 사태가 많이 발생하게 된다(吝). 타인의 도움이 꼭 좋은 것만은 아니다.

九五: 枯楊生華。老婦得士夫。无咎无譽。
구오 고양생화 노부득사부 무구무예

九五는 四陽爻의 최상의 자리에 있으며 과강過剛의 극점極點이다. 하괘와 應의 관계도 없다. 九二도 陽이다. 그러므로 이 九五에게는 比의 관계에 있는 上六밖에는 기댈 곳이 없다. 여성인 上六은 기쁜 마음으로 九五의 남성을 맞이한다. 上六은 음위에 음효이니 나약의 극치이고, 九五보다 上位에 있으니 九五보다 나이가 많은 여자이다. 극성한 양인 九五가 늙어빠진 上六과 결합하는 모습은 잔혹한 유모어라 할 수 있다. 말라빠진 버드나무 가지에 꽃이 피는 것(枯楊生華)과도 같다. 이 꽃핌은 生氣를 소모시켜 나무의 죽음을 촉진시킬 뿐이다. 이것은 늙은 여편네(老婦)가 젊은 서방(士夫)을 얻는 것과도 같다. 크게 나무랄 것은 없어도(无咎) 칭찬할 건덕지도 없다(无譽). 새로움의 창조가 결여되어 있다.

上六: 過涉滅頂, 凶。无咎。
상육 과섭멸정 흉 무구

上六은 대과괘大過卦의 궁극이다. 上六은 음위에 음효이니 유약柔弱의 극치이다. 유약한 上六은 天下가 위난을 당했을 때 비겁하게 움추리지 않는다. 자신의 위상을 고려하지 않고 그 위기 한가운데로 자신을 던진다. 과감하게(過) 헤쳐 나가지만(涉), 결국 그는 대천大川의 물길 속에 잠기고 만다. 몸의 키보다 더 깊은 위난의 강물이었다. "과섭멸정過涉滅頂"은 凶한 사건이지만 그것은 연약한 上六으로서 결단할 수 있는 최선의 선택지였다. 살신성인의 위용이었기에 허물을 남기지 않는다(无咎). 이상을 위하여 몸을 던졌기에 위대하다고 말할 수 있다. 일반적으로 논의되는 도가道家나 유가儒家의 논리보다도 더 강렬한 사회참여의 논리라고 말할 수 있다.

1) 藉用白茅 ——— 6) 過涉滅頂
2) 枯楊生稊 ——— 5) 枯楊生華
3) 棟橈 ——— 4) 棟隆

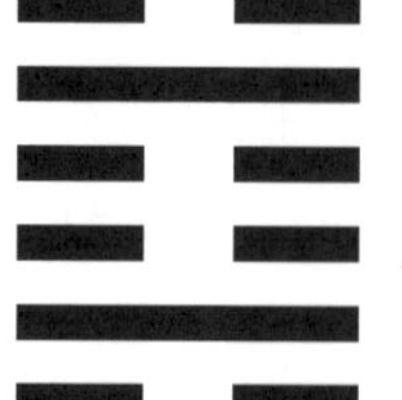

29

감하坎下
감상坎上

중수 감 坎

Quagmire, Continuous Adversity

象曰: 水洊至, 習坎。君子以常德行, 習教事。
상 왈 수 천 지 습 감 군 자 이 상 덕 행 습 교 사

물이 넘쳐흐르는 모습이 끊임없이 중첩되는 이미지가 습감괘의 모습이다. 끊임없이 흐른다는 뜻이 내포되어 있다. 군자는 이러한 감괘의 형상을 본받아(以), 도덕적인 행위를 끊임없이 항상스럽게 행하고, 사람을 교화시키는 일을 반복적으로 실천한다.

괘사 習坎, 有孚。維心亨。行, 有尙。
습 감 유 부 유 심 형 행 유 상

간난이 거듭되는 감괘의 모습 속에도 우주적 성심誠心을 지니고 분투하는 九二, 九五의 진실한 모습이 있다(有孚). 진실한 자들이여 마음에서 우러나오는 제사를 하느님께 지내라(維心亨)! 험난한 길들을 성심誠心으로 관통하라! 앞으로 나아가라(行)! 그리하면 모든 사람들이 그대들을 존경하게 되리라(有尙). 모험을 강행할 때다!

효사 初六: 習坎。入于坎窞。凶。
초 육 습 감 입 우 감 담 흉

初六은 여린 初爻이며 不中不正하다. 上卦로부터의 응원도 없다. 六四는 음이래서 응하지 않는다.

아~ 初六은 간난의 구렁텅이가 중첩되어있는 고난에 처했다. 구렁텅이 중에서도 제일 깊은 구렁에 빠져버렸다(入于坎窞). 절망이다! 꺼내줄 사람도 없다. 헤치고 나올 수도 없다. 凶하다(※ 初에서부터 완벽한 비관을 말하고 있다. 가슴이 쓰리다).

九二: 坎有險, 求小得。
구이 감유험 구소득

九二는 上下 二陰 속에 빠져 있다. 험난의 한가운데 있고 또다시 험난이 기다리고 있다(坎有險). 혼자 탈출할 수는 없으나, 九二는 初六과 달리 강건剛健하며 중용中庸의 덕을 지니고 있다. 그리고 初六, 六三과 比의 관계에 있기 때문에 그들의 도움을 얻을 수도 있다. 九二는 절망하지 않고 스스로의 생존을 모색한다. 스스로 구하니(求) 작은 소득은 있을 것이다(小得).

六三: 來之坎坎。險且枕(沈)。入于坎窞。勿用。
육삼 래지감감 험차침 입우감담 물용

六三은 陰柔하며 不中不正하니 不安하다. 三은 본시 어설픈 시도를 많이 하는 자리이다. 아래로 내려와봐도(來) 구렁텅이, 위로 가보아도(之) 구렁텅이, 아래위로 험조간난險阻艱難이 기다리고 있을 뿐이다. 진퇴양난의 고뇌 속에 위험은 깊어만 간다(險且沈). 발버둥칠수록 더 깊은 구덩이로 빠질 뿐이다(入于坎窞). 이럴 때는 어찌해야 하는가? 자신의 에너지를 낭비하지 말라(勿用). 조용히 탈출의 때를 기다려라! 움직일수록 공이 없는 삶의 시기이다.

六四: 樽酒, 簋貳, 用缶。納約自牖。終无咎。
육사 준주 궤이 용부 납약자용 종무구

六四는 간난이 연거푸 닥치는 시대의 군주를 성심으로 보좌하는 大臣의 모습이다. 이런 시대의 군주는 화려한 말이나 사치스러운 식사나 식기나 권위주의적 삶의 형식이 필요하지 않다. 六四의 大臣은 九五의 군주에게 한 호로의 약주(樽酒), 한 그릇의 밥, 한 그릇의 찬을 모두 질박한 질그릇(用缶)에 담아 바친다("궤이簋貳"는 "이궤," 두 그릇의 식사). 그것도 대문으로 들어가는 것이 아니라, 군주 방에 달린 작은 창문을 통해(自牖), 간략한 형태의 준주궤이樽酒簋貳를 들이민다(納約). 진심을 표명하는 방편을 지극히 아름답게 표현한 비유라 하겠다. 마음이 통하며 끝내 허물이 없다(終无咎).

九五: 坎不盈。祗旣平。无咎。
구오 감불영 지기평 무구

九五는 陽剛中正의 德을 지닌 天子이며 六四와 같은 진실한 신하의 도움을 받고 있다. 간난을 벗어나는 전망이 보이기 시작한다. 함몰된 고난의 구렁텅이가 너무도 깊고 크기 때문에 채워지지 않는다(坎不盈). 그래서 그 구렁텅이로부터 아직 탈출은 못하지만 범람의 혼란은 발생하지 않는다. 삼각주(祗는 坻, 삼각주)에 사는 사람들도 모두 수몰을 면하여 평온한 삶을 누리고 있다(祗旣平). 九五가 간난에 잘 대처하여 간난을 벗어나고 있는 모습을 그린 것이다. 아직 다 벗어나지는 못했지만 희망이 보인다(无咎)!

上六: 係用徽纆, 寘于叢棘。三歲不得。凶。
상육 계용휘묵 치우총극 삼세부득 흉

上六은 간난의 세월을 초래케 한 주범 중의 하나이다. 上六은 음유하고 재능도 없으며 中에서 벗어나 있다. 이제 간난의 세월이 끝나가는 마당에는 이런 자를 묶어 벌해야 한다. 새시대를 맞이하기 위해서는 이런 흉악한 자들을 확실하게 벌해야 한다. 이런 자는 묶되 두꺼운 밧줄(徽纆)로써 묶어라(係用). 그리고 깊은 가시나무 숲속에 있는 감옥에 가두어라(寘于叢棘). 이런 자들은 3년이 되어도 뉘우치고 바른 길로 돌아올 가망이 없다(三歲不得). 다시는 세상에 나오게 해서는 아니 된다. 凶하다!

30

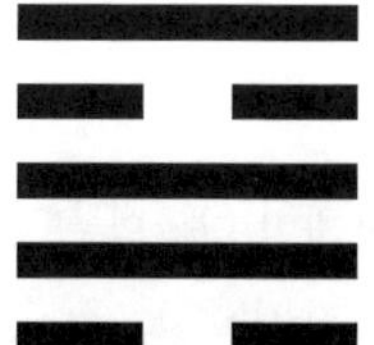

리하離下
리상離上

중화 리 離

Clinging, Brilliance

象曰: 明兩作, 離。大人以繼明, 照于四方。
상 왈　명 양 작　리　대 인 이 계 명　조 우 사 방

밝음이 또다시 겹쳐 오른다. 태양이 매일매일 끊임없이 떠오르는 모습이 리괘의 모습이다. 대인(성스러운 자)은 이 리괘의 모습을 본받아 태양의 밝음과도 같은 자신의 밝음을 계속 이어나가고, 그 덕의 빛을 천하사방에 구석구석 아니 비취는 곳이 없도록 비춘다.

괘사 離, 利, 貞, 亨。畜牝牛。吉。
리 리 정 형 휵 빈 우 길

리離는 생명의 근원이며 붙음의 괘이다. 일월이 하늘에 붙어있고 백곡초목이 모두 땅에 붙어있으니 천지간에 생명이 가득하다. 붙음과 떨어짐은 하나로 순환한다. 모든 존재는 붙어 존재한다. 붙어서 이롭다(利). 붙어서 점을 치고 하느님께 물어볼 수 있다(貞). 그리고 붙어서 존재가 융합된 힘으로 하느님께 제사를 지낸다(亨). 하느님을 찬미하는 것은 인간을 찬미하는 것이다. 암소는 거대하고 힘이 세다. 우리 문명의 밝음은 암소를 기르는 것과도 같은 것이다(畜牝牛). 우리의 덕성이 암소와 같이 길러질 때 우리 문명사회는 길하다(吉). 암소는 평화의 메시지이다.

효사 初九: 履錯然。敬之。无咎。
초구 리착연 경지 무구

初九는 리離괘의 밑바닥이다. 양강陽剛하며 하괘인 리離의 몸뚱이이다. 이 발랄한 청년의 모습은 리괘가 상징하는 화염과도 같다. 불꽃은 타오른다. 위로 올라가려 한다.

初九여! 그대의 발자국이 어지럽다(履錯然). 타오르는 기세가 너무 강렬하다. 방향도 없다. 어디로 튈지 모른다. 이럴 때일수록 솟아오르는 불길을 억누르고, 경敬의 자세를 회복하여라(敬之). 삼가 명덕明德을 기르라. 그리하면 허물이 없으리라(无咎).

六二: 黃離。元吉。
육이 황리 원길

六二의 모습은 중정온화中正溫和한 군자의 모습이다. 중용中庸의 미덕美德을 "황黃"이라 표현하였다. 황색은 동적인 평형의 상태이다. 六二는 황색에 붙어(黃離) 타오른다. 그의 행로에는 마땅함이 따른다. 모든 사람이 그를 경애敬愛한다. 하는 일마다 성취의 기쁨이 있다. 원길元吉이다!

(※ 감坎괘에는 인간의 고뇌와 비감이 서려있다. 리離괘에는 인간의 삶의 밝은 모습, 희망찬 성취가 서려 있다).

九三: 日昃之離。不鼓缶而歌, 則大耋之嗟。凶。
구삼 일측지리 불고부이가 즉대질지차 흉

九三은 해가 기우는데 붙고 있다(日昃之離). 석양에 붙으면 지고 만다. 스러지고 마는 것이다. 그러나 스러짐은 새로운 생명의 탄생의 계기이다. 석양은 석양 나름대로 빼어난 아름다움이 있다. 먼동의 신선함 못지않은 화려한 황혼의 춤과 음악이 있다. 이때 나는 나의 스러짐을 노래하고 축복해야 한다.

질그릇 장구를 두드리며 나의 삶을 흠상하며 향유의 마지막을 기려야 한다(鼓缶而歌). 그런데 그러하지 못하다면, 석양에 붙어 타오르는 인생을 노래하는 여유로움이 없이 노래를 부르지 않는다면, 오직 늙음과 종료에 대한 원망과 탄식, 그리고 썩음에 대한 비애로 이를 갈 뿐이다. 고부이가 鼓缶而歌할 수 없는(不) 사람들에게는 크게 늙음에 대한 탄식밖에 남는 것이 없다(則大耋之嗟). 凶하다.

(※ 동방인의 지혜를 기리는 극상의 표현이다).

九四: 突如, 其來如! 焚如, 死如, 棄如。
구사 돌여 기래여 분여 사여 기여

九四는 陽剛하고 不中不正하고 그 성질이 강기조폭剛氣燥暴하다. 지금 九四의 위치는 上下 離(明: 태양)의 접점이다. 앞의 태양이 가라앉고 후의 태양이 솟아오르려고 하는 미묘한 시기이다. "돌연하다! 그 옴이여!(突如, 其來如!)"라는 것은 새로운 태양이 솟아오를 때 돌연히 끼어든다는 것을 의미한다. 九四가 돌연히 끼어든다는 것은 유약한 六五의 군주를 돌연히 협박하는 사태로 해석된다. 앞의 明君이 몰沒하고, 새로운 明君이 계승하려고 하는 미묘한 시기에 강력한 힘을 믿고 君位를 찬탈하려고 하는 간신奸臣의 모습이다. 九四의 쿠데타가 성공할 리 없다. 九四는 돌연하게 두 태양 사이에 끼어 그 몸이 불타고(焚如), 생명을 잃는다(死如). 그 사체는 버려져도 아무도 돌보지 않는다(棄如).

六五: 出涕沱若。戚, 嗟若。吉。
육오 출체타약 척 차약 길

六五는 음유하면서도 존위尊位에 있다. 그러나 位가 正하지도 않고 하괘에 응효應爻가 없다. 더구나 九四와 上九의 양강兩剛에 끼어있다. 하지만 六五는 밝음을 뜻하는 리離괘의 주체이며 명덕明德이 있다. 음하여 유순하고 중용中庸의 미덕이 있다. 돌연히 九四와 같은 인물이 나타나 나라를 혼란에 빠뜨릴 수도 있지만 六五는 진실로 눈물을 흘린다(出涕). 그의 뺨에 눈물이 죽죽 흘러내린다(沱若). 나라의 운명을 걱정하는 모습(戚)이 진실한 탄식에 이른다(嗟若).

마침내 그의 눈물어린 호소에 충신과 의사義士가 일어나 이 진실한 군주를 돕는다. 결국 吉한 운수가 이 나라에 찾아온다.

上九: 王用出征。有嘉, 折首。獲匪其醜。无咎。
상구 왕용출정 유가 절수 획비기추 무구

밝음(明)과 아름다움(麗)을 뜻하는 리離괘의 최후단계. 上九는 양강陽剛의 재능이 있다. 그의 밝은 능력은 태양이 온 나라의 구석구석을 비추듯이 온 누리에 미친다. 명찰明察과 과단果斷의 화신인 上九의 힘을 빌려, 군주인 六五는 그와 함께 출정에 나선다(王用出征). 나라를 위태롭게 하는 적의 세력을 정벌하러 나서는 것이다. 승리한다(有嘉). 그러나 전쟁은 무력을 사용하여 야욕을 채우려는 것이 아니다. 승전의 결과로서 나라를 어지럽힌 괴수 한 명만을 목을 벨 뿐이다(折首). 전쟁에 승리한다는 것(獲)은 졸병 대중(醜)을 주살하기 위한 것이 아니다(獲匪其醜). 오직 괴수만을 처단하고 나머지는 방면하여 생업에 돌아가게 해야 한다. 그것이 곧 리離괘가 의미하는 문명의 모습이다. 패자가 아닌 왕자王者의 모습이다. 전쟁은 보국輔國(바로잡음)이지 살상殺傷이 아니다. 이런 나라에는 길운吉運이 찾아온다. 허물이 없다(无咎).

(※ 미국의 세계운영방식에 큰 문제가 있다).

31

간하艮下
태상兌上

택산 함 咸

Feeling, Comprehension, Nuptial Bliss

象曰: 山上有澤, 咸。君子以虛受人。
상 왈　산 상 유 택　함　군 자 이 허 수 인

산 위에 연못이 있는 모습이 함괘의 상이다. 백두산 꼭대기의 천지의 물이 흘러내려 백두산을 윤택하게 하듯이 연못과 산은 서로를 생성한다. 그런데 산은 실상 물로 배를 채우지 않고 항상 계곡으로 물을 흘러내려 버림으로써 배를 비운다. 산은 물을 내보내고 속을 비워야만 그 형태를 유지할 수 있고 또 비가 내리면 끊임없이 그 수분을 저장할 수 있다. 산의 특징은 허심무아虛心無我이다. 군자는 이 함괘의 상象을 본받아(以) 마음을 비움으로써 타인들을 포용한다. 여기서 포용(受)은 함괘에서 말하는 느낌(感)이다. 자기를 비움으로써 많은 것을 느낀다. 노자의 허虛와도 상통하는 바 있다.

괘사 咸, 亨, 利, 貞。取女, 吉。
함　형　리　정　취 녀　길

모두가 모두를 느끼는(咸), 느낌이 충만한 우주. 이 우주 속에서 제사를 지내는 것은 축복이다(亨). 이롭다(利). 점을 칠 만하다(貞). 함괘는 혼인의 괘이다. 이 괘사를 만나면 부인을 얻거나 며느리를 얻거나 혼인의 거사(取女)는 모두 길한 결과를 얻을 것이다(吉).

효사 初六: 咸其拇。
초육 함기무

그 엄지발가락의 느낌을 느끼며 앞으로 나아간다.

六二: 咸其腓, 凶。居, 吉。
육이 함기비 흉 거 길

엄지발가락에서 장딴지(종아리)로 올라왔다. 장딴지의 느낌은 엄지발가락보다는 좀 복합적이겠지만 주체적으로 느낄 수는 없다. "함기비"는 장딴지의 느낌을 느끼면서 걸어간다는 뜻이다. 장딴지 수준의 느낌에 의거하여 움직인다는 것은 위태롭다(凶). 그러나 六二는 中正의 미덕을 지니고 있고 九五와도 正應한다. 서두르지 않고 평온하게 기다리는 것(居)이 좋다. 吉하다.

九三: 咸其股。執其隨。往, 吝。
구삼 함기고 집기수 왕 린

허벅지(股)의 느낌에 의거하여 앞으로 나아가려 한다(咸其股). 허벅지는 주체적인 종합판단을 하는 것이 아니라, 결국 엄지발꼬락과 장딴지가 느끼는 것을 맹목적으로 따라가는 수준이다(執其隨). 허벅지는 독자적인 판단을 할 수 있는 위치에 있지 않다. 그럼에도 불구하고 그 맹목적 따라감에 집착하여 앞으로 나아가면(往) 후회할 일만 남는다(吝). 三의 자리는 원래 이런 무모함이 있다.

九四: 貞, 吉。悔, 亡。憧憧往來, 朋從爾思。
구사 정 길 회 망 동동왕래 붕종이사

九四의 자리는 상체에 속하는데, 부위에 관한 언급은 없지만 맥락상으로 그것은 사유의 자리, 즉 심장을 가리킨다고 본다. 동방인은 사유의 자리가 뇌가 아니었고 심장이었다(지금은 피펌프로 변질). 하괘와는 비교도 안되는 종합적 판단의 자리에 온 것이다. 그런데 마음은 무심할수록 좋다. 무심하게 점을 치면 길한 결과가 나올 것이다(貞, 吉). 九四의 位는 不正하다. 그래서 후회스러운 일도 생긴다. 그러나 무심하게 삶의 바른 자세를 유지하면 모든 후회스러운 일이 사라질 것이다(悔, 亡).

九四야! 너는 가슴을 설레며 왔다갔다만 하고 있구나(憧憧往來)! 인간의 마음은 우주를 포용할 수 있는 것인데 어찌 발을 동동 구르며 좁은 생각에 갇혀있느냐! 그렇게 교감이 편협하면 너와 한패거리의 친구들만이 너의 생각을 따르게 될 것이다(朋從爾思). 너는 고립된다. 동귀일체의 개방으로 나아가라!

九五: 咸其脢。无悔。
구오 　함기매 　무회

九五는 확실한 中正이며 괘 전체의 주체이다. 六二와도 正應하니 모든 자격을 갖추고 있다. 九五는 등짝(뒷태)의 느낌으로, 편견 없는 무덤덤한 자세로 세상을 헤쳐나간다(咸其脢). 中正의 기품을 잃지 아니하니 후회할 일이 없다. 여기 "매脢"는 이제마가 말하는 두견요둔頭肩腰臀을 통섭한다.

上六: 咸其輔頰舌。
상육 　함기보협설

보輔(윗턱)·협頰(뺨)·설舌(혀)은 언어기관을 가리킨다. 등짝을 넘어서는 곳에 보협설이 있다. 보협설은 교언영색에 지나지 않는다. 언어라는 상징체계는 오류의 가능성이 크다. 上六은 음유하며, 상괘인 兌괘의 上이며, 기쁨의 主이며, 함咸의 극極이다. 언어에만 의지하는 느낌은 온전치 못하다. 천박한 여인의 교언영색과도 같다. 언어 이전의 "느낌"의 소중함을 함괘咸卦는 말하고 있다.

32

손하巽下
진상震上

뢰풍 항 恆

Duration, Constancy

象曰: 雷風, 恆。君子以立, 不易方。
상 왈 뢰풍 항 군자이립 불역방

우레와 바람은 항상 같이 간다. 우레와 바람은 움직이는 속에서도 만물을 소통시키고 생장시킨다. 그 모습이 항상성을 의미하는 항괘의 모습이다. 군자는 이 항괘의 모습을 본받아 비바람 속에서도 굳건히 주체적으로 서있는다. 그리고 인생의 방향을 함부로 바꾸지 않는다. 동動 속에서의 굳건한 항상성을 말하고 있다.

괘사 恆, 亨。无咎。利。貞。利有攸往。
항 형 무구 리 정 리유유왕

항상성을 상징하는 항괘의 분위기는 변화의 지속을 말하며 매사가 잘 성취되고 바르게 발전하는 모습이다(恆). 천지신명께 제사를 지내어 이 아름다운 균형을 찬미하라(亨). 허물이 없을 것이다. 매사에 수확이 있을 것이다(利). 그대의 미래에 관하여 물음을 던져라(貞)! 모험을 할 만한 시기다(往). 모험을 함으로써만이 새로움의 계기가 도입되고, 새로움의 계기가 도입될 때만이 항구한 균형이 이루어진다. 여행을 떠나라! 새로운 길을 개척하라! 감에 리가 있다(利有攸往).

효사 初六: 浚, 恆。貞, 凶。无攸利。
초육 준 항 정 흉 무유리

初六은 손巽괘☴의 주효이고, 九四는 진震괘☳의 주효이며, 이 양자는 正應의 관계에 있으므로 부부관계로 볼 수 있다(※ 항괘는 전효가 正應한다). 初六은 항괘의 가장 밑바닥이며, 남편의 집으로 시집온 신부이다. 음유하면서 양위에 있으며, 총명치 못하고 기가 센 여자이다. 손巽괘에 입入이라는 성격이 있다. 빠져 들어간다는 뜻인데 여기서는 첫 글자인 "준浚"과 관련 있다. 시집왔으면 시집의 대강을 파악해야 할 텐데 한 우물을 깊게 파듯이 협애한 주제에 매달려 빠져 들어간다는 뜻이다. 이 여인은 깊게 파헤치는 자세를 항상스럽게 한다(浚, 恆). 이런 여자와의 삶에 관하여 점을 쳐보면 흉한 신탁이 나올 것이다(貞, 凶). 이로울 것이 없다(无攸利). 결혼의 시작은 가벼워야 한다. 천천히 서로를 알아가는 것이다. 깊게 팔 이유가 없다.

九二: 悔亡。
구이 회망

양효로서 음위陰位에 있기 때문에 不正. 후회스러운 일이 생길 수밖에 없는 상황이지만 다행히 하괘의 중앙에 있어 중용의 품덕을 지니고 있고, 또 다행스럽게 六五와 應하여 친밀한 관계에 있다. 六五도 중용의 덕을 가지고 있기 때문에 후회할 일이 없다. 항구한 중용의 덕성에 들어맞는다. 그러므로 후회가 사라진다(悔亡).

九三: 不恆其德。或承之羞。貞, 吝。
구삼 불항기덕 혹승지수 정린

九三의 位는 正하지만, 지나치게 강강剛强하여 중용의 미덕을 망각하는 성향이 있다. 기가 쎄어 조진躁進한다. 九三의 삶의 자세는 한번 품은 좋은 덕성을 지속시키지 못한다(不恆其德). 그로 인하여 사람들로부터 치욕을 당하기 십상이다(或承之羞). 점을 치면(貞) 후회스러운 결과(吝)가 나올 것이다(『논어』「자로」22 참조).

九四: 田, 无禽。
구 사 전 무 금

九四는 양강陽剛하며 不中不正하다. 항구한 도는 中正을 근본으로 해야 되는데, 九四는 不中不正하니 항상됨이 없다. 사냥을 열심히 하지만 짐승을 잡지 못한다(田, 无禽). 상황에 맞지 않는 짓만 하는 것이다. 이 자가 권세의 지위에 있는 자라고 한다면 中正의 덕을 지니지 못하면서 백성을 못살게 굴고 힘으로 복속시키려 할 것이다. 그러나 백성이 복종하지 않는다.

六五: 恆其德。貞。婦人吉。夫子凶。
육 오 항 기 덕 정 부 인 길 부 자 흉

六五는 음유하며 상괘의 中을 얻고 있다. 그리고 양강하며 中을 얻고 있는 九二와 應하고 있다. 이 六五는 유순柔順의 덕德을 변치 않고 항상스럽게 지킬 줄 아는 사람으로서 정의로우며 심지가 굳건한 인물임에 틀림이 없다. 그 덕을 항상스럽게 지키는(恆其德) 六五는 물음의 주체가 될 수 있다(貞).

그러나 六五의 덕은 어디까지나 음적인 덕성이고 유순柔順과 양보의 미덕이다. 그리고 이러한 덕을 항상스럽게 한다는 것은 부인의 입장이라면 吉한 것이나(婦人吉), 남편의 입장에서 보면 凶한 것일 수도 있다(夫子凶).

남편은 과단강결果斷剛決의 심지가 있어야 하며 유순하기만 해서는 아니 되기 때문이다. 남성은 실존적 결단에 직면하여 무無에로 자기를 던질 줄 알아야 하는 것이다.

上六: 振, 恆。凶。
상육 진 항 흉

上六은 유음陰柔하다. 굳건하게 항구의 도를 지키지 못한다. 상괘는 우레의 괘이니 한 군데 지긋하게 있지를 못하고 계속 움직인다. "진振"은 떨쳐버리고 튕겨나갈 생각만 하는 삶의 자세를 의미한다. "진振"을 항상스러운 삶의 태도로 삼으니(振, 恆) 흉凶할 수밖에 없다. 항괘에는 "吉"의 판단사가 거의 없다. 그만큼 "항상스러움," 즉 호미오스타시스적인 밸런스는 달성하기 어려운 것이다.

33

간하艮下
건상乾上
천산 둔 遯

Retreat, Seclusion

象曰: 天下有山, 遯。君子以遠小人, 不惡而嚴。
상왈 천하유산 둔 군자이원소인 불오이엄

하늘아래 산이 있는 모습이 둔괘의 모습이다. 군자는 이 둔괘의 모습을 본받아 소인들을 멀리한다. 그렇다고 소인들을 증오할 필요는 없다. 증오치 아니하면서도 그들을 엄정하게 심판한다. 그러기 위해서는 자신에게 엄정한 잣대를 대어 생활하며 소인들이 근접 못하게 해야 한다. 몸은 산중에 격절되어 살고 있지만, 그 산은 하늘을 떠받들고 있다. 하늘은 보편적 가치이며 대의大義를 의미한다. 대의가 없는 격절은 은둔이 아니다.

괘사 遯。亨。小利貞。
둔 형 소리정

은둔의 형국이다(遯). 은둔하여 그대 홀로 하느님께 제사를 지내고 하느님과 소통하는 삶을 살아라(亨)! 九五의 양강陽剛이 군위君位에 있으며 하괘의 六二가 응원하고 있다. 따라서 세상을 구원하려는 노력이 없는 것은 아니지만 소인小人의 두 효의 성장이 너무도 필연적인 위세를 가지고 치고 올라오고 있기 때문에 군자는 이럴 때는 은둔의 전략을 세우는 것이 좋다. 은둔하지 않으면 군자는 자기의 절조節操를 굽히지 않을 수 없는 곤혹한 상황에 처하게 된다. 나아가면 궁窮하고(막히다), 물러나면 통通하는 시운이다.

시운의 대국을 논하는 데 있어서는 물러날 시기임이 분명하지만, 작은 사건에 있어서는 모든 것이 정의롭게 흘러가고 있다. 작은 일에 관해서는 **점을 치면**(정의롭게 앙가쥬망한다는 의미) **이로움이 있다**(小利貞).

효사 **初六: 遯尾。厲。勿用有攸往。**
초육 둔미 려 물용유유왕

둔괘의 6효는 모두 은둔하는 군자를 가리킨다. 여기 "둔미"라는 것은 은둔의 순서가 꼴찌라는 뜻이다(은둔함이 꼴찌이다). 우유부단하여 은둔의 적절한 시기를 놓치고 뒤늦게 은둔하여 위험에 노출된다(遯尾, 厲)는 뜻이다. 이럴 때는 나아갈 생각을 하지 말고 조용히 있는 자리를 지키며 근신하는 것이 좋다(勿用有攸往).

六二: 執之用黃牛之革。莫之勝說。
육이 집지용황우지혁 막지승탈

六二는 中正을 얻고 있으며 상괘의 九五와도 유순한 모습으로 正應한다. 첫 구절은 "그것을 묶음에 견고한 황소가죽으로써 한다"라고 직역되는데, 그것은 은둔의 의지를 견고하게 한다는 뜻이다. 그래서 아무도 그 견고한 의지를 풀지 못한다(莫之勝脫: 설과 탈은 통함).

九三: 係遯。有疾, 厲。畜臣妾, 吉。
구삼 계둔 유질 려 휵신첩 길

九三은 은둔할 의지는 확고하다. 그러나 하괘의 여러 사정에 연루되어 걸리는 일이 너무 많다(係遯). 꼭 병에 걸려 모든 것이 불확실해지고 위태로운 일이 발생할 것만 같은 상황이다(有疾, 厲). 이럴 때는 국가대사나 관직의 업무에서 벗어나 가정을 보살피는 데(畜臣妾) 전념하는 것이 좋다. 그리하면 吉하다.

점을 쳐서 이 효사를 만나는 사람은 깨끗이 물러나는 것이 상책이다.

九四: 好遯。君子吉, 小人否。
구사 호둔 군자길 소인부

九四는 상괘 건☰의 제1효로서 건健하다. 九三과 같이 私情에 이끌리지 않고 즉각 은퇴해버린다. "호둔好遯"의 "호"를 4성으로 읽으면 "은둔하기를 좋아한다"가 되고 3성으로 읽으면 "아름답게 은둔한다"가 된다. 이런 훌륭한 은둔은 군자에게는 더없는 길운이지만(君子吉), 소인은 훌륭한 은둔을 해내지 못한다(小人否).

九五: 嘉遯。貞, 吉。
구오 가둔 정 길

"가둔嘉遯"은 가장 바람직한 은퇴를 가리킨다. 九五는 양강하며 中正을 얻고 있으며 하괘의 六二와 상응한다. 九五가 버리는 자리는 최상의 이상적 포스트이다. 그럼에도 九五는 표표하게 세정을 절연하고 아무런 흔적도 남기지 않는다. 이런 위대한 인물은 자신의 미래에 관하여 하느님께 물을 수 있다(貞). 吉하다. 가둔은 고귀한 카이로스의 실현이다.

上九: 肥遯。无不利。
상구 비둔 무불리

은둔괘인 둔괘에서는 上의 자리가 나쁘지 않다. 無位의 자리가 은퇴의 의미와 잘 맞아떨어지기 때문이다. "비둔"은 여유로운 은둔이다. 이롭지 아니할 것이 아무 것도 없다(无不利).

1) 遯尾 2) 執遯 3) 係遯 4) 好遯 5) 嘉遯 6) 肥遯

34

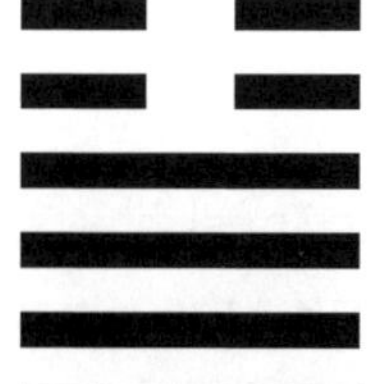

건하乾下
진상震上

뢰천 대장 大壯

The Exuberance of the Great

象曰: 雷在天上, 大壯。君子以非禮弗履。
상 왈 뢰 재 천 상 대 장 군 자 이 비 례 불 리

우레(번개)가 하늘 위에 있는 형상이 곧 대장大壯괘의 형상이다. 군자는 이 대장괘의 모습을 본받아(以), 삶의 태도에 있어서 예가 아니면 밟지 않는다(실천에 옮기지 않는다). 여기서 예禮는 인간을 억압하는 형식주의가 아니다. 예는 어디까지나 인간을 건강하게 만드는 상식이다. 그러한 예를 실천함으로써 대장大壯의 인간이 되는 것이다.

괘사 大壯。利。貞。
대 장 리 정

크게 양의 세력이 강성하다(大壯). 군자가 소인을 몰아내어 정의가 득세하는 시기이니 매사에 이로운 수확이 있다(利). 이럴 때일수록 겸허하게 하느님과 소통하는 것이 좋다. 나의 실존이 나의 결단으로만 이루어진다고 자만하지 말고 신의 의지를 물어라(貞)!

효사 初九: 壯于趾。征, 凶。有孚。
초구 장우지 정 흉 유부

발에 왕성한 기운이 돈다(壯于趾). 발의 왕성한 기운만 믿고 앞으로 나아가면(征) 반드시 흉운이 닥친다(凶). 初九답게, 즉 아직 성숙하지 않은 초짜답게 반드시 약속을 이행하는 성실함으로 일관하는 것이 좋다(有孚). 역사의 진보는 때가 있는 법이다. 아무 때나 출정하면 아니 된다.

九二: 貞, 吉。
구이 정 길

대장大壯의 괘에서는 正을 얻고 있는 효가 운세가 좋지 않다. 바탕 자체가 대장하기 때문이다. 九二는 유위柔位에 있는 양강陽剛이다. 不正하다. 그러나 중앙효이기 때문에 중용의 미덕을 지니고 있다. 지나치게 강하지도 않고, 지나치게 유하지도 않고, 강과 유의 조화가 아름답게 이루어지고 있다. 九二여! 그대는 물어라(貞)! 카이로스를 넓게 관찰하라! 吉하다.

九三: 小人用壯, 君子用罔。貞, 厲。
구삼 소인용장 군자용망 정 려

羝羊觸藩, 羸其角。
저양촉번 리기각

소인이라면 이 九三의 무모하게 장성壯盛한 기운을 즐겨 쓸 것이다(小人用壯). 그러나 군자라면 그러한 장성한 기운을 쓰지 않고(君子用罔), 자기를 이기는 데로 그 강한 기운을 돌린다. 九三은 중용을 벗어나 있고 돌진하기만 좋아하는 분위기이기 때문에 하느님께 물음을 던지면(貞) 모두 상서롭지 못한 것으로 돌아온다(厲). 이것은 마치 들이받기 좋아하는 강성한 숫양(羝羊)이 탱자나무 울타리를 들이박아(觸藩), 그 뿔이 걸려 곤혹스러워하는 모습과도 같다(羸其角).

九四: 貞, 吉。悔亡。藩決不羸。壯于大輿之輹。
구사 정 길 회망 번결불리 장우대여지복

九四는 강효로서 柔位에 있으니 不正하다. 그리고 4양의 최전선이며 진괘震卦의 초효이니 動하려는 힘이 강렬하다. 그러나 다행스럽게 柔位에 있기 때문에 강함의 부작용을 상쇄시켜 준다. 이런 아이러니 속에서 점을 치면 오히려 吉하다. 후회스러운 것 같은 분위기가 싹 사라진다(悔亡).

九三에게는 출구가 없었다. 양인 九四가 가로막고 있었다. 그러나 九四의 전도에는 유연한 六五가 기다리고 있다. 숨쉴 틈이 있는 것이다. 九三의 표현을 빌리면, 가시울타리가 뻥 뚫려버려서 뿔이 걸려 고통받는 그런 곤혹스러움이 없다(藩決不羸). 큰 수레의 복토伏兎가 장성하다(壯于大輿之輹). 군자의 세력이 지배하는 역사의 수레바퀴는 잘 굴러가고 있다.

六五: 喪羊于易。无悔。
육오 상양우역 무회

여기 "역易"은 "역埸"이라는 글자의 변형태이며 밭의 변경을 뜻한다. 六五는 밭의 변경에서 숫양을 잃어버렸다(喪羊于易). 숫양은 멀리 도망갔다. 돌아오지 않는다. 壯의 심볼인 숫양이 사라진 것이다. 대장괘의 입장에서는 정말 큰 손실이다. 凶할까? 그렇지 않다! 오히려 속이 후련하다! 욕망의 근원이 사라졌다. 후회할 일이 없다(无悔). 六五는 不正한데 대장大壯이기 때문에 오히려 吉한 것이다. 역易에서 장壯은 무조건적인 찬양의 대상이 아니다.

上六: 羝羊觸藩, 不能退, 不能遂。无攸利。艱則吉。
상육 저양촉번 불능퇴 불능수 무유리 간즉길

上六은 음효로서 음위에 있으니 대장괘에서는 과히 좋은 평을 들을 수가 없다. 음효이기 때문에 강인한 실력이 없고 상괘 진동震動의 극極에 있으며, 대장의 괘의 종점에 위치하고 있다. 그런데 이 上六은 자기의 처지를 전체적으로 돌보지 아니하고 활동만을 좋아하고, 무리하게 위로 나아가려고만 한다. 이 모습은 九三의 효사에서 주제로 다룬 그 숫양의 상징태와 비슷하다. 숫양은 빽빽한 탱자나무 울타리를 들이박는다(羝羊觸藩). 그런데 이 숫양은 뿔을 빼면서 후퇴할 능력도 없고(不能退), 돌진한 그 힘으로 빠져나갈 힘도 없다(不能遂). 上六의 처지는 문자 그대로 진퇴양난進退兩難이다. 진퇴양난의 상황은 이로울 바가 없다(无攸利). 그러나 다행히도 上六은 음효로서 유연한 성격이 있다. 운명을 거스르지 말고 그 간난을 견디어 낼 생각을 하면 머지않아 희망이 보일 것이다(艱則吉).

35

곤하坤下 리상離上 화지 진 晉

Advancing, Shining

象曰: 明出地上, 晉。君子以自昭明德。
상 왈 명출지상 진 군자이자소명덕

밝음이 땅위로 솟는 형상이 진괘의 모습이다. 군자는 이 진괘의 모습을 본받아(以) 스스로 자기에게 구유具有되어 있는 밝은 덕(明德)을 밝게 한다(自昭). 태양이 온 누리를 밝게 비추듯이! 인간의 덕성은 아가페적인 태양처럼 그 자체에 고유한 덕성이다.

괘사 **晉, 康侯用錫馬蕃庶。晝日三接。**
진 강후용석마번서 주일삼접

진괘의 모습은 태양이 솟아올라 땅의 구석구석을 비추는 형상이니, 은혜를 입은 제후들이 태양과도 같은 천자를 알현하고 그 은공을 찬미하는 모습이다. 나라를 강녕하게 만든 제후(康侯)가 천자를 알현하여 말(馬) 여러 마리(蕃庶)를 하사받고(錫), 또 주간에 세 번이나 천자를 직접 만나뵙는(晝日三接) 은혜를 입는 정경의 괘이다.

점을 쳐서 이 괘사를 만나는 사람은 정의롭고 순종하는 덕성이 있으면 사람들로부터 사랑받고 신임을 얻어, 모든 사업이 다시 일어나고 복기復起하는 분위기가 있으리라.

효사 初六: 晋如摧如。貞, 吉。罔孚, 裕, 无咎。
초육 진여최여 정 길 망부 유 무구

初六은 나아가는 모습이다. 初六은 음효이며 힘이 약하다. 시발점이니 연대세력이나 가속도가 없다. 상괘의 九四와 응應하지만 九四 자체가 부중부정不中不正하여 연대에 관심이 없다. 그러기 때문에 나아가려고 하면 좌절이 된다(晋如摧如). 그러나 일시적인 좌절이 불가피하다 해도 점을 쳐보면(貞) 吉하다. 전체적인 전망이 밝다. 비比하는 六二에게 신임을 얻지 못한다 할지라도(罔孚), 여유롭게 기다리면(裕), 허물이 없다(无咎). 역사의 나아감은 결국 승리한다!

六二: 晋如愁如。貞, 吉。受玆介福于其王母。
육이 진여수여 정 길 수자개복우기왕모

六二도 나아가려고 애쓰고 있다(晋如). 中正의 실력을 지녔으니 응당 승진해야 할 상이다. 그러나 쉽게 길이 열리지 않는다. 비애로운 느낌이 든다(愁如). 그러나 대세를 점쳐보면(貞) 그의 전도는 吉하다. 처음에는 고립무원인 듯이 보이지만, 고유한 중정의 덕성을 고집하면 최종적으로 吉하게 되어있다. 결국 그는 할머니(王母)에게 큰 복(介福)을 받을 것이다(受玆介福于其王母).

六三: 衆允。悔亡。
육삼 중윤 회망

하괘 곤坤의 최상위이며 유순함의 극치라 할 수 있다. 初六, 六二가 모두 六三을 따른다. 六三은 혼자 무리하게 점프하지 않는다. 初와 二와 함께 나아감을 시도한다. 땅위의 뭇 동지들이 그를 신뢰한다(衆允). 六三의 시도 자체의 성패가 중요하지 않다. 대중과 함께 현상現狀을 타파하려 했다는 사실이 중요하다. 중衆이 그를 신뢰했기에 不中不正함에도 불구하고 그에게 후회할 일은 남지 않는다(悔亡).

九四: 晋如, 鼫鼠。貞, 厲。
구사 진여 석서 정 려

九四는 대신大臣의 위상이다. 그런데 不中不正이다. 그러니까 九四는 不正한 행위를 일삼으며 높은 자리에 올라가 있는 탐욕스러운 인간이다. 유순한 下卦의 세 음효가 六五의 군주를 도우려 하는 길을 막고 있다.

잘도 올라갔구나(晋如)! 들쥐같이 야비한 대신놈아(鼫鼠)! 네 인생에 관하여 점을 쳐보아라(貞). 하나부터 열까지 다 괴롭고 위태로운 운세만 너를 기다리고 있으리라(厲)!

六五: 悔亡。失得勿恤。往, 吉。无不利。
육오 회망 실득물휼 왕 길 무불리

六五는 음효이면서 양위에 있으니 不正하다. 후회할 일이 많이 생긴다. 그러나 떠오르는 태양의 중앙에 있는 존위尊位의 대덕大德이다. 따라서 하괘의 음효가 따른다. 결코 후회스러운 일은 일어나지 않는다(悔亡). 六五에게는 실과 득의 양면이 다 있다. 九四의 대신이 땅의 삼음三陰(민중)이 따라오려는 것을 막고 있는 것은 실失이지만, 결국 땅의 민중이 九四의 훼방을 도약하여 존귀한 덕성을 지닌 六五를 보좌하는 것은 득得이다. 그러므로 六五의 위상位相을 가진 자는 잃을까 얻을까, 득실得失을 개의치 말라(失得勿恤)! 개의함이 없이 정도正道로 나아가면(往) 길운吉運

이 따를 것이다.

군주君主는 모험을 할 줄 알아야 한다. 모험하지 않는 군주(리더)는 정치를 모르는 자이다. 모험을 강행하라! 민중은 따를 것이다. 이롭지 아니할 일이 하나도 없다(无不利).

점을 쳐서 이 효사를 만나는 사람은 이해득실을 따지지 않고 앞으로 나아가면 오히려 성공한다.

上九: 晋其角。維用伐邑。厲, 吉。无咎。貞, 吝。
상구 진기각 유용벌읍 려 길 무구 정 린

上九는 양강陽剛하며 진晋괘의 최상단에 있다. "진여晋如"라 말하지 않고 "진기각晋其角"이라고 말한 것은 나아감이 그 극에 달한 것을 말한 것이다. 동물로 치면 "뿔"은 몸의 최상단이다. "진기각晋其角"이란 "나아감이 그 뿔에까지 이르렀다"라는 뜻이다. 上九는 양강한 기운을 가지고 있으면서도 더 이상 나아갈 수 없는 극한에 이르렀다. 따라서 上九는 양강이 넘쳐나는 그 기운을 내부로 돌린다. 밖으로 싸움을 거는 것이 아니라 내부를 평정하는 것이다(維用伐邑). "벌읍伐邑"이란 자기 영지領地 내의 질서를 어지럽히는 세력을 토벌한다는 의미이다. 언뜻 쉽게 생각할 수 있는 것은 군주와 민중 사이의 친화를 막는 九四와 같은 대신을 정벌하는 것이다. 이 정벌과정은 물론 위태로운 정황도 없는 것은 아니지만(厲), 끝내 吉할 수밖에 없다. 정의로운 일이니까 허물을 남기지 않는다(无咎). 그러나 하느님께 물음을 던져보면(貞) 마음에 꺼림직한 느낌은 남는다. 반란의 싹을 제거한 것은 좋은 일이지만 무력을 사용했어야만 했다는 사태는 아쉬움이 남는다(吝).

36

리하離下
곤상坤上

지화 명이 明夷

A Time to Conceal Your Brilliance, The Hour of Darkness

象曰：明入地中，明夷。君子以涖衆，用晦而明。
상 왈　명 입 지 중　명 이　군 자 이 리 중　용 회 이 명

밝음(태양, 지혜)이 땅속으로 들어가 그 밝음이 가려져버린 모습이 명이괘의 모습이다. 민중을 섬기는 군자는 민중에 임할 때(涖는 임할 리) 이 괘의 모습을 본받아(以) 자신의 지혜를 밝게 빛내기보다는 흐리게 만들어 오히려 그들과의 관계를 여유롭고 명료하게 만든다.

『대상전』의 저자는 명이괘의 본질을 "도광양회韜光養晦"의 뜻으로 해석했다.

괘사 **明夷。利艱貞。**
명 이　리 간 정

밝음이 상처받는 괘의 모습이다(明夷). 암군暗君이 上에 있어서 신하가 상처받고 있는 모습이다. 간난의 시세時勢이다. 이 간난의 시세에 대하여 정의롭게 물음을 던지며(貞) 헤쳐나가면 반드시 이로움이 있으리라(利艱貞)!

효사 初九: 明夷于飛, 垂其翼。君子于行, 三日不食。
초구 명이우비 수기익 군자우행 삼일불식

有攸往, 主人有言。
유유왕 주인유언

初九는 양강하며 총기 있는 군자. 광명이 무너지고 암흑시대가 도래하는 가장 초기단계에 이 군자는 비극을 미리 감지하고 탈출을 시도한다.

初九는 어둠을 뚫고 날아간다(明夷于飛). 날개를 늘어뜨리고 조용히 날아간다(垂其翼). 君子는 가고 또 간다(君子于行). 삼일 동안이나 음식을 먹지도 못했다(三日不食). 그래도 강행군을 한다(有攸往). 여관집 주인도 이 군자의 위기감지 능력을 알지 못하고 잔소리를 한다(主人有言). 세상은 군자의 이상理想을 이해할 수 없다. 선각자는 외롭다. 이상과 현실의 괴리는 항상 슬프다.

六二: 明夷。夷于左股。用拯馬壯, 吉。
육이 명이 이우좌고 용증마장 길

밝음이 해침을 당함(明夷)이 점점 깊어만 가고 있다. 六二는 유순중정柔順中正의 인물이다. 해침을 당했으나 좌쪽 허벅지에 상처를 입는 것으로 그쳤다(夷于左股). 다행이다. 그러나 걷기는 심히 곤란하다. 이때 그를 구원하는 말이 나타난다(用拯馬壯). 그 말이 아주 건장하다. 좌절의 시대, 어둠의 시대에도 이렇게 돕는 자들이 있다. 吉하다.

九三: 明夷。于南狩, 得其大首。不可疾, 貞。
구삼 명이 우남수 득기대수 불가질 정

九三은 득정得正. 하괘 밝음의 최상효이며 뛰어난 명지明智의 소유자.

그는 남방을 향해 그곳에서 암흑을 퍼뜨리고 있는 악의 근원을 정벌하러 간다(于南狩). 남수의 목적은 그 흉악한 괴수를 잡아 처단하는 것이다(得其大首). 혁명이다! 이러한 비상사태에 대하여 하느님의 의지를 묻는다. 하느님은 말씀하신다: "함부로 속단하여 질속하게 처단하면 안된다."(不可疾). 혁명은 온 민중의 갈망이 모아지는 카이로스를 타야 한다. 혁명가의 개인적 판단으로 쉽게 거사할 수는 없다.

六四: 入于左腹。獲明夷之心。于出門庭。

육사 입우좌복 획명이지심 우출문정

밝음이 점점 이지러져 암흑으로 가는 과정에 있다. 이 암흑의 주인공은 명이괘 ䷣에서는 上六이다. 上六을 제외한 아래의 다섯 효는 모두 암흑을 저지하려고 노력하는 군자들이다. 이 괘에서는 군주가 五가 아닌 六이다. 六四는 上六의 속마음(腹)의 왼쪽으로 들어간다(入于左腹). 은밀하게 사귀어 上六의 마음을 사로잡는다는 뜻이다. 속마음에까지 들어가 어둠을 자아내고 있는 군주의 마음을 확실하게 파악한다(獲明夷之心). 六四는 上六(군주)의 마음속 깊이 잠입하여 그의 속셈을 다 파악해보지만 암우暗愚한 군주의 마음을 개오시켜서 다시 밝은 세상을 만든다는 것은 불가능하다. "우출문정于出門庭"은 이런 판단이 섰을 때는 빨리 군주의 영역으로부터 탈출하는 것이 상책이라는 의미도 되고, 나의 집을 나와 먼 곳으로 도망친다(은둔한다)는 의미로 해석되기도 한다. 첫 번째 해석이 소박하게 와닿는다.

점을 쳐서 이 효사를 만나는 사람은 상대방의 본심을 헤아려 이득될 일이 없다는 판단이 서면 즉각 그를 떠나야 한다. 우물쭈물하는 것이 재난의 원인이다.

六五: 箕子之明夷。利貞。
육오 기자지명이 리정

명이괘의 특징은 五가 천자의 位가 아니라는 것이다. 이 암흑의 괘에서는 六이 천자다. 괘 전체가 암흑의 괘이기 때문에 군주가 제5위에 앉을 수 없다. 지나침의 극치인 六에 앉을 수밖에 없다.

"기자의 명이"는 기자를 역사적 특정인물로 비정할 경우, 그가 주紂왕의 폭정 아래서 "자신의 명철함을 흐리게 만드는 미친 척 하는 행위"를 가리킨다. 기자의 도회韜晦는 정의로운 의도를 품고 있다. 기자와 같은 사람들이여! 그대의 미래에 관해 물음을 던져 보아라. 이로운 일만 있을 것이다.

※ "箕子"를 "其子"(그 사람)으로 보기도 하고, "해자荄滋"(돋아나는 초목의 싹)으로 보아, 일반명사로 해석하는 견해도 있다.

上六: 不明, 晦。初登于天, 後入于地。
상육 불명 회 초등우천 후입우지

上六은 천자를 상징한다. 처음 등극할 때에는 국민들의 기대를 한 몸에 모으고 하늘 높이 승천이라도 할 듯한 밝은 기세였다(初登于天). 그러나 그에게 밝음이 없었다(不明). 그 인간의 본질이 어두웠다(晦). 그에게는 빛이 보이지 않았다. 지고한 지위에 있으면서 아랫사람들의 밝음에 상처만 냈다. 끝내 그는 자기자신을 훼손하고 만다! 민중은 외친다! 혁명이다! 혁명의 깃발 아래 그의 모가지가 떨어진다. 그는 원칙을 상실했다(失則也。「소상전」). 그의 시신은 땅속으로 들어간다(後入于地).

37

리하離下
손상巽上

풍화 가인 家人

Family Life, Family Morals

象曰: 風自火出, 家人。君子以言有物, 而行有恆。
상 왈　풍자화출　가인　군자이언유물　이행유항

바람(巽☴)이 내괘의 불(離☲)로부터 나오고 있는 모습이 가인괘의 모습이다. 내면에서 축적된 밝은 덕이 밖으로 미치는 모습이다. 풍화風化의 근본이 가家요, 가의 근본이 몸身이다. 따라서 군자는 이 괘상을 본받아 평소의 언행言行을 정의롭게 하는데, 그 언言(말씀, λόγος)에는 반드시 실증적 사물의 근거(物, 수운이 말하는 신信)가 있게 하고, 그 행行(프락시스πρᾶξις, doing)에는 반드시 원칙적 항상성(constancy)이 있게 한다.

괘사 家人, 利女貞。
가 인　리 여 정

가정을 구성하는 사람들끼리 지켜야 할 덕성을 말하고 있는 괘이다. 이 괘에서 제일 중요한 것은 부인(여주인)의 품덕이다. 여인이 주체적으로 가정을 리드하면서 하느님께 미래를 묻고 난관을 헤쳐가는 데 이로움이 있다.

효사 **初九: 閑有家。悔亡。**
초구 한유가 회망

가정을 이룬 초기의 정황을 말하고 있다. 집안의 법도를 초기로부터 잘 세운다(閑有家). 세 살 버릇 여든 간다는 말처럼, 초기에 틀을 잘 잡는다. 그러면 후회할 일이 없어진다(悔亡).

六二: 无攸遂。在中饋。貞, 吉。
육이 무유수 재중궤 정 길

六二는 中正의 품덕을 지닌 부인이며 집안의 중심이라 말할 수 있다. 해(☲)와 같은 존재이며, 가족의 밝음의 에너지원이다. 이 여인은 독단적으로 매사를 완수해버리는 짓을 하지 않는다(无攸遂). 그리고 집안에서 음식을 만들어(在中饋) 가정의 화목을 이룬다. 밥은 생명의 근원이다. 이 여인은 가정의 미래에 관해 끊임없이 질문하고 기도한다(貞). 이 여인은 점으로써 가인의 주도권을 잡는다. 이런 여인의 집안은 매사가 吉하다.

九三: 家人嗃嗃。悔厲, 吉。婦子嘻嘻, 終吝。
구삼 가인학학 회려 길 부자희희 종린

九三은 융통성 없는 엄부嚴父이다. 과강부중過剛不中하여 너무 지독하게 엄격한 룰을 세워 집안사람들을 다룬다. 가인들이 삼복더위에 숨을 헉헉 내쉬듯이 고통스러워한다(家人嗃嗃). 九三의 군자여! 근원적으로 그대의 엄격성을 반성하라(悔厲)! 그리하면 집안에 길운이 찾아오리라!

그런데 이와는 반대로 너무 느슨한 분위기를 생각해볼 수 있다. 남자의 규율의 구속이 없이 엄마와 아들이 하루종일 철없이 히히덕거린다(婦子嘻嘻). 이런 집안에는 겉으로는 화기애애한 듯이 보이지만 끝내 후회할 일만 생긴다(終吝). 자애와 엄격은 공존해야 할 음양의 덕성이다.

六四: 富家。大吉。
육사 부가 대길

훌륭한 부인은 집안을 잘 이끌다 보면 반드시 그 집안을 부유하게 만든다(富家). 이러한 부인을 얻은 집안은 큰 행복을 누린다(大吉).

六四는 손괘의 제일 아래효이며 음효이며 虛이다. 허해야 富가 들어온다. 九三을 타고 있으며 九五를 받들고 있다. 상하내외上下內外로 모두 양의 기운을 받아들일 수 있는 虛가 있기 때문에 富를 이룰 수 있다.

九五: 王假有家。勿恤, 吉。
구오 왕격유가 물휼 길

中正의 모든 덕성을 구현한 天子이다. 뿐만 아니라 中正의 六二와 應하고 있다. 九五의 王은 天下뿐 아니라 집안도 잘 다스리는 군주이다. 집안사람들이 서로를 아끼고 사랑하게끔 만든다. 주희는 "격假"을 "집안사람들을 감격시킨다"라는 뜻으로 해석했다. 보통은 "이른다"는 의미이다. "물휼勿恤"이란 집안을 다스리지 못해 나라도 어지럽게 만드는 그런 정황을 걱정치 않아도 된다는 뜻이다. 집안을 잘 다스리는 훌륭한 인품의 王이기 때문에 천하를 잘 다스릴 수 있다. 별로 걱정할 일이 없다. 吉하다.

上九: 有孚威如, 終吉。
상구 유부위여 종길

가인괘는 다 가족이기 때문에 六의 位에 별다른 의미가 없다. 上九는 강효이며 가인괘의 최상위이다. 가정을 꾸려가는 전체적인 원칙을 제시한다. 그것은 유부有孚와 위여威如를 동시에 유지하는 것이다. 유부는 성실과 아낌이며 위여는 위엄과 형식적 질서이다. 이 양자가 변증법적으로 길항하고 상생할 때 가정은 최상의 가치를 발한다. 끝내 吉하다.

38

태하兌下
리상離上

화택 규 睽

Antagonism, Opposition

象曰: 上火下澤, 睽。君子以同而異。
상왈 상화하택 규 군자이동이이

위에 불(☲)이 있고 아래에 못(☱)이 있어 서로를 용납 못하는 이질성이 있는 것이 규라는 괘의 모습이다. 군자는 이 괘의 모습을 본받아(以) 근원적인 대세의 흐름이나 비젼의 궁극적 목표에 관해서는 동질성을 인정한다 할지라도, 자기가 걸어가는 구체적인 삶의 자세에 관해서는 유니크한 이질성을 고수한다(※『중용』의 "和而不流"를 연상할 것).

괘사 睽, 小事, 吉。
규 소사 길

어긋남의 길을(睽) 생각할 때, 그랜드 스케일의 대사大事에 있어서는, 모든 사람들의 생각이 화합일치되지 않으면 그 큰일을 행하는 것은 불가不可하다. 그러나 작은 일(小事)에 있어서는 많은 다중의 의견이 일치되어야 할 필요가 없고, 모두 개성 있게 각자의 길을 가는 것이 좋기 때문에, 어긋남의 길은 소사小事에 있어서는 吉하고 복福을 얻을 수 있다.

효사 初九: 悔亡。喪馬, 勿逐。自復。見惡人, 无咎。
초구 회망 상마 물축 자복 견오인 무구

初九는 괴리의 초기단계이다. 인생의 과정에서 우리는 기대로부터의 어긋남, 인간들의 배반과 같은 괴리의 사태를 반드시 체험한다. 이 괴리에 잘 대처하는 것이 인생의 지혜이다.

初九와 應하는 爻는 九四이다. 그러나 이 두 효는 모두 양효이기 때문에 등을 돌리고 서로 반목하게끔 되어 있다. 初九는 九四와의 관계에서 후회스러운 일이 일어날 것을 기대한다. 그러나 후회스러운 일이 일어나지 않았다(悔亡). 왜냐? 이 사태에 대한 해석은 매우 다양하다. 나는 괴리를 나타내는 규괘라는 장場 그 자체에서 원인을 찾는다. 규괘이기 때문에 등돌리게 되어있는 자들이 서로 소통하는, 상식에 어긋나는 사태가 발생하기도 한다는 것이다. 우리 삶의 아이러니의 한 측면이다.

여기 "상마喪馬"(말을 잃는다)라는 표현은 사랑하는 그 무엇을 잃는다, 갈 수 있는 수단을 상실한다는 뜻이다. 이것은 九四가 初九를 버리고 떠나간다는 것을 의미할 수도 있다. 그러나 강인하고 때묻지 않은 初九는 말 뒤꽁무니를 쫓아가지 않는다(勿逐). 결국 그 말은 되돌아오게 되어있는 것이다(自復). 스스로 돌아옴을 기다리는 것도 易의 지혜이다.

인생의 여로에서는 필연적으로 내가 싫어하는 사람들을 만나게 되어 있다(見惡人). "惡人"은 "악인"으로 읽지 말라! "오인"일 뿐이다. 미운 사람이 나를 만나고자 한다면 기꺼이 그를 만나라! 그리하면 허물이 없을 것이다(无咎). 인간관계는 선악을 초월한다. 初九와 九四의 관계에 내재하는 논리이다. 孔子가 양호를 만나는 장면을 연상해도 좋을 것이다.

九二: 遇主于巷。无咎。
구이　우주우항　무구

여기 "주主"는 임금을 가리키며 이 괘에서는 군위에 있는 六五일 수밖에 없다. 九二와 六五는 正位는 아니지만, 음과 양의 관계이기 때문에 짝짝꿍이 잘 맞는다. 그러나 괴리의 시기를 맞이하여 이 두 사람은 서로를 사랑하고 서로를 찾아헤매지만 길이 엇갈릴 뿐이다. 그러다가 우연한 기회에 이 둘은 평범한 골목길에서 맞닥뜨린다(遇主于巷). 괴리의 시대이기 때문에 오히려 이러한 격식을 떠난 만남이 가능하다. 진심이 통하여 상하가 소통되는 만남! 그 만남에 뭔 격식과 수식이 필요하리오. 허물이 있을 수 없다(无咎).

六三: 見輿曳。其牛掣。其人天且劓, 无初有終。
육삼　견여예　기우철　기인천차의　무초유종

六三은 上九와 應한다. 이 六三의 효사는 六三이 괴리의 난세 속에서 上九를 만나러 가는 어려운 여정을 그리고 있다. 六三은 음유하고 不中不正하다. 上九 또한 不中不正하다. 六三과 上九는 만나야 할 운명이면서도 괴리의 시대이기 때문에 서로를 시의猜疑하고 서로를 쉽게 받아들이지 못한다. 그래도 六三은 수레를 타고 上九에게로의 여정을 떠난다. 그런데 그 수레는 아래에 있는 九二에 의하여 빠꾸를 당한다. 九二가 뒤에서 끌어당기는 것이다(見輿曳. 見은 피동). 그리고 이 수레를 끌고 전진하는 소는 九四에 의하여 저지당한다(其牛掣). 음유한 六三이 九二, 九四의 二剛不正한 세력에 의하여 전진할 수 없는 고통을 당하게 된다. 六三은 이마에 문신을 당하고, 코를 베이는 형을 당한다(其人天且劓). 고난의 극치이다.

그러나 결국 진심과 본의의 성실함은 승리하게 되어 있다. 六三에게는 이상을 향한 전진이 있다. 초기에는 악운이 가득하지만 결국 나중에는 유종의 미가 있게 된다(无初有終). 고난 끝에 上九와 만난다. 괴리의 시대에 어렵게 소통을 만들어가는 사람들의 이야기이다.

九四: 睽孤。遇元夫。交孚。厲, 无咎。
구사 규고 우원부 교부 려 무구

九四는 대신大臣의 자리이다. 응효는 초구初九이다. 그러나 初九는 양효이기 때문에 서로 감응을 일으키지 않는다. 九四는 모든 사태로부터 괴리되어 고독할 수밖에 없다(睽孤). 그러나 대신大臣으로서 일을 하려면 반드시 동지를 필요로 한다.

재미있는 사실은 괴리를 뜻하는 규괘에서는 두 양이 교감하지 않는다는 음·양의 원리가 원칙대로 통하지 않는다는 사실이다. 九四는 初九를 찾아가 만난다. 初九는 양효이지만 初의 신선한 正을 지니고 있다. 타락하지 않은 리더십이 있는 이 신선한 사나이를 "원부元夫"라고 표현했다. 九四는 元夫를 만난다(遇元夫). 그리고 마음을 터놓고 진심을 토로한다. 서로 믿음이 생긴다(交孚). 양효끼리라도 힘을 합쳐 이 괴리된 상태를 극복해야 한다고 호소한다. 괴리된 세상에서 오히려 이러한 합심合心이 이루어진다. 위험은 많이 도사리고 있다. 그러나 진정의 교감이 있는 상태에서는 위험이 닥칠수록 오히려 허물이 없다(厲, 无咎).

六五: 悔亡。厥宗, 噬膚。往, 何咎。
육오 회망 궐종 서부 왕 하구

六五는 不正하다. 그러면서 존위尊位의 책임을 지니고 있으니 후회할 일이 많이 생길 수밖에 없다. 그러나 유순하면서 中의 덕성을 지니고 있으며 九二와 應한다. 강건하고 중용의 덕이 있는 九二의 도움을 얻을 수 있기 때문에 괴리의 상황에서도 후회할 일은 생기지 않는다(悔亡).

九二와 의기투합하는 상태를 기질이 같은 동종同宗의 친구와 부드럽게 돼지살을 씹는다라고 표현했다(厥宗, 噬膚). 이렇게 의기투합 하는 상태에서 모험을 시도하면(往), 무슨 장애가 이들을 가로막겠는가? 무슨 허물이 있겠는가(何咎)!

上九: 睽孤。見豕負塗。載鬼一車。先張之弧,
상구 규고 견시부도 재귀일거 선장지호

後說之弧。匪寇, 婚媾。往遇雨, 則吉。
후탈지호 비구 혼구 왕우우 즉길

上九는 六三과 정응正應하니 결코 고독하다고 말할 수 없다. 그러나 강극剛極하며 명明(☲)이 과過하고 시의심이 가득하여 인정仁情에 위배되는 짓을 많이 한다. 그래서 上位에서 고립되어 있다(睽孤).

上九의 효사는 六三의 효사와의 연관 속에서 해석되어야 한다. 六三은 上九를 향해 소가 끄는 수레를 몰았다. 그러나 九二가 뒤를 끌어당기고, 九四가 소를 저지시켰다. 上九는 곤란을 무릅쓰고 자기에게 다가오는 六三을 도와줄 생각을 하지 않는다. 의혹의 눈초리로 바라본다. 그래서 수레를 끄는 소가 마치 진흙구덩이에서 뒹굴고 있는 더러운 돼지처럼 보인다(見豕負塗). 그리고 사람을 싣고 오는 수레가 마치 귀신을 한 수레 가득 싣고 오는 것처럼 보인다(載鬼一車). 피해망상에 걸린 上九는 먼저 활을 당긴다(先張之弧). 그러나 六三의 수레가 가까이 다가오자 그것이 착각임을 깨닫는다. 얼른 팽팽하게 당겼던 활줄을 느슨하게 놓는다(後說之弧). 자기를 적대하는 반대세력(寇)이 아니라(匪) 자기와 혼인하기 위해서 오는 신부라는 사실을 깨닫는다(婚媾). 두 사람은 서로의 본심을 깨닫고 화해하게 된다. 이것은 곧 규睽의 세계(반목의 코스모스)의 종언이다. 이들은 새로운 인생의 모험을 떠난다(往). 비를 만난다(遇雨). 비는 음양이 화합하는 만물의 소생을 상징한다. 결국 "吉"로 끝난다.

역易은 절망 속에서 희망을 말하고, 두절 속에서 교감을 논한다.

初九의 "상마물축喪馬勿逐, 자복自復"은 九四의 "규고睽孤, 우원부遇元夫"와 짝을 이루고, 九二의 "우주우항遇主于巷"은 六五의 "궐종서부厥宗噬膚"와 짝을 이루고, 六三의 "무초유종无初有終"은 上九의 "왕우우往遇雨"와 한 짝을 이룬다.

점을 쳐서 上九의 효사를 만나는 사람은 의심을 자제하는 것이 좋다. 의심은 불화를 가져오고 증오를 불러온다. 증오는 나에게 돌아온다. 지금까지 원수처럼 여겼던 사람들로부터 큰 도움을 얻을 수도 있다.

39

간하艮下
감상坎上 수산 건 蹇

Destitution, Travails

象曰: 山上有水, 蹇。君子以反身脩德。
상 왈 산 상 유 수 건 군 자 이 반 신 수 덕

산 위에 물이 있는 모습이 건괘의 모습이다. 수직적인 이미지보다 수평적 이미지가 더 대상전의 의도에 가깝다. 뒤에는 높은 산이 있고 앞에는 건너지 못하는 큰물이 있으므로 앞으로 나아가기 힘들다. 군자는 이 괘의 모습을 본받아, 전도가 곤란할 때에는 앞으로 나아가기보다는 일보 뒤로 물러나 자기자신을 반성하고(反身), 덕을 쌓는다(脩德).

괘사 蹇, 利西南, 不利東北。利見大人。貞, 吉。
건 리서남 불리동북 리견대인 정 길

건괘蹇卦의 대세는 간난험조艱難險阻가 앞을 가로막고 있어서 전진하는 것을 곤란하게 만든다. 이럴 때는 이 곤란을 벗어나기 위하여 서남쪽의 평평한 땅을 향해 가는 것이 유리하다(利西南). 동북쪽의 산악지대를 향하여 가는 것은 이롭지 않다(不利東北). 맹목적으로 돌파하는 것은 어리석다. 지세를 간파해야 한다. 이러한 곤란을 극복하기 위해서는 대덕大德의 큰 인물(九五를 가리킬 수도 있다)을 만나 상담하고 조력을 얻는 것이 좋다(利見大人). 고난 속에서는 변절하지 않는 것이 중요하다. 하느님과 소통하면서 계속 물음을 던져라(貞)! 정도를 고수하면 吉할 것이다.

문왕팔괘방위도 상으로 보면 동북방이 간艮☶이고 그 반대편인 서남

방이 곤坤☷으로 되어있다. 주희는 상괘인 감☵을 곤으로 간주한다. 그러나 이러한 상수학적 방위개념은 경經 자체의 해석을 구하는 데 적합치 않다.

효사 **初六: 往蹇, 來譽。**
초육 왕건 래예

가면 간난에 빠지고(往蹇), 오면 명예를 얻는다(來譽). 역易에서는 왕往은 위로 올라가는 것이고 래來는 위에서 아래로 내려오는 것이다. 初六은 位가 낮고 재才가 약하고, 상괘의 응원이 없다. 六四가 음효래서 응하지 않는다. 맹진盲進은 간난을 증진시킨다. 初六의 래來는 결국 제자리에 가만히 있는 것이 된다. 전진만을 알고 멈춤을 모르는 삶과 문명은 파멸로 귀결될 뿐이다.

六二: 王臣蹇蹇。匪躬之故。
육이 왕신건건 비궁지고

六二는 柔順中正의 이상적 덕을 소유하고 있으며 九五의 天子와 正應의 관계에 있다. 六二는 천자의 충량忠良한 대신大臣이다. 지금 천자는 험險(☵)의 한가운데 빠져있다. 五를 구할 수 있는 자는 下卦의 중심인 六二밖에 없다. 六二는 王의 신하臣下로서 王을 구하기 위하여 건건蹇蹇하게(힘들여 수고하는 모습) 모든 힘을 쏟고 있다(王臣蹇蹇). 이러한 헌신의 노력은 "나 하나의 몸뚱이를 위함이 아니다"(匪躬之故). 대의를 위하여 헌신하고 있는 것이다. 六二의 효사에는 길흉판단이 없다. 성패成敗에 관한 언급도 없다. 대의를 위한 노력은 성패를 전제로 하는 것이 아니다.

九三: 往蹇, 來反。
구삼 왕건 래반

九三은 하괘에서 유일한 陽爻이며 강건剛健한 재목이다. 하괘의 두 음효는 이 九三에게 의지하려는 경향이 있다. 그러나 九三의 지향처는 上六

이다. 그러나 上六은 음유하며 位가 없으며 실권이 없다. 의지할 수 있는 재목이 되지 못한다. 이런 경우 九三은 올라가면 올라갈수록 험조간난險阻艱難의 상황에 겹겹이 둘러싸인다(往蹇). 생각을 돌려 자기 자리로 다시 내려오면 내괘의 본연의 분위기로 회귀하게 된다(來反). 初六과 六二, 모두 충정忠貞의 신하이며 九三과 같은 강명剛明한 인재를 요구하고 있다. 이들과 함께 손을 잡고 곤란을 타개해나가는 것이 九三의 정도일 것이다. 역易은 무모한 진보를 질책한다. 환경파괴가 심각한 21세기의 최대난제는 "래반來反"을 방해하는 문명의 장난이다.

六四: 往蹇, 來連。
육 사 왕 건 래 련

六四는 이미 험난을 의미하는 상괘(☵)속에 들어와 있다. 올라가려 하면 더욱 곤란한 곤경이 닥친다. "왕건往蹇"이라 표현했다. 往에 대하여 來라고 하는 것은 하괘로 내려오는 것을 의미한다. 六四는 正을 얻고 있는 인물이며 보편적인 가치에 대한 헌신이 있다. 때마침 바로 아래에 정의롭고 강건한 인물이 기다리고 있다. 六四는 九三과 손을 잡고 세상의 간난을 구하려 한다. 그것을 "래련來連"이라 표현했다.

혁명은 앞으로 나아가는 것만으로 이루어지지 않는다. 혁명은 파워의 교체가 아니라 생활의 혁명이다. 혁명은 내려와서 동지들을 규합하여 자기와 이웃의 삶을 바꾸는 것이다. 예수가 요단강에서 갈릴리로 간 것도 "래련來連"이었다.

九五: 大蹇。朋來。
구 오 대 건 붕 래

九五의 효사는 건괘蹇卦 전체의 상징이며 중심이다. 강건중정剛健中

正의 모든 훌륭한 품격을 지닌 천자(=리더)이다. 九五는 지금 곤요롭다. 거대한 간난 속에 빠져있다(大蹇). 그러나 九五의 천자는 진실하게 대건을 극복하려는 의지를 보이고 있기 때문에 충절을 지키고 대의를 걱정하는 양신良臣들이 몰려들게 된다. 효사는 이들을 "신臣"으로 표현하지 않고 "붕朋"으로 표현했다. 혁명동지들 사이에는 수평적 인간관이 있기 때문이다.

괘상을 분석하면 건괘의 모든 효들은 一心으로 九五의 천자를 도와 국가의 대란大難을 구하려 한다. "붕래" 후에 아무런 평어가 없다. "붕래"라 하여도 반드시 吉한 일만 있지 않기 때문이다. 九五의 단계에서도 건난蹇難은 아직 끝나지 않았다. 그래서 吉이라는 평어가 붙지 않았다.

上六: 往蹇, 來碩。吉。利見大人。
상육 왕건 래석 길 리견대인

上六은 陰柔하며 재능이 없고 난국을 타개할 힘이 없다. 上六은 건괘의 끝자리에 있어 더 올라가려 해도 더 나아갈 곳이 없다. 난국을 타개하기 위하여 억지로 공을 세우고 노력하면 할수록 더욱 난국에 빠진다(往蹇). 그러나 생각을 바꾸어 거꾸로 내려가면 위대한 리더인 九五가 있다. 九五와 힘을 합쳐 난국을 헤쳐나간다면 풍석한 공적을 남길 수 있을 것이다. 이것을 효사는 "래석來碩"이라 표현했다. "吉"이라는 판단을 내렸다. 吉이라는 판단은 건괘에 없었다. 上六에서 처음이자 마지막으로 나타난다. 이 位야말로 건괘의 건蹇이 끝나는 자리이기 때문이다. 上六과 九五의 합심의 노력이 대덕의 인간을 만날 때 이들의 노력은 풍석한 결실을 맺는다(利見大人). 대인大人은 특정인일 필요가 없다. 대인은 찾으면 있다.

40

감하坎下 진상震上 뢰수 해 解

Dissolution, Overcoming Agony

象曰: 雷雨作, 解。君子以赦過宥罪。
상 왈 뢰 우 작 해 군 자 이 사 과 유 죄

우레와 비가 일어나는 모습이 해괘의 모습이다. 이때는 얼었던 것이 풀리고 만물이 소생한다. 군자는 해괘의 모습을 본받아 과실을 사면하고(赦過), 형기를 단축시킨다(宥罪).

괘사 **解, 利西南。无所往, 其來復吉。有攸往, 夙。吉。**
해 리 서 남 무 소 왕 기 래 복 길 유 유 왕 숙 길

해괘는 간난이 해소되고 있음을 나타내는 괘이다. 서남쪽으로 리利가 있다(서남은 평평한 땅을 상징한다). 모든 것이 풀리는 시절에는 특별히 나아갈 필요가 없다(无所往). 이럴 때는 상황을 잘 파악해서 자기의 본래적 위치로 돌아가는 것이 吉하다(其來復吉). 그러나 나서야 할 상황도 물론 있다. 이때는 나아가서 과감하게 빨리 결단하여 문제를 해결해버려야 한다(有攸往, 夙). 모든 것이 풀려가는 시기에는 조속히 문제를 해결하는 것이 상책이다. 시간을 끌 필요가 없다. 숙夙하면 吉하다.

효사 初六: 无咎。
초육 무구

해괘의 출발이다. 간난이 풀리는 초기상태이다. 初六을 음유陰柔하고 不正하다 하여 미천한 소인小人으로 해석하는 것은 과도한 해석이다. 九四와도 음양 바르게 상응相應, 九二와도 상비相比하고 있다. 매우 침착하고 눈에 띄지 않게 행동하는 인물이다. 대길大吉이라 할 것은 없지만 허물이 없다(无咎). 풀림의 초기에는 이와같이 조용한 것이 좋다.

九二: 田獲三狐, 得黃矢。貞, 吉。
구이 전획삼호 득황시 정 길

九二는 하괘의 중앙에 위치하는 중요한 인물이다. 양효이니까 강건하고 중용의 미덕을 지닌다. 九二는 천하의 간난을 해소하는 영걸이며 아직도 처리해야 할 건난蹇難이 많다. 九二가 사냥을 나가(田), 세 마리의 여우를 잡고(獲三狐), 그 여우몸에 박혀 있던 황동의 화살을 얻었다(得黃矢)라고 한 것은 중요한 의미를 지닌다.

세 마리의 여우는 六五의 천자를 둘러싸고 있는 세 음효, 初六, 六三, 上六을 가리킨다. 나라를 어지럽히는 소인들이다. 九二는 천자의 신임을 얻어 이들을 제거시켰다. 황동의 화살(黃矢)은 천자의 인가를 받았음을 의미한다. 화살은 곧바로 나아간다. 나쁜 놈들을 가차없이 곧바로 처단했음을 상징한다.

九二는 중용의 미덕을 보유하면서도 과단성 있게 일을 처리한다. 이 나라와 이 개인에게는 길운이 찾아온다. 미래를 물으면 길하다(貞, 吉). 즉 "풀림"의 방향이 잘 잡힌다는 얘기다.

六三: 負且乘。致寇至。貞, 吝。
육삼 부차승 치구지 정 린

六三은 음유하며 不中不正하다. 감괘坎卦의 최상에 있으며 간난을 벗어나기 위해 불안한 점프를 계속한다. 九四의 대인에게 잘 보여 고위고관 노릇을 하고 있는 듯이 보이는 허망한 인물이다. 이 자의 꼴을 효사는 괴나리봇짐을 걸머진 꾀죄죄한 행색의 천민이 고관이 타고 다니는 삐까번쩍하는 수레를 타고 가며 폼잡는 꼴과도 같다(負且乘)고 표현했다. 이 꼬라지는 도둑놈들을 꼬이게 만들 뿐이다(致寇至). 아무리 합법적인 절차를 밟아 고위의 자리를 얻었다 할지라도, 도덕재능이 결핍되어 있는 자가 고위에 앉아있으면 자기 스스로 고통스러울 뿐이다. 점을 치면 후회스러운 일만 있다(貞, 吝).

九四: 解而拇。朋至, 斯孚。
구사 해이무 붕지 사부

九四는 不正하다. 이와 응하는 初六 또한 不正하다. 不正한 자들끼리 應하고 있는 형국은 좋지 못하다. 이럴 때 九四는 진정한 우레의 멤버가 되기 위해서 初六과의 관계를 단절시키는 것이 옳다. 이것을 효사는 "너의 엄지발가락을 잘라버려라"(解而拇)라고 표현했다. 관계를 단절시키라는 뜻이다. 九四는 영향력 있는 大臣이다. 간난을 해결하기 위해서는(건괘蹇卦와의 연속성 속에서 해석) 누적된 썩은 관계들을 도려내 버려야 하는 것이다. 그리하면 소인들이 물러나고 진정한 친구, 혁명의 동지들이 그대에게 모이게 되리라(朋至). 그리하면 서로 믿고 서로 성의를 다하여 해解의 형국을 완성해 가리라(斯孚).

六五: 君子維有解。吉。有孚于小人。
육오 군자유유해 길 유부우소인

六五는 천자요 해괘解卦의 주체이다. 따라서 해괘의 주체가 하는 일은 "해解"일 수밖에 없다. "解"라는 것은 소인을 해고하는 것이다(維有解). 吉하다. 그리하면 그 자리는 자연스럽게 군자들이 차지한다. 그 단절의 성과는 소인이 떠난 바로 그 자리에서 실증되게 마련이다(有孚于小人).

上六: 公用射隼于高墉之上。獲之, 无不利。
상육 공용석준우고용지상 획지 무불리

上六은 이 해괘의 최고위이이지만 六五만큼 지고하지 않기 때문에 그 주어가 公이 된 것이다. 천자의 사부직에 해당되는 三公을 가리킨다. 군주를 지도하여 그 현혹함을 풀어준다. 上六은 유순하며 정의롭다(음위에 음효). 그래서 해괘의 해의 최후 마무리를 감당한다. 上六의 公은 높은 담위에서 불상응不相應의 고위를 탐하여 날아드는 송골매(부정적 맥락에서 쓰임)를 쏘아 떨어뜨림으로써(公用射隼于高墉之上) 해解의 과업을 완수한다. 매를 제때에 잡으니(獲之) 이롭지 아니함이 없다(无不利).

41

태하兌下
간상艮上

산택 손 損

Decrease

象曰: 山下有澤, 損。君子以懲忿窒欲。
상왈 산하유택 손 군자이징분질욕

산 아래에 못이 있는 것이 손괘의 모습이다. 이것은 못의 흙을 파내어 산을 더 높게 만드는 것이니, 자기 몸을 깎아 이상을 드높게 만드는 상이다. 군자는 이러한 손괘의 "자기깎음"을 본받아(以) 나의 몸에 내재하는 분노와 욕망을 덜어내어 버린다. 즉 분노를 억제하고 사욕私欲을 제압한다. 택을 사적인 영역으로 보고 산을 공적인 영역으로 볼 수 있다. 사적인 영역을 깎아내어 공적인 영역을 보탠다는 것은 군자의 기본도덕이다.

괘사 損, 有孚。元吉。无咎。可貞。利有攸往。曷之用。
손 유부 원길 무구 가정 리유유왕 갈지용
二簋可用。享。
이궤가용 향

손損은 아래를 덜어 위를 보태는 것이다. 인민의 착취라기보다는, 국가운영상 불가피한 사태를 지적하고 있다. 그러나 손損은 반드시 인민의 삶을 보살피는 성실한 동기가 있어야 한다(損, 有孚). 그래서 원천적으로 吉하고 허물이 없다(无咎). 국가기반을 탄탄히 하라. 점을 칠 만하다(可貞). 미래를 개척하라. 나아가는데 이로움이 있을 것이다(利有攸往). 나아감에 하느님께 제사를 지내야 한다. 이때 과연 하느님께 드리는 제사음식은 무엇으로 할까(曷之

用)? 화려하게 차리지 말라! 민중의 삶을 덜어 화려하게 신에게 바치면 안된다. 오직 두 그릇의 제사상이면 족하다(二簋可用). 하느님께서는 너희들의 성실함을 느끼시고 향수하실 것이다(享). 우리 동학의 정신과 일맥상통한다. 종교는 소탈할수록 좋다.

효사 初九: **已事遄往。无咎。酌損之。**
초구 이사천왕 무구 작손지

初九는 位가 正하다. 양효로서 씩씩하고 정의롭다. 應하는 六四가 약해서 병에 걸렸다. 初九는 병을 고칠 능력이 있다. 병을 고치러 가야 한다면 빨리 신속히 가라(已事遄往). 그래야 허물이 없으리라(无咎). 이것은 주자의 해석이다. "已"에 "병을 낫게 한다"는 뜻이 있어 그렇게 푸는 것이다.

그러나 정이천은 六四의 병을 전제로 하지 않고 初九 자신의 문제로 해석한다. 너의 일을 완수했다면 그 일(功)에 머물지 말고 신속히 새 일을 찾아가라. 그리하면 허물이 없을 것이다. 자기를 덜어 위에 있는 자를 보태줄 때에는 자신의 사정을 잘 헤아려서 과·불급이 없이 하라(酌損之).

九二: **利貞。征凶。弗損益之。**
구이 리정 정흉 불손익지

九二는 아랫괘의 중심이며 중용을 지키고 있다. 함부로 움직이지 않는다. 六五의 군주와도 음양 바르게 應하지만, 비굴하게 아양 떨지 않는다. 자기를 굽히지 않고 자기자리에서 중용을 지킨다.

자기의 미래에 관해 스스로 물으니 이로운 일만 있다(利貞). 비굴하게 자기를 꺾고 六五에게 나아가는 것은 오히려 흉운을 몰고 온다(征凶). 九二와 같은 강직한 재목이 할 수 있는 일이란 자신을 덜어내지 않고(弗損) 자기의 자리에서 중용의 덕성을 지킴으로써 오히려 六五를 보태주는 결과를 초래한다(益之). 아양거리지 않고, 권력에 맹종하지 않고 자기 중용을 지키는 것이 오히려 세상을 돕는 길이다.

六三: 三人行, 則損一人。一人行, 則得其友。
육삼 삼인행 즉손일인 일인행 즉득기우

보통 손괘損卦 ䷨ 는 태괘泰卦 ䷊ 로부터 변變해온 것으로 해석한다. 건괘 ☰ 의 세 양효가 제일 위에 있는 한 양효를 덜어낸 꼴이요, 또 위에 있는 곤괘 ☷ 의 세 음효로부터 한 효를 덜어낸 꼴이다. 그러니까 세 사람이 같이 가게 되면 한 사람을 덜어내어야(三人行, 則損一人) 음양착종의 변화가 잘 일어난다는 뜻이다.

六三의 자리에 있었던 양효가 홀로 上六의 자리로 여행을 간 꼴이니, 혼자서 가도 반드시 친구를 만나게 되어있다(一人行, 則得其友). 세 사람이 가면 한 사람을 덜어내는 것이 좋고, 나 홀로 가도 친구를 만난다. 고독은 아름다운 것이다. 고독하기 때문에 전일한 삶의 목표가 생기고, 음양화합의 새로운 길이 열린다.

六四: 損其疾。使遄, 有喜。无咎。
육사 손기질 사천 유희 무구

六四는 음위에 음효로서 약해빠진 소인이다. 앞서 初九의 효사에서 말했듯이 六四는 질병을 앓고 있다. 이 질병은 도덕적 결함으로 해석된다. 六四의 질병을 덜어내는 데는(損其疾) 하괘 初九의 도움이 절대적으로 필요하다. 문제는 타이밍이다. 빠를수록 좋다(使遄: 遄은 빠르다, 使는 만약 사. 혹은 하여금 사로 해석된다). 六四가 빨리 자신의 결함을 인정하고 初九의 조력을 받아들이면 도덕적·신체적 결함이 사라지고 기쁜 일만 있게 된다(有喜). 허물이 없으리라(无咎).

六五: 或益之, 十朋之。龜, 弗克違。元吉。
육오 혹익지 십붕지 구 불극위 원길

六五는 유순하고 허심虛心의 중용中庸을 지킬 줄 아는 천자天子이다. 양강하고 중용의 덕을 지닌 九二와 應하고 있으며 많은 현신賢臣들이 그를 따른다. 六五는 자기를 비울 줄 알기 때문에 현자賢者들이 그를 돕는다. 혹 보탬을 받아야 할 일이 있으면(或益之), 천하사람들이 모두 자진하여 자기를 덜어 六五에 보태주려고 한다. 효사는 열 벗이 도와준다(十朋之)고 표현했는데, 十은 숫자의 최대치이다. 여러 사람의 공론公論이 이와같이 지도자에게 쏠리면 거북점이나 시초점이라 할지라도 대세의 도움을 어기지 못한다(龜, 弗克違). 원천적으로 길하다(元吉). 대세大勢의 상식常識이 占을 뛰어넘는다 했으니, 역易은 인문정신의 극상을 표방하고 있는 것이다.

上九: 弗損益之。无咎。貞, 吉。利有攸往。得臣, 无家。
상구 불손익지 무구 정 길 리유유왕 득신 무가

上九는 손괘의 마지막 단계이며 손損이 사라지고 익益으로 변해가는 전환점에 있다. 새로운 시작이며, 강효로서 최상위의 역량을 발휘할 수 있다. 九二의 "불손익지"가 아래로부터의 개혁을 의미한다면 上九의 "불손익지"는 위로부터의 개혁을 말하고 있다. 민중의 힘을 덜어내어 위로 끌어올리는 방법을 쓰지 않고, 오히려 양효의 힘들을 아래 민중의 삶을 보태는 데 사용해야 한다는 것이다. 이 전환의 시대에 上九가 해야 할 일은 아래를 깎지 않고 아래의 힘을 아래를 더 윤택하게 만드는 데 사용하는 것이다. 그러면 허물이 없을 것이다(无咎). 上九는 자신의 운명을 개척하는 데 점을 치면 吉하다. 명예로운 일을 하고 있기 때문이다. 앞으로 나아가는 데 리가 있다(利有攸往). 천하사람들이 모두 동지가 된다(得臣). 또 "무가无家"라 하였다. 『예기』「예운」편의 "천하위공天下爲公"과 같은 의미이다. 무가无家는 공公을 의미한다. 손損의 궁극적 기준은 공公이다.

42

진하震下
손상巽上
풍뢰 익 益

Increase

象曰: 風雷, 益。君子以見善則遷, 有過則改。
상 왈 풍 뢰 익 군 자 이 견 선 즉 천 유 과 즉 개

상괘가 손巽이며 바람, 하괘가 진震이며 우레, 이 바람과 우레가 같이 있는 모습이 익괘의 상象이다. 바람이 격렬하게 불면 우레의 소리도 신속하게 되고, 우레의 소리가 격렬해지면 바람도 격노하여 양자가 서로 도와가면서 그 세勢를 보태는 모습이다. 군자는 이러한 익괘의 모습을 본받아(以) 자기를 보태는 방편으로써, 타인他人의 선함을 보면 바람처럼 즉각 실천에 옮기고, 자신의 과실을 자각하면 번개가 치듯 즉각적으로 자기의 잘못을 고친다. 개과천선改過遷善이야말로 내 몸을 익益하는 최대의 도이다.

괘사 益, 利有攸往, 利涉大川。
익 리유유왕 리섭대천

익은 上을 손損하여 下를 익益한다는 의미이다. 지배자의 부를 덜어내어 민중에게 보태준다는 뜻이 있다. 六二와 九五가 다 中正이며 서로 應하여 모두 손과 익의 발란스를 잡고 있는 대축을 형성하고 있다. 기본적으로 안정적인 괘의 모습이다. 그리고 하괘의 진震☳에는 동動의 덕이 있다. 이러한

때에는 진취적으로 나아가는 데 리가 있다(利有攸往). 적극적으로 일을 벌려라! 이러한 괘사의 정신은 初九의 효에서부터 이미 드러나고 있다. 대천大川을 헤쳐나가는 데 리가 있다(利涉大川). 이 괘는 곤란困難과 싸우는 진취적 정신으로 가득차있다. 모험을 강행하라!

효사 初九: 利用爲大作。元吉。无咎。
초구 리용위대작 원길 무구

初九는 양강陽剛하며, 하괘 진동震動의 主爻이다. 六四와도 바르게 應하고 있다. 익괘는 본시 상괘가 자신을 덜어내어 하괘를 보태는 상이다. 이런 상황에서는 初九는 초심자라고 위축되지 말고, 과감하게 진취적으로 큰일을 벌리는 것이 오히려 이로움이 있다(利用爲大作). 큰일을 한다는 것은 원천적으로 善해야 한다. 의구심을 가지고 억누르는 세력이 많다. 그러므로 과감하게 큰일을 도모하고, 원천적으로 크게 善하여야 허물이 없을 것이다(元吉, 无咎).

六二: 或益之, 十朋之。龜, 弗克違。永貞, 吉。
육이 혹익지 십붕지 구 불극위 영정 길

王用享于帝。吉。
왕용향우제 길

六二는 유순하고 中正의 덕을 지니고 있으며 九五와 正應하고 있다. 六二는 九五의 天子로부터 두터운 신임을 얻고 있다. 손괘損卦의 六五에 나왔던 문장이 나온다. 손의 六五와 익의 六二는 모두 보태여지는 정황이다. 같은 시츄에이션을 전제로 하고 있다.

六二는 하괘의 중심이며 유순하고 허심하다. 만물을 소생시키는 힘이 있는 우레의 중심이며 동動의 중앙이다. 그를 보태주어야 할 일이 있을 때는(或益之) 주변의 모든 친구들이 기꺼이 나선다(十朋之). 이러한 대세의 흐름은 신묘한 거북점도 어기지 못한다(龜, 弗克違). 六二를 돕는 것이 정당하기 때문이다. 대세의 정당함은 하느님도 어쩔 수 없다. 六二여! 손익과 득실을 초월하는 보편적 주제를 향해 점을 쳐라(永貞)! 吉하리라. 그리고 하느님께 제사를 올려라. 너의 훌륭한 제사는 九五의 천자天子가 상제上帝에게 향불을 피우는 것과도 같은 것이다(王用享于帝). 吉하리라!

六三: 益之。用凶事, 无咎。有孚, 中行。告公用圭。
육삼 익지 용흉사 무구 유부 중행 고공용규

六三은 음유陰柔하며 不中不正하다. 또 하괘의 최상위이며 항상 불안하고 결단을 내려야만 하는 위험의 고지이다. 지금 六三은 보탬을 받아야 하지만 그를 보탠다는 것은 불가능해 보인다. 불안한 최상위에 있기 때문이다. 그러나 그를 돕기는 도와야 한다(益之). 이러한 정황에서는 보통의 돕는 방법으로는 불가하다. 어떻게 돕는가? 길사吉事가 아닌 흉사凶事로써 돕는 것이다(用凶事). 기근이나 전쟁과 같은 환난이 닥치게 하는 것이다.

이렇게 비상사태에 임하게 되면 그는 일신을 돌볼 여유가 없이 있는 힘을 다하여 민중을 비호할 것이다. 그러니 허물이 있을 수 없다(无咎). 六三이 위기상황을 당해 스스로 더욱 분발하게 만드는 것이야말로 六三을 진정으로 돕는 것이다. 이렇게 되면 오히려 六三은 재난을 당할 일이 없다. 성심성의로써 일을 처리하여 중용의 도리를 행할 수밖에 없다(有孚, 中行). 六三은 三公을 찾아가(혹은 六四의 공후를 찾는다) 재난의 상황을 고한다. 옥으로 된 홀(圭)을 들고 모든 예를 갖추어 정부의 미창米倉을 개방하여

기근을 구해줄 것을 신실하게 고한다(告公用圭)(※ 타국에 원조를 요청하는 행위로 해석하는 설도 있다).

六四: 中行。告公從。利用爲依, 遷國。
육사 중행 고공종 리용위의 천국

六四는 九五와 비효比爻이며, 전체 괘의 주도적 위치를 차지하고 있다. 初九와도 正應하고 있다. 六四는 중용의 미덕을 行하여(中行), 九五의 君에게 天下를 유익하게 만드는 사항을 일일이 보고하고(告公), 君으로 하여금 그러한 계획을 따르게 만든다(從). 여기 "위의爲依"는 상층권력자들까지도 협조적으로 만들어, 의지로 삼을 수 있도록 관계를 좋게 만든다는 뜻이고, "천국遷國"은 기층민중의 열망대로 수도를 옮기는 것을 뜻한다. 상하를 소통시켜 나라를 유익하게 만드는 일을 실천함에 리利가 있다는 뜻이다.

이 효사는 다양한 해석방법이 있다.

九五: 有孚惠心, 勿問元吉。有孚, 惠我德。
구오 유부혜심 물문원길 유부 혜아덕

九五는 군위君位이다. 강의剛毅하고 中正을 얻고 있다. 中正을 얻고 있는 하괘의 六二와 正應하고 있다. 모든 이상적 덕성과 관계가 갖추어져 있다. 이러한 지도자에게 필요한 것은 우주적인 성誠의 마음이요, 정성이며 혜심이다(有孚惠心). "혜심惠心"이란 타인에게 은혜를 베풀려는 마음이다. 九五는 혜심을 지닌 익益의 君主이다. 이러한 신실한 군주는 의문을 던져볼 필요도 없이 원천적으로 吉하다(勿問元吉). 국가의 운세도 더불어 吉한 것이다. 이렇게 되면 국민들도 또한 성실한 마음을 갖게 된다(有孚). 자기가 얻은 바를(德=得) 남에게 베풀려는 자세가 있게 된다(惠我德). 위대한 국가의 모습이다. 오늘날의 세계에는 익益의 주축국이 없다. 그것이 비극이다.

上九: 莫益之。或擊之。立心勿恆。凶。
상구 막익지 혹격지 립심물항 흉

上九는 익괘益卦의 종극終極이다. 익괘는 본시 上을 덜어 下를 보태주자는 도덕적 원리를 가진 괘다. 그런데 上九 이놈은 그러한 도덕을 철저히 파괴한다. 양강陽剛하며 자신의 높은 위치만 생각하고 타인을 도와줄 생각을 일체 하지 않는다. "막익지莫益之"의 "之"를 上九에 대한 타인들로 볼 수도 있고, 타인들이 上九를 대하는 것으로 볼 수도 있다. 남을 도와줄 생각을 안 하니, 아무도 그를 돕지 않는다. 민중 가운데는 그를 공격하려는 자들도 생겨난다(或擊之). 이 자는 점점 횡포해지고 마음이 완악하게 된다. 그 마음을 세움에 항상성이 사라진다(立心勿恆). 항상성이 사라진다는 뜻은 도덕적 절조가 사라진다는 뜻이다. 凶하다!

왕선산이 익괘益卦를 가리켜 성인우환의 괘라고 했다(故益者, 聖人憂患之卦也。『外傳』). 나는 익괘益卦를 경제민주화의 괘라고 말하겠다.

43

택천 쾌 夬

건하乾下
태상兌上

Resoluteness, Decision

象曰: 澤上於天, 夬。君子以施祿及下, 居德則忌。
상 왈 택 상 어 천 쾌 군 자 이 시 록 급 하 거 덕 즉 기

못이 하늘 위로 올라가있는 모습이 쾌夬괘의 모습이다. 그것은 못이 증발하여 하늘로 올라가 구름이 되고 또 비가 되어 천하를 윤택하게 만든다는 의미를 지니고 있다. 그래서 군자는 그 상을 본받아(以) 천하사람들에게 은택을 골고루 베풀려고 노력한다. 그러나 그 덕을 베푸는 것을 자기의 공로라고 생각하는 것을 금기로 여긴다(노자가 말하는 "공성이불거功成而弗居"의 맥락으로 해석).

※ 『대상전』의 해석은 일체 소식괘적인 개념이 들어있지 않다.

괘사 夬, 揚于王庭。孚號, 有厲。告自邑。不利即戎。
쾌 양 우 왕 정 부 호 유 려 고 자 읍 불 리 즉 융

利有攸往。
리 유 유 왕

쾌괘夬卦는 五陽의 군자가 一陰의 소인小人을 판결하여 잘라내버리는 道를 설파하는 괘이다. 九五의 천자가 아래 건실한 四陽의 군자들과 힘을

합세하여 上六을 내친다고 볼 수도 있고, 아래 四陽의 군자들이 九五의 천자를 감싸고 도는 上六의 간신배를 내친다고 볼 수도 있다. 그러한 주어의 지정 없이 5양의 정의로운 분위기가 1음의 소인배를 처단하는 사태를 의미한다고 볼 수도 있다. 그러나 이 결단의 과정에는 신중한 배려와 프로토콜이 필요하다. 상괘의 主爻인 上六을 왕의 뜰인 공개법정으로 끌어내어(揚于王庭) 성실하게(孚) 그의 죄상을 울부짖는(號) 심정으로 낱낱이 까발겨 국민 모두에게 호소해야 한다. 그러나 그러한 과정이 녹록치않다(有厲). 그 과정 자체에 위험이 따를 수도 있고, 또 한편으로는 숨어있는 많은 소인들에게 그러한 나쁜 짓은 본인들에게 위태로움이 닥친다는 것을 경고하는 의미도 있다는 것이다.

제일 좋은 방법은 민중이 주도하는 여러 읍에서 이 간악한 자의 죄상을 밝혀 여론을 형성하는 것이다(告自邑). 무력을 사용하여 上六의 간악한 무리를 치는 것은 불리하다(不利即戎). 그러나 역사는 나아가야 한다. 혁명의 대세를 추진해야 한다. 上六을 처단하라! 그를 처단하러 앞으로 나아가는 길만이 정의롭다(有攸往). 이로울 것이다(利).

효사 初九: 壯于前趾。往不勝。爲咎。
초구 장우전지 왕불승 위구

이 괘의 전체분위기는 上의 소인배를 제거하기 위하여 의로운 행동을 결행하려는 군자들의 움직임이다. 여기 初九도 그 군자 중의 한 사람이지만, 位가 낮고 친구도 없고 응원應援도 없다. 단지 소장기예少壯氣銳의 객기客氣만 충천하여 용맹하게 직진하려 한다. "장우전지壯于前趾"는 대장(34) 初九에 나온 표현과 거의 동일하다. 발(趾)의 왕성한 기운만 믿고 맹목적으로 돌진하다는 뜻이다. 맹목적 기세만 믿고 거사를 도모하면 반드시 패배를 몰고 온다(往不勝). 이렇게 맹목적인 기세로 거사를 하면

小人들의 반란이 있을 수도 있고, 군자들에게 피해를 입힐 수도 있다(爲咎). "위구爲咎"는 "유구有咎"보다 더 구체적인 표현이다.

九二: 惕號。莫夜有戎。勿恤。
구이 척호 모야유융 물휼

九二는 강강剛强하면서도 하괘의 중앙으로서 중용의 덕을 담지하고 있다. 신중한 우환의식이 있으며 방비할 줄 알고, 사람들에게 호소하면서 울분을 표현하고 경계태세를 서서히 넓혀 나간다. 두려워하며 외친다(惕號).

上六 제거의 거사를 행할 때에는 야간에 돌연히 군사가 습격해 온다 할지라도(莫夜有戎: 莫=暮), 九二의 사람들이 방비태세를 게을리하지 않았기 때문에 결코 걱정할 일이 일어나지 않는다(勿恤).

"척호惕號"는 괘사의 "부호孚號, 유려有厲"와 같은 맥락이고, "모야유융莫夜有戎, 물휼勿恤"은 괘사의 "고자읍告自邑, 불리즉융不利即戎"과 상응하는 의미를 지니고 있다.

九三: 壯于頄。有凶。君子夬夬。獨行遇雨。
구삼 장우구 유흉 군자쾌쾌 독행우우

若濡有慍。无咎。
약유유온 무구

九三은 양효로서 정당한 자리에 앉았으나 中을 지났다. 그러니까 강한 측면만 남은 극히 과강過剛한 인물이다. 그 강강한 기색은 광대뼈가 불거진 외모에도 표현되고 있다(壯于頄). 이런 외골수의 기색으로 나아가면 흉사만 기다리고 있게 된다(有凶). 그러나 九三은 악인은 반드시 제거되어야 한다는 견결한 의지를 지니고 있다(君子夬夬). 그런데 이 九三에게는 아이러니칼한 측면이 있다. 유일하게 上六과 正應하는 관계이며, 사애은정私愛隱情이 둘 사이에 배어있을 수 있다는 것이다. 여기 "비를 만난다"(遇雨)는 표현이 나오는데 이것은 음양화합의 상징이다. 가장 격렬하게 上六을 처단하려는 의협심의 배경에는 上六을 유일하게 사랑하는 자로서의 감정이 배어있는 것이다. 존재의 아이러니를 극적으로 표현하는 정황이다. 九三의 군자는 결연하게 홀로 간다. 홀로 감에 비를 만난다(獨行遇雨). 사람들 눈에는 모종의 타협이 이루어진 것처럼 보일 수도 있다. 비에 젖은 그의 모습이 부끄럽게 보인다(若濡有慍). 그러나 九三은 타협하지 않았다. 그의 정의로운 결의가 私情을 뛰어넘었다. 九三의 순결성은 입증된다. 그는 결코 혁명의 의지를 퇴색시키지 않았다. 오해가 풀린다. 허물이 남지 않는다(无咎).

九四: 臀无膚, 其行次且。牽羊, 悔亡。聞言, 不信。
구사 둔무부 기행차저 견양 회망 문언 불신

九四는 강강한 소질을 지닌 사람이지만 음위에 있고 중용에서 벗어나 있으며, 용왕매진勇往邁進하는 기력을 상실했다. 칩거할 궁리만 하는 소극적인 인간이다. 궁둥이에 살이 없다(臀无膚)는 것은 편하게 앉아있지도 못하고 또 우물쭈물 주저하며 독자적인 과단성이 없다는 뜻이다. 동시에 앞으로 가는 것도(其行) 용맹스럽게 전진하지 못한다(次且). 혁명의 시기에 가만히 앉아있지도 못하고 용감히 대열에 참가하지도 못한다. 결국 후회만 남기는 그런 캐릭터이다.

뒤에서 양떼를 모는 것처럼 대세를 따라가기만 하면 될 텐데(牽羊, 悔亡), 그러한 주변의 충고를 듣고도(聞言), 실천에 옮기지 아니한다(不信). 결과는 뻔하다. 九四에게 불리한 상황이 전개될 것이다.

九五: 莧陸夬夬。中行, 无咎。
구오 현륙쾌쾌 중행 무구

九五는 쾌괘 전괘의 주체로서 모든 덕성을 갖추고 있는 탁월한 인물이다. 그러나 유일하게 음효인 上六이 比하고 있어서 항상 위험에 노출된다. 음양의 교감이 있기 때문에 가깝게 교류하고 있다. 上六은 九五 천자의 환심을 사려고 노력하기 때문에 인정으로 보자면 그를 쉽게 내칠 수도 없다. 그러나 대세는 이미 기울었다. 九五는 대의를 위하여 강건중정의 덕을 발휘해야 하며, 과감하고 의연하게 上六이라는 小人을 제거해야 한다. 음지의 상륙商陸(쇠비름)을 도려내듯이 쾌쾌하게 上六을 제거한다(莧陸夬夬: 莧陸=商陸). 시원하게 통변通便을 시킨다는 의미도 들어있고, 독초를 제거한다는 의미도 들어있다. 결정적 시기에 쾌도난마를 휘둘러야 한다. 인정에 끌릴 수 없다. 그러나 그렇게 결단을 내려도 중용의 도를 잃지 않는다(中行). 그러기에 허물을 남기지 않는다(无咎).

上六: 无號。終有凶。
상육 무호 종유흉

아~ 드디어, 上六의 자리까지 왔다. 쾌괘의 종국終局이다. 이 효사는 당연히 도륙당하는 上六 본인의 심정을 읊은 것이다. 上六의 소인은 다섯 군자가 마련한 사형대로 올라온다. 上六은 큰소리로 울부짖으며(號) 타인에게 애련哀憐을 호소한다. 그러나 이미 게임은 끝났다. 대세는 결정되었다. 그대는 있을 자리에 있을 만큼 있었다. 역은 무정하다. 사정에 좌우되지 않는다. 이 효는 바로 이렇게 무정한 판결을 내린다: "무호无號!" 울부짖지 말아라! 너의 몰락은 필연적 운명이었다. 끝내 흉이 있을 뿐이다(終有凶).

44

손하巽下 건상乾上 천풍 구 姤

Encounter

象曰: 天下有風, 姤。后以施命誥四方。
상 왈　천 하 유 풍　구　후 이 시 명 고 사 방

하늘 아래 바람이 있는 모습이 구괘의 모습이다. 하늘 아래라 하는 것은 만물이요, 바람은 만물을 두루두루 만난다. 그것은 만남의 보편성이다. 후왕(군자보다 한 급이 높은 군왕이다. 왕후王后의 후비와 관계없다)은 이 구괘의 모습을 본받아 명령을 시행하고, 사방에 고誥하여 만민을 가르친다.

괘사 姤, 女壯。勿用取女。
구　여 장　물 용 취 녀

구괘에는 맨 밑바닥에 여자가 등장했다. 그런데 그 여자는 보통 여자가 아니다. 그 기운이 장대하다(女壯). 혼자서 다섯의 남자를 상대해도 끄떡없다. 이런 상황에서 여인을 취娶(그런 여인과 결혼한다) 하는 것은 어리석은 일이다. 취하지 말라(勿用取女)!

이 괘는, 아내를 취하면 아니 되는 괘이다.

효사 初六: 繫于金柅。貞, 吉。有攸往, 見凶。
초육 계우금니 정 길 유유왕 견흉

羸豕孚蹢躅。
리시부척촉

初六은 무시무시한 여인이다. 막강한 건괘의 밑바닥을 쑤시고 들어간 소인小人의 세력으로서 앞으로 닥치는 모든 군자세력을 제압해버리는 파괴력을 지닌 여인이다. 그러기에 우선 이 여인이 타고 가는 수레 쇠브레이크를 장착시킨다(繫于金柅). 그렇게 이 여인을 제압하고서 하느님께 점을 친다. 미래를 묻는다. 吉하다. 초기에 제압하는 것이 현명하다는 신탁이 떨어진다.

그런데 만약 이 수레를 그냥 나아가게 한다면 凶한 꼴만 보게 되리라(有攸往, 見凶)! 음의 세력이 양의 세력을 다 제압하고 나아가는 꼴을 보게 되리라. 수척한 돼지라도 뒷발질하며 날뛰면 진실로(孚, truly) 무서울 수 있다(羸豕孚蹢躅). 이것은 군자들에게 조금의 틈이라도 보이면 공격당할 것이므로 조심하라는 경고이다.

九二: 包有魚。无咎。不利賓。
구이 포유어 무구 불리빈

九二를 주체로 하여 해석해야 할 것이다. 初六은 음사陰邪의 소인小人이며 남자들에게는 더없이 매력적인 인물이다. 구괘는 만남의 괘이며, 만남은 감응感應의 먼 만남이라기보다는, 比의 직접 만남이다. 九二에게는 初六과의 만남이 일차적인 과제상황이 된다.

九二는 강의剛毅하며 음의 자리에 있지만, 中의 자리에 있다. 바람의 핵이다. 九二는 初六에게 잡아먹힐 수도 있다. 그만큼 初六은 강렬한 매력을 지니고 있다. 어魚는 음물陰物이다. "꾸러미 속에 고기가 있다"(包有魚)라는 표현은, 九二가 初六의 여인을 꾸러미에 묶듯이 제압해버렸다는 뜻이다. 그러면 허물이 없다(无咎). 初六의 폐해가 차단된다는 뜻이다.

손님을 접대할 때 初六의 여인을 딴 남성들과 만나게 해줄 필요는 없다(不利賓). 꾸러미 속에 묶어두는 것이 상책이다.

九三: 臀无膚, 其行次且, 厲无大咎。
구삼 둔무부 기행차저 려무대구

九三은 강위에 있는 강효이니 正하지만 中을 벗어나 있다. 침착한 미덕이 없다. 上九는 같은 양이니 應하지 않는다. 만남의 대상은 여성이래야 신이 나는데 유일한 初六은 이미 九二에 의하여 장악되었다.

이런 좌불안석의 상태를 "궁둥이에 살이 없다(臀无膚)"고 표현하였고, 앞으로 나아갈 방향이 없는 것을 "그 감 또한 어물쩌물하다(其行次且)"라고 표현하였다. 근본적으로 여인을 만날 길 없고, 또 악인을 만나 상처받을 일이 없으니, 위태롭게는 보이지만 큰 허물을 남기지는 않는다(厲无大咎).

九四: 包无魚。起, 凶。
구사 포무어 기 흉

九四는 不中不正하다. 初六은 九四에게 왔어야 한다. 그러나 九二가 初六의 여인을 만났고, 제압하였고, 꾸러미에 가두어버렸다. 그러니까 九四의 꾸러미에는 막상 있어야 할 여인이 없는 것이다(包无魚). 민중은 이러한 정황이 구조적인 문제임에도 불구하고 九四의 정황을 그가 무능력했기 때문이라고 판단한다. 이럴 때는 가만히 앉아 웅크리고 있는 것이

상책이다. 일어나서(起) 무엇인가 액션을 취하려 하면 凶하다.

九五: **以杞包瓜。含章。有隕自天。**

구오 이기포과 함장 유운자천

九五는 中正의 天子이다. 구괘姤卦의 주체主體로서 힘과 정의감을 구비한 위대한 지도자이다. 소인들의 어떠한 발흥에도 대처할 수 있는 거대한 역량을 지닌 인물이다. 九五는 음의 세력과 대립하고 무력적으로 대결하는 것이 아니라, 오히려 포용하여 제압한다(以杞包瓜). "기杞"는 키버들로 만드는 바구니이며 "과瓜"는 참외, 오이, 박, 멜론 등 온갖 땅의 외이며 음의 세력을 상징한다. 九五는 교만하지 않으며 아름다운 덕성을 자체 내에 함장하고 있다(含章). 절대적인 혁명은 없다. 모두 시운의 변화일 뿐이다. 내면의 덕성을 계속 축적하다 보면 어느 시점엔가 하늘로부터 별똥이 떨어지듯이 일거에 이변적 변화가 일어나게 된다(有隕自天). 혁명은 축적의 결과로서 궤도를 벗어나는 새로움novelty이다.

上九: **姤其角, 吝。无咎。**

상구 구기각 린 무구

上九는 사람을 만나는데(姤), 뿔로써 만난다(姤其角). 뿔은 동물 몸의 최상위의 강剛이다. 上九에게는 음과 양이 만나는 기회는 없다. 上은 位가 없고, 고립되어 있다. 그를 만나는 사람들은 그가 오만하다는 느낌만 받을 것이다. 그러나 上九는 음의 소인들과 접촉하지는 않는다. 변절이나 배반은 없다. 그의 행동이 편협하기는 하지만(吝), 악에 물들지 않았으니 허물은 없다(无咎).

45

곤하坤下 태상兌上 택지 췌 萃

Gathering Together

象曰: 澤上於地, 萃。君子以除戎器, 戒不虞。
상 왈 택 상 어 지 췌 군 자 이 제 융 기 계 불 우

연못이 땅 위로 올라가 형성되는 모습이 췌괘의 모습이다. 사물(사람들)이 이렇게 적극적으로 모여들게 되면 항상 쟁송이 일어나게 마련이다. 군자(=통치자)는 이러한 췌괘의 모습을 참고하여(以) 자신의 통치의 질서를 도모한다. 우선 병기를 점검하고 소제하고 수리한다. 그리고 예기치 못한 불행한 사태들에 대비한다.

괘사 萃, 亨。王假有廟。利見大人。亨。利貞。
췌 형 왕 격 유 묘 리 견 대 인 형 리 정

用大牲吉。利有攸往。
용 대 생 길 리 유 유 왕

췌괘의 췌萃는 모여든다는 뜻이다. 만물이 모여들어 풍성해지면 사람들도 한마음이 되고, 사회현상이 여유롭고 풍족해진다. 이러한 시기야말로 제사를 드릴 만한 위대한 시기라 말할 수 있다(萃, 亨). 묘 자체가 선조들의 영혼들이 모여드는 곳이라는 상징성이 있다. 이 췌괘의 제사에는 王이 대묘大廟에

친히 납신다(王假有廟). 왕이 제사를 지내러 종묘에 가면, 사람도 모여들고 물자도 모여든다. 그러나 가장 중요한 것은 통치에 도움을 주는 위대한 신하를 거느리는 것이다. 태묘에서 대제를 지낼 때에도 대인大人을 만나는 것에 이로움이 있다. 그래야 참된 제사가 이루어진다(利見大人。亨). 제사에서 하느님의 뜻을 묻는다. 이로울 것이다(利貞). 대제에서는 거대한 소를 희생으로 쓰는 것이 길하다(用大牲吉). 췌萃의 시절에는 무엇이든지 진취적으로 사업을 벌이는 것이 이롭다(利有攸往).

효사 **初六: 有孚不終。乃亂乃萃。若號, 一握爲笑。**
초육 유부부종 내란내췌 약호 일악위소

勿恤, 往无咎。
물휼 왕무구

췌괘는 곤궁의 시대가 아니고 풍요의 시대이다. 고독의 시대가 아닌 함께함의 시대이다. 이럴 때일수록 인간관계가 중요하다. 初六은 자기정체성을 잃지 않으려고 노력한다(有孚). 자기와 正應하는 九四와의 관계를 지키려는 성실함이 있다. 그러나 初六은 세 음효가 모여있는 난잡한 분위기 속에 있다. 初六은 본시 유암柔暗하고 不中正하며 절조가 없다. 결국 正應하는 九四와의 관계를 지켜내지 못한다(不終). 음란한 무리들과 섞여 마음이 어지럽혀지거나(乃亂), 음사의 무리에 휩쓸리고 만다(乃萃). 아~ 이럴 수가 있는가! 이 유혹을 탈피해야지 하고 九四를 향해 울부짖는다(若號). 그러면 주변의 음사의 무리들이 비웃는다(一握爲笑). 그래! 비웃어 봐라! 나는 너희들의 비웃음을 상관치 않는다(勿恤) 하고 끝내 정도를 향해 나아가면(往), 허물이 없다(无咎). 풍요의 시대일수록 절조가 있어야 하고, 지조를 지켜야 한다.

※ 정이천의 해석에 의거함.

六二: 引, 吉。无咎。孚乃利用禴。
육이 인 길 무구 부내리용약

六二는 유순하고 또 中正을 얻고 있으며 九五의 천자와도 음양바르게 應하고 있다. 九五와 六二의 교감은 만물생성의 당연한 길을 제시한다. "引, 吉"이라 한 것은 양자가 서로를 당기는 것이(융합) 길운을 창조한다는 것이다. 허물없이(无咎) 生生의 길에 참여한다. 서로 당김의 조화는 군주와 신하의 일체감을 상징하며, 또 하느님과 인간의 상교相交를 나타낸다. 인간과 하느님 사이에 성실한 마음의 교감이 있을 때는 아주 간략한 약식의 제사(禴)를 지내는 것이 옳다(孚乃利用禴). 냉수 한 그릇으로도 하느님은 응답하실 것이다.

六三: 萃如, 嗟如。无攸利。往无咎。小吝。
육삼 췌여 차여 무유리 왕무구 소린

六三은 음유의 小人, 不中不正하다. 췌萃하려고 하나 萃(교감, 모임)의 가능성이 다 차단된다. 應하는 上六은 같은 음효이기 때문에 감응이 없다. 初六, 六二의 두 음효와 췌하려 하지만 小人의 무리로서 의지할 자들이 못된다. 六二는 九五와 正應관계에 있으므로 六三 따위는 거들떠보지도 않는다. 가까이 있는 九四는 初六의 상대이다. 六三의 췌하려는 노력(萃如)은 모두 수포로 돌아간다. 한숨만 나온다(嗟如). 어떠한 이익도 얻을 수 없다(无攸利).

최후의 보루는 형식적으로 應의 관계에 있는 上六밖에는 없다. 上六에게로 용감히 나아간다(往). 上六은 태兌괘☱의 최상위이며 열悅의 상징성이 있다. 그는 찾아온 六三을 유순하게 받아들인다. 따라서 六三에게 허물은 남지 않는다(无咎). 그러나 上六과 六三은 모두 음이기 때문에 진정한 췌의 교섭은 이루어지지 않는다. 上六은 位가 없고, 가생이로 밀려난 말단의 음효이다. 그러니 六三에게는 약간의 아쉬움이 남을 수 있다(小吝).

※ 진정한 만남을 이루기가 어려운 인간의 실존적 정황을 묘사하고 있다.

九四: 大吉, 无咎。
구사 대길 무구

상사象事(象과 관련된 사건)가 없이 점사占辭만 있는 희귀한 예에 속한다. 九四는 양효이며 강강剛强한 재질이 있는 대신大臣이다. 그러나 不中不正하다. 본시 吉하다고 말할 수 있는 조건이 없다. 그러나 九四는 不中不正함에도 불구하고 아주 강건한 정도正道의 천자天子를 보좌하고 있는 강강의 재목이며 또 아래에 있는 삼음三陰이 모두 이 九四를 따르고 있다. 대중의 정신적 리더로서의 위상이 있다. 대길大吉의 호운好運을 만나면 허물이 없다. 호운好運은 인간의 노력의 산물일 수도 있고 인간의 노력을 초월하는 카이로스의 산물일 수도 있다.

九五: 萃有位。无咎。匪孚, 元, 永貞。悔亡。
구오 췌유위 무구 비부 원 영정 회망

천하의 인민을 거느리고 또 그들의 신망을 얻고 있는 훌륭한 天子에 관한 이야기이다. 九五는 天子의 位이며 췌괘萃卦 전체의 主爻이다. 中正의 지도자이며 하괘의 六二와도 正應하고 있다. 이상적 덕성을 모두 갖추었다.

위대한 지도자는 민중을 품을 수 있어야 한다. 민중을 모으는 데 적합한 位를 지니고 있다(萃有位). 위位와 덕德을 다 구비하고 있으므로 그의 다스림에는 허물이 없다(无咎). "비부匪孚"는 두 가지 해석이 가능하다. 첫째는 九五에게 신복하지 않는 자들이 있다는 것이고, 둘째는 九五가 민중에게 믿음을 주지 못하는 상황이 발생할 수 있다는 것이다. 이러한 비부匪孚의 상황에 대해서는 민중의 리더로서 리더답게 보편적 가치를 구현하는 리더십을 발휘해야 한다는 것이다(元). 그리고 영원한 주제에 관해 점을 친다(永貞). 하느님께 불성실, 불신의 사태가 벌어진 것에 관하여 묻고 반성한다는 뜻이다. 그리하면 후회를 남길 그런 결정이 모두 소멸될 것이다(悔亡). 천하天下의 만민萬民이 훌륭한 지도자의 리더십 아래 췌萃하게 되리라.

上六: 齎咨涕洟, 无咎。
상육 재자체이 무구

역易의 특징은 극極에 달하면 변變한다는 것이다. 췌괘萃卦의 극極은 당연히 모든 것이 흐트러지는 형국이다. 上六은 유약하기 그지없고 또 位가 없다. 친구를 모으려고 백방으로 노력하지만 아무도 應해주지 않는다. 그러니 슬플 수밖에 없다. 사람이 모이지 않으면 고독하다. 따돌림을 당한 느낌이다. "재자齎咨"는 한탄하는 모습이다. "체이涕洟"는 눈물과 콧물이다. 눈물 흘리고 콧물 흘리며 한탄한다. 이 한탄이 췌괘의 마지막 장면이다. 슬퍼할 수 있다는 것 자체로 이미 슬프지 않은 종언이다. 上六에게 허물은 없다(无咎). 종언일 뿐이다. 막이 내리면 또다시 새로운 국면이 시작된다. 易에는 비극과 희극이 항상 교차한다.

46

손하巽下 곤상坤上 지풍 승 升

Pushing Upward, Ascending

象曰: 地中生木, 升。君子以順德, 積小以高大。
상 왈 지 중 생 목 승 군 자 이 순 덕 적 소 이 고 대

땅속에서 나무가 생성하여 높게 자라나는 모습이 승升**괘의 모습이다. 군자는 이 괘의 모습을 본받아(以) 덕을 순조롭게 쌓아가고, 작은 것을 쌓아서 높고 장대함을 이룩한다.**

※ **원불교 초기 창립정신 중의 하나인 "以小成大"도 이 승괘에서 왔다.**

괘사 升, 元亨。用見大人。勿恤。南征, 吉。
승 원 형 용 견 대 인 물 휼 남 정 길

승괘의 하괘인 손巽☴에는 바람 외에도 나무의 심볼리즘이 있다. 나무는 땅속에서 영양분을 빨아들여 높게 오른다. 승升하면 우두머리(元)가 될 수 있고, 우두머리로서 하느님과 소통할 수 있다(亨). 성장을 의미하는 괘에서는 "견대인見大人"이라는 말이 자주 나온다. 창조는 교섭에서 이루어지는 것이요, 교섭의 으뜸은 대인을 만나는 것이다. 대인을 만날 수만 있다면(用見大人) 그대는 크게 걱정할 바가 없다(勿恤).

"남정南征"이란 미지의 세계를 向한 전진이다. "남"의 상징은 이데아적인 미래이다. 남정하면 吉하리라. 모험Adventure이 격려되고 있다.

효사 初六: 允升。大吉。
초육 윤승 대길

初六은 음효, 유순하며 최하위에 있다. 최하위라는 것은 승괘에 있어서는 승升할 수 있는 잠재력을 구유하고 있기 때문에, 연약해도 강력한 것이다. "윤允"은 확실한 신험을 의미한다. 初六은 확실하게 자라날 것이다. 初六은 뿌리요, 九二·九三은 건실한 줄기, 그 위의 三陰은 활짝 피어난 거목의 모습이다. 승진의 미래가 확보되어 있기 때문에 大吉이다. 그냥 吉하다 하지 않고 大吉이라 한 것은 이소성대以小成大의 잠능潛能의 다이내미즘을 파악하기 때문이다.

九二: 孚乃利用禴。无咎。
구이 부내리용약 무구

여기 九二는 췌萃괘의 六二의 정황과 상통한다. 췌괘에서는 下의 유중柔中이 上의 강중剛中을 섬겼지만, 여기 승괘에서는 下의 剛中이 上의 柔中을 섬긴다. 그 음양의 감응은 동일하다.

下의 강중이 上의 유중을 섬길 때는 강강한 신하가 유약한 군주를 섬기는 상황과 동일하니, 문식을 쓰지 말고 오로지 정성으로(孚) 위의 군주를 감통시켜야 한다. 이러한 관계는 인간과 신의 관계와도 같다. 하느님께 나를 벌거벗기는 것과 같으니 제사상을 거하게 차리는 것은 옳지 않다. 검약한 약禴의 제사를 쓰는 것이 옳다(利用禴). 이렇게 해야 허물이 없다(无咎).

九三: 升虛邑。
구삼 승허읍

九三은 양효이면서 이미 中을 지났다. 상괘의 上六과도 應하고 바로 위에 있는 六四와도 比한다. 강강剛强하면서 응원이 탄탄하다. 상괘의 곤坤은 순順의 성격이 있으면서 광활하게 빈 대지大地의 형상이다. "허읍虛邑"을 곤坤으로 보기도 하지만, 그냥 지나가는 데 저항이 없는 빈 마을로 보면 족하다. 승升의 길이 순탄한 모습을 빈 마을을 지난다고 표현한 것이다. 승升하는데 장애가 없다는 뜻이다. 왕부지王夫之는 말한다: "吉하다는 표현은 하지 않았지만 당연히 吉하다."

六四: 王用亨于岐山。吉。无咎。
육사 왕용향우기산 길 무구

六四가 王은 아니다. 王이 제사지냈을 때의 효사가 『역』에 끼어들어 온 것일 뿐이다. 왕이 기산岐山에서 제사를 지내듯이 성심성의껏 제사를 받들면 吉하고 허물이 없다는 뜻이다.

四는 음효로서 유순한 재목이다. 위로는 군주의 활동을 순탄하게 만들고 아래로는 아랫사람들이 올라오는 것을 순탄하게 만들어 주면서도 자기자신은 있어야 할 四의 자리에 머물러 있다. 문왕文王이 이러한 자세로 임하였기 때문에 주周나라의 왕업이 이루어졌다고 하나 여기 효사를 꼭 文王의 사례로만 해석할 필요가 없다.

四는 유순하면서 得正하고 있기 때문에 升의 길이 순조롭다. 이러한 덕성을 활용하여 산천에 제사를 지내면 吉하다. 허물이 없다.

六五: 貞, 吉。升階。
육오 정 길 승계

六五는 柔爻로서 陽位에 있으니 正하지는 못하지만 승괘升卦라는 전체적 분위기를 타고 있다. 九二와 같은 강효의 응자應者가 있다. 유능한 신하들의 조력을 얻고 있다. 六五는 자신의 미래에 관하여 하느님께 묻는다(貞). 이 나라를 어떻게 끌고 나가면 좋을까 하고 하느님과 소통한다. 그 모습 그 자체가 吉하다. "계단을 오른다"(升階)는 의미는 승괘의 분위기를 타고 진정한 왕좌의 권위를 획득한다는 것을 상징한다. 현명한 신하들이 성심껏 보필하는 진실로 권위있는 왕이 된다는 의미이다.

上六: 冥升。利于不息之貞。
상육 명승 리우불식지정

上六은 음유하며 상승上升의 가장 높은 자리에 달達하였다. 이 자리에 왔다는 것 자체가 바보짓이다. 올라감을 알면 물러남을 알아야 하는데, 上六은 올라감만 알고 물러남을 몰라 막다른 골목에 다다른 것이다. "명승冥升"은 "어리석게 올랐다"고 번역할 수도 있고, "오름에만 어둡다"로 번역할 수도 있다. 이 자리에 있는 것이 혼몽한 상태라는 것이다. 이 어리석은 자는 끊임없이 묻는 것이 이롭다(利于不息之貞). 자신을 끊임없이 쉬지 않고 반성하는 것만이 살길이다. "오름"도 반성과 물음으로 끝난다. 위대하다! 역이여.

47

감하坎下
태상兌上

택수 곤 困

Deprivation, Exhaustion

象曰: 澤无水, 困。君子以致命遂志。
상 왈　택 무 수　곤　군 자 이 치 명 수 지

연못에서 물이 다 빠져 내려가 물이 없는 것이 곤困괘의 모습이다. 군자는 이러한 곤궁한 위기상황에 처할 때에는 괘상을 본받아(以) 자신의 생명을 내던질지라도 천하의 위기곤액困阨을 구원하는 뜻을 달성한다.

괘사 困, 亨。貞。大人吉, 无咎。有言, 不信。
곤　형　정　대 인 길　무 구　유 언　불 신

인간은 곤궁함 속에서 종교적이 된다. 곤궁한 상황을 하느님께 알리고 또 묻고 하는 것이다. 역의 하느님은 일방적으로 통지하는 하느님이 아니다. 인간과 더불어 천지의 생성과정에 참여한다. 인간은 제사를 지내며 그와 만난다.

인간은 곤궁 속에서 성장하고 곤궁 속에서 하느님을 만난다. 곤란 속에서 정도正道를 지키는 것은 대인大人만이 가능하다. 곤란 속에서 大人과 小人이 갈린다. 大人이래야 吉하고, 대인이래야 허물이 없다(大人吉, 无咎). 대인은 곤란이 닥칠 때 말하지 않는다. 침묵 속에서 곤란을 극복한다. 자기의 곤란을 말로 떠벌리는 사람은 신용이 없다. 신험이 없다. 대중이 그를 믿어주지 않는다. 곤란의 시기에는 구변口辯은 무익無益하다(有言, 不信).

효사 初六: 臀困于株木。入于幽谷。三歲不覿。
초육 둔곤우주목 입우유곡 삼세부적

初六은 음유하고 지극히 낮은 데 처하고 있다. 곤궁의 밑바닥이다. 궁둥이의 이미지도 나의 몸의 동체의 최하부이니까 상징성이 맞아떨어진다. 그루터기(株木)에 걸터앉은 궁둥이가 살도 없고 편안히 앉아있질 못하며 안절부절하다가 점점 더 깊은 인생의 유곡幽谷(어두운 골짜기, 지혜가 불명하다는 뜻을 내포)으로 빠져 들어간다. 응효應爻인 九四의 현인이 있으나 음효에 둘러싸여 타인에게 도움을 줄 수 있는 처지가 되지 않는다. 결국 初六은 3년 동안이나 유곡(무지의 세계)을 헤매면서 사람다운 사람을 만나지 못한다. "적覿"은 사람을 만난다는 뜻이다.

九二: 困于酒食。朱紱方來。利用享祀。征凶。无咎。
구이 곤우주식 주불방래 리용향사 정흉 무구

九二는 강효剛爻로서 中을 얻고 있으며 初六·六三의 음효에 둘러싸여 곤요로운 상황이다. 九二는 전체 괘의 主爻라 말할 수 있다. 九五와 九二는 같은 양효래서 감응하지 않는 것이 원칙이지만 곤괘라는 특수상황에서는 예외의 법칙이 성립한다. 양이 음에 의하여 제압되는 곤혹스러운 처지에서는, 음에 대항하여 양끼리 연합해야 한다.

九二는 주식酒食으로 곤혹스러운 환경을 견뎌내면서 때를 기다리고 있다. 여기 "곤우주식困于酒食"의 "곤"은 부정적 의미를 내포하지 않는다. "주불朱紱"은 높은 관직의 사람을 상징하는데 九五 천자의 명을 받고 온 자이다(朱紱方來). 九二라는 현인을 기용하기 위하여 온 것이다. 九二는 주불의 사자使者와 더불어 제사를 올린다(利用享祀). 하느님과 소통하고 九五의 천자에게 감사하고 지성으로 진실하게 살 것을 다짐한다. 九二가 만약 자진하여 자리를 구하러 나선 것이라면 그것은 흉하다(征凶). 九二는 조용히 때를 기다리며 기회를 얻은 것이다. 허물이 있을 수 없다(无咎).

六三: 困于石。據于蒺藜。入于其宮, 不見其妻。凶。
육삼 곤우석 거우질려 입우기궁 불견기처 흉

곤괘는 곤궁과 고난의 때를 당한 여러 인간의 실존적 정황을 이야기한다. 六三은 고난의 대처에 실패한 불행한 한 인간의 이야기!

六三은 음유하고 不中不正하다. 유약하고 지혜가 없는 小人이다. 그리고 행동방식이 과분하다(三의 자리가 대강 그러하다). 위로 진출을 시도하지만 강강한 九四가 버티고 있다. 이것은 마치 견고한 바위에 꽝 부딪히는 느낌이다. 이것을 "곤우석困于石"이라 표현했다. 六三은 방향을 바꾸어 九二에 의지하려고 하지만 그것은 마치 가시방석(질려, 납가새)에 앉는 격이다(據于蒺藜). 자아~ 어떻게 할까? 갈 곳이 있나? 그제서야 집생각이 난다. 그래도 내가 의지할 곳은 집밖에 없지! 그래서 집으로 돌아온다(入于其宮). 그러나 집의 주체인 아내는 이미 떠나버리고 없었다(不見其妻). 생명의 근원이 사라진 것이다. 자작얼自作孽이다. 아~ 비극이다. 凶하다! 「계사」하5에서 공자는 멘트를 날린다: "도대체 도망가버린 마누라를 어디서 찾을 수 있단 말인가!"

모험이 없이는 진·선·미는 진·선·미로서 그 모습을 유지할 수 없다. 그러나 모험은 때가 있다. 전진만의 강행, 비겁한 퇴행, 모두 중용이 아니다. 생명의 핵을 망실한 진보가 무슨 의미가 있는가!

九四: 來徐徐。困于金車。吝。有終。
구사 래서서 곤우금거 린 유종

九四는 양강불굴의 인재이지만 그 位가 바르지 못하다. 그런데 음양 바르게 初六과 應한다. 初六은 곤궁에 처해있다. 유곡幽谷에 빠져서 헤어날 수 없다. 初六을 구할 자는 대신大臣 九四밖에 없다. 九四는 온다(來).

누구에게로? 初六에게로 온다. 그런데 너무도 많은 시간이 걸린다(徐徐). 결심하는 데도 시간이 많이 걸렸고 방해하는 세력도 많다. 九四는 황금마차를 타고 갔지만, 황금마차조차도 그 길을 수월하게 갈 수가 없었다. 마차 타고 가는 길이 곤요롭다(困于金車). 가는 과정에서 아쉬운 일들이 많이 일어난다(吝). 그러나 결국 유종의 미를 거둔다(有終). 九四는 강강불굴의 덕을 지녔기에 대신의 위치에 있으면서도 일반서민의 곤궁을 구제할 수 있었다. 유종의 미가 있는 이야기!

九五: 劓刖。困于赤紱。乃徐有說。利用祭祀。
구오 의월 곤우적불 내서유열 리용제사

"의劓"는 코를 베는 형벌이고 "월刖"은 발꿈치를 베는 형벌이다. 이 형벌의 주체는 물론 中正의 덕을 지닌 九五 천자 본인이다. 九五는 九二의 양효와도 협조가 성립하는 관계이다.

"의"의 대상은 上六이고, "월"의 대상은 六三이다. 아래, 위로 그를 엄폐시키고 있는 소인들을 과감하게 처단함으로써 곤궁을 벗어나는 새로운 계기를 마련한다. "적불赤紱"이란 이러한 과단성 있는 九五의 행동에 대해 몸을 사리고 훼방을 놓는 고관대작 일반을 가리킨다. "곤우적불"이란 상부 하이어라키의 반발로 천자가 곤혹스럽게 되었다는 것이다. 이러한 상황에 대처하여 九五의 의로움을 도우려는 하부로부터의 궐기가 시작된다. 강건한 九二가 九五를 응원하여 정征한다. 그러자 점점 국가정세가 혼란을 극복하고 곤궁을 벗어난다. 이에 점점 기쁜 일이 생긴다(乃徐有說).

九五는 천자로서 하느님에게 감사하는 제사를 지낸다(利用祭祀). "제祭"는 본시 천신天神에게 드리는 것이요, "사祀"는 지신地神에게 지내는 것이다. 모든 사건은 제사로 마무리된다. 제사는 화합과 평화다. 서양의 제사처럼 "희생"을 테마로 하지 않는다.

上六: 困于葛藟, 于臲卼。曰動悔。有悔, 征吉。

상육 곤우갈류 우얼올 왈동회 유회 정길

上六은 음유의 소인이며 재덕才德이 없으면서 오로지 높은 자리에 매달려 군자들에게 악영향을 끼치고 있는 인간의 한 유형이다. 높은 나무의 모습이지만 그곳에 달라붙어 기어오르는 칡덩굴에 의하여 매우 곤요로운 모습이다(困于葛藟). 칡덩굴은 六三으로 보아도 좋을 것이다. "얼올"이란 높고 위태로운 자리에 있어 불안불안한 모습의 형용이다. 上六은 깜냥이 안되면서도 높은 지위만 고수하니까 엉겨붙는 놈들 때문에 곤요롭다는 뜻이다. 上六의 설명인 동시에 곤궁을 나타내는 곤괘의 궁극을 말하고 있다.

上六이 그렇게 불안한 자리에서 그 불안을 극복한다 하면서 망령되이 움직이면 반드시 후회스럽게 된다(曰動悔). 그러나 "후회스럽다"는 것 자체가 자신의 궁극적 처지에 대한 반성이 있는 것이다(有悔).

이 효사는 "후회가 있기 때문에 나아가면 길하다"(有悔征吉)라는 묘한 말로 끝나고 있다. 왜 곤궁의 마지막을 "吉"로 끝냈을까? 여기 "정征"이라는 말을 깊게 해석해야 한다. 上六에서 더 나아간다는 것은 곤괘를 근본적으로 벗어난다는 뜻이다. 정이천은 말한다: "곤이 지극한 상태에서 또다시 모험을 시작한다고 하는 것은 결국 곤에서 벗어난다는 뜻이다. 그러므로 길하다. 困極而征, 則出於困矣, 故吉。"

최종적 포인트는 인간은 곤궁의 지극함 속에서 후회와 반성을 아니할 수 없다는 것이다. 후회와 반성이 없는 곤궁은 파멸일 뿐이다. 역의 지혜는 인간에게 곤궁의 지극함에서 곤궁을 벗어날 길을 열어놓고 있는 것이다.

48

손하巽下
감상坎上

수풍 정 井

The Well

象曰: 木上有水, 井。君子以勞民, 勸相。
상 왈 목상유수 정 군자이로민 권상

나무 위에 물이 있는 모습이 정괘의 모습이다. 군자는 이 우물의 모습을 본받아(以) 백성들을 위하여 근로하며(public service), 또 백성들로 하여금 서로를 도울 것을 권면한다(mutual help. 공동체정신의 장려).

"로민勞民"은 우물의 쓰임(用)을 본받는 것이요, "권상勸相"은 우물의 베풂(施)을 본받는 것이다. 우물은 생명의 젖줄이며 상부상조하는 공동체정신의 심볼이며, 끊임없이 자기갱신을 도모하는 창조의 상징이다.

괘사 井, 改邑不改井。无喪无得。往來井井。
정 개읍불개정 무상무득 왕래정정

汔至, 亦未繘井。羸其瓶, 凶。
흘지 역미귤정 리기병 흉

우물은 문명의 핵심이다. 우물이 있고 나서 도시가 성립하고, 문명이 성립한 것이다. 우물은 공동체의 공동소유이며 항상 개방되어 있으며 항상성을 유지한다. 군자의 덕성을 표현함에 우물 만한 것이 없다. 군자는 우물처럼 끊임없이 개방적으로 시혜양민施惠養民해야 한다.

읍邑은 바꿀 수 있어도 정井은 바꿀 수 없다(改邑不改井). 우물은 정상적으로 운영되면 그 물이 없어지지도 않고 또 올라와 차지도 않는다(无喪无得). 항상성이 그 특징이다. 오가는 사람들이 모두 우물을 우물로서 활용할 수 있어야 한다(往來井井).

샘물을 퍼올리기 위해 두레박줄을 샘 속으로 내린다. 두레박이 거의 수면에 닿았으나(汔至) 끈의 길이가 충분하지 못하여 물을 퍼올리지 못한다(亦未繘井). 그리고는 사기로 된 두레박이 깨지고 만다(羸其甁). 그러면 물을 긷는 것은 수포로 돌아간다. 凶하다.

마지막 언급은 끝까지 조심해서 물을 길어올리는 것이 군자의 의무라는 것을 말한 것이다. 군자는 끊임없이 물을 퍼올려야 한다. 퍼올리지 않으면 그 물은 썩는다. 인간 내면의 도덕, 사회의 도덕이 이와같이 끊임없이 퍼올려져 쓰여야 하는 것이다.

효사 初六: 井泥不食。舊井无禽。
초육 정니불식 구정무금

初六은 음유한 효이며 정괘井卦의 맨 밑바닥이니 우물 밑바닥에 깔리는 진흙의 뜻이 있다. 上으로 應爻가 없으며, 고독하고 재능이 박약하다. 그래서 폐정廢井에 비유된 것이다. "정니불식井泥不食"은 샘에 진흙이 깔렸으니 그런 샘물은 사람이 먹지 않는다라는 뜻이다. 그런 버려진 옛 우물에는 새도 날아들지 않는다(舊井无禽). 고조선의 옹달샘 같은 얕은 우물을 연상케 하는 아름다운 싯구절과도 같은 표현이다. 우물은 구체적인 물건이면서도 추상적인 테마를 제시한다. "부유富有," "일신日新," "생생生生"의 상이다.

九二: 井谷射鮒。甕敝漏。
구이 정곡사부 옹폐루

우물의 수맥이 흐트러져 계곡으로 빠져나가, 잔존하는 물은 겨우 두꺼비를 적셔주는 노릇만 하고 있을 뿐이다(井谷射鮒). 그뿐이랴! 물 긷는 항아리도 깨져서 물이 새고 있으니(甕敝漏) 사람들에게 생명수를 전할 길이 없도다. 딱한 꼴이다.

九二는 양강하며 中庸의 덕을 갖추고 있다. 九五는 같은 양효래서 應하지 않는다. 위로는 끌어 올려주는 세력이 없고, 아래로만 넘치는 에너지를 흘려보내고 있다. 九二의 실력이 제대로 쓰이지 못하고 있는 것이다. 샘물은 한 방울이라도 퍼올려져서 필요한 모든 사람들에게 드넓게 생명수로서 제공되어야 하는 것이다. 나라에 군자가 있어도 기용될 길이 없는 흉운의 상을 표현하고 있다.

九三: 井渫不食。爲我心惻。可用汲。
구삼 정설불식 위아심측 가용급

王明, 竝受其福。
왕명 병수기복

"정井"은 九三 본인을 상징화한 것이다. 九三은 양효이며 강건한 재능이 있다. 양위에 양효이니 그 位가 正하다. 하괘의 최상위에 있는 정의로운 재목이다.

나의 우물은 준설하여 맑고 깨끗하건만

아무도 와서 먹을 생각을 하지 않네!

아~ 내 마음에 슬픔이 가득차네.

나의 샘물은 진실로 길어 먹기에 너무도 훌륭한 것이라네.

나는 올 사람을 기다리네.

왕께서 만약 영명하셔서 오신다면

그것은 나의 복일 뿐 아니라,

임금님의 복도 되고 또 만민의 복이 되리.

모두가 다함께 복을 받으리라!

六四: 井甃。无咎。
육사 정추 무구

六四는 음유陰柔하지만 음위陰位에 있어 位가 正하다. 마음씀씀이가 바르고 정직하다. 九五의 中正한 천자를 보좌하면서 그를 선도善導하고 있는 대신大臣이다. "정추井甃"는 우물의 내벽을 수선한다는 뜻이다. 우물의 깨끗함은 내부의 노력에 의하여 유지되는 것이다. 당연히 六四에게는 허물이 없다(无咎).

九五: 井冽。寒泉食。
구오 정렬 한천식

정괘는 初六의 진흙(井泥)으로부터 시작하여 점점 맑은 물이 된다. 강건중정剛健中正의 九五에 당도하여 완벽하게 청결감미淸冽甘味로운 샘물이 된다. 이것은 천자에게 강명청결剛明淸潔의 미덕이 있어 그 덕이 두루

두루 미치어 천하사람들 모두가 은택을 입는 이미지이다. 위대한 군주(대통령)는 청결한 샘물이어야 한다. 생명의 근원이며, 개방이며 보편이며 공유다! 샘이야말로 중용의 최상의 표현이다. 효사는 이렇게 번역된다:

우물이 차고 맑다. 차디차고 감미로운 샘물을 모든 사람이 같이 마신다.

上六: 井收。勿幕。有孚。元吉。
상육 정수 물막 유부 원길

보통 上의 자리는 항룡亢龍의 자리이며, 낭패를 보는 자리이며, 과過하여 망신하는 자리이나, 생명의 본원인 우물괘에서는 五의 자리보다 더 완성된 자리이다. 단순히 끝나는 자리가 아니라, 공을 이루는 자리이다. 정괘井卦의 군위君位는 실제로 五에 있지 아니하고 六에 있다. 역易에는 고정된 원칙이 없다.

깨끗한 우물에서 물을 길어올린다(井收). 샘물의 맛이 너무 좋아 사람들이 수시로 먹기 때문에 천막을 덮어 싸놓을 틈이 없다(勿幕). 上六에게는 천지대자연의 성실함이 있으니(有孚) 원천적으로 길하다(元吉).

49

리하離下 태상兌上 **택화 혁 革**

Revolution

象曰: 澤中有火, 革。君子以治歷明時。
상 왈 택중유화 혁 군자이치력명시

못 가운데 불이 있는 형상이 혁괘의 모습이다. 군자는 이 혁괘의 모습을 본받아(以: 혁괘가 의미하는 그 혁명의 카이로스와 혁신의 과제상황을 잘 파악하여) 역曆을 새롭게 정하고, 삶의 기준이 되는 때를 밝힌다.

연못 속에 불이 있는 형상이 혁괘革卦의 모습이다. 연못의 물과 불은 서로가 서로를 극克하지 아니하면 아니 되니 변혁은 필연이다. 오직 혁명의 타이밍만이 중요하다. 군자는 이 혁괘의 모습을 본받아 역曆을 새롭게 정하고 사계절의 때를 따라 삶의 질서를 밝힌다. 왕자王者가 천명天命을 수受하여 天下를 일통一統하면 반드시 정삭正朔을 개改한다. 새로운 시대의 탄생을 알린다.

괘사 **革, 己日, 乃孚。元, 亨, 利, 貞。悔亡。**
혁 기일 내부 원 형 리 정 회망

혁명이다(革)! 명을 가는 것이다. 빨라도 안되고 늦어도 아니된다. 무르익은 바로 그 때에 행하여라(己日)! 그리하여 사람들에게 신험함을 안겨주어라(乃孚)! 새로운 세상의 으뜸이 되어라(元)! 민중이 모두 하느님과 소통할 수 있도록 제사를 지내라(亨). 매사를 이로운 수확이 있도록 처리하라(利). 미래에 관해 끊임없이 물어라(貞). 그리하면 모든 회한이 사라지리라(悔亡).

효사 初九: 鞏用黃牛之革。
초구 공용황우지혁

初九는 혁괘革卦의 최초의 계기이다. 강효로서 강위에 있으니 득정得正이다. 강인한 인물임에 틀림없다. 혁명의 의지는 불타오른다. 그러나 미천微賤한 자리에 있으며 上卦와 應하지도 못한다. 혁명은 때를 기다려야 한다. 황소가죽으로 만든 단단한 허리띠로써 그대의 허리를 졸라라(鞏用黃牛之革)! 황색은 중앙토의 상징성이 있으며, 황소는 유순하다. 미래를 위하여 자신의 위상을 공고히 만든다는 뜻이다.

六二: 己日革之。征, 吉。无咎。
육이 기일혁지 정 길 무구

己日이다! 때가 찼다! 혁명의 전선으로 나아가라(己日革之)! "기일"은 이미 현존하는 권력자의 시대가 지났음을 암시한다. 이때의 흐름을 타고 혁명을 감행하면(征), 吉하다. 허물이 없다(无咎).

九三: 征, 凶。貞, 厲。革言三就, 有孚。
구삼 정 흉 정 려 혁언삼취 유부

九三은 得正, 정의롭고 강강剛强한 인물이다. 하괘의 상위, 중용에서는 벗어나 있다. 그러나 명明(☲)의 덕성德性이 있다. 개혁의 의지에만 매달려

무리하게 나설 때는 凶한 꼴을 당한다(征, 凶). 三의 자리는 본시 결단을 요구하는 자리이다. 하괘에서 상괘로 점프해야 하는 갈림길에 있다. 함렛의 고민이 항상 있다. 점을 쳐보면 좋지 않다는 경고가 많다(貞, 厲).

그러나 혁명革命은 진행되어야 한다. 혁명의 동지들이 세 번이나 모여서 의견의 합의를 보았다(革言三就). 이럴 때는 거사를 해야 한다. 정당하고 진실한 명분이 있기 때문이다(有孚).

九四: 悔亡。有孚, 改命。吉。
구사 회망 유부 개명 길

九四는 양강하며 中을 얻고 있질 못하다. 음위에 양효이기 때문에 正하지 못하다. 그래서 본시 九四에게는 후회스러운 일이 많이 있다.

그러나 九四는 혁괘革卦의 반半을 넘었고, 상괘의 물과 하괘의 불이 서로 부딪히는 갈림길에서 혁명의 결단을 내려야 하는 절묘한 위상을 지니고 있다. 이러한 절묘한 위상에는 음위에 양효라는 사실이 오히려 得이 된다. 겁나怯懦하지도 않고, 저돌적猪突的이지도 않은 혁명가, 그러한 기질을 지닌 적임자가 된다. 그래서 후회스러운 일들이 사라진다(悔亡). 주변의 사람들이 그를 신뢰하게 되면(有孚) 그는 과감하게 혁명에 착수해야 한다(改命). 이런 상황에서 유연하고 강하게 혁명을 진행시키면 吉하다.

九五: 大人虎變。未占有孚。
구오 대인호변 미점유부

九五는 中正의 天子. 대인大人의 자격을 지니고 있다. 혁괘의 主爻이며, 혁명의 진정한 주체세력이다. 호랑이가 털갈이를 하여 그 몸이 광채를 발하듯 자신의 모든 내면을 변화시켜야만 한다(虎變). 혁명은 보전補塡이 아니라 일신一新이다. 전체를 새롭게 물갈이 하는 것이다. 혁명의 당사자는 호랑이가 자기 몸 털갈이를 하듯이 자기 몸을 먼저 닦아야 한다. 점을 칠 필요도 없이(점친다, 묻는다는 것은 의구심을 갖는다는 뜻), 혁명의 주체인 그 인간은 민중으로부터 신임을 얻는 그러한 인간이어야 한다(未占有孚; 益卦 九五에도 같은 표현이 있다).

上六: 君子豹變。小人革面。征, 凶。居貞, 吉。
상육 군자표변 소인혁면 정 흉 거정 길

혁명은 성공했다. 대인의 리더십에 의하여 이루어졌다. 上六의 시대는 그 성공을 완성시켜야 할 후속의 시대이다. 그래서 대인大人보다 한 급이 낮은 군자君子가 나오고, 서민을 상징하는 소인小人이 나온다. 군자의 술부에는 호변대신 표변이 자리잡고 있다. 표변豹變은 문장文章의 작은 것이다. 호변虎變과 거의 같은 것이나 문채가 좀 적을 뿐이다. "소인혁면小人革面"은, 혁革을 면面이라는 동사의 목적어로서 해석해야 옳다. 혁명을 향해 나아간다는 뜻이다. 군자, 소인이 다함께 새로운 체제의 정착을 위해 함께 노력한다는 뜻이다. 민중의 협력이 없는 革命은 혁명이 아니다. 필패必敗한다. 이러한 후속의 시기에는 함부로 움직이면 좋지 않다(征, 凶). 외부로 나가지 말고, 내면을 공고히 할 시기이다. 안정적으로 평범하게 지내면서 미래를 물어라. 그리하면 吉하리라(居貞, 吉).

하3효는 신중할 것을, 망동妄動하지 말 것을 가르친다. 상3효는 과감하게 개혁에 착수하고, 카이로스를 장악하고, 혁명을 완수할 것을 가르친다. 역易은 변變이며, 혁革이다! 변變은 좋은 것이며 시대의 요청이다. 혁명을 권장하는 고전古典은 없다. 『易』이 유일唯一하다.

50

손하巽下
리상離上

화풍 정 鼎

The Caldron

象曰: 木上有火, 鼎。君子以正位凝命。
상 왈 목상유화 정 군자이정위응명

나무 위에 불이 있으니 자양분이 될 수 있는 새로운 물체를 만들어내고 있는 솥의 모양이 정鼎**이다. 정의 시대는 국가가 새로운 체제를 만들어가고 있는 타이밍이다. 이때 국가의 지도자**(君子)**들은 이 정괘의 상**象**을 본받아**(以) **그 위**位**를 바르게 하고**(正位), **천지의 모든 기운을 나에게 응집시켜 천명**天命**을 완성한다.**

괘사 鼎, 元。吉。亨。
정 원 길 형

정은 모든 그릇의 으뜸이 되는 그릇이다. 그것은 새로운 시작을 의미한다(元). 정의 시기에는 모든 것이 화합하여 길해야 한다. 화합의 시기이다(吉). 새로운 시대를 여는 데 도움을 준 하느님께 제사를 지내어 정으로 끓인 음식을 모두가 함께 나누어 먹는다(亨).

효사 初六: 鼎顚趾。利出否。得妾以其子。无咎。
초육 정전지 리출비 득첩이기자 무구

初六은 정鼎의 맨 밑바닥이며, 그 다리에 해당된다. 正하지 못하고 또 유약하다. 상괘의 九四와 응한다. 九四와 應한다는 사실로 인해 그 다리(趾)가 九四의 위치로 올라가 세발솥 전체가 기울어 내면에 있던 음식이 쏟아지는 사태가 발생한다(鼎顚趾). 그러나 초기라 먹을거리를 아직 넣지 않아 끓던 물만 쏟아진다. 그래서 엎어진 김에 바닥에 깔렸던 나쁜 것(否)들을 다 쏟아내고 청소하는 호기好機가 된다. 이것은 혁명 후에 새로운 국가가 정립되는 상황에서 묵은 때를 씻고 또 씻어야 한다는 것을 상징하고 있다(利出否).

여기 "득첩得妾"은 初六을 여자로 보면 "첩이 된다"로 해석될 수도 있고 남자로 보면 "첩을 얻는다"로 해석될 수도 있다. 그런데 진정한 테마는 새로운 아기의 탄생에 이르게 된다(以其子=及其子)는 데에 있다. 정이 뒤엎어져서 일신一新의 기회가 된 것과 같이, 새로운 출발을 알리는 것이다. 허물이 없으리라(无咎).

九二: 鼎有實。我仇有疾。不我能即。吉。
구이 정유실 아구유질 불아능즉 길

九二는 양효이기 때문에 충실充實하다. 솥 안에 먹을거리 내용물이 가득하다(鼎有實). 九二는 하괘의 中央이며 중용의 덕이 있으며 六五의 군주와 음양 바르게 상응한다. 六五의 군주를 따르면 그 길이 형통하다. 그런데 九二는 初六과 매우 가까운 거리에 있으며, 初六이라는 여인은 九二를 병적으로 따르고 집착한다. 나의 원수 같은 짝(我仇)이 나에게 병적으로 집착한다(有疾)고 표현했다. 九二는 初六의 접근을 중용의 미덕을 발휘하여 막아야 한다(不我能即. 即=접근하다). 九二의 충실한 내용물은 初六

에게 갈 것이 아니라 六五의 군주를 통하여 인민 전체에게 가야 하는 것이다. 九二는 初六의 접근을 차단하는 결단에 의해서만 吉하다.

九三: 鼎耳革。其行塞。雉膏不食。方雨虧悔。終吉。
구삼 정이혁 기행색 치고불식 방우휴회 종길

九三은 정鼎의 복부에 해당된다. 양효로서 충실하다는 의미를 내포한다. 맛있는 먹을거리가 그 속에 충실하게 들어있다. "정이혁鼎耳革"은 정을 나르는 데 쓰는 귀가 이지러져서 기능을 못한다는 뜻이다. 정鼎의 음식은 고조선의 "국중대회國中大會"와 같은 곳에 가야 하는데 그 감(길)이 막혔다(其行塞). 왕이 하사한 꿩고기도 먹을 수가 없게 되었다(雉膏不食). 九三은 六五와 應하는 관계는 아니라 해도 음양으로 만난다. "바야흐로 비가 내린다"(方雨)는 표현은 생성의 화합을 상징한다. 비가 오게 되면 후회스러운 일들이 사라진다(虧悔). 결국 끝내는 해피엔딩이다(終吉).

九四: 鼎折足。覆公餗。其形渥。凶。
구사 정절족 복공속 기형악 흉

이 효사는 정신鼎新의 과정이 실패와 좌절과 어설픈 시도의 반복일 수 밖에 없다는 것을 초현실주의적으로 시사한다. 九四는 양강하며 不中, 상괘로 진입했으며, 六五의 군주를 모시고 있는 大臣이다. 그런데 九四가 거느리는 應爻는 初六의 小人뿐이다. 정을 운반한다는 것은 정신鼎新의 혁명적 과업을 진행시킨다는 의미이다. 그 엄청난 과업을 능력없는 小人인 初六에게 위임한다. 정의 다리가 부러지는 불상사가 발생한다(鼎折足). 혁명의 일시적 좌절을 의미한다. 九四에는 먹을거리 내용물이 엄청 가득 차있다. 국민이 다함께 먹을 공속(公餗)이 몽땅 엎어지고 만다(覆公餗). 그 것을 나르던 사람들의 몰골(대표는 九四)이 말이 아니다. 무안하여 얼굴을

붉히며 땀을 질질 흘린다(其形渥). 凶하다. 혁명은 정鼎의 단계를 통과해야만 제대로 된 혁명이 된다.

六五: 鼎黃耳, 金鉉。利貞。
육 오 정 황 이 금 현 리 정

六五는 음유하지만 상괘의 중앙中央에 있으며 중용의 미덕이 있다. 정鼎의 시대에는 음유한 리더가 더 큰 역량을 발휘한다. 五자리의 음효, 그 자체가 "황이黃耳"이다. 귀는 정의 주체主體이며 정의 활동을 관장한다. 황이란 것은 금으로 도금한 귀를 말하는데 곤괘 六五 효사에 있는 "황상黃裳"과도 같은 최상의 권위와 포용의 미덕을 나타낸다. 황이는 새로 탄생한 정권의 심볼이다. 두 황이를 가로지르는 멜대가 "금현金鉉"이다. 이 역시 금으로 도금된 쇠멜대이다. 황금의 귀를 단 정솥에 쇠막대의 현이 결합하니 혁명은 완수되었다는 뜻이다. 지금이야말로 국가대계의 미래를 위해 점을 쳐야 할 시기이다. 묻는 데 리利가 있다.

上九: 鼎玉鉉。大吉。无不利。
상 구 정 옥 현 대 길 무 불 리

上九는 정鼎의 옥현玉鉉이다. "옥현玉鉉"은 옥으로 만든 현鉉이 아니다. 옥장식이 들어간 청동막대이다. 정·혁·정의 上자리는 밀려난 자리가 아니요, 무위의 자리가 아니다. 五보다 더 실권 있고 중요한 자리이다. 정井은 물이고 정鼎은 음식이다. 井은 자연이고 鼎은 문명이다. 井은 생식生食이고 鼎은 화식火食이다. 물은 민중의 생명원生命源이고 鼎은 현자들의 영양원이다. 정의 음식을 국중대회國中大會의 자리로 가져가는 역할은 上九의 몫이다. 정의 음식이 엎어짐이 없이 대회의 장소로 간다. 크게 길하다(大吉). 이롭지 아니함이 없다(无不利). 혁명은 鼎에서 완성完成된다. 혁명의 본질은 물과 불을 일으키는 바람이다.

51

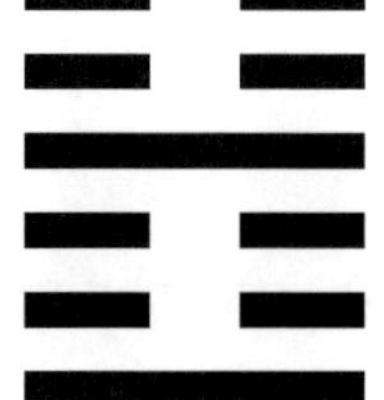

진하震下
진상震上
중뢰 진 震

Thunder, Shaking, Apprehensiveness

象曰: 洊雷, 震。君子以恐懼脩省。
상왈 천뢰 진 군자이공구수성

우레가 거듭되는 형상이 진괘의 모습이다. 우레는 하느님의 분노이다. 군자는 이 괘의 모습을 본받아(以) 내 몸에 잘못이 없는가 공구恐懼하며, 자기 자신을 닦고 성찰한다.

괘사 震, 亨。震來虩虩。笑言啞啞。震驚百里。不喪匕鬯。
진 형 진래혁혁 소언액액 진경백리 불상비창

우레의 괘, 우리에게 떨림과 경건함을 가르친다. 하느님께 제사를 지내기에 좋은 때이다(震, 亨). "혁혁虩虩"은 공구恐懼의 모습, "액액啞啞"은 즐겁게 웃는 소리의 형용.

우레가 온다(震來). 천둥이 친다. 모든 것이 울린다. 사람들이 혁혁하게 놀랜다. 공구恐懼하며 자기를 가다듬는다. 우레는 변화의 상징, 나태한 사람을 부지런하게 만들고, 해만懈慢한 자를 장경莊敬하게 만든다. 우레는 자연의 리듬. 오래가지 않는다. 우레가 지나가면 사람들은 일상을 회복한다. 깔깔

대고 웃으며 말하고 삶을 즐긴다(笑言啞啞). 공구자성하는 사람들에게는 이런 복이 찾아온다.

우레의 소리는 크다. 하느님의 진노! 백리 사방을 놀라게 한다(震驚百里). 그러나 하느님의 진노에도 불구하고 선조의 제사를 지내는 천자天子, 장자長者는 정鼎으로부터 음식을 떠서 제사상에 올리는 큰 숟갈(匕)을 떨어뜨리거나, 하느님께 드리는 울창주를 담은 그릇을 떨어뜨리거나 하는 일이 없다(不喪匕鬯). 어떠한 사변이 일어나도 태연자약하게 집중하여 제사를 집행한다. 평생을 계신戒愼하며 살아온 사람들은 어떠한 경우에도 자기를 잃어버리지 않는다.

효사 初九: 震來虩虩。後笑言啞啞。吉。
초구 진래혁혁 후소언액액 길

初九는 진괘震卦의 主爻이며 전 괘의 주체이다. 따라서 괘 전체의 의미를 나타내는 괘사와 내용이 같다는 것은 자연스러운 사태이다.

初九는 진괘의 가장 밑바닥에 있기 때문에 진의 울림을 누구보다도 먼저 민감하게 느끼는 존재다. 하느님의 진노의 울림이 오면(震來) 혁혁하게 공구恐懼하고(虩虩), 그 후에 웃으며 담소하고 화락한 삶을 즐긴다(後笑言啞啞). 처음에 계신공구하면 후에는 안정화평安靜和平의 행복이 찾아온다(吉).

六二: 震來厲。億喪貝。躋于九陵。勿逐, 七日得。
육이 진래려 억상패 제우구릉 물축 칠일득

六二는 中正의 자리에 있는 훌륭한 爻이다. 그러나 진괘의 주효는 初

九이며, 震의 진원도 어디까지나 初九이다. 初九는 강력하다. "진래震來"는 강력한 初九의 우레가 밀려온다는 뜻이다. "려厲"는 그 위세가 자못 쎄다는 것이다. 피해도 크다. 六二는 갈 자리가 없다. 初九와 친근한 상비相比의 관계에 있기 때문에 피해를 가장 많이 입게 되어있다. 크게(億) 재화를 잃는다(喪貝). 높고 높은 언덕으로 올라가 피난하는 수밖에 없다(躋于九陵. "躋"는 "登"의 뜻이다). 六二는 中正의 미덕을 지닌 자이다. 피신하였다가 다시 본래의 장소로 돌아온다. 그러나 사라진 재화를 일일이 찾으러 다닐 필요는 없다(勿逐). 칠일이 지나면 그것들은 제발로 제자리에 돌아오게 되어있다(七日得). 이것은 모두 진震의 격동기에 대처하는 방법에 관한 것이다.

六三: 震, 蘇蘇。震行, 无眚。
육삼 진 소소 진행 무생

六三은 유약하고 不中不正하다. 최초의 강력한 진원震源인 初九로부터는 멀리 떨어져 있다. 六三은 初九의 격렬한 전율로부터 멀리 떨어져 있기 때문에 우레의 소리가 부드럽고 은은하게 들려온다. "소소蘇蘇"는 시간이 지나면서 점점 느슨해지고 부드러워지는 모습의 형용이다. 지진을 당해도 소소하니 어디로 도망갈 필요도 없다. 오히려 우레 속에서 앞으로 전진하는 모험을 감행한다(震行). 허물이 없다(无眚).

九四: 震, 遂泥。
구사 진 수니

九四는 양강하지만 位가 正하지 않다. 位 자체가 유위柔位이며, 강건한 도를 잃고 있다. 上下로 음효가 싸고 있는 모습이 우레가 진흙구덩이에 빠져 뇌성이 침체되고 흔드는 위력을 잃은 것을 상징한다. 사람으로 말하자면 용맹한 일을 너무 많이 해서 곤비困憊에 빠진 모습이다.

六五: 震, 往來厲。億无喪有事。
육오 진 왕래려 억무상유사

六五는 천자의 자리이다. 不得正하지만 得中이다. 음효이기 때문에 오히려 유순하며 포용력이 강하다. 九四에서 진震이 구렁텅이에 빠졌지만 천자의 자리에서는 다시 위세가 드높다. "왕래往來"라는 표현은 上·下 운동이 아니라 시간의 추이를 나타낸다. 初九의 격뢰激雷가 왕년에 쓸고 간 자리에 九四로부터의 격뢰가 다시 온다는 뜻이다. 순괘純卦의 중첩현상을 전제로 해서 말하는 것이다. 우레가 계속해서 밀려오는 위세가 참으로 격렬하다(震往來厲). 이러한 환난 속에서도 유순柔順한 천자는 반성하고 공구하는 자세로 선조들에게 제사(有事=其事)를 지낸다. 지극히 공경하는 자세로(億), 제사를 실수 없이 완수한다(无喪有事). 유순한 군주는 진震이 가지고 있는 긍정적 덕성을 구현하는 아름다운 존재가 된다.

上六: 震, 索索。視矍矍。征, 凶。
상육 진 삭삭 시확확 정 흉

震不于其躬, 于其隣, 无咎。婚媾有言。
진불우기궁 우기린 무구 혼구유언

上六은 음유부중陰柔不中하고 진괘의 극한이다. 우레소리가 점점 멀어져 上六에서는 작게 드문드문 들릴 뿐이다. 그러나 上六은 소심한 소인小人이래서 공포에 사로잡혀 의기저상(索索)하고, 여기저기 두리번거리며 눈알만 돌리고 있다(視矍矍). 이렇게 자신없고 침착성이 없는 상태에서는 일을 기획하면 凶하여 재난을 당한다(征, 凶).

九四에서 발출하는 우레가 上六 본인의 몸에 떨어지지 않고 있지만(震不于其躬), 주변의 이웃들에게는 떨어지고 있다(于其隣). 그들의 정황을 살펴보면서 부지런히 계신공구하여 적당한 조치를 강구하면 재난을 당하지 않는다(无咎). 먼곳의 친척들이(婚媾) 자기를 좀 도와달라고 아쉬운 소리를 하지만 上六은 그런 소리 들을 경황이 없다. 매정하게 끊어버리니 그 사람들은 원망의 소리를 할 뿐이다(有言). 이 효사를 정리하면 다음과 같다:

> **上六은 우레의 흔들림에 풀이 죽어 있네.**
> **두리번 두리번 눈알만 돌리고 있네.**
> **나아가면 凶하리.**
> **우레가 내 몸에 미치지 않지만 주변 사람들에게 미치고 있네.**
> **자기 몸을 계신하고 주변 사람들을 도와주니 허물은 없어라.**
> **먼 곳의 친척들이 자기들은 안 도와준다고 투덜투덜.**

52

간하艮下
간상艮上

중산 간 艮

Mountain, Keeping Still, Cessation

象曰: 兼山, 艮。君子以思不出其位。
상 왈 겸 산 간 군 자 이 사 불 출 기 위

산 위에 산, 산이 중첩되어 각기 제자리에 안주하고 있는 모습이 간괘의 형상이다. 군자는 이 형상을 본받아(以) 자기의 지위나 직분을 넘어서는 것을 생각하지 않는다. 즉 나의 분제分際를 넘어서는 주제넘는 욕망에 끌려가지 않는다.

괘사 艮其背, 不獲其身。行其庭, 不見其人。无咎。
간 기 배 불 획 기 신 행 기 정 불 견 기 인 무 구

등에서 멈추었으니, 그 몸이 욕망의 괴롭힘을 당하지 않는다. 사람이 오가는 마당을 다녀도 사람들의 유혹에 끌림이 없다. 허물이 없으리.

효사 初六: 艮其趾。无咎。利永貞。
초 육 간 기 지 무 구 리 영 정

初六은 음효, 부득정不得正, 심약하고 추진력이 없다. 이런 상황에서는 초장에 멈추는 것이 상책이다. "간기지艮其趾"는 발에서 멈춘다는 뜻,

"지趾"는 발 전체를 가리킨다. 그러면 허물이 있을 수 없다(无咎). 이런 상황에서 初六은 무엇을 해야 할까? 지속적인 보편적 주제로써 점을 치는 것이 이롭다(利永貞). 사리私利를 묻지 말고 원대한 꿈을 키워라.

六二: 艮其腓。不拯其隨。其心不快。
육 이 간기비 불증기수 기심불쾌

간괘의 테마인 "멈춤"의 단계들을 해설한다. 六二의 상황은 멈춤이 장딴지(腓)에 와있다는 것이다(艮其腓). 그러나 장딴지는 가고 멈추는 행위의 주체가 될 수 없다. 六二는 九三(가랑이나 허리)을 따라갈 뿐이다.

六二는 하괘의 중심中心에 있으며 중정中正을 얻고 있다. 그러나 하괘의 주체는 九三이지 六二가 아니다. 九三은 과강過剛하다. 六二는 자신의 中正의 미덕으로써 九三을 구하려 한다. 그러나 九三은 六二의 말을 듣지 아니한다. 六二는 끝내 九三을 구원하지 못하고 따라가기만 한다(不拯其隨). 中正의 六二, 그 마음은 불쾌하기만 하다(其心不快). 인생이란 나의 의지대로만 움직여주지 않는다.

九三: 艮其限。列其夤。厲薰心。
구 삼 간기한 열기인 려훈심

九三은 허리(腰)에 해당된다. 하체의 상한上限이래서 허리를 "한限"이라 표현했다. 멈춤이 허리에 이르렀다, 허리에서 멈춘다(艮其限)는 표현은 결국 허리가 뻣뻣해져서 기동성, 유연성을 상실한다는 의미가 된다. "열기인列其夤"이란 등짝의 척추를 흐르고 있는 기혈이 맥힌다는 뜻으로 관격關格현상이 일어났음을 의미한다. 허리는 뻣뻣해지고 등짝의 기혈이 맥히고, 그래서 그 위태로운 상황이 심장을 태운다(厲薰心). 이것은 九三이 上下의 사람, 左右의 친구들 모두에게 배신을 당해 불안하기 그지없는 상태에 빠져있음을 말해주고 있다. 점占을 쳐서 이 효를 만나는 사람은 본인이 심각한 상태에 있음을 깨달아야 할 것이다.

六四: 艮其身。无咎。
육사 간기신 무구

六四는 상괘의 제일 아래에 있다. 음유하면서 음위에 있으니 正하다. 位는 正하지만 유약한 대신大臣이다.

"신身"이란 허리를 지난 상체 몸통 전체를 가리키며 생명의 중추기관이 모두 집결되어 있는 장소이다. 따라서 심心이 활동하는 곳이며 자율적인 자기행동 조절이 가능하다. 그래서 여기 "간기신艮其身"이란 하괘의 상황과는 달리 자율적으로 자기행동의 조절이 가능한 새로운 차원을 이야기하고 있다. 그래서 허물이 있을 수 없다(无咎)고 말한다(왕부지 『내전內傳』의 견해).

그러나 大臣으로서 六四를 규정할 때는, 六四는 임금의 비리를 막고 천하의 사邪를 제압制壓해야 하는데, 성질이 유약하여 자기 일신의 행동거지를 바르게 지키는 데만 힘쓴다(艮其身). 그것은 허물을 면하기는 하겠지만(无咎) 大臣의 본분을 지키는 자세는 아니다. 六四의 주체를 대신으로 보는 것은 정이천의 해석이다.

六五: 艮其輔。言有序。悔亡。
육오 간기보 언유서 회망

六五는 상괘의 중앙이며 인체에 견주어 말하면 "빰"이 된다. 보輔는

"광대뼈"의 의미도 있지만 여기서는 "뺨"으로 해석되는 것이 더 적합하다. 여기서 뺨이란 발성기관이다. 즉 언어에 관계된다.

六五는 그 位가 正하지 않은 군주君主이다. 따라서 반드시 후회할 일이 생긴다. 그러나 六五는 유순하고 중용을 얻고 있다. 뺨에 멈춘다(艮其輔)는 뜻은 발성기관을 함부로 움직이지 않는다는 뜻이다. 그러기에 오히려 말에 질서가 있게 된다(言有序). 말이 적어 질서가 있으니, 후회스러운 일들이 사라진다(悔亡).

효사의 표현에서 "멈춤"은 언어의 차원으로까지 진화한다. 易은 상징동물*animal symbolicum*로서의 인간의 핵심을 파악하고 있다.

上九: 敦艮。吉。
상구 돈간 길

上九는 양강하며 간괘의 극이다. 여섯 효의 최상, 멈춤의 극상이다. 인간이 산다고 하는 것은 말년의 영예에 의하여 그 가치가 결정되는 것이다. 멈춤이 독실한 경지에 이르는 것, 즉 멈추어야 할 곳에 성실하게 확실하게, 진실하게 멈추는 것이다. 『역』의 저자는 그것을 "돈간敦艮"이라 표현했다. 돈간에 도달한 인생! 吉하고 복스러울 것이다.

53

간하艮下 손상巽上 풍산 점 漸

Gradual Advance

象曰: 山上有木, 漸。君子以居賢德, 善俗。
상 왈 산 상 유 목 점 군 자 이 거 현 덕 선 속

산 위에 나무가 점점 성장하여 고대高大하게 되는 과정의 모습이 바로 점괘의 모습이다. 군자는 이 괘상을 본받아 현명한 덕에 거하며 나무가 산의 덕을 빨아 크듯이 커나간다. 그리하여 자기가 살고 있는 세상의 풍속을 점점 좋게 만든다. 즉 풍속을 좋게 만드는 것이 군자의 당위에 속하는 것이나 그것은 반드시 점진적 노력에 의하여 눈에 보이지 않게 이루어지는 것이다.

괘사 **漸, 女歸, 吉。利貞。**
점 여 귀 길 리 정

점괘는 六二부터 九五까지의 爻가 모두 正하다. 시집가는 여자의 몸가짐이 정의롭다는 것은 더없는 축복이다. 점괘의 漸은 여자가 시집가는 과정의 점진적 진행을 가리킨다(漸, 女歸). 급진急進이나 건너뛰기는 거부된다. 육례六禮의 순서를 밟는다. 이렇게 점진적으로 진행되니 吉할 수밖에 없다.

이 점괘漸卦의 시기야말로 하느님께 예배를 드려야 할 시기이다. 묻는 것에 이로움이 있다(利貞). 인생은 물음이다. 남녀의 관계는 만사에 최우선한다.

효사 初六: 鴻漸于干。小子厲。有言, 无咎。
초육 홍점우간 소자려 유언 무구

점괘의 효사는 모두 "홍점鴻漸"으로 시작된다. 이렇게 일관된 이미지를 사용한 여섯 효사는 유례가 없다. 기러기가 점차 나아간다는 뜻이다. 기러기가 물가(干)로 점漸하였다는 것은 물에서 사는 기러기가 육지를 탐험하는 모험을 시작하였다는 뜻이다. 갑자기 소자小子가 등장하는 것은 세상의 경험이 없는 어린애가 세상을 체험하는 것과도 같다는 뜻이다. 모든 것이 불안하고 위태롭다(小子厲).

初六은 응효應爻의 자리에 있는 六四에게 나아가려 하지만 六四에게서 핀잔만 얻어먹는다(有言). 욕을 얻어먹는 것도 좋은 일이다. 경험을 쌓을 수 있기 때문이다. 初六은 두리번거리며 망진妄進하지 않는다. 그러니 허물이 없다(无咎).

六二: 鴻漸于磐。飮食衎衎, 吉。
육이 홍점우반 음식간간 길

六二는 유순중정柔順中正의 덕을 구유하고 있으며 이상적인 하괘의 중심이다. 서두를 이유가 없다. 九五의 천자와도 음양 바르게 應하고 있다. 기러기는 물에서 진행하여 편안한 너럭바위에까지 왔다(鴻漸于磐). 기러기의 이미지는 六二의 이미지와 겹친다. 六二는 친구들을 초청하여 조촐한 잔치를 벌인다. 음식을 즐기며 친구들과 화락한다(飮食衎衎). 吉하다.

九三: 鴻漸于陸。夫征不復。婦孕不育。凶。利禦寇。
구삼 홍점우륙 부정불복 부잉불육 흉 리어구

九三은 과잉부중過剩不中하고, 과강過剛하다. 三은 본시 무리한 시도를 많이 하는 자리이다. 九三과 응효應爻인 上九는 같은 양이래서 응應하지 않는다. 그런데 가깝게 비比하고 있는 六四와는 음양화락하여 서로 사이가 좋다.

기러기는 "陸"에까지 나아갔다(鴻漸于陸). "륙"은 높은 산의 평지를 가리킨다. 너무 과감하게 도를 넘어서 먼길을 전진한 것이다. 효사의 작자는 이러한 불안한 상황을 시적으로 표현했다: "남편은 전장에 나가 돌아오지 않고(夫征不復), 아내는 애기를 배었으나 제대로 낳아 기를 수가 없네(婦孕不育)." 남편은 九三 본인이고, 아내는 九三이 사귀었던 六四를 가리킨다. "凶"은 점漸의 논리를 무시했을 때 발생하는 총체적인 난국을 가리킨다. "구寇"는 九三의 낭패를 보고 그를 쳐부수기 위해 달려드는 악당들을 가리킨다. 九三이 할 일이라고는 정신을 차리고 이 악당들과 싸워 이겨야 한다. 외적을 방비하는 데(禦寇) 전력하라! 그리하면 이로울 것이요(利), 그렇지 못하면 흉운으로 끝나고 만다.

六四: 鴻漸于木。或得其桷, 无咎。
육사 홍점우목 혹득기각 무구

六四는 大臣의 자리. 음유하고 재능이 별로 없다. 기러기는 점점 높게 나아가서 나뭇가지에 이르렀다(鴻漸于木). 기러기는 발가락 사이에 물갈퀴가 있어 참새처럼 나뭇가지를 잡을 수 없다. 그래서 혹 평평한 사각목이라도 얻으면 불안함이 사라진다(或得其桷, 无咎). 음유한 六四의 처지에서는 높은 자리에서 불안하지만 九三(양강)의 지원이라도 얻게 되면 안정적으로 그 위상이 바뀐다는 뜻을 내포하고 있다.

九五: 鴻漸于陵。婦三歲不孕。終莫之勝。吉。
구오 홍점우릉 부삼세불잉 종막지승 길

九五는 강건중정剛健中正의 덕이 있으며 모든 좋은 조건을 구비하고 있다. 유순중정柔順中正의 六二와 정응正應하고 있으니 여기서 말하는 "부婦"는 당연히 六二를 가리킨다.

기러기가 드디어 릉陵에 이르렀다(鴻漸于陵)는 것은 九五의 존엄을 상징적으로 나타낸 것이다. "陵"은 "높은 언덕"을 의미한다. 九五와 六二는 합체合體임에도 불구하고, 즉 서로 사랑하는 사이임에도 불구하고 九三과 六四의 방해로 서로 만날 수가 없다. 존엄한 위치라도 자기 마음대로 할 수 없는 상황은 항상 있는 것이다. 그래서 3년이 지나도록 부인(六二)은 임신을 하지 못한다(婦三歲不孕). 九三의 경우에는 이런 정황에서는 도둑 같은 방해꾼들과 싸움을 해서 승리해야 한다고 했지만, 여기 九五는 그렇게 경솔히 움직일 수 없는 中正의 위상과 권위가 있다. 五와 二는 모든 中正을 얻고 있는 정당한 배우자이며 리더들이다. 그 中正을 제대로 지키기만 해도 결국은 승리하게 되어있다. "종막지승終莫之勝"은 "끝내 사邪의 세력이 正道의 중정을 이기지 못한다"는 뜻이다. 결국 九五의 승리다! 吉하다.

上九: 鴻漸于陸(逵)。其羽可用爲儀。吉。
상구 홍점우륙 규 기우가용위의 길

기러기는 드디어 하늘을 나른다(鴻漸于逵). "륙陸"은 운로雲路를 의미하는 "규逵"로 고쳐 읽어야 한다. 물가 → 너럭바위 → 높은 육지 → 나무 → 고릉, 이제 하늘을 날아야 한다. 점괘는 기러기의 점진적 나아감을 통해 세파의 역정을 그리고 있으나 최후 上九에서는 초속적 해탈감을 표현하고 있다. 하늘을 나르는 기러기의 깃털이야말로 우리 삶의 기준으로 삼을 만하다(其羽可用爲儀). 하늘을 자유롭게 나르면서도 질서를 잃지 않는 기러기의 비상이야말로 우리 삶의 로맨스, 이상이 된다. 上九는 九五보다 더 가치론적으로 우위에 있다(鼎괘, 艮괘의 경우와 같이). 吉하다.

54

태하兌下
진상震上

뢰택 귀매 歸妹

The Marrying Maiden, Marriage

象曰: 澤上有雷, 歸妹。君子以永終知敝。
상왈 택상유뢰 귀매 군자이영종지폐

연못 위에 우레가 있는 모습이 귀매의 상이다. 연못 위에 우레가 있다는 것은 무엇을 뜻하는가? 연못으로부터 수증기가 증발하여 하늘에 구름이 끼고 그것이 하늘의 기운과 방전하고 우레를 일으킨다는 것을 고대인들도 인식하였다. 그러한 번개, 천둥 현상을 음양의 교합으로 생각하였고, 우리 인간, 남녀간의 사랑 또한 그 기쁨과 환희가 번개 같고 또 천둥과도 같다고 생각한 것이다. 사랑의 환희처럼 더 큰 우레가 어디 있으랴!

군자는 이 귀매의 상을 본받아 우선 그 끝(終)을 영속永續하는 시간의 한 고리로서 생각한다. 남녀의 결합에는 끝이라는 것이 없다. 끝이 끝이 아니라 영속의 한 고리라는 것을 깨닫는 것이다. 끊임없이 이어지는 생성을 위하여, 종終(죽음)을 알면서도 결혼을 하는 것이다. 종료와 영속은 상반되는 개념 같지만 음양의 우주에서는 종료가 곧 영속이 되는 것이다. 끝남을 영속으로 만드는 것이 "영종永終"이다. 영이 타동사이다.

다음에 나오는 "지폐知敝"야말로 귀매괘의 지혜에 속하는 명언이다. 결혼을 해서 아이를 낳는 것은 새로움을 창출하는 것이지만 그것은 동시에 자신들이 "낡아져 버린다는 것을 아는 것이다." "지폐知敝"의 "폐敝"는 "해질 폐" 이다. 나의 존재는 새로움을 창출하는만큼 낡아져 죽음을 향하는 것이다. 그것을 아는 것이 곧 삶의 지혜이다.

괘사 **歸妹, 征凶。无攸利。**
귀 매 정 흉 무 유 리

기존의 귀매괘 해석은 가부장제적 유가의 고착된 관념에 얽매여 있다. 귀매괘는 혼사의 주체가 여성이다. 여성이 주체적으로 자기 삶을 개척하며 남성의 권위에 복속되지 않는다.

상괘인 진震괘가 長男이고, 하괘인 태兌괘가 少女이다. 나이 어린 소녀가 나이 많은 남자를 따라나선다는 것 자체가 후대의 고착된 질서 속에서는 상상할 수 없다. 함咸괘에서 少男과 少女가 서로 사랑의 기쁨을 느끼는 것과도 다르다. 귀매는 고조선의 여인이다. 용맹스럽게 주체적으로 사랑을 찾아 모험을 감행한다(征). 그러나 어린 여인에게 찾아오는 것은 흉운이다(凶). 별로 이로울 것이 없다(无攸利). 그러나 고조선의 여인은 용맹하다. 독자적으로 자기 운명을 개척해 나간다. 항恒괘의 부창부수夫唱婦隨와는 다르다.

효사 **初九: 歸妹以娣。跛能履。征, 吉。**
초 구 귀 매 이 제 파 능 리 정 길

初九는 양효이면서 양위에 있으니 그 기세가 정당하다. 젊은 여인이 시집을 가는데 정처의 신분이 아니고 언니 시집가는데 세컨드(介婦)로 얹혀간다(歸妹以娣). 이것은 마치 절름발이가 제대로 걷는 사람의 뒤를 쩔뚝쩔뚝 따라가는 것과도 같다(跛能履).

한 여인의 일생이 꼭 정처로 시집을 가야만 행복이 보장되는 것은 아니다. 少女(하괘)가 長男(상괘)에게 간들 불행의 덫만 기다리고 있는 것은 아니다. 절름발이와 같은 개부介婦로서의 결혼이지만 당당하게 운명을 개척해나가면 행운이 찾아오리라(征, 吉).

※ 귀매괘의 해석에 있어서는 효의 음·양에 관계없이 효의 주체를 시집가는 "여자"로 보아야 한다.

九二: 眇能視, 利幽人之貞。
구이 묘능시 리유인지정

九二는 양강하며 中을 얻고 있다. 현명하고 중용의 미덕을 지닌 여인이다. 뿐만 아니라 六五와 음양 바르게 相應하고 있다. 그러니까 九二는 六五의 正夫人이다(양효라고 해서 꼭 남성은 아니다). 그러나 그의 남편인 六五는 음유하고 位가 正하지 않다. 그러니까 九二를 주체로 해서 상황을 판단해보면 배우자인 남편이 德이 없는 것이다. 능력있는 양강한 여인으로서 남편을 도우려 해도 그것은 한계가 있다. 이 한계상황을 "묘능시眇能視"라고 표현했다. 애꾸눈으로 아무리 잘 보려고 노력해도 한계가 있다는 뜻이다. 그렇다고 실망하고 타락하여 정절을 훼손한다면 그것은 재앙이다. 강인하고 줏대가 있는 이 여인은 지조를 지키면서 숨어있는 은자隱者와도 같이 살아간다. 은자를 "유인幽人"이라고 표현했다. 유인으로서 자신의 미래를 하느님께 물어보아라! 이로울 것이다(利幽人之貞). 九二의 여인이 유인으로서 점을 친다는 것 자체가 여성이 주체적으로 남성에 의존치 아니하고 자신의 길을 개척한다는 의미를 내포하고 있다.

※ 九二의 효사에 "歸妹"라는 말이 등장하지 않은 것은 九二가 正妻이며 시집가는 여인이 아니기 때문이다.

六三: 歸妹以須。反歸以娣。
육삼 귀매이수 반귀이제

六三은 정절을 지키는 강직한 여인이 아니다. 不正하고 不中하다. 不中이라고 하는 것은 중용을 잃은 것이며, 그것은 정절貞節을 잃은 것이다. 하괘(兌☱) 자체가 "열說"의 속성이 있다. 六三은 도약의 경계에서 음분淫奔의 열락說樂을 향유하는 여인이다. 六三은 上卦에도 應하는 상대가 없다. 아무도 그를 맞이하지 않는다. 이 귀매는 기다릴 수밖에 없다(歸妹以須: "수"는 "기다린다"). 갈 곳이 없는 것이다. 갈 곳이 없을 때, 어디로 가나? 집(친가)으로 가면 된다(反歸). 그리고 언니 시집가는 데 붙어가면 된다(以娣).

※ 성모랄에 얽매이지 않는 여성들의 역사도 정당하게 취급되어야 할 인류사의 중요한 테마이다.

九四: 歸妹愆期, 遲歸有時。
구사 귀매건기 지귀유시

九四는 강한 덕성의 소유자, 굳센 정절을 지닌 고귀한 신분의 여인이다(원래 大臣의 자리). 하괘에 正應하는 자가 없다. 이 여인에게는 적당한 배우자가 없다. 그러니 혼기를 놓칠 수밖에(歸妹愆期)! 이 효사는 품격 있는 올드미스의 이야기! "적당히 타협하고 빨리 시집가는 게 상수다!" 易은 이런 이야기를 하지 않는다. 혼기를 놓친 여자에 대한 성인의 가르침은 결코 혼기를 놓친 사실에 대한 부정적 판단을 내포하고 있지 않다. 최종적인 판단은 이러하다: 기다리다 보면 반드시 때가 온다. 늦게 시집가는 것도 좋은 때가 있다(遲歸有時). 운명의 카이로스를 함부로 재단하지 말라! 易은 여성의 입장에서 희망을 말한다. 실기했다고 어설픈 타협을 하지 마라!

六五: 帝乙歸妹。其君之袂, 不如其娣之袂良。
육오 제을귀매 기군지몌 불여기제지몌량

月幾望。吉。
월기망 길

고귀한 신분의 신성한 아무개가 그 딸(또는 누이)을 시집보내려 하고 있다(帝乙歸妹). 결국 괘상으로 보면 六五의 應은 九二이다(음효이지만 남성이고 제帝이다). 이 결혼은 윗 계층의 신분에서 아랫 계층의 신분으로 이동하는 것이다. 강가降嫁의 사례인데 아름다운 쏘시알 모빌리티라 할 것이다.

이때 시집가는 여인은 겸손하게 자기를 낮추어 예의바르게 행동함으로써 그 진정한 고귀함을 나타내야 한다. 그녀가 입은 소맷자락의 담박함은 그녀와 같이 가는 잉첩이 입은 소맷자락의 아름다움에도 영 미치지 못한다. "몌袂"는 소매, "량良"이란 따라가는 잉첩의 소매의 장식의 아름다움이다. 이 여인의 품덕은 달처럼 은은하게 빛나지만 만월의 화려함에는 미치지 않는다(月幾望). 미치지 아니하니 吉하다! 고귀한 여인일수록 자신을 비우고 소탈하게 살 때만이 행복할 수 있다.

上六: 女承筐无實。士刲羊无血。无攸利。
상 육　여 승 광 무 실　사 규 양 무 혈　무 유 리

신부는 광주리를 들었으나 그 속에는 대추와 밤이 없고(女承筐无實), 신랑은 사당에 가서 조상 면전에서 양의 목을 베었으나 피가 나오지 않는다(士刲羊无血). 이로울 바가 아무것도 없다(无攸利).

이것은 파혼을 의미하는 것이다. 결혼이 성립할 수 없다는 것을 상징적으로 선언하는 것이다. 上六과 六三의 교제는 근원적으로 성실하지 않았고 서로가 서로에게 적당한 상대가 아니었던 것이다. 파혼도 혼인의 개념 속에 포함되는 중요한 주제이다. 무리한 결합보다는 헤어짐이 더 나을 수도 있다.

55

리하離下
진상震上 뢰화 풍 豐

Abundance, Fullness

象曰: 雷電皆至, 豐。君子以折獄致刑。
상 왈 뢰전개지 풍 군자이절옥치형

우레(상괘)와 번개(하괘)가 함께 이르른 모습이 풍괘의 상이다. 군자는 풍괘의 상을 본받아(以) 소송을 판결하고(折獄), 형벌을 집행(致刑)한다. 번개와 같은 밝음(하괘)으로 공평하고 빠르게 판결을 내리면 시비곡직是非曲直이 바른 내용을 얻게 되고, 우레와 같은 위엄으로(상괘) 형벌을 집행하면, 형의 경중대소輕重大小가 반드시 그 죄의 실상에 들어맞는다. 위威와 밝음明이 같이 행하여지는 것이 바로 풍괘의 모습이다. 번개와 천둥의 신이며 또 법의 신이기도 한 서방의 제우스Zeus와 비슷한 상이라고도 하겠으나, 제우스는 정의감이 없고 중용의 미덕을 모른다.

괘사 豐, 亨。王假之。勿憂, 宜日中。
풍 형 왕격지 물우 의일중

풍요로운 시대이다! 이때는 무엇을 해야 할까? 풍요로운 시대에는 풍요로운 제사를 지내 온 국민에게 나누어주는 것이 상책이다(豐, 亨). 이 제사에 누가 올까? 이 제사를 주관할 수 있는 제주祭主는 천자밖에 없다. 王이래야

이 풍요의 제사에 올 수 있다. 그러나 풍요는 본시 우려할 일이 많다. 사람이 많아 복잡하고, 물질이 성대하여 안일과 타락에 빠지기 쉽다. 그러나 우려하지 말라(勿憂)! 해가 중천에 떠서 그 광명이 미치지 않는 곳이 없는 것처럼, 왕자王者의 명덕明德이 구석구석 두루두루 미치도록 하면 될 것이다. 그리하면 만사가 형통하리라(宜日中: 해가 중천에 떠있음의 마땅함을 실현해야 한다). 그러나 결국 해도 진다. 모든 풍요는 번개(震)와도 같은 순간이다. 易은 항상 양면兩面을 동시에 말한다.

효사 初九: 遇其配主。雖旬无咎。往有尙。
초구 우기배주 수순무구 왕유상

初九는 양효이며 九四와 應하지만 둘 다 양이기 때문에 상식적으로는 應하지 않는다. 그러나 初九는 하괘 리명離明의 시작이고, 九四는 상괘 진동震動의 시작이다. 풍豐괘는 明과 動이 상부상조하여 성대함을 이룩한 괘이므로, 初九의 明과 九四의 動은 서로 표리表裏를 이루어 협력하지 않을 수 없다. 같은 양끼리도 화합하여 풍성한 결과를 낼 수 있는 것이다. 이렇게 양과 양이 만날 경우 初九는 九四를 배주配主라 부르고, 九四는 初九를 이주夷主라 부른다.

初九는 우연히 자기의 도움을 필요로 하는 배주配主인 九四를 만난다(遇其配主). 九四를 만나는 것은 확실히 행운이다. 그러나 그런 행운이 늦게 찾아온다 한들 그로 인해 재앙이 발생하는 것은 아니다(雖旬无咎). 初九여! 적극적으로 나아가라! 그대가 적극적으로 나아가 九四를 도우면 九四로부터 사랑을 받고 또 존경을 얻게 되리라(往有尙).

初九는 하위에 있는 현인賢人으로 九四와 덕德을 같이 할 수 있는 인물이다. 九四는 현실적으로 大臣의 위치에 있으며 군주를 보좌하고 있다.

그러므로 初九의 강직하고 깨끗한 보좌가 있으면 힘을 합하여 군주를 보좌하여 나라의 성대함을 이룩할 수 있을 것이다.

六二: 豐其蔀。日中見斗。往, 得疑疾。有孚發若, 吉。
육이 풍기부 일중견두 왕 득의질 유부발약 길

六二는 유순하고 位가 正하다. 따라서 뜻이 바른 인물이다. 아랫괘 리☲괘의 주효로서 지극히 밝은 덕을 지니고 있다. 총명하기 그지없는 군자, 크게 쓰일 수 있는 인물이다. 그런데 그는 六五의 군주와 應의 관계에 있다. 六五는 유약하고 암매暗昧하기 그지없는 군주이다. 六五 군주의 암매한 인격상태, 또 그가 다스리는 세상을 효사는 매우 문학적으로 표현했다. 빈지문(햇빛이나 비바람을 막기 위해 덧대는 문. 차양)을 꽉꽉 닫아서 대낮인데도 꼭 북두칠성을 보는 듯하다. 어두운 세상을 묘사하기를, 대낮에 북두칠성을 보는 듯한 어둠이 깔렸다(豐其蔀, 日中見斗)라고 표현했다. 암군에 의한 암흑의 세상에는 많은 능력자들이 깝깝한 환경 속에서 살고 있다. 六二와 같이 총명한 인물이 六五에게 나아가서(往) 열심히 일하면 소용이 있을까? 아서라! 부질없다. 그대는 의심만을 받고 질시의 대상이 될 것이다(得疑疾). 권력자는 실력자를 증오한다.

이제 어떻게 할 것인가? 그들의 정사에 참여하지 말고 성심성의껏, 너의 내면의 진실을 밝혀, 그들을 계발시키는 노력을 하라(有孚發若: "發若"은 發蒙의 뜻이다). 그리하면 吉하리라!

九三: 豐其沛。日中見沬。折其右肱。无咎。
구삼 풍기패 일중견매 절기우굉 무구

"패沛"에 관해 여러 설이 있으나 왕필이 "햇빛을 가리는 큰 장막"이라고 주석을 달았다. 이천도 앞의 "부蔀"보다 더 방안을 어둡게 만드는 휘장이라고 했다. 九三은 양강하며 뜻이 정의롭다. 九三은 리명離明☲의 극상이며 文明의 덕德이 있다. 그런데 應하는 上六의 爻가 암우暗愚한 소인물이며, 또 位가 없어 九三을 기용할 능력이 없다. 九三은 자신의 역량을 발휘할 방도가 없다. 참으로 깝깝하다.

"풍기패豐其沛, 일중견매日中見沬"라는 표현은 六二의 "풍기부豐其蔀, 일중견두日中見斗"보다 더 어둠이 더 짙은 세상을 묘사하고 있다. "견매見沬"란 잔별이 보인다는 뜻이니 어둠이 짙은 것이다. 풍성의 시대일수록 어둠의 시대가 찾아올 가능성이 짙다는 역설을 암시하고 있다.

인간의 신체 중에서 팔뚝(肱)이라고 하는 것은 힘을 발현하기에 가장 편리하고, 가장 강력한 부위이다. 오른쪽 팔뚝이 부러졌다(折其右肱)는 것은 힘을 쓸 방도가 없다는 뜻이다. 九三은 上六을 도우려 해도 오른팔이 골절되어 도저히 도울 수가 없다. 그러나 이러한 상태는 九三 본인의 잘못이라기보다는 上六의 암우暗愚에 기인한 것이다. 그러므로 九三은 허물이 없다(无咎).

그러나 정이천은 마지막 "무구无咎"에 대하여 매우 이색적인 해석을 내렸다. 결국 오른쪽 팔뚝의 기능이 사라진 것은 궁극적으로 九三 본인의 잘못이다. 본인이 근본적으로 무능하기 때문이다. 그러므로 "无咎"라는 것은 "허물을 돌릴 곳이 없다"라고 해석해야 한다는 것이다. 허물을 타인에게 귀속시킬 수 없다는 실존주의적 책임성을 강조한 것이다. 신유학의 윤리관의 정맥이다.

九四: 豐其蔀。日中見斗。遇其夷主。吉。
구사 풍기부 일중견두 우기이주 길

九四는 양강陽剛한 대신大臣, 不中不正하다. 六五의 음유陰柔한 군주와 친하다. 九四는 강직한 본성을 지키고는 있지만 그가 모시는 六五의 세계는 어둡다. 덧문을 풍성하게 덮어 대낮에 북두칠성을 보는 듯하다(六二의 효사와 동일한 표현). 이런 어두운 세상에서 九四가 할 일은 무엇일까? 아랫괘의 타락하지 않은 사람들과 연합하여 정의로운 길을 가는 것이다. 九四의 이주夷主는 初九다. "夷主"는 동일한 평면의 주체라는 뜻으로 평등의 관념을 전제로 하고 있다. 九四는 자기를 낮추어 初九에게로 내려가 그를 만난다(遇其夷主). 둘은 서로 합심하여 일을 도모한다. 吉하다! 풍요의 시대일수록 윗사람이 아래로 내려가서 아랫사람들과 진실을 도모해야 한다. 그렇지 않으면 풍요는 허세일 뿐이다.

六五: 來章。有慶譽。吉。
육오 래장 유경예 길

六五는 어찌되었든 풍괘 전체의 卦主이다. 正하지 못하니 강정剛正한 덕이 없는 우유부단의 암군暗君이다. 그러나 상괘의 중앙에 있어 중용의 미덕을 지니고 있고, 특히 下卦의 명철한 이성을 지닌 六二 현인이 있다. 상괘는 뢰동雷動의 덕이 있으니 자신의 암담한 처지를 벗어나기 위해 움직여야 한다. 어디로 가는가? 六二와 正應하지는 않지만 應의 位에 있으니 그곳으로 갈 수 밖에 없다. "래來"는 아래로 가는 것이요, "장章"은 함장含章의 현인이다. 六二를 가리킨다. 암군과 냉철한 현인의 만남, 풍괘의 이상적 상징이다. 이 두 사람이 만나는 것이야말로 모든 사람의 경복慶福이다. 모든 사람들이 이 둘의 만남을 칭송할 것이다(有慶譽). 吉하다.

上六: 豐其屋。蔀其家。闚其戶, 闃其无人。
상 육　풍 기 옥　부 기 가　규 기 호　격 기 무 인

三歲不覿。凶。
삼 세 부 적　흉

上六은 성대盛大의 극점極點이다. 上六은 동動의 극점極點인데 하괘의 밝음이 미치지 못한다. 따라서 動은 바른 방향을 잃는다. 풍요의 시대의 극치는 건물사치로 나타난다. "풍기옥豐其屋"이란 건물의 처마를 하늘높이 치솟게 한다는 뜻이다. 허세를 나타낸다. 그런데 건물이 커질수록 그 내부는 점점 어두워진다. 그 집 전체를 거적때기 빈지문을 쳐놓은 것처럼 어둡기만 하다(蔀其家). 풍요는 어둠을 초래한다. 그 속을 문틈으로 살짝 규탐해보아도(闚其戶), 극히 적막감만 휘돌고 쓸쓸하여 사람이 보이질 않는다(闃其无人: 격은 고요할 격). 삼 년 동안을 들여다봐도 사람이 보이지 않는다(三歲不覿: "覿"은 볼 적). 풍요 속에 격절되어 변화 없이 퇴행해버리고 마는 비참한 현실을 적나라하게 묘사한 표현이다 고대광실 속에서 고사枯死해 버리고 마는 것이다. 풍요의 결론은 凶!

56

간하艮下
리상離上

화산 려 旅

The Wanderer, Life in Foreign Lands

象曰: 山上有火, 旅。君子以明愼用刑, 而不留獄。
상 왈　산 상 유 화　려　군 자 이 명 신 용 형　이 불 류 옥

산 위에 불이 있는 형상이 려괘의 모습이다. 군자는 이 려괘의 모습을 본받아(以) 아주 명쾌하게(상괘의 속성, 명明, 밝음), 그리고 또 신중하게(하괘의 속성, 지止, 신중함) 형刑을 적용하는데 확실하게 벌줄 사람은 벌을 주고 또 용서할 사람은 확실히 용서하여 재판을 질질 끌지 아니한다. 재판을 질질 끌지 않는다는 것은 엄형주의(severe punishment)보다는 관용주의(leniency)를 표방하는 것이다.

괘사 **旅, 小亨。旅貞, 吉。**
려　소 형　려 정　길

려旅라는 것은 교통이 미개未開한 과거 세계에 있어서는 신고간난辛苦艱難의 길이다. 친척붕우로 둘러싸인 본거지를 떠나 낯선 곳으로 가는 미지의 여로이다. 이러한 여로를 앞둔 그대로서는 제사를 지내는 것이 옳다. 그것도 크게 지내지 말고 부담없이 조촐하게 성의를 다하여 지내라(小亨). 그리고 여로에 관하여 하느님의 의지를 물어보아라(旅貞). 그것은 하느님께 드리는

예배니라. 吉하다.

효사 初六: 旅, 瑣瑣。斯其所取災。
초육 려 쇄쇄 사기소취재

初六은 양위陽位에 음효. 려괘의 최하위. 려旅의 출발. 기가 약한 소인小人이다. 初六은 여행이 미지의 세계에 대한 도전이요, 인생의 새로운 경지를 개척할 수도 있는 모험Adventure이라는 것을 알지 못한다.

이제 여행을 떠나는 마당에(旅), 初六이라는 소인은 자질구레한 계산만 하고 앉아있고 곰상스럽게 걱정만 하고 있다(瑣瑣). 훌훌 털고 떠나는 기상이 없다. 그래서 오히려 이것 때문에(斯: 쇄쇄한 걱정) 웅심雄心이 마멸磨滅되어 재앙을 불러일으킨다. "사기소취재斯其所取災"를 직역하면 "소소한 마음, 이것 때문에 재앙을 취하는 바 된다"이다.

六二: 旅即次。懷其資。得童僕。貞。
육이 려즉차 회기자 득동복 정

六二는 유순柔順하며 中正을 얻고 있다. 여섯 효 중에서 가장 좋은 조건을 구비한 훌륭한 효이다. 여행은 이제 좋은 여관에 머무는 단계에 이르렀다(旅即次: "即"은 이르렀다는 뜻, "次"는 여관). "즉차"는 좋은 여인숙에 머무는 것을 의미한다. 더욱 좋은 것은 노잣돈이 품속에 두둑이 있다는 사실이다(懷其資). 또한 행복한 사실은 순결한 어린 남자종을 얻었다는 사실이다(得童僕). 여행에 관하여 점을 치면 吉하다(괘사 "旅貞吉"의 축약태 ⇒ 貞). "정길貞吉"은 九三의 "정려貞厲"와 대비되는 짝을 이룬다. 여행의 과정이 순조롭다.

九三: 旅, 焚其次。喪其童僕。貞厲。
구삼 려 분기차 상기동복 정려

九三은 양효이면서 양위에 있으니 位가 바르다. 마음씀새가 기본적으로 정의롭다. 그러나 너무 강강剛强하고 中을 벗어나 있다. 하괘의 최상위에 있으면서 자신만의 고고한 정당성을 주장하는 경향이 있다. 그러나 여행길에 나온 사람은 자신을 죽일 줄 알아야 한다. 타향에 있는 것이다. 유순겸손한 자세로 일관해야 한다.

투숙중인 여관이 불에 탔다(焚其次: 焚을 자동사로 해석). 숙소가 사라진 것이다. 게다가 좋은 동복구실을 해주던 사내아이마저 도망가버렸다(喪其童僕). 너무 강강하여 사람을 대하는 방식이 부드럽지 못한 데서 생겨나는 일일 것이다. 이러한 상태에서 여행에 관하여 하느님의 뜻을 물으면 위태로운 일만 있게 된다(貞厲). 六二와 九三은 삶의 정황이 대비된다.

九四: 旅于處。得其資斧。我心不快。
구사 려우처 득기자부 아심불쾌

九四는 양강陽剛하면서 음위에 있다. 타향에서 유순하게 행동해야 한다는 것을 알고 있으면서 강강한 성품을 잃지 않는다. 그러니 어떤 의미에서는 四에 있지만 음과 양의 중용을 얻고 있다고 말할 수도 있겠다. 여행중에 한 곳에 줄곧 안정적으로 머물 수 있는 곳을 찾았다(旅于處: "于"는 "여기에서"의 뜻, 즉 안정된 자리를 뜻한다). 기려羈旅(타향살이)에서는 먹고살기 위해서 새로운 보금자리를 마련해야 한다. 그 결과로 새롭게 자부資斧("資"는 자금, "斧"는 권력)를 얻는다(得其資斧). 그러나 자금과 권력은 자기가 속한 사회를 개혁하기 위하여, 王道의 실천을 위해 필요한 것인데, 지금은 기려의 臣으로 주체적으로 자기역량을 발휘할 길이 없다. 九四는 말한다: "내 마음 유쾌하지는 못하오(我心不快)."

六五: 射雉一矢亡。終以譽命。
육오 석치일시망 종이예명

六五는 君位이지만 려괘旅卦에서는 君이 될 수 없다. 결국 타관살이를 하는 사람들의 이야기이므로 六五도 역시 려인旅人이다. 고향을 떠나 타지에서 높은 지위를 얻은 사람의 이야기일 것이다. 리離☲는 밝음, 문명文明의 덕이 있다. 中의 자리에 있으니 문명의 덕을 한몸에 지니고 있는 탁월한 인물이다.

리괘의 동물상징은 꿩이다. "문명文明"의 "文"은 "무늬(紋)"이며 "문자(文字)"이다. 효사의 저자는 언어와 무늬를 꿩에 비유했다. 꿩을 쏜다는 것은 "꿩을 획득한다"는 뜻이다. 꿩을 획득한다는 것은 문명 속에서 자기 자리를 찾는다는 것을 의미한다. 려인旅人의 경우는 타관에서 중요한 포스트를 차지하여 안정적 삶의 기반을 획득한다는 뜻이다. 그러나 그 과정은 결코 쉽지 않다.

그가 쏜 첫 화살은 꿩을 놓치고 만다(射雉一矢亡). 그러나 끝내 꿩을 잡아 명예와 작명을 획득한다(終以譽命). 九四의 "아심불쾌我心不快"에 비하면 그 위상이 격상된 것이다.

上九: 鳥焚其巢, 旅人先笑後號咷。喪牛于易, 凶。
상구 조분기소 려인선소후호도 상우우역 흉

여기 있는 언어들은 동인同人 九五, 대장大壯 六五에 나왔다. 효사는 일관된 기획 속에서 유기적인 통일성을 과시하고 있다고 보아야 할 것이다.

높은 나무 꼭대기에 있는 "소巢"의 이미지는 上九가 낯선 땅에서 최상의 위치로 상승했다는 것을 의미한다. 그러나 타관에서 그렇게 높게 올라가는 것은 바람직하지 않다. 새가 둥지를 태운다(鳥焚其巢)는 표현은 결국 둥지를 잃고 마는 상황의 메타포이다.

기려로서의 삶은 어디까지나 겸손이요, 겸양이다. 처음에는 의기양양하게 높은 둥지에 앉아 웃었겠지만(先笑), 나중에는 흐느껴 운다(後號咷).

뿐만 아니라, 국경지역에서(于易) 소를 잃어 버린다(喪牛于易). 凶하다. 소는 유순의 덕을 상징한다. 경계자리에서 소를 잃는다는 것은 최악의 상태를 상징하는 것이다. 그가 타관에서 축적한 부도 운반이 불가능할 것이다. 구체적인 드라마는 해석자의 몫이다. 려旅괘는 풍豐괘와 더불어 凶으로 끝난다.

57

Humbleness, Penetration, Wind

象曰: 隨風, 巽。君子以申命行事。
상 왈 수 풍 손 군 자 이 신 명 행 사

"수隨"는 연속된다는 뜻이다. 바람이 불고 또 바람이 분다. 바람이 연속되는 모습이 손괘巽卦의 모습이다. 바람의 특징은 구석구석 아니 미치는 데가 없이 분다는 것이다. 군자는 이 손괘의 형상을 본받아 우선 명령을 계속해서 바람처럼 발하여 아니 미치는 곳이 없이 충분히 숙지시켜야 한다(申命). 그리고나서야 실제로 그 명령을 시행하는 사업을 행하여야 한다(行事).

괘사 巽, 小亨。利有攸往。利見大人。
손 소형 리유유왕 리견대인

손괘의 시대는 겸손, 겸양의 시대이다. 이 괘는 初六과 六四가 중심이다. 음효가 주체이면서도 이양二陽의 밑으로 들어가 겸손하게 따른다. 아무래도 양(大)이 주체가 아니고 음(小)이 주체이기 때문에 하느님께 지내는 제사도 거창하지 않게 소규모로 지내는 것이 좋다. 음유陰柔의 재목은 양강陽剛의 조력을 얻어가며 일을 하는 것이 좋다. 그래서 "리유유왕利有攸往"이라고 한 것이다. 즉 겸손한 자세로 전진하는 데(往) 리가 있다는 것이다. 그러나 음이

양을 따를 때는 양이 누구인지를 알아야 한다. 부귀권력만을 탐하는 양이 되면, 그 따라감은 불행한 결과를 낳는다. 그래서 반드시 양은 대인大人이어야만 한다. 천지조화의 법칙을 관통하여 보편적 가치를 추구하는 대인이어야 한다. 그래서 "대인을 알현하는 데 리가 있다"(利見大人)고 말한 것이다.

효사 初六: 進退。利武人之貞。

초육 진퇴 리무인지정

初六은 음유하며 位가 正하지 않다. 최하위이며 미천한 지위에 있다. 들어가 쑤셔박히는 형상이기 때문에 주체적으로 무엇을 결단하는 자세가 결여되어 있다. 이러한 初六의 상태를 효사는 "진퇴進退"라고만 표현했는데, 들락날락하면서 아무런 결단을 내리지 못한다는 뜻이다.

이에 대하여 효사는 "무인지정武人之貞"이라는 처방을 내린다. 무인다웁게 점을 치면서 행진의 진로를 개척해나간다는 뜻이다. 무인다운 기질로 밀고 나가는 데 리가 있다(利武人之貞)는 뜻이다.

이 효사를 만나는 사람은 진퇴進退에 관하여 미혹하는 일이 있을 수 있는데, 확고한 신념을 가지고 밀고나아가는 것이 좋다.

九二: 巽在牀下。用史巫紛若。吉无咎。

구이 손재상하 용사무분약 길무구

九二는 양효로서 강건한 소질을 지니고 있으나 음위陰位에 있어 유화柔和하기도 하다. 下卦의 中을 얻고 있어 중용中庸의 덕성을 소지하고 있는 자로서 손순巽順의 道를 행한다.

九二가 침대 아래 겸손하게 엎드려 있다는 것(巽在牀下)은 극도의 겸손을 나타낸다. 침대 위는 자기가 편하게 느끼는 곳이지만 마룻바닥에 엎드린다는 것은 신에게 제사를 지내는 형국이다. "사史"는 제사에서 언어를 담당한다. 축문·제문을 통해 사람의 의지를 신에게 전傳한다.

"무巫"는 춤을 담당한다. 가무를 연주하면서 신을 즐겁게 하고 신탁을 사람에게 고한다. 신의 의지를 사람에게 전傳한다. 사史와 무巫를 써서(用史巫) 사람의 의지와 신의 의지가 서로 소통되게 만드는(紛若: 분약은 많다, 어지럽다는 뜻도 있지만 여기서는 소통의 뜻이다) 그러한 공능을 九二는 달성한다. 신과 인간의 마음이 소통되니 吉하여 허물이 없다(吉无咎). 易은 소통이다. 절대적 타자를 운운하는 서양의 종교학은 모두 공허한 픽션이다. 하느님은 살아움직이는 생명력이지 격절이 아니다.

九三: 頻巽。吝。
구삼　빈손　린

九三은 양효로서 양위에 있다. 또한 양효로서 하괘의 가장 윗자리에 있다. 지나치게 강강剛强하여 중용을 상실하고 있다. 본질적으로 인간이 오만불손하여 사람들에게 호감을 사지 못한다. 그래서 九三은 겸손유순한 척 하지만 순간순간 마각을 드러내고 오만한 본성을 노출시킨다. 이러한 모습을 "빈손頻巽"이라 표현했다. "자주 겸손한 척 한다"는 뜻이다. 그러나 결국 마각을 드러낼 뿐이요 마음속으로 편안하게 지속적으로 공순恭順한 도道를 지키는 것이 불가능하다. 이러한 자들에게는 부끄러운 일이 따를 뿐이다(吝).

六四: 悔亡。田獲三品。
육사　회망　전획삼품

六四는 음유하며 하괘에 정응正應의 효爻도 없다. 初六은 음효래서

應하지 않는다. 그리고 강효인 九三의 위에 올라타고 있다. 六四는 본시 부끄러운 일에 시달릴 수밖에 없는 인물이다.

그러나 한편 음효로서 음위에 있으니 그 位가 正하다. 또한 상괘의 가장 아래에 있으며 유순하고 겸손한 자세로 양효 밑에 들어가 있으며 五의 양효와 음양상비陰陽相比하여 유순하게 九五 천자를 섬기고 있다. 이러한 처지를 잘 활용하여 겸손한 삶을 누림으로써 가슴에 맺힐 수밖에 없었던 회한들이 다 사라지고 만다(悔亡). 후천적인 노력에 의하여 자신의 약점을 극복하는 사람의 이야기이다. 六四는 회한이 사라질 뿐 아니라, 사냥을 나가서도 三品(세 등급의 노력물)을 다 획득하는(田獲三品) 명예와 대공大功을 세운다. 六四는 순정純正하며 윗사람들을 공경되이 모시고 또 유순하게 행동하는 결과로서 이러한 호운을 맞이하게 되는 것이다.

九五: 貞吉。悔亡。无不利。无初有終。
구오 정길 회망 무불리 무초유종

先庚三日, 後庚三日。吉。
선경삼일 후경삼일 길

우리는 손괘의 시대에 있다. 겸손하고 유순해야 할 시기인 것이다. 그러나 九五는 천자의 位이며 손괘의 主爻로서 모든 명령이 이 九五를 통해 이루어진다. 九五는 무조건 겸손하기만 해서는 안된다. 과한 겸손은 천자에게 어울리지 않는다. 九五는 강건중정의 덕이 있으며 모든 이상적 덕성을 다 지니고 있다. 그래서 九五가 점을 치면 항상 길한 결과가 나온다(貞吉). 그리고 마음에 회한이 서릴 수밖에 없는 일들이 모두 소멸한다(悔亡). 이롭지 못할 일들이 있을 수 없다(无不利).

군주로서 새로운 국가사업을 시행하면 처음에는 반항이 있고 어려움이 있지만 결국은 아름다운 마무리를 짓게 된다. 유종의 미가 있는 것을 "무초유종无初有終"이라 표현했다. (규괘睽卦의 六三효사에도 나온 표현).

새로운 법령을 반포하거나, 새로운 국가시책을 수립하여 시행할 때는 반드시 그 시행일 3일 전부터 정중하고 진실하게 그 정당성을 생각하고 그 적합성을 고민한다(先庚三日). 그리고 시행일 3일 후에까지 여러 상황을 잘 규탁揆度하여 시세時勢에 맞는지를 고려하고 또 고려해야 한다(後庚三日). 나라를 운영함에 이와같이 치밀하게 기획하고 끝까지 책임있게 마무리 짓는다면 吉하다.

上九: 巽在牀下。喪其資斧。貞, 凶。
상구 손재상하 상기자부 정 흉

"손재상하巽在牀下"라는 표현은 이미 九二의 효사에 나왔다. 그러나 그 말이 쓰인 맥락은 다르다. 上九는 손괘의 최상위에 있으며 양효로서 강건한 재능이 있으나 그 位가 정당하지 못하다. 따라서 뜻도 정당치 못하다. 최상위에 있어 더 갈 곳도 없다. 자신의 삶의 방식을 바꿀 수 있는 여백이 없다. 침대 아래 엎드린 이미지는 모든 사람에게 굴종하며 강건결단의 미덕을 상실했다는 것을 상징한다. 자신이 지니고 있던 자금과 권력을 다 잃어버리고 만다(喪其資斧).

유순하다는 것은 손괘에서는 정당한 것이지만 유순의 도가 지나쳐 우유부단의 인간이 되면 흉운凶運이 찾아온다는 것을 경고하고 있는 것이다. 손巽이 극에 달하면 손巽이 아닌 강건함으로 전환되어야 하는데 上九는 손순巽順만을 고집하여 오히려 손순의 해를 초래하고 있다. 易은 아무리 위대한 진리라도 고정된 가치관에 복속되면 凶運이 된고 만다는 것을 역설하고 있다. 上九가 점을 치면 모두 凶하다(貞, 凶).

58

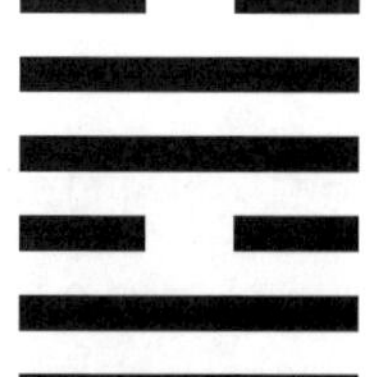

태하兌下
태상兌上

중택 태 兌

Lake, Joyfulness

象曰: 麗澤, 兌。君子以朋友講習。
상왈 려택 태 군자이붕우강습

연못이 두 개 나란히 있는 모습이 태괘의 모습이다. 두 개의 연못은 지하수맥을 통하여 연결되어 있고 서로의 윤기(수량)를 도와주고 있다. 군자는 이 태괘의 상을 본받아 붕우들과 더불어 앉아 서로 강론하고 서로 학습하고 서로의 배움을 비익裨益케 한다. 태兌의 상에는 구설口舌의 상이 있다. 두 개의 구설이 서로를 향해 있으니 강습이 아니 될 수 없다.

괘사 **兌, 亨。利。貞。**
태 형 리 정

태괘는 "존재의 기쁨"이요, 생성의 기쁨이다. 괘의 격이 높다. 그래서 元만 빼고 형, 리, 정을 다 구비하고 있다. 태☱의 모습은 一陰爻가 二陽爻 위로 나와 있다. 기쁨의 정이 밖으로 드러나있다. 양기가 속에 가득차 있고, 겉은 음기가 축축하게 감싸고 있어 만물이 기뻐하는 모습이다. 모든 사물은 기쁠 때 정체停滯를 뚫고 나아가는 힘을 얻는다. 태兌의 괘상을 보면 상하괘 모두 강효가 中을 얻고 있다. 그리고 그 밖을 유효柔爻가 감싸고 있다. 밖이

유효라는 것은 사람들에게 기쁨을 준다는 것이다.

이럴 때는 하느님께 제사를 지내라(亨). 그래서 모든 사람이 함께 그 기쁨을 나누어라! 그대의 사업은 유익한 결과를 얻을 것이다. 기쁨으로 사업을 행하라(利). 그리고 기쁨 속에서 점을 쳐라(貞). 하느님께 미래를 상의하라! 겸손하게 정도를 걸어가라!

효사 初九: **和兌。吉。**
초 구 화 열(태) 길

初九는 양강하며 位가 바르다. 강의剛毅한 사람이며 함부로 아첨하거나 지조를 파는 인간이 아니다. 최하위에 있으면서도 출세出世하려는 욕망이 없다. 위로 九四와 應하는 자리이지만 둘 다 양효래서 應하지 않는다. 九二와 比하는 자리이지만 같은 양효래서 상비相比하지 않는다. 응효應爻도 없고 비효比爻도 없으니 사정私情에 이끌림이 없다. 공명정대한 자세로 아부하지 않고 살아가는 현자賢者의 모습이다. 화이부동和而不同하는 모습을 "화열和兌"이라 표현했다. 휩쓸림이 없이 자기 존재의 본질을 지키면서도 조화로운 교섭을 유지하는 것이다. 화열和兌하는 자 吉하다(吉)!

九二: **孚兌。吉。悔亡。**
구 이 부 열 길 회 망

九二는 中을 얻고 있으며 강효이다. 가슴속에 강인한 진실이 있으니 그것은 천지대자연으로부터 받은 성실함(孚)이다. 九二는 성실함을 위배함이 없다. 결국 인간존재에게 있어서 그 실존의 향유는 모두 성실함에서 온다. 성실함이 존재의 전부이다. 기쁠 줄 아는 인간, 그런데 그 기쁨 속에서 성실함을 발현하고, 또 성실함 속에서 기쁠 줄 아는 인간, 그것을 효사의 저자는 "부열孚兌"이라 표현했다. 바람직한 인간의 모습이다. 부열하면 吉하다.

양효陽爻가 음위陰位에 있으니 본래 회한이 있을 수밖에 없는 운명이다. 그러나 九二는 천지의 성실함(孚)으로 일관하니 회한의 운명은 사라질 수밖에 없다(悔亡). 부孚는 동학이 말하는 신信과 통한다. 종교적 신앙의 본질은 신험이요, 성실이다.

六三: 來兌。凶。
육삼 래열 흉

六三은 내괘☱의 주효이다(트라이그램에서 음이 하나이거나 양이 하나이거나 할 때는 그 효가 주효가 된다). 그런데 음유陰柔하며, 不中, 不正(양위음효陽位陰爻)하다.

위로 應이 없다(上도 음이다). "래來"는 본시 위에서 아래로 내려오는 것이다. 六三은 상위上位에 있음에도 불구하고 아래에 있는 九二와 初九의 양효에게로 와서 알랑거리며 강의剛毅한 그들을 즐겁게 한다. 이것을 효사의 작자는 "래열來兌"이라고 표현했다. 래열來兌하면 凶하다. 부정한 아부는 흉운을 몰고 온다.

九四: 商兌。未寧。介疾有喜。
구사 상열 미녕 개질유희

매우 재미있는 스토리가 있는 효사이다. 九四는 양효이며 강건한 재목이지만 位가 正하지 않다. 위로는 九五의 강건中正의 천자가 있지만, 아래로는 음유하고 不正한 대부大夫가 있어 九四를 친근하게 모시고 있다. 이러한 가운데 끼어 어중간한 입장에 있는 九四는 九五의 天子를 모셔 정도를 걸을까, 아래 음사陰邪한 대부大夫와 친하게 지내면서 실리實利의 즐거움을 누릴까 하고, 계산만 하고 결단을 못 내리는 상황을 "상열商兌"("商"은 계도計度의 뜻)이라 표현했다. 상열하면 마음이 편치 못하다(未寧).

九四는 본시 강건한 재목인지라 六三의 꼬심이 국가에 재앙을 가져올 수 있다는 것을 금방 알아차린다. 그러나 九四는 이러한 고민 끝에 병에 걸린다(介疾). 그러나 병에 걸리는 것이야말로 대의大義를 위하여 다행한 일이다. 사람이 병에 걸리면 인생의 무상함을 깨닫고 결단을 내릴 수 있기 때문이다. 병은 결국 낫는다. 병에 걸린 것이 오히려 온 국민에게 기쁨을 주었다(介疾有喜). 九四는 中正의 九五를 도와 모든 국난을 극복한다. 인생은 아이러니의 연속!

九五: 孚于剝, 有厲。
구오 부우박 유려

이 효사야말로 엄청난 비극의 이야기를 그리고 있다. 九五는 본시 양강陽剛하며 中正의 미덕을 소유한 훌륭한 임금이다. 그러나 그는 兌(열, 기쁨)의 시대에 君位에 있기 때문에 자기를 기쁘게 해주는 사람들에 둘러싸여 실존적 결단의 힘을 빼앗길 수가 있다. "박剝"은 음이 양의 기운을 빼먹는 것이다. 박剝의 주인공은 위에 있는 上六이다. 九五는 강인한 九二와 正應하지 못한다.

그러나 上六은 그와 음양상비하며 계속 그를 즐겁게 해준다. 上六은

兌☱의 주효이며 기쁨의 극점이다. 모든 사악한 유미柔媚를 동원하여 九五의 양강한 기운을 깎아먹는다. 九五는 마침내 자기를 등쳐먹는 上六을 신뢰하고 만다(孚于剝). 九五의 앞날에는 불행한 일들만 계속될 것이다(有厲).

기쁨의 시대에 기쁨의 환호성을 창출한 中正의 훌륭한 人君이 알랑방귀를 뀌어대는 "빠"의 유혹에 간혀 영락하고 마는 정치사의 한 단면을 본다.

上六: 引兌。
상육 인열

"인열引兌"은 타자他者를 끌어당겨서 기쁨을 이룩한다는 뜻이기 때문에 순결한 자신의 내면에서 우러나오는 기쁨이 아니다. 上六은 음유하며 태兌괘의 극점極點에 있으며 기쁨의 지극함을 나타낸다. 끌어당김의 대상은 九四, 九五일 수는 없다. 그들은 강인하여 上六의 유혹에 넘어가지 않는다. 그렇다면 應의 관계에 있는 아랫괘의 主爻인 六三일 수밖에 없다. 같은 음효래서 正應일 수는 없지만 태괘兌卦의 중복되는 두 주체이기 때문에 자기들끼리 서로 잡아당기며 기뻐할 수 있다. 그러나 이러한 引兌(인열)은 평가의 대상이 되지 않는다. 그 기쁨이 좋은 것인지, 나쁜 것인지는 판단할 수 없다. 단지 평가에 관해서는 빈 칸으로 남겨둘 수밖에 없다. 기쁨의 극한은 가치판단을 벗어나는 음양의 순환이다.

1) 和兌 2) 孚兌 3) 來兌 4) 商兌 5) 孚于剝 6) 引兌

59

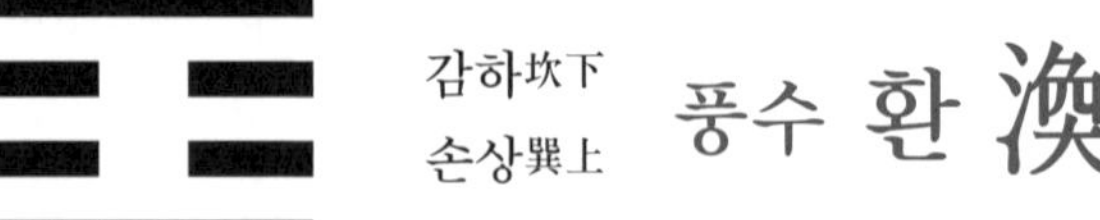

감하坎下
손상巽上

풍수 환 渙

Dispersion, Redemption

象曰: 風行水上, 渙。先王以享于帝立廟。
상 왈 풍행수상 환 선왕이향우제립묘

바람이 물 위를 간다. 그렇게 모든 것을 흩날려버리는 것이 환괘渙卦의 모습이다. 모든 것이 흩어지게 되면 조상의 영령英靈들도 다 흩어지게 마련이다. 기가 이산離散되게 되면 천하에는 간난이 생겨난다.

문명의 작자作者인 뛰어난 선왕先王은 이런 환난渙難의 시기에야말로 지고의 상제(하느님)에게 제사를 지내고 사당을 세워야 한다. 그래서 흐트러진 선조들의 영을 모아 제사를 지내고 이산離散된 인심을 다시 규합해야 한다.

괘사 渙, 亨。王假有廟。利涉大川。利貞。
환 형 왕격유묘 리섭대천 리정

모든 것이 흐트러지는 때이다. 이렇게 흐트러지는 시대야말로 우리는 제사를 지내야 한다. 과거의 모든 소중한 정신유산이 흐트러지고 조상들의 영령 또한 흐트러지고 있다. 이럴 때 우리는 제사를 지내야 한다. 하느님께 거룩한 예배를 드려야 한다. 이것은 소형小亨이 아닌 대형大亨이다. 큰 제사이다. 천자가 직접 종묘(有廟: "有"는 의미가 없다. 어수조사語首助詞. 『사전詞詮』)에 와서(假) 대제를 올린다. 흐트러진 영령들을 모으고, 흐트러진 민심을 모은다. 간난艱難을 흐트러버린다는 의미도 있다.

이럴 때는 간난의 극복을 위하여 모든 영령이 도와주고 있으므로, 과감한 행보의 모험을 감행해도 리利가 있다(利涉大川). 이런 상황이야말로 하느님의 의지를 물어가면서 미래를 개척해나가면 이롭다(利貞).

효사 **初六: 用拯馬壯。吉。**
초육 용증마장 길

환난渙難의 시대! 모든 것이 흐트러지고 있다. 初六은 陰柔하며 재능이 부족하다. 六四와 應하지도 않는다. 무엇보다 스스로의 체험이 부족하다. 흐트러지고 있는 것을 다시 끌어모아야 하는데 혼자 발로 걸어다녀서는 불가능하다. 구원하는 일에 건장한 말이 나타난다(用拯馬壯: 구원하는 일에 말이 건장하다. 明夷六二에 나옴). 여기 나타난 말은 比하고 있는 九二로 해석하는 것이 가장 무난하다. 九二는 강명剛明한 선비이며 初六과 음양 상비한다. 初六은 그의 힘을 빌려(건장한 말을 타고) 신속하게 이산離散의 난難을 구한다. 吉하다.

九二: 渙奔其机。悔亡。
구이 환분기궤 회망

九二는 양효로서 음위에 있으니 位가 不正하다. 후회스러운 일이 있는 자리이다. 그러나 九二는 강건하며 중용의 미덕이 있으며 험난을 탈출할 수 있는 능력이 있는 선비이다.

환난의 시대에 이 선비는 팔걸이("궤机"는 방침方枕을 의미)에 턱을 받치고 사유를 달린다(渙奔其机). 즉 세상경륜을 다시 생각해보는 것이다. 공연히 세상을 구한다고 나서는 것보다 자기 위치에서 세상경륜을 총체적으로 다시 생각해보는 것이 오히려 많은 회한을 사라지게 만드는 첩경일 수 있다는 것이다(悔亡).

六三: 渙其躬。无悔。
육삼　환기궁　무회

환괘渙卦는 흐트러짐의 괘이지만 실제로 그 중심테마는 세상을 구원한다고 나서는 자들에 관한 담론이다. 구세救世? 무엇을, 어떻게 구원할까?

六三은 음유하며 재능이 빈곤한 재목이다. 不中不正하며 이산離散의 세계를 구원할 능력이 없다. 六三은 이기적 욕망이 강하다. 세계를 구원한다고 나서기 전에 자기 몸에 배어있는 에고센트릭한 가치관을 흩날려버려야 한다. 그 몸을 흩날려라(渙其躬)! 세계를 구원한다고 나서기 전에 나의 욕심을 흩날려버려라! 六三은 본시 후회가 있을 수밖에 없는 不正不中의 변경이었다. 그러나 환기궁 하면 모든 후회가 사라진다(无悔).

※ 三·四·五·六의 효사는 흩날려버리는 행위를 통해 흩날리는 시대를 구원하는 아이러니를 내포하고 있다. 渙에는 긍정과 부정이 혼재한다.

六四: 渙其群。元吉。渙有丘, 匪夷所思。
육사　환기군　원길　환유구　비이소사

六四는 음효음위이니, 位가 正하다. 九五의 君과 밀접히 붙어있고, 흐트러져가는 천하를 구원하는 임무를 담당하고 있다. 뜻이 정당하며 천자를 바르게 보좌하는 大臣이다. 아래 사람들과도 사적인 커넥션이 없다. 初六과 應하지 않으며, 六三과도 相比하지 않는다. 사적인 작당이 없다.

六四는 환渙의 시대에 끌어모으지 않고 오히려 모든 주변의 무리들을 흩날려버린다. 자기편의 무리들을 다 해산시킨다(渙其群). 이러한 六四의 행동은 원천적으로 吉한 결과를 가져온다.

사적인 무리들을 해산시킴으로써 오히려 人民의 대동단결을 초래한다. 환渙하여 사람들이 산처럼 모였다(渙有丘)고 묘사한다. 그 새로운 대동단결의 국면은 평범한 사람들(夷)이 상상할 수 있는 그런 규모가 아니다(匪夷所思). 멸사대동滅私大同의 효과는 끝없이 확대되어 간다. 우리나라 정치에 가장 필요한 충고일 것이다.

九五: 渙汗其大號。渙王居, 无咎。
구오 환한기대호 환왕거 무구

九五는 양강하며 中正을 얻고 있는 위대한 왕王이다. 여기 "대호大號"라는 것은 王者의 명령이다. 나라가 조각조각 흐트러지는 환渙의 시대를 구원해야 하는 책임을 맡고 있는 王은 국민통합을 호소하는 대호령을 발한다. 그런데 그 앞에 땀 "한汗" 자가 있다. 주희는 "땀은 일단 몸에서 밖으로 나가면 몸 안으로 다시 들어올 수가 없으니 왕의 호령은 한번 발동되면 다시 취소되거나 변경될 수 없다"는 식으로 풀었다. 그러나 아무래도 땀의 생리적 흐름을 가지고 대호령이 되돌아갈 수 없다고 말하는 것은 어색하다. 정이천은 왕의 호령이 몸에 땀이 배어들어가듯이 民心에 무젖게 한다는 식으로 풀었다(當使號令洽於民心, 如人身之汗, 浹於四體, 則信服而從矣). 정이천의 해석이 더 상식적이다. 하여튼 "환渙의 시대에, 왕자의 대호령이 국민의 마음에 땀이 배듯 무젖게 한다"라고 나는 해석한다.

그런데 더 중요한 것은 渙의 시대에 그 호령이 의미있는 호령이 되기 위해서는 王이 본인의 재산(王居)을 먼저 渙해야 한다는 것이다. 왕이 거居하고 있는 사유의 축재를 천하사람들에게 골고루 흐트러버리는 것이다. 군群을 환하여 오히려 구丘를 이룬다는 六四의 효사와 같은 발상이다. 왕이 왕거王居를 환渙하면 국민의 이산離散을 막을 수 있고, 더 큰 나라의 부를 달성할 수 있다. 그래야 비로소 왕은 허물이 없을 수 있는 것이다(无咎).

上九: 渙其血。去逖出。无咎。
상구 환기혈 거적출 무구

上九는 괘 밖의 방외方外의 사람이다. 정치에 관여하지 않는다. 上九는 六三과 應하지만, 六三은 감坎괘의 간난에 상처받아 上九와 관여하려 하지 않는다. 上九는 환괘의 종국이며, 하괘의 험난으로부터 멀리 있다. "환기혈渙其血"이란 상처받을 수 있는 상황을 근원적으로 흩날려버린다는 뜻이다. 상해를 받을 수 있는 정치적 상황으로부터 떠나(去), 멀리 방외로 나가면(逖出: "逖"은 멀리) 허물이 있을 수 없다. 세상을 떠나있는 자에게 易은 "무구无咎"의 판단을 내린다.

60

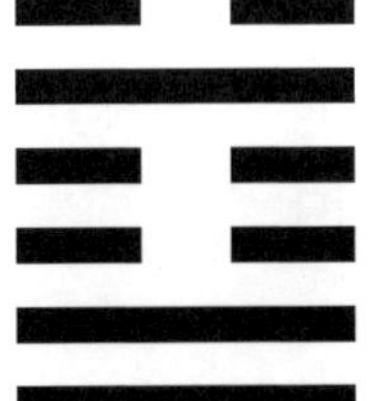

태하兌下
감상坎上

수택 절 節

Moderation, Limitation, Sense of Order

象曰: 澤上有水, 節。君子以制數度, 議德行。
상 왈 택 상 유 수 절 군 자 이 제 수 도 의 덕 행

못 위에 물이 있는 모습이 절괘의 모습이다. 못이 물을 담을 수 있는 용량에 한계가 있으므로 이 절괘는 한도, 한지限止, 절제를 상징하고 있다. 군자는 이 절괘의 모습을 본받아(以), 수도數度를 제정하고, 덕행德行을 의논한다. "제수도制數度"와 "의덕행議德行"은 인간 내면의 덕행이라기보다는 국가 경륜의 객관적 절도에 관한 것이다.

괘사 節, 亨。苦節, 不可貞。
절 형 고 절 불 가 정

절괘의 시대는 모든 것이 절도가 있고 쓰임새가 절검節儉하며 인재들이 절조節操가 있다. 좋은 가치관이 지배하는 시대이다. 이럴 때는 절도 있게 제사를 지내어 국민을 화합시켜야 한다(亨). 절도에 들어맞음은 반드시 조화로워야 하는 것이다. 절도 그 자체가 지나친 것을 이 괘사의 저자는 "고절苦節"이라고 표현했다. "절도에 맞음이 고통스럽다"는 뜻이다. 지나치게 인색한 것이다. 괘사의 저자는 말한다: 고절에 관해서는 점을 칠 필요가 없다(不可貞).

신의 의지를 물을 필요가 없다. 그것은 명백하게 중용을 상실한 것이므로 인간 스스로 해결할 수 있는 것이다. 비만을 고친다고 지나치게 절제를 하다 보면 큰 병을 얻을 수 있다. 그런 것이 "고절苦節"이다.

효사 初九: 不出戶庭。无咎。
초구 불출호정 무구

初九는 양효로서 양위에 있으니 그 位가 正하다. 初九는 六四와도 正應하기 때문에 세상에 나가 활동할 수 있는 능력과 환경이 주어져 있다. 그러나 初九는 자기집 뜨락 밖을 나가지 않는다(不出戶庭). 출세욕을 절제하고 중정中庭을 벗어나 대문 밖으로 나아가지 않는 것이다. 우선 학업을 쌓고 인격을 도야하는 데 전념하는 것이다. 이렇게 신중한 사나이는 허물이 없다(无咎).

九二: 不出門庭。凶。
구이 불출문정 흉

九二는 하괘의 中이다. 여기 "문정門庭"은 初九의 "호정戶庭"에 비해 대문에 더 가까이 있는 정원이다. 中庸을 얻은 陽爻라는 사실 하나만으로도 九二는 門庭을 박차고 나갈 수 있는 능력과 자격이 있다. 그런데 양효로서 陰位에 있고, 또 上에 응원이 없다. 그래서 문 밖을 나가는 것을 두려워한다(不出門庭). 다시 말해서 절지節止만 알고 융통을 모른다. 그러다가 출세할 기회를 놓치고 만다. 카이로스의 상실을 말하는 것이다. 凶하다!

六三: 不節若, 則嗟若。无咎。
육삼 부절약 즉차약 무구

六三은 음유하며 不中不正하다. 문제가 있는 인물이다. 절도를 지켜야만 할 때에 절도를 지키지 못한다(不節若: "若"은 "然"의 뜻). 결국에는 자신의 잘못을 깨닫고, 걱정하며 슬프게 탄식하는 데 이르게 된다(嗟若). 이렇게 자신의 잘못을 뉘우치게 되면 허물을 면하게 될 것이다(无咎).

※ "无咎"에 관한 왕필, 정이천의 견해를 따르지 않는다. 參見豐六三.

六四: 安節。亨。
육 사 안 절 형

간결하면서도 메시지가 명료한 아름다운 효사이다. 六四는 位가 정당하다. 大臣의 자리이다. 九五와 음양상친陰陽相親의 관계에 있다. 六四의 대신은 유순하며 마음이 바르다. 억지로 힘들여 노력하지 않아도, 마음 편안하게 절도를 지킨다(安節). 위대한 지도자 밑에는 이러한 어드바이저가 필요하다. "안절安節"은 우리 일상생활에 떠날 수 없는 덕성이며 도인의 경지를 나타낸다. "고절苦節"과 대비된다. 안절安節할 줄 아는 六四는 편안하게 제사를 주관한다(亨). 모든 일이 온전하게 진행된다.

九五: 甘節。吉。往有尙。
구 오 감 절 길 왕 유 상

九五는 剛健中正의 천자이다(모든 리더). 강건중정하기 때문에 그에게는 삶의 절도가 자연스럽게 中正을 지킨다. 본인 스스로 절도를 지키는 것을 달콤하게 느낀다(甘節). 고절苦節과 감절甘節은 정반대되는 개념이다. 소식少食도 경지에 오르면 소식 그 자체가 달콤하여 과식過食을 막는다. 색욕色欲도 절제를 즐길 수 있는 경지에 가면 모든 관계가 아름답게 돌아간다. 易의 감절甘節은 유교의 도덕주의와는 차원이 다른 것이다. 음양의 순환 속에서 자연스럽게 달성되는 절제의 미학이다. 易은 도道・유儒를 융섭한다. 九五가 감절甘節하면 온 국민이 다 吉하다.

九五가 리더십을 장악하고 진취적인 사업을 해나가면 온 국민의 존경을 얻게 될 것이다(往有尙).

上六: 苦節。貞凶。悔亡。
상육 고절 정흉 회망

上六은 절괘節卦의 극極이다. 상괘 감험坎險의 극極이다. 여기 고절苦節은 감절甘節에 대비된다. 감절의 경우는 절제가 삶의 환희를 느끼게 하지만 고절의 경우는 절제가 고통을 준다. 절제를 극한으로 행하고 그 룰이 경직되어 변통變通을 모른다. 易에서는 절대적인 규칙이 없다. 모든 규칙은 방편이다. 인류의 종교사는 모두 이 한 진리를 깨닫지 못해 인성파멸을 초래하였다.

고절苦節의 시대에 점을 치면 고절의 주체는 凶하다(貞凶). 고절苦節하는 바보스러운 자신의 행동을 뉘우치면 흉운凶運이 사라지리라(悔亡). 보통의 "회망悔亡"과 그 숨은 신택스가 다르다. 정이천의 탁견이다.

※ 易은 절節괘의 마지막을 비극적 결말로 장식하지 않았다. 그만큼 절제는 우리 삶에 절실하게 필요한 가치다. 우리가 산다고 하는 것은 절제가 그 전부라 해도 과언이 아니다. 절제는 도덕으로 달성되는 것이 아니라 "달콤한 느낌"으로 달성되는 것이다. 인류의 어느 경전도 이러한 지혜를 설파하지 못했다. 『역』은 인류의 모든 지혜서를 능가한다.

61

태하兌下
손상巽上

풍택 중부 中孚

Truthfulness of the Heart, Cosmic Sincerity

象曰: 澤上有風, 中孚。君子以議獄緩死。
상 왈 택 상 유 풍 중 부 군 자 이 의 옥 완 사

못 위에 바람이 있는 모습이 중부中孚괘의 모습이다. 바람이 불면 파랑이 일 듯이 성실함이 있으면 사람을 감동시킨다. 중부괘의 모습은 인간의 내면의 성실함에 관한 것이요, 우주생명의 잉태에 관한 것이다. 삐약거리는 병아리의 모습의 진실성을 우주생명의 상징으로 느낀다. 군자는 이러한 중부괘의 모습을 본받아(以) 인간의 생명을 말살시키는 옥사에 관해 신중하게 논의해야 한다. 특히 사형은 한번 집행되면 되돌이킬 수가 없고 주변의 많은 사람에게 피해를 입히게 된다. 중부의 허虛한 마음을 가지고 연민의 정을 살려, 사형의 죄를 경감시키는 그러한 인仁한 마음을 베풀도록 노력해야 한다.

괘사

中孚。豚魚, 吉。利涉大川。利貞。
중 부 돈 어 길 리 섭 대 천 리 정

내면의 성실성만 보장된다고 하면(中孚), 하느님께 제사지내는 상에 올려놓는 가장 서민적이고 가장 단순한 제물인 돼지고기 한 점과 물고기 한 마리만 전헌奠獻해도(豚魚) 하느님은 기쁘게 상향尙饗하신다. 吉하다.

이렇게 진실한 중부의 시기에는 과감하게 전진하는 것이 이롭다(利涉大川). 사업이 성공할 것이다. 하느님께 뜻을 물으면 이롭다(利貞).

효사 初九: 虞, 吉。有他, 不燕。
초구 우 길 유타 불연

初九는 지금 신실한 시대에 있다. 初九는 양효로서 양위에 있으니 位가 正하고, 그 뜻이 정의롭다. 六四와 잘 應한다. 六四는 유순하며 位가 正하다. 初九의 입장에서는 쉽게 六四에게 갈 수 있다. 그러나 그러한 여건을 쉽게 받아들이면 안된다(단순한 應의 관계에서 판단할 수 없다). 중부의 시대일수록 사람을 믿을 수 있는지, 없는지를 신중히 헤아려야 한다(虞).

初九는 인간관계의 시발점이다. 그 내용은 매우 간결하다. 사람을 믿을 것인가에 관해서는 신중히 고려하여 판단하면 吉하다. 그러나 한번 마음을 주면 일정하게 지조를 지켜야 한다. 타인에게 마음을 옮기면(有他), 몸과 마음이 편안치 못하리라(不燕: 연거燕居하지 못한다).

九二: 鳴鶴在陰。其子和之。我有好爵, 吾與爾靡之。
구이 명학재음 기자화지 아유호작 오여이미지

九二는 양강하지만 음효의 자리에 있다. 그러나 不正하다고 말할 수 없다. 九二는 하괘 태兌의 중심中心이며 양효이기 때문에 실實하다. 실함이 오히려 중부中孚(가운데가 진실함)가 되는 것이다. 그리고 九五와도 통한다. 九五는 본시 中正하며 전체 괘의 중심이다. 上卦 손巽의 中이며 九二와 같이 양실陽實하다. 이 효사에서 "나(我, 吾)"는 당연히 九二 자신이다. "너爾"는 나와 공명하는 불특정 다수이다. 九五에 한정하는 것은 별로 재미가 없다. 이 효사는 한 편의 시이다. 시적으로 해석함이 옳다.

아~ 그늘에 가려
보이지 않는 저 에미 학이
우는구나(鳴鶴在陰)**.**
멀리 있는 새끼가 그 소리만
듣고도 화답하네
엄마 나 잘 있어(其子和之)**.**
중부中孚의 친구들이여!
나에게 아름다운 술잔이 있고
귀신이 탐내는 향기 드높은 술이 있소(我有好爵)**.**
나 그대들과 더불어
술잔을 같이 기울이고 싶소(吾與爾靡之)**.**

이 효사의 시적 경지는 언어 이전의 느낌의 교감을 강조하고 있다. 어미와 새끼의 느낌의 공명이야말로 중부中孚의 핵심적 이미지이다.

六三: 得敵。或鼓或罷。或泣或歌。
육삼 득적 혹고혹파 혹읍혹가

六三은 음유하며 不中不正의 小人이다. 三은 불안한 자리, 상괘로 진격을 시도한다. 그러나 六四가 그의 진격을 막고 있다. 같은 음효래서 相比하지 않는다. 六四는 初九와 應하고 六三은 본시 上九와 應한다. 三과 四는 친해질 건덕지가 없다. 그래서 六四는 그의 진로를 막는 강력한 적敵으로 나타난다(得敵).

북을 치고 전진하여 승리하는 듯이 보였다가는 다시 대패하여 퇴각하고 만다(或鼓或罷). 적의 역습으로 섬멸될까봐 두려워 울기도 하다가 적의 공격이 멈추면 안심하고 노래를 부르는(或泣或歌) 불안한 모습이 묘사되고 있다.

六三은 양위에 음효이며 그 位가 正하지 않다. 근본적으로 그 마음에 성誠이 없고 절조節操가 없다. 不正하며 조동躁動한다. 사탕발림의 언설만을 남발하며 감정의 기복이 심한, 중부中孚의 정신에서 벗어나는 한 인간의 비애로운 삶을 그리고 있다.

六四: 月幾望。馬匹亡。无咎。
육사 월기망 마필망 무구

"월기망月幾望"은 소축小畜 上九, 귀매歸妹 六五에 나왔다. 여기서는 "보름달에 가까운 달"이라는 이미지는 "군위君位에 가장 가까운 일꾼"의 뜻이다.

"필匹"은 수레에 한 짝으로 쓰이는 두 마리의 말이다. 여기서는 정응하는 六四와 初九, 한 짝의 말이다. 그런데 六四는 용기있게 자기 짝인 初九를 단절시키고(馬匹亡) 오로지 九五만을 섬긴다. 사적인 정감을 단절시키고 대의大義를 구현하여 九五만을 섬김으로써 중부中孚를 이룩한다. 허물이 없다(无咎).

九五: 有孚攣如。无咎。
구오 유부련여 무구

"유부련여有孚攣如"는 소축小畜 九五에 같은 표현이 있다. 뜻도 대강 비슷하다. 九五는 상괘의 中이며, 양효로서 충실한 가운데이다. 상·하괘로 나누어 보면 九二와 九五는 내면이 실實한 중부中孚의 모습이다. 九五는 중부中孚의 주체로서 九二의 손을 잡아준다(有孚攣如). 하층민중의 갈망을 지원한다는 뜻이다. 훌륭한 지도자상이다. 유부有孚(내면의 성실함)하고 련여攣如(어려운 자들을 도와줌)하니 허물이 없다(无咎).

上九: 翰音登于天。貞, 凶。
상구 한음등우천 정 흉

上九는 내면적인 중부中孚의 덕德이 없는 자라고 말할 수는 없으나, 지나치게 꼭대기에 올라가 있어 아랫세상과 격절되어 있는 심볼리즘이다. 上九는 양강하며 不中不正하면서도, 또 九五天子의 上에 있다. 따라서 그는 자신의 아이덴티티를 객관화시키지 못하고 자신의 재력才力을 과신한다. 높은 자리에만 안락감을 느끼고 있다. 이것은 착각이다. 여기 "한음翰音"은 닭이다. 닭은 새벽을 어김없이 알려주기에 신물信物이라 했고 한음이라 했다. 그러나 닭은 어디까지나 땅의 존재다. 上九는 자기가 땅에 묶인 존재라는 것을 망각하고 자신의 높은 지위만을 고집하면서 하늘을 나르고 있는 새로 착각한다(翰音登于天). 그러나 닭은 하늘로 올라갈 수 없다. 예수도 천국은 땅에 임한다고 했다. 하늘로 올라가는 것은 착각이다. 하느님께 무엇을 물어보아도 다 凶할 뿐이다(貞, 凶).

높은 지위에 궁窮하여 변통變通을 망각하고 시세時勢에 위배되는 인간들의 꼬락서니를 그리고 있다.

62

간하艮下
진상震上

뢰산 소과 小過

The Overflow of the Small

象曰: 山上有雷, 小過。君子以行過乎恭, 喪過乎哀,
상 왈 산 상 유 뢰 소 과 군 자 이 행 과 호 공 상 과 호 애

用過乎儉。
용 과 호 검

산 위에 우레가 있는 모습이 소과괘의 괘상이다. 보통 우레는 땅속에서 울리는 것으로 인식되었지만, 실상 고대인들도 우레가 하늘에 떠있는 구름의 방전현상이라는 것을 대체적으로 알고 있었다. 그러니까 방전 그 자체는 작은 것이다. 그에 비하면 산은 거대한 것이다. 그럼에도 불구하고 우레라는 작은 것이 큰 것을 제압하고 울린다. 그래서 소과, 즉 작은 것의 큰 울림이라고 말한 것이다.

군자는 이러한 소과의 형상을 본받아(以) 소과의 삶을 살아야 한다. 소과의 삶이란 작은 것에 있어서도 지나칠 정도로 극도의 공손·절검하는 모습을 보이는 것이다. 군자는 소과의 형상을 본받아(以) 행동할 때는 지나치게 공손할 정도로 하고, 상을 당해서는 지나치게 슬플 정도로 하고, 씀씀이에 있어서는 지나치게 검약할 정도로 해야 한다(※ 그러나 여기 지나침은 작은 스케일의 지나침이다).

괘사 **小過, 亨, 利, 貞。可小事, 不可大事。飛鳥遺之音。**
소과 형 리 정 가소사 불가대사 비조유지음

不宜上, 宜下。大吉。
불의상 의하 대길

전체 괘상을 살펴보면 두 개의 양효가 적다고는 하지만 안쪽에 있고, 네 개의 음효가 많다고는 하지만 바깥에 걸려있다. 그러니까 내면의 강인한 중심은 흐트러지질 않는다는 뜻이다. 음이 밖에서 양을 따르고 있으니 대과大過일 수는 없고 소과小過라는 이야기다.

易이 지향하는 중용이란 생명의 역동적 체계이다. 그러니까 생명의 중용을 지키기 위해서는 작은 일에서는 과도함excess이 불가피하다는 것이다. 소절의 언발란스unbalance가 대절의 발란스balance를 생성하는 데 도움을 줄 수도 있는 것이다. 과·불급이 반드시 나쁜 것만은 아니다. 서양의 직선적 사유에서는 상상할 수도 없는 새로운 가치체계이다.

소과小過는 원형리정의 4덕목 중에 형·리·정 3덕을 향유한다. 64괘의 구성에 있어서 건곤과 기제미제의 자리는 선약先約된 것이다. 그러니까 소과야말로 64괘의 실제적 대미大尾이다. 이 시기에 우리는 제사를 지내 만인이 같이 하느님의 축복을 받아야 하고(亨), 이로운 일들을 많이 행하고(利), 미래에 관하여 하느님께 물음을 던져야 한다(貞). 소小의 과過를 말하고 있기 때문에 元의 덕목은 여기에 해당되지 않는다.

소과小過는 작은 일에만 허용될 수 있다(可小事: 소사에 可하다). 큰 스케일의 일에는 과실은 허용될 수 없다(不可大事).

갑자기 새 이야기가 나오는데 소과小過 괘상 전체를 보면 하늘을 높이 나르는 새의 모습이 있다. 三·四의 양효가 새의 몸뚱이고 一·二와 五·六의 음효는 펄펄 신나게 고공을 나르는 날개의 모습이다. 바람에 나부끼는 깃털의 형상이다. 나르는 새는 소리를 남긴다(飛鳥遺之音). 그러나 그 소리는 하늘을 향해 지르는 소리가 아니라 땅을 향해 퍼지는 소리다. 비조의 남기는 소리는 위로 올라가면 마땅치 아니하고(不宜上), 땅으로 내려와야 마땅하다(宜下). 새가 아무리 고공을 날아도 그 삶의 터전, 그 존재의 뿌리는 땅에 있다. 새는 하늘에서 자유를 얻지만 결국 땅의 생물이다. 날아가도 소리는 땅으로 내려온다. 그래야 吉하다.

예수의 천국사상의 핵심이 이미 고조선의 易에 내함內涵되어 있다는 것이 경이롭다. 서양의 역사가 말해온 천국天國(τῆς βασιλείας τοῦ θεοῦ: 막 1:15)은 예수의 사상과는 무관한 슬픈 픽션이다.

효사 **初六: 飛鳥以凶。**
초육 비조이흉

初六은 음유陰柔의 소인小人이다. 괘상으로 보아도 나르는 새의 날개의 끝단이다. 初六은 九四와 應한다. 그래서 날으고 싶어한다. 그러나 初六은 소과小過의 잘못을 저지르려 한다. 높이 올라갈 생각만 하고 내려옴의 지혜를 터득하지 못했다. 凶하다.

六二: 過其祖, 遇其妣。不及其君, 遇其臣。无咎。
육이 과기조 우기비 불급기군 우기신 무구

六二는 位가 中에 있고 正을 얻었다. 六二는 할아버지(九四)를 지나쳐 할머니(六五)를 만난다(過其祖, 遇其妣; 음효가 여성이라는 고정관념 때문에 생겨난 주석인데 그런 레퍼런스를 다 생략해도 무방하다). 할머니는 아무래도 더 친근하고, 말하기 편한 존재이다. 이것은 결과적으로 이런 의미가 된다: 만나야 할 임금에는 직접 미치지 못하고(不及其君) 그 신하를 만난(遇其臣) 격이다(할아버지는 君에, 할머니는 臣에 비유됨). 그러나 자애로운 할머니를 통해 더 정확하게 할아버지에게 메시지를 전할 수도 있다. 허물이 없다(无咎).

이것은 가정 내의 小事의 "지나침"의 한 사례를 가지고 국가대사의 밸런스를 논한 것이다. 소과小過의 한 케이스.

九三: 弗過防之, 從或戕之。凶。
구삼 불과방지 종혹장지 흉

九三은 양강하며 또 양위에 있으니 그 位가 正하다. 中을 벗어난 이 三의 자리는 본시 도약의 결단을 요구한다. 음효가 양효를 지나치는 이 괘에서는 九三의 도약을 방지하는 것은 그의 밑에 있는 初六과 六二의 소인세력이다.

"불과방지弗過防之, 종혹장지從或戕之"는 두 가지 해석방식이 있다. 1)소인들의 세력을 과격하게 방지하지 않는다면, 그들은 결국 九三을 죽이려 덤빌 것이다. 凶하다. 2)소인들의 세력을 과격하지 않게(이 괘에서는 양이 음을 이길 수 없다) 그러나 철저히 미연에 방지해야 한다. 그렇지 않으면 그들이 九三을 죽이려고 덤빌지도 모른다. 흉凶한 정국이다. 미연에 방지한다는 뜻은 양자에 공통이다.

九四: 无咎。弗過遇之。往厲必戒。勿用永貞。
구사 무구 불과우지 왕려필계 물용영정

九四는 원래 양강하여 적극적으로 활동하는 성품을 지녔기에 문제를 많이 일으킬 수 있는 재목이다. 그러나 음위에 있어 그의 양강한 성격이 완충이 된다. 그래서 처음에 "무구无咎"라는 말이 나온다. 양강의 재才가 유위柔位에 있어 재앙을 면한다는 뜻이다.

"불과우지弗過遇之"도 "之"를 누구로 보느냐에 따라 양종의 해석이 있다. 六五로 볼 때는 "뜻하지 않게 군주를 만난다"가 되고, 初六으로 보면 "과격하지 않게 初六을 맞이한다"는 뜻이 된다. 철없는 소인배를 잘 구슬리라는 의미이다.

누구에게 가든지(六五 또는 初六), 적극적으로 나아가 행동하는 것은 위태로운 상황을 초래할 것이다(往厲). 그러므로 반드시 계신戒愼해야 한다(必戒). 자기 생각만이 옳다고 생각하여 점을 치는 짓은 하지 말아야 한다(勿用永貞). 여기서 "영정永貞"의 "永"은 자기의 견해를 굳건히 고수한다는 뜻이다. 자신의 정의감에 고착되는 것은 좋지 않다.

六五: 密雲不雨, 自我西郊。公弋取彼在穴。
육오 밀운불우 자아서교 공익취피재혈

"밀운불우密雲不雨, 자아서교自我西郊"는 소축小畜의 괘사卦辭에 나왔다. 문의文義도 상통한다. 구름이 빽빽하게 들어섰지만 비가 내리지 않는다(密雲不雨). 답답한 상태이다. 구름이 음의 방향인 서쪽에서 왔기 때문에(自我西郊) 따스한 양기와 만나지 못해 비로 化하지 못하고 있는 것이다. 음양의 조화가 이루어지지 못하고 격절되어 있다.

六五는 음효로서 존위尊位에 있다. 약해빠진 힘없는 천자天子이다. "公"은 六五 본인이다. "익취弋取"는 "주살을 쏘아 그것을 나의 편으로 가져온다"는 뜻이다. 정주程朱는 "피彼"를 六二로 본다. 혈穴은 山 가운데 있는 구멍이고 그곳에 숨어있는 六二를 주살로 쏘아 데려온다는 뜻으로 해석한다. 六五와 六二는 본시 둘 다 음이래서 應하지 않는다. 그러나 억지로 데려온다는 뜻이 된다. 과연 감응도 없는 六二를 억지로 데려다가 뭘 할 것인가? 정주는 이 효사를 비극적으로 해석한다. "밀운불우"에서 그 의미맥락이 끝나는 것으로 본다. 산 속 구멍에 박혀있는 六二를 주살로 데려온들 비는 내리지 않는다. 민중에게 혜택이 가질 않는다.

하해何楷, 유염俞琰은 "재혈在穴"을 九三·九四의 양강한 실력자들을 가리킨다고 본다. 六五의 입장에서는 바로 아래에 있는 신하들의 조력을 얻어야만 은택을 天下에 베풀 수 있는 기회를 얻게 된다. 이 양강한 신하들을 데려오는 행위 자체가 소과小過의 한 사례가 된다. 九三·九四와 함께 비가 내리게 만들어 백성들이 은택을 입는다. 해피엔딩이다.

上六: 弗遇, 過之。飛鳥離之, 凶。是謂災眚。
상육 불우 과지 비조리지 흉 시위재생

上六은 음유한 小人이다. 능력도 없으면서 높은 자리만 안주하며 타인他人을 깔본다. 上六은 九三과 정응한다. 그러나 사이가 나쁘다. 九三은 上六을 소인으로 간주하여 복종치 않는다. 上六은 九三에 대하여 예를 갖추어 자기를 낮추며 모실 생각을 하지 않는다. 여기 "불우弗遇"라는 것은 만나야 할 사람을 만나지 않는다는 뜻이다. 上六은 소과괘小過卦의 陰의 성세盛勢만 믿고 九三을 깔보며 높게만 올라가버린다(過之). 그러나 이 소과괘의 분위기에서는 하늘 높이 나는 새는 주살에 맞기만 할 뿐이다(飛鳥離之: "離"는 려麗, 리罹, 라羅의 뜻. 화살이나 그물에 걸린다는 뜻).

높이 날아가는 것은 비극이다. 하늘나라는 존재하지 않는다. 비조飛鳥가 주살에 맞은 것은 凶하다. 그것을 재災라 할 수도 있고 생眚이라 할 수도 있다. 災는 천재天災요, 생眚은 인재人災다.

64괘 순환의 대미라 할 수 있는 소과小過는 "대인의 우환"으로 끝난다. 易이 우환이다.

63

리하離下 감상坎上 수화 기제 旣濟

The Finished, Completion, Perfection

象曰: 水在火上, 旣濟。君子以思患而豫防之。
상왈 수재화상 기제 군자이사환이예방지

물이 불 위에 있는 형상이 기제괘의 형상이다. 물이 불 위에 있으면 물은 불을 죽인다. 불이 물을 끓여 더운물을 쓸 수 있고 음식을 만들어 생명을 유지케 하는 그 문명의 비결은 솥이 있기 때문이다. 솥이 그 양자를 갈라놓고 각기 쓰임이 있도록 만들어주는 것이다. 그런데 솥에 구멍이 나면 나무아미타불이 되어버린다. 솥이 깨지거나 구멍이 나는 현상이 바로 여기서 말하는 "환患"이다. 군자는 이 환을 항상 생각하여 그런 일이 발생하기 전에 미리 방지한다 (「대상전」의 저자는 치자의 철저한 책임을 강조하고 있다).

괘사 旣濟, 亨, 小利, 貞。初吉終亂。
기제 형 소리 정 초길종란

이미 건넜다. 성취, 완성을 의미한다. 그러나 易에서는 완성은 불완전한 것이다. 하느님께 제사를 지내야 한다(亨). 이미 건넜기 때문에 대국은 완성되었다. 그래서 작은 것들에만 이로움이 있다. 작은 수확만 있는 것이다(小利). 그러나 완성에 만족치 말고 끊임없이 하느님께 물어라(貞). 그 물음에 대한 하느님의 대답은 처음에는 吉하지만 나중에는 亂하다. 모든 완성은 환란을 맞이한다. 易에서 완성은 비극이다. 완성은 일종一終일 뿐이다. 모든 것이 끝나는 영종永終이란 있을 수 없다. 종終의 란亂은 이미 초初의 길吉 속에 배태되어 있다. 天地는 오늘 시작하고 오늘 끝난다. 모든 완성은 새로운 시작을 위爲한 방편적 완성일 뿐이다. 기제는 미제로 가는 노정路程일 뿐이다.

효사 初九: 曳其輪。濡其尾。无咎。
초구 예기륜 유기미 무구

"제濟"의 의미가 본시 "물을 건넌다"는 뜻이므로, 初九 효사의 첫머리에 시내를 건너는 얘기가 나오는 것은 전혀 어색하지 않다. "예曳"라는 것은 수레바퀴를 역방향으로 돌려 못 나아가게 하는 것이다. 初九는 기제괘의 초효이며 미숙한 초짜이다. 그러나 양효로서 양위에 있으며 下卦의 리화염상離火炎上의 가능성을 내함하고 있으며 나아가려는 의지가 날카롭다. 그러나 初九는 건너가려는 수레의 바퀴를 역으로 돌린다(曳其輪). 여우는 보통 개울을 건널 때 꼬리를 위로 번쩍 치켜세우고 건너는데, 꼬리가 물에 잠기면(濡其尾) 건널 생각을 하지 않는다. 수레이건 여우꼬리이건 다 初九가 취해야 할 신중함에 관한 것이다. 모험을 감행하는 일에 관하여 극도의 신중한 태도를 취하는 것이 옳다는 것이다. 그렇게 신중해야 허물이 없다(无咎). 완성을 향해 가는 길은 신중할수록 좋다는 교훈을 발하는 효사이다.

六二: 婦喪其茀。勿逐, 七日得。
육이 부상기불 물축 칠일득

六二는 하괘 리離☲(불)의 주효이며 文明의 德이 있다. 六二는 종순중정從順中正의 이상적 자리에 있다. 뿐만 아니라 강건중정剛健中正의 九五와 正應한다. 六二를 꼭 九五의 부인으로 볼 필요는 없다. 유순한 덕성을 지닌 인재가 무엇인가 새로운 벤처를 하려고 할 때 외면당하는 현실을 그리고 있는 것이다. 六二의 모험은 민중의 새로움을 向한 갈망이다. 그러나 應하는 九五의 군주는 모든 일에 성공하였기 때문에(기제), 이미 쇠락의 길을 가고 있다. 새로운 모험에 관심이 없다. 들판의 현자들과 합세할 생각이 없다. 六二는 九五의 도움이 없이는 새로운 벤처를 감행할 수 없다.

효사의 작자는 이러한 정황을 문학적으로 표현했다. 부인이 가리개를 잃어버렸다. 六二의 인재를 부인에게 비유하여 말한 것일 뿐이다. 수레의 가리개가 없이 지체 높은 부인은 외출할 수가 없다. 六二가 행동의 제약을 당하게 되었다는 것을 표현한 말이다(婦喪其茀).

잃어버린 가리개를 찾으려고 사방팔방으로 쏴다닐 필요가 없다(勿逐). 제7일이 되면 가리개는 돌아온다(七日得: 6효가 한바퀴 도는 제7일). 다시 행동을 개시할 수 있게 된다는 뜻이다.

六二의 효사에는 완성에 내포하는 위험과 완성을 뛰어넘는 새로운 모험의 기획이 중첩되어 있다. 완성이 미완성의 도전성을 내포하지 않으면 그 완성은 고착되고 쇠락된다.

九三: 高宗伐鬼方。三年克之。小人勿用。
구삼　고종벌귀방　삼년극지　소인물용

九三은 양효로서 양위에 있으니 位가 正하다. 三의 자리는 中을 벗어나 있기 때문에 과강부중過剛不中하여 매사每事에 과격하게 임하는 성향이 있다.

고종이 귀방을 정복하는 데(高宗伐鬼方) 3년이라는 기나긴 세월이 걸렸다는(三年克之) 것은 역사적 위업을 과시하려는 얘기가 아니라, 무모한 정벌로 국력이 소모되고 국민의 삶이 피폐하게 되었다는 것을 고발하는 내용이다. 부질없는 짓은 할 필요가 없는 것이다. "소인물용小人勿用"은 또다시 소인小人으로 하여금 그런 짓을 못하게 하라는 뜻이다. 소인의 정복은 오로지 탐하고 분노하는 사사로운 뜻에 사로잡히는 부도덕한 행위일 뿐이다. 이 효사는 기제의 한 측면으로서 평화주의Pacifism를 표방하고 있다.

六四: 繻有衣袽。終日戒。
육 사 유 유 의 여 종 일 계

괘 자체가 건널 제濟 자를 이름으로 지니고 있기 때문에 배의 이미지가 나오는 것은 너무도 정당하다.

배가 샌다
가만히 앉아있을 수는 없다
옷이고 넝마고 솜이고(繻有衣袽)
닥치는 대로 주워모아 틈새를 막는다
그렇게 하루종일
틈새를 막으며 방비한다(終日戒)**.**

이 한 편의 詩가 말하는 모습이 旣濟의 참모습이다. 완성을 向한 길은 이렇게 계속 빵꾸가 난다. 끊임없이 방비, 계신하지 않으면 건널 수 없다.

六四는 상괘上卦의 제일 아래에 있는 효이며 九五의 군주를 모시고 있다. 국가의 안위를 걱정하고 환난을 방지해야만 한다. 上卦가 감坎, 물의 이미지, 험의 이미지. 배를 타고 건너가는 주제가 여기 삽입된 것은 너무도 절묘하다. 길吉이나 무구无咎 등의 평가어가 없다. 종일 계신해야만

하는 과정 속에 있기 때문이다. 배 바닥이 새는 것을 막으면서 갈 수 있다는 사실 자체만으로도 행운이다.

九五: 東鄰殺牛。不如西鄰之禴祭。實受其福。
구오 동린살우 불여서린지약제 실수기복

九五는 양강중정의 군주이고 六二는 같은 中正의 덕성을 지닌, 하괘(민중)에 속하는 소박한 인물이다.

東	西
陽	陰
九五	六二
東鄰	西鄰
盛祭	薄祭(禴祭)

동쪽 동네에서는
황소까지 잡으며 큰 제사를 올리네.
성제盛祭의 극치라네.
그러나 서쪽 동네에서는
검약하게 제사상을 차리고
오붓한 박제薄祭를 지내고 있네.
동쪽 제사가 아무리 성대하다 한들
서쪽의 약제禴祭만 못하다네.
실제로 그 복을 받는 것은
동쪽 제사가 아니라 서쪽 제사라네.

하느님은 완전보다 불완전을, 완성보다 미완성을 사랑하신다. 이것이 易의 궁극적 의미이다.

上六: 濡其首。厲。
상육 유기수 려

初九에 "여우의 꼬리"로 시작했는데, 마지막을 "여우의 머리"로 장식한다. 유기적 통일성이 있다. 初九에서 여우는 꼬리가 젖을까봐 조심하고 개울을 건너지 않았는데, 이 上六은 그 머리까지 적셨으니(濡其首) 그 위태로움이란 말할 수 없다. 上六은 음효이고 감坎☵의 최상위, 감험坎險의 궁극이다. 감괘의 형상을 잘 살펴보면 여우의 머리가 보일락말락 물에 젖어있는 상태에서 올라갔다 내려갔다 하면서 헤엄치고 있는 듯이 보인다. 해서는 아니되는 짓을 하고 있는 것이다. 上六은 개울을 건너서는 아니되는 인물이다. 꼴깍하기 직전이다. 위태롭다(厲)! 완성을 의미하는 기제괘가 려厲로 끝났다! 완성은 위태로운 사태이다. 완성은 영원한 미완성의 완성이 되어야 한다.

64

감하坎下
리상離上

화수 미제 未濟

The Unfinished, Incompletion, Imperfection

象曰：火在水上，未濟。君子以愼辨物居方。
상 왈 화재수상 미제 군자이신변물거방

불이 물 위에 있는 모습이 미제괘의 상이다. 다시 말해서 불이 위에 있고 물이 아래에 있으므로 양자는 서로 만나지 않는다. 불은 상위에 있으며 방위로 보면 남방이고 물은 하위에 있으며 방위로 보면 북방이다. 미제괘에 있어서는 이와같이 양자가 확실하게 구분된다. 군자는 이러한 미제괘의 모습을 본받아(以) 신중하게 사물을 분변分辨하고 제각기 있어야 할 장소에 사물이 있게 한다(居方). 군자와 소인의 쓰임을 확실히 구분하여 쓴다든가, 있어야 할 적재적소에 인재가 있게 하여, 고하가 어지럽혀지지 않도록 한다. 이렇게 변물거방辨物居方함으로써 미제의 상태를 벗어날 수 있는 것이다(※「계사」上1에도 "방이류취方以類聚, 물이군분物以群分。공간구성도 류에 따라 모여살고, 사물도 마음에 맞는 무리끼리 구분하여 살아간다"라는 말이 있다).

※ 대상전의 저자에게는 수승화강의 논리가 개입되어 있지 않다.

괘사 未濟, 亨。小狐汔濟。濡其尾。无攸利。
미제 형 소호흘제 유기미 무유리

건널 일이 아직 남아있다(未濟). 새로운 시작이다. 출발 전에 하느님께 제사를 지낸다(亨). 작은 여우가 거의(汔) 건넜다(小狐汔濟). 아뿔싸! 꼬리를 적시고 만다(濡其尾; 꼬리를 적심은 건너지 못했다는 뜻이다: 주희 해설). 개천의 심도를 미리 헤아리지 못했다. 이로울 바가 없다(无攸利). 미제괘의 전체 분위기가 밝지 못하다는 것을 암시하고 있다. 새로운 시작은 이와같이 어렵다.

효사 初六: 濡其尾。吝。
초육 유기미 린

初六은 미제괘의 최하위에 있으며 여우로 치면 꼬리에 해당된다. 음효이며 힘이 약하다. 미제의 여행을 감행하려 하나 힘이 없다. 그럼에도 시도한다. 새로운 시작이다. 결국 꼬리를 적시고, 건너는 데 실패하고 만다(濡其尾). 자신의 한계를 정확하게 파악하지 못했다. 아쉬움이 남는다(吝).

九二: 曳其輪。貞, 吉。
구이 예기륜 정 길

九二는 양강陽剛하면서도 음위陰位에 있다. 그러면서도 하괘의 중앙에 있어 중용의 미덕이 있다. 미제의 괘는 어려운 시대를 상징한다. 불과 물이 만나지 못하니 모든 것이 빈곤하고 빈약하다. 6개의 효 전체가 位가 不正하다. 전 괘의 중심인 六五 군君은 음효이며 힘이 약하다. 그나마 기댈 곳이 應하는 九二밖에 없다. 그래서 九二에게 도움을 청한다. 이러한 상황에서는 九二가 반란을 일으키기 쉽다. 六五를 장악해버리는 것이다. 그러나 九二는 位가 不正해도 中의 덕이 강하다. 中의 덕이 不正을 상쇄시킨다(정이천 주석).

"예기륜曳其輪"이라는 것은 바퀴를 뒤로 돌린다는 뜻이지만, 여기서는 자신의 욕망을 절제하고 망진妄進하지 않는다는 뜻이다. 대의를 위하여 六五의 君을 잘 보좌하여 국난을 극복해나간다. 용감하고 굳센 九二여! 하느님께 그대의 가상한 행동에 관해 묻고 기도하라(貞)! 吉할 것이다.

六三: 未濟。征凶。利涉大川。
육삼 미제 정흉 리섭대천

六三은 감坎괘 간난의 최상위에 있다. "미제未濟"는 "아직 건너지 않았다(못했다)"는 뜻으로 기제 이후의 새로운 시작을 의미한다. 미제의 시대에 용감히 앞으로 나아간다는 것은 흉운을 감수해야만 한다(征凶). 그러나 이럴 때일수록 대천을 건너는 새로운 모험을 감행하는 데 이로움이 있다(利涉大川). 정흉征凶과 이섭대천利涉大川이 상치되는 듯하지만, 그렇게 바라보는 것은 협애한 생각이다. 정흉征凶은 객관적인 판단이고 이섭대천利涉大川은 주체적인 결단이다. 미제未濟의 시대일수록 대천大川을 섭涉하는 자들이 많아야 한다. 격려의 뜻을 내포하고 있다.

九四: 貞吉, 悔亡。震用伐鬼方。三年有賞于大國。
구사 정길 회망 진용벌귀방 삼년유상우대국

九四는 양강하며 음위에 있어 그 位가 正하지 않다. 후회스러운 일이 많은 자리이지만 九四의 단계는 점점 미제未濟(모든 것이 無感apathy)의 상황이 극복되어가고 있다. 험난의 감坎괘를 떠나 밝음의 리離괘로 들어와 있다. 이러한 시대에 九四는 점을 친다. 하느님께 나라의 운명에 관해 묻는다. 吉하다! 九四의 신실함으로 회한스러운 일들이 사라진다(悔亡).

九四는 무용을 떨쳐(震) 귀방鬼方을 정벌한다(震用伐鬼方). 三年의 간고의 과정을 통해 겨우 극복한다. 대군大君(=大國)으로부터 노고를 치하

받는다(三年有賞于大國). 九四는 미제를 탈출해가는 과정을 서술하고 있다.

六五: 貞, 吉。无悔。君子之光。有孚。吉。
육오 정 길 무회 군자지광 유부 길

六五 역시 不正하지만 상괘의 中央에 있으며 존위尊位의 中庸을 지키고 있다. 九二의 剛中한 현인賢人과 음양상응하고 있으며 충직한 대신 九四와도 음양상비하고 있다. 그는 리離☲의 주효이니, 문명의 주체다. 離괘의 가운데가 虛한 것처럼 마음이 허하다. 그래서 모든 사람들의 보좌와 충언을 수용한다. 지도자로서 캐패시티가 큰 인물이다. 六五는 하느님께 국가의 운명에 관해 물음을 던진다(貞). 吉하다. 후회스러운 일들이 모두 사라진다(悔亡). 밝음(離明)의 주체로서 광채 나는 군자의 모습이다(君子之光). 허황된 광채가 아니라 진실과 신험이 있는 광채이다(有孚). 吉하다.

이 효사는 과연 무엇을 뜻하는가? "초란종길初亂終吉"을 말하고 있다. 기제旣濟는 "종란終亂"을 경고했다. 그러나 미제未濟는 새로운 시작이다. 모든 것이 격리되고 화합되지 않은 어려운 시대이므로 종길終吉의 격려를 말하고 있는 것이다. 易의 순환이 끝나가는 이 시점에서 화수미제의 비극을 말하는 동시에 새로운 음양상응의 가능성을 말한다. 易은 변화이며, 변화는 순환이며, 순환의 핵심은 중용이며, 중용의 핵심은 영원한 자기변혁에 있다는 것을 말하고 있는 것이다. 중용의 발란스는 끊임없는 환란患亂의 언발란스를 통하여 달성되는 것이다. 未濟(끝나지 않음)야말로 찬란한 군자지광君子之光이며 문명(밝음)의 추뉴樞紐인 것이다.

上九: 有孚于飮酒。无咎。濡其首, 有孚失是。
상구 유부우음주 무구 유기수 유부실시

이제 미제未濟의 불안이 사라져가고 있다. 많은 주석가들이 미제에서 다시 기제로 간다는 논리를 펴는데, 그것은 역의 본질을 망각한 망언이다.

미제는 열린 종말이며 64괘의 새로운 출발이다. 上九는 未濟의 종극終極인 동시에 384효의 끝나지 않는 종언終焉이다.

여기 나오는 "음주飮酒"를 대부분의 주석가들이 미제의 불안이 끝난 무위의 군자가 홀로 지난날을 관조하면서 조용히 술 마시는 분위기로 해석한다. 넌센스다! 고조선 易의 본질을 망각한 망언이다. 음주는 홀로만의 관조적인 취함이 아니라 國中大會의 음주가무飮酒歌舞이다. 生生之易의 순환의 희열을 향유하는 여민동락與民同樂의 "술마심"이다. 이 "술마심"에는 천지대자연의 성실함이 들어가 있다(有孚于飮酒). 술 한 방울이 천지의 지성至誠의 결정結晶이다. 여기 이 술은 384효의 음양의 조화를 체험한 인간이 마시는 天地의 至誠이다. 이 술마심에는 당연히 허물이 없다(无咎).

그러나 술을 마셔도 술독에 빠진 여우가 머리를 적시듯이 고주망태가 되면, 바로 여기에서 천지의 성실함을 상실하고 마는 것이다(濡其首, 有孚失是). 술마심이란 천지와 내가 하나가 되는 무아의 경지이다. 이 무아의 경지에 절대적으로 필요한 것은 "절제"이다.

절제란 무엇인가? 그것은 천지의 리듬을 체화하는 것이다. 일음일양지도는 오직 절제하는 몸에서만 구현되는 것이다. 일음일양의 도를 아는 것은 절제의 리듬을 아는 것이다. 성誠을 체화하고, 변화變化 속의 중용을 체득하고, 모든 살아있는 생명체의 기쁨을 공유하고, 유연悠然하게 술을 마시며, 존재의 열락을 민중과 분유하고, 64괘 384효의 순환을 조용히 응시하는 삶이야말로 易이 우리에게 가르치고 있는 삶인 것이다.

모든 유일신과 초월과 발전과 진보와 영종永終의 픽션은 이제 꺼져라! 조용히 사라져라!

乾	坤	屯	蒙	需	訟	師	比	小畜	履
【1】	【2】	【3】	【4】	【5】	【6】	【7】	【8】	【9】	【10】
泰	否	同人	大有	謙	豫	隨	蠱	臨	觀
【11】	【12】	【13】	【14】	【15】	【16】	【17】	【18】	【19】	【20】
噬嗑	賁	剝	復	无妄	大畜	頤	大過	坎	離
【21】	【22】	【23】	【24】	【25】	【26】	【27】	【28】	【29】	【30】
咸	恒	遯	大壯	晉	明夷	家人	睽	蹇	解
【31】	【32】	【33】	【34】	【35】	【36】	【37】	【38】	【39】	【40】
損	益	夬	姤	萃	升	困	井	革	鼎
【41】	【42】	【43】	【44】	【45】	【46】	【47】	【48】	【49】	【50】
震	艮	漸	歸妹	豐	旅	巽	兌	渙	節
【51】	【52】	【53】	【54】	【55】	【56】	【57】	【58】	【59】	【60】
中孚	小過	旣濟	未濟						
【61】	【62】	【63】	【64】						

乾(天)	坤(地)	震(雷)	巽(風)	坎(水)	離(火)	艮(山)	兌(澤)
☰	☷	☳	☴	☵	☲	☶	☱
父 아버지	母 엄마	長男 장남	長女 장녀	中男 중남	中女 중녀	少男 소남	少女 소녀
健 씩씩함 힘 있다	順 순함 따름	動 움직임	入 들어감	陷 위태로움 빠짐	麗 빛남 붙음	止 그침	說 기쁨 만족

01 重天 ䷀ 乾

象曰: 天行, 健。君子以自彊不息。

괘사 乾, 元, 亨, 利, 貞。

初九: 潛龍, 勿用。

九二: 見龍在田, 利見大人。

九三: 君子終日乾乾, 夕惕若, 厲, 无咎。

九四: 或躍在淵, 无咎。

九五: 飛龍在天, 利見大人。

上九: 亢龍有悔。

用九: 見群龍无首, 吉。

02 重地 ䷁ 坤

象曰: 地勢, 坤。君子以厚德載物。

괘사 坤: 元, 亨, 利, 牝馬之貞。君子有攸往, 先迷, 後得主, 利。西南得朋, 東北喪朋。安貞, 吉。

初六: 履霜, 堅冰至。

六二: 直, 方, 大。不習无不利。

六三: 含章可貞。或從王事, 无成有終。

六四: 括囊。无咎, 无譽。

六五: 黃裳, 元吉。

上六: 龍戰于野, 其血玄黃。

用六: 利, 永貞。

03

水雷 ䷂

屯

象曰: 雲雷, 屯。君子以經綸。

괘사 屯, 元, 亨, 利, 貞。勿用有攸往。利建侯。

初九: 磐桓, 利居貞, 利建侯。

六二: 屯如, 邅如。乘馬班如, 匪寇, 婚媾。
女子貞, 不字。十年乃字。

六三: 即鹿无虞, 惟入于林中。君子幾, 不如舍。往, 吝。

六四: 乘馬班如, 求婚媾。往, 吉。无不利。

九五: 屯其膏。小貞吉, 大貞凶。

上六: 乘馬班如, 泣血漣如。

04

山水 ䷃

蒙

象曰: 山下出泉, 蒙。君子以果行育德。

괘사 蒙, 亨。匪我求童蒙, 童蒙求我。初筮, 告。
再三, 瀆。瀆則不告。利貞。

初六: 發蒙。利用刑人, 用說桎梏。以往, 吝。

九二: 包蒙, 吉。納婦, 吉。子, 克家。

六三: 勿用取女。見金夫, 不有躬。无攸利。

六四: 困蒙, 吝。

六五: 童蒙, 吉。

上九: 擊蒙。不利爲寇, 利禦寇。

05

水天 ䷄

需

象曰: 雲上於天, 需。君子以飮食宴樂。

괘사 需, 有孚。光亨。貞吉。利涉大川。

初九: 需于郊。利用恒, 无咎。

九二: 需于沙, 小有言, 終吉。

九三: 需于泥。致寇至。

六四: 需于血。出自穴。

九五: 需于酒食。貞吉。

上六: 入于穴。有不速之客三人來, 敬之。終吉。

06 天水 ䷅ 訟

象曰: 天與水違行, 訟。君子以作事謀始。

괘사 訟, 有孚, 窒。惕, 中, 吉。終, 凶。

利見大人, 不利涉大川。

初六: 不永所事, 小有言, 終吉。

九二: 不克訟。歸而逋, 其邑人三百戶, 无眚。

六三: 食舊德。貞, 厲, 終吉。或從王事, 无成。

九四: 不克訟。復卽命, 渝安。貞, 吉。

九五: 訟, 元吉。

上九: 或錫之鞶帶, 終朝三褫之。

07 地水 ䷆ 師

象曰: 地中有水, 師。君子以容民畜衆。

괘사 師, 貞。丈人吉。无咎。

初六: 師出以律, 否臧, 凶。

九二: 在師, 中。吉, 无咎。王三錫命。

六三: 師或輿尸, 凶。

六四: 師左次, 无咎。

六五: 田有禽, 利執言, 无咎。長子帥師, 弟子輿尸, 貞凶。

上六: 大君有命。開國承家, 小人勿用。

08 水地 ䷇ 比

象曰: 地上有水, 比。先王以建萬國, 親諸侯。

괘사 比, 吉。原筮, 元。永貞, 无咎。不寧方來, 後夫凶。

初六: 有孚, 比之。无咎。有孚盈缶, 終來有他吉。

六二: 比之自內。貞, 吉。

六三: 比之, 匪人。

六四: 外, 比之。貞, 吉。

九五: 顯比。王用三驅, 失前禽。邑人不誡, 吉。

上六: 比之, 无首。凶。

09 象曰: 風行天上, 小畜。君子以懿文德。

風天 ䷈ 괘사 小畜, 亨。密雲不雨, 自我西郊。

小畜 初九: 復, 自道。何其咎。吉。

九二: 牽復, 吉。

九三: 輿說輻, 夫妻反目。

六四: 有孚。血去, 惕出, 无咎。

九五: 有孚, 攣如。富以其鄰。

上九: 旣雨, 旣處。尙德載, 婦貞, 厲。月, 幾望。君子征, 凶。

10 象曰: 上天下澤, 履。君子以辯上下, 定民志。

天澤 ䷉ 괘사 履虎尾, 不咥人, 亨。

履 初九: 素履, 往, 无咎。

九二: 履道坦坦。幽人, 貞, 吉。

六三: 眇能視, 跛能履。履虎尾, 咥人, 凶。武人爲于大君。

九四: 履虎尾。愬愬, 終吉。

九五: 夬履。貞, 厲。

上九: 視履。考祥其旋, 元吉。

11 象曰: 天地交, 泰。

地天 ䷊ 后以財成天地之道, 輔相天地之宜, 以左右民。

泰 괘사 泰, 小往大來。吉, 亨。

初九: 拔茅茹, 以其彙。征, 吉。

九二: 包荒, 用馮河, 不遐遺, 朋亡。得尙于中行。

九三: 无平不陂, 无往不復。艱貞, 无咎。勿恤其孚。于食有福。

六四: 翩翩, 不富, 以其鄰。不戒以孚。

六五: 帝乙歸妹, 以祉。元吉。

上六: 城復于隍, 勿用師。自邑告命。貞, 吝。

12 象曰: 天地不交, 否。君子以儉德辟難, 不可榮以祿。

天地 ䷋ 괘사 否之匪人, 不利君子貞。大往小來。

否 初六: 拔茅茹。以其彙貞, 吉。亨。

六二: 包承。小人吉, 大人否, 亨。

六三: 包羞。

九四: 有命, 无咎。疇離祉。

九五: 休否, 大人, 吉。其亡其亡, 繫于苞桑。

上九: 傾否。先否後喜。

13 象曰: 天與火, 同人。君子以類族辨物。

天火 ䷌ 괘사 同人于野, 亨。利涉大川。利君子貞。

同人 初九: 同人于門。无咎。

六二: 同人于宗, 吝。

九三: 伏戎于莽, 升其高陵, 三歲不興。

九四: 乘其墉, 弗克攻。吉。

九五: 同人, 先號咷而後笑。大師克, 相遇。

上九: 同人于郊, 无悔。

14 象曰: 火在天上, 大有。君子以遏惡揚善, 順天休命。

火天 ䷍ 괘사 大有, 元, 亨。

大有 初九: 无交害。匪咎。艱則无咎。

九二: 大車以載, 有攸往, 无咎。

九三: 公用亨于天子, 小人弗克。

九四: 匪其彭, 无咎。

六五: 厥孚交如, 威如, 吉。

上九: 自天祐之, 吉。无不利。

15 地山 ䷎ 謙

象曰: 地中有山, 謙。君子以裒多益寡, 稱物平施。

괘사 謙, 亨。君子有終。

初六: 謙謙君子, 用涉大川。吉。

六二: 鳴謙。貞, 吉。

九三: 勞謙君子, 有終, 吉。

六四: 无不利, 撝謙。

六五: 不富。以其鄰。利用侵伐。无不利。

上六: 鳴謙。利用行師, 征邑國。

16 雷地 ䷏ 豫

象曰: 雷出地奮, 豫。

先王以作樂崇德, 殷薦之上帝, 以配祖考。

괘사 豫, 利建侯。行師。

初六: 鳴豫, 凶。

六二: 介于石, 不終日。貞, 吉。

六三: 盱豫。悔遲, 有悔。

九四: 由豫。大有得。勿疑。朋盍簪。

六五: 貞, 疾。恆不死。

上六: 冥豫成。有渝, 无咎。

17 澤雷 ䷐ 隨

象曰: 澤中有雷, 隨。君子以嚮晦入宴息。

괘사 隨, 元, 亨, 利, 貞。无咎。

初九: 官有渝。貞, 吉。出門交, 有功。

六二: 係小子, 失丈夫。

六三: 係丈夫, 失小子, 隨有求得。利居, 貞。

九四: 隨, 有獲。貞, 凶。有孚, 在道, 以明。何咎。

九五: 孚于嘉。吉。

上六: 拘係之, 乃從維之。王用亨于西山。

18

山風 ䷑

蠱

象曰: 山下有風, 蠱。君子以振民育德。

괘사 蠱, 元亨。利涉大川。先甲三日, 後甲三日。

初六: 幹父之蠱, 有子, 考无咎。厲終吉。

九二: 幹母之蠱, 不可貞。

九三: 幹父之蠱。小有悔, 无大咎。

六四: 裕父之蠱, 往, 見吝。

六五: 幹父之蠱。用譽。

上九: 不事王侯。高尚其事。

19

地澤 ䷒

臨

象曰: 澤上有地, 臨。君子以教思无窮, 容保民无疆。

괘사 臨, 元, 亨, 利, 貞。至于八月, 有凶。

初九: 咸臨。貞, 吉。

九二: 咸臨, 吉。无不利。

六三: 甘臨, 无攸利。旣憂之, 无咎。

六四: 至臨。无咎。

六五: 知臨, 大君之宜。吉。

上六: 敦臨, 吉。无咎。

20

風地 ䷓

觀

象曰: 風行地上, 觀。先王以省方, 觀民, 設教。

괘사 觀, 盥而不薦。有孚, 顒若。

初六: 童觀。小人, 无咎; 君子, 吝。

六二: 闚觀。利女貞。

六三: 觀我生, 進退。

六四: 觀國之光。利用賓于王。

九五: 觀我生。君子无咎。

上九: 觀其生。君子无咎。

21 象曰: 雷電, 噬嗑。先王以明罰勑法。

火雷 ䷔ 괘사 噬嗑, 亨。利用獄。

噬嗑 初九: 屨校, 滅趾。无咎。

六二: 噬膚, 滅鼻, 无咎。

六三: 噬腊肉, 遇毒。小吝, 无咎。

九四: 噬乾胏, 得金矢。利艱貞, 吉。

六五: 噬乾肉, 得黃金。貞, 厲。无咎。

上九: 何校, 滅耳。凶。

22 象曰: 山下有火, 賁。君子以明庶政, 无敢折獄。

山火 ䷕ 괘사 賁, 亨。小。利有所往。

賁 初九: 賁其趾。舍車而徒。

六二: 賁其須。

九三: 賁如, 濡如。永貞。吉。

六四: 賁如皤如, 白馬翰如。匪寇, 婚媾。

六五: 賁于丘園。束帛戔戔。吝, 終吉。

上九: 白賁, 无咎。

23 象曰: 山附於地, 剝。上以厚下, 安宅。

山地 ䷖ 괘사 剝, 不利有攸往。

剝 初六: 剝牀以足。蔑, 貞。凶。

六二: 剝牀以辨。蔑, 貞, 凶。

六三: 剝之, 无咎。

六四: 剝牀以膚, 凶。

六五: 貫魚, 以宮人寵。无不利。

上九: 碩果不食。君子得輿, 小人剝廬。

24 地雷 ䷗ 復

象曰: 雷在地中, 復。先王以至日閉關, 商旅不行。后不省方。

괘사 復, 亨。出入无疾, 朋來无咎。反復其道, 七日來復。利有攸往。

初九: 不遠復。无祗悔。元吉。

六二: 休復, 吉。

六三: 頻復, 厲。无咎。

六四: 中行, 獨復。

六五: 敦復。无悔。

上六: 迷復, 凶。有災眚。用行師, 終有大敗, 以其國君, 凶。至于十年不克征。

25 天雷 ䷘ 无妄

象曰: 天下雷行, 物與无妄。先王以茂對時, 育萬物。

괘사 无妄, 元, 亨, 利, 貞。其匪正, 有眚。不利有攸往。

初九: 无妄。往, 吉。

六二: 不耕穫, 不菑畬。則利有攸往。

六三: 无妄之災。或繫之牛, 行人之得, 邑人之災。

九四: 可貞。无咎。

九五: 无妄之疾。勿藥有喜。

上九: 无妄, 行, 有眚。无攸利。

26 山天 ䷙ 大畜

象曰: 天在山中, 大畜。君子以多識前言往行, 以畜其德。

괘사 大畜, 利貞。不家食, 吉。利涉大川。

初九: 有厲。利已。

九二: 輿說輹。

九三: 良馬逐。利艱貞。曰閑輿衛, 利有攸往。

六四: 童牛之牿, 元。吉。

六五: 豶豕之牙。吉。

上九: 何天之衢! 亨。

27 山雷 頤

象曰: 山下有雷, 頤。君子以愼言語, 節飮食。

괘사 頤, 貞, 吉。觀頤, 自求口實。

初九: 舍爾靈龜, 觀我, 朶頤。凶。

六二: 顚頤, 拂經。于丘, 頤。征, 凶。

六三: 拂頤。貞, 凶。十年勿用。无攸利。

六四: 顚頤。吉。虎視眈眈, 其欲逐逐, 无咎。

六五: 拂經。居貞, 吉。不可涉大川。

上九: 由頤。厲, 吉。利涉大川。

28 澤風 大過

象曰: 澤滅木, 大過。君子以獨立不懼, 遯世无悶。

괘사 大過, 棟橈。利有攸往。亨。

初六: 藉用白茅。无咎。

九二: 枯楊生稊。老夫, 得其女妻。无不利。

九三: 棟橈。凶。

九四: 棟隆, 吉。有它, 吝。

九五: 枯楊生華。老婦得士夫。无咎无譽。

上六: 過涉滅頂, 凶。无咎。

29 重水 坎

象曰: 水洊至, 習坎。君子以常德行, 習敎事。

괘사 習坎, 有孚。維心亨。行, 有尙。

初六: 習坎。入于坎窞。凶。

九二: 坎有險, 求小得。

六三: 來之坎坎。險且枕(沈)。入于坎窞。勿用。

六四: 樽酒, 簋貳, 用缶。納約自牖。終无咎。

九五: 坎不盈。祗旣平。无咎。

上六: 係用徽纆, 寘于叢棘。三歲不得。凶。

30 象曰: 明兩作, 離。大人以繼明, 照于四方。

重火 ䷝

離

괘사 離, 利, 貞, 亨。畜牝牛。吉。

初九: 履錯然。敬之。无咎。

六二: 黃離。元吉。

九三: 日昃之離。不鼓缶而歌, 則大耋之嗟。凶。

九四: 突如, 其來如! 焚如, 死如, 棄如。

六五: 出涕沱若。戚, 嗟若。吉。

上九: 王用出征。有嘉, 折首。獲匪其醜。无咎。

31 象曰: 山上有澤, 咸。君子以虛受人。

澤山 ䷞

咸

괘사 咸, 亨, 利, 貞。取女, 吉。

初六: 咸其拇。

六二: 咸其腓, 凶。居, 吉。

九三: 咸其股。執其隨。往, 吝。

九四: 貞, 吉。悔, 亡。憧憧往來, 朋從爾思。

九五: 咸其脢。无悔。

上六: 咸其輔頰舌。

32 象曰: 雷風, 恆。君子以立, 不易方。

雷風 ䷟

恆

괘사 恆, 亨。无咎。利。貞。利有攸往。

初六: 浚, 恆。貞, 凶。无攸利。

九二: 悔亡。

九三: 不恆其德。或承之羞。貞, 吝。

九四: 田, 无禽。

六五: 恆其德。貞。婦人吉。夫子凶。

上六: 振, 恆。凶。

33 象曰: 天下有山, 遯。君子以遠小人, 不惡而嚴。

天山

遯

괘사 遯。亨。小利貞。

初六: 遯尾。厲。勿用有攸往。

六二: 執之用黃牛之革。莫之勝說。

九三: 係遯。有疾, 厲。畜臣妾, 吉。

九四: 好遯。君子吉, 小人否。

九五: 嘉遯。貞, 吉。

上九: 肥遯。无不利。

34 象曰: 雷在天上, 大壯。君子以非禮弗履。

雷天

大壯

괘사 大壯。利。貞。

初九: 壯于趾。征, 凶。有孚。

九二: 貞, 吉。

九三: 小人用壯, 君子用罔。貞, 厲。羝羊觸藩, 羸其角。

九四: 貞, 吉。悔亡。藩決不羸。壯于大輿之輹。

六五: 喪羊于易。无悔。

上六: 羝羊觸藩, 不能退, 不能遂。无攸利。艱則吉。

35 象曰: 明出地上, 晋。君子以自昭明德。

火地

晋

괘사 晉, 康侯用錫馬蕃庶。晝日三接。

初六: 晋如摧如。貞, 吉。罔孚, 裕, 无咎。

六二: 晋如愁如。貞, 吉。受茲介福于其王母。

六三: 衆允。悔亡。

九四: 晋如, 鼫鼠。貞, 厲。

六五: 悔亡。失得勿恤。往, 吉。无不利。

上九: 晋其角。維用伐邑。厲, 吉。无咎。貞, 吝。

36 地火 ䷣ 明夷

象曰: 明入地中, 明夷。君子以涖衆, 用晦而明。

괘사 明夷。利艱貞。

初九: 明夷于飛, 垂其翼。君子于行, 三日不食。
有攸往, 主人有言。

六二: 明夷。夷于左股。用拯馬壯, 吉。

九三: 明夷。于南狩, 得其大首。不可疾, 貞。

六四: 入于左腹。獲明夷之心。于出門庭。

六五: 箕子之明夷。利貞。

上六: 不明, 晦。初登于天, 後入于地。

37 風火 ䷤ 家人

象曰: 風自火出, 家人。君子以言有物, 而行有恆。

괘사 家人, 利女貞。

初九: 閑有家。悔亡。

六二: 无攸遂。在中饋。貞, 吉。

九三: 家人嗃嗃。悔厲, 吉。婦子嘻嘻, 終吝。

六四: 富家。大吉。

九五: 王假有家。勿恤, 吉。

上九: 有孚威如, 終吉。

38 火澤 ䷥ 睽

象曰: 上火下澤, 睽。君子以同而異。

괘사 睽, 小事, 吉。

初九: 悔亡。喪馬, 勿逐。自復。見惡人, 无咎。

九二: 遇主于巷。无咎。

六三: 見輿曳。其牛掣。其人天且劓, 无初有終。

九四: 睽孤。遇元夫。交孚。厲, 无咎。

六五: 悔亡。厥宗, 噬膚。往, 何咎。

上九: 睽孤。見豕負塗。載鬼一車。先張之弧, 後說之弧。
匪寇, 婚媾。往遇雨, 則吉。

39
水山 ䷦
蹇

象曰: 山上有水, 蹇。君子以反身脩德。

괘사 蹇, 利西南, 不利東北。利見大人。貞, 吉。

初六: 往蹇, 來譽。

六二: 王臣蹇蹇。匪躬之故。

九三: 往蹇, 來反。

六四: 往蹇, 來連。

九五: 大蹇。朋來。

上六: 往蹇, 來碩。吉。利見大人。

40
雷水 ䷧
解

象曰: 雷雨作, 解。君子以赦過宥罪。

괘사 解, 利西南。无所往, 其來復吉。有攸往, 夙。吉。

初六: 无咎。

九二: 田獲三狐, 得黃矢。貞, 吉。

六三: 負且乘。致寇至。貞, 吝。

九四: 解而拇。朋至, 斯孚。

六五: 君子維有解。吉。有孚于小人。

上六: 公用射隼于高墉之上。獲之, 无不利。

41
山澤 ䷨
損

象曰: 山下有澤, 損。君子以懲忿窒欲。

괘사 損, 有孚。元吉。无咎。可貞。利有攸往。曷之用。二簋可用。享。

初九: 已事遄往。无咎。酌損之。

九二: 利貞。征凶。弗損益之。

六三: 三人行, 則損一人。一人行, 則得其友。

六四: 損其疾。使遄, 有喜。无咎。

六五: 或益之, 十朋之。龜, 弗克違。元吉。

上九: 弗損益之。无咎。貞, 吉。利有攸往。得臣, 无家。

42 風雷 ䷩ 益

象曰: 風雷, 益。君子以見善則遷, 有過則改。

괘사 益, 利有攸往, 利涉大川。

初九: 利用爲大作。元吉。无咎。

六二: 或益之, 十朋之。龜, 弗克違。永貞, 吉。王用享于帝。吉。

六三: 益之。用凶事, 无咎。有孚, 中行。告公用圭。

六四: 中行。告公從。利用爲依, 遷國。

九五: 有孚惠心, 勿問元吉。有孚, 惠我德。

上九: 莫益之。或擊之。立心勿恆。凶。

43 澤天 ䷪ 夬

象曰: 澤上於天, 夬。君子以施祿及下, 居德則忌。

괘사 夬, 揚于王庭。孚號, 有厲。告自邑。
不利即戎。利有攸往。

初九: 壯于前趾。往不勝。爲咎。

九二: 惕號。莫夜有戎。勿恤。

九三: 壯于頄。有凶。君子夬夬。獨行遇雨。若濡有慍。无咎。

九四: 臀无膚, 其行次且。牽羊, 悔亡。聞言, 不信。

九五: 莧陸夬夬。中行, 无咎。

上六: 无號。終有凶。

44 天風 ䷫ 姤

象曰: 天下有風, 姤。后以施命誥四方。

괘사 姤, 女壯。勿用取女。

初六: 繫于金柅。貞, 吉。有攸往, 見凶。羸豕孚蹢躅。

九二: 包有魚。无咎。不利賓。

九三: 臀无膚, 其行次且, 厲无大咎。

九四: 包无魚。起, 凶。

九五: 以杞包瓜。含章。有隕自天。

上九: 姤其角, 吝。无咎。

45 象曰: 澤上於地, 萃。君子以除戎器, 戒不虞。

澤地 ䷬ 萃

괘사 萃, 亨。王假有廟。利見大人。亨。利貞。用大牲吉。利有攸往。

初六: 有孚不終。乃亂乃萃。若號, 一握爲笑。勿恤, 往无咎。

六二: 引, 吉。无咎。孚乃利用禴。

六三: 萃如, 嗟如。无攸利。往无咎。小吝。

九四: 大吉, 无咎。

九五: 萃有位。无咎。匪孚, 元, 永貞。悔亡。

上六: 齎咨涕洟, 无咎。

46 象曰: 地中生木, 升。君子以順德, 積小以高大。

地風 ䷭ 升

괘사 升, 元亨。用見大人。勿恤。南征, 吉。

初六: 允升。大吉。

九二: 孚乃利用禴。无咎。

九三: 升虛邑。

六四: 王用亨于岐山。吉。无咎。

六五: 貞, 吉。升階。

上六: 冥升。利于不息之貞。

47 象曰: 澤无水, 困。君子以致命遂志。

澤水 ䷮ 困

괘사 困, 亨。貞。大人吉, 无咎。有言, 不信。

初六: 臀困于株木。入于幽谷。三歲不覿。

九二: 困于酒食。朱紱方來。利用享祀。征凶。无咎。

六三: 困于石。據于蒺藜。入于其宮, 不見其妻。凶。

九四: 來徐徐。困于金車。吝。有終。

九五: 劓刖。困于赤紱。乃徐有說。利用祭祀。

上六: 困于葛藟, 于臲卼。曰動悔。有悔, 征吉。

48 水風 ䷯ 井

象曰: 木上有水, 井。君子以勞民, 勸相。

괘사 井, 改邑不改井。无喪无得。往來井井。
汔至, 亦未繘井。羸其瓶, 凶。

初六: 井泥不食。舊井无禽。

九二: 井谷射鮒。甕敝漏。

九三: 井渫不食。爲我心惻。可用汲。王明, 竝受其福。

六四: 井甃。无咎。

九五: 井洌。寒泉食。

上六: 井收。勿幕。有孚。元吉。

49 澤火 ䷰ 革

象曰: 澤中有火, 革。君子以治歷明時。

괘사 革, 己日, 乃孚。元, 亨, 利, 貞。悔亡。

初九: 鞏用黃牛之革。

六二: 己日革之。征, 吉。无咎。

九三: 征, 凶。貞, 厲。革言三就, 有孚。

九四: 悔亡。有孚, 改命。吉。

九五: 大人虎變。未占有孚。

上六: 君子豹變。小人革面。征, 凶。居貞, 吉。

50 火風 ䷱ 鼎

象曰: 木上有火, 鼎。君子以正位凝命。

괘사 鼎, 元。吉。亨。

初六: 鼎顚趾。利出否。得妾以其子。无咎。

九二: 鼎有實。我仇有疾。不我能卽。吉。

九三: 鼎耳革。其行塞。雉膏不食。方雨虧悔。終吉。

九四: 鼎折足。覆公餗。其形渥。凶。

六五: 鼎黃耳, 金鉉。利貞。

上九: 鼎玉鉉。大吉。无不利。

51 象曰: 洊雷, 震。君子以恐懼脩省。

重雷 ䷲ 震

괘사 震, 亨。震來虩虩。笑言啞啞。震驚百里。
不喪匕鬯。

初九: 震來虩虩。後笑言啞啞。吉。

六二: 震來厲。億喪貝。躋于九陵。勿逐, 七日得。

六三: 震, 蘇蘇。震行, 无眚。

九四: 震, 遂泥。

六五: 震, 往來厲。億无喪有事。

上六: 震, 索索。視矍矍。征, 凶。
震不于其躬, 于其隣, 无咎。婚媾有言。

52 象曰: 兼山, 艮。君子以思不出其位。

重山 ䷳ 艮

괘사 艮其背, 不獲其身。行其庭, 不見其人。无咎。

初六: 艮其趾。无咎。利永貞。

六二: 艮其腓。不拯其隨。其心不快。

九三: 艮其限。列其夤。厲薰心。

六四: 艮其身。无咎。

六五: 艮其輔。言有序。悔亡。

上九: 敦艮。吉。

53 象曰: 山上有木, 漸。君子以居賢德, 善俗。

風山 ䷴ 漸

괘사 漸, 女歸, 吉。利貞。

初六: 鴻漸于干。小子厲。有言, 无咎。

六二: 鴻漸于磐。飲食衎衎, 吉。

九三: 鴻漸于陸。夫征不復。婦孕不育。凶。利禦寇。

六四: 鴻漸于木。或得其桷, 无咎。

九五: 鴻漸于陵。婦三歲不孕。終莫之勝。吉。

上九: 鴻漸于陸(逵)。其羽可用爲儀。吉。

54 雷澤 歸妹

象曰: 澤上有雷, 歸妹。君子以永終知敝。

괘사 歸妹, 征凶。无攸利。

初九: 歸妹以娣。跛能履。征, 吉。

九二: 眇能視, 利幽人之貞。

六三: 歸妹以須。反歸以娣。

九四: 歸妹愆期, 遲歸有時。

六五: 帝乙歸妹。其君之袂, 不如其娣之袂良。月幾望。吉。

上六: 女承筐无實。士刲羊无血。无攸利。

55 雷火 豐

象曰: 雷電皆至, 豐。君子以折獄致刑。

괘사 豐, 亨。王假之。勿憂, 宜日中。

初九: 遇其配主。雖旬无咎。往有尙。

六二: 豐其蔀。日中見斗。往, 得疑疾。有孚發若, 吉。

九三: 豐其沛。日中見沬。折其右肱。无咎。

九四: 豐其蔀。日中見斗。遇其夷主。吉。

六五: 來章。有慶譽。吉。

上六: 豐其屋。蔀其家。闚其戶, 閴其无人。三歲不覿。凶。

56 火山 旅

象曰: 山上有火, 旅。君子以明愼用刑, 而不留獄。

괘사 旅, 小亨。旅貞, 吉。

初六: 旅, 瑣瑣。斯其所取災。

六二: 旅即次。懷其資。得童僕。貞。

九三: 旅, 焚其次。喪其童僕。貞厲。

九四: 旅于處。得其資斧。我心不快。

六五: 射雉一矢亡。終以譽命。

上九: 鳥焚其巢, 旅人先笑後號咷。喪牛于易, 凶。

57 重風 ䷸ 巽

象曰: 隨風, 巽。君子以申命行事。

괘사 巽, 小亨。利有攸往。利見大人。

初六: 進退。利武人之貞。

九二: 巽在牀下。用史巫紛若。吉无咎。

九三: 頻巽。吝。

六四: 悔亡。田獲三品。

九五: 貞吉。悔亡。无不利。无初有終。
先庚三日, 後庚三日。吉。

上九: 巽在牀下。喪其資斧。貞, 凶。

58 重澤 ䷹ 兌

象曰: 麗澤, 兌。君子以朋友講習。

괘사 兌, 亨。利。貞。

初九: 和兌。吉。

九二: 孚兌。吉。悔亡。

六三: 來兌。凶。

九四: 商兌。未寧。介疾有喜。

九五: 孚于剝, 有厲。

上六: 引兌。

59 風水 ䷺ 渙

象曰: 風行水上, 渙。先王以享于帝立廟。

괘사 渙, 亨。王假有廟。利涉大川。利貞。

初六: 用拯馬壯。吉。

九二: 渙奔其机。悔亡。

六三: 渙其躬。无悔。

六四: 渙其群。元吉。渙有丘, 匪夷所思。

九五: 渙汗其大號。渙王居, 无咎。

上九: 渙其血。去逖出。无咎。

60 水澤 節

象曰: 澤上有水, 節。君子以制數度, 議德行。

괘사 節, 亨。苦節, 不可貞。

初九: 不出戶庭。无咎。

九二: 不出門庭。凶。

六三: 不節若, 則嗟若。无咎。

六四: 安節。亨。

九五: 甘節。吉。往有尙。

上六: 苦節。貞凶。悔亡。

61 風澤 中孚

象曰: 澤上有風, 中孚。君子以議獄緩死。

괘사 中孚。豚魚, 吉。利涉大川。利貞。

初九: 虞, 吉。有他, 不燕。

九二: 鳴鶴在陰。其子和之。我有好爵, 吾與爾靡之。

六三: 得敵。或鼓或罷。或泣或歌。

六四: 月幾望。馬匹亡。无咎。

九五: 有孚攣如。无咎。

上九: 翰音登于天。貞, 凶。

62 雷山 小過

象曰: 山上有雷, 小過。君子以行過乎恭, 喪過乎哀, 用過乎儉。

괘사 小過, 亨, 利, 貞。可小事, 不可大事。飛鳥遺之音。
不宜上, 宜下。大吉。

初六: 飛鳥以凶。

六二: 過其祖, 遇其妣。不及其君, 遇其臣。无咎。

九三: 弗過防之, 從或戕之。凶。

九四: 无咎。弗過遇之。往厲必戒。勿用永貞。

六五: 密雲不雨, 自我西郊。公弋取彼在穴。

上六: 弗遇, 過之。飛鳥離之, 凶。是謂災眚。

63 象曰: 水在火上, 旣濟。君子以思患而豫防之。

水火 ䷾ 괘사 旣濟, 亨, 小利, 貞。初吉終亂。

旣濟 初九: 曳其輪。濡其尾。无咎。

六二: 婦喪其茀。勿逐, 七日得。

九三: 高宗伐鬼方。三年克之。小人勿用。

六四: 繻有衣袽。終日戒。

九五: 東鄰殺牛。不如西鄰之禴祭。實受其福。

上六: 濡其首。厲。

64 象曰: 火在水上, 未濟。君子以愼辨物居方。

火水 ䷿ 괘사 未濟, 亨。小狐汔濟。濡其尾。无攸利。

未濟 初六: 濡其尾。吝。

九二: 曳其輪。貞, 吉。

六三: 未濟。征凶。利涉大川。

九四: 貞吉, 悔亡。震用伐鬼方。三年有賞于大國。

六五: 貞, 吉。无悔。君子之光。有孚。吉。

上九: 有孚于飮酒。无咎。濡其首, 有孚失是。

【괘차서도卦次序圖】

: 三十卦次序圖[上經]

번호	괘	괘명	도전 괘명	도전 번호
1	䷀	乾		
2	䷁	坤		
3	䷂	屯	蒙	4
5	䷄	需	訟	6
7	䷆	師	比	8
9	䷈	小畜	履	10
11	䷊	泰	否	12
13	䷌	同人	大有	14
15	䷎	謙	豫	16
17	䷐	隨	蠱	18
19	䷒	臨	觀	20
21	䷔	噬嗑	賁	22
23	䷖	剝	復	24
25	䷘	无妄	大畜	26
27	䷚	頤		
28	䷛	大過		
29	䷜	坎		
30	䷝	離		

: 三十四卦次序圖[下經]

번호	괘	괘명	도전 괘명	도전 번호
31	䷞	咸	恒	32
33	䷠	遯	大壯	34
35	䷢	晉	明夷	36
37	䷤	家人	睽	38
39	䷦	蹇	解	40
41	䷨	損	益	42
43	䷪	夬	姤	44
45	䷬	萃	升	46
47	䷮	困	井	48
49	䷰	革	鼎	50
51	䷲	震	艮	52
53	䷴	漸	歸妹	54
55	䷶	豐	旅	56
57	䷸	巽	兌	58
59	䷺	渙	節	60
61	䷼	中孚		
62	䷽	小過		
63	䷾	既濟	未濟	64

【학역필송지표學易必誦之表】

坤(地)	艮(山)	坎(水)	巽(風)	震(雷)	離(火)	兌(澤)	乾(天)	上卦 / 下卦
泰(11) 지천태 233쪽	大畜(26) 산천대축 293쪽	需(5) 수천수 212쪽	小畜(9) 풍천소축 226쪽	大壯(34) 뢰천대장 323쪽	大有(14) 화천대유 245쪽	夬(43) 택천쾌 361쪽	乾(1) 중천건 197쪽	乾(天)
臨(19) 지택림 265쪽	損(41) 산택손 352쪽	節(60) 수택절 441쪽	中孚(61) 풍택중부 445쪽	歸妹(54) 뢰택귀매 410쪽	睽(38) 화택규 338쪽	兌(58) 중택태 431쪽	履(10) 천택리 230쪽	兌(澤)
明夷(36) 지화명이 331쪽	賁(22) 산화비 277쪽	旣濟(63) 수화기제 456쪽	家人(37) 풍화가인 335쪽	豊(55) 뢰화풍 415쪽	離(30) 중화리 309쪽	革(49) 택화혁 389쪽	同人(13) 천화동인 241쪽	離(火)
復(24) 지뢰복 285쪽	頤(27) 산뢰이 297쪽	屯(3) 수뢰준 204쪽	益(42) 풍뢰익 356쪽	震(51) 중뢰진 397쪽	噬嗑(21) 화뢰서합 273쪽	隨(17) 택뢰수 256쪽	无妄(25) 천뢰무망 289쪽	震(雷)
升(46) 지풍승 375쪽	蠱(18) 산풍고 261쪽	井(48) 수풍정 384쪽	巽(57) 중풍손 426쪽	恒(32) 뢰풍항 316쪽	鼎(50) 화풍정 393쪽	大過(28) 택풍대과 302쪽	姤(44) 천풍구 366쪽	巽(風)
師(7) 지수사 219쪽	蒙(4) 산수몽 208쪽	坎(29) 중수감 306쪽	渙(59) 풍수환 436쪽	解(40) 뢰수해 348쪽	未濟(64) 화수미제 462쪽	困(47) 택수곤 379쪽	訟(6) 천수송 215쪽	坎(水)
謙(15) 지산겸 249쪽	艮(52) 중산간 402쪽	蹇(39) 수산건 344쪽	漸(53) 풍산점 406쪽	小過(62) 뢰산소과 450쪽	旅(56) 화산려 421쪽	咸(31) 택산함 313쪽	遯(33) 천산둔 320쪽	艮(山)
坤(2) 중지곤 200쪽	剝(23) 산지박 281쪽	比(8) 수지비 223쪽	觀(20) 풍지관 269쪽	豫(16) 뢰지예 252쪽	晉(35) 화지진 327쪽	萃(45) 택지췌 370쪽	否(12) 천지비 237쪽	坤(地)

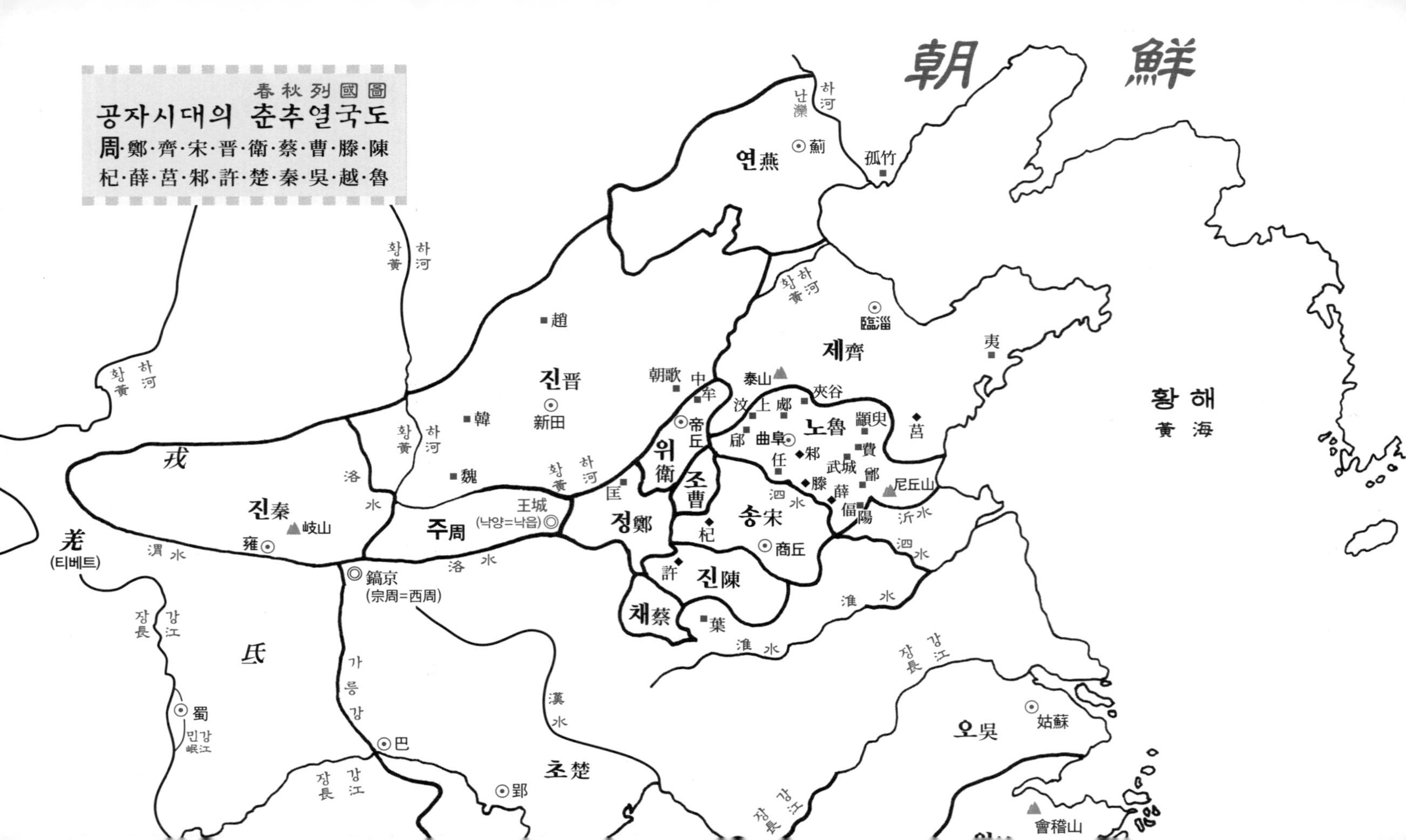

春秋列國圖
공자시대의 춘추열국도
周·鄭·齊·宋·晉·衛·蔡·曹·滕·陳
杞·薛·莒·郲·許·楚·秦·吳·越·魯
朝鮮
연燕
薊
孤竹
난灤 하河
황하 黃河
臨淄
제齊
夷
황해 黃海
진晉
趙
韓
新田
魏
朝歌
中牟
泰山
夾谷
汶上
郕
노魯
顓臾
莒
帝丘
위衛
郈
曲阜
費
郲
任
武城
鄆
尼丘山
조曹
滕
薛
偪陽
泗水
沂水
戎
진秦
岐山
雍
羌
(티베트)
渭水
洛水
王城
(낙양=낙읍)
주周
匡
정鄭
杞
송宋
商丘
許
진陳
채蔡
葉
淮水
鎬京
(宗周=西周)
장강 長江
氐
蜀
민강 岷江
가릉강
巴
漢水
초楚
郢
오吳
姑蘇
會稽山

『논어』를 읽기 위한 사전

통나무 편집부 편

子曰자왈: "자왈"이라는 표현은『논어』에서 모두 예외 없이 "공자님께서 말씀하신다"는 뜻이다. 이때 "자子"라는 것은 제자들이 "선생님"을 높여 부른 말이다. 제자들이 아닌 타인들, 즉 방외方外의 사람들이 말할 때는 "공자왈孔子曰"과 같이 보다 객관화된 표현을 쓴다. 그리고 "자"라는 것은 매우 특이한 용법이다. 아마도 공자 이전에는 "자"라는 것은, 성씨를 나타내거나 특별한 작위나 신분을 나타내는 말이었을 것이다. 공자의 제자들의 자字의 첫 글자가 "자"로 시작하는 예가 많은데, 아마 그것도 그런 과거의 신분적 유습이 보편화된 특수한 상황으로 여겨진다. 공자학단으로부터 "자"의 의미가, 본격적으로 오늘날의 "master," "teacher"의 뜻을 갖는 맥락으로 통용되게 되었다고 여겨진다. 그러니까 "자"가 신분과 관계없이 유덕자有德者의 존칭으로 사용된 것은 공자학단의 용례로 보편화 된 것이다. "유자왈有子曰"과 같은 표현도 그것은 유약有若의 제자들이 그를 선생님으로 모시는 상황에서만 가능한 표현이다. "자왈"과 구분키 위하여 "유자왈有子曰"이라고 한 것이다.『논어』속에서 공자제자들 중 선생님(子)으로 불린 4인방은 증삼=증자曾子(14번), 유약=유자有子(3번), 염구=염자冉子(2번), 민손=민자閔子(2번).

仁인: 공자사상의 핵심이며 최고범주. 공자의 사회정치, 윤리도덕의 모든 논의가 인이라는 개념을 떠나서 이야기될 수 없다. 인이 곧 공자사상의 핵이라는 것은『논어』라는 텍스트 그 자체가 말해준다.『논어』의 58장이 인을 다루고 있으며 인이라는 글자가 출현하는 횟수는 총 109회나 된다. 예수를 말할 때 "하늘나라"를 빼놓을 수 없듯이 공자를 말할 때 "인"을 빼놓을 수 없다. 예수의 하늘은 땅에 임하는 데 있었고 공자의 하늘은 사람에게 있었다. 사람은 인을 실현하는 존재였다. 인을 실현하지 못하면 사람은 사람이 아니다.『중용』20장「애공문정」장에서는 "仁者, 人也"라고 말했는데, 그것은 인이야말로 인간 전체를 규정한다는 뜻이다.「팔일」3장에는 "사람이면서 인하지 못하면 예인들 무엇하리오? 사람이면서 인하지 못하면 악인들 무엇하리오? 人而不仁, 如禮何? 人而不仁, 如樂何?"라고 했다. 다시 말해서 공자 당대에 가장 중요한 철학범주였던 예와 악을 뛰어넘는 곳에 인이 자리잡고 있는 것이다. 인하지 못하면 예악이 다 소용없다는 것이다. 예는 옥백玉帛(번문욕례)이 아니며, 악은 종고鍾鼓(악기의 기교)가 아니다[17-11]. 번지가 인을 묻자, 공자는 한 번은 "애인愛人"(사람을 아끼는 것)이라 말했고[12-22] 한 번은

"어려운 일을 먼저 도모하고, 자신을 위하여 얻는 일은 뒤로 한다"[6-20]라고 말했다. 안회가 물었을 때는 "극기복례"[12-1]라 했고, 자장이 물었을 때는 "공恭·관寬·신信·민敏·혜惠 다섯 가지를 천하에 펼쳐라"[17-6]라고 했다. 물을 때마다 대답이 달라지는 것이다.

그리고 사랑하는 제자들에 관하여 "그가 인합니까"라고 물으면 이러이러한 장점은 있으나 인하다고까지는 말하기 힘들다[5-7]라고 하여 인의 경지를 허여하지 않는다. 아마도 공자가 인을 허여한 유일한 인간이 안회였을 것이다. 안회의 삶의 태도가 인하다고 생각했을 것이다. 이상의 논의로 볼 때, 인은 상황적이며 고정적 정의가 불가능하며, 인간의 덕성의 구극적 범주임을 알 수 있다. 그것은 현실적 인간의 문제이지만 신神의 경지인 것이다. 흔히 인仁을 일이관지一以貫之 운운하며[4-15] 충서忠恕라는 덕목으로 접근하는데 그것은 유교의 본래정신을 흐릿하게 만드는 후세의 증자학단의 조작이다. 충서라는 개념으로 유교는 국가이념이 되어갔다. 그러나 충서도 외래적 권력에 대한 굴종이 아니라 인간 본연의 마음으로 회귀를 의미하는 것으로 이해할 필요가 있다. 「위령공」[15-23]에 자공과 공자의 대화가 있는데, 공자는 서恕를 "기소불욕己所不欲, 물시어인勿施於人"이라고 규정한다. 여기에는 충忠이 없다. 그리고 내가 원하는 것을 남에게도 베풀라는 서구적 "사랑"의 개념이 아니라 "내가 원치 않는 것을 타인에게 베풀지 말라"는 부정의 뜻이 그 최상적 덕목이 되어있음을 주목해야 한다. 공자의 인의 중요한 측면이 서恕이고, 서는 제국주의적 폭력을 거부하는 보편주의적 감성이라는 것을 알 수 있다. 보편이기 때문에 타인에게 강요할 필요가 없다.

인仁은 정의불가능하다. 그러나 유교의 도덕형이상학은 이 인 위에 건립되었다. 『역』은 "함咸이 감感"이라고 말했는데, 모든 존재는 "느낌"(Feeling)이라는 뜻이다. 인은 느낌이다. 느낌의 본래적 생성과정이 인仁이라고 공자는 갈파한 것이다. 공자는 기본적으로 악성樂聖이다. 음악의 달인이다. 그는 세계를 심미적으로 파악했고, 심미적 세계는 도덕을 포함한다고 보았다. 즉 인은 인간의 심미적 감수성(Aesthetic Sensitivity)을 통하여 도달하는 도道와 덕德의 세계이다. 인의 구현의 궁극적 장場이 곧 인간의 정치공동체인 것이다. 그것은 추기급인推己及人의 인한 마음이 서로 얽히는 공동체이며, 정치리더의 인한 마음을 전제로 하는 것이다. 정치의 궁극적 당위가 곧 인仁이다. 인은 이상인 동시에 현실이요 상식이다.

名명: "명"은 이름을 말한다. 즉 애명(아명兒名)이다. 아이적부터의 이름이요, 사랑스러운 이름이다. 군君, 사師, 부父만이 명을 부를 수 있다. 일반적으로 명을 부른다는 것은 아주 가까운 사람들 사이에서의 친근감을 나타내는 표현인 것이다. 『논어』 속에서 공자에게 "명"으로 불리운 제자는 공서화公西華(赤), 안연顏淵(回), 염유冉有(求), 중궁仲弓(雍), 자공子貢(賜), 자로子路(由), 재아宰我(予), 자유子游(偃), 자장子張(師), 자하子夏(商), 증자曾子(參)이다.

諡號시호: "시호"라는 것은 한 사람의 사후에 생전의 업적을 평가하여 붙여지는 것인데, 훌륭한 사람에게는 훌륭한 시호가, 좋지 않은 사람에게는 좋지 않은 시호가 붙여진다. 『일주서逸周書』의 「시법해諡法解」 제54에는 어떤 인물에 어떤 시호가 붙여지는가에 관한 법칙이 논의되고 있는데, 그 중 "문文"이라는 시호는 최상에 속하는 것이다. 천지를 경위經緯하는 것을 문이라 하고, 도덕이 박후博厚한 것을 문이라 하고, 배움에 열심이고 묻기를 좋아하는 것을 문이라 하고, 자혜慈惠롭게 백성을 사랑하는 것을 문이라 하고, 백성을 어여삐 여기고 예를 존중하는 것을 문이라 하고, 백성들에게 작위를 주는 것을 문이라 한다는 등의 이야기가 실려있다(經緯天地曰文, 道德博厚曰文, 學勤好問曰文, 慈惠愛民曰文, 愍民惠禮曰文, 錫民爵位曰文). "문文"이라는 시호는 최고의 명예다. 당唐나라 문학의 대표자의 한 사람인 한유韓愈가 문공文公이란 시호를 얻은 것이 그 한 예이다. 송宋 이후에는 두 글자의 시호가 보통이었는데, 문文을 관冠한 인물들은 대체로 중후한 인물이었다. 송宋의 사마광司馬光이 문정공文正公, 구양수歐陽修, 소동파蘇東波가 문충공文忠公의 시호를 얻었다. 문정文正이 최고이고 문충文忠이 그 다음급이다. 명청明淸대에는 진사進士 출신의 대신大臣은 모두 문文자를 시호로 받았다. 명明나라 화가 동기창董其昌이 문민공文敏公, 청淸나라 시인 문어양文漁洋, 언어학자 왕인지王引之가 모두 문간공文簡公, 금석가 반조음潘祖蔭이 문근공文勤公으로 시諡되었다. 청 말에 내려오면 문文의 시諡의 가치가 좀 떨어지는 느낌이 있다. 그러나 증국번曾國藩에게 문정文正이, 이홍장李鴻章에게 문충文忠이 시諡되었다. 문정文正·문충文忠은 최고급의 시호였다. 우리나라 역사에서 문정文正의 시호를 얻은 자로는 조광조趙光祖, 송시열宋時烈, 허목許穆, 문충文忠의 시호를 얻은 자로는 정몽주鄭夢周, 하륜河崙, 신숙주申叔舟, 유성룡柳成龍 등을 들 수가 있다. 정도전鄭道傳은 문헌文憲, 김장생金長生은 문원文元, 성삼문成三問은 충문忠文, 퇴계 이황李滉은 문순文純, 율곡 이이李珥는 문성文成, 다산 정약용丁若鏞은 문도文度이다. 수양대군의 찬탈에 가담한 신숙주가 문충文忠을 얻고, 성삼문이 충문忠文을 얻은 것은 찬탈을 거부하고 거열車裂의 극형을 받은 충신이 오히려 낮게 평가되는 서글픈 역사의 굴레를 되씹어보게 한다.

가

簡公간공: 제齊나라의 제29대 임금 제간공齊簡公(BC 485~481 재위). 강성姜姓. 이름은 임壬. 아버지 도공悼公이 포씨鮑氏에게 시해당한 후 제나라 사람들에게 옹립되었다. 임금이 되고서, 아버지와 함께 노魯나라에 달아나 있을 때의 충신 감지闞止(감지監止)를 중용하여, 진성자陳成子(전항田恒, 진항陳恒, 전상田常, 전성자田成子라고도 한다)와 같이 좌·우상으로 삼았다. 진성자陳成子는 간공이 감지를 총애하고 의지하는 것을 보고, 큰 됫박으로 양식을 빌려주고 작은 됫박으로 거둬 들이는 방법으로 서민을 위한 정치를 행하여 인심을 얻고 감지를 소외시킨다. 진성자는 실세력을 확보하면서 감지를 죽이고, 드디어 간공까지 시해하는 무도를 저지른다. 그리고 간공의 동생 오鷔를 옹립하여 평공平公으로 세우고 자기는 실세재상이 된다. 이것이 공자나이 71세의 제나라·노나라를 둘러싼 참월의 정세였다. 결국 백 년 후에 엉뚱한 외래인 진씨陳氏(실제로 전씨田氏로 불린다)가 제나라에 기탁하여 세력을 불린 후 제나라 자체를 먹어버리는 결과를 초래한다. 공자는 이 사건을 통하여 백 년 후에 일어날 패도의 세태(전국시대)를 예감하고 불같이 화를 냈다. 그 정황이 「헌문」편에 적나라하게 그려지고 있는 것이다. [14-22]

康子강자: 계강자季康子와 같은 사람. [10-11B, 14-20]

蘧伯玉거백옥: 성姓이 거蘧, 이름은 원瑗, 자字는 백옥伯玉, 시호諡號는 성자成子. 위衛나라의 헌공獻公, 양공襄公, 영공靈公을 섬겼다. 거백옥은 공자가 존경했던 위나라의 대부였다. 공자가 위나라에 있을 때 거백옥의 집에 머물렀던 적도 있다. [14-26, 15-6]

莒父거보: 거보는 노魯나라의 하읍下邑이다. 이 거보라는 도시를 주석가들이 소백(제환공)이 망명생활을 했던 거나라와 혼동하는데 실상 거보와 거나라는 다른 개념이다. 거보는 자하가 읍재노릇을 한 곳으로 그곳이 정확히 어디인지는 알 수 없다. 반면 거나라는 서주시대로부터 제후국이다. 거보에 관하여 『산동통지山東通志』는 "산동성 고밀현高密縣 동남"이라고 적어놓았다. 거나라는 논어에 언급된 적이 없고, 거보만 단 한번 언급된다. [13-17]

桀溺걸닉: 춘추시대의 은둔자. 도가적인 인물. [18-6]

缺결: 공자시대의 음악가. [18-9]

磬경: 편경編磬. 돌을 깎아 만든 유율有律 타악기이며 편종과 함께 아악·당악에 쓰인다. 편경은 "ㄱ"자 모양의 경돌磬石 16매를 음률의 순서에 따라 틀의 위아래 2단으로 나누어 8매씩 묶어놓고 암소뿔에 자루를 끼운 각퇴로 쳐서 소리를 내기 때문에 "격경擊磬"이라는 표현이 있게 된다. 음고는 경돌의 두께에 따라 다르며 맑고 청아한 소리가 난다. 그 청아한 소리로 멜로디를 만들 수 있다. 그래서 지나가는 사람이 그 멜로디를 감상하고 평론할 수 있다. 이 악기는 우리나라에 잘 보존되어 내려왔다. [14-42]

景公경공: 제齊나라의 제26대 임금 제경공齊景公. 성姓이 강姜, 이름이 저구杵臼. 제장공齊莊公의 배다른 동생. 공자가 그 유명한 정명론의 구절을 설파한 상대가 곧 제경공이다. 안영과 같은 인물을 재상으로 삼아 나라를 안정적으로 다스렸다. [12-11]

季康子계강자: 성姓은 희姬 혹은 계손씨季孫氏. 이름은 비肥, 강康은 추증된 이름이다. 노魯나라 삼환三桓 중 가장 강력했던 계씨季氏 가문의 제7대 영주로, 공자가 노魯나라에서 대사구大司寇를 할 때 함께 정치를 했던 계환자季桓子의 아들이다(季平子 — 季桓子 — 季康子). 애공哀公 3년, 공자 60세 때 가문을 물려받았다. 공자의 문인 염구冉求·자공子貢·자로子路·번지樊遲 등을 임용任用한 것도 바로 이 계강자였고, 염구의 주선으로 유랑에 종지부를 찍고 공자를 노나라에 돌아오게 만든 장본인도 바로 계강자였다. [2-20, 6-6, 11-6, 12-17, 12-18, 12-19]

季路계로: 공자의 친구와도 같은 막역한 제자, 중유仲由의 자字를 자로子路라고도 하고 계로季路라고도 한다. [5-25, 11-11, 16-1]

季文子계문자: 성姓이 계손季孫, 이름은 행보行父, 시호諡號가 문자文子. 계문자는 노魯나라의 삼환三桓 중의 막강한 계씨季氏 가문의 제3대 영주로서 노나라의 문공文公·선공宣公·성공成公·양공襄公, 4대를 섬기면서 깊은 신뢰를 쌓은 인물이다. 지혜롭고, 꾸밈없는 성품의 사람이었는데, 계문자가 세상을 떴을 때 대부들이 그의 집에 가서 장례준비를 하면서, 그의 집안에는 명주나 비단옷을 입은 여자가 없고, 곡식을 먹는 말이 없고, 금과 옥의 패물이 전혀 없고, 같은 물건이 둘 이상 있는 것이 없었다는 점에서 모두 놀랐다고 한다. 계씨 가문하면 "참월"만 생각하는데 계문자와 같은 훌륭한 인물도 있다. [5-19]

季氏계씨: 삼환三桓 중에 가장 막강한 대부집안이다. 계씨는 우리말로 "작은 집" 정도의 뜻이다. 노나라 환공은 비운의 군주였다. 그 부인 문강文姜은 제나라 양공齊襄公의 여동생이었는데, 양공과는 애틋한 사랑을 나누는 근친상간의 관계를 유지했다. 그 관계를 환공이 눈치채자 환공은 부인의 오빠 양공에 의해 살해당하고 만다. 환공의 공위公位는 문강의 아들 동同에게 이어졌는데 그가 바로 장공莊公이다. 문강은 제나라에 머물면서 자기아들 장공의 치세에 간접적인 영향력을 발휘한다. 그런데 장공에게는 세 명의 동생이 있었다. 이들도 환공의 친자식인데, 문강과는 다른 배에서 태어났을 것이다. 맏이 경보慶甫, 중간이 숙아叔牙, 막내가 계우

季友였는데, 경보의 후예를 맹손씨孟孫氏라 하고, 숙아의 후예를 숙손씨叔孫氏라 하고, 계우의 자손을 계손씨季孫氏라 한다. 이 세 집단을 삼환三桓이라고도 부르고, 삼가三家, 삼경三卿, 삼손三孫이라고도 부른다. 이 세 동생들은 장공이 죽게 되자 그 국공의 지위를 놓고 각축을 벌이게 되는데, 이들간의 어지러운 정세를 보통 "경보의 난慶甫之亂"이라고 부른다. 그런데 이 난을 지혜롭게 평정한 것은 막내동생 계우였다. 계우는 자신의 권력의지의 한계를 명확히 하고, 형들의 위상을 확보하면서 그들을 죽음으로 휘몰았다. 그래서 그 세 집안이 모두 명예롭게 후사를 잇도록 하였고 본인은 노나라의 재상이 되었다. 그래서 삼가 중에서 막내집안인 계손씨가 넘볼 수 없는 강력한 권력을 휘두르게 된 것이다. 그 수장의 계보는 1) 공자우公子友 2) 중무질仲無秩 3) 계손행보季孫行父(계문자季文子) 4) 계손숙季孫宿(계무자季武子) 5) 계손의여季孫意如(계평자季平子) 6) 계손사季孫斯(계환자季桓子) 7) 계손비季孫肥(계강자季康子). 공자는 계무자의 시기에 태어나 계강자의 시기에 죽는다. 계무자는 노나라 공실의 군대를 4군으로 개편하여 2군을 장악하고 나머지 2군을 맹씨와 숙씨에게 분할하여 준다. 이로써 노나라의 국군은 실권을 상실한 허위가 되고 만다. 계평자는 자기 조상의 제사를 지내는데 천자의 의례에서나 쓸 수 있는 팔일무를 행한다. 공자 30대의 사건일 것이다[3-1]. 공자로서는 도저히 용납할 수 없는 참월이었다. 참월이란 개인의 욕망에 그치는 문제가 아니라 사회질서 전체의 붕괴 내지 개편을 의미하는 것이다. 계씨의 참월은 구시대의 질서가 종언을 고하는 하나의 상징적 사건이었다. 공자는 이러한 무도한 흐름에 역행하는 새로운 이상적 질서를 꿈꾸었다. 공자를 보수적 인물로 볼 수도 있지만 실제로 그는 새 질서를 꿈꾸는 혁명가였다. 계환자의 시기에 대사구가 되었고 또 계환자에 대한 실의 속에 노나라를 떠나 주유천하를 시작한다. 그리고 계강자의 시기에 노나라로 돌아와(귀로歸魯) 말년의 학단을 지도하고 고전을 정비하고 생애를 마감한다. 공자의 일생은 계씨가문과의 대결구도 속에서 조망될 수 있는데, 그 대결에 내재하는 역사적 모티브는 다양한 각도에서 해석될 수 있다. 공자에게 "하늘의 사명"이 있었다면, 그것은 유서 깊은 도덕의 나라(주공의 적통을 이음) 노나라에서 발생한 계씨세력을 어떻게 처분할 것인가, 그 투쟁의 험로에서 끊임없이 들려오는 소리였을 것이다. [3-1, 3-2, 3-6]

季子然계자연: 계씨季氏 집안의 사람이라는 것 외에, 신상의 정보가 없으나, 공자에게 자로와 염구에 대해 문의하는 상대역으로 언급되고 있다. [11-23]

季桓子계환자: 성姓이 계손季孫, 이름은 사斯, 시호는 환桓. 노魯나라 정공定公 때의 대부로, 계손씨季孫氏의 제6대 영수다. 계강자의 아버지 계환자는 노나라 삼환, 계손季孫, 맹손孟孫, 숙손叔孫 가운데 가장 세력이 강한 계손씨 가문의 수장이다. 공자를 등용하여 중도재中都宰에 임명하고, 나중에 대사구大司寇로 올리지만 일반적으로 계환자는 공자와 대립한다. 공자가 기나긴 유랑생활을 해야만 했던 것도 계환자와의 대결 때문이었다. [18-4]

觚고: "고"는 은殷나라 때부터 내려오던, 청동기로 만든 술잔을 말한다. 나팔모양으로 생긴 술잔인데, 손잡이 쪽은 좁고 입술을 대는 테두리 쪽은 넓다. 손잡는 곳에 빙 둘러 아름다운 문양이 조각되어 있다. 은나라 때부터 내려오는 전통적인 것은 손으로 잡는 잘룩한 부분과 하단 테두리는 동그란 원형이지만 상단 테두리 부분, 그러니까 입술을 대는 아가리 부분은 4각이었다. 그런데 이런 모양을 만들기가 힘드니까 나중에는 점점 전체를 동그랗게 만들었던 모양이다. 공자는 섬세한 감각의 전통주의자(traditionalist)이기도 했다. 변한 모습이 마음에 안 들었을 것이다. 역시 옛날의 각진 술잔이 듬직하고 품위가 더 있었다. 그래서 술 잘 먹는 공자는 어느 술자리에선가 순간 투덜거렸을 것이다: "각진 옛 고觚 모양이 좋았지. 아니 각이 안진 요새 술잔을, 그걸 고라구 할 수 있나?" 이러한 공자의 푸념을 어느 제자인가 기록했을 것이다. 그러나 그 추상적 테제만을 이렇게 간결하게 기록했다는데 『논어』 기록자들의 놀라운 감성이 있다. [6-23]

高宗고종: 은殷나라의 제22대 왕. 성姓이 자子, 이름은 소昭, 별칭別称 무정武丁. 고종은 부왕이던 소을小乙이 죽자 3년상을 고수하며, 3년 동안 아무 말도 하지 않고 총재冢宰에게 모든 정무를 맡겼다고 한다. 공자는 고종의 이러한 태도를 높게 평가한다. 『사기史記』에 의하면 "고종은 그 3년 동안 나라의 기풍을 묵묵히 관찰하였다"고 한다. [14-43]

告朔곡삭: 매월 초하루에 종묘에 나가 희생 제물을 바치는 제사의 풍속. [3-17]

孔丘공구: 공자의 이름. 자로가 타인에게 자기 스승을 이렇게 낮추어 불렀다. [18-6]

公明賈공명가: 위衛나라 사람인데, 상고할 정보가 없다. 그냥 공자 주변에 있었던 위나라의 한 지식인이었을 것이다. 그리고 공숙문자公叔文子를 알 수 있는 어떤 위치에 있었을 것으로 사료된다. [14-14]

孔文子공문자: 성姓이 공孔, 이름은 어圉, 문자文子라는 것은 그의 사후에 붙여진 시호諡號. 공문자는 위衛나라 영공靈公의 맏딸, 백희伯姬의 남편이다. 그러니까 위령공의 맏사위다. 공문자와 백희伯姬 사이에서 난 아들 공회孔悝를 자로子路가 섬기다가 자로는 삶의 최후를 맞이하였다. 공문자는 위나라의 중신重臣이었다. 그런데 이러한 최고의 시호를 받은 공어孔圉라는 인물은 공자와 동시대의 사람으로서, 훌륭하게 칭송할 만한 인물로서 간주하기 어려운 요소가 그의 전기 속에 비쳐져 있으며, 또 그러한 요소가 공자의 삶과 직접적으로 얽혀있다는 데 「공야장」편 14장의 해석의 묘미가 있다. 『좌전』에 의하면 애공哀公 11년 겨울(BC 484), 그때 68세의 공자는 때마침 위나라에 있었다. 그런데 위나라에는 이 공문자로 인하여 아름답지 못한 일들이 벌어지고 있었다. 위나라의 태숙大叔인 젊은 호남자 질疾은 송宋나라의 자조子朝의 딸을 아내로 맞이하였는데, 그 잉첩으로 따라온 여동생에 홀딱 반하고 말았다. 그런데 자조가 위나라를 떠나 기杞나라로 돌아가자, 위나라의 공문자孔文子는 태숙 질로 하여금 자조의 딸인 정처와 강제로 이혼케 하고, 자기의 딸인 공길孔姞을 그에게 시집보내었던 것이다. 그러나 태숙 질은 전 부인의 여동생을 잊지 못하고, 부하를 시켜 그 여자를 꼬셔오게 하여 려犁라는 곳에 별궁을 짓고 그녀를 살게 하였다. 결국 태숙 질은 두 부인을 거느리게 된 셈이다. 분노가 치밀어오른 공문자는 태숙 질을 치려고 공자에게 상담을 한다. 공자는 공문자가 질을 치는 것을 극구 말렸다(如二妻。文子怒, 欲攻之, 仲尼止之). 공문자는 결국 그의 딸 공길을 데려오고 말았다. 그 후 태숙 질은 민심을 잃어 결국 위나라를 떠나 송나라로 도망가고 만다. 그러자 위나라 사람들은 태숙의 자리에 질의 동생인 유遺를 세웠다. 공문자는 그의 딸 공길을 다시 유에게 시집보낸다. 그리고 또 공문자가 죽자 그의 부인이었던 백희伯姬는 젊고 잘생긴 노비 혼량부渾良夫와 정을 통하였고, 그 어리석은 혼량부를 매개로 해서 위령공의 아들인 괴외蒯聵가 다시 자기 아들 출공出公을 축출하고 위나라로 복귀하는 쿠데타에 성공한다. 그 쿠데타에 반항한 자로子路가 억울한 죽음을 당하는 사건이 일어난다. 이러한 그의 사후 사정을 보더라도 공어孔圉라는 인물의 됨됨이가 결코 훌륭하다고 간주하기는 힘든 것이다. 자기중심적이고, 사

태의 판단이 멀리 미치지 못하는 좀 지더린 인간이었을 수도 있다. [5-14]

公伯寮공백료: 성姓이 공백公伯, 이름은 료寮. 『사기史記』「중니제자열전仲尼弟子列傳」에는 "료繚"라는 글자로 표기했고, 자字를 자주子周라고 한다고 하였다. 공자제자 중의 한 사람이기는 하지만 자로를 참소하는 용렬한 인간이었다. [14-38]

公山弗擾공산불요: 성姓이 공산公山, 이름은 불요弗擾(불뉴不狃라고도 쓴다). 자字는 자설子洩. 노魯나라의 대부이며, 계씨季氏의 가신家臣이었고, 비읍費邑의 읍재邑宰였으며 양호陽虎의 동조세력이었다. 양호가 실각하고 망명하자 그를 뒤이어 반란을 일으킨다. 정공定公 8년(BC 502) 공자 50세 때의 사건이었다. 공자가 벼슬하기 직전의 사건이므로, 당시 공자는 노나라에서 누구든지 정치적으로 탐내는 사람이 되어 있었다는 것을 의미한다. 우리는 「양화」편 5장의 기사에 나타나 있는 공자의 태도를 의아하게만 읽어왔다. 그리고 자로子路의 지적이 백번 옳은 것으로만 해석해왔다. 물론 자로의 공자 사랑은 도덕적으로도 정당한 것이고, 공자 생애에 없어서는 아니 될 소중한 우의였고 보호막이었다. "자로불열子路不說"은 『논어』에 딱 두 번 나온다. 공산불요가 공자를 초빙했을 때[17-5]와 공자가 남자南子를 만났을 때[6-26]였다. "아니, 갈 데 없다고 그 형편없는 계집한테 가오" 이것이 진짜 자로 말투였을 것이다. 그런데 그에 대답하는 공자의 어투는 너무도 진지하다. 왜 그럴까? 우리는 여태까지 이런 기사를 읽을 때 항상 지배자의 입장에서만 생각하는 오류를 범해왔던 것이다. 왜 공산불요가 "반역도"로서만 인식되어야 하는가? 그가 과연 나쁜놈인가? 일례를 들면 지금은 우리가 역사기술을 할 때 "동학란東學亂"이라는 말을 쓰지는 않는다. 그러나 매천梅泉 황현黃玹(1855~1910) 같은 올곧은 지사도 철저히 동학혁명을 폭도들의 "비란匪亂"으로만 규정했던 것이다. 대원군이 만약 구체적으로 동학을 비호하고 지원했다면 오늘날 대원군의 평가는 어떠할까? 과연 대원군을 "비적"으로 휘몰아 칠 것인가? 『논어』의 편집자들의 위대성은 바로 이러한 우리의 편견을 거부하고 다양한 담론을 있는 그대로 제시했다는데 있다. 공산불요는 분명 정식으로 공자의 재능을 평가하였고 정식으로 국가대사에의 참여를 요청했던 것이다. 이러한 요청에 공자가 적극적으로 반응하고 또 숙고했다는 것은 공자의 진취적 측면, 세속적으로 말하자면 반항적인 감성을 여실히 드러내는 것이다. 공자의 일생은 시대적 통념에 항거하고 끊임없이 혁명에 헌신한 일생이었다. [17-5]

公西華공서화: 성姓이 공서公西, 이름은 적赤, 자字는 자화子華. 노魯나라 출신. 공서적公西赤이라고도 부른다. 공자보다 42세 연하, 비교적 어린 제자이다. 화華 앞에 자子라는 접두어를 붙인 것은 역시 높이어 부른 것이다. 보통은 공서화라고 부른다. 자화子華라는 존칭은 오직 「옹야」편 3장에서 한 번 쓰였을 뿐이다. 아마도 공서화나 염구冉求와 특별한 관계에 있는 계열의 사람에 의하여 기술되었을 것이다(염구를 염자冉子라는 극상의 존칭으로 부르고 있다). 공서화는 외교적 수완이나 의례에 밝은 인물. 공서화가 공자학단에 들어온 것은 공자 말년의 일이다. 공서화는 공자의 말년 제자 중 가장 의례에 밝았던 인물로, 공자가 돌아가셨을 때도 공서화가 장례위원장이 되어 지志(고인의 신분과 공적을 표하는 문장)를 지었다고 한다. [5-7, 7-33, 11-21, 11-25]

公孫朝공손조: 춘추시대에 3명의 동명이인이 있었다. 『춘추좌씨전春秋左氏傳』에 등장하는 인물로는 노魯나라의 맹손씨 가문의 성읍成邑에서 대부로 있던 공손조가 있고, 초楚나라의 영윤令尹으로 있던 공손조가 있다. 고주 마융에 의하면 『논어』

「자장」편 22장에 등장하는 공손조는 위衛나라의 대부이다. 『논어』에만 나오고 『춘추좌씨전』에는 나오지 않는다. 자공子貢은 공자의 사후 여러 나라를 주유하면서 공자의 가르침이 선양되는 것을 사명으로 삼고 운동도 하고 자금지원도 했다. 그 과정에서 만난 어떤 인물이었을 것이다. "위공손衛公孫"이라는 표현 자체가 이 사람이 위나라 공실의 자손임을 말해주는 것이다. 자공이 공손조를 타이르는 자세를 보면 자공의 인격과 스승에 대한 공경심이 얼마나 지극했는지를 알 수 있다. 만인의 귀감이다. [19-22]

公叔文子공숙문자: 이름은 공손발公孫拔. 위衛나라 헌공獻公의 손자, 위령공衛靈公의 사촌이며, 위령공의 가로家老로서 당대 위나라 사람들에게 존경받던 인물이었던 것 같다. [14-14, 14-19]

公冶長공야장: 성이 공야公冶, 이름은 장長("장萇"으로 쓰기도 한다). 자는 자장子長, 또는 자지子芝, 자지子之라고도 한다. 제나라 사람이라는 설과 노나라 사람이라는 설이 있다. 노나라 사람일 것이다. 공야장은 공자 제자 중의 한 사람임이 분명하지만 실제로 그에 대하여 알려진 바는 별로 없다. 공야장은 치욕을 소리없이 잘 견뎌냈고 새소리를 알아듣는 특별한 능력이 있었다. 공자는 그가 감옥에 갇혀 있었지만 그것은 무고한 일이라고 갈파하고, 그의 딸을 그에게 시집보냈다. 공자의 소박한 인품을 잘 드러내는 고사이다. 공야장은 특수한 재능을 지닌 장인 출신이 분명하다. 공야장의 공야公冶는 공가公家(궁정)에서 야금술(금속을 다루는 일)에 관계된 직종에서 일하던 기술자를 이른다. [5-1A]

公子糾공자규: 제나라의 못난 군주 양공에게는 두 동생이 있었는데, 규糾와 소백小白이다. 규는 관중이 모시었고 소백은 포숙아가 모시었다. 이 두 사람은 양공이 살해된 그 공석을 놓고 경합을 벌이는데 소백—포숙아가 한 수 더 위였다. 그러나 소백은 그 싸움에서 패한 관중을 과감하게 포섭한다. 소백이 곧 제환공이다. [14-18]

公綽공작: 노국의 대부 맹공작孟公綽을 그냥 공작이라고 부르기도 한다. 맹공작은 매우 신중했으며 욕심이 없었다. 공자가 존경한 노나라의 선배였다. [14-12, 14-13]

灌관: "관"은 제사에서 신을 부르는 최초의 의식이다. 이것은 강신주降神酒를 땅이나 지푸라기에 붓는 제식이다. 이때 쓰이는 강신주를 울창주라고 하는데, "울창鬱鬯"은 모두 향기와 관련된 것으로 "창鬯"의 향기가 흩어지지 않고 숲 안에 빽빽하게 서려 있는 모습이다. [3-10]

關雎관저: 『시경詩經』의 제일 첫머리를 장식한 노래. 「국풍國風」 제1편 주남周南 제1장 관저. 이 "관저"의 가치는 그 가사에 있는 것이 아니라 그 멜로디에 있다. 공자는 개인적으로 이 "관저"라는 노래, 즉 그 멜로디를 사랑했다. [3-20, 8-15]

管仲관중: 이름은 이오夷吾, 자字는 중仲(관이오, 관중으로 불림). 관중은 친구 포숙아鮑叔牙의 도움으로 제齊나라 재상이 되어 제환공齊桓公을 천하의 패자霸者로 만들었다. 공자보다 약 180년 앞서 태어난 사람으로, 공자의 시대에는 이미 신화로 남아 있었다. 공자는 관중에 대해 대체적으로 긍정적인 평가를 하고 있는데, 관중에게 땅을 빼앗긴 백씨伯氏[14-10]조차 죽을 때까지 원망의 말을 하지 않았음을 예로 들고 있다. 그러나 공자의 관중에 대한 전체적인 평가는 아주 복잡미묘하다. 관중을 이야기할 때는 포숙과의 우정을 빼놓을 수 없다. 젊은 날 관중과 포숙은 함께 시장에서 생선장사를 했는데, 장사가 끝나면 관중은 포숙보다 두 배 더 많은 돈을 가지고 돌아갔다(포숙은 관중이 가난하고 식구가 많으니 돈을 더 가져가는 게 당연하다고 생각). 전쟁에 나가서도 관중은 싸움터에서는 맨 뒤에 숨어 있다가 돌아올 때는 맨 앞에 서서 돌아왔지만, 포숙은 긍정적으로 생각해 주었다(포숙은 관중이 비겁한 게 아니라 효자라서, 늙은 어머니가 기다리시는데 어찌 자기 몸을 돌보지 않고 싸울까라고 생각). 또 서로 의견이 달라 부딪힐 때도 사람들은 관중을 비난했지만 포숙은 관중을 두둔했다(사람이란 누구나 때를 잘 만날 때도 있고 불우할 때도 있소. 만일 관이오가 때를 만난다면 백 번에 한 번도 실수가 없을 것이니 함부로 이오를 비난하지 마시오!). 이를 전해들은 관중은 이런 유명한 말을 남겼다: "나를 낳아준 사람은 부모지만 나를 알아주는 사람은 포숙아다." 훗날 관중과 포숙은 함께 제양공齊襄公의 두 동생들을 가르치게 되는데, 관중은 소홀召忽과 함께 둘째 규糾의 스승이 되고, 포숙은 동생 소백小白의 스승이 되었다. 제양공이 팽생彭生을 시켜 문강文姜의 남편인 노환공魯桓公을 죽이기까지 하자 소백은 큰형인 양공에게 간했지만 소용이 없었다. 그래서 소백은 포숙과 함께 거莒나라로 망명의 길을 택한다. 이 소백이 바로 훗날의 제환공이다. 얼마 후 제양공이 사촌형인 공손公孫 무지無知의 일당에게 살해되고, 무지가 왕에 오르자 관중은 소홀과 함께 공자 규를 모시고 노나라로 달아났는데, 무지는 한 달 만에 부하들에 의해 살해되어 제나라는 왕이 없는 상황이 되었다. 이 빈자리를 향해 누가 먼저 달려 오느냐의 경쟁이 시작되었다. 소백이 처한 거나라는 노나라보다 제에 가까웠다. 이를 알아차린 관중은 먼저 달려가 소백이 오는 길목을 막고 있었다. 그리고 행렬이 나타나자 소백을 향해 독화살을 쏜다. 관중의 화살은 소백에게 명중했으나, 소백의 혁대 쇠장식에 맞았다. 소백은 이때 또 화살이 날아올 수 있다고 판단하고 주위에 곡을 하라고 하여 자신이 죽은 것으로 위장한다. 갑자기 영구차 행렬이 된 모습을 본 관중은 자신의 승리를 확신하고, 노나라의 군사까지 빌려서 천천히 제나라로 향했다. 그러나 이미 소백이 제환공이 되는 즉위식이 끝났다. 상황을 바꿀 수 없자 함께 간 노나라 군사들은 제나라와의 싸움에서 크게 패하고 말았다. 노나라로 도망간 규는 제나라와 관계 정상화를 원하는 노장공魯莊公에게 죽음을 당하고, 관중과 함께 공자 규를 모셨던 신하 소홀은 개천에 몸을 던져 죽는다. 그러나 관중은 순순히 제나라로 끌려가는 길을 택한다[14-17]. 제환공은 자신에게 화살을 쏜 관중을 죽이려고 했으나 이때 또 한 번 관포지교의 우정이 빛을 발한다. 포숙은 제환공에게 "전하께서 이 제나라만을 다스리려 하신다면 소신이 재상직을 맡아 해나갈 수 있습니다. 그러나 중원천지를 호령하고 싶다면 반드시 저 관이오를 재상으로 기용하셔야 합니다! 관이오는 전하를 위해 활로 천하를 쏠 것입니다."라고 한다. 제환공은 극진한 예우를 다해 관중을 맞았고, 관중은 제환공을 천하의 패자로 만드는 데 1등 공신이 되었다. 『논어한글역주』 제3권, pp.396~398에 상세하다. [3-22, 14-10, 14-17, 14-18]

匡광: 위衛나라 변방의 읍邑, 정鄭나라의 읍, 송宋나라의 읍이라는 제설이 분분하다. 그러나 "광"이 어디인지 정확하게 알 수 없다. 『사기史記』에 의하면 공자가 유랑을 시작한 초기, 위나라에서 진晉나라로 가던 도중(BC 497년경)에 광의 사람들이 공자를 이 지역을 침략해 사람들을 괴롭혔던 양호陽虎와 착각해서 공자의 목숨이 위태로운 상황에 처했던 것으로 기록하고 있다. 양호는 공자생애에 있어서 최대의 라이벌이었으며 공자에게 많은 영향을 주었다. [9-5, 11-22]

丘구: 공자의 이름. [5-27, 7-23, 7-30, 10-11B 14-34]

求구: 공자의 제자 염유冉有의 이름. 염구는 공자의 초기제자 4명 중에 드는 중요한 인물이다. 성이 염이고, 이름이 구求이고, 자가 자유子有이다. 공자보다 29세 연하. 공자제자 중에서 정치재간이 가장 뛰어났던 인물. [5-7, 6-6, 11-16, 11-21, 11-23, 11-25, 16-1]

闕黨궐당: 공자가 살았던 곡부의 궐리闕里를 말한다. 학문에 독실하지 못한 어린학생이란 의미로 "궐당동자闕黨童子"라는 말이 쓰이는데, 「헌문」편 47장에서 유래된 것이다. [14-47]

圭규: "규"는 옥으로 만든 것으로, 위가 동그랗고 아래는 각진 모양이다. "천원지방天圓地方"(하늘은 둥글고 땅은 네모지다)의 우주관을 나타낸 모양이며, 용도에 따라 크기가 구분된다(천자가 제후를 임명할 때는 아홉 치[九寸, 약 30cm], 사신으로 나가 상대방 제후를 뵐 때는 일곱 치[七寸, 약 23cm], 그 외는 다섯 치[五寸, 약 16.5cm]). [10-5]

糾규: 규와 소백小白(제환공齊桓公)은 모두 제나라의 못난 군주 양공襄公의 동생들이다. 양공은 성격파탄자였다. 제양공은 그의 누이동생 문강文姜과 16년 이상이나 남매상간男妹相姦을 즐겼다. 『시경詩經』의 국풍에도 이들의 관계를 야유한 노래들이 있다. 제나라 여자 문강은 노나라 환공에게 시집갔는데, 결혼 후 15년이 지나 노환공은 부인 문강과 함께 제나라를 방문한다. 문강은 가자마자 제양공과 간통의 환락에 빠진다. 이를 알아차린 노환공이 항의하자, 제양공은 그를 술취하게 하고 수레에 오르게 하면서 늑골을 으스러뜨려 살해한다. 노나라에서는 환공의 뒤를 이어 태자 동同이 즉위하니 이가 곧 노장공魯莊公이다. 양공 밑에서 위기를 감지한 똘똘한 두 동생들은 각기 피신한다. 규와 소백은 배가 달랐다. 형 규는 엄마가 노魯나라 여자였기에 노나라로 피신했다. 그러나 동생 소백은 엄마가 위衛나라 여자였는데도 위나라로 가지 않았다. 벌써 연줄이 있는 곳으로 가지 않았다는 것 자체가 미래를 내다보는 형안이 있고, 보다 의지가 강했다는 것을 의미한다. 소백은 제나라에서 멀지 않은 거莒라는 지방을 망명지로 택했는데 현재의 산동성 거현莒縣지역이다. 이 소백이 바로 춘추시대의 패자이며 제나라의 군주인 제환공이다. [14-17]

棘子成극자성: 극자성은 위衛나라의 대부로 알려져 있다. 그러나 그것만 알려졌을 뿐, 그 인간에 대해 우리가 접할 수 있는 별 정보가 없다. 공자시대 당시 공자학단의 사람들이 문文의 방향으로 치우치는 것을 비난했던 사람이었던 것으로 보인다. 자공과 논쟁을 벌임. [12-8]

杞기: 기杞나라는 주周나라의 제후국이다. 공실의 성姓은 사姒이다. 하夏나라가 본래 사성姒姓이다. 서주西周 무왕武王이 은殷나라를 멸망시킨 후 하나라 유민들을 기나라(지금 하남성 기현杞縣)에 봉하였다. 그래서 기나라는 하나라의 문물의 적통을 잇고 있다. BC 445년에 초나라에 의하여 멸망되었다. 공자는 하나라의 문물을 알기 위해 기나라로 필드 리서치를 갔을 수도 있다. [3-9]

箕子기자: 은殷나라의 마지막 왕인 주紂의 숙부叔父. 이름은 서여胥余, 기백箕伯, 기인箕仁이라 불리기도 한다. 왕에게 간해도 듣지 않는다고 모두 떠나버리면 왕의 나쁜 점을 백성에게 드러내는 꼴이니 차마 그렇게 할 수 없다는 생각으로, 기자는 거짓으로 미친 척하며 노예가 되었다. 공자는 기자를 은나라의 삼인三仁의 한 사람으로 칭송한다. 기자는 고조선의 변방 난하지역에 거주하면서 은나라의 높은 문화를 전했다. 은나라의 종교문화의 건강성이 고조선으로 유입되는 계기가 되었다. [18-1]

나

南宮适남궁괄: 성姓이 남궁南宮, 이름은 괄适. 괄括이라고도 한다. 『논어』에 나오는 남용南容도 남궁괄을 가리킨다. 고주 속의 공안국은 이 사람이 노魯나라의 가로家老, 공자와 같이 주나라에 유학한 맹씨 집안의 "남궁경숙南宮敬叔"이라고 말한다. 그러나 『사기史記』「중니제자열전仲尼弟子列傳」에는 공자가 자기 형의 딸을 시집보낸 "남용南容"이 바로 동일인물이라고 말한다(자가 자용子容). 『공자가어孔子家語』에는 공자가 형의 딸을 시집보낸 사람은 "남궁도南宮韜"라고 한다. 하여튼 남궁괄은 공자의 제자임이 확실하고, 그의 사람됨의 품격이 높다고 공자 스스로 높게 평가하고 있다[5-1B, 11-5, 14-6]. 남궁괄과 남궁도, 그리고 남용은 동일 인물임에 분명하지만 이 여러 이름의 한 사람이 맹씨집안의 남궁경숙(맹의자孟懿子의 형)과 같은 사람이라는 것은 여러 정황상 불가능하다. 이 설은 주자의 『사서집주』에 의거한 것이지만, 『수사고신록洙泗考信錄』을 쓴 최술崔述은 양자가 동일인일 수 없다는 것을 상세히 고증한다. 『공자가어孔子家語』에 다음과 같이 기록되어 있다: "남궁도는 자가 자용이다. 지혜롭게 스스로 세상을 대처해 나가는 인물이다. 세상이 맑으면 버려지지 아니하고, 세상이 혼탁해도 물들지 아니하였다. 그래서 공자는 형의 딸을 그에게 시집보내었다. 南宮韜, 字子容, 以智自將。世淸不廢, 世濁不汚。孔子以兄子妻之." 남용의 덕을 칭송하는 공자의 말이 「공야장」에 있고 또 「선진」에도 있다. 남용이 매일 즐겨 반복해서 대아大雅의 백규 구절을 외우니 공자께서 형의 딸을 그에게 시집보냈다. "백규"는 흰 옥으로 만든 "규圭"(제후가 천자를 알현할 때 두 손에 받드는 것. 천자가 제후를 봉封할 때 규를 준다)를 말한다. 『논어』에 "남용"은 두 번 나오는데 두 번 다 "以其兄之子妻之"라는 표현이 있다. [5-1B, 11-5, 14-6]

南子남자: 위령공衛靈公의 음란한 부인. 송조宋朝와의 불륜 스캔들로 위衛나라를 뒤흔든 "암돼지노래"(암돼지야 암돼지야 씨받이가 끝났걸랑, 토실토실 수돼질랑 돌려다오 돌려다오)의 주인공! [6-26]

魯노: 노魯나라(BC 1046년~256년). 주周나라 무왕武王이 아우인 주공周公 단旦에게 내린 봉토를 주공단의 아들인 백금伯禽에게 다스리게 하던 주나라 분봉의 제후국이다. 주나라 천자의 혈족국가로서 현자 주공의 문물을 정통적으로 계승하였다. 지금 산동의 서남부에 해당된다. 노나라는 원래 주나라 천자들의 음악을 보존해왔기 때문에 예악의 수준이 높은 나라였다. 공자 당대에는 약소국이지만, 주공의 법제法制를 보존하여, 예교禮敎를 중시하고 신의信義를 존숭하며 선왕지도先王之道의 오리지날한 유풍을 잘 보존하고 있는 문명국이었다. 단지 삼환의 발호로 국군國君의 권위가 추락하고 훌륭한 인재가 정명正名의 소신을 펼칠 수 있는 환경이 부족하여 쇠락기의 병폐가 없지 않았다. 공자는 이 노나라 문화의 흥성과 쇠락이 교차하는 시대에 곡부에서 태어났다. 공자는 은나라(송의 유민)와 주나라의 전통을 공유하는 문명의 카이로스에 태어난 것이다. [6-22, 9-14]

魯公노공: 주공周公의 아들 백금伯禽. [18-10]

魯大師노태사: 노魯나라 음악의 최고 권위를 가진 악관. 태사는 우리나라 국립국악원의 악사장에 해당되는 사람이다. [3-23]

老彭노팽: "노팽"은 공자 마음속에 있던 옛 현자일 수도 있다. 고주와 신주 모두 노팽은 은殷나라의 현명한 대부였다고 한다. 공자가 20대에 남궁경숙과 함께 만났던 "노자老子"였을 것이라는 설도 있다. 최근 발견된 상박초간 중에 『팽조彭祖』라는 문헌이 나와 충격을 주었는데, 『팽조』라는 문헌은 구로狗老라는 어떤 사람이 팽조에게 질문하는 것으로 시작된다. 팽조는 인도人道에 대한 이야기를 계속하는데, 그 내용은 현재 우리가 『노자』에서 얻는 삶의 지혜와 큰 차이가 없다. 공자에게

노팽은 리얼한 역사적 인물이었을 것이다. [7-1]

다

達巷黨달항당: "당黨"은 500가호의 마을을 말하는 것이요, "달항達巷"은 그 당의 이름이지만 정확히 어느 지역인지는 모른다. 그리고 『논어』에 나오는 달항당의 사람(達巷黨人)이 누구인지도 확실히 알 수 없다(성이 항項, 이름이 탁槖, 혹은 탁託이라는 설이 후대 진晋나라 황보밀皇甫謐의 『고사전高士傳』에 실려 있다). [9-2]

澹臺滅明담대멸명: 성姓이 담대澹臺, 이름은 멸명滅明, 자字는 자우子羽, 공자보다 49세 연하(「열전」에는 39세 연하), 노魯나라 무성武城 출신. 이름 자체가 고요한 호수가에 누각이 있는데 촛불이 꺼졌다 다시 켜졌다 하는 느낌을 주는 묘한 뉘앙스를 풍긴다. 『사기史記』「중니제자열전仲尼弟子列傳」에는 "그가 박박 곰보의 추남(狀貌甚惡)"이라는 기록이 있고, 또 "나는 겉말만 듣고 사람을 믿었다가 재여에게서 큰 낭패를 보았고, 겉모양만 보고 사람을 판단했다가 자우(담대멸명)에게 큰 실수를 범하였다. 吾以言取人, 失之宰予; 以貌取人, 失之子羽。" 라는 내용이 나오지만 이 말은 사마천의 「열전」 이외의 여타 기록에는 존재하지 않는다. 그리고 『공자가어孔子家語』에는 『사기』와는 일치되지 않는 기록이 실려있다: "군자의 풍도가 느껴지는 잘생긴 모습을 하고 있었다. 그래서 공자는 일찍이 그 잘생긴 용모로써 판단하여 그의 재능을 기대했다. 그런데 그의 재능은 공자의 기대를 충족 시켜주지는 못했다. 그러나 그의 사람됨이 공정公正하고 사특함이 일체 없었다. 재물을 자기가 취하거나 타인에게 주거나, 어떤 지위에서 일하거나 또 그 자리를 떠나거나, 이 모든 일이 자기가 약속한 대로 정확히 실천하여 세인들의 칭찬을 받았다. 그는 결국 노나라에서 벼슬하여 대부가 되었다. 有君子之姿。孔子嘗以容貌望其才, 其才不充孔子之望。然其爲人公正無私, 以取與去就, 以諾爲名。仕魯爲大夫也。"라는 기록이 있는 것이다. 『사기』와 『공자가어』의 기록은 정반대의 상황을 기록하고 있어 흥미롭다. 아마도 사마천은 『공자가어』의 기술을 드라마타이즈 하기 위해 담대멸명을 천하의 추남으로 그렸던 것 같다. 그러나 『사기』의 기록보다는 『가어』의 기록이 더 현실에 가깝다고 보아야 한다. 이러한 견해는 간백자료의 등장으로 『공자가어』의 위작설이 불식되면서 새롭게 제출되었다. [6-12]

圖도: "도"는 중국 황하에 나타난 용마龍馬의 등에 그려져 있다는 그림을 말한다. 하도河圖. 상수학적 사유의 원천이 되었지만, 현존하는 하도는 후대의 창안이다. [9-8]

東里동리: 공자가 존경한 정자산이 살던 곳. 지금의 하남 신정현新鄭縣 성내에 있다. 공자는 자산子産을 "동리자산"이라 불렀다. [14-9]

東蒙동몽: 동몽산東蒙山을 말하는 지명이다. 오늘날 산동성 몽음현蒙陰縣 남쪽에 있는 산으로 몽산蒙山이라고도 불린다. 하늘과 땅에 제사를 지내는 신령한 산으로 알려져 있는데, 동몽산은 풍씨風氏의 선조라 할 복희씨伏羲氏를 제사지내는 주산이었던 것 같다. 동몽산 아래에 노나라 국군이 봉하는 전유국顓臾國이 있다. [16-1]

라

牢뢰: 성姓이 금琴, 이름은 뢰牢, 자字는 자개子開 또는 자장子張(전손사顓孫師 자장子張과 구분하기 위하여 자장字張으로도 쓴다)이다. 위衛나라 사람으로 뢰는 공자의 제자인데, 「자한」편 6장에 딱 한 번 나온다. 전손사 자장은 진陳나라 양성陽城 사람이다. 금뢰는 「열전」에 나오지 않는다. 그러나 「제자해」에는 공자의 제자로서 자세히 나와 있다. 공자학단 내에서 무게가 있었던 인물이었을 것이다. [9-6]

鯉리: 공자의 아들 공리孔鯉를 가리킨다. 공리의 자字가 백어伯魚이다. [11-7, 16-13]

履리: 은殷나라의 시조인 탕왕湯王의 이름(천을天乙, 대을大乙, 태을太乙, 성탕成湯. 갑골문에 성당成唐이라고도 한다). 하夏나라의 마지막 왕 걸桀을 추방해 하왕조를 멸망시키고 상商나라를 세웠다(滅夏建商). 하나라의 마지막 왕 걸은 포학한 정치를 해 인심은 하로부터 멀어져 있었다. 하의 신하인 탕은 이윤伊尹의 보좌를 받아 걸을 공격해 멸망시켰다. 『서경書經』에는 걸을 멸할 때에 제후를 향해 연설했다고 여겨지는 「탕서湯誓」편이 있다. 탕은 하의 우禹, 주周의 문왕文王, 무왕武王과 함께 성군으로서 후세에 숭상되었다. [20-1B]

마

麻冕마면: 검은 베로 만든 치포관緇布冠이다. 매우 가는 올실이 많이 들어가는 고급스러운 관이다. 공자는 이런 사치스러운 관을 쓰는 것이 반드시 정도는 아니라고 여겼다. [9-3]

孟敬子맹경자: 노魯나라의 대부. 이름은 첩捷, 자字는 의儀, 경자敬子는 추증된 이름. 맹무백孟武伯의 아들이다. 중손첩仲孫捷이라고도 부른다. 중손씨仲孫氏의 제8세이며, 맹씨가문의 제11대 종주宗主. 맹경자는 증자가 병석에 누웠을 때 병문안을 왔다. 맹경자가 맹자의 고조부라는 속설도 있다. 『예기』 「단궁」하에 도공悼公(애공의 아들)의 상喪기간 동안에 먹어야 하는 음식에 관하여 맹경자가 하는 이야기가 있다. 맹경자는 남은 죽을 먹지만 자기는 위선떨기 싫어 밥을 먹는다고 말한다. 매우 강직한 성품을 드러냈다. [8-4]

孟公綽맹공작: 공자가 존경한 노魯나라의 대부. 맹공작은 『좌전』 양공襄公 25년조에 잠깐 그 이름이 보이기는 하지만 자세한 것은 알 수가 없다. [14-12]

孟武伯맹무백: 성姓이 중손仲孫, 이름은 체彘, 무武는 시호諡號이고, 맹의자孟懿子의 아들이다. "백伯"은 맏아들을 뜻하니 맹무백은 용맹스럽고 강강剛强한 맏아들일 것이다. 애공哀公 11년(BC 484, 공자 68세)에 제齊나라는 노魯나라가 거년去年에 식鄎(몽음현蒙陰縣의 북北에 있는 제나라 땅)을 친 것에 대한 보복으로, 노나라를 침공한 사건이 있다. 그 때 노나라 군대의 좌사左師를 이끈 장수는 염구冉求였고, 우사右師를 이끈 장수는 맹유자설孟孺子泄이라는 이름의 사나이였다. 이때, 맹유자孟孺子라는 호칭은 정식 이름이라기보다는, "맹손씨네 어린애"라는 정도의 의미로 친근하게 부른 표현에 불과하다. 바로 이 맹손씨네 어린애 설泄이 훗날의 맹무백孟武伯이다(설泄은 그의 자字). 어려서부터 무용에 뛰어났다. 3년 후 애공哀公 14년 추팔월신축秋八月辛丑, 그 아버지 맹의자孟懿子가 세상을 뜨자 그 뒤를 이어 맹손씨孟孫氏의 수장이 되었다. 이때 공자의 나이 71세였다. 공자에게 효를 물으니 공자가 자식이 아프지만 않으면 된다고 말한 상대가 바로 맹무백이다. [2-6, 5-7]

孟懿子맹의자: 성姓이 희姬, 이름은 하기何忌(『춘추』에는 중손하기仲孫何忌라는 이름으로 나온다), 시호는 의懿. 맹의자는 맹무백의 부친이다. 맹의자는 맹손씨孟孫氏의 수장으로, 공자가 대사구大司寇 지낼 때 동료 대신이었을 것이다. 『사기史記』의 「공자세가孔子世家」에 의하면 맹의자와 남궁경숙南宮敬叔(맹의자의 동생) 형제는 공자를 찾아가 예를 배웠고, 공자가 주周나라 수도 낙양(낙읍)에 가서 노자를 만났을 때도 남궁경숙이 노魯나라 군주에게 수레 하나, 말 두 필, 시자侍者 한 명을 요청했다고 한다. 「공자세가」의 기록을 다 믿을 수는 없지만, 공자와 맹손가家와의 관계는 실제적으로 얽혀있는 복잡성이 있다. 우선, 맹의자와 남궁경숙이 실제로 공자학단에 들어갔다고 보기는 좀 어렵지만 당시 삼환 중 가장 세력이 약했던 맹손 가문에서 공자를 탐냈을 가능성은 충분하다. 그러나 『사기』「중니제자열전仲尼弟子列傳」에는 맹의자의 이름이 보이지 않을 뿐 아니라, 맹의자야말로 삼환의 무장 해제를 주장한 공자의 개혁에 가장 반발했던 세력이었기에 공자와 맹손 가문은 매우 오묘한 애증 관계에 있었다. 그렇지만 공자 사후, 공자학단은 맹손씨들의 재정적 후원을 받았을 가능성이 크고, 역시 삼환 중에는 맹손가문이 공자와 가장 밀접한 관계에 있었다는 것은 확실하다. [2-5]

孟莊子맹장자: 노魯나라의 대부로서 중손속仲孫速이라는 사람이다. 맹손씨 가문의 6대 종주로 아버지 맹헌자孟獻子(중손멸仲孫蔑)를 계승하였고 효행으로 이름이 높았다. 이들은 공자가 태어날 때쯤의 사람들이었다. 공자는 노양공魯襄公 22년(BC 551년)에 태어났는데, 이들의 기사는 양공 16년, 19년에 나오고 있다(맹헌자는 양공 19년에 죽는다). 맹장자에 대한 기록으로는 노양공 16년 제齊나라가 노나라의 성읍을 포위했을 때 중손속(맹장자)이 맹렬히 대적하는 것을 보고 제영공齊靈公이 "용기를 좋아하는 자"라고 칭찬하고 일부러 그를 위해 물러났다는 기록이 있다. 또 노양공 18년에는 진나라 등과 연합하여 제나라를 칠 때 그가 제나라의 도읍에 들어가 성문 안에 있는 참죽나무(楯)를 베어서 노양공을 위한 거문고(琴)를 만들었다는 기록이 있다. 나름대로 임금을 위한 충성심이 컸다는 것을 보여주는 것이겠다. 2년 후인 노양공 20년 봄에는 거莒나라와 화평을 체결하는 맹약을 맺었고 그 해 여름에는 자주 노나라를 침략하던 주邾나라를 쳐서 보복을 하였다. 그의 아버지 맹헌자는 46년간이나 대부로 있었기 때문에 유서 깊은 정책과 오랜 신하들이 있었을 것이다. 그 정책과 신하들을 급속히 바꾸지 않았다는 것은 그의 효심과 신중함을 보여주는 것이라 할 것이다. 실제 그는 맹손씨의 수장이 되고 4년 만에 죽었으니 죽을 때까지 맹헌자의 정책과 신하들을 바꾸지 않았을 것이다. 그러나 맹장자는 장무중臧武仲(장손흘臧孫紇)과 관계가 나빠 그 관계를 계무자가 조정해 주기도 하였다. 맹장자는 아마도 「학이」편 11장에 나오는 공자의 말씀과 관련된 하나의 모델 케이스였을 것이다. 맹장자는 BC 549에 죽었는데, 이 해에 공자의 아버지 숙량흘도 죽었다. [19-18]

孟之反맹지반: 성姓이 맹孟, 이름은 측側(또는 자측子側), 자字는 지반之反(그냥 반反이라고도 쓴다), 맹자반孟子反으로도 쓴다. 맹지반은 공자와 같은 시대의 사람으로, 노魯나라의 대부였다고 한다. 공자는 그를 자기 공을 자랑하지 않는 훌륭한 인물로 평가한다. [6-13]

冕면: 공문孔門에 강사로 나오는 장님악사. [15-41]

命명: 「헌문」편 9장에는 국민들에게 반포하는 포고문의 뜻으로 언급된다. [14-9]

木鐸목탁: "목탁"은 불교사찰 대웅전의 목탁이 아니다. 우리나라 고대무덤에서도 잘 출토되는 것이며 보통 동탁銅鐸이라고 부르는 것이다. 옛날의 제사장이 들고 있었던 지팡이 꼭대기에 씌워지는 동제나 철제의 장식인데 그 속에 방울이 들어 있다. 쇠방울이 들어 있으면 금탁金鐸이라 하고, 나무방울이 들어 있으면 목탁木鐸이라 하는 것이다. 금탁은 무사武事에 쓰고, 목탁은 문사文事에 쓴다. 「팔일」편 24장에서 의봉인儀封人(의儀 땅의 국경수비대장)이 공자를 목탁으로 삼는다는 뜻은, 신탁의 대행자가 지팡이 방울을 울려 신의 소리를 알리듯이, 공자가 문화의 소리를 이 세상에 펴게 되리라

는 예언이다. 그 예언은 적중했다. [3-24]

巫馬期무마기: 성姓이 무마巫馬, 이름은 시施, 자字는 자기子旗(또는 자기子期로 쓴다. 그래서 무마기巫馬期, 무마시巫馬施로도 불리운다). 노魯나라 사람인 듯한데 진陳나라 사람으로 보는 설도 있다. 초기부터 공자를 모셨던 제자인데, 『논어』에는 단 한번 「술이」편 30장에만 등장하고 있다. 여러 자료를 동원해볼 때, 꽤 초기부터 공자를 모신 중후한 인물이었던 것 같다. 일찌기 단보재單父宰를 지냈는데, 그 치세방법이 복자천宓子賤과 대비되는 것으로 기술된다(『여씨춘추』「찰현察賢」). 복자천은 사람에게 맡기는 정치를 하였는데(任人), 무마기는 힘에 맡기는 정치(任力)를 하였다고 한다. 그래서 무마기는 수고로왔다는 것이다. 그러나 무마기의 치세방법이 더 진실했을 수도 있다. 무마기는 수고를 아끼지 않는 노력형의 인간이었다. 공자보다 30세 연하라는 데 「공자세가孔子世家」와 「72제자해七十二弟子解」가 일치한다. 「세가」는 『논어』의 텍스트를 베끼고 있는데 「제자해」는 새로운 정보를 제공한다. [7-30]

武무(무악武樂): 타악기, 금속 관악기 중심의 편성. 무력으로 은殷나라를 징벌하고 주周나라를 세운 무왕武王시대의 악곡. 혁명의 열기와 새로운 시작을 의미하는 진보적인 음악. [3-25]

武무: 주周나라 무왕武王. 역성혁명을 완수한 장본인. 희발姬發. [19-22]

武城무성: 『논어』에서 말하는 "무성"은 노도魯都의 동쪽으로 비교적 멀리 떨어진 지역에 있었으며, 당시 비읍費邑과 가까운 지역이어서 "동무성東武城"이라고 불리기도 했다. 현재 지도상으로도 이 동무성이 있었던 지역은 산동성山東省 비현費縣이 된다. 주邾나라가 비교적 가까이 있어서 주나라와 갈등을 겪기도 했다. 또 애공哀公 8년(BC 487년)에 북상하는 오吳나라의 세력에 빼앗기는 첫 땅이 무성이기도 했다. 또 애공 11년 노魯나라가 제齊나라와 싸우게 되었을 때 공자의 제자 염유冉有가 무성의 병력 300여 명을 직접 지휘하며 전투에 임하기도 하였다. 『논어』에서 무성이 등장할 때 무성의 읍재는 자유子游였다. 애공 12년(BC 483) 전후 공자 약 69세, 자유 약 24~5세 때 읍재로서 예악禮樂의 정치를 실현하고자 활약하고 있을 시기에 공자가 방문하였다. [6-12, 17-4]

武王무왕: 주周나라를 개국한 왕이다. 성姓이 희姬, 이름은 발發. 주문왕周文王의 아들이다. 정의롭고 유능한 지도자로 알려진다. 무왕은 왕위에 오른 후에 아버지 문왕의 유언을 달성하기 위해 노력하였다. 강태공, 주공단周公旦, 필공고畢公高(문왕의 제15자), 소공석召公奭과 같은 유능한 인물을 등용하여 적재적소에 썼다. 결과적으로 주나라는 강대화되었다. BC 1048년 무왕은 맹진에서 제후들의 회합을 요청하고 800명 이상의 제후가 참석하였다. BC 1046년에는 은殷나라 정부가 파탄상태가 되고 무왕은 많은 인접 제후와 함께 출병하여 목야牧野(지금의 하남성 기현淇縣 남쪽)에서 회전會戰하였다. 은나라 군대가 도과倒戈하는데 이르자 주紂는 녹대鹿臺에 올라 자분自焚하여 죽었다. 목야의 전투에서 승리한 무왕은 은나라 수도를 점령하고 은나라를 멸망시켰다. 주나라를 건립하고, 호경鎬京에 수도를 정하였다. 전쟁에 동참한 형제와 장군들은 제후로 분봉되었다. 그는 즉위 3년 후 BC 1043년에 사망하였다. 공자는 무왕을 성왕聖王으로 평가한다. 『중용』 19장에는 공자가 무왕을 달효達孝의 구현자라고 칭송한다. [8-20]

舞雩무우: 노魯나라 성남城南에 있는 아름다운 곳. 기우제祈雨祭를 지내던 토단土壇이 있고, 주변으로 신목神木이 있고, 시냇물도 흐르고, 버드나무 가지도 휘영청! 공자도 제자들과 자주 놀러갔던 곳이다. 개방된 사직단과 같은 곳. [11-25, 12-21]

汶문: 강 이름 "문수汶水"를 의미. 대문하大汶河는 산동성山東省 내무현萊蕪縣 동북 원산原山에서 발원하는 것으로 석문수石汶水, 모문수牟汶水, 북문수北汶水 등 여러 갈래가 있다. 서쪽으로 흘러 대청하大淸河·소청하小淸河와 합류하여 황하로 흘러 들어가는데, 「옹야」편 7장에서 언급한 "문수"는 노魯나라와 제齊나라 사이의 경계를 이룬다. [6-7]

文王문왕: 성이 희姬, 이름은 창昌. 갑골문에는 "주방백周方伯"으로 표기된다. 둘째 아들인 발發(무왕武王)이 주周나라를 세운 후 문왕으로 추숭되었다. 재위기간을 50년으로 본다. 은殷나라 말기에 서백西伯이 되었고, 이 때문에 백창伯昌으로 일컫기도 한다. 왕계王季의 아들이요, 무왕의 아버지이다. 굉요閎夭, 태전太顚, 산의생散宜生 등의 유능한 사람들을 등용하고, 백성들의 삶을 넉넉하게 해주는 정책을 시행하니 국력이 날로 성하게 되었다. 이는 주왕紂王이 꺼리는 바가 되어 유리羑里에 갇히게 되었다. 수금된 기간 동안, 역易의 경에 해당되는 64괘사卦辭를 지었다고 전설적으로 논의되고 있다. 이후에 유신씨有莘氏의 여자와 려융驪戎 문마文馬 등 최상급의 보물을 바치고 조정 신하들과 소통하여 비로소 풀려날 수 있었다. 그는 일찍이 우虞, 예芮 두 나라의 쟁단을 해결해 주었고, 병사를 내어 견융犬戎, 밀수密須, 려黎, 한邗을 정벌했고, 또한 숭崇(지금의 하남성 숭현 동쪽)을 멸했다. 풍읍豐邑(지금의 섬서성陝西省 장안풍하서長安灃河西)을 수도로 정했으며, 세력을 넓혀 장강, 한수, 여수汝水 등의 유역까지 이르렀는데, 이는 은나라를 멸망시킬 준비를 한 것이다. 문왕은 임종 시에 둘째 아들인 발發을 불러 서둘러 은나라를 멸망시킬 것을 도모하라고 당부했다. 공자는 문왕의 문文이 자기에게 있다고 자임했고(斯文), 문왕을 인仁한 인간의 대명사처럼 존숭했다. 『한비자』 「난이難二」에는 공자가 문왕의 덕德을 인仁과 지智로써 묘사하는 말이 실려있다. [9-5, 17-5]

微生高미생고: 성姓이 미생微生, 이름은 고高. 노魯나라 사람. 미생고는 공자가 살던 시대에 직直한 사람으로 평판이 높았던 것 같다. 그러나 공자는 그의 직直을 평가하지 않았다. 아마도 공자와 한 동네 살았던 사람이었던 듯하다. [5-23]

微生畝미생무: 미생무는 공자 당대의 은자로서, 공자의 세속참여를 삐딱하게 본 사람이다. 공자보다 연상인 듯하나 확실한 것은 알 수 없다. [14-34]

微子미자: 은殷나라의 마지막 왕인 주紂의 형. 폭군 주紂에게 인정仁政을 베풀 것을 간했지만 소용이 없자, 미자는 아예 떠나버렸다. 주周나라 개국 후에는 미자는 송宋나라에 분봉되었다. 공자는 은나라에 인仁한 사람이 셋 있었다고 했다. 미자가 그중 한 사람이다. [18-1]

閔子騫민자건: 이름은 민손閔損, 자字는 자건子騫. 공자보다 15살 연하, 노魯나라 사람. 민자건은 사과십철四科十哲에 덕행으로 꼽힌다. 공자도 그의 효성을 칭찬했다고 하는데, 공자학단에서 중후한 위치를 차지하는 고참 제자 중 한 사람이었을 것이다. 유향劉向의 『설원』에 실린 옛 이야기를 보면, 민자건은 어릴 때 엄마를 잃고 계모의 학대를 받으며 컸다고 하는데, 그 사실을 안 아버지가 계모를 내쫓으려 하자 민자건이 말리면서 다음과 같이 말했다: "아버지! 참으세요, 그래도 어머니가 계시면 저 혼자 외로울 뿐이지만, 어머니가 떠나시면 세 동생이 굶습니다. 母在一子單, 母去三子寒。" 민자건은 하여튼 효행으로 이름이 났고 덕행이 출중한 인물이었다. 공자는 민자건은 평소에 말이 없지만 말을 하면 사리에 들어맞는 말만 한다고 칭송했다. 그를 높게 평가했다. 당나라 개원開元의 시기에 비후費侯로 봉했다. [6-7, 11-4, 11-12, 11-13]

邦방: 공자시대의 "방邦"은 지금의 민족국가와는 전혀 다른 것으로, 주周나라에 속해있는 분봉단위의 나라를 말한다. 노魯나라도 주周나라의 방邦이다. 당대의 부국강병은 많은 인구를 끌어모으는 것을 말한다. 따라서 당대의 지식인들에게 하나의 "방邦"에 대한 고착적 충성심은 별 의미가 없었다. "방유도"는 방邦을 운영하는 통치자에게 도덕성이 있느냐의 문제였다. [5-1B, 5-20, 8-13, 14-1, 14-4, 15-6]

方叔방숙: 공자시대의 음악가. [18-9]

白圭백규: "백규白圭"라는 단어가 들어가 있는 시詩는 지금의 『시경詩經』 대아大雅 「억抑」에서 찾아볼 수 있다. "백규"라는 것은 백옥으로 만든 규圭(홀)이다. "백규옥의 티는 그래도 갈아 없앨 수 있건만 일상적 말의 티는 갈아 없앨 수 없어라. 白圭之玷, 尙可磨也。斯言之玷, 不可爲也。" 나라를 어지럽히는 위정자를 계고戒告하는 통렬한 비판의 시이다. [11-5]

百乘之家백승지가: 백 수레의 규모를 갖춘 경대부의 채읍采邑(왕족과 신하에게 내려주어 조세를 받아 쓰게 하던 마을). [5-7]

伯魚백어: 공자의 아들. 성姓이 공孔, 이름은 리鯉, 자字는 백어伯魚. 백어는 공자가 결혼한 다음 해에 태어났고, 공자가 귀로한 다음 해에 50세의 나이로 세상을 떠났다. 백어는 학문을 다 이루지 못하고 공자보다 먼저 죽었지만 위대한 철학자 아들 자사子思(『중용』의 저자)를 남겼다. [16-13, 17-10]

伯牛백우: 성姓이 염冉, 이름은 경耕, 자字는 백우伯牛. 노魯나라 사람. 공자보다 7세 연하. 혹설에는 염옹冉雍의 아버지라고도 한다. 염구·염옹·염백우는 모두 한 집안 사람들이다. 그러나 염백우가 염옹의 부친일 가능성은 희박하다. 자로子路와 비슷한 나이이니까(자로보다 두 살 위) 공문에서는 한참 고참이다. 그는 중도中都의 재를 지낸 적이 있다고 한다. 염백우는 영예롭게도 「선진」편 2장의 사과십철四科十哲에 덕행으로 꼽혔다. 「옹야」편 8장에 공자가 생사의 기로를 헤매는 염백우를 방문하여 애처로운 심정을 토로하는 애잔한 장면이 그려져 있다. 공자학단의 무게 있는 인물이다. 애처롭게도 문둥병에 걸려 죽는다. [6-8, 11-2]

伯夷叔齊백이숙제: 백이와 숙제는 역사상 의로운 인간의 상징체로서 회자된다. 『사기史記』 열전列傳의 첫머리를 장식하는 영예를 차지한다. 이름의 글자가 말해 주듯이 백이伯夷가 형이요, 숙제叔齊가 동생이다. 은殷나라 고죽국孤竹國의 국왕은 셋째 아들 숙제叔齊에게 왕위를 물려주고 싶어 했다. 그러자 백이와 숙제는 서로 왕위를 사양하며 달아나버린다. 형제는 주周 지역의 서백西伯 창昌(문왕)이 훌륭하게 나라를 다스리고 있다는 말을 듣고 찾아갔으나, 이미 서백 창은 죽고 그의 아들 발發(주무왕周武王)이 은나라의 주왕紂王을 정벌하러 길을 나서고 있었다. 백이와 숙제는 무왕의 말고삐를 잡고 "부친이 돌아가셨는데 장례도 치르지 않고 전쟁을 일으키다니 이를 효孝라 말할 수 있습니까?" "신하인 제후가 천자를 죽이려 하다니 이를 인仁하다 말할 수 있습니까?"라고 간청했다. 효의 윤리를 그 상황의 문제로서 제기한 것이다. 무왕의 군사에 의해 죽을 뻔한 두 사람을 강태공姜太公이 놓아주었다. 그 후 무왕이 은나라를 정벌하고 천하가 주周 왕실을 섬겼지만, 백이와 숙제는 의로움을 지키고자 주나라에서 나는 곡식을 먹지 않겠다며 수양산에 들어가 고사리를 캐어 먹었다. 굶어 죽음에 이르러 지은 노래는 다음과 같다: "저 서산西山에 올라 고사리를 캐자꾸나. (무왕은) 폭력으로 폭력을 바꾸었네, 근본이 잘못 된 것조차 깨닫질 못하니, 신농·우·하의 시대가 홀연히 사라지는 구나, 이제 우리는 어디로 갈꼬? 아! 슬프도다, 죽음만이 우리를 기다린다. 스러질 뿐인 우리의 천명이여! 登彼西山兮, 采其薇矣。以暴易暴兮, 不知其非矣。神農､虞､夏忽焉沒兮, 我安適歸矣? 于嗟徂兮, 命之衰矣!" [5-22]

樊遲번지: 성姓이 번樊, 이름은 수須, 자字는 자지子遲. 공자보다 46세 연하의 말년의 제자(「열전」에는 36세 연하). 번지는 신체적으로 단련되고 성실하며, 특히 말 모는 재주가 비상했다. 수레몰이를 하면서 공자 곁을 지켰다. 공자가 노魯나라로 돌아온 이후 제자가 된 소위 후기 제자다. 번지는 애공哀公 11년 노魯나라가 제齊나라와 전쟁을 하게 되어 염유가 좌장군(左師)을 맡게 되었을 때 그의 전차의 오른편 전사로 싸웠다. 그 때 계강자가 번지를 가리키며 너무 어리지 않느냐 하니 염유가 "제 몫을 할 것입니다"하고 대답하는 모습이 『춘추좌씨전』 애공 기사에 그려져 있다. 그는 비록 어렸지만 노나라 병사들이 제나라 군사들이 돌진해 오는 것을 보면서도 도랑을 건너가려 하지 않자, "건너가지 못해서 그러는 것이 아니라 당신을 믿지 않아서 그러는 것입니다. 상벌에 대해서 3번 선언하여 도랑을 넘도록 하십시오"하고 조언했다. 과연 염유가 상벌에 대해 3번 선언하자 모두들 도랑을 건너갔다. 그리하여 우장군이 지휘하는 노나라 우군은 제나라 군사에 쫓겨 달아났지만 염유가 지휘하는 좌군은 제나라 군사를 정면 돌파하여 가며 수급首級 80을 베는 전승을 거두었다. 이로 인하여 결국 그 날 밤 제나라는 퇴군을 하여 얼마 후 귀국한 공자로부터 염유는 "의로웠다"는 인정을 받기도 하였는데 거기에는 번지의 역할도 없지 않았던 셈이다. 이 전쟁 직후 공자가 14년에 걸친 외유를 마치고 노나라로 돌아왔기 때문에 번지는 그 때에야 공자의 문하에 들어간 것으로 보인다. 따라서 논어에 보이는 번지가 등장하는 여러 대화는 모두 이 전쟁 이후에 있었던 것이라 할 수 있다. 그는 공자에게 먼저 이것 저것 물어보기를 좋아했던 것 같다. 그는 "지知" 또는 "인仁," "숭덕崇德," "변혹辨惑" 등등 큼직한 질문을 다짜고짜로 제기하곤 해서 때로는 공자로부터 좋은 질문을 하였다고 칭찬을 받기도 했다. 그러나 농사짓는 법에 관해 물었다가 소인이라는 소리까지 듣는 상황도 있다. 그렇지만 대체적으로 번지의 질문은 평범한 인간이 느끼는 많은 문제상황을 대변하고 있다. 번지야말로 공자라는 인간을 우리에게 가깝게 느끼도록 만드는데 크게 공헌하였다. [2-5, 6-20, 12-21, 12-22, 13-4, 13-19]

卞莊子변장자: 변장자는 "변엄자卞嚴子"라고도 불리는데 산동성 사수현泗水縣 동쪽에 있었던 변읍卞邑을 지배했던 노魯나라의 대부大夫로서, 호랑이 두 마리를 한칼에 해치운 인물로 유명하다. 『순자』 「대략大略」편에는 제齊나라 사람들이 노나라를 치려고 해도 변장자가 두려워서 변땅을 지나가지 못했다는 이야기가 나온다. 진晋나라 사람들이 위衛를 정벌하려 해도 자로가 무서워서 포蒲 땅을 지나가지 못하였다는 이야기와 같이 기록되어 있다. 자로는 위에 벼슬하여 포읍의 재宰였다. 이 두 사람은 동향사람들로서 비슷한 용맹성을 공유한다. [14-13]

封人봉인: 국경의 관문을 지키는 관리이다. 그러니까 지금으로 말하자면 출입국관리소 소장쯤 되는 사람. [3-24]

夫子부자: "부자"라는 표현은 고증가들이 말하기를 대부大夫를 지낸 사람들에게 붙여지는 경칭이라고 하지만(楊伯峻), "『논어』에서 "부자"라는 표현은, 그런 구체적 맥락에서 쓰여진 말은 아니다. 공자 학단 내에서 제자들이 스승을 존중하여 부른 새로운 의미를 지니는 말이었다. "우리 그(夫) 선생님(子)"이라는 매우 평범한 말이 존숭의 의미가 강화되어 독립된 개념으로 발전하여 갔을 것이다. 우리가 영어로 "Confucius"라고 쓰는 것은 콩후우쯔(孔夫子, Kongfuzi)라는 중국말을 서양선교사들이 라틴어화(Latinization)한 것이다. 그런데 실제로 중국에서 "공부자孔夫子"라는 식으로 쓰인 예는 별로 없다. "Confucius"는 서양선교사들의 발명이라는 것이 최근의 정설이다. [1-10, 3-24, 4-15, 5-12, 6-26, 7-14, 9-6, 9-10, 11-25]

比干비간: 은殷나라의 마지막 왕인 주紂의 숙부叔父. 은나라 삼인三仁 중의 한 사람. 주紂에게 끝까지 정치를 바로잡을 것을 간하다 죽임을 당했다. [18-1]

裨諶비침: "비침裨諶"은 우리말로 사람에 따라 "비심"이라고도 읽고 "비침"으로도 읽는데 둘 다 가능하다. 『율곡언해』에는 "비팀"으로 되어있고, 주희 반절은 "시림반時林反"이다. 『광운廣韻』은 "씨임절氏任切"이다. 상고음의 성모는 선禪이고 운부는 침侵인데, 선은 방언에 따라 시옷 발음으로도 치읓 발음으로도 될 수 있다. 이름은 피皮, 정鄭나라의 대부이다. 정나라의 명문장가로서 외교문서, "명命"의 초창자草創者이다. 정자산을 잉태시킨 선배 현인 중의 하나. [14-9]

사

士사: 「태백」편 7장에서 말하는 "사"는 지위를 가진 관리가 아니라 일반 교양인을 말하는데, 넓은 포용력과 함께 자신의 이상을 끝까지 이루고자 하는 의지가 있어야 비로소 선비의 자격이 있다는 의미에서 쓰인 말이다. 「자장」편 1장에서 말하는 "사"는 단순한 지식인으로서의 "선비士"가 아니라 공직에 있는 공무원을 말하는 것이다. 공무원은 반드시 나라가 위태로울 때는 목숨을 바쳐야 한다. 그들은 나라의 녹을 먹는 자들이기 때문이다. 공자의 생애는 사士를 계급적, 신분적 국한성에서 행방시켜 보편적 문·무통합의 교양인으로서 재정립하는 삶이었다고도 말할 수 있다. 진정한 사는 공자학단에서 시작되는 것이다. [8-7, 12-20, 13-20, 13-28, 14-3, 15-9, 19-1]

社사: 본래 큰 나무를 상징으로 삼아 대지의 신神을 제사지냈다. 고대 농경사회에서는 하늘만큼이나 중요한 신성(Divinity)이 "땅"이었다. 신목神木 주변의 성스러운 영역이 사직단이다. [3-21]

師사: 성姓이 전손顓孫, 이름은 사師, 자字는 자장子張. 진陳나라 출신, 공자보다 48세 연하 말년제자. 자장은 잘생긴 데다 성격까지 좋아 사람을 잘 사귀었고, 세속적인 성공이나 출세에도 관심이 많은 사람이었다. 그는 원래 출신이 비천하여 말시장의 관리인 노릇을 했다. 그러나 학문이 출중하여 자하子夏, 자유子遊와 병칭되었다. 또, 『논어』에서 가장 많은 질문으로(20차) 공자의 담론과 사상을 이끌어내기도 했다. 그의 후학들이 유가 8파중의 하나인 "자장지유子張之儒"를 형성했다. 자장지유가 그 8파 중에서 선두를 점한다(『한비자』 「현학」). 곽말약은 자장지유의 사상적 영향 아래서 묵가학파가 태어났다고 본다(『십비판서』). [11-15, 11-17]

賜사: 「공야장」편 3장에서 자공子貢이 자기를 "사賜"라고 한 것은, 선생님 앞에서 자기를 낮추어 부르는 표현이다. "사"는 자공의 실명實名이다. 자기의 실명으로써 우리말의 "저는"에 해당되는 주격을 나타낸 것이다. [1-15, 3-17, 5-3, 5-11, 6-6, 11-18, 14-31, 15-2, 17-24, 19-23]

四科十哲사과십철: 공자의 제자들을 카테고라이즈하여 그 성향을 밝힌 「선진」편의 공자말씀. 공자께서 말씀하시었다: "진陳나라와 채蔡나라에서 나의 고난에 동참했던 제자들은 애석하게도 모두 취직할 기회를 잃고 말았다." 덕행德行에는 안연·민자건·염백우·중궁이 손꼽히고, 언어言語에는 재아·자공이 손꼽히고, 정사政事에는 염유·계로

가 손꼽히며, 문학文學에는 자유·자하가 손꼽히노라. 子曰: "從我於陳、蔡者, 皆不及門也。" 德行: 顔淵、閔子騫、冉伯牛、仲弓。言語: 宰我、子貢。政事: 冉有、季路。文學: 子游、子夏。[11-2]

司馬牛사마우: 공자학단 내의 중후한 인물. 성姓이 사마司馬(혹은 자마子馬)이고, 이름은 경耕, 자字는 자우子牛. 사마경이라고도 한다. 사마우에 대해서는 송宋나라에서 공자를 공격했던, 사마환퇴司馬桓魋의 동생이라는 공안국의 설과, 그냥 공자 제자 중의 한 사람이라는 『사기史記』 「중니제자열전仲尼弟子列傳」 설이 있다. 공안국의 설은 근거없는 추론이다. [12-3, 12-4, 12-5]

史魚사어: 이름은 추鰌, 자字는 자어子魚. 위衛나라의 중신重臣. 거백옥과 같이 언급된다. 사어는 죽어가면서도 위령공衛靈公에게 강직한 유언을 남겼기에 공자는 사어를 높이 평가했다. 사어는 죽어가면서 영공에게 현신 거백옥을 발탁할 것과 영신佞臣 미자하彌子瑕를 방축할 것을 권고했다. 이것이 실현되지 않으면 자기 장례를 치르지 말라고 유언을 남긴다. 영공은 이 사실을 알게 되었고 사어의 말대로 실천한다. 공자는 이러한 사어의 강직한 삶의 자세를 높게 평가한 것이다. 『공자가어孔子家語』 「곤서困誓」편에 실린 공자의 평어는 다음과 같다: "예로부터 많은 자들이 임금에게 간諫해 왔지만 죽으면 그만이었다. 그런데 사어史魚와 같은 사람은 죽어 시체가 되어서까지 간諫하여 그 충심이 임금을 감동시켰다. 어찌 직直하다 말할 수 있지 않으리오? 古之列諫之者, 死則已矣。未有若史魚死而屍諫, 忠感其君者也。不可謂直乎?" 여기 "직直"이라는 표현이 사용되고 있는데 공자사상의 핵심개념 중의 하나이다. 『가어』의 「곤서」편과 『논어』의 「위령공」편은 동시대에 성립한 문헌일 가능성도 있다. [15-6]

師摯사지: 이름은 지摯. 노魯나라 악장으로서 위대한 음악가였다. 공자가 음악의 세계에 있어서 극히 존중한 인물이었으며, 공자는 그에게서 금琴을 배웠다. 사양자師襄子라는 이름으로도 등장하는 그 인물은 음악에 있어서는 공자의 선생이었다. 주도周道가 쇠미衰微해지면서 정鄭나라·위衛나라 음악들이 일어나고 주周나라 정통의 정악이 없어지고 실절失節(박자가 개판이 되어버렸다)되었는데 이를 노魯나라 태사인 지摯가 바로 잡았다고 고주는 말하고 있다. [8-15]

司敗사패: 진陳나라와 초楚나라에서 쓰던 관직 이름. 중원 나라들의 사구司寇(법무장관)에 해당. [7-30]

朔삭: 음력陰曆 매 달의 첫 날(초하루). 태양, 달, 지구의 순으로 일직선으로 놓여 있어서 달이 보이지 않을 때이다. 달력이 없던 옛날에는 이 삭을 알리기 위하여 희생제물을 바치는 제식을 행한다. 옛날에는 역曆도 예禮였다. [3-17]

參삼: 증자曾子의 이름. 증자는 공자보다 46세 연하의 인물이다. 증자는 공자가 죽기 몇 년 전에야 학단에 들어온 말년 제자로서, 공자 살아생전에 학단 내에서 중요한 위치를 차지할 수 있는 인물이 아니었고 공자와 깊이 있는 대화를 할 수 있는 상대도 아니었다. 사과십철四科十哲에도 증삼의 이름은 없고 증자로 불린 것은 공자 사후에나 가능했다. 증삼이 "증자"로 높여진 것은 맹자 때부터인데, 맹자의 계열에서 보면 증자는 공자 학문의 적통을 이은 후계자였기 때문이다. 물론 공자 사후에 곡부를 떠나지 않고 학단을 응집시키는데 큰 역할을 한 증자는 매우 신중한 인격자였고, 또 그의 제자들은 논어라는 문헌을 후세에 남기는데 헌신적 노력을 아끼지 않았다는 것은 의심의 여지가 없다. 주자朱子는 "요堯 - 순舜 - 우禹 - 탕湯 - 문文 - 무武 - 주공周公 - 공자孔子 - 증자曾子 - 자사子思 - 맹자孟子 - 주자周子 - 정자程子"의 계보를 마치 선가禪家 전등傳燈의 계보처럼 절대시하고 맹신했다. 그것이 오히려 자신의 학문의 적통을 도불道佛의 이단으로부터 보호할 수 있는 방패막이라고 생각했던 것이다. 그러나 증자의 사유는 오리지날한 공자의 발랄한 사유와 섞여질 성격의 것이 아니다. [4-15, 11-17]

三家삼가(三桓삼환): 『논어』에 보면 삼가三家[3-2] 또는 삼환三桓[16-3]이라는 말이 한 번씩 등장한다. 삼환三桓이라는 말은 노魯나라 환공桓公의 세 아들에서 비롯된 가문이라는 뜻이다. 환공에게는 동同과 경보慶父, 숙아叔牙, 계우季友라는 네 아들이 있었다. 이 중 적장자였던 동同은 환공을 이어 군주가 된 장공莊公이다. 삼환은 나머지 세 서자들을 일컫는데 경보에게서 맹손씨孟孫氏가, 숙아에게서 숙손씨叔孫氏가, 계우에게서 계손씨季孫氏가 비롯되었다. 공자 당시 노나라의 권력을 좌지우지하던 이 세 귀족가문은, 신분상으로 어디까지나 대부大夫의 지위에 머물렀고, 따라서 노나라 군주의 신하임이 분명했다. 그러나 공자 당시 노나라의 군주였던 소공昭公이나 정공定公, 애공哀公 등은 형식적으로는 나라의 최고 권력자였지만 실권은 이 세 가문에 거의 다 빼앗기고 얼마 남지 않은 형식적 권력에만 의존하고 있었다. 삼환의 등장에 관한 모든 역사배경은 『논어한글역주』 제1권 pp.467~478에 상세하다. [3-2]

商상: 자하子夏의 이름. [3-8, 11-15, 12-5]

書서: 『서書』는 중국의 오래된 문헌으로서 본시 "서書"라고만 불린 문헌이다. "상서尙書"라는 것은 "상고의 오래된 정치문헌"이라는 뜻이다. "상尙"은 "상上"과 통하며 상고의 뜻이다. 한대에 오경박사 제도가 확립되면서 『서경書經』으로 불리었다. 선진시대에 "서경"이라는 말은 없다. 『상서』의 내용은 본시 유가와 관련이 없다. 유가가 성립하기 이전의 문헌이기 때문이다. 선진시대의 정사政事문헌의 휘편彙編이라고 보면 된다. 그 각편 내용의 성립 선후를 가리기는 매우 어렵다. 보통 공자가 편찬한 것으로 논의되고 있지만 그러한 가능성은 희박하다. 우서虞書로부터 시작되는데 요·순의 이야기 등을 담고 있다. 금·고문 『상서』의 문제, 그리고 최근 청화간淸華簡 『상서』의 문제에 이르기까지 텍스트의 문제는 매우 복잡하다. 선진문헌에서 이미 『상서』의 문장이 광범위하게 인용되고 있으며 고문헌의 실존여부는 의심의 여지가 없다. [7-17, 14-43]

石門석문: "석문"은 노魯나라 곡부曲阜에서 멀리 떨어지지 않은 작은 문의 이름. 그곳의 문지기가 공자에 관한 명언을 날린다. [14-41]

僎선: 존경받는 위나라 영공의 사촌인 공숙문자公叔文子의 가신. 선僎은 사심없는 인재를 알아보는 공숙문자의 추천으로 그와 함께 국가 조정의 최고직에 올랐다. 공자는 이 사건을 높게 평가했다. 공숙문자의 천거가 정의로운 정치모델이라고 생각했다. [14-19]

薛설: 설薛나라. 시조는 황제黃帝의 25번째 아들인 옹호禺虢로, 임任(지금의 하북성河北省 임구任邱) 땅에 봉해져서 성姓을 임으로 하였다. 하夏나라, 은殷나라, 주周나라 3대를 걸쳐 지속된 유구한 나라이며, 전국시대 때 전씨田氏로 바뀌었다. 하나라 우왕禹王 때 옹호의 20세손인 해중奚仲은 수레(車)의 창시자로서 하나라 때 거정車正이라는 벼슬을 했다. 우왕이 치수하는 것을 도운데 공이 있어서 설성薛城(현재의 산동성山東省 조장棗莊)에 봉해졌고 후작의 작위를 받았다. 임성任姓 설나라와 전씨田氏 설나라를 합쳐서 64대까지 어어져서 역사는 천오백 년이나 되는 장기지속 국가이다. 전국시대 제나라가 멸망시켰다. 그 유명한 맹상군孟嘗君도 전씨田氏 제나라의 영토가 된 설땅의 영주였다. [14-12]

葉公섭공: 성姓이 심沈, 이름은 제량諸梁, 자字는 자고子高(혹은 자고子羔, 당사본 정현주). 섭葉은 남방의 대국 초楚나라의 영지였다(현재 하남성河南省 섭현葉縣 지역). 섭공은 이 지역을 다스리는 영주로서 내외의 신망을 크게 얻고 있었던 큰 인물이었다. 공자가 죽은 해(BC 479년), 애공哀公 16년 초나라에 야망만 크고 배은망덕하고 야비한 공자 백공白公 승勝이 반란을 일으켰는데 섭공의 인망人望으로 반란이 무난하게 진압되는 과정이 대하드라마처럼 멋있게 『좌전』에 그려져 있다. 섭공은 「술이」편 18장 외로도 「자로」편 16장과 18장에 공자와 대화하는 모습이 그려져 있다. 아무래도 공자가 짝사랑을 한 인물 같다. 섭공은 좋은 사람이었으나 공자를 알아보는 안목은 별로 없었던 것 같다. 그러니까 두 사람 사이에서 어떤 화학반응 같은 것이 일어날 만도한데 안 일어난 케이스에 속하는 것이다. [7-18, 13-16, 13-18]

昭公소공: 이름은 주裯, 조稠라고도 쓴다. 노魯나라의 제25대 임금 노소공魯昭公. 양공襄公의 서자. BC 541(공자 11살) ~ BC 510(공자 42살) 재위. 공자의 3·40세의 시기에 많은 접촉과 사연이 얽힌 노나라 군주인데, 소공은 판단력이 부족하고 치기어린 행동을 많이 하는 인물. 등극할 때부터 군주자격에 관해 말이 많았다. 계씨 가문과 하찮은 놀이 닭싸움 때문에 대립하여 계평자에 대해 공실의 군대를 일으켰다. 계평자는 삼환의 연합군을 소집하여 소공을 격파시킨다. 소공은 완패하여 제나라로 도망갔다. 이때부터 주변나라들이 소공을 노나라에 다시 안치시키려는 여러 전략을 펼치지만 결국 성공하지 못한다. 주변나라들로서는 주나라의 적통을 이은 노나라가 대부들 손에 흔들리는 것을 좌시할 수만은 없었다. 결국 유망流亡 8년 끝에 건후乾侯(마른 땅이라 하여 간후로도 발음한다. 진晋나라와 노나라의 경계에 있다)에서 병사한다. 소공으로 인하여 노나라는 약해지고 계씨가 더 발호하게 되지만 후계자인 소공의 동생 정공이 공자를 발탁하여 노나라의 중흥기를 맞는다. [7-30]

召南소남: 『시경詩經』 국풍國風의 두 번째 편명. 첫 번째 편은 「주남周南」이다. 서주西周 초년, 주공과 소공이 섬陜 땅을 나누어 다스렸다(지금의 하남성 섬현). 소공은 서방의 제후들을 다스렸다. 그가 관할하는 남방지역을 "소남"이라 한다. 그 범위는 대체로 하남 서남부와 양자강 중류의 북쪽에 해당된다. 소남은 이 지역의 노래들이다. 노래의 성격이 주남의 노래들과 같은 풍이다. [17-10]

少連소련: 『예기』「잡기」 하편에 "소련少連"과 "대련大連"이라는 이름이 보인다. 거상居喪을 잘했는데, 사흘 동안 게으름이 없었고, 석 달 동안 해이함이 없었으며, 일 년 동안 비애로왔고, 삼 년 동안 근심 속에서 살았다고 했다. 동이東夷의 자식이라 했으니, 동방예의지국 조선사람을 상징적으로 대변했을 수도 있다. 공자는 유하혜柳下惠와 더불어 소련을 훌륭한 인물로 평가한다. [18-8]

韶소(소악韶樂): 현악기, 관악기 중심의 편성. 순舜임금시대의 대표적 악곡으로, 평화적이고 목가적인 분위기의 음악. [3-25, 7-13]

小子소자: "소자"는 "이삼자二三子"보다 더 어린 그룹. [17-9, 17-19]

宋송: 춘추·전국시대의 송宋나라. 상商(은殷)나라 왕족이자 주무왕周武王의 이복형 송미자宋微子 계啓가 분봉 받은 주周나라의 제후국(BC 11세기). 수도는 상구商丘. 지금의 하남성河南省 상구현商丘縣 남쪽 일대에 위치하고 있었다. 공자는 유랑기간 동안에 송나라의 대부인 사마환퇴에게 곤욕을 치룬 적이 있다. [3-9]

宋朝송조: 송조는 본래 송宋나라의 공자公子인데 위령공의 총애를 받아 위衛나라의 대부가 된 사람이다. 위衛나라를 뒤흔들어놓은 바람둥이로, 천하에 이름을 날렸던 미모의 인물이다(공자의 입에서도

"송조지미"라는 표현이 나온다). 위령공衛靈公의 부인 남자南子(본시 송나라 여자이다)는 결혼 전 고향인 송宋나라에서 송조와 이미 뜨거운 사이였는데, 남자는 결혼 후에도 영공을 졸라 송조를 위나라 대부에 임명하게 한 뒤, 남편 눈을 피해 송조를 몰래 만났다. 그런데 송조는 영공의 아버지, 즉 양공襄公의 부인 선강宣姜(위령공의 친엄마)과도 정을 통했다. 2대의 왕후를 한꺼번에 희롱한 인물이다(『좌씨전』 소공 20년, 정공 14년). [6-14]

首陽수양: 수양산은 백이와 숙제가 주周나라 건국에 항거하고 은거하다가 굶어 죽었다는 산인데, 그것이 과연 어느 곳인지에 관해서는 여섯 가지 설이 있다. **1)** 산동 창락昌樂 설 **2)** 산서 포주蒲州 설 **3)** 하남 언사偃師 설 **4)** 감숙 농서隴西 설 **5)** 하북 노룡盧龍 설 **6)** 섬서 주지周至 설. 우리나라 해주에도 수양산이 있고, 백이숙제를 제사지내었다. 우리민족은 그 설화의 의미를 내면화하여 기리었다. 공자는 백이숙제의 절개와 의리를 높게 평가한다. [16-12]

叔孫武叔숙손무숙: 성姓이 숙손叔孫, 이름은 주구州仇, 무武는 시호이다. 노魯나라의 삼환 중의 하나인 숙손가의 대부 숙손주구叔孫州仇이다. 『춘추경春秋經』과 『춘추좌씨전春秋左氏傳』에 정공定公 10년으로부터 애공哀公 11년까지 17년간 그 이름이 열한 번 나타나고 있다. 정공 10년부터 13년(14년, 「세가」)까지 약 4년 동안 공자는 노나라의 대신이었으므로, 당시 공자는 숙손주구와 같이 조정에서 일했을 것이다. 아마도 당시부터 공자에게 호감을 갖지 않은 삐딱한 인물이었을 것이다. 물론 공자가 정공 13년(55세) 거로去魯하여 방랑의 길을 걷는 동안에 숙손무숙은 계속 실권을 잡고 있었다. 그리고 자공子貢이 외교관으로서 활약하는 모습은 『춘추좌씨전』에 의하면 정공 15년 이후의 일이다. 자공이 특별히 노나라를 위하여 눈부신 활약을 한 것은 애공 7년(BC 488, 공자 나이 64세, 자공 나이 33세), 이때 「자장」의 대화에 나오는 자복경백도 큰 역할을 했다. 그러니까 애공이 오吳나라와 증鄫에서 회맹할 때였다. 자공이 숙손무숙과 대화하는 「자장」편의 기술은 증에서 회맹할 때즈음의 사건이었을 것이다. 『공자가어』 「곡례자하문曲禮子夏問」에는 숙손무숙이 엄마의 상을 당해 행한 예법이 매우 잘못되었다고 지적하는 자로의 담론이 실려 있다. 공자는 이러한 자로의 지적이 부질없는 논의라고 덮어버린다. 상례는 집안에 따라 관례가 있어 보편적이고 획일적인 기준에 의하여 비판하는 것은 무리라고 설파한다. 숙손무숙은 공자학단에서 거론되는 인물임을 알 수 있다. [19-23, 19-24]

叔齊숙제: 백이숙제伯夷叔齊. 은殷나라 말기 고죽군孤竹君의 셋째 아들. 고죽군은 셋째 아들에게 왕위를 물려줄려 했으나, 숙제는 왕위를 끝까지 사양한다. 공자는 이들을 "고지현인古之賢人"이라고 평가했다. [7-14, 16-12, 18-8]

舜순: 순舜임금. 성姓이 요姚, 또는 규嬀이다. 그가 태어난 곳이 요허姚墟이기 때문에 요성이 되었고, 후에 규수嬀水 가에 살어 규성으로 불리었다. 이름은 중화重華. 그가 유년시기에 오래 살았던 지역인 우虞(지금 산서성山西省 운성運城지구 평륙현平陸縣 성남측城南側의 황하 북안 일대)를 앞에 붙여 우순虞舜이라 부르기도 했다. 우虞 또한 지역 명칭에 그치지 않고 순임금이 다스린 나라의 이름 또는 그 시대를 지칭하기도 한다. 그래서 『논어』 「태백」편에도 나오는 "당우지제唐虞之際"라는 말은 결국 요堯·순舜시대라는 말이 된다. 순의 아버지는 맹인이었는데 그는 완악한(頑) 사람이었다. 또 어머니는 수다쟁이에다가 헐뜯기 좋아하는(嚚) 사람이었고 동생은 오만한(傲) 사람이었다. 그럼에도 불구하고 순은 효성을 다하여 가족관계에서 문제가 생기지 않도록 하였다. 이에 요임금은 순을 시험해 보기 위해 자신의 두 딸을 그에게 시집을 보내 그의 덕행을 관찰하였다. 순은 두 여인을 자신이 살고 있는 규예嬀汭로 맞이하여 부인으로서의 예절을 지키게 하였다. 요임금은 또 순에게 갖가지 임무와 역할을 맡겨보기도 했는데 순은 그 모든 임무와 역할을 차질 없이 수행하였다. 3년이 지나자 요임금은 제위를 순에게 물려줄 뜻을 피력하였다. 그러나 순은 아직 자신의 덕이 부족하여 사람들을 감복시킬 수 없다며 사양하였다. 그러자 요임금은 순에게 정사를 대신 수행하게 하였다. 순은 드디어 하늘에 대한 제사를 지내고 천하를 순수하였으니 동쪽으로는 태산泰山까지 남쪽으로는 형산衡山까지 서쪽으로는 화산華山까지 그리고 북쪽으로는 항산恒山까지 1년에 걸친 순수를 마치고 돌아와 종묘에 제사를 올렸다. 그리고 5년에 한 번씩 순행을 하고 제후들은 4년에 한 번씩 내조하게 하는가 하면 제후들에게 수레와 옷을 하사하였다. 또 전국에 12개의 주州를 설치하고 형벌을 정하되 너그러이 하고 그 적용에는 신중에 신중을 기하도록 하였다. 또 사흉四凶인 공공共工과 환두驩兜, 삼묘三苗, 곤鯀을 각각 먼 지역으로 귀양을 보내니 천하가 모두 감복하였다. 그리고 우禹, 후직后稷, 설契, 고요皐陶, 수垂, 익益 등의 명재상들로 하여금 정사를 분장分掌케 하였고 치수에 공이 큰 우에게 선위禪位하였다. 공자는 자기 사상의 근거로서 요·순을 선양한다. 그러나 요·순의 실체는 알 길이 없다. 요·순은 공자에 의하여 만들어진 유교적 이상의 상징체계라고 보면 족하다. [6-28, 15-4, 8-18, 8-20, 20-1A]

瑟슬: 중국 고대 악기의 하나로 금琴과 더불어 아악雅樂에서 쓰이는 발현 악기이다. 한국에도 전래되어 사용되었다. 금과는 달리 줄을 떠받치는 슬주瑟柱를 가지며 25현으로 되어 있는데, 가운데의 주선은 무율로 연주에는 사용하지 않는다. 좌우 12율로 되어 있는데, 본율 12음은 오른손 인지로 타고, 청성 12음은 왼손 인지로 동시에 타서 8도의 화음을 내도록 되어 있다. 금슬의 연주는 공자학단의 필수과목에 속했다. 심지어 맨손으로 호랑이를 잡는 자로조차도 열심히 연주하였다. [17-20]

柴시: 성姓이 고高, 이름은 시柴, 자字는 자고子羔, 또는 계고季羔로도 불리운다. 공자의 제자. 자로의 총애를 받은 인물이었다. 자로는 젊은 그를 비읍재로 임명하였다. 공자는 자로의 행동이 부적절하다고 보았다. 자고는 읍재 깜냥이 아니라고 보았던 것이다. 위衛나라 사람, 제齊나라(가어) 사람, 혹은 정鄭나라 사람이라는 설도 있다. 나이도 30세 연하(열전), 40세 연하(가어) 설이 있는데 40세 연하가 더 정확한 설일 것이다. 키가 5척도 안되는 단신이었으며 추남이었다고 한다. 증삼, 자장, 자로와 같은 레벨에서 거론되는 것을 보면 중후한 인물이다. 자로가 죽은 후에 자고는 무성재武城宰, 성읍재城邑宰를 지냈다. 『설원說苑』「지공至公」편 마지막에 보면 자고가 위나라 집정관 노릇할 때, 어느 죄인의 다리를 자른 고사가 실려있다. 위나라가 군신의 분란에 휩싸여 자고는 피신을 해야만 했는데, 마침 그 성문을 지키는 수문장이 자기가 다리를 자른 인물이었다. 그런데도 수문장은 자고에 복수하지 않는다. 그 연고를 물으니 자고가 형을 집행하는 과정에서 자기 다리를 자르지 않으려고 무한히 애쓴 그 수고와 과정을 잘 안다는 것이다. 자고는 무난히 영예롭게 곽문廓門을 빠져나올 수 있었다. 자고의 위인에 관하여 자로의 판단이 공자보다 더 깊이가 있었을지도 모르겠다. [11-17, 11-24]

詩시: 『시詩』는 공자가 실제로 방대한 민요와 궁중음악들을 수집하여 편집한 것이다. 요즈음 『상박초간上博楚簡』(1994년 상해박물관이 홍콩에서 사들인 대량의 죽간을 2003년에 『상해박물관전국초죽서上海博物館戰國楚竹書』라는 책으로 발간, 흔히 "상박초간"으로 약칭)에 공자의 『시론詩論』이 들어있어 충격을 주고 있는데, 기존 "시"에 대한 공자 자신의 논평이 있을 뿐 아니라 현재의 『시경詩經』에 들어있지 않은 노래를 포함하고 있어, 편집에서 빠진 노래가 아닐까 하고 추정하고 있다. 공자의 시詩의 수집과 편집은 가장 리얼한 공자생애의 업적이었다. 『시경詩經』의 노래들은 크게 풍風·아雅·송頌이라는 세 장르로 대별되고 있는데, 풍風은 주周나라의 각 제후국들의 민요이며, 토악土樂이다. 아雅는 고급스러운 문명의 노래이며, 고급스러운 문명의 서주 호경鎬京과 그 주변의 노래들이다. 송頌은 송양頌揚, 찬미讚美의 뜻이 있는데 선조의 공덕·위업을 칭송하는 노래이다. 즉 종묘제례악이라 말할 수 있다. 풍風에는 15개국의 노래가 실려있는데 160수가 전하고, 아雅는 소아小雅와 대아大雅로 나뉘며 105수에 이르며, 송頌은 주송周頌·노송魯頌·상송商頌으로 되어 있으며 40수에 달한다. 이를 합치면 305수가 된다. "시삼백詩三百"(「위정」 2)이란 이를 두고 한 말이다. 현재의 『시경詩經』은 311편인데, 그중 6편은 생시笙詩라고 하는데, 제목만 있고 가사가 없다. 현재의 유교 경전 십삼경十三經 중, 공자시대에 실제로 있었던 유일한 경전이 바로 『시경』이다. 공자의 생애와 직접적으로 깊은 관련이 있는 책은 『시경』 단 한 권뿐일 수도 있다. 공자는 제자들에게 시를 외우게 하는 교육을 했고, 시를 안다는 것이야말로 공자학단의 가장 큰 특징이었다. 그러나 공자에게서 "시詩"는 일차적으로 "노래"(Songs)를 의미한 것으로 경전으로서의 『시경』일 수가 없다. 비록 공자가 말한 "노래"의 내용이 오늘날 우리가 문헌으로서 보유하고 있는 『시경』과 일치한다 하더라도 공자의 말 중의 "시詩"는 『시경詩經』으로 번역될 수가 없다. 시詩가 "시경詩經"으로서 경전화經典化된 것은 한대漢代에서나 이루어진 것이며, 전국시대까지의 모든 문헌에서 "시詩"는 그냥 "노래"를 의미하는 것이다. 오경五經 중의 하나인 『시경』으로 간주되어서는 아니 된다. 『시경』의 "시詩"는 "쓰여진 시구"(written poem)라기 보다, 일차적으로 "노래"였다. 그 노래의 곡조가 사라지고 가사만 남은 것이 오늘날 문헌으로서의 『시경』이다. 그러나 공자와 그의 제자들이 "시詩"를 말했을 때는 그것은 반드시 "노래"를 말하는 것이었다. 『시경』에서는 노래를 "풍風"이라 부르는데 "풍風"은 바람이요, 민요다. 국풍國風이란 각 나라(國)의 민요(風)다. 즉 국풍은 민요집인 것이다. 민요는 민중의 삶 속에서 자연스럽게 우러나오는 정감情感의 발출이다. 그래서 「악기」에서는 "감어물이동感於物而動, 고형어성故形於聲"이라 한 것이다. 인간의 마음(心)이 사물에 촉발되어 저절로 움직인 것이 소리로 구체화 된 것이라는 뜻이다. 그것을 "감이동感而動" 즉 "감동感動"이라 표현한 것이다. "시"는 감동의 세계다. 그것은 이지적 조작이 아니다. 그래서 악樂이란 정情의 불가변자不可變者요, 예禮란 이理의 불가역자不可易者라 한 것이다. [1-15, 2-2, 7-17, 13-5, 16-3, 17-10]

信신: "신"이라는 말을 현대인이 기독교의 신앙(Belief)과 결부시켜 해석하는 오류가 많은데, 그것은 반드시 시정되어야 한다. "신"은 서양언어의 "믿음"이 아니다. 신은 오직 실증성(verifiability)을 일차적 특성으로 하는 것이며, 실증성이 확보되었을 때만 믿음성(credibility)이 보장되는 것이다. 동방고전에서는 사람이 처녀에게서 태어났다든가, 죽었다 다시 살아났다든가 하는 것은 전혀 신앙의 대상이 될 수 없는 것이다. "신信"은 오직 실증적 사태에 국한되는 것이다. 서양적 가치관의 유입으로 왜곡

된 단어의 대표적 사례 중의 하나가 "믿음"(信)이다. 선진문헌에서 "신"의 의미는 곧 인간의 "말"이다. 신은 곧 "언言"인 것이다. 「학이」편 13장의 "신근어의信近於義, 언가복야言可復也"의 신信과 언言은 결국 같은 단어의 다른 표현일 뿐이다. 인간의 믿음은 모두 말 속에 있는 것이다. 인간의 약속도 결국 "말"이다. "신"은 『논어』에서 공자가 계속 일관되게 강조하는 것으로, 말의 신뢰성에 대한 것이다. 공자는 인간의 언어생활이 도덕적 인격성의 잣대라는 생각을 분명하게 갖고 있었다. 특히 정치를 하는 군자에게 있어 믿을 수 있는 말과 행동이란 정치의 성패를 좌우하는 요소라는 것을 의미한다. 인간으로서 인간이 사용하고 있는 언어가 구체적으로 신뢰할 수 있는 어떤 신험성을 가지고 있다는 것, 그것은 인간의 인격을 성립시키는 근본이다. 공자가 말하는 "신"이 비트겐슈타인의 전기사상이 말하는 바, 언어적 개념의 대상적 사실과의 대응관계를 말하는 그러한 엄밀한 것은 아닐 것이다. 그러한 엄밀한 명제이론의 맥락이 공자에게는 부재하기 때문에 그러한 세계그림 속에서 공자가 "신"을 강조하고 있다고 말하기는 힘들 것이다. 그러나 공자는 인간의 언어생활이 그 인간의 도덕적 인격성의 잣대라는 생각을 분명하게 가지고 있다. 인간의 언어는 최소한 이 세계의 사실과 동떨어진 어떤 추상적인 것이어서는 아니된다는 생각이 확실하게 그의 신념을 구성하고 있는 것이다. 즉 언어의 진실성이 곧 인간의 성실한 삶의 반영이라는 것이다. 이러한 언어의 진실성의 잣대로서 그는 종교나 미신이나 형이상학이나 인간의 임의적 비도덕성을 다 배격한다. [1-4, 1-6, 1-7, 1-13, 2-22, 7-24, 12-7, 12-10]

申棖 신장: 고주는 신장을 단지 노魯나라 사람이라고만 했을 뿐 그 외의 정보를 주지 않았다(苞氏曰: "申棖, 魯人也"). 신장이라는 사람이 과연 공자의 제자인지 아닌지도 알 길이 없다. 주자朱子는 신장을 "제자성명弟子姓名"이라 했으나 별 근거는 없다. 『가어』 「제자해」에는 신申씨 성을 가진 제자로서 신적申績(자字, 자주子周)이라는 인물을 들고 있고, 『사기』 「열전」에는 신당申黨(자字, 주周)이라는 인물을 들고 있다. 따라서 역대 주석가들이 『사기』의 신당申黨이나 『가어』의 신적申績은 신장申棖을 오기誤記한 것이며, 따라서 신장은 자字가 주周인 인물로서 공자의 가까운 제자 중의 한 사람일 것으로 추정한다. 그러나 신장을 공자의 제자로 곧바로 간주하기는 어려울 수도 있다. 신장은 『논어』에서 단지 「공야장」편 10장에서 공자가 "신장은 항상 욕심이 앞서는 사람이니 어찌 그를 강하다 하리오? 棖也慾, 焉得剛?"라고, 단 한번 지적될 뿐이다. 개인적 욕망이 앞서는 사람이라고 공자는 말하고 있는 것이다. 그러나 공자가 그의 성격의 내면적 특성을 직접 파악하고 있다는 측면에서는 그가 여러 번 언급 안 되었다고 해도 학단 내의 중요한 인물이었다는 것은 확실하다. 「공야장」편의 1장~13장의 성격이 공자의 가까웠던 제자들에 대한 평어評語를 집약적으로 수록하고 있다는 맥락에서 보아도 신장은 가까웠던 제자그룹의 한 사람으로 추정된다. 아마도 신장은 노나라 사람이긴 해도 그 조상은 신申나라에서 이주 온 사람이었을 것이다. "신申"은 노나라 장공莊公 6년(BC 688) 초楚나라 문왕文王에 의하여 멸망되었다. [5-10]

아

顏路 안로: 성이 안顏, 이름은 무유無繇, 자字는 로路(혹은 계로季路). 노魯나라 곡부曲阜 출신, 공자보다 6세 연하. 안회顏回의 아버지. 안로는 아주 초기부터 공자의 측근에 있었던 인물이었다. 「선진」편에 아들을 잃은 두 아버지의 슬픔이 잘 그려져

있다. [11-7]

顔淵안연: 안회顔回의 자字. [5-25, 7-10, 9-10, 9-20, 11-22, 12-1, 15-10]

顔淵死안연사: 안회의 죽음. [11-7, 11-8, 11-9, 11-10]

晏平仲안평중: 공자시대의 제齊나라의 명재상. 성이 안晏, 이름은 영嬰, 자字는 중仲(평중平仲이 자라는 설도 있다), 시호諡號가 평平. 안약晏弱(안환자晏桓子)의 아들로, BC 567년에 제齊나라에 멸망당한 내萊나라의 이유夷維(지금의 산동성山東省 고밀현高密縣) 사람. 춘추시대 대국 제나라의 재상으로, 55년간 세 명의 제후(영공靈公, 장공莊公, 경공景公)를 섬겼다. 재상으로서 절약 검소하고 군주에게 기탄없이 간언한 것으로 유명하였다. 사마천의 『사기』는 그 열전列傳에 백이伯夷를 제1인물로 다루고, 바로 뒤이어 관중管仲과 안영晏嬰을 다룬 「관안열전管晏列傳」을 배열하고 있으니 안영이 차지하는 그 역사적 무게가 어떠한지를 알 수 있다. 사마천의 붓길은 관중 사후 100여 년이 지나 안자晏子가 출현하였다고 서막을 깔면서 안영의 생애로 진입하고 있다(後百餘年而有晏子焉). "안평중 영은 내나라 이유의 사람이다. 제나라 영공·장공·경공을 섬겼다. 절약하고 근검함으로써 힘써 실천하는 인물이었기에 제나라에서 중용되었다. 안영은 제나라 재상이 된 후에도 식사에는 육류를 올리지 않고 소찬으로 먹었으며 처첩에게 비단옷을 입히지 않았다. 또 조정에 들어가서는 임금이 하문하시면 공과를 생각치 않고 곧고 바른말로 응답하고, 하문이 없을 때는 자기행동을 바르게 하는 데만 힘썼다. 임금의 다스림이 올바를 경우에는 그 명에 순종하고, 올바르지 않을 경우에는 그 명의 옳고 그름을 가리어 실행하였다. 이로 인하여 영공·장공·경공의 3대에 걸치어 제후들 사이에서 명성을 휘날리었다. 晏平仲嬰者, 萊之夷維人也。事齊靈公、莊公、景公, 以節儉力行重於齊。旣相齊, 食不重肉, 妾不衣帛。其在朝, 君語及之, 卽危言; 語不及之, 卽危行。國有道, 卽順命; 無道, 卽衡命。以此三世顯名於諸侯。" 안영열전에 실린 이야기들을 보면 그는 확실히 근검한 인물이었으며, 귀천을 불문하고 인물다운 인물을 꿰뚫어 볼 줄 알고 또 과감하게 등용할 줄을 알았다. 공자와 안영은 실제로 서로 상면한 적이 두 번이나 있는 것으로 「공자세가孔子世家」는 기술하고 있다. 첫 만남은 공자 35세 때의 일로, 당시 공자는 제齊나라에 가서 공부했는데, 이때 공자가 제경공齊景公을 만나 대화를 나눴던 일이다. 노魯나라의 젊은 현자 공구(공자)에게 반한 경공은 공자를 대부로 임명하려고 했는데, 이때 안영이 나서서 강력히 반대한다. 안영 자신은 근검절약하는 생활을 했지만 정치적으로는 부국강병의 상업주의 정책을 펼쳤기에, 정치적 입장이 다른 공자의 등장은 안정된 제나라의 정치·경제에 큰 변화를 몰고 올 것이 분명했기 때문이다. 이때 안영은 유교에 대해 논의될 수 있는 비판은 다 한 셈이다: "첫째, 대저 유자들은 말재간이 뛰어나고 융통성을 잘 부려 법으로 규제하기 어렵다. 둘째, 유자들은 거만하고 제멋대로 행동하기 때문에 아랫사람으로 부릴 수가 없다. 셋째, 상례를 중시하고 슬픔을 다한다고 하면서 파산에 이르기까지 장례를 후하게 치르니 이들의 주장은 도저히 풍속으로 삼을 수 없다. 넷째, 도처에 유세 다니면서 거저 얻어먹으려고 하고 관직이나 후한 녹을 바라니 이 나라의 정치를 맡길 수 없다. 다섯째, 이미 주 왕실이 쇠약해지고 예악이 붕괴된 지 오래인데, 이들은 용모를 성대하게 꾸미고 의례절차를 번거롭게 하고 세세한 행동규범을 강요하는데, 몇 세대를 배워도 다 배울 수 없고 평생을 다해도 그 예를 다 터득할 수 없다. 따라서 군주께서 그를 채용해서 제나라의 풍속을 바꾸려 하신다면 그것은 백성을 다스리는 좋은 방법이 아닙니다. 夫儒者滑稽而不可軌法; 倨傲自順, 不可以爲下; 崇喪遂哀, 破産厚葬, 不可以爲俗; 游說乞貸, 不可以爲國。自大賢之息, 周室旣衰, 禮樂缺有間。今孔子盛容飾, 繁登降之禮, 趨詳之節, 累世不能殫其學, 當年不能究其禮。君欲用之以移齊俗, 非所以先細民也。"라고 경공에게 고하여 공자의 등용을 만류했다. 공자와 안영의 두 번째 만남은 훗날 공자가 노魯나라의 대사구가 된 후 공식 국제회의에서 이루어졌다(유명한 "협곡夾谷의 회맹사건"이 그것이다. 그 자세한 이야기는 「세가」 정공定公 10년춘조十年春條에 실려있다). 어쨌든 안영은 공자의 큰 은인이라고 할 수 있다. 덕분에 제나라의 대부에 머물지 않을 수 있었다. 안영이 내치지 않았더라면 오늘날의 공자는 존재하지 않았다. 공자는 자기를 내친 안영에 대해서도 훌륭한 평가를 내린다. 공자의 인품의 거대함을 엿볼 수 있는 대목이다. [5-16]

顔回안회: 성姓은 안顔, 이름이 회回, 자字는 자연子淵, 그래서 안연顔淵이라고도 부른다. 노魯나라 출신, 공자보다 30세 연하. 공자 초기 제자인 안로의 아들. 『논어』에서 공자는 안회와 마주할 때 가장 진실된 모습을 보여준다. 안회는 공자의 데미안이다. 공자가 인仁하며, 호학자好學者라고 인정하는 유일한 인물이다. 수제자 안회의 요절에 대한 안타까움과 그 인간에 대한 사랑의 염念은 『논어』 곳곳에 스미어 있다. 『공자가어』 「72제자해七十二弟子解」에는 다음과 같은 말이 있다: "안회의 나이 스물아홉이 되어 이미 머리가 백발이 되었다. 31세로 요절하였다. 공자는 말하였다: '내가 회를 얻게 된 후로는 제자들과 날로 친밀해졌다.' 年二十九而髮白, 三十一早死。孔子曰: '自吾有回, 門人日益親。'" 안회가 공자라는 스승에게 그토록 철저히 순종한 것을 우리는 단순히 안회의 충직한 인품으로 돌려서는 안된다. 안회 자신의 내면의 삶의 자세와 사상에는 소위 우리가 후대에 "도가道家"라고 규정하게 된 무위론無爲論적 측면이 강하게 흐르고 있다. 공자는 「옹야」편 9장에서 다음과 같이 말한다: "훌륭하도다! 안회는. 한 소쿠리의 밥과 한 표주박의 청수로 누추한 골목에서 산다. 사람들은 그 근심을 견디지 못하건만, 안회여! 그는 그 즐거움을 바꾸지 않는도다. 훌륭하도다! 안회는. 賢哉! 回也。一簞食, 一瓢飮, 在陋巷。人不堪其憂, 回也, 不改其樂。賢哉! 回也。" 유위有爲를 거부하는 무위無爲의 삶에는 필연적으로 안회가 즐거움을 발견했던 그러한 일상적 삶의 아름다움이 가득하다. 그것은 삶의 질소함만을 말하는 것이 아니다. 세속적 부귀와 영화의 초월은 결국 가치적 하이어라키의 초월, 그리고 궁극적으로는 언어의 초월까지를 수반하게 된다. 그러한 안회의 철학 속에서는 공자라는 스승의 말씀을 따르고 거역하고 지지고 하는 세속적 판단 그 자체가 초월되어 있었던 것이다. 아마도 안회는 공자의 인仁의 사상을 그러한 무위자연無爲自然적 심도에서 이해한 성스러운 인간이었을 것이다. 이러한 안회의 일단사一簞食 일표음一瓢飮은 결국 선종禪宗의 바리공양의 소박함으로까지 내려온다. 그런데 또 이러한 선종의 의발衣鉢 전수가 신유학의 도통론道統論으로 둔갑되는 아이러니는 인간이라는 존재를 서글프게 바라보도록 만든다. [2-9, 5-8, 5-25, 6-2, 6-5, 6-9, 7-10, 9-10, 9-19, 9-20, 11-2, 11-3, 11-6·7·8·9·10, 11-18, 11-22, 12-1, 15-10]

哀公애공: 성姓이 희姬, 이름은 장將(蔣으로도 씀). 애공은 문자 그대로 슬픈 군주, 공자의 생애에 있어서 공자의 조국 노魯나라의 제27대 군주다(BC. ?~468, 재위: 494~468). 아버지 정공定公이 죽고 나서 왕위를 계승한 해가 BC 494년, 공자의 나이 58세였다. 그때 애공은 10세 전후의 어린아이였다. 그의 재위 16년에 공자는 세상을 떴다. 공자가 사망하자, 애공이 친히 애도의 제문(誄)을 지었다: 오~ 하느님이시여, 불인하시기도 하여라! 마지막 한 사람의 노인을 이 세상에 남기시어, 저 한 사람이 외롭게 보위에 앉아있는 것을 보호하여 주시지도 않으시니, 홀로 근심 속에 의지없이 떠돌 뿐이외다. 오호라! 슬프도다! 니부의 가심이여! 이제 나를 규제할 수 있는 모범적 방양榜樣조차 사라졌구려! 旻天不弔, 不慭遺一老, 俾屛余一人以在位, 煢煢余在疚, 嗚呼哀哉! 尼父! 無所自律。"(『좌전左傳』 애공 16년)하고 슬퍼하였다. 이 추도문은 젊은 애공(25세 가량)의 진정이 노출되어 있는 좋은 글이다. 이 추도문에서 애공이 공자를 "니부尼父"로 칭한 것이 비공식적이기는 하지만 첫 번째 봉호封號라 하겠다. [2-19, 3-21, 6-2, 12-9, 14-22]

野야: "야"는 성 밖의 들판의 세계이다. 성내에는 국인國人이 살고, 성 밖에는 야인野人이 산다. "야野"는 성내의 코스모스를 벗어난 카오스의 세계다. 들판에서는 자기 스스로 자기 운명을 개척해야 한다. 외롭고 고달프다. 먹을 것도 스스로 창출해야 한다. 자연재해와 싸워야 하고, 맹수들의 습격도 견디어내야 한다. 조직도 없고 따라서 문명의 구속이 별로 없다. 그래서 공자는 질質이 문文을 승勝하면 야野하다고 「옹야」편 16장에서 말했던 것이다. [6-16, 11-1, 13-3]

約약: "약"이란 경제적 검약을 의미할 수도 있지만, 언어의 검약, 행동의 검약, 가치관의 총체적 검약을 의미할 수도 있다. 인간은 어차피 과·불급이 없을 수 없는 존재이다. 그러나 항상 과過의 오류보다는 불급不及의 오류가 개선의 여지가 더 많다. 다시 말해서 노자가 말하는 허虛가 확보될 수 있는 것이다. 여기서 말하는 약約이란 불급不及보다도 훨씬 더 적극적이고 긍정적인 의미에서의, 의도적인 검약이다. 공자의 사상은 결코 노자의 사상과 동떨어져 있지 않다. 모두 동시대의 시대정신의 소산이라 생각된다. 여기 공자가 말하는 "약約"이나 노자가 말하는 "무위無爲"나 "무욕無欲"은 그 본질적인 함의에 있어서 대차가 없다. 현소포박見素抱樸하고 소사과욕少私寡欲하는 정신이 모두 깃들어져 있는 것이다. [4-23]. / 문文을 예禮로써 약約해야 한다는 공자의 사상도 이 약의 맥락에서 깊은 뜻을 새겨야 할 것이다. 약은 인격의 완성을 의미한다. 지식은 지식으로써 완결되지 않는다. [6-25, 12-5]

陽膚양부: 노魯나라의 사사士師(전옥典獄의 관官)로 중용되어 증자에게 자문을 구하는 것을 보면 증자의 제자였던 것으로 추정된다. 그러나 다른 자료에 더 이상 등장하지 않기 때문에 자세한 신변 사항은 알 수 없다. [19-19]

陽貨양화: 양화는 주로 양호陽虎로 불림. 공자보다 나이가 많다. 양화는 노魯나라의 대부였다고도 하나, 그보다는 계씨의 가신으로서 노나라의 전권을 장악하기에 이른 전문적 정치인이었을 것이다. 그가 세력을 잡기 시작한 것은 정공定公 원년(BC 509), 공자 43세 때였다. BC 505년에는 계환자季桓子를 감금시키고 다른 가신인 중량회仲梁懷 등의 세력을 축출하고 노나라의 독재자가 되었다(공자 나이 47세), 그리고 정공 8년 그는 실각하여 노나라의 제후 군위君位의 상징인 보옥寶玉과 대궁大弓을 훔쳐 제齊나라로 망명하는데, 이 사건은 『춘추』에 기록될 만큼 중대한 사건이었다. 제나라 군주가 양호를 위험인물로 여기고 체포하려 하자, 양호는 다시 탈출해 송宋나라를 거쳐 진晋나라로 가서 결국 조간자趙簡子의 심복이 된다. 공자는 결국 양호가 떠나면서 노나라에서 대사구가 되었고, 대사구가 된 후에도 결국 양호와 비슷한 운명의 길을 따라 망명길에 오른다. 가는 곳마다 공자는 양호로 오인되거나 그의 환영幻影 때문에 죽을뻔 하기도 한다. 그리고 공자가 조간자를 만나려고 했을 때에도 조간자 곁에는 양호가 있었던 것이다. 「양화」편 1장에서 묘사하고 있는 장면이 이루어진 것은 양호가 전권을 쥔 직후 BC 505년, 공자 나이 47세 때로 추정된다. 공자는 이때 벼슬길과는 무관했던 소인素人이었다. 그러나 일찍이 주周나라의 수도인 낙읍에 유학을 가서 노자와도 같은 대사상가의 훈도를 받았고, 또 그 후에 제나라에 유학하여 선진문물을 수용하면서 예악의 전문가로서 지고의 경지를 개척한 인텔리겐차였다. 이미 제자들을 거느리고, 사회적으로 명망이 있었던 노나라의 인물이었다. 그러한 공자의 인물됨을 알아보고 그를 자기 진영으로 끌어들이려고 했던 양호라는 인물도 결코 만만한 캐릭터는 아니었던 것이다. 이 당대의 두 영웅의 만남이 「양화」편에 매우 극적으로 묘사되고 있는 것이다. 공자와 양호는 라이벌 관계였다고 말할 수 있다. [17-1]

偃언: 자유子游의 이름. [17-4]

言游언유: 공자의 제자 자유子游의 성姓이 언言이고 자字가 자유子游이다. 언유言游라고도 불린다. 언언言偃이라고도 한다. 공자보다 45세 연하, 자하子夏, 자장子張과 함께 공자 말년의 탁월한 제자로 꼽힌다. 사과십철에 자하와 함께 문학文學으로 들었다. 20여 세에 무성재武城宰(현재 산동성 비현費縣 서남西南)를 지냈다. 예악교화에 힘썼다. 『순자』의 「비십이자」편에서는 자유학파(子遊氏之賤儒)에 대해 비학문적인 혹평을 한다. 별로 들을 내용이 없다. 곽말약은 『예기』 「예운」편의 대동, 소강의 사상이 자유학파의 전거라고 추론한다. 재미있는 가설이다. [6-12, 17-4, 19-12, 19-14, 19-15]

易역: 「술이」편 16장에서 말하는 "역易"은 『주역』을 말한다. 즉, 역易 = 역경易經 = 주역周易(주나라의 역)이다. 우리가 알고 있는 『주역』은 경經과 십익十翼으로 이루어져 있는데, 십익의 경우 공자 이후에 만들어진 것이 확실하므로 논의할 필요가 없다. 경에 해당되는 부분은 지극히 간결한 것으로 이것이 과연 언제 성립했느냐에 관해서는 의론의 여지가 무궁무진하다. 아주 간단히 말하자면 그 핵심은 64개의 괘(Hexagram)라는 심볼리즘이다. 이것은 양효(⚊)와 음효(⚋)의 여섯 자리로 구성된 것이며, 그것은 매우 수리적인 사유를 통해 연역적으로 구성되는 것이다. $2^6 = 64$라는 숫자는 너무도 명료한 수학이다. 이 64개의 심볼을 가지고 우주만상을 설명할 수 있다는 생각은 지극히 원초적이면서도 지극히 당연한 것이다. 최근의 발굴(1973년에 마왕퇴馬王堆 3호 한묘漢墓에서 백서帛書 『주역周易』 발굴, 1977년에 안휘성 부양현阜陽縣 쌍고퇴雙古堆 1호 한묘에서 『부양한묘죽간주역阜陽漢墓竹簡周易』 출토, 1993년에 호북성 강릉현江陵縣 왕가대王家臺 15호 진묘秦墓에서 『왕가대진묘죽간귀장王家臺秦墓竹簡歸藏』 출토, 그리고 1994년에 BC 300년 전후로 추정되는 상박초간上博楚簡 자료 속에도 『전국초간주역戰國楚簡周易』이 들어있다) 결과에 따르면 "경"의 부분은 물리적으로 BC 300년 이전부터 있었던 것으로 밝혀졌다. 그러나 공자가 「술이」편 16장에서 말하는 "역"이 지금과 같은 『주역』인지는 분명치 않다. 그러나 오늘의 많은 출토문헌의 연구결과는 공자의 시대 즈음에도 아직 미확정적이기는 하지만 몇 개의 괘상에 의하여 우주의 삼라만상의 다양한 모습을 담으려는 사유나 시도가 있을 수도 있다는 가설은 충분히 정당하다고 본다. 공자는 그러한 "역易"의 세계에 대해 미련이 있었다. 그것을 직접 체계화시키지는 못했다 하더라도 어떤 우주론적 구상(cosmological construction)에 대한 직감 같은 것이 있었을 것이다. 그래서 죽기 전에 그는 그 우주론적 구상에 대한 어떤 미련을 토로 했을 것이다: "아~ 몇 년의 세월만 나에게 더 주어진다면 나는 역易을 공부하여 어떤 우주론의 체계를 만들 수도 있을텐데. 그럼 보다 완정한 인仁의 철학을 만들 수도 있을 거야. 그럼 내 인생도 보다 허물이 적은, 앞·뒤의 일관성이 확립된 전관적全觀的 행동을 할 수 있을 텐데. 아~ 아쉽다. 태산은 무너지고 거목은 그냥 이대로 쓰러지고 마는구나!" [7-16]

冉求염구: 성姓이 염冉, 이름은 구求, 자字는 자유子有. 그래서 그는 자의 마지막 글자를 따서 염유라고 불리기도 한다. 노魯나라 사람. 공자보다 29세 연하 제자. 공자의 초기 제자이면서 공자에게 가장 중요했던 제자 4명(자로, 안회, 자공, 염구)에 포함된다. "사과십철四科十哲"에는 같은 염씨 집안의 사람이 세 명이나 들어 있다. 염구는 정치, 염백우와 염옹(중궁仲弓)은 덕행. 염유(염구)에 대한 평가는 재주가 뛰어나면서도 매우 조용하고 겸손한 성품의 인물로 되어있다. 『논어』에서 염구의 호칭으로는 염유冉有, 염구冉求, 염자冉子, 구求의 네 종류가 쓰이고 있다. 그런데 이 호칭 중에서 염자冉子가 정확하게 누구를 가리키는 것인지는 의문의 여지가 있다. 염옹과 염구 두 사람의 가능성이 다 있기 때문이다. 그러나 여러 상황으로 보아 염구의 제자들이 그를 높여 염자라고 한 것으로 보인다. 그만큼 염구의 활동이 염옹보다는 활발했었기 때문이다. 염구는 공자와 고난의 행군을 함께 한 제자이고, 공자에게 의리를 저버린 적도 없으며, 뛰어난 공무원형의 인간이었기 때문에 어딜 가든지 그 상황에 맞게 충실하게 자신이 맡은 일을 했다. 염구의 공자학단 내에서 위치는 자로와 비교될 정도였는데, 공자학단 밖의 정치가들 입장에서 볼 때, 염구는 가장 탐나는 인물이었다. 공자가 14년 만에 노나라로 돌아올 수 있었던 것이 바로 염구의 실력과 정치력이었다. 무엇보다 공자의 귀국은 그냥 돌아온 것이 아니다. 노나라 군주와 국인國人들의 존경을 받으며 영예롭게 귀향할 수 있게 도움으로써 염구는 스승 공자에 대해 모든 예의와 의리를 지켰다. 또한, 공자를 위대하게 만든 것이 노나라로 돌아온 후 마지막 4~5년간의 삶이었음을 생각한다면, 공자의 삶에 있어서 염구의 위치는 매우 중요한 것이다. [6-10, 11-23, 14-13]

冉有염유: 염구冉求와 같은 사람. [3-6, 7-14, 11-12, 11-21, 13-9, 16-1]

冉子염자: 「자로」편 14장에서 공자와 염자를 모두 자子로 부른 것으로 보아, 이 장은 염자의 문인門人들에 의해 만들어진 것으로 보이는데, 염자가 누구인지에 관해 의론도 있으나 상황적으로 염구를 가리키고 있음이 분명하다. 염옹과 염구, 두 사람이 거론되는데 두 사람이 모두 공자보다 29세 연하로서 같은 나이이다. 염구는 노나라 권력핵심인 계강자의 중추로서 정무를 담당했다. 대체적인 상황으로 보아 염자는 염구로 보는 것이 옳다. 「옹야」편 3장의 "염자"도 염구로 해석될 수 밖에 없다. 공자의 제자를 "자子"로 높여 부른 용례가 20회 되는데 염자는 두 케이스를 차지한다. [6-3A, 13-14]

甯武子영무자: 실명은 영유甯兪이고, 위衛나라 성공成公의 대신. 영무자는 공자보다 약 100년 앞선 춘추시대 초기, 진문공晋文公(춘추 제2의 패자)과 같은 시기의 사람이다. 영무자는 강대국 진晋나라와 초楚나라 사이에서 흔들리던 위나라를 지키려고 자신의 몸을 돌보지 않고 노력했다. 진晋나라에 붙잡혀 있던 성공이 다시 위나라로 복귀할 때 민심이 술렁이자 이를 수습한 것도 영무자였고, 나중에 반대당의 고소로 성공이 진문공의 법정에 서게 되자 성공을 따라가 변호하고, 유죄를 받고 감금된 성공을 지극정성으로 모셨으며, 의원을 매수해 독살의 위험에서 성공의 목숨을 지켜낸 것도 영무자였다. 위나라에서는 성공의 동생인 공자하公子瑕를 군君으로 세웠지만 진문공이 위군 공자하를 공벌하여 성공을 복위시킨다. 성공成公은 은혜를 갚으려고 영무자에게 높은 벼슬을 주려 했지만 사양한 영무자는 이후, 역사 기록에서 보이지 않는다. 공자는 이 충신의 삶의 태도를 높게 평가한다. [5-20]

諒陰양암: 임금이 3년상을 치르는 동안 머무는 소박한 초옥집. [14-43]

旅여(여제旅祭): 산천山川에 지내는 제사. 본시 제후만이 지낼 수 있다. 특히 태산의 제사는 엄중한 사태였다. 여旅라는 고문자를 보면 한 사람이 깃발을 들고 그 뒤로 많은 사람들이 줄지어 가는 행렬의 모습이다. 군대 조직의 단위인 "여단旅團"도 이 말에서 비롯되었다(『주례周禮』에는 군인 오백 명이 1려旅라고 되어 있다). 그러나 『논어』에 언급되는 "여"는 태산의 제사를 의미하며 이 제사를 계씨가 지냈다는 것은 용서할 수 없는 참월이었다. 공자는 태산 여제사에 동참한 염구를 통렬히 비판한다. [3-6]

令尹영윤: "영윤"이라는 벼슬은 초楚나라에서만 쓰는 최고 관직명으로, 다른 나라의 재상(상相 또는 상국相國)에 해당된다. 군정대권을 장악한다. [5-18]

禮예: 예악禮樂으로 설명. [3-3, 3-4, 3-22, 6-25, 7-30, 9-3, 12-15, 14-44, 15-32, 17-21, 20-3]

禮樂예악: "예악"이라는 문제는 중국 고전에서 항상 하나의 개념으로 등장한다. 그러니까 예禮와 악樂이 하나의 세트를 이루는 추상개념으로서 자주 등장한다는 것이다. 그런데 이런 말을 우리는 지금까지도 일상생활 속에서 활용하고 있으면서도, 잘 이해를 하지 못하고 그냥 태고적 개념인 것처럼 소외시키고만 있는 것이다. 고대인들의 삶이나 현대인들의 삶에 있어서 "예악"이라고 하는 것의 공통된 의미체계를 발견하지 못하면 그 삶이 해석이 되지 않는 것이다. 예禮라고 하는 것은 언뜻 이해가 쉬운 듯이 보인다. 그러나 그것은 단순히 예절이나 에티켓을 의미하는 것은 아니다. 예禮라고 하는 것은 반드시 고례古禮에 있어서는 선왕지도先王之道를 가리킨다. 선왕지도라는 것은 인간사회의 질서를 유지시키는 모든 의례를 총칭하는 것이다. 여기서 "선왕"이라는 것은 그러한 의례를 제작한 최초의 패라곤들을 가리킨다. 이 예禮야말로 문명의 본질이며, 끊임없는 문화의 생성이다. 그래서 선왕을 "컬쳐 히어로culture hero"라고 말할 수 있는 것이다. 그리고 선왕지도先王之道라는 것은 "사회질서"(social order)라는 개념으로 대치할 수도 있는 것이다. 그런데 이 선왕지도는 구체적으로 『의례』와 『주례』에 가장 선명하게 기술되어 있다. 관冠·혼婚·상喪·제祭는 물론 온갖 빙례聘禮나 연례燕禮, 상견례相見禮, 향음주례鄕飮酒禮, 향사례鄕射禮, 그리고 온갖 외교상의 접대, 화친, 회맹, 조약, 그 모든 것이 예가 아닌 것이 없는 것이다. 그런데 이러한 의례들을 우리는 허례허식의 구속으로서만 생각하기 쉽다. 그러나 우리가 깨달아야할 사실은 예는 예로서 독립되는 적이 없다는 사실이다. 예는 반드시 악을 동반한다는 것이다. 악이 없는 예란 존재할 수가 없고, 예가 없는 악이 존속할 수가 없는 것이다. 양자는 고례에 있어서는 더욱 더 밀접하게 관련되어 있었다. 과거의 모든 집례자執禮者가 실제로 악사樂師들이었다. 어떤 때에 누가 등장하고 어떤 의복을 입으며 어떤 기물을 활용하고 어떤 음악이 연주되는가, 이러한 구체적 세목에 밝은 자는 악관이 아니고서는 불가능했다. 즉 예의 핵심이 악에 있었던 것이다. 예는 본시 지루한 것이요, 분별을 위한 것이요, 서열을 가리기 위한 것이요, 공경키 위한 것이다. 그러나 악은 본시 즐거운 것이요, 같음을 위한 것이요, 서열을 초월키 위한 것이요, 친함을 위한 것이다. 악이 없는 예는 맹목적 형식이 되고, 예가 없는 악은 감정이 낭자한 난장판이 되고 마는 것이다. 악樂은 하늘의 세계에 속하는 것이요, 예禮란 땅의 세계에 속하는 것이다. 악은 인간의 허령한 상초적 상상력에 속하는 것이요, 예란 인간의 구체적인 하초적 질서감에 속하는 것이다. 악은 신神을 거느리고 천天을 따르고, 예는 귀鬼를 거느리고 지地를 따른다. 악은 신神의 세계요, 예는 귀鬼의 세계다. 악은 혼魂의 세계요, 예는 백魄의 세계다. 악은 정情의 불가변자不可變者요, 예는 리理의 불가역자不可易者다. 악은 부드러운 정감의 소산이요 예는 딱딱한 이지의 소산이다. 따라서 악은 위동爲同이요, 친화를 위해 있는 것이다. 예는 위이爲異요, 변별을 위해 있는 것이다. 동同하면 상친相親케 되고, 이異하면 상경相敬케 되는 것이다. 따라서 악은 인간의 내면으로부터 일어나는 것(由中出)이요, 예는 인간의 외면으로부터 사회적으로 주어지는 것(自外作)이다. 그러므로 악은 정靜(고요)한 것이요, 예는 문文(질서정연)한 것이다. 우리의 총결론은 이러하다. 대악大樂은 필이必易요, 대례大禮는 필간必簡이다. 위대한 음악은 반드시 쉬워야 하고, 위대한 예법은 반드시 간결해야 한다. 악은 천지지화天地之和요 예는 천지지별天地之別이다. 예는 우리에게 질서의 아름다움을 제공하고 악은 우리에게 생명의 즐거움을 제공하는 것이다(樂者樂也). 그런데 이렇게 위대한 예악禮樂을 위대하게 만들 수 있는 궁극적 근거는 무엇인가? 그 최종적인 인성론적 근거는 무엇인가? 그것을 한마디로 표현하면 바로 "인仁"이라고 공자는 단언하고 있는 것이다. 예禮를 예다웁게, 악樂을 악다웁게 만드는 것은 바로 인간이요, 인간을 인간다웁게 만드는 것은 바로 인仁이다.

羿예: 예는 두 종류의 인물이 있다. 하나는 활의 신神이라 할 수 있는 전설적인 인물이며 고조선문화와 관련지어 생각할 수도 있는 인물이다. 열 개의 태양 중의 9개를 쏘아 떨어뜨려 인민을 구했다. 보통 "대예大羿"라 한다. 그러나 『논어』에서 언급되는 예는 "후예后羿"로서 "이예夷羿"라 하기도 한다. 하나라 태강太康시대의 유궁씨有窮氏의 수령이다. 『논어』에서는 폭력적 영웅으로 묘사되고 있다. 활을 잘 쏘았던 예는 하夏나라의 왕 상相(하후夏后 중강仲康의 아들)을 죽이고 나서 왕위에 올랐다. 그는 중국역사상 최초의 왕위 찬탈자인 셈이다. 나랏일에는 관심 없고 사냥에만 빠져 있다가 자신의 부하 한착寒浞에게 살해당했다. 덕이 없이 왕위에 오른 사례로 언급되고 있다. 남궁괄이 공자에게 예의 폭력성에 관하여 질문을 던진다. [14-6]

奡오: 예와 더불어 언급되는 폭력적 영웅. 한착寒浞은 예羿를 살해하고, 예의 부인을 아내로 얻어 오를 낳았다(오는 한요寒澆). 그러니까 오는 예를 죽인 한착의 아들이다. 오는 땅에서 배를 끌 만큼 힘이 장사였지만, 자신의 힘만 믿다가 하夏나라 왕족의 후손인 소강少康에게 살해당한다. 공자는 건국설화에 나오는 폭력적 이야기들을 인정하지 않는다. 나라는 반드시 덕으로 이루어져야 한다고 말한다. [14-6]

玉帛옥백: 고대사회의 외교 전례에서 "옥백"은 예禮의 상징이었다. 군주들이 만나 회동할 때는 반드시 아름다운 비단(帛)으로 포장된 옥(玉)을 교환하는 행사가 들어 있었다. [17-11]

雍옹: 성姓이 염冉, 이름은 옹雍, 자字는 중궁仲弓. 공자보다 약 29세 연하 제자. 『공자가어孔子家語』의 「72제자해七十二弟子解」는 "염옹"에 관해 다음과 같이 기록하고 있다. "염옹은 자가 중궁이다. 염백우와 같은 집안의 사람이다. 매우 못난 아버지 밑에서 나서 컸다. 그럼에도 불구하고 덕행으로 이름을 날렸다. 冉雍, 字仲弓。伯牛之宗族。生于不肖之父, 以德行著名。" 『사기』「제자열전」에는 "중궁의 아버지는 천인이었다. 仲弓父, 賤人。"라고 간략하게 기술되어 있다. 『가어』의 기록이 『사기』의 기록보다 앞선다고 보여진다. 염옹에 대해서 크게 알려진 바는 없지만, 공자는 그에 대해 극찬을 아끼지 않는다. 우선 「옹야」편 1장에 "옹이라는 아이는 남면南面하게 할 만하다. 雍也, 可使南面。"라고 한다. 이것은 참으로 격상激賞이다. 이 남면이라는 말을 두고 주석가들은 보통 대부 자리에 앉을 만하다고 말한 것으로 해석하려 하지만, "남면"이란 대부 정도의 위치에 쓰이는 말이 아니다. "남면"은 제후의 통치를 말하는 것이요, 심하게 말하면 천자天子의 치세를 말하는 것이다. 따라서 여기서 "옹雍"이라는 인격체는 추상화되어 있는 것이다. 옹과 같은 인물이라면 천자를 해도 될 만한 인물이다. 다시 말해서 공자의 의식 속에는 "천자"라 하는 것이 위대한 덕성의 소유자라면 얼마든지 할 수 있는 것이라고 하는 신분을 뛰어넘는 어떤 추상적 기능으로서 논의 되고 있는 것이다. 뿐만 아니라, 「옹야」편 4장에는 공자가 염옹 즉 "중궁仲弓"을 평가하는 매우 심오한 언사가 실려 있다. 아주 보통의, 너덜하고 불량한 황소가 낳은 새끼라 할지라도 훌륭한 붉은 털을 갖추고 늠름한 뿔을 갖추었다면, 비록 인간들이 그 새끼소를 무시하려 한다해도, 산천山川의 신神들이 과연 그를 비천한 출신의 소라하여 내버려두겠느냐 하는 공자의 반문이 실려있는 것이다. 여기서의 이미지는 희생이 된다는 의미에 있는 것이 아니라, 신에게 제물로 바치어지는 가장 영광된 자리에 발탁된다는 바로 그 발탁에 의미가 있는 것이다. 인간이 그를 버릴지라도 신이 그를 발탁할 것이라는 것이다. 출신과 무관하게 인간의 품위와 덕행 그 자체를 존중하는 인간에 대한 보편적 신뢰감을 공자는 여기서 확언하고 있는 것이다. 공자철학의 정언명령이라고 말할 수 있는 그 유명한 테제, "기소불욕己所不欲, 물시어인勿施於人"이라는 명제도 바로 공자가 중궁에게 발한 것이다(「안연」 2). [5-4, 6-1, 6-4, 12-2.]

雍徹옹철: 옹雍으로써 제사를 철徹한다는 뜻이다. 옹雝이라고도 한다. 옹은 천자의 제사에 있어서 제기를 거두어들이기 전에 부르는 성스러운 노래다. 『시경』 「주송」에 「옹」 일장一章 16구절이 보존되어 있다. 공자는 삼환대부가에서 이 노래를 부르는 것을 참월이라고 통렬히 비판한다. [3-2]

王孫賈왕손가: 위국衛國의 대부. 주周나라의 후손, 즉 왕손王孫으로서 위국으로 출사出仕했다는 설과, 원래 위나라 사람으로 왕손王孫은 그냥 성씨일 뿐이라는 설이 있다. 위衛나라의 대부로서, 위나라의 현신賢臣 삼인三人 중의 한 사람이다. 공자는 「헌문」편 20장에서 "어둡고 어리석은 군주 위령공衛靈公의 패정에도 불구하고 위나라가 망하지 않는 것은 중숙어仲叔圉가 빈객賓客을 잘 다스리고(외교), 축타祝鮀가 종묘宗廟를 잘 다스리고(종교·문화), 왕손가王孫賈가 군려軍旅를 잘 다스리어(군사), 적재적소에서 재능을 발휘하고 있기 때문이다"라고 위나라의 정세를 평한 적이 있다. 「팔일」편에 나오는, 공자에게 던진 왕손가의 질문은 좀 야비한 구석도 있지만, 그 질문으로 인해 천하의 명언이 공자의 입에서 나오게 되었다. [3-13, 14-20]

堯요: 상고시대의 제왕이다. 제곡帝嚳의 아들이다. 성姓은 기祁, 이름은 방훈放勳. 그는 원래 당唐지방으로 분봉되었기 때문에 도당씨陶唐氏라고도 불리었다. 도陶는 후대에 독립된 성씨가 되었다. 요는 당요唐堯라고 불리기도 하였다. 요는 그보다 앞선 제왕인 형 지摯를 잘 보좌하였고 23세에 지를 이어 제위에 올랐다. 그는 평양平陽에 도읍하였다. 당唐은 종종 그가 다스렸던 나라 또는 시대를 지칭하기도 하였다. 그는 "어질기가 하늘 같았고 지혜롭기가 귀신 같았으며 사람들이 해를 보듯이 그에게 나아갔고 그를 우러르니 찬란하고 후덕한 구름처럼 빛났다. 其仁如天, 其知如神。就之如日, 望之如雲。"고 기록되어 있다(『대대예기大戴禮記』 오제덕「五帝德」). 요임금은 고대 중국의 이상적인 성왕聖王으로, 순舜임금에게 왕위를 선양함으로써 이상적인 정치 모델을 실현했다. [6-28, 8-19, 20-1A]

慾욕: 욕欲과 같은 글자. 『예기』「예운」에 "사람의 정이란, 무엇을 일컬음인가? 희·노·애·구·애·오·욕을 말한다. 이 일곱 가지는 사람이 배우지 않아도 저절로 할 수 있는 것이다. 何謂人情? 喜、怒、哀、懼、愛、惡、欲。七者弗學而能。"이라는 유명한 구절이 있다(조선시대 최대 논쟁인 사단칠정四端七情 논쟁이 시작된 바로 그 구절). "칠정七情" 중 하나로 욕欲이 끼어 있지만, 보통 "인욕人欲"은 여기 일곱 가지 덕목 중의 하나가 아니라 인간의 감정 전체를 가리킨다. 주정主靜주의적 세계관에 의하면 이 욕은 억누름의 대상이지만, 공자의 사상은 동적인 중용을 지향하기 때문에 질욕窒欲하기 보다는 욕欲을 잘 다스려 예禮와 의義에 합하는 것을 이상으로 삼았다. [5-10]

禹우: 우禹임금. 순舜임금 시절에 치수에 공이 있어 순임금의 제위를 이어 왕위에 올랐다. 그리고 자기의 봉국封國인 하夏로써 천하의 이름을 삼았다. 우는 순임금의 치세 때에 사공司空의 직을 맡아 물과 토지를 관장하여 산을 개간하고 호수를 통하게 하며 강의 물길을 열고 홍수를 막는 데에 탁월한 업적을 남겼다. 치수 13년에 집대문을 3번 지나쳤으나 들르지 않았다. 후대에 이르기까지 우는 곧 치수治水의 대명사처럼 여겨진 것도 그 때문이었다. 우는 치수를 함에 있어서 엄청난 부지런함과 혼신의 열정을 기울인 것으로 유명하다. 그것은 순임금 앞에서 우가 스스로 말한 다음과 같은 말에서 잘 나타나고 있다. "저는 이와 같은 단주丹朱의 오만과 태만함을 경계하고, 도산씨塗山氏의 여인에게 장가를 들고 나서도, 겨우 신辛·임壬·계癸·갑甲의 4일만을 지냈습니다. 그 후에 계啓가 태어나 고고의 성을 터트렸어도 자식에로의 사랑조차 베풀지 못하고, 단지 토목土木의 사업에만 전념하였습니다. 予創若時, 娶于塗山。辛壬癸甲, 啓呱呱而泣, 予弗子。惟荒度土功。"(『書經』 虞書 「益稷」). 우는 순으로부터 제위를 선양 받았으나 우는 하왕조를 새로 개창하였고, 친자상속을 함으로써 고대세계의 선양제도라는 이상적 정치질서는 끝나버리게 되었다. 혈통왕조의 모든 비극이 우에게서 시작되는 것이다. 공적 마인드가 사라진 것이다. 방동미方東美 교수도 강의 속에서 우禹의 친자상속을 통렬히 비판했다. 우는 숭우崇禹, 융우戎禹, 백우伯禹, 대우大禹, 하우夏禹라고도 칭하여진다. 성姓은 사姒이다. 하나라의 개창자. [8-18, 8-21, 14-6, 20-1A]

虞仲우중: 우중은 태백의 동생 중옹仲雍을 말한다. 훌륭한 인물이다. 주周 태왕太王 고공단보古公亶父와 부인 태강太姜과의 사이에서 삼형제를 낳았다. 첫째 아들이 태백泰伯, 둘째 아들이 우중虞仲, 셋째 아들이 계력季歷. 계력이 장차 문왕文王이 될 창昌을 낳았기 때문에 이 두 형들은 동생 계력에게 기회가 돌아가게 하기 위하여 주나라를 떠나 멀리 형만荊蠻이 사는 강남江南 땅으로 달아났다. 그들은 몸에 문신을 새기고 머리를 잘라 스스로 왕이 될 수 없음을 표시한 후 스스로를 구오勾吳라 불렀다. 결국 이 두 형들의 대의를 위한 희생으로 계력이 제후가 되고 그의 아들 창昌이 서백西伯이 되어(주문왕周文王) 주대 천 년의 기틀을 마련하였다. 형만 땅에서 왕으로 옹립된 태백泰伯(혹은 태백太伯)은 아들이 없어 죽은 후 동생 중옹仲雍이 왕위에 올랐다. [8-1, 18-8]

原思원사: 공자의 제자로서 안빈낙도安貧樂道의 대명사. 성姓이 원原, 이름은 헌憲, 자字는 자사子思. 원헌原憲을 원사라고 부르기도 한다. 원사를 노魯나라 사람(정현), 송宋나라 사람(「가어」), 제齊나라 사람으로 보는 제설이 있으나, 노나라 사람의 설이 가장 신빙성이 있다. 그리고 원사는 공자보다 36세 연하라고 「가어」가 기록하고 있으나 36세는 26세의 오기誤記일 것이다. 그는 분명 자공子貢보다 나이가 위였을 것이고, 그래야 공자가 대사구였던 시절을 배경으로 하는 「옹야」편 3B장의 전후 맥락이 맞아 떨어진다(공자가 노나라의 사구가 되었을 때에 원사를 가재家宰로 삼았다. 孔子爲魯司寇時, 以思爲宰。 주자집주). 원사는 공자의 제자 중에서 평생을 청렴, 청빈하게 살았던 훌륭한 인물이다. 『논어』「헌문」편의 "헌憲"이 바로 원헌, 즉 원사를 가리킨다. 『사기』「중니제자열전」에 공자 사후에 가난한 원헌과 부유한 자공이 만나는 아름다운 이야기가 실려있다. [6-3B, 14-1]

原壤원양: 공자의 소꼽친구. 『예기』「단궁」하편에 원양과 공자의 이야기가 다음과 같이 나온다. "원양의 어머니가 돌아가셔서 공자가 곽椁짜는 일을 도와주었는데, 원양이 그 나무 위에 올라가서 노래를 불렀다. 참다못한 제자들이 공자에게 말씀을 드리자, 공자는 이렇게 대답했다: "지나침이 있다고 하여 혈육인 친족 사이의 관계를 끊을 수 없듯이, 옛 친구와의 우정을 끊을 수는 없는 법이다. 孔子之故人曰原壤, 其母死, 夫子助之沐椁。原壤登木曰: '久矣予之不託於音也。' 歌曰: '貍首之斑然, 執女手之卷然。' 夫子爲弗聞也者而過之, 從者曰: '子未可以已乎?' 夫子曰: '丘聞之, 親者毋失其爲親也, 故者毋失其爲故也。'" 공자와 원양은 어려서부터 끊을래야 끊을 수 없는 친구지간으로서 묘사되어 있다. 그런데 원양은 원래 성품이 격식을 싫어하고 자유분방하여 칠칠맞고, 또 욕을 얻어먹으면서도 개의치 않고 좀 어이없는 행동을 계속하는 인물이다. 공자는 이 불알친구에게 거친 말을 내뱉기도 하지만 그 배경에는 짙은 우정이 깔려있다. [14-46]

衛위: 위衛나라(BC 11세기~BC 209). 희성姬姓의 제후국 중에서 제일 끝까지 버틴 나라. 상商나라가 서주西周에 의해 멸망한 직후 서주 무왕武王의 친동생인 위강숙衛康叔이 상의 수도였던 조가朝歌(현재 하남성 학벽鶴壁시)와 그 주위의 땅에 봉해짐으로써 세워졌다. 처음의 봉호는 위가 아니었으나 점차 그 영토가 성장함으로써 국호를 위로 바꿨다. 『사기』에 따르면, 처음 강숙이 봉토를 받은 후 2대 강백康伯부터 7대 정백靖伯까지 "백"으로 일컫다가 경후頃侯 때에 주이왕周夷王에게 뇌물을 바치고 "후"를 칭했다. BC 771년 견융犬戎에 의해 서주의 수도 호경이 함락되었을 때 주평왕周平王의 요청으로 위무공衛武公이 진晉, 진秦과 함께 견융을 몰아낸 공으로 공작이 되었다. 이때 위무공衛武公이 주왕실의 사도가 됨으로써 위나라는 전성기를 맞았다. 그러나 위무공이 사망한 후 공자들간의 계승문제로 공실이 혼란에 빠졌고 국력이 점점 약화되었다. BC 718년에 위선공衛宣公이 즉위함으로써 이 혼란은 진정되었다. 하지만 훗날 혜공惠公, 의공懿公의 학정으로 계속적으로 국력이 약화되었다. BC 660년에 결국 북적의 침공으로 수도 조가가 함락되고 의공은 살해되었다. 곧 대공戴公을 거쳐 문공文公이 즉위하여, 제환공齊桓公의 도움을 받아 수도를 초구楚丘로 옮겨 나라를 수습하였다. 이후 북적의 계속된 침입으로 제구帝丘로 다시 천도하였다. 북적의 침입 등으로 국력이 계속해서 약화되어 전국시대 초기에는 조와 제齊, 초楚, 위魏의 압박을 받았고, BC 241년에는 진秦이 위魏를 침공하면서 위나라의 영토인 복양濮陽 주변에 동군東郡을 설치하고 야왕현野王縣에 위衛나라를 옮김으로써 위는 사실상 진나라의 속국이 되었다. 위원군衛元君의 아들 위군衛君 각角은 BC 209년 진 이세황제 호해胡亥에 의해 폐위되었다. 공자는 55세(BC 497) 때 위나라에 갔고, 위령공의 예우를 받았다. 유랑기간 동안에도 여러 번 위에 들렀다. 그리고 공자의 많은 제자들이 위에서 벼슬을 했다. 공자가 "정명正名"을 말한 것도 위나라를 대상으로 하여 말한 것이다. [9-14, 13-3, 13-9, 14-20, 19-22]

魏위: 『논어』에 위魏나라는 단 한 번 가볍게 언급된다[14-12]. 전국시대에 위나라는 삼진三晉 중의 하나로 가장 강성한 나라였다. 맹자의 첫머리에 나오는 양혜왕도 위나라의 3대 군주이다. 위나라의 역사는 서주西周 초년으로 거슬러 올라간다. 주나라 성왕이 분봉한 희성姬姓 백작 제후국 중의 하나였다. 시조는 주 무왕의 동생인 필공畢公 고高이다. 춘추시대 말기에는 진晉나라 육경六卿 중의 하나였다. 위魏와 위衛를 혼동하지 말 것. [14-12]

衛公子荊위공자형: 위衛나라의 공자公子(임금의 친족에게 붙이는 호칭). 이름이 형荊이고 자가 남초南楚이다. 위헌공衛獻公의 아들이다. 위나라의 도덕성을 유지하는 군자로서 꼽힌다. 상당히 현명한 사람으로, 재물에 집착함이 없는 것을 공자가 칭찬하고 있다. 공자는 한 인간의 재산이 늘어나는 것을 결코 나쁘게 보지 않았다. 신분에 맞게 경제생활을 하되 그것을 자랑하거나 집착하는 것이 아니라 온전하고 아름답게 다듬어나가는 태도를 칭찬하고 있다. [13-8]

衛君위군: 위衛나라 제29대 군주 첩輒을 가리킨다. 위령공衛靈公의 손자이다. 영공의 아들이 괴외이고, 괴외의 아들이 첩인데, 이 첩이 바로 위출공衛出公이다. 출공은 쫓겨난 아버지 괴외의 입국을 12년 동안이나 막았다(괴외가 원세자이지만 남자와의 갈등 때문에 외유하고 있었다). 그러나 괴외는 결국 출공 첩을 쫓아내고 복권한다. 이 인물이 바로 장공莊公이다. 아버지임에도 아들보다 후대의 군주가 된 지극히 특이한 사례를 남겼다. 『한서』에는 괴외 위장공을 위간공衛簡公으로 기록해 놓고 있다. 괴외 장공은 세자 시절에 위령공의 부인 남자南子의 음란무도함을 미워해 남자를 살해하려 했으나 일이 누설되는 바람에 위령공의 분노를 사서 송나라로 달아났다가 다시 진晉나라의 실권자인 조간자趙簡子(조앙趙鞅)에게 의탁하였다. 위령공 42년(BC 493년), 위령공이 막내 아들 영郢을 세자로 세우려 했으나 영은 깊은 인격이 있었고 왕위에 욕심이 없었다. 그간 위령공이 병으로 죽는다. 그리고 남자가 영에게 보위를 이으라 했으나 영은 끝끝내 거절했다. 영의 천거에 의하여 세자 괴외蒯聵의 아들을 세우니 그가 바로 위출공衛出公이다. 조간자는 양호陽虎 등과 함께 세자 괴외를 보위에 올리려고 했으나 위나라의 대부들이 그것을 완강하게 막으니 조간자의 무리는 이 싸움에서 물러났다. 출공 12년(BC 481년, 공자 71세), 호시탐탐 복위를 노리던 괴외는 위령공의 큰 딸이자 자기의 누이인 백희가 남편 공문자孔文子가 죽고 난 후, 젊고 잘생긴 노비 혼량부渾良夫와 간통하는 관계를 포착하여 혼량부를 통하여 복위의 계획을 진행시킨다. 백희는 자기 아들 공회孔悝를 협박하여 괴외를 끌어들인다. 출공은 노나라로 도망을 갔다. 공회는 괴외를 옹립할 수밖에 없었으니 그가 바로 위나라 장공莊公이다. 장공은 즉위 후 자신이 보위에 오르는 것을 막은 위나라 대부들을 전부 죽이려 했다. 그러나 신하들이 반란을 도모하려 하자 그만두었다. 장공 원년(BC 480년), 장공은 평생 원수로 지낸 위령공의 부인 남자南子를 죽였다. 그리고 둘째 아들인 질疾을 세자로 삼았다. 장공 2년(BC 479년), 공자가 죽었다. 장공 3년(BC 478년), 장공은 융주戎州를 침공하여 없애버리려 했다. 융주사람들이 조간자에 도움을 청하자 조간자는 진晋의 군대를 일으켜 위나라를 포위하였다. 당해낼 수 없다는 것을 알아차린 장공은 타국으로 도망갔다. 위나라 사람들은 공자 반사班師를 위군衛君으로 옹립한다. 장공은 결국 융주戎州의 기씨己氏들에게 붙잡혀 살해당한다. 그리고 출공은 다시 왕위에 오른다.

한 시대의 종언이었다. 첩과 괴외의 왕권을 둘러싼 더러운 싸움은 16년에 걸치는 지루한 과정이었다. 공자의 망명생활이 위나라 거점이었기 때문에 이 부자의 싸움은 공자의 인생과 항상 걸려 있다. 괴외의 쿠데타가 성공한 것은 BC 480년, 그때 자로가 죽었고, 다음 해에 자로의 죽음을 슬퍼하는 공자도 세상을 뜬다. [7-14, 13-3]

衛靈公위령공: 성姓이 희姬, 이름은 원元. 위衛나라의 제28대 군주이다. 27대 군주 위양공衛襄公과 부인 선강 사이에 아들이 없어 신분이 낮은 측실인 주압婤姶에게서 아들 둘을 두었는데 그 중 막내아들이 위령공이다. 위령공은 대체적으로 암군暗君으로 평가되는 인물이지만 그에 대한 공자의 평가는 부정적이지만은 않다. 공자와 동시대를 살면서 공자와 교류가 있었던 위나라의 군주이며, 사람의 능력을 잘 파악하여 적재적소에 임용하는 능력이 뛰어났다. [14-20, 15-1]

由유: 자로子路의 이름. "유!"라는 것은 공자가 자로의 실명을 부른 것이다. 즉 사랑하는 제자에 대한 매우 사적인 호칭이다. 이런 표현에는 자로에 대한 공자의 인간적 애정이 듬뿍 담겨있는 것이다. 자로는 자공과 더불어 『논어』 최다 출현자이다. 자로 항목 참고. [2-17, 5-6, 5-7, 9-11, 9-26, 11-12, 11-14, 11-17, 11-21, 11-23, 11-25, 12-12, 13-3, 15-3, 17-5, 17-7, 17-8, 17-23, 18-6, 18-7]

孺悲유비: 유비라는 인물은 『사기史記』「중니제자열전仲尼弟子列傳」과 『공자가어孔子家語』에는 나오지 않는다. 다만 『예기』「잡기雜記」하편에 기록된 바는 다음과 같다: "휼유恤由의 상례를 거행할 때에 애공哀公은 유비孺悲로 하여금 공자에게 가게 하여 사상례士喪禮를 배우게 하였다. 이로 인하여 사상례가 다시 기록되어 보존되기에 이르렀다. 恤由之喪, 哀公, 使孺悲之孔子學士喪禮。士喪禮於是乎書。" 유비는 공자에게 예를 배운 사람이며, 공자와 애공 사이를 오간 메신저였다. [17-20]

有子유자(유약有若): 성姓이 유有, 이름은 약若, 자字는 자유子有. 노魯나라 사람이며 무인 출신으로, 공자보다 36세 연하(공자 사후에 그를 연장자로서 대접하려 했다는 고사로 볼 때는 13세 연하라는 설도 설득력이 있지만, 그가 말년 제자라는 것을 생각하면 그렇게 나이를 올려 잡기도 힘들다. 36세 연하라는 『공자가어』의 설이 가장 적합한 것 같다)의 제자. 『논어』에서 공자 외에 "~자왈"로 시작되는 단 두 사람 중 한 명. 유약이라 하지 않고 "유자有子"라고 한 것은 유약을 스승으로 모시는 집단에 의하여 그렇게 기록되었음을 말해준다. 「학이」편에 "유자"라는 호칭이 3번 등장하고, 『논어』의 어느 편에도 나오지 않는다. 「학이」편은 유자학단에서 편집된 문헌이라고 보는 설도 있다. 훗날 공자학단은 증자曾子 중심으로 갔지만, 유자의 영향 또한 컸을 것이다. 제자들이 공자를 잃은 후에 그 사모의 정이 깊어 공자와 모습이 비슷한 유약을 스승으로 모시어 그 사모의 정을 달래려고 했다는 에피소드도 있다. [1-2, 1-12, 1-13] / **有若유약** [12-9]

柳下惠유하혜: 성姓이 전展, 이름은 획獲, 자字는 금禽. 또는 계季이다. 유하柳下에서 살았으므로 이것이 호가 되었으며, 문인들이 혜惠라는 시호를 올렸으므로 유하혜라고 했다. 유하혜는 공자보다 100년 앞서 살았던 노魯나라 대부였다. 노희공魯僖公 26년(BC 634) 제齊나라가 노나라를 공격하자 그는 사신을 제齊나라 진영으로 보내 노나라가 선왕先王문물의 정통임을 강조하여 그 군사들을 물러나게 했다. 『맹자』「진심」하에 보면 "성인은 백세의 스승이니, 백이와 유하혜가 바로 이런 사람이다."라고 되어있다. 유하혜는 훗날 맹자도 인정한 현자다. [15-13, 18-2, 18-8]

殷은: 은殷나라(BC 1600년경~BC 1046년경). 역사적으로 실재했다고 여겨지는 최초 중국 왕조다. 시조에 관한 의견은 분분한데, 기록에 의하면 전설상 인물인 황제黃帝의 후손 탕왕湯王이 세웠다고 전한다. 탕왕은 하夏나라의 마지막 왕이자 폭군인 걸桀을 무찌르고 상商나라를 개국하였다. 이후 여러 번 도읍을 옮겼고, 반경盤庚이 마지막으로 은殷을 도읍으로 정한 이후부터 상나라는 "은殷나라"로 불렸다(상은商殷, 은상殷商이라고도 함). 은나라는 지나치게 종교적이었지만 문화대국이었다. 공자는 이념적으로 주나라를 미래적 이상으로 삼지만, 자기 존재의 근원을 생각할 때는 꼭 "나는 은나라 사람"이라고 한다. [2-23, 3-9, 15-10, 18-1, 19-20]

殷有三仁焉은유삼인언: "은殷나라에 인仁한 사람이 셋 있었다." 미자微子, 기자箕子, 비간比干을 가리킨다. 모두 주紂의 폭정에 항거한 현신賢臣들인데, 그들의 항거 방식이 다 달랐다는 것이 포인트다. 한 명은 아예 떠나버렸고(미자), 한 명은 미친 척 노예가 되어 위장했고(기자), 한 명은 목숨을 걸었다(비간). 이 세 명에 공통된 것은 인仁하다는 것이다. 인한 자가 난세를 대처하는 방식이 다양하다는 것을 암시한다. 다양성에 대한 존중은 『논어』 전체의 기조基調이다. [18-1]

儀의: "의儀"는 지명인데 현재의 위치를 확인할 길은 없다. 소문에 의하면 지금의 개봉開封 시내 어느 곳이라는데 그것도 믿을 말이 못된다. 정현은 의儀는 위읍衛邑이라 주를 달았는데, 하남성河南省 북부의 위衛나라의 국경을 이루는 어느 지역이었을 것이다. 공자는 유랑 생활 중 위나라 국경을 여러 번 출입했다. [3-24]

仁인: "인" 항목은 493쪽.

林放임방: 「팔일」편 4장과 6장에 그 이름이 올라 있을 뿐, 어떤 인물인지는 잘 모른다. 고주古注에 정현鄭玄의 말로서 "임방林放, 노인야魯人也"라고 적혀 있는 것이 그 단서의 전부다. 『궐리문헌고闕里文獻考』에는 성이 임林이고, 이름은 방放이며, 자字가 자구子丘라고 되어 있다. 『사기史記』「중니제자열전仲尼弟子列傳」에도 그 이름이 없는 것으로 보아, 그냥 당시 노魯나라에서 예禮에 관한 한 전문가의 위치에 있었던 사람으로 보인다. 다시 말해서 임방은 공자의 교단에 속한 인물이 아니었다. 이러한 사실은 공자의 대화가 결코 교단 내의 좁은 울타리에만 머문 것이 아니며, 공자는 당시 노나라의 군주나 일반 교단외의 사회인으로부터도 자문을 주고받는 위치에 있었음을 방증하는 것이다. 『노자老子』의 주석으로서 불후의 명작을 남긴 왕필王弼(226~249년. 16~22세 사이에 『노자』, 『논어』, 『주역』 등 해설)은 임방의 「팔일」편 4장 질문을 자신의 "숭본식말崇本息末" 사상과 연결시켰는데, 임방이 이런 질문을 던졌을 당시 사람들의 예에 대한 생각이 그 근본을 버리고 말엽에만 빠져 있다고 갈파했다. 그래서 공자에게 "예의 근본"을 물은 임방이 위대하게 여겨질 수밖에 없다고 말한다. 임방은 예의 달인으로서 노나라 국민들에게 존경을 받는 위치에 있었다. [3-4, 3-6]

자

子羔자고: 고시高柴. 공자의 제자. 성이 고高이고 명이 시柴이고, 자가 자고子羔이다. 그래서 계고季羔라고도 불린다. 춘추말 위국인衛國人이다. 공자보다 30세 연하이며 키가 5척밖에는 안되는 왜소한 외모를 지니고 있다. 공자는 자고를 어리석다고 평했는데[11-17/柴로 언급], 그의 행정능력은 인정했다. 자고가 성숙치 못했을 때 자로는 그를 비읍費邑의 읍재邑宰로 삼았다. 아마 자로는 같은 위나라 사람으로서 애착이 있었을 수도 있다. 이러한 자로의 행위를 꾸짖는 장면이 「선진」에 실려있다. 공자는 자고가 비땅의 읍재가 되기에는 역부족이라고 생각했다. [11-24]

子貢자공: 성姓이 단목端木, 이름은 사賜, 자字는 자공子貢. 위衛나라 사람. 공자보다 31세 연하. 유랑 시기를 함께한 초기 제자이다. 『논어』를 이끌어가는 실제 주인공이라고 할 만큼 아주 중요한 인물이다. 자공이라는 인물을 규정하는 이름들을 전체적으로 살펴보면, 위나라 조정에 물자를 납품하는 상인 집안의 큰 재목이었을 가능성이 크다. 단목端木은 목재상, 사賜는 하사하다, 자字의 자공子貢은 공물을 뜻한다. 자공은 항상 공자에게 직접 질문을 하면서 이물없이 맞대결하는 느낌을 준다. 그렇지만 자공은 스승에 대하여 누구와도 비교될 수 없는 절대적 존경심을 유지했다. 일반 제자들과는 좀 격이 다르다. 공자는 자공을 재아宰我와 함께 언어에 뛰어난 제자로 꼽았다. 공자는 「선진」편 18장에서 자공을 가리켜 "사(賜: 자공)는 천운을 타지 않는데도 재화가 늘어났다. 그 녀석은 억측을 해도 자주 들어맞았다. 賜不受命, 而貨殖焉, 億則屢中。"라고 말했다. 큰 재화를 번 자공은 그 돈을 공자학단을 유지하는데 썼다. 자공은 요즈음으로 말하면 "증권가의 큰손"이었다. 다시 말해서 공자의 교단은 실제적으로 자공에 의해서 그 재정이 확보되었던 것이다. 자공이 없었더라면 공자교단의 형성은 어려웠을 것이다. 자공이라는 젊고 영민하며 항상 배움에 게으름이 없는 물주物主의 사심없는 헌신 때문에 공자교단이 유지된 것이다. 그런데 공자는 자공에 대한 평가에는 매우 인색하였다. 그러면서도 결코 자공을 홀대하지는 않았다. "군자불기君子不器"의 원칙에 비교하면 공자가 자공을 평가하여 "너는 한 그릇에 불과하다. 女, 器也。"(「공야장」 3)라고 한 것은 매우 인색한 평가다. 그러나 어떤 그릇이냐고 묻자, "호련瑚璉"이라는 찬란한 옥그릇에 비유한 것은 자공의 역할을 충분히 인정한 것이었다. 공자는 죽을 때도 자공의 품을 애타게 기다렸다. 공자의 죽음의 침상에는 이미 사랑하는 아들 백어도, 항상 그리워했던 제자 안회도, 뻥끗하면 나무랐던 친구 자로도 이미 이 세상의 사람들이 아니었다. 공자는 죽어가는 희미한 의식 속에서도 오직 자공만을 기억했던 것이다. 공자는 자공이 지켜보는 가운데, 자공의 눈물 속에 조용히 눈을 감았다. 자공은 공자가 눈을 감는 순간 안회顔回처럼, 자로子路처럼 항상 공자를 곁에서 못 모신 것을 후회하고 또 후회했을 것이다. 그래서 모든 제자들이 3년상을 치르고 떠났는데도, 자공만은 홀로 3년을 더 복상하고 떠났다. 스승의 무덤 옆에서 6년을 산다는 것 자체가 결코 간단한 고행은 아니었다. 자공의 6년상은 스승 공자에 대한 충정의 본보기로서 더 이상 없는 과시였던 것이다. 자공은 그런 방식으로 공자학단 내부에 공자에 대한 절대적 이미지를 구축하는데 성공했던 것이다. 공자는 자공의 6년 수묘守墓(여묘廬墓라고도 한다)와 더불어 제자들의 마음에 부활했던 것이다. 그것은 바로 초기교단이 세차게 뻗어나갈 수 있었던 밑거름이요 저력이었다. 이 6년간 자공은 공자학단의 어린 제자들에게 정신적 구심점이 되었을 것이다. 그리고 이 시기에 『논어』의 초기어록 파편들이 정리되었을 가능성도 높다. 복상이 끝나고 나서 자공은 마차에 돈과 선물을 싣고 제후들을 찾아다니면서 공자의 위대함을 알렸다. 사마천은 「화식열전貨殖列傳」에 다음과 같이 쓰고 있다: "자공은 공자 슬하에서 학문을 닦은 후에는 위衛나라로 돌아가 벼슬을 하였다. 상품을 시의에 맞게 사들여 조曹나라와 노魯나라 일대에서 중계하며 이익을 많이 남겼다. 소위 70제자 중에서 자공이야말로 그 부가 넘치도록 풍성했다. 70제자 중에서는 원헌과 같이 술찌게미도 제대로 못먹으면서 빈궁한 동네에서 숨어사는 인물도 있는가 하면, 자공처럼 위세당당한 고급마차군을 휘몰면서 고귀한 비단을 제후들에게 뿌리고 다니는 인물도 있었다. 자공이 도착하는 곳마다 국군國君이 뜨락에 내려와 대등한 예로써 동서로 줄서지 않는 사람이 없었다. 대저 공자의 이름이 천하에 포양布揚된 것은 자공이라는 제자가 공자를 앞뒤로 보도輔導하였기 때문이다. 이른바 형세를 얻으면 얻을수록 그 운세가 창성한다고 하는 것은 자공을 두고 한 말일 것이다. 子贛既學於仲尼, 退而仕於衛, 廢著鬻財於曹、魯之間, 七十子之徒, 賜最爲饒益。原憲不厭糟糠, 匿於窮巷。子貢結駟連騎, 束帛之幣以聘享諸侯, 所至, 國君無不分庭與之抗禮。夫使孔子名布揚於天下者, 子貢先後之也。此所謂得埶而益彰者乎?"(「貨殖列傳」 第六十九). 자공이 「학이」편에 두 번이나 등장해 공자에 대해 말하는 것은, 그만큼 자공에게 공자학단의 대표성이 있기 때문이다. [1-10, 1-15, 2-13, 3-17, 5-3, 5-8, 5-11, 5-12, 5-14, 6-28, 9-6, 9-12, 11-2, 11-12, 11-15, 11-18, 12-7, 12-8, 12-23, 13-20, 13-24, 14-18, 14-30, 14-31, 14-37, 15-9, 15-23, 17-19, 17-24, 19-20, 19-21, 19-22, 19-23, 19-24, 19-25]

子禽자금: 성姓이 진陳, 이름은 항亢, 자字는 자금子禽. 진陳나라 사람. 『공자가어孔子家語』에 공자보다 40세 어리다고 기록돼 있다(자공子貢의 제자라는 설도 있다). 「계씨」편 13장에 자금이 백어(공자의 아들)와 단둘이 있을때(백어가 20살 연상) 슬그머니 묻는 말이 이런 것이었다: "백어님이시여! 아버님께 뭐 좀 특별하게 배우는 것이 없소이까?" 이에 대한 백어의 대답은 특별하게 배운 것은 아무것도 없고 시詩를 모르면 말을 제대로 할 수가 없고 예禮를 모르면 사람구실 제대로 못한다고 평소에 들었을 뿐이라는 것이었다. 이 고사에서 자금의 태도는 무엇인가를 "염탐하는" 낌새가 있다. 하여튼 좀 삐딱한 인물이다. 이 삐딱한 자금의 캐릭터는 공자 사후에 더 노골적으로 드러난다. 자금은 자기의 선생인 자공을 부추기며 다음과 같이 말하는 것이었다. 「자장」편 25장에: "자공선생님께서 그렇게 겸손하게 당신 자신을 낮출 필요가 있겠습니까? 천하의 제후를 휘어잡는 선생님이야말로 공자보다 더 위대한 인물이 아니시겠습니까?" 자공은 이러한 유혹에 조금도 굴하지 않고 공자에 대한 자신의 존경심을 유감없이 드러낸다. 하여튼 자금은 좀 삶의 자세가 치사한 느낌이 든다. 염탐하고 사특한 생각을 타인에게 부추기곤 한다. 자금子禽을 재여宰予와 더불어 "가롯 유다"처럼 기술하기도 하지만 재여는 차원이 다른 명석한 인물이다. 공자학단 내에서 공자에게 직접적으로 이론적인 반론을 제기하는 유일한 인물이 재여다. 물론 위대한 자의 인격은 이런 부정적 인물들 때문에 더 드러나게 마련이다. [1-10, 16-13, 19-25]

子路자로: 성姓이 중仲, 이름은 유由, 자字는 자로子路. 공자보다 9세 연하 제자. 노魯나라 변卞 땅의 사람이다. 자로는 본시 유협遊俠(도盜·협俠·유儒)의 인간으로, 참으로 의리있긴 했지만, 우직하고, 지력이 좀 모자라는 듯하지만 판단력이 정확하고 정의로와 매력이 넘치는 사람으로 그려진다. 『논어』는 자로가 없으면 재미가 없다. 공자를 성인이라 부른다면, 진정으로 우리가 아성亞聖이라 부를 사람은 안회보다도 자로가 되어야 할 것 같다. 공자는 자로와 더불어 역사에 등장했으며, 공자의 사士로서의 삶의 길이 바로 자로의 인격적 변화의 역정이었다. 인간은 부담없이 의지하고 싶은 인간에게 짜증을 부리게 마련인데, 공자가 그럴수록 자로는 더욱 충직한 모습을 보였다. 『논어』에 "자로불열子路不說"이라는 표현이 두 번 나오는데(6-26, 17-5), 공자는 자로의 불열 때문에 정의로운 길을 굳세게 걸어갈 수 있었다. 자로에게 있어 공자는 우뚝 선 태산과 같았고 공자에게 자로는 더 없는 삶의 위로였다. 이러한 두 사람의 관계를 잘 나타내주는 내면의 영적 대화가 「공야장」편 6장을 구성하고 있다. [5-6, 5-7, 5-13, 5-25, 6-26, 7-10, 7-18, 7-34, 9-11, 9-26, 10-18, 11-12, 11-14, 11-21, 11-24, 11-25, 12-12, 13-1, 13-3, 13-28, 14-13, 14-17, 14-23, 14-38, 14-41, 14-45, 17-5, 17-7, 17-23, 18-6, 18-7]

子文자문: 성姓이 투鬪, 이름은 누오도穀於菟(누=젖 먹이다, 오도=호랑이. 어릴 적 버려진 후 호랑이 젖을 먹고 살아났다는 신화를 갖고 있다). 이름이 특이한 것은 초楚나라 사투리를 그대로 썼기 때문이다. 투누오도(자문)가 초나라 영윤令尹이 된 것은 공자가 태어나기 113년 전의 일이다. 자문은 사심 없이 백성을 위하는 훌륭한 재상이었다고 한다. [5-18]

子服景伯자복경백: 성姓이 자복子服, 이름은 하何, 자字는 백伯, 시호諡號가 경景. 공자의 학문에 경의를 품은 교양있는 노魯나라 중신으로 보여진다. [14-38, 19-23]

子産자산: 정자산. 성姓이 공손公孫, 이름은 교僑, 자字는 자산子産(자미子美라고도 한다), 시호諡號가 성자成子. 자산은 지금의 하남성河南省 정주鄭州를 수도로 하는 작은 제후국 정鄭나라의 왕족출신의 재상이다. 그는 정나라 목공穆公의 손孫이며, 자국子國의 아들로 태어나 BC 554년에 경卿이 되었고, BC 543년에 정권을 장악하였다. 공자보다 1세대가 빠른 명망 높은 정치가였다. 자산이 죽은 것이 노魯나라 소공昭公 20년(BC 522년)의 일이며 공자의 나이 30세였다. 공자가 가슴속 깊이 존경하는 인물이었다. 자산은 학식이 넓고 투철한 합리주의자였으며, 법가적 요소와 유가적 요소를 골고루 다 구현했던 탁월한 정치감각의 소유자였다. 자산이 정치를 행한 정나라는 노나라와 같은 소국이었다. 그가 집정을 하고 있었던, 정나라 간공簡公·정공定公·헌공獻公·성공聲公의 22년간의 시기는 진晉나라와 초楚나라 양대국이 쟁강爭强하던 시기였다. 그 사이에 끼어 자산은 박식과 웅변, 그리고 임기응변의 자유자재로운 수완을 발휘하여 두 나라의 평화를 도모하였다. 자산은 두 나라를 주선하면서, 비굴하지도 않았고, 자만하지도 않았으며, 정나라로 하여금 존경과 안전을 얻을 수 있게 만들었다. 자산은 농지의 구획정리를 행하여 세稅를 증수增收하였고, 군사세軍事稅로서의 구부丘賦(농지 규모에 따라 군사세를 낸다)를 실시하여 국가경제를 재건하였다. 그리고 이러한 개혁의 불만세력을 억누르기 위하여 새로운 법률을 제정하고, 형서刑書를 주조하여 국내에 공포하였다(중국 최초의 성문법). 중국역사에서 자산은 법치주의의 선구자로서 항상 거론된다. 그러나 그의 법치는 단순한 권력의 술수가 아닌 인간세의 합리적 정신에 기초한 것이다. 특히 전통적인 종교의식에 새로운 인본주의적인 해석을 가하였으며, 질병이나 제사에 관하여 이성적인 새로운 해석을 내렸다. 그는 중국철학사에서 합리주의적 혁명의 전범을 세운 자로서 손꼽힌다. 그러한 그의 혁명적 조치는 현실적 치세로서 성공을 거두었을 뿐 아니라, 후세에 엄청난 영향을 주었다. 우리가 공자에게서 느낄 수 있는 냉혹한 이성주의는 바로 이러한 정자산의 패러다임 속에서 구현된 것이다. 공자는 정자산을 동시대의 사상가로서 정치가로서 마음속 깊이 존경했던 것이 분명하다. 과연 정자산에 대한 공자의 평가는 드높다. 존경스러운 선학에 대한 정당하고도 아낌없는 평가를 내리고 있는 것이다. 「헌문」편 10장에는 공자가 자산을 평하여 "혜인야惠人也"라고 말한다. 여기 "혜인惠人"이라는 뜻은 그가 백성에 대한 깊은 사랑을 한결같이 지니고 있었던 사람이라는 뜻이다. 이러한 "혜인"으로서의 삶의 자세가 「공야장」편 15장에서도 유감없이 토로되고 있다. 그가 죽기 전 후계자인 대숙大叔에게 다음과 같이 말했다: "오직 덕이 있는 자라야 관대한 정치로써 국민을 복종시킬 수 있다. 唯有德者能以寬服民。"라고 충고하면서, "불은 맹렬하여 쉽게 국민들이 볼 수 있고 무서워하기 때문에 불에 타 죽는 사람이 오히려 적은데, 물은 나약하고 힘없는 것처럼 보여서 국민들이 쉽게 넘나보고 친근하게 생각하여 오히려 물에 빠져 죽는 사람이 많지. 관대함이란 물과 같아서 관대함으로 국민을 감동시키고 굴복시키기는 정말 어렵다네. 그러니 자신이 없거든 차라리 불로 다스리게"라고 했다고 한다. 자산의 "관복寬服"(관대함으로 심복시킴)사상은 공자에게도 막대한 영향을 주었다. 공자 30세 때 "자산"이 세상을 떠나자, 이에 대하여 『좌전』 소공 20년조는 다음과 같은 기록을 남기고 있다: "자산이 세상을 떠나게 되자, 중니仲尼는 그의 죽음을 듣고 눈물을 흘리면서 말했다: '옛부터 내려오던 사랑을 실천한 사람이었다. 及子産卒, 仲尼聞之, 出涕曰: '古之遺愛也。'" [5-15, 14-9, 14-10]

子桑伯子자상백자: 노魯나라 사람. 자상백자가 『장자莊子』 「대종사大宗師」편에 나오는 자상호子桑戶와 동일인일 것이라는 추정을 하기도 하고, 또 「산목山木」편에 나오는 자상호子桑雽도 자상호子桑戶의 다른 표기일 뿐이며, 자상백자와 같은 사람일 것이라고 비정한다. 공자는 자상호子桑戶가 죽었을 때 조문객으로 제자 자공子貢을 보내었고, 그를 방외지인方外之人(세간世間 밖에서 노니는 사람)이라 표현했다. 그리고 「산목」편에서는 공자가 자상호子桑雽에게 자기 인생의 쓰라린 경험들을 고백하면서 충언을 구한다. 자상호는 공자에게 쓸데없는 인간관계에서 집착하지 말라고 충고하면서, "인간의 육체는 자연스러운 변화에 순응하는 것이 제일이고, 감정은 있는 그대로의 본성을 따르는 것이 제일이다. 形莫若緣, 情莫若率"라는 말을 던진다. 이들 모두가 도가道家계열의 현인賢人이며 은자隱者인 것이다. 『장자』에 나오는 공자의 설화들이, 대부분 도가계열의 기자들이 자신의 입장을 설파하기 위하여 임의적으로 꾸며낸 픽션인 것으로 간주되지만, 그 픽션이 어느 정도 공자와 관련된 구전을 소재로 하고 있다고 한다면 "자상백자子桑伯子"와 "자상호子桑戶-자상호子桑雽"의 연관성은 터무니 없는 것이라고 일축할 수 없다. [6-1]

子西자서: 실명은 공자 신公子申, 자字는 자서子西. 초楚나라 소왕昭王의 이복형. 춘추시기에 자서가 3명 있었는데 『논어』에 나오는 자서는 초나라의 영윤令尹(수상)을 가리킨다. 초나라 소왕은 형인 자서에게 왕위를 양보하려고 했지만 자서는 사양하고, 영윤으로 남아 끝까지 초나라를 굳건하게 지켜낸다. 자서는 초나라의 중신이었다. 그런데 소왕은 죽기 직전에 공자(62~63세)를 초빙하고 싶어 했는데, 자서가 그 계획을 반대했다고 한다. 공자는 당시 진陳·채蔡의 난을 극복하고 난 후, 제자들의 충성심이 확고하게 다져져 있었던 집단의 수장이었다. 이러한 집단을 초나라에 모셔오는 것은 초나라의 화근이 될 수밖에 없다는 자서의 판단은 그 나름대로의 정당성이 있는 것이다. 그러나 공자의 입장에서 본다면 그의 꿈을 마지막으로 좌절시킨 인물이었다. [14-10]

子羽자우: 정鄭나라 사람. 정자산의 선배. 정나라의 행인行人이라 했는데, 행인은 의례, 외교, 공문서를 담당하는 벼슬이었다. [14-9]

子游자유: 성姓이 언言, 이름은 언偃, 자字는 자유子游. 그의 본명을 말할 때는 언언言偃이라 한다. 언유言游라고도 한다. 후대의 『맹자孟子』나, 『순자荀子』 같은 문헌에서는 공자 사후 공문에서 가장 유력한 제자로 항상 자하子夏, 자장子張, 자유子游 삼인三人을 꼽는다. 나이는 공자보다 35세 연하, 45세 연하의 두 설이 있으나, 사마천

司馬遷의 기록대로 45세 연하로 보통 설정하고 있다. 『사기史記』「중니제자열전仲尼弟子列傳」에는 오吳나라 사람으로 되어 있고, 『공자가어孔子家語』「72제자해七十二弟子解」에는 노魯나라 사람으로 되어 있다. 『공자가어』의 노인魯人설이 무게가 있다. 자유는 이미 20여 세 때 무성武城의 읍재로도 활약했으며, 무성을 예악禮樂으로 잘 다스려 공자의 칭찬을 받기도 했다. 또한 사과십철四科十哲에 문학으로 꼽힌 것으로 보아 자유가 문·무를 갖춘 인물이었음을 알 수 있다. 공자가 노나라에 돌아와 시, 서, 예, 악을 정리할 때도 자유는 큰 역할을 했다. 공자 사후에 자유의 제자들은 유가8파의 일문을 형성했다. 『예기』「예운편」의 대동, 소강사상이 자유학파에서 형성되었다고 보는 설도 있다. [2-7, 4-26, 6-12, 17-4, 19-12, 19-14, 19-15]

子張자장: 성姓이 전손顓孫, 이름은 사師, 자字는 자장子張. 진陳나라 양성陽城(현재 하남성河南省 등봉登封, 낙양의 동남쪽에 있다) 사람으로, 공자보다 48세 연하 제자. 증자曾子, 자하子夏, 자유子游와 함께 공자 말년의 공자학단을 이끌었다. 『논어』에서 가장 나이 어린 제자임에도 불구하고 많은 질문을 통해 공자의 대답을 이끌어냈으며(20회에 달한다), 『논어』의 마지막 장인 「요왈」편에는 오직 자장의 이름만이 나온다. 『논어』에서 그려지는 자장은 세속적인 성공이나 출세, 즉 세속적 주제에 관심이 많은 사람으로 나타난다. 소절에 구애됨이 없는 활달한 성격이래서 문인들이 그와 벗하는 것을 즐겼다. 공자 사후, 자장의 제자들은 유가8파의 으뜸가는 일문을 형성하였고 묵가에 깊은 영향을 주었다. [2-18, 2-23, 5-18, 11-19, 12-6, 12-10, 12-14, 12-20, 14-43, 15-5, 15-41, 17-6, 19-1, 19-2, 19-3, 19-15, 20-2]

子賤자천: 성姓이 복宓(복虙이라고도 쓴다. 복宓 성은 복伏과 같은 글자이며, 복희伏羲의 후예이다. 속설에는 한대漢代의 금문상서의 조종이라고 할 수 있는 제남濟南의 복생伏生이 복부제의 후손이라고 한다), 이름은 부제不齊. 자字는 자천子賤. 공자보다 49세 연하(『사기史記』에는 30세 연하) 제자. 매우 유능한 인물. 복부제는 복자천宓子賤, 혹은 단보亶父라 했다. 노魯나라 사람으로서 단보재單父宰를 역임했다. 지금의 산동山東 하택시菏澤市 단현單縣인 단보單父를 다스렸다. 자천은 공자가 말년에 노나라로 돌아왔을 때 만난 훌륭한 인물이었을 것이다. 「72제자해七十二弟子解」는 자천에 관해 매우 간결하고 유용한 정보를 제공하고 있다. "복부제는 노나라 사람이다. 자는 자천이다. 공자보다 49세 연하이다. 그는 벼슬하여 단보의 읍재가 되었다. 재주와 지략이 있었으며, 인자스럽고 사람을 아끼었다. 백성들을 기만하는 일이 없었다. 공자는 그를 크게 평가하였다. 宓不齊, 魯人, 字子賤。少孔子四十九歲。仕爲單父宰。有才智, 仁愛, 百姓不忍欺, 孔子大之。" 『여씨춘추』「찰현察賢」편에는 같은 단보單父의 명재상이었던 무마기巫馬期와 자천子賤의 고사가 대비적으로 수록되어 있다. "자천은 단보를 다스렸다. 그는 대청마루에 앉아 가야금을 타서 울리면서도 그 몸은 당 밑으로 내려간 적이 없었다. 그렇지만 단보는 잘 다스려졌다. 무마기는 별이 있을 때 출근하여 별이 떴을 때 퇴근하였다. 낮·밤을 가리지 않고 한시도 쉼이 없었다. 그리고 몸소 다 돌아다녔다. 그의 노력으로 단보 또한 다스려졌다. 무마기는 자신이 고통스러운 까닭을 복자천에게 물었다. 자천은 대답하였다: '나의 치세방법은 사람에 맡기는 것이요, 그대의 치세방법은 힘에 맡기는 것이다. 힘에 맡기면 수고스럽고 사람에 맡기면 한가롭다.' 복자천은 군자다. 사지를 편안하게 하고 이목을 온전하게 하고 심기를 평안하게 가지니 백관이 모두 의롭게 다스릴 뿐이다. 그는 대세의 법칙에 맡길 뿐이다. 무마기는 그렇지를 못하다. 삶을 피폐롭게 하고 정력을 낭비한다. 수족을 괴롭히고, 정령을 번거롭게 한다. 비록 다스려지기는 해도 이르지 못함이 있는 것이다. 子賤治單父, 彈鳴琴, 身不下堂, 而單父治。巫馬期, 以星出以星入, 日夜不居, 以身親之, 而單父亦治。巫馬期問其故於宓子。宓子曰: '我之謂**任人**, 子之謂**任力**。任力者故勞, 任人者故逸。' 宓子則君子矣。逸四肢, 全耳目, 平心氣, 而百官以治義矣, 任其數而已矣。巫馬期則不然。弊生事精, 勞手足, 煩教詔。雖治猶未至也。" 이 고사는 또 같은 내용이 유향의 『설원說苑』에도 실려있다. 사실 이 내용은 노자가 말하는 "함이 없음의 정치"(무위지치無爲之治)와 크게 다를 바가 없다. 아마도 자천子賤에 관한 고사가 후대에 내려오면서 보다 도가적으로 각색되었을 것이다. 『한시외전韓詩外傳』에 공자가 자천을 만나 대화했다는 이야기도 있다. 공자가 "어떻게 단보를 잘 다스릴 수 있었는가?"라고 묻자, 자천이 답하기를 "제가 아버지처럼 섬기는 자는 셋이고, 형처럼 모시는 자가 다섯이고, 벗으로 사귀는 자가 열둘이고, 스승으로 삼는 자가 한 사람입니다. 所父事者三人, 所兄事者五人, 所友者十有二人, 所師者一人。" 결국 자천의 위대함은 "임인任人" 한마디에 있다. 사람을 믿고 맡길 줄 안다는 것이다. 도가적 무위의 개념보다는 보다 구체적인 용인用人의 묘미를 말하고 있는 것이다. 송宋나라 때 그는 "단문후單文侯"로 봉하여졌다. [5-2]

子夏자하: 성姓이 복卜, 이름은 상商, 자字는 자하子夏. 보통 복상卜商이라고 부른다. 후대에는 "복자하卜子夏"라고 부르기도 했다. 진晋나라 온국溫國(지금의 하남성河南省 온현溫縣 서남쪽) 사람이라고도 하고, 위衛나라, 혹은 위魏나라 사람이라고도 한다. 치엔 무錢穆(1895~1990)의 고증에 의하면 온국溫國이 후에 위魏에 의하여 병합되었고, 위魏와 위衛는 표기상 서로 혼동되기 쉽기 때문에 그러한 다양한 설이 생겨났을 것이라고 말한다. 강역의 변천으로 인한 그러한 문제들은 실제 상고하기 어렵다. 그러나 중요한 사실은 자하가 노魯나라 출신이 아니라는 사실이다. 『사기史記』에 공자보다 44세 연하로 기록되어 있다. 공자 말년의 제자였던 자하는 나이는 어렸어도, 자유子游와 함께 사과십철四科十哲에 이름을 올릴 정도로 공자에게 있어 중요한 제자였다. 성이 복卜인 것으로 보아 그도 아마 점卜과 관련된 무속巫俗 집안 출신일 가능성이 높다. 그래서 공자가 자하에게 특별히 지목하여 소인유小人儒가 되지 말고 군자유君子儒가 되라고 말씀하였을 수도 있다(「옹야」 11). 공자가 죽은 후 자하는 서하西河에서 학단을 형성하여 제자들을 가르쳤다. 그러자 위문후魏文侯는 그의 문하생이 되어 경학과 육예를 배웠으며, 그에게 국정의 자문을 구하였다(魏文侯師事之, 而諮國政焉。「공자가어」). 이런 인연으로 위문후의 주변에 모인 인재는 자하의 제자나 인연이 있는 사람들이 많았다. 탁월한 경제정책가였던 이극李克, 청렴한 고사高士로서 끝내 위문후의 재상 제의를 거절하고 은거한 단간목段干木, 희대의 병가 오기吳起, 하백河伯의 미신을 타파한 서문표西門豹, 위魏나라 국보로서 칭송을 받은 인인仁人 전자방田子方, 나중에 묵가의 대표적 인물이 된 금활희禽滑釐, 이 모든 사람들이 자하의 문하생이거나 인연이 있는 사람들이었다. 위문후는 위나라의 건립자이다. 그는 창업주다웁게 위魏나라를 크게 번성시켰다. 이러한 자하의 지혜로움으로 위문후의 브레인 탱크가 형성되었고, 이것이 후대에 전국시대정신을 리드한 직하학파稷下學派를 탄생시킨 모태가 되었던 것이다. 『논어』에 자하에 관한 기사가 「자장子張」편에 집중적으로 실려있다. 3장부터 13장까지가 모두 자하와 그의 제자에 관한 이야기다. 또 자하의 이야기는 「팔일」편 8장의 그 유명한 "회사후소繪事後素"를 비롯하여 여러 군데 나오고 있다. 그런데 「자장」편의 자하의 이미지와 「자장」편 이외의 자하의 이미지는 매우 다르다. 「자장」편을 제외한 자하의 일반적 이미지는 매우 문학적이고 상황적이고 그리 예禮에 얽매여 있지 않다. 그러나 「자장」편에 드러나는 자하와 그의 제자들의 이미지는 예교주의적 엄숙주의에 사로잡혀 있는 것처럼 묘사되고 있다. 자장子張학파와 자유子游학파계열에서 자파의 우위를 강조하기 위하여 자하를 그렇게 그린 것 같다. 그러나 순수한 "자하왈" 파편을 보면 역시 자하의 사상적 경지가 다른 제자들보다는 더 고매하게 돋보인다. 자하는 실제로 공자의 말년 문화사업을 계승하여 중국의 고경을 후대에 남기는데 가장 큰 공헌을 한 제자로 평가되고 있다. 순자는 자하子夏를 천유賤儒로서 비난하고 있다. 의관을 정제하고, 안색을 고르게 하고, 엄숙하게 입을 다물고 종일 아무말도 하지 않는(正其衣冠, 齊其顔色, 嗛然而終日不言) 형식주의·엄숙주의적 인물로서 묘사하고 있는 것이다. 그러나 역사적으로 순자는 자하의 영향권 속에서 큰 인물이었다. 자하의 학문자세에 관한 가장 적절한 표현은, "널리 배우되 그 뜻을 돈독히 하라博學而篤志, 절실하게 묻고 가까운 데서 검증하라.切問而近思。"[19-6]이다. 주희의 『근사록』의 이름이 자하의 말로부터 유래되었다. [1-7, 2-8, 3-8, 6-11, 12-22, 13-17, 19-3~19-13]

子華자화: 성姓이 공서公西, 이름은 적赤, 자字는 자화子華. 보통 공서화公西華, 또는 공서적公西赤이라고 불린다. 노나라 사람이다. 공자보다 42세 연하인 비교적 어린 그룹에 속하는 제자이다. 외교적 수완이나 전례에 밝은 인물이다. 「선진」 25에 자로, 증석, 염유, 공서화가 공자를 모시고 앉아 있는 그림이 있다. 공서화는 위상이 높은 인물이다. [6-3A, 11-25]

臧武仲장무중: 성姓이 장손臧孫, 이름은 흘紇, "장손흘臧孫紇"이나 "장흘臧紇"이라고도 한다. 시호諡號가 무중武仲. 노魯나라의 방읍防邑을 다스리던 대부로서, 지혜로운 인물이었다. 노나라 가로들, 맹손씨와 계손씨의 알력 다툼에 희생되어 인국隣國의 주邾나라로 망명했다. 원래 계씨는 장무중을 좋아했었는데 맹씨의 음모에 의하여 계씨가 그를 공격한 것이다. 그런데 당시는 망명을 가게 되면 그 땅은 다시 국가로 환수되고 후사가 끊기게 된다. 사당의 유지가 불가능하게 된다. 이것은 상당히 당대로서는 큰 문제였다. 장무중은 주나라에서 다시 노나라로 돌아와 자기의 영지였던 방읍防邑을 점령하고 만약 후사를 세워주면 이 방읍을 헌상獻上하겠으나, 그렇지 않으면 반란을 일으키겠다고 노양공魯襄公의 조정을 협박했다. 결국 그의 이복형인 장위臧爲를 후사로 세우는 것으로 하여 사태는 일단락되었고, 장무중은 다시 달아났다. 이 사건은 『좌전』 양공 23년(BC 550)조에 기록되어 있으니, 공자가 태어난 이듬해의 사건이었다. [14-13, 14-15]

臧文仲장문중: 성姓이 장손臧孫, 이름은 진辰, 자字는 중仲, 시호諡號가 문文. 장손진臧孫辰이라고도 부른다. 장문중은 공자의 고국 노魯나라의 집정執政이었다. 그러나 공자와 동시대의 인물은 아니고, 춘추 초기 진문공晋文公이 패자覇者가 되었을 시기의 인물이다. 장공莊公·민공閔公·희공僖公·문공文公 4대에 걸쳐 50년 가까이 노나라의 실권자로서 활약하였다. 『춘추春秋』 경문經文, 문공십년춘文公十年春(BC 617) 조에 그의 죽음이 기록되어 있다. "10년 봄 천자가 쓰는 역으로 3월 신묘날에 장손진이 세상을 떠났다.十年春王三月辛卯, 臧孫辰卒。" 이것은 공자가 태어나기 66년 전의 일이었다. 장문중은 노나라 사람들에게 좋은 기억으로 남아 있었다. 장문중이 죽은 뒤, "사이불후死而不朽"(죽어도 썩지 않는다)에 대한 논쟁에서 범선자范宣子가 먼저 "진晋나라의 패권이 계속 이어지고 있는 역사적 연속성이야말로 '사이불후'가 아니고 뭐겠소!"라고 자랑을 늘어놓자. 숙손표叔孫豹(또는 목숙穆叔)가 "진나라의 번영은 가문이 대대로 받는 녹봉이 쌓인 것이지 '불후'라 할 수 없소. 노나라에는 장문중이라는 분이 계셨는데, 이분이 남긴 말씀들은 현재에도 유익하니 '불후'란 바로 이런 것이 아닐까요?"라고 조리있게 지적한다. 그렇지만 『좌전』 문공文公 2년(BC 625) 조에는 공자가 장문중을 평가하는 이야기가 실려있다: "장문중은 인하지 못한 점이 셋이고, 지혜롭지 못한 점이 셋이다. 전금을 아래로 두었고, 육관을 폐했으며, 첩에게 포를 짜게 했으니 이것이 바로 세 가지 인하지 못한 점이다. 그리고 허기를 만들었으며, 역사를 허용했으며, 원거를 제사 지냈으니 이것이 바로 세 가지 지혜롭지 못한 점이다. 臧文仲, 其不仁者三, 不知者三。下展禽, 廢六關, 妾織蒲, 三不仁也。作虛器, 縱逆祀, 祀爰居, 三不知也。" 장문중의 첫 번째 불인不仁은 하전금下展禽(유능한 유하혜柳下惠를 등용하지 않았고), 두 번째 불인은 폐육관廢六關(여섯 개의 관문을 폐지시켜 국내의 치안을 망쳐놓았다. 혹은, 여섯 개의 새로운 기관을 만들어 관세의 수익을 올렸다). 세 번째 불인은 첩직포妾織蒲(집안의 여자들에게 돗자리를 만들게 했다. 이것은 대부大夫가 영리사업에 뛰어 들어 백성과 이利를 다투었다는 뜻이다). 또, 장문중이 지혜롭지 못한(不知) 첫 번째 이유는 작허기作虛器(쓸데없는 물건을 만들어 사치스러운 생활을 했다). 두 번째는 종역사縱逆祀(태묘에서 희공의 위패를 전임 민공보다 높여서 모셨다). 세 번째는 사원거祀爰居(원거[이상한 새]를 제사 지냈다)로 요약된다. 그러나 『좌전』의 장문중에 대한 기록은 공자의 말대로 부정적이지만은 않다. 장문중은 춘추春秋시대의 시대정신을 대변하는 인물로서 정자산鄭子産과도 같은 합리주의적 패러다임 속에 있는 훌륭한 정치가였음에는 부인할 여지가 없다. 희공僖公 21년(BC 639) 여름에 노魯나라에 크게 가뭄이 들었다. 희공은 이에 절름발이 불구의 무당巫尪을 불에 태워 희생으로 삼고자 하였다. 이 절름발이 무당 때문에 하늘이 비를 내리지 않는다고 굳게 믿었기 때문이었다. 서양역사에서 보는 위치헌트witch hunt와 거의 동일한 상황이었다. 이때 장문중은 이를 저지하면서 다음과 같이 웅변하는 것이었다: "장문중이 말하였다: '이런 짓은 결코 가뭄에 대비하는 방책이 될 수가 없습니다. 먼저 내성과 외곽성을 수리하시고, 음식을 질소하게 줄이며, 모든 쓰임새를 검약케 하옵소서. 그리고 농사일에 사람들이 전념케 하며 그들이 맡은 바 직분에 충실토록 권면하옵소서. 그리고 서로 골고루 나누어먹도록 권고하옵소서. 이런 일들이야말로 가뭄에 대비하여 힘쓸 일들일 뿐이외다. 무당이 뭔 나쁜 짓을 했으며, 도대체 그를 죽여 무엇을 하겠다는 것입니까? 하늘이 그를 죽이려 했다면, 애당초 그를 이 세상에 낳게 하지 않았을 것이옵니다. 그가 만약 가뭄을 들게 할 수 있는 권능이 있다고 한다면, 그를 불태우면 가뭄은 더욱 더 심해질 것이옵니다.' 희공이 이 말을 듣고 따랐다. 이해에 흉년이 들기는 했지만 인명피해는 없었다. 臧文仲曰: '非旱備也。脩城郭, 貶食省用, 務穡勸分, 此其務也。巫尪何爲? 天欲殺之, 則如勿生。若能爲旱, 焚之滋甚。' 公從之。是歲也, 飢而不害。" 동방문명의 위대성을 나타내는 일절이라 하겠다. 공자가 태어나기 이미 1세기 전에 이미 이러한 인문주의의 토대가 사회적 상식으로, 더구나 권력자들의 사이에서 통용될 수 있었다는 것은 고매한 인간의 정신을 나타내주는 것이다. 서양에서는 르네쌍스 이래 과학의 법칙적 보편주의가 세계이해의 합리적 축으로서 자리잡기 이전에는 도저히 기대할 수 없는 예리한 세태비판이었다. 공자는 아마도 장문중의 합리주의적 정신을 충분히 이해하였을 것이다. 그러나 공자는 그러한 합리주의적 정신의 구현 못지않게, 사회적 리더에게 필요한 어떤 도덕적 삶의 자세를 강하게 요구하고 있는 것이다. 그리고 참僭을 하지말라는 예악禮樂의 명제를 재확인하고 있는 것이다. 「팔일」편 1장의 정신과 상통한다. [5-17]

長沮장저: 「미자」편에 나오는 은자 중의 한 사람. 개인적인 정보는 미상이지만, 공자의 사회활동을 꿰뚫고 있는 지혜로운 사람. 「미자」편의 기술방식은 『장자』의 이야기방식과 상통한다. 「미자」편의 저자가 『논어』의 최종편집인이었을 수도 있다. 그래서 『논어』는 인간적인 이야기를 충실히 담은 말랑말랑한 문헌이 되었을 수도 있다. [18-6]

宰我재아: 성姓이 재宰, 이름은 여予, 자字는 자아子我. 노魯나라 사람. 공자보다 약 29세 연하 제자. 재아에 관한 정보는 많지 않지만 "사과십철四科十哲"에 자공子貢과 함께 "언어"로 꼽혔으며, 공자 말년에 학단에서 중요한 위치를 차지한 제자였다. 『사기史記』「중니제자열전仲尼弟子列傳」도 『논어』의 구절들을 인용하여 첨가했을 뿐, 재아의 삶에 관한 구체적 정보를 주는 바가 별로 없다. 다음과 같은 몇 마디로 그 서두를 장식하고 있을 뿐이다. "재여는 자字를 자아子我라 한다. 구변이 날카로웠고 말을 조리있게 잘 하였다. 宰予, 字子我。利口辯辭。"라고 나온다. 재아는 나중에 제齊나라에서 벼슬하여 임치臨菑의 대부 지위에까지 올랐다. 당나라 개원시기에는 "제후齊侯"로 봉하여진다. 재아는 말을 잘했을 뿐만 아니라 머리가 좋고 사유가 깊고 자기 생각을 논리적으로 표출하는 영악한 인물이었다. 『논어』에는 공자가 재아에게 화를 내는 장면이 여러 번 나온다. 재아는 중후한 제자임에도 불구하고 공자에게 심하게 꾸지람을 계속 듣는 캐릭터로 유명하다. 공자가 말재주 좋고 머리 회전 빠른 사람을 싫어한 것과도 연관이 있을 것이다. 재아는 공자를 직접 대면하여 논리적으로 공자의 사상을 논박하는 유일한 제자였으며, 그의 논리는 명백한 사실과 공리주의적 합리성에 기반하고 있어서 결코 함부로 무시할 수 있는 논의가 아니다. 재아는 심하게 꾸지람도 듣지만, 재아는 공자의 유랑시기부터 자로, 안회, 자공과 더불어 공자를 모신 거물이었다. 간백자료 이후에 중요한 문헌으로 각광받는 『공총자孔叢子』에는 재아가 제나라, 초나라 등에 사신으로 파견되는 리얼한 얘기들이 상세히 기술되어 있다(「嘉言」, 「記義」). 우리는 재아의 반론을 통하여 공자사상의 이면과 실존적 고뇌를 더욱 깊게 이해할 수 있게 된다. [3-21, 5-9, 6-24, 17-21]

爭쟁: "쟁爭"의 문제는 유가儒家와 도가道家에서 중요한 주제로 다루어져 왔다. "쟁"(competition; 경쟁, 시합)은 인간 사회를 유지시키는 효율적인 방법이지만, 반면 인간을 파괴시키기 때문이다. 그러나 인간 사회에서 쟁을 근원적으로 거부할 수는 없기 때문에 공자는 군자다운 "쟁"에 대해 말하는 내용이 『논어』에 나온다. 대표적으로 「팔일」편 7장에 "군자는 다투는 법이 없다. 그러나 굳이 다투는 것을 말하자면 활쏘기 정도일 것이다. 君子無所爭, 必也射乎!"라는 말이 있다. [3-7]

赤적: 공서화公西華의 이름. [5-7, 6-3A, 11-21, 11-25]

顓臾전유: 전유는 노魯나라의 봉강封疆 안에 있던 부용국이었다. 전유국은 현재 산동성 동몽산의 서쪽에 있었으며 비읍과 가까웠다. 전유국은 고래로부터 내려오는 유서깊은 풍風씨 성의 씨족국가로 오제五帝 중의 하나인 태호太昊(대호大皞, 일설에는 태호가 복희라고 한다)의 후예라 한다. 이들은 대대로 몽산에 제사 지내는 임무를 지니고 있었다. 복희씨의 후예로서 존숭되었다. 노나라 인근에 있던 임任, 숙宿, 수구須句 등의 나라는 모두 풍風씨 성의 나라였다. 공자는 계씨가 전유를 칠려고 하는 행위를 주나라 전체질서에 대한 참월로 간주한다. [16-1]

接輿접여: 춘추시대의 은자. 초나라 사람으로 묘사된다. 스스로 농사를 지어 먹고 살았으며(궁경이식躬耕以食), 머리를 풀어헤치고 미친 척하고 벼슬에 나아가지 않았으므로(『전국책』 진책秦策) 사람들이 그를 "초광楚狂"(초楚나라의 미치광이)이라고 불렀다. 『장자莊子』「인간세」에도 『논어』「미자」편 5장에 나오는 고사와 유사한 내용이 실려 있다. 『사기史記』「공자세가孔子世家」는 「미자」편 5장의 사건을 공자의 유랑 시기, 63세 때의 일로 기록하고 있다. 접여는 『논어』에서 "디오게네스"의 이미지를 지니고 있다 할 것이다. [18-5]

定公정공: 이름은 송宋. 양공襄公의 아들. 노魯나라 제26대 군주. 형 소공昭公이 삼가三家의 대부들의 연합세력에 의하여 추방되었고, 국외에서 객사를 하고만 후에, 권신들에 의하여 옹립되었다. BC 509~495년까지 15년간 재위(공자 나이 43세~57세 사이). 공자가 대사구의 자리까지 오른 것은 모두 이 정공과의 관계에서 이루어졌던 것이다. 정공은 매우 여린 성격으로, 공자를 사랑하고 존경하면서도 공자의 말을 실천하기 어려워했다. 공자의 혁명이 실패한 뒤 공자가 기약 없는 유랑의 길(14년)을 떠나야만 했던 것도 또한 정공 때문이었다. [3-19, 13-15]

齊제: 제齊나라는 지금 산동성山東省의 대부분을 차지하는 동방의 대국, 주무왕武王의 스승 강태공의 나라! 강姜 성이다. 임치臨淄가 수도였다. 주周나라 무왕武王이 나라를 건국할 때 재상 강태공姜太公에게 봉토로 내린 땅이다. 공자 당대에는 중원을 휘어잡는 강대국이었다. 제나라의 환공이 관중을 재상으로 삼아 내정을 개혁하고 국력을 크게 증진시켰다. 춘추 중기에는 공실이 쇠약해져서 전씨田氏에게 나라를 빼앗기고 만다. BC 386년 주나라의 안왕安王은 전화田和를 제후로 인정했다. 그 뒤로 전국7웅 중의 하나가 되지만 BC 221년에 진秦나라에게 멸망된다. 공자의 사후, 패도정치의 여습餘習에 물들어져 강태공의 건국이념은 변질되어만 갔다. 그러나 공자는 제나라를 거점으로 중원의 문화를 수집하고 배웠다. 아악과 민요, 그리고 역사에 대해 깊은 안목을 키웠다. 제경공과의 관계도 공자 생애의 중요한 일면이다. [6-22, 7-13, 18-4, 18-9]

齊景公제경공: 성姓이 강姜, 이름은 저구杵臼. 제齊나라 제26대 군주. 부친은 제나라 제24대 군주 영공靈公이며, 모친 목맹희穆孟姬(영공의 첩부인)는 노魯나라의 재상 숙손교여叔孫僑如의 딸이다. 전대 군주 장공莊公의 이복동생이다. 제나라 경공은 자신의 형 장공莊公을 죽인 대부 최저에 의해 군주가 되어, 형을 죽인 역적들을 처벌하지 못한 채 나라를 다스렸다. 그러나 경공은 명재상 안영晏嬰의 의견을 잘 받아들여 정치를 안정시켰다. 경공의 시기에 제나라는 번영을 누렸다. 『사기史記』「공자세가孔子世家」에 의하면 공자가 젊은날 제나라에 유학 갔을 때 경공을 만났다고 하는데, 공자에게 노나라 대부급의 대우를 약속했던 경공이 마음을 바꾼 것은 제나라의 명재상이었던 안영의 강력한 반대 때문이라고 한다. [16-12, 18-3]

弟子제자: 『논어』에 "제자"의 용례가 7회 나온다. 「학이」 6장과 「위정」 8장의 경우는 젊은이를 가리키고, 나머지 5회는 모두 문인門人을 가리킨다. [1-6, 2-8, 6-2, 7-33, 8-3, 9-2, 11-6]

諸夏제하: 중원中原의 나라들을 의미. 중국인들이 사방의 이민족(북적, 서융, 동이, 남만)과 비교하여 중국 본토를 이르던 말. 원래 "하夏"는 상형문자로,

성대하게 차려 입고 음악에 맞추어 춤을 추는 사람의 모습이다. 하夏왕조 또한 "여름"의 뜻과는 상관없이 잘 차려입고 춤을 추는 문명인들의 나라라는 뜻에서 온 이름이다. 따라서 "제하"는 지금 사용하는 것처럼 좁은 의미의 국가개념이 아니라, 보다 일반적인 의미인 "문명화된 나라들"로 봐야 한다. "이적"의 의미도 반드시 재래적 해석에 의거할 필요가 없다. 야만이 아니라 보다 생동하는 생명력을 가진 이질성으로 해석할 수도 있다. [3-5]

齊桓公제환공: 제환공(소백小白)은 춘추오패春秋五覇의 제1인자이다. 환공이 관중管仲의 보필을 받고 있던 형 규糾를 물리치고 등극한 것은 BC 685년이다. 규糾와 관중管仲 항목 참고. [14-16·17·18]

趙조: 우선 공자시대의 조趙나라는, BC 403년 한韓·위魏·조趙 삼가三家가 진晋나라를 쪼갬으로 시작된 전국시대의 전국7웅 중의 하나가 아니라는 것을 기억해두어야 한다. 조나라의 시조 조보造父는 상나라의 명신 비렴飛廉(蜚廉)의 차자次子 계승季勝의 후예이다. 서국徐國을 정벌한 공으로 조성趙城을 분봉 받아 조씨趙氏가 되었다. 20여 대를 거치면서 조간자趙簡子(=조앙趙鞅)에 이르러 조나라의 융성한 판도는 결정되었다. 조간자는 진국晋國 육경六卿의 격국格局을 다 깨버리고 혁신적인 정치를 행하였다. 조간자의 개혁정치는 후세 위문후 시대의 이회李悝의 변법, 진효공 시대의 상앙의 변법, 조나라 무령왕武靈王의 개혁정치의 선구가 되었다. 공자는 위衛나라에 등용되지 못하자 서쪽으로 가서 조간자를 만나려 하였다. 공자가 황하에 이르렀을 때 조간자가 자기를 재상으로 만드는데 크게 공헌한 두 대부 두명독竇鳴犢과 순화舜華를 죽였다는 소식을 듣고, 아름다운 황하를 건너지 못하는 것이 내 운명이라고 탄식하고 조간자에 대한 희망을 버린다. 두명독과 순화를 애도하는 제를 올리고 위나라로 돌아가 대부 거백옥의 집에 머물렀다. [14-12]

鐘鼓종고: 고대 제례악에서 빼놓을 수 없는 악기(종鐘=편종編鐘, 고鼓=북). "종鐘"은 우리나라 국악원에서 연주되고 있는 편종編鐘을 가리킨다. 12율 4청 4성을 내는 16개의 종이 두 단으로 된 나무틀에 매달려 있다. 아랫단은 바른손으로 치고 윗단은 왼손으로 친다. "고鼓"는 북이며 혁부革部에 속하는 피명악기皮鳴樂器로서 고대 제례악에 빼놓을 수 없는 것이었다. 공자는 예악의 궁극적 의미는 종고나 옥백을 뛰어넘는 곳에 있다고 말한다. [17-11]

左丘明좌구명: 「공야장」편 24장에 나온 좌구명은 『춘추좌씨전春秋左氏傳』의 저자와 이름이 같지만, 같은 인물로 볼 수는 없다. 「공야장」편 24장에서 말하는 좌구명은 노魯나라의 현자로, 공자가 존경했던 인물인 듯하다. 보통 사가로서의 좌구명은 전국시대 전기의 노나라 태사를 가리키며 성이 좌구이고 이름이 명明이다. 또는 성이 좌이고 이름이 구명丘明이라고도 한다. 공자가 경經을 지었고, 좌구명이 전傳을 지었다는 이야기는 『사기』 「십이제후연표서十二諸侯年表序」에 나온다. 신빙성이 적어 보이나 역사적으로 중요한 사실로서 받아들여졌다. 『논어』에 나오는 좌구명은 공자가 모범으로 삼은, 정신적인 기준을 제공한 노나라의 현인이다. "좌구명이 부끄러워한 것은 나 또한 부끄러워했다"라고 공자 스스로 말하고 있으니, 좌구명이 얼마나 훌륭한 선배로서 공자의 심상 속에 자리잡고 있었는가 하는 것을 알 수 있다. [5-24]

紂주: 은殷나라의 제30대 마지막 왕. 주紂에 대한 평가는 인간이 저지를 수 있는 악이란 악은 모두 저지른 인간처럼 기술된다. 그러나 그가 폭군이래서 나라가 망했다기 보다는 나라를 잃었기에 폭군이 된 것이다. 은殷나라는 실제로 엄청난 문화대국이었고 한자라는 글자도 만들었다. 주임금은 문명대국의 마지막 왕이다. [19-20]

周주: 주周나라(BC 11세기 ~ BC 256년). 상나라를 이어 중국에 존재했던 나라이다. 중국 역사에서 가장 오래 존속한 봉건제도의 세습왕조이다. 공자는 주나라가 인문정신에 의하여 탄생된 나라이며 자기 사상의 기저라고 본다. 공자는 자기 이상의 실현을 "동주東周를 새롭게 창조하겠다"라는 식으로 표현한다. [2-23, 3-14, 8-20, 15-10, 17-5, 18-11, 20-1C]

周公주공: 공자보다 600년 전의 사람으로, 주周나라 문왕文王의 아들이자 무왕武王의 동생이다. 성이 희姬, 이름은 단旦, 시호諡號가 문공文公. 형인 무왕을 도와 은殷나라를 토벌한 공으로, 주의 성립 뒤에 곡부曲阜에 봉해져 노공魯公이 되었다. 이때 봉토로 받을 땅이 남아있지 않아서 제齊로부터 땅을 떼어 받았다고 한다. 주공 자신은 천하가 아직 안정되지 않았다는 이유로 봉지로 가지 않고 대신 아들인 백금伯禽에게 통치하게 하고, 자신은 호경鎬京으로 돌아와 성왕成王을 보좌하여 주공이 되었다. 아들 백금이 노魯나라의 제후로 봉해진 이래 노나라의 시조로서 받들었다. 강태공姜太公, 소공召公 석奭과 함께 주의 창업 공신 가운데 한 사람이다. 공자가 꿈에 그리는 이상적 컬쳐 히어로우이다. [7-5, 11-16, 18-10]

周南주남: 주남·소남 합하여 25편의 시는 국풍 중에서 매우 중요한 노래이다. 아마도 멜로디가 특별히 아름다웠을지도 모른다. 주공周公과 소공召公이 다스리던 지역 남쪽의 노래들이라고 한다. 주공은 동도東都 낙읍洛邑에 거居하면서 동방의 제후들을 다스렸다. 그가 관할한 낙읍洛邑 이남의 지역을 주남周南이라고 한다. 지금 하남성, 호북성 일대를 가리킨다. 하여튼 그만큼 주나라의 정통성을 지니는 지역의 아름다운 노래들인 것이다. 공자가 좋아했던 노래인 「관저」가 바로 주남의 첫 번째 노래로 실려있다. [3-20, 17-10, 8-15]

仲弓중궁: 염옹의 자字. [6-1, 6-4, 12-2, 13-2]

仲叔圉중숙어: 공문자孔文子와 같은 사람. 위령공의 맏딸, 백희의 남편. 위령공의 맏사위. 공문자와 백희 사이에서 난 아들 공회를 자로가 섬겼다. 공문자는 "문文"이라는 시호 때문에 언급되고 있다. 아랫사람에게 묻는 것을 부끄럽게 여기지 않았던 인물. 공자는 중숙어가 외교에 능하고 빈객을 잘 다스렸다고 평가한다. [5-14, 14-20]

仲由중유: 자로子路의 성명姓名. 성이 중仲이고, 명名이 유由이다. [6-6, 11-23, 18-6]

曾晳증석: 성姓이 증曾, 이름은 점點, 자석子晳이라고도 부른다. 노국의 남무성南武城 사람. 공자보다 3세 연하, 증자曾子의 아버지. 증석을 공자의 제자로 명시한 것은 『가어』의 기술이다. [11-25]

曾子증자: 성姓이 증曾, 이름은 삼參, 자字는 자여子輿. 노魯나라 남무성南武城사람(원래는 산동 비현費縣에 속했는데, 지금은 평읍현平邑縣에 속한다). 『사기史記』「중니제자열전仲尼弟子列傳」에 의하면 공자보다 46세 연하, 말년의 어린 제자임을 알 수 있다. 증삼曾參이라고도 한다. 그의 아버지 증석曾晳이 공자의 제자였다고 한다. 「태백」편 3장에서 7장까지 증자에 대한 기술이 본격적으로 이루어지고 있는데, 이것을 보아도 여기서 우리가 받는 증자에 대한 성스러운 느낌은 전혀 공자와는 무관한 사태라는 것을 알 수 있다. 그것은 공자가 죽고 난 멀고 먼 훗날에(백 년 정도의 시간 경과) 증자의 제자들이 증자를 추념하여 쓴 것으로 『논어』에 삽입된 것이다. 증자의 제자들은 증자를 공자이상의 중후한 인물로서 다루고 있고, 『논어』를 읽는 사람들은 부지불식간에 증자가 성인인 것처럼 인식을 강요당하게 된다. 「태백」편 3~7장에서 우리가 추론할 수 있는 사실은 공자의 사후에 어느 일정기간 증자가 노나라의 공자교단을 확고하게 리드했다는 것과, 그 공자-증자교단 속에서 자사子思(공자의 손자)가 교육되었고, 또 자사의 문하에서 맹자孟子가 배출되었다는 것이다. 『논어』에서 공자 외에 "~자왈"로 시작되는 단 두 사람 중 한 명으로서, 유교의 여섯 성인 중 한 명으로 꼽혀 있다. 원성元聖 주공周公, 지성至聖 공자孔子, 복성復聖 안회顔回, 종성宗聖 증자, 술성述聖 자사子思(『중용中庸』의 저자), 아성亞聖 맹자孟子. 증자는 "효孝와 충忠"을 상징하는 인물이었다. 증자가 『논어』에서 비중 있는 인물로 다루어지게 된 것은 맹자가 자사-증자계열을 존숭해서 그렇게 된 것이라기보다는, 전국후기의 유가에서 "충효"이데올로기를 강화시키기 위한 목적으로 철저히 "증자"의 이미지를 재구축시켰고, 그렇게 구축된 이미지에 따라 증자설화가 날조되었고, 그 권위를 보장 받기 위하여 날조된 부수적 설화들이 『논어』에 편입 되었던 것이다. 『논어』의 증자관계의 파편들은 그러한 후대의 윤색의 혐의를 벗어나기 힘들다. 이러한 증자설화의 왜곡 때문에, 공자사상이 "충서"와 같은 도식적 개념으로 왜곡되는 비극이 초래된 것이다. 오늘날 우리나라에서도 공자사상 운운하면 우선 충서를 들먹이곤 한다. 너무도 재미없다. 공자의 진실 위에 증자의 이데올로기가 덮어 씌워진 것이다. 유교가 철저히 정치화된 것이다. 그러나 공자는 정치 자체를 유화儒化시켜려 했다. 그에게는 유교(Confucianism)라는 이념의 멍에가 없었다. 증자가 "효孝"와 관련된 어떤 덕성의 구현자로서 그 역사적 이미지가 구축되어 있는 것은 사실이지만, 그것이 곧 증삼이 『효경孝經』이라는 문헌의 저자라는 사실을 확보하지는 않는다. 『효경』은 『여씨춘추呂氏春秋』에 그 구절들이 정확하게 인용되고 있는 것으로 보아 여불위呂不韋(?~BC 235)의 시대 이전에 서물로서 확실하게 존재했던 것으로 보인다. 『효경』의 내용을 검토해 보면 그것은 대강 전국말기에 성립한 것으로 간주된다(『순자』 이후, 『여씨춘추』 이전). 전국말기에 증자계열의 학자의 손에 의하여 집필되었을 것이다. [1-4, 1-9, 4-15, 8-3, 8-4, 8-5, 8-6, 8-7, 11-17, 12-24, 14-28, 19-16, 19-17, 19-18]

摯지: 태사大師(악관樂官의 장長) 지摯의 연주는 공자 자신이 듣고 구체적인 평을 하고 있다. 『좌전』 소공昭公 22년부터 26년에 이르기까지 주나라 왕조는 왕자조王子朝의 난亂으로 인해 주周나라 왕실 전속의 궁정악단의 해체가 일어나고 이들이 분산된 사건이 있었다. 이때 공자는 제나라에 순수한 유학생으로 가서 학문에 몰두하고 있었던 시기였을 가능성이 있다. 공자생애의 젊은 시기는 정확하게 구성하기 어렵다. 젊은 날 여러 차례 제나라에 간 것으로 사료된다. 이때 태사 지摯가 제齊나라로 망명하여 왔고 그때 공자는 그에게서 정통적인 음악을 배웠을 가능성이 있다. 후에 태사 지는 노魯나라의 악사장이 되었다. [8-15, 18-9]

稷직: 직稷은 이름이 기棄인데 탁월한 농사꾼이었다. 그의 후손이 결국 주나라를 세운 것이다. 전설에 의하면 유태씨有邰氏 부족의 딸인 강원姜嫄이 들판에서 거인 발자국을 밟아 임신해 낳은 아이라고 한다. 아이를 들판에 버렸으나 말이나 소가 모두 이 아이를 피해갔다. 강원이 이 아이를 데려다가 길렀는데 버린 아이라 하여 그 이름을 기棄라 하였다. 농사를 잘 져서 요堯임금이 그를 농사農師로 등용했다. 그를 태邰땅에 봉하고 후직后稷이라 했다. 그리고 희씨姬氏 성을 하사하였다. 주나라 사람들은 그를 시조로 모신다. [14-6]

陳진: 진陳나라는 하남성 동부와 안휘성 일부를 차지하는 작은 나라이다. BC 11세기 주나라에 의하여 분봉된 제후국이다. 공자는 여러 번 진나라를 갔다. 이 나라는 BC 489년, 63세 때 공자가 진채지간陳蔡之間에서 겪은 곤욕 때문에 자주 언급된다. [7-30, 11-2, 15-1]

晉文公진문공: 진晉나라의 제22대 군주. 성姓이 희姬, 이름은 중이重耳. 진晉나라 헌공獻公의 아들, 공자중이公子重耳가 19년의 기나긴 방랑생활 끝에 문공文公으로 등극한 것은 BC 636년. 춘추시대의 대표적인 다섯 패자(춘추오패春秋五霸) 중의 한 명. 공자는 진문공 중이는 패자의 자격이 있다고 평하기도 하고(『좌전』 소공 29년), 또 제환공과 비교하면서 권도權道에는 강했으나 정도正道에는 약한 인물이라고 평하기도 하였다. [14-16]

陳文子진문자: 이름은 수무須無, 제齊나라의 대부. 제나라의 대부 최자가 제장공을 시해하는 패정敗政을 못참고 떠난 사람이다. 『주자집주』에 "문자가 자기 몸을 깨끗이 하고 어지러운 세태를 버리고 떠났으니, 청백하다 이를 만하다. 그러나 그의 마음이 과연 의리의 당연함을 보고 초탈하여 미련이 없는 것인지, 이해의 사사로움 때문에 부득이한 행동인지라 아직도 원망과 후회를 면치 못하고 있는 것인지는 알바 없다. 그러므로 부자께서는 특별히 그 청백함만을 허여하시고 인함에 관하여서는 삼가신 것이다. 文子潔身去亂, 可謂清矣。然未知其心果見義理之當然, 而能脫然無所累乎, 抑不得已於利害之私, 而猶未免於怨悔也。故夫子特許其清, 而不許其仁。"라고 주를 달았다. [5-18]

陳成子진성자: 이름은 진항陳恒(전성자田成子로도 불림). 진성자는 제齊나라의 대부였는데, 군주인 간공을 시해한 뒤 권력을 휘둘렀다. 결국 백 년 후에는 그의 증손자 전화田和가 제나라의 임금에 오른다. 역사는 그렇게 흘러갔다. 이 진성자가 간공을 시해한 사건은 그래도 문명의 질서가 남아 있던 춘추시대를 완전히 망가뜨리는 상징적 사건이 되고 말았다. 백 년 후에는 살벌한 패도의 각축장인 전국시대로 넘어가게 되는 것이다. 그 역사의 길목을 공자는 목도하고 있는 것이다. 이 사건을 대하는 공자의 태도는 단호했다. 공자가 애공哀公에게 진성자를 토벌해야 한다고 청하자, 애공은 삼환三桓에게 고하라고 한다. 애공에게는 군사를 일으킬 힘이 없었고, 노魯나라의 군사력으로 제나라를 친다는 것도 현실적으로 불가능했다. 그러나 공자에게는 구체적인 계산이 있었다. 공자는 실제로 군사를 일으킬 수만 있다면 자기가 군대를 데리고 가서 싸울 셈이었다. 71세의 공자는 이토록 자신의 신념에 투철했고 지칠 줄 몰랐다. [14-22]

陳子禽진자금: 성姓이 진陳, 이름은 항亢, 자字는 자금子禽. 춘추말기 진국陳國 사람이며 공자보다 40세 연하이다. 『사기』「제자열전」에는 그 이름이 올라있지 않다. 그러나 『가어』「제자해」에는 공자보다 40세의 연하로서, 버젓한 공자의 제자로서 그 항목이 잡혀있다. 하여튼 자금은 매사에 삐딱하게 비판적인 시각이 있는 인물이다. 공자의 말년제자로서 공문의 센터에서 활약하지 않고 주위를 맴맴 돌면서 공자를 삐딱하게 보는 부정적인 인간이었을 수도 있다. 혹자는 자금이 자공과 대화하는 대상으로 나오기 때문에 자금은 공자의 직전제자라기보다는 자공의 제자로 보아야 한다고 주장한다. 「자장」편에는 공자를 "중니仲尼"라고 객관화시켜 부르고 있는 것도 제자의 호칭은 아니라는 것이다. 시례당에서 공자의 아들 백어에게 배우는 내용을 염탐한 것도 자금이다(16-13). 자금은 『가어』의 기술대로 공자의 말년제자로 보아야 할 것이다. 『논어』에 3번 나온다. 위상이 결코 낮지 않다. [1-10, 16-13, 19-25]

陳亢진항: 자금子禽과 같은 사람. [16-13]

陳恒진항: 제齊나라의 진성자陳成子의 실명. 전성자田成子, 진항陳恒, 전상田常 등으로 불린다. 그의 6대조인 진경중陳敬仲은 원래 진陳나라의 대부였는데 진나라의 정변을 피해 BC 672년 제나라로 망명가서 제나라의 대부로 정착하였다. 그들은 제나라에 정착하면서 전씨田氏 성을 썼는데 통상 출신국명인 진씨陳氏로도 불렸다. 진성자가 간공簡公을 시해한 것은 간공 4년(노애공 14년), BC 481년이었다. 공자가 71세 되던 해로 『논어』에 등장하는 사건 중에서는 비교적 후기에 속하는 사건이라 할 수 있다. 이 사건에 대한 공자의 분노는 미래를 크게 내다보는 형안이 있다. [14-22]

차

蔡채: "채"는 점을 칠 때 쓰는 큰 거북의 배딱지(1척 2촌, 약 37cm)로 주로 채蔡 땅에서 생산되었는데, 이 "채"는 오직 왕실에서만 쓸 수 있었다. [5-17]

千乘之國천승지국: 국력을 나타내는 말로, 전차 1승乘은 말 네 마리와 병사 3명으로 구성됐으므로, 천승이란 말 4,000마리와 병사 3,000명, 물자 수송 수레 1,000대, 수레 모는 마부 1,000명을 말한다. 거기에 전차 한 대에 보병이 몇 명 딸렸느냐에 따라 전체 천승의 규모가 결정된다. 공자시대의 천승이란, 보유하고 있는 군대의 최대 규모를 말한 것으로, 실제 전쟁에 천승이 동원되었던 것은 아니다. [1-5, 5-7, 11-25]

禘체: 체라는 것은 왕자王者의 대제大祭다. 이것은 군주가 선조의 위패들을 모신 태묘에서 철에 따라 지내는 대제인 것이다. 원래 천자만이 지낼 수 있었던 제사였는데, 노魯나라는 주공周公 단旦을 모시고 있었기 때문에 태묘에서 체제사의 격식을 차리는 것이 주周 성왕成王시절부터 허용되었던 것이다. 그러나 고례의 원래 의미는 상실되어 갔고 그후 노나라에서 지낸 체제사는 무엇인가 원래의 모습에서 크게 변질되었을 뿐 아니라, 그 격식도 많이 비하되었을 것이다. 다시 말해서 체제사가 아닌 제사에도 체의 격식을 마구 쓰는 그런 사태가 목도되었을 것이다. 어찌 보면 그것은 체제사의 대중화현상이기도 했지만 공자의 입장에서 보면 그것은 명백히 체제사의 비하요 참월이요 타락이었다. [3-10, 3-11]

崔子최자: 이름은 저杼, 제齊나라의 대부이다. BC 548년 5월 을해乙亥의 날에 최저崔杼가 그의 군주 장공莊公을 죽인다. 이유는 동곽녀東郭女(동곽강東郭姜, 당강棠姜으로도 불리운다)를 사이에 두고 벌어진 치정으로 촉발된 사건이다. 살해된 장공은 제영공의 아들이다. 이 장공의 배다른 동생이 바로 공자와 인연이 깊은 제경공齊景公이다. 최자가 장공을 시해한 사건을 기록한 제나라 사관 3형제의 이야기는 유명한 고사이다. [5-18]

祝鮀축타: 축祝은 사직신社稷神의 제사를 책임지는 직함을 말하고, 이름이 타鮀, 자字는 자어子魚. 위衛나라의 대축大祝이며, 종묘의 신위와 대제를 관장하는 높은 직위에 있었으며 위나라 사람들의 존경을 받는 사람이었다. 『춘추좌씨전春秋左氏傳』 정공定公 4년 3월조에 축타에 관한 기사가 나온다. 노魯 정공定公 4년, 3월 유劉나라 문공文公이 중원의 모든 제후들을 소릉召陵에 집합시켜 초楚나라 정벌을 상의하려고 대회맹을 하게 되었다. 이때 위령공은 위나라의 대축이며 대부인 축타로 하여금 그 회맹에 가게했다. 축타는 축타의 본업이 그러한 정치적 행사에 있지 않다고 거절한다. 그러나 위령공은 그의 언변이 크게 쓰일 자리임을 알고 축타를 보낸다(『좌전』에는 "祝佗"로 나온다). 그런데 이 회맹에서 위나라의 지위를 채蔡나라보다 낮게 세울려고 하자 위衛나라의 대축인 축타는 역사적으로 위나라가 채나라보다 높게 대접을 받아야 하는 이유를 전거를 들면서 거창하게 일장 연설을 한다. 무려 『좌전』의 여러 쪽에 해당하는 분량의 긴 연설인데 이 연설로 인해 강숙의 나라 위나라가 채숙의 나라인 채나라보다 높은 위상을 갖게 되었다. 위나라 사람들은 국가의 체면을 세워준 축타에게 존경의 염을 표했다. 공자는 축타의 언변을 언급한다. 그리고 위령공이 무도한 임금임에도 불구하고 자리를 잃지 않은 이유 셋 중에 하나로서 축타가 종묘를 잘 다스린 것을 꼽는다. [6-14, 14-20]

漆彫開칠조개: 성姓이 칠조漆彫, 이름은 개開(원래 그 이름이 계啓였는데, 한漢나라 경제景帝의 실명이 계啓였기 때문에 존귀한 사람의 이름을 경피敬避하는 과거의 풍습 때문에 한때 그 이름이 개開로 기술된 것이다), 자字는 자약子若, 공자보다 11세 연하. 채蔡나라 사람이라는 설도 있지만 "칠조漆彫"는 노魯나라의 성씨이므로 노나라 사람이라고 보는 것이 옳다. 『가어』가 『사기』보다 더 구체적인 정보를 우리에게 전해준다. "칠조漆雕"는 칠漆과 조雕를 의미한다. 칠은 옻칠이요, 조는 자개를 박는 것을 의미한다. 자개칠 가구를 만드는 장인에서 유래된 성이다. 염색 장인이었던 염옹의 아버지가 천한 신분의 사람으로 이야기되는 것처럼, 아버지처럼 칠조씨도 낮은 신분의 사람이었을 것이다. 칠조개가 언제부터 공자학단에서 공부했는지는 알 수 없지만, 매우 신중하게 열심히 공부한 듯하다. 「공야장」편 5장에서 공자가 칠조개에게 벼슬을 권한 것은 역시 획기적인 것이다. 우선 칠조개가 천한 장인출신이라는 것을 생각하면, 공자의 인간에 대한 보편적 사랑을 읽을 수 있다. 그리고 늦깎이로 공부하는 그의 생계나, 공부를 열심히 하는 것에 대한 보상에 대한 따뜻한 배려의 마음씨를 느낄 수 있다. 칠조개는 『논어』 전편을 통하여 단지 이 장에서 한번 언급되고 있는 인물이다. 근세 우리나라 진주 형평사운동과 관련지어 생각해 볼 수도 있을 것이다. [5-5]

타

太廟(大廟)태묘: 주공周公 단旦의 신위를 모신 사당. 노나라에 있다. [3-15, 10-14]

泰伯태백: 태백은 오吳나라의 시조로서 주周 태왕太王 고공단보古公亶父의 세 아들(큰아들 태백太伯, 둘째 중옹仲雍, 막내 계력季歷) 중의 장자이며, 주周 문왕文王(창昌)의 삼촌되는 사람이다. 고공단보는 손자 창昌의 인물 됨됨이를 알아보고 후일을 위해 군위君位를 계력에게 물려주려 하자, 첫째와 둘째는 막내 계력에게 부담을 주지 않으려고 멀리 달아난다. 태백은 형만荊蠻 지역의 왕이 되어 오吳나라의 시조가 되었는데, 이런 이야기는 권력을 탐하지 않는 개국설화 유형 중 하나이다. [8-1]

泰山태산: 태산은 실제로는 1,545m 밖에 되지 않는다. 그리 높지 않은 산으로 크게 볼품이 있는 산이 아니다. 물론 산이라는 것은 실제로 밟아보아야 그 영험스러운 맛의 깊이를 느낄 수 있다. 지금도 태산은 영기가 서려있다. 중국인들의 심상 속에서 태산이 그렇게 중요한 위치를 차지한다는 사실은 그들의 신화적 상상력 속에서 태산지역이 그들의 모든 시조신始祖神들의 시원지라는 생각이 깔려 있다. 그리고 그것은 실상 고조선의 영역 속에 있다. [3-6]

大宰태재: 오吳나라 수상首相. [9-6]

파

八佾舞팔일무: 여덟 명씩 여덟 줄을 이루어 추는 춤으로, 천자天子에게만 허락된 것이다. 제후諸侯는 6일무, 대부大夫는 4일무, 사士는 2일무를 출 수 있었다. [3-1]

佛肸필힐: 진晋나라 중모中牟 땅의 읍재邑宰. 조간자趙簡子(진晋나라의 대부)의 전횡에 항거하여 반란을 일으킨 인물이다. 청나라 학자들은 『좌전』의 기사에 의거하여(애공哀公 5년 공자 62세 때), 필힐이 조간자의 신하가 아니라, 조간자와 필적하는 범씨

范氏·중행씨中行氏의 가신이었는데, 조간자가 이들 범씨·중행씨를 토벌하는 상황에 이르자, 중모의 읍재였던 필힐은 진晋으로부터 독립하여 중모읍을 위衛나라에 귀속시키고 조간자에게 항거하였다고 한다. 그러니까 필힐의 행동은 단순한 모반이 아니라 조간자의 전횡에 항거하는 어떤 독립적 행동이었다는 것이다. 세칭 필힐의 반란은 주변 나라들의 환영을 받기도 했는데, 당시 사람들에게 이 사건은 참월을 저지른 반란이라기보다는 기존의 세력과 신흥 세력 간의 투쟁으로 비춰진 면이 있었다. 공자는 필힐과 뜻을 같이하려 하기도 했다. 자로가 저지한다. [17-7]

하

夏하: 하夏나라(BC 2070년경~BC 1600년경)는 상商나라 이전 중국에 수백 년간 존재했다고 기록된 신화시대의 나라이다. 하의 건립자를 우禹로 보기도 하고, 우의 아들 계啓가 건립했다고 말하기도 한다. 하여튼 중국 최초의 세습제왕조이다. 1958년부터 73년에 이르기까지 하남성河南省 낙양평야洛陽平野 동부인 언사현偃師縣으로부터 서남쪽으로 9킬로미터 떨어진 이리두촌(얼리터우촌, 二里頭村) 남부에서 궁궐터를 포함한 대규모의 유적이 발굴되었다. 이 이하伊河와 낙하洛河 사이에 위치한 얼리터우 유적을 하夏왕조의 실존성을 입증하는 중요한 고고학적 자료로서 간주하는 것이 오늘날 사계의 지배적 의견이다. 공자의 시대에도, 하夏나라의 존재는 하나의 전설에 불과했을 것이다. 그러나 공자는 이러한 신화적 기술에 만족할 수 없었던 것이다. 그래서 공자는 하夏나라를 이어 받았다고 하는, 그 유민들이 세운 하남성河南省 기현杞縣에 있는 기杞나라로 유적탐사여행을 갔을 수도 있다. [2-23, 3-9, 15-10]

行人행인: 외교 담당관. [14-9]

鄕黨향당: "향당"은 공자의 일상적 삶의 영역을 가리킨다. 그 사인私人으로서의 생활영역이다. [10-1]

鄕原향원: "향鄕"이란 문자 그대로 "동네" 즉 어떠한 "커뮤니티"를 단위로 삼든지 간에 인간공동체를 의미한다. "원原"이란 글자는 본래 상형자로서 갑골문에는 나오지 않으나 금문에는 보인다. 바위 밑으로 샘이 흐르는 모습이며 물의 근원, 즉 수원水源을 의미한다. 원시原始, 원본原本, 원인原因, 근원根源 등의 용례가 지시하는 바대로다. 어느 지방을 가든, 그 지방의 상층부를 차지하고 변화를 거부하면서, 자기만이 주류이며, 자기가 다 통솔하며, 자기의 뿌리가 제일 깊으며, 자기가 예의범절을 가장 잘 알며, 모든 전통을 독식하고 있다고 생각하는 자들이 꼭 있는 것이다. 대부분 이 자들이야말로 그 동네의 상층부를 차지하며 변화를 거부하며 지배적 에토스를 고수하려고 하며 가장 점잖은 체는 혼자 다하는 사람들이다. 향원은 요즈음 말로 하면 "보수꼴통"이고 공자는 이들을 "덕지적德之賊"이라고 준열하게 비판한다. 향원에 대한 비판은 맹자로 이어진다(「진심」하). [17-13]

憲헌: 성姓이 원原, 이름은 헌憲, 자字는 자사子思(원사原思). 공자보다 36세 연하. 양심적이며 욕심 없고 얌전한 성격. 원헌은 공자가 노魯나라에서 대사구 벼슬을 할 때, 공자 집안의 집사 일을 맡아보던 사람. 「헌문」편명의 주인공. "부끄러움(恥)"에 관한 좋은 질문을 던진다. 풍족한 자공과 대비되는 인물. 평생을 가난 속에 살면서도 고귀한 인품을 지켰다. 『가어』에 공자 사후 두 사람이 만나는 장면이 있다. 원헌은 자공에게 이와같이 말한다: "재물이 없는 자를 가난하다 일컫고, 도를 배우고도 실천하지 않는 자를 병들었다 일컫소. 나 헌은 가난하기는 해도 병들어본 적은 없나이다. 吾貧也, 非病也。". [6-3B, 14-1]

瑚璉호련: 귀한 옥그릇. 호련의 의미 맥락이 과연 어떻게 공자의 의식 속에서 규정된 것인지, 정확히 알 수는 없으나 고주의 전통적 해석을 대부분의 주석들이 받아들이고 있는 것 같다. "호련이라고 한 것은 서직(찰기장과 메기장)을 담는 그릇이다. 그 그릇을 하나라에서는 호라고 불렀고, 은나라에서는 연이라 불렀고, 주나라에서는 보궤라고 불렀다. 종묘제례에서 쓰이는 그릇 중에서 귀한 것에 속하는 그릇이다. 瑚璉者, 黍稷器也。夏曰瑚, 殷曰璉, 周曰簠簋。宗廟器之貴者也。" 호련은 자공의 그릇됨에 비유로 거론되었다. [5-3]

互鄕호향: "호향"은 확실하지는 않지만 한고조 유방의 출신지인 패현沛縣(산동성山東省과 강소성江蘇省의 경계지역) 부근으로 비정된다. 호향은 공자시대에는 좀 악명 높은 지방이었다고 본다. 정현의 주를 보면 "그 지방 사람들은 말하는 것이 제멋대로였고, 당시 통용되던 마땅한 상식에 달하지 아니 하였다. 其鄕人言語自專, 不達時宜。"고 나온다. 공자는 이러한 지역적 특성을 인정하지 않았다. 오직 사람의 인품됨으로 모든 것을 판단했다. 호향의 청년이라도 배움을 갈구한다면 차별없이 대해야 한다. [7-28]

桓公환공: 제환공齊桓公을 가리킨다. 공자에게는 긍정과 비판이 공재하는 군주타입. 환공은 역사적 거물이다. [14-17. 14-18]

回회: 안회顔回의 이름. 공자가 가장 사랑한 사람. 공자의 데미안. [2-9, 5-8, 6-5, 6-9, 9-19, 11-3, 11-10, 11-18, 11-22, 12-1]

興於詩立於禮成於樂흥어시입어례성어악: 공자가 자기 인생의 내면적 과정(internal process)을 매우 간결하게 표현한 명구이다. 여기 시詩, 례禮, 악樂이라는 삼단계의 삶의 기둥이 드러나고 있다. 시詩는 그냥 "노래"이다. 특히 민요나 유행가 같은 것이다. 인간의 삶은 노래를 흥얼거리며 시작되는 것이다. 노래를 부르며 주변에 대한 흥취를 느끼고, 몸이 흥기興起하게 되는 것이다. "입어예立於禮"는 사회적 관계의 모든 질서감각이 정립되는 것을 의미한다. 예는 제식이고 관습이고 상식이고 의례였다. 노래부르는 인생을 예를 지키는 삶으로 구속할 때 인간이 되어가는 것이다. 최후의 "성어악成於樂"의 "악樂"은 단순한 음악이 아니라, 문명, 문화의 "작作"을 의미한다. 악樂은 작곡을 의미한다. 요즈음같이 음악이 예능의 한 분야로 고립되어 있는 것과는 달리, 음의 질서를 마스터하여 자유자재로 작곡을 한다는 것은 시詩, 례禮의 완성을 의미하며 삶의 존재이유의 성취를 의미하는 것이다. "내 인생은 노래를 흥얼거리며 일어났고, 예를 배우며 섰고, 음을 자유자재로 다루면서 완성되었단다!" 공자는 그렇게 말한다. [8-8] △

공자연표

(BC 551년~BC 479년)

BC 551년(주영왕周靈王 21년 / 노양공 22년. **魯襄公二十二年而孔子生.『史記』** / 공자나이 **1세**) _ 공자, 노魯나라 추읍陬邑 창평향昌平鄕 니구산尼丘山 기슭에서 출생(명名은 구丘[5-27, 7-30, 7-34, 10-11B], 자字는 중니仲尼[19-22~25]). 부친은 송나라(은殷) 후예로 맹손씨(孟獻子, ?~BC 554) 휘하 장수 숙량흘叔梁紇(BC 623~549), 모친은 무속집안 안징재顔徵在(BC 568~535). ***『춘추공양전春秋公羊傳』(二十有一年十有一月庚子, 孔子生.)·『춘추곡량전春秋穀梁傳』(二十有一年庚子, 孔子生.)에 의거하여 출생을 BC 552년(노양공 21년)으로 보는 설도 있으나,『사기』「공자세가」에 의거하여 BC 551년으로 통일한다.**

BC 549년(노양공 24년 / **3세**) _ 공자, 부친상(『孔子家語』). 노성魯城 동쪽 방산防山에 장사지내다(숙량흘은 핍양偪陽전투[BC 563년]에서 무공으로 양명揚名). 모친과 함께 곡부曲阜 궐리闕里로 이사. 어린 공구는 항상 예에 맞게 제기들을 펼쳐놓고 예에 맞게 표정도 지어가며 즐겨 놀았다(**孔子爲兒嬉戲, 常陳俎豆, 設禮容**).

BC 548년(노양공 25년 / **4세**) _ 공자, 홀어머니 밑에서 빈천하여 많은 기능을 습득해야 했다(**"吾少也賤, 故多能鄙事."** 7-11, 9-2, 9-6).

/ 5월 제나라 대부 최저崔杼(?~BC 546), 제장공齊莊公(재위: BC 554~548) 시해(崔子弑齊君. 5-18). 제장공의 동생 공자公子 저구杵臼를 제경공齊景公(재위: BC 548~490)으로 옹립. 2년 후, 최저와 그의 집안은 좌상左相 경봉慶封(제환공 증손)에 의해 진멸盡滅된다. 3년 후, 권력을 전횡하던 상국相國 경봉도 국외로 쫓겨나고 전씨田氏로 최종 권력 귀착. 공공의 권력으로 백성들에게 인심쓰듯 덕을 베풀고, 민심은 교묘히 전씨집안 칭송으로 귀착.

BC 546년(노양공 27년 / **6세**) _ 7월 송나라 재상 향술向戌 주도하에 송의 국도 상구商丘에서 진晋·초楚 양연맹 평화맹약(**미병회맹弭兵會盟. 晋楚共同霸主** 인정). 진연맹에 가담한 노나라 경대부 숙손표 참석(**"秋七月辛巳, 豹及諸侯之大夫盟于宋."** 『춘추』. **宋晋楚魯齊秦蔡衛陳鄭許曹邾滕 등 14개국의 경대부급이 모여 정전회담 개최**).

BC 544년(노양공 29년 / **8세**) _ 4월 노나라 경대부 계무자季武子(?~BC 535년. "지나친 숙고三思"로 유명한 季文子의 아들. 5-19)가 변방의 땅 변읍卞邑을 자의로 취함에 노양공은 몹시 화가 났다.

/ **오吳나라 공자公子 계찰季札, 주례周禮를 배우기 위해 노나라에 유학오다.** 노나라는 천자예악을 행하였기에 주례가 완벽히 보존되어 있다. 공자 계찰은 오왕 제번諸樊의 막내 동생으로 각국 사절로 다니면서 제나라 안영晏嬰(BC 578~500『晏子春秋』)·정나라 자산子産(?~BC 522)·진晋나라 숙향叔向(?~BC 528) 등 현명한 재상들과 교류했다. 초나라 왕실과 국인들은 현인賢人 공자 계찰이 오왕에 오르기를 간절히 바랬지만, 정작 본인은 극구 고사하고 멀리 달아나기까지 했다. 제번의 아들인 공자 광光이 훗날 오왕 합려闔閭이다.

BC 542년(노양공 31년 / **10세**) _ 6월 노양공 훙薨. 태자 야野는 복服중에 슬픔이 너무 지나쳐 9월에 사망. 졸지에 이복동생 희주姬裯가 노소공으로 즉위 한다(~BC 510) / 법치와 예치가 조화로운 정자산鄭子産(정나라 집정執政)의 성문법成文法(BC 536년 銘文)의 효능이 나타나 정나라 국가시스템이 완비되어간다(**爲命, 裨諶草創之, 世叔討論之, 行人子羽脩飾之, 東里子産潤色之.** 14-9).

BC 537년(노소공魯昭公 5년 / **15세**) _ 공자, 배움에 뜻을 두다(**吾十有五而志于學.** 2-4, "**好學**" 5-27, "**我非生而知之者, 好古, 敏以求之者也.**" 7-19).

/ **1월 노나라, 중군中軍(3군)을 폐지하고 4군四軍으로 개편**(公室四分. 國軍아닌 私兵). 맹손씨·숙손씨는 각 1군씩 배당받고, 2군이 할당된 계손씨 가문의 수장 계무자季武子가 노나라 국정을 장악하게 된다. 토지(賦)와 백성(私軍)이 모두 삼환三桓에 귀속되고, 삼환의 공양供養으로 연명하는 **노공실魯公室은 실권없는 허위虛位.**

BC 535년(주경왕周景王 10년 / 노소공 7년 / **17세**) _ 공자, 모친상. 방산합장防山合葬(『예기』).

/ 9월 초나라 낙성전례落成典禮에 노소공을 보필하여 다녀 온 맹희자孟僖子는 자신이 "예禮"에 대해 무지함에 심히 부끄러워서 병까지 들었다. 아들 맹의자孟懿子(?~BC 481)에게 〈의례儀禮〉를 배울 것을 신신당부 한다: "예는 인간의 근간이다. **禮, 人之幹也.** 예와 의식을 모르면, 지위를 지켜나갈 수가 없다. **無禮, 無以立.** 분명 내 들었거니와, 앞으로 모든 일에 통달한 인물이 있게 될 것인데, 그가 바로 공구다. **吾聞將有達者, 曰孔丘.**"(『춘추좌씨전』「노소공 7년」. "**孰謂鄹人之子知禮乎?**" 3-15). "공구는 성인의 후손이다. 그 조상은 송나라에 있을 때 화를 당했다. **孔丘, 聖人之後, 滅於宋.** … 나는 곧 세상을 뜬다.

너는 반드시 공구를 스승으로 모시거라. 吾卽沒, 若必師之."(『사기』「공자세가」). 부끄러움에 곧 죽을 듯했던 맹희자는 쾌차해서 17년을 더 살았다(BC 518년 졸卒). 맹의자는 남궁경숙과 함께 공자에게서 예를 배운다 / 孟獻子 → 孟莊子 → 孟僖子 → 孟懿子 → 孟武伯 → 孟敬子 / (공자 2~30대 어느 시점에) 키다리長人(九尺有六寸) 공자, 제자 맹의자孟懿子 · 남궁경숙南宮敬叔과 함께 주周나라 낙읍洛邑에 유학하다. 노자(老聃)에게 예禮를 묻고, 장홍萇弘에게 악樂을 배워(3-25) 주나라 문물을 광범위하게 습득하다("周監於二代, 郁郁乎文哉! 吾從周." 3-14. "吾不復夢見周公." 7-5. 예악창시자 주공 흠모) / 11월 노나라 집정執政 계무자季武子 졸卒. 계평자季平子 립立.

BC 533년(노소공魯昭公 9년 / **19세**) _ 공자, 송인宋人 병관씨幷官氏의 딸과 혼인.

BC 532년(노소공 10년 / **20세**) _ 공자, 계평자季平子(?~BC 505) 집안에 위리委吏(창고 보관 업무) · 사직리司職吏(목장 관리)로 취직(공자의 저울질은 공평했고 가축이 번성했다). 득남得男. 노소공이 잉어鯉魚를 예물로 보내오다(아들이름, 리鯉. 자, 백어伯魚).

BC 530년(노소공 12년 / **22세**) _ **계씨 가신 남괴**南蒯, **계씨 수장 계평자 구축 미수사건**(南蒯謂子仲[소공의 동생 은憖]: "吾出季子, 而歸其室於公, 子更其位. 我以費爲公臣." 子仲許之. 『춘추좌씨전』. **私兵을 國軍化 시도**).

BC 523년(노소공 19년 / **29세**) _ 공자, 사양자師襄子(사지師摯. "洋洋乎盈耳哉!" 3-23. 8-15)에게 북鼓과 금琴을 배우다("孔子學鼓琴師襄子."「공자세가」, 『闕里志』).

BC 522년(노소공 20년 / **30세**) _ 공자, 학단을 세우다(三十而立). 안로顔路(BC 545~481) · 증점曾點(BC 548년생) · 자로子路(BC 542~480) 등이 최초로 공문제자 그룹 형성. "백성을 사랑하는 사람" 군자의 전범인 자산 졸卒(或問子産. 子曰: "惠人也." 14-10. "其養民也惠." 5-15). 공자, 정자산의 부음듣고 눈물흘리며 애도: "진실로 백성을 아낀(愛人=仁. 12-22) 분이었다. 古之遺愛也."(『좌전』).

BC 518년(주경왕周敬王 2년 / 노소공 24년 / **34세**) _ 2월 맹희자孟僖子(중손확仲孫玃) 졸卒.

BC 517년(노소공 25년 / **35세**) _ 9월 정당한 노공실의 정권주도를 열망한 노소공, "닭싸움鬪鷄" 놀이가 비화되어 계평자를 공격했다. 노소공은 과욕으로 승리할 기회를 세 번 유실하고, 결국 삼환연합세력("**계손씨 없이는 숙손씨도 없다.** 無季氏, 是無叔孫氏也." 『좌전』)에 쫓겨 제나라 망명 / (노공실의 공위空位됨을 한탄한) 공자,

태산 거쳐 제나라 행行. 대부 고소자高昭子 통해 제경공齊景公(재위: BC 548~490) 만남. 제경공의 생모는 노나라 숙손씨(叔孫宣伯)의 딸(「제태공세가」).

BC 516년(노소공 26년, 제경공 32년 / **36세**) _ 공자, 제나라 악사 태사太師를 통해 〈소악韶樂〉을 배우고 듣는데 심취하여 고기맛도 잊다(子在齊聞韶, 三月不知肉味. 7-13, 3-25). 공자에게 "정政"에 대해 묻고 감탄한(齊景公問政於孔子. 孔子對曰: "君君, 臣臣, 父父, 子子." 公曰: "善哉!" 12-11) 제경공이 공자를 니계의 땅(尼谿之田)의 대부로 봉하려고 했다(齊景公待孔子曰: "若季氏, 則吾不能, 以季孟之間待之." 18-3). 그런데 공자가 높게 평가하는("晏平仲善與人交, 久而敬之." 5-16) 재상 안영晏嬰이 "공자 대부임용안"을 적극 반대해 무산. 공자는 제나라를 떠나 노나라로 돌아왔다(BC 515~514년경. "齊一變, 至於魯. 魯一變, 至於道." 6-22). 각국에서 청년들이 몰려와 공자의 제자가 되었다.

BC 515년(주경왕周敬王 5년 / 노소공 27년 / **37세**) _ **오吳나라 공자 광光, 왕위 쟁탈전에서 승리하여 오왕吳王 즉위**(합려闔閭. 재위: BC 514~496). 초평왕의 사욕이 초왕실의 누대 충신 오씨伍氏집안을 초토화시키는 와중에 구사일생으로 탈출하여 오나라에 망명한 명장 오자서伍子胥(BC 559~484)의 지략과 손무孫武(BC 544년생)의 군력에 힘입어 공자 광이 오왕 합려가 되었다.

BC 512년(노소공 30년 / **40세**) _ 공자, 불혹의 나이에 접어들다("四十而不惑." 2-4).

BC 510년(노소공 32년 / **42세**) _ 겨울 "부유한"(季氏富於周公. 11-16) 계평자(季平子, 季孫意如)의 완강한 반대로, 노소공은 7년간 객지를 떠돌다 진晋나라 건후乾侯에서 객사. 소공의 동생(희송姬宋)이 노정공魯定公으로 즉위하다(~BC 495).

BC 506년(주경왕 14년 / 노정공魯定公 4년 / **46세**) _ **오왕 합려, 초楚나라의 국도 영郢 침범**(齊景公四十二年, 吳王闔閭伐楚, 入郢. 『사기』「齊太公世家」). 초소왕楚昭王(당시 17세. 재위: BC 515~489) 몽진. 일모도원日暮途遠에 쫓긴 오자서, 아버지와 형을 참혹하게 살해한 초평왕楚平王(재위: BC 528~516)의 시신을 파헤쳐서 300대 매질로 분풀이했다(부관참시剖棺斬屍).

BC 505년(노정공 5년 / **47세**) _ 6월 계평자 졸卒, 계환자季桓子(~BC 492) 립立. 계씨 중신(家宰) 양화陽貨(陽虎)는 계평자季平子 상喪 와중에 후계자 계환자를 구금시키고 실권을 장악했다. 공자와 함께 "삼환"세력을 토벌하고 함께 정치를 하고 싶어했다("陽貨欲見孔子, 孔子不見." 17-1, "不義而富且貴, 於我如浮雲."

7-15). 노나라 군주를 객사케 할 정도로 위세가 당당했던 계평자도 죽고, 계씨가 믿었던 양화에게 그의 아들이 갇히는 세태를 바라보며, 공자는 외친다: "저 삼환의 자손들이 쇠미해지고 있지 아니 한가!"(**祿之去公室, 五世矣; 政逮於大夫, 四世矣. 故夫三桓之子孫, 微矣!** 16-3) **/** 오나라 대군이 대거 초나라 전투에 나선 것을 기화로, 월왕越王 윤상允常(재위: BC 537~497, 句踐之父)이 오나라 국도를 침범했다.

BC 504년(노정공 6년 / **48세**) _ 노국을 전횡하는 양화(신흥무사계급)가 노군을 이끌고 정나라를 침범하다. 또 광匡 땅을 취함에 포악하게 굴어 광 땅의 사람들이 몸서리를 치도록 거구巨軀 양화를 증오했다(7년 후, 공자의 광 땅 수난. 13-9).

BC 502년(노정공 8년 / **50세**) _ 공자, 쉰 살이 되다("五十而知天命." 2-4).

/ 10월 (계씨의 배신陪臣으로 권력의 맛을 본) 양화, 누대로 형성된 삼환三桓의 세력을 자기중심으로 권력개편을 시도하기 위해 쿠데타 시도(계환자의 아우 계오季寤·공서극公鉏極·숙손첩叔孫輒·공산불뉴公山不狃[弗擾] 등 연합). 먼저 계환자를 살해하려다 미수에 그치다. 4년간 노나라 국정을 전횡하던 양화는 맹손씨의 반격에 밀려, 제나라·송나라로 도망갔다. 최종적으로 진晋나라 조간자趙簡子 수하로 들어간다 **/** (양화의 쿠데타가 실패하자, 독자적으로 비費 땅에서 반기를 든) 공산불요, 공자를 초빙하다(**公山弗擾以費畔, 召, 子欲往. 子路不說. … 如有用我者, 吾其爲東周乎!** 17-5). 자로의 강력한 반대로 실행되지 않았다.

BC 501년(노정공 9년 / **51세**) _ 공자, 중도中都의 수장(宰)에 임명되다. 중도를 다스린 지 1년만에 사방에서 모두 공자의 통치방법을 따랐다(**"定公以孔子爲中都宰, 一年, 四方皆則之."** 「공자세가孔子世家」, **"苟有用我者, 朞月而已可也, 三年有成."** 13-10).

BC 500년(노정공 10년 / **52세**) _ **여름** 공자, 노공실의 사공司空에서 사구司寇로 승진. 노나라 정공과 제나라 경공이 회동한 **"협곡회맹夾谷會盟"**에서 탁월한 실무능력 발휘(**十年春, 及齊平. 夏, 公會齊侯于祝其, 實夾谷. 孔子相.** 『좌전』). 노나라, 외교상 승리(회동 후, 의롭지 못했음에 두려움을 느낀 제경공은 제나라가 침탈했던 노나라의 문양汶陽지역인 운鄆, 환讙, 구음龜陰 땅을 노나라에 반환). 노정공은 공자에게 "단 한마디의 말로써 나라를 흥할 수도 망할 수도 있다"는 것에 관심을 보인다

(定公問: "一言而可以興邦, 有諸?" 13-15). 공자가 평소에 지향하는(志) 이상적인 세계가 펼쳐질 듯한 시기였다("老者安之, 朋友信之, 少者懷之." 5-25).

BC 498년(노정공 12년 / **54세**) _ 대사구 공자의 활약으로 노나라가 크게 다스려지다(魯國大治. 晋연맹에서 탈퇴). 대사구大司寇 공자, 정공에게 상신: "신하는 무기를 비축해서는 안되고, 대부는 100치의 성을 쌓아서는 안됩니다. **臣無藏甲, 大夫無百雉之城.**" 누대에 걸쳐 막강한 군사력으로 국정을 장악하고 노공실을 허위虛位로 만든 삼환씨三桓氏(노환공魯桓公[재위: BC 711~694]의 후손: 계손씨·숙손씨·맹손씨)의 (누대로 세습되어 온) 세력을 제압하는 것이 공자의 "정正"의 구현이었다(**政者, 正也.** 12-17, "**必也正名乎!**" 13-3). 노정공의 지지하에 자로子路(季氏宰)가 주도하여 삼도三都(**費城·郈城·郕**[成]**城**)의 성을 허무는 과정에서(여름, 『좌전』) 막판에 맹의자(郕城의 성주, 공자의 제자)의 저항으로 실패했다(12월).

BC 497년(노정공 13년, 제경공 51년 / **55세**) _ 노나라가 강성해지는 것을 두려워한 제나라가 "미인가무단女樂" 80명과 얼룩말文馬 120필, 화려한 의복 등을 보내왔다. 노정공과 계환자季桓子는 미인가무단의 〈강락무康樂舞〉에 연일 온종일 흠뻑 빠져 정사에 태만해졌다. 크게 실망한 공자는 자로·안회·염구·자공과 함께 노나라를 떠난다(**齊人歸女樂, 季桓子受之, 三日不朝, 孔子行.** 18-4. **去魯.** 「**공자세가**」) 노나라와 형제의 나라인 위衛나라로 갔다(**子曰: "魯衛之政, 兄弟也!"** 13-7). 위나라의 번화하고 활기찬 분위기에서 교육이 최종 목표라는 것에 확신을 갖다(**子適衛, 冉有僕. 子曰: "庶矣哉!" 冉有曰: "旣庶矣, 又何加焉?" 曰: "富之." 曰: "旣富矣, 又何加焉?" 曰: "敎之."** 13-9). 좀 머물다가, 진晋나라로 향했다. 광匡 땅에서, 거구 공자를 원수같은 양호陽虎(陽貨)로 오인한 광인匡人들이 공자일행을 죽이려고 가뒀다. 하늘이 "사문斯文"을 결코 외면하지 않는다는 신념을 피력한다(**子畏於匡, 曰: 文王旣沒, 文不在玆乎? 天之將喪斯文也.** 9-5, 11-22). 다시 위나라로 되돌아와서 위나라 대부 거백옥의 집에서 숙식을 해결하면서, 거백옥의 군자됨의 면면을 파악하다("**君子哉蘧伯玉! 邦有道, 則仕; 邦無道, 則可卷而懷之.**" 15-6).

BC 496년(노정공 14년, 위령공 39년 / **56세**) _ 위령공 부인 남자南子, 공자를 초대하다.

공자가 남자를 만나고 온 사실을 뒤늦게 안 자로가 엄청 화를 낸다(子見南子. 子路不說. 6-26) / **오왕 합려, 월나라 공격.** 책사 범려範蠡(BC 536~448)의 보좌를 받은 월왕 구천句踐(재위: BC 496~464)의 승리. **오나라 패배**(5월). 전쟁부상으로 죽음에 이르른 오왕 합려, 아들 부차에게 유언: "너는 구천이 네 아비를 죽였다는 것을 잊지 말라." 이때부터 부차는 아버지의 원수갚을 생각을 잠잘 때도 잊지 않기 위해 "장작위에 자다"(와신臥薪. 2년간).

BC 495년(노정공 15년 / **57세**) _ 5월 노정공 훙薨. 그의 어린 아들(희장姬蔣)이 노애공으로 즉위한다(BC 494년. 元年春王正月, 公卽位. 『춘추』).

BC 494년(주경왕周敬王 26년 / 노애공魯哀公 원년 / **58세**) _ 3월 **오왕 부차, 월왕 구천으로부터 회계會稽에서 항복받다.** 구천을 마땅히 죽여서 아버지의 원수를 갚고 후환을 없애야 한다는 오자서의 주장이 물거품 되다. 겨우 살아남은 구천은 오왕 부차의 똥까지 먹으며 부차의 건강체킹도 해주고, 막대한 선물과 미녀 서시西施를 보내 경계심을 완전 풀게 했다. 그러나 구천은 회계의 수치를 떠올리기 위해 밥먹을 때마다 "쓰디 쓴 쓸개를 핥았다"(상담嘗膽. 21년간).

BC 493년(노애공魯哀公 2년, 위령공 42년 / **59세**) _ 위령공衛靈公이 공자에게 "진법陣法"에 대해 물었으나 공자는 대답하지 않았다. 다음날로 위나라를 즉각 떠났다(衛靈公問陳於孔子. 孔子對曰: "俎豆之事, 則嘗聞之矣; 軍旅之事, 未之學也." 明日遂行. 15-1, 8-14). 위衛 → 조曹 → 송宋(공자를 향한 송나라 대부 사마환퇴司馬桓魋의 살수殺手, 7-22) → 정鄭("상갓집 개 신세纍纍若喪家之狗," 「공자세가」) → 진陳 도착 / 4월 위령공 훙薨. 괴외의 아들 첩(위령공의 손자)이 위출공衛出公(재위: BC 493~481 / 복위: BC 477~470)에 오르다.

BC 492년(노애공 3년 / **60세**) _ 백어, 아들 낳다(공자의 손자 자사子思). 육순六旬이 된 공자("六十而耳順" 2-4), 진陳나라에 머물다(陳司敗問: "昭公知禮乎?" 7-30) / 7월 일찍이 공자의 말을 듣지 않은 것에 대해 뒤늦은 후회에 빠진 계환자는 임종 전에, 후계자 계강자季康子(?~BC 468)에게 노나라의 진흥을 위해서 공자선생을 꼭 모시라고 유언("我卽死, 若必相魯; 相魯, 必召仲尼." 「공자세가」). 대부 공지어公之魚의 반대에 직면하여 타협책으로 공자 대신 공자의 제자 염구冉求(BC 522년생) 채용결정. 금의환향하는 염구를 축복해주면서, 공자도 노나라에 돌아가서 청년들을 지도하고 싶은 절절한 심경을 피력한다

(子在陳, 曰: "歸與! 歸與! 吾黨之小子狂簡, 斐然成章, 不知所以裁之." 5-21).

BC 490년(노애공 5년 / **62세**) _ 진晋나라 대부 필힐佛肸(中牟宰), 중모 땅에서 조간자趙簡子의 전횡에 항거. 필힐, 공자 초빙 타진. 공자는 합류의사가 있었으나 자로가 반대했다(佛肸召, 子欲往. 子路曰: "… 佛肸以中牟畔, 子之往也, 如之何?" 17-7).

BC 489년(노애공 6년, 초소왕 27년 / **63세**) _ 오왕 부차의 북벌北伐 공략으로 진나라와 채나라가 대혼란에 빠졌을 때, 공자와 제자들은 3년간 머물렀던 진陳나라를 떠나 채蔡나라로 향했다. 그 와중에 식량이 떨어져 일주일을 굶어 아사직전까지 갔다(在陳絶糧, 從者病, 莫能興. 子路慍見曰: "君子亦有窮乎?" 15-1). 초나라 소왕昭王 덕에 극적으로 사경에서 벗어나 초나라로 향했다. 진·채나라 국경에 인접한 초나라 섭葉 땅에 당도한다(孔子自蔡如葉). 중신 섭공葉公이 공자일행을 잘 대접해주고 정치에 대해 여쭈었다(葉公問政. 子曰: "近者說, 遠者來." 13-16). 섭공의 공자에 대한 궁금증에 대해, 공자 스스로 "나는 누구인가?"를 자로 통해 답한다("其爲人也, 發憤忘食, 樂以忘憂, 不知老之將至云爾." 7-18). 초나라 국도(영郢)로 향하다가 초나라 도인들과 만난다(18-5~7). (아버지 평왕을 부관참시한) 오자서의 서늘한 보복에 위축되어있던 초소왕楚昭王이 공자와 대담 후 감복하여 서사書社의 봉토(700리)를 주어 대부로 삼으려 했는데, 영윤令尹 자서子西(?~BC 478. 問子西. 曰: "彼哉! 彼哉!" 14-10)가 반대했다. ("도도한 흙탕물에 휘덮인 천하를 변혁시키려는" 18-6) 공자, 다시 위나라로 향하다.

BC 488년(노애공 7년, 위출공 5년 / **64세**) _ 자로 · 자고子羔 등 많은 공문제자들이 위나라 조정(衛出公)에서 근무하고 있는 상황에서("夫子爲衛君乎?" 7-14) 공자도 조정에 크게 관여하게 될 분위기에 들떠 정치에 대한 첫 번째 포부를 피력했다("必也正名乎!" 13-3). 선생의 우원迂遠함에 한숨을 쉬는 자로를 야단친다("野哉, 由也!). 군자는 결코 구차스러움이 없어야 한다("君子於其言, 無所苟而已矣!")는 선생의 훈계를 가슴속에 새긴 자로는 당당하게 군자의 풍모로 죽음을 맞이하게 된다(BC 480년 겨울. 衛政變) **/ 여름** 오왕 부차, 제나라 침범. 승리 후 증鄫 땅에서 노애공과 회맹會盟. 막대한 제수용품 백뢰百牢 요청(소·양·돼지 合 100마리). 계강자, 자공子貢(BC 520~446) 급파. 자공은 주周

왕조 예법(公: 九牢, 侯伯: 七牢, 子男: 五牢)으로 오태재吳太宰 백비伯嚭로 하여금 과도한 제수용품을 철회케 했다. 5년 후, 애공 12년(BC 483년)에 외교상 다시 자공을 만난 오나라 태재 백비는 이미 공자의 면면을 파악하고, 공자에 대해 자공에게 묻는다(大宰問於子貢曰: "夫子聖者與? 何其多能也?" 9-6).

BC 487년(노애공 8년 / **65세**) _ 오왕 북벌北伐. 노나라 무성武城이 오나라에게 공격당했지만 잘 물리쳤다. 이때, 공자 제자 유약有若(BC 518~458)이 참전하여 공을 세웠다(哀公問於有若曰: … "百姓足, 君孰與不足? 百姓不足, 君孰與足?" 12-9).

BC 485년(노애공 10년 / **67세**) _ 공자가 위나라에 체재할 때, 부인 병관씨 사망.

BC 484년(노애공 11년 / **68세**) _ 다방면에 탁월한 공자의 제자들에("學之於孔子." 「공자세가」) 감동한 계강자는 위의威儀를 갖춰(**국로**國老) 공자를 위나라로부터 모시고 오다(14년만에 귀로歸魯). 계강자는 공자에게 정치에 대해 많이 물었다(孔子對曰: "政者, 正也. 子帥以正, 孰敢不正?" 12-17, 12-19, 12-18, 2-20. "政在選臣." 「공자세가」). 청년 애공도 어떻게 하면 백성이 군주를 신뢰하는지 궁금해했다(孔子對曰: "擧直錯諸枉, 則民服; 擧枉錯諸直, 則民不服." 2-18). 향후 5년동안 노나라 곡부에서 학생들 교육에 전념하면서("學而不厭, 誨人不倦." 7-2) 시·서를 산刪하고, 예·악을 정定했다("子所雅言, 詩書執禮, 皆雅言也." 7-17, 9-14). 『춘추春秋』를 수修하다(孔子曰: "後世知丘者以春秋, 而罪丘者亦以春秋." 기록연대: BC 722 隱公 ~ 481 哀公 14년, 12公). 공자, 만년에 『역易』에 심취(讀易, 韋編三絶. "加我數年, 五十<卒>以學易, 可以無大過矣." 7-16). 공문제자 3,000여 명을 배출하였다. 그 중 육예에 달통한 72제자가 있다.

/ 공자가 금의환향한 해, 오자서를 가장 두려워하는 월인들과 오자서의 능력을 질투하는 태재 백비의 참언을 들은 오왕 부차는 오자서에게 자결을 명한다. 유언: *"내 눈을 도려내서 동문 위에 걸어라. 그렇게 함으로써 월구越寇(월나라 침공군)가 들어와서 오吳를 멸망시킴을 보리라."*

BC 483년(노애공 12년 / **69세**) _ 공자의 외아들 백어伯魚 공리孔鯉 사망(BC 532년생).

BC 482년(노애공 13년 / **70세**) _ 공자, 마음가는 대로 행동해도 어긋남이 없는 일흔 살이 되었다(七十而從心所欲, 不踰矩. 2-4). 공자의 애제자 안회顏回(BC 521년생. 『사기』「仲尼弟子列傳」) 사망. 공자, 대성통곡(顏淵死, 子曰: "噫! 天喪予! 天喪

予!"11-8. **顏淵死. 子哭之慟.** 11-9) / 주경왕 38년(BC 482년) 오왕 부차(14년 여름), 황지黃池에서 노애공·진정공晋定公(정경正卿 조간자趙簡子 동석)과 회맹會盟: **"우리 원조遠祖인 태백太伯은 문왕의 형이다**(泰伯, 其可謂至德也已矣. 三以天下讓, 民無得而稱焉. 8-1). 주나라 왕실은 문왕에서 나왔기 때문에 오나라는 그 형의 가계에 해당된다. 맹주는 내가 되지 않으면 안된다." / BC 473년 춘추패자로 득의양양했던 오왕 부차(23년)는 월왕 구천에게 포위되어 자결했다(오나라 멸망. 구천, 춘추패자로 등극). 죽을 때 얼굴을 가린 부차는, *"나는 오자서를 볼 면목이 없다."*

BC 481년(노애공 14년 / **71세**) _ 6월 **진성자陳成子, 제간공齊簡公 시해.** 진성자의 이칭은 전성자田成子(이름은 항恒[상常]. 崔氏, 慶氏에 이어 60여 년간 田氏가 齊公室 장악. BC 386년 전성자의 증손 전화田和 대代에 이르러 강성제국姜姓齊國에서 전씨제국田氏齊國 체제로 지배층 교체). **공자, 진성자를 토벌해야 한다고 노애공에게 적극 주장(陳成子弑簡公. 孔子沐浴而朝, 告於哀公曰: "陳恒弑其君, 請討之."** 14-22). 당시 제나라에서 제간공을 잘 보필하고 있던 재아宰我도 진성자에게 살해되었다. 실용적인 "예禮"에 관심이 많은 재아는 사과십철四科十哲 중 한 사람으로 외교·행정에 탁월했다(**"語言: 宰我丶子貢."** 11-2) / 8월 맹손씨 제9대 종주 맹의자(仲孫何忌) 졸卒. "부모가 오직 자식이 병들까 걱정이다. **父母唯其疾之憂.**"(2-6)라는 "효孝" 개념을 공자로부터 이끌어 낸 맹무백孟武伯 립立. 맹의자가 물은 효에 대해 공자는 "거슬림이 없는 것無違"(2-5)이라 답했다.

BC 480년(노애공 15년 / **72세**) _ 겨울 위령공의 아들 괴외蒯聵가 그의 아들 출공出公을 쫓아내고 위장공衛莊公(재위: BC 480~478)이 되는 험악한 시기에 자로는 난폭하게 피살당했다. 자로 졸卒. 공자, 충격받고 병이 들다. / 공자학단을 후원하는 노나라 중신 자복경백子服景伯(14-38, 19-23), 자공子貢과 함께 제齊나라에 사신으로 가다. 제나라, 노나라에게서 빼앗은 땅을 돌려주다.

BC 479년(노애공 16년. **哀公十有六年夏四月己丑, 孔子卒.**『춘추』/ 주경왕周敬王 41년 / **73세**)

/ 공자, 자공의 품에서 세상을 하직하다("평생 정든 너희들 품에서 죽으련다. **無寧死於二三子之手乎!**" 9-11).

/ 노성 북쪽 사수泗水 윗쪽에 장사지내다(曲阜 孔林).

/ 자공(BC 520~446), 6년간 시묘살이하다.

자공은 공자를 해와 달로 비유했다(**"仲尼, 日月也."** 19-24). ▽

단 한 권으로 읽는 **논어 · 역경**

2023년 8월 21일 초판 발행
2024년 4월 19일 1판 2쇄

지은이 · 도올 김용옥
펴낸이 · 남호섭

편집책임 _김인혜
편집 _임진권 · 신수기
제작 _오성룡
인쇄판 출력 _토탈프로세스
라미네이팅 _금성L&S
인쇄 _봉덕인쇄
제책 _강원제책

펴낸곳 · 통나무
서울특별시 종로구 동숭동 199-27
전화: 02) 744-7992
출판등록 1989. 11. 3. 제1-970호

 값_25,000원
ISBN 978-89-8264-156-5 (03140)